KB140567

대구교육대학교 권장도서 해제집

이 저서는 정부(교육부)의 재원으로 대구교육대학교
2021년 국립대학 육성사업의 지원을 받아 출판한 것임

대구교육대학교

권장도서 해제집

류덕제 · 조영남 · 주웅영 엮음

역락

머리말

서양의 유수한 대학들은 다들 권장도서 또는 필독도서란 이름으로 학생들이 읽어야 할 도서목록을 제시하고 있다. 우리나라 대학도 마찬가지다.

대구교육대학교에서도 권장도서를 제시한 적이 있다. 교수와 동문을 중심으로 학생들에게 권장할 만한 도서를 추천하고 그 이유를 밝힌 감상문 겸 안내문을 모아 책으로 발간하였던 것이다. 여러 사람이 참여한 바 다양한 도서가 추천되고 각자 책에서 받은 교훈과 감동을 담은 것이어서 학생들의 독서 욕구를 자극하는 데 일정한 도움이 되었을 것이라 생각한다. 학생들에게는 교수님들이 무슨 책을 추천했는지에 대한 호기심이 컸을 뿐만 아니라, 예비교사로서 교육계에 몸담고 있는 동문 선배들의 경험을 담은 추천사가 독서의 길잡이 구실을 톡톡히 하였을 것이기 때문이다.

그러나 한계 또한 없지 않았다. 전체적인 조감하에서 일정한 기준을 갖고 권장도서를 선정한 것이 아니어서 어느 부문으로 치우치거나 넘치는가 하면 다른 부문은 모자라기도 하였다. 다양한 사람이 먼저 읽고 추천하는 책은 나름대로 권장할 만한 값어치가 충분하지만, 권장도서란 이름으로 많이 읽을수록 좋다고 하고많은 책을 무한정 늘어놓을 수는 없는 법이다. 따라서 선정기준을 정한 다음 한정된 범위에서 최대한의 지적 탐험을 가능케 하도록 책을 선별해야 하는 것이다.

대학을 흔히 상아탑(象牙塔)이라고 한다. 속세를 떠나 오로지 학문이나 예술에만 빠져드는 경지를 이르는 말이다. 얼핏 수도승처럼 진리를 추구하라는 뜻으로 들린다. 그러나 대학의 모습이 염량세태와 같이 줏대 없이 흔들리는 것도 볼썽사납지만, 역사적 방향성을 인식하지 못하고 변화하는 현실을 외면하는 것 또한 문제가 많다.

역사와 시대 현실을 직시하면서도 도저한 진리를 추구하는 것이 쉽지 않을 것임은 누구나 경험으로 알고 있다. '무유정법(無有定法)'이란 말처럼 절대적인 악도 없고 절대적인 선도 없으며 항상 옳은 것도 늘 그른 것도 없다는 금언에 이르면, 무엇이 중요하고 어느 것이 가벼운 것인지 분간하는 것조차 그리 쉬운 일이 아니다.

인류 문명의 역사는 책으로 축적되어 있고, 책에는 길이 있다고 한다. 하나 거재두량의 책 바다에서 길을 잃고 헤매지 않으려면 무엇이 바른길을 안내하는 것인지 이정표를 보아야 한다. 대구교육대학교 권장도서 해제집은 교사 양성 대학의 목적을 감안하면서 문학에서부터 자연과학에 이르기까지 하나의 독서 이정표를 제공하고자 한다. 선정된 도서는 가급적 그 분야의 권위자를 찾아 해제를 부탁하였다. 외국도서는 번역자를 찾아 해제를 의뢰하였고 여의치 않을 경우 해당 분야의 전문가를 물색하였다. 해제 집필자들은 대략적인 집필방향에 따르면서도 각자의 개성을 충분히 발휘하여 글맛을 돋우고 있다. 경우에 따라 길잡이 구실의 안내서인가 싶다가도 깊이 있는 논점을 제시하기도

하고 사유의 심화를 촉발시키기도 한다.

책을 읽는 대구교육대학교 학생들에게 이 권장도서 해제집이 큰 도움이 되기를 바란다. 권장도서 중에는 결코 읽기 쉽지 않은 책들도 있지만 해제집을 좇아 지적 향연에 동참하여 개안의 큰 기쁨을 맛볼 수 있었으면 한다.

2022년 7월

대구교육대학교 권장도서 해제집 편찬위원 씀

차례

Ⅲ부 • 대구교육대학교 권장도서 선정

Ⅳ부 • 대구교육대학교 권장도서 해제

문학

인문 사회과학

자연과학

예술

I 부

권장도서 연구의 목적

1. 연구의 목적 및 필요성

대학마다 권장도서(교양도서, 필독도서 등 다양한 이름이 있다. 이하 '권장도서'로 통일한다.)를 선정한다. 독서의 중요성 때문이다. 독일의 한 대학에는 만 권(萬卷)의 독서를 하고, 만 잔(萬盞)의 술을 마시며, 만 명(萬名)의 친구를 사귀라는 교시(校是)가 있다고 한다. 만 잔의 술을 마시라는 것은 술을 마시면서 허물없이 인생의 속 깊은 대화를 나누라는 뜻일 것이고, 만 명의 친구를 사귀라는 것은 인생의 동반자가 될 친구를 많이 사귀라는 말일 것이다. 만 권의 책을 읽으라고 한 것은 자기의 의지로 인생의 바른길을 찾아야 할 시점에 가장 바람직한 방법이 바로 독서라는 뜻에서 한 말일 터이다.

'남아수독오거서(男兒須讀五車書)'란 말이 있다. 사내라면 모름지기 다섯 수레에 실을 만큼의 책을 읽어야 한다는 뜻으로 다독(多讀)을 권장하는 말이다. 두보(杜甫)가 은거 선비 백학사(柏學士)를 흠모하여 지은 시 「백학사의 초가집을 지나며 짓다(題柏學士茅屋)」에 나오는 말이다. 중국 수(隋)나라 때 이밀(李密)의 고사에는 '우각괘서(牛角掛書: 소뿔에 책을 걸다.)'란 말이 있다. 촌음(寸陰)도 아껴 학문에 힘쓰는 자세를 비유하는 말이다. 송(宋)나라 태종은 책 읽기를 좋아하여 '책을 펼치면 이로움이 있다.(개권유익(開卷有益))'라 하기도 하였다.

선인들의 지혜가 담겨 있고, 보편적인 교양 욕구를 충족시켜 줄 뿐만 아니라, 비판적 사고와 창의 융합적 사고능력의 함양에 있어 독서보다 나은 길을 찾기는 어렵다.

그러나 세상에는 많은 책들이 있다. 누구라도 이 많은 책들을 모두 읽을 수는 없다. 아무 책이나 마구잡이로 읽어도 좋다고는 더더욱 말할 수 없다. 필요한 책을 적절한 방법으로 읽는 것이 요구된다. 그래서 무슨 책을 읽을 것인가, 그리고 어떻게 읽을 것인가 하는 것에 대한 안내서가 다양하게 출판되는 것이다.

본 연구는 교사양성 대학인 교육대학의 학생들에게 '무슨 책을 골라 어떻게 읽으면 좋을까'를 안내하기 위한 것이다. 지금까지 오랫동안 많은 대학들이 이 문제를 고심해 왔다. 역사가 깊은 해외의 대학은 물론이고 국내 대학도 여러 이름으로 도서목록을 제시해 왔다.

그런데 이 권장도서가 학생들의 독서활동에 좋은 길잡이 역할을 해 왔는지는 되돌아볼 필요가 있다. 많은 학생들은 자신의 독서목표로 대학이 제시해 주는 권장도서 목록을 상정하는 것 같지 않다. 그렇다고 권장도서가 학생들의 길잡이 역할을 하지 못했다고 단정할 수도 없다.

이 연구에서는 권장도서가 실질적으로 학생들의 독서 길잡이 역할을 할 수 있도록 하는 데 목표를 두고자 한다.

교육대학은 일반 종합대학과 다른 점이 있다. 이른바 특수목적 대학이기 때문이다. 사관학교(士官學校)나 체육대학(體育大學)도 대학이지만 일반대학과는 다른 특수성이 있다. 사관학교라면 무기를 다루거나 독도법(讀圖法)을 익히는 일이 필요하다. 체육대학의 경우 신체 단련을 위해 여러 기능(技能)이나 훈련법을 익힐 필요가 있다. 이들 대학도 전인적인 측면에서 일반대학의 권장도서를 학생들이 읽도록 할 것이다. 다른 한편으로는 대학 설립의 특수 목적을 달성하기 위한 전문적인 도서를 권장한다.

초등교사 양성이란 특수목적을 가진 교육대학도 일반대학이 갖는 보편성과 더불어 특수성을 갖고 있다. 보편적인 대학의 기준에서 볼 때 아동발달과업이나 교육과정 이론 등에 특별히 관심을 가질 필요가 없다. 그러나 직전교육(職前教育: pre-service education)을 담당하는 교육대학의 경우라면 당연히 관심을 가져야 한다. 보편적인 기준에서는 관심을 두지 않거나 관심을 덜 가져도 되는 것이 특수한 입장에서는 중요한 관심의 대상이 될 수 있다. 교육대학은 보편성에 더 많은 비중을 두는 일반대학과 달리 특수성을 고려하지 않으면 안 된다. 그렇다고 특수성만을 강조하여 보편성을 놓치는 우를 범해서도 안 된다.

권장도서 목록을 선정함에 있어 교육대학이라면 보편성과 특수성의 조화로운 결합을 추구해야 한다. 대학생 일반의 보편적인 기준에서 읽어야 할 책과 교육대학생의 특수성을 고려하여 읽어야 할 책을 아울러야 한다. 보편성의 측면에서는 바람직한 인격과 건전한 사고 및 비판적 안목을 갖춘 교양인의 길을 모색하는 데 길잡이 구실을 하는 책을 제공할 수 있어야 할 것이다. 특수성의 측면에서는 교사로서의 인격과 품성을 겸비하고, 제4차 산업혁명 시대에 걸맞은 혁신적인 교사상을 구현하는 데 도움이 되는 책을 안내할 수 있어야 한다. 아울러 교사양성 대학 학생으로서의 독서 경험이 차후 현장교사가 되었을 때 여러 수업에 두루 활용가능한 도서에 대한 안내도 필요할 것이다.

인문 고전, 문학 예술, 역사 사회, 자연과학 등 여러 분야에 걸쳐 균형 있는 독서목록을 선정하여야 할 것이다. 이 과정에 서구의 여러 대학과 국내 대학 그리고 교육대학의 선행 연구들을 두루 살펴 합당한 권장도서 목록 선정기준을 설정하여야 할 것이다.

요컨대 교사양성 대학의 학생들에게 융복합적 사고역량을 갖추고, 제4차 산업혁명 시대에 걸맞은 교사가 되도록 하는 데 도움이 될 권장도서 목록을 개발하고, 선정된 도서에 대한 독서의욕을 고취시키기 위한 안내활동의 일환으로 서평과 해제 및 독서 토론의 논점을 제공하는 것이 본 연구의 목적이자 필요성이다.

2. 연구의 방법

대구교육대학교 권장도서를 선정하기 위해 다음과 같은 방법을 쓰기로 했다.

첫째, 해외 유수의 대학과 언론이 선정한 권장도서 목록을 참고한다.

둘째, 국내 유수의 대학이 선정한 권장도서 목록을 참고한다.

셋째, 국내 교육대학이 선정한 권장도서 목록을 참고한다.

넷째, 대구교육대학교가 앞서 선정한 교양도서 목록을 참고한다.

Ⅱ부

권장도서 선정 검토

1. 외국대학과 언론의 예

『How to Read a Book』의 저자이자 시카고대학교의 허친스(Hutchins, Robert M.) 총장과 함께 1930년대 고전(Great Books) 선정 프로그램에 참여했던 아들러(Adler, Mortimer)는 고전 목록에 포함하기 위한 3가지 기준을 제시했다. 그 기준은 첫째, 당대의 문제나 이슈와 관련된 현대적 중요성을 지닌 책, 둘째, 꾸준히 지속적으로 독자들의 사랑을 받고 있는 책, 셋째, 오랫동안 사람들의 마음을 사로잡은 위대한 사상과 이슈와 관련된 책 등이다.

미국을 비롯한 세계 주요 대학들은 위대한 문화유산인 고전 읽기의 중요성을 인식하고 나름의 기준에 따라 고전을 선정하여 권장도서로 제시하고 있다.

하버드대학교(Harvard Univ.)의 하버드 클래식(The Harvard Classics), 컬럼비아대학교(Columbia Univ.)의 핵심 교육과정(Core Curriculum), 시카고대학교(The Univ. of Chicago)의 고전 프로그램(The Great Books Program), 브라운대학교(Brown Univ.)의 '새로운 교육과정(New Curriculum)', 존스홉킨스대학교(Johns Hopkins Univ.)의 '균형 잡힌 과학(Balancing Science)', 듀크대학교(Duke Univ.)의 '교육과정 2000(Curriculum 2000)', 뉴욕주립대학교(SUNY)의 'Public Rigor' 등도 나름의 특성을 갖고 교양교육에 대한 고

민을 담고 있다.[01] 2003년 4월의 조사에 따르면, 미국의 160여 개 대학 학부 교육과정에 고전 읽기 중심의 교과목을 제공하고 있다고 한다.[02] 이들 대학 중 대표적인 사례를 소개하면 다음과 같다.

- 하버드대학교(Harvard Univ.): 하버드대학교는 1909년 엘리엇(Eliot, Charles W.) 총장의 주도하에 하버드 클래식(The Harvard Classics: 원제는 Dr. Eliot's Five Foot Shelf)이라는 제목으로 51권의 고전(Great Books) 시리즈를 출판했다.(50권은 『Introduction, Reader's Guide, Index』이고, 51권은 『Lectures on the Harvard Classics』이다. 따라서 고전 도서들은 1권에서 49권 안에 담겨 있다.)[03] 22,000페이지 분량에 150여 편의 작품들로 구성되었다. 서양 최초의 역사 시기부터 19세기까지 인간의 진보에 관한 총체적인 관점을 파악할 수 있는 자료를 제공할 목적이었다. 엘리엇은 하버드 재임 기간 동안 교양교육의 중요성을 강조하며 "5피트 책꽂이면 몇 년 과정의 일반 교양교육을 대체할 만한 책을 충분히 담을 수 있다."라는 말을 자주 했다고 한다(크리스토퍼 베하, 2010: 14). 크리스토퍼 베하(Beha, Christopher R.)는 하버드 클래식을 12개 주제별로 분류하여 월별로 1년간 읽을 수 있도록 했다. 아래에 하버드 클래식 51권의 전체를 밝힌다.

---

01 이상 Peter Dizikes, 「The Core Choice」, 『The New York Times』, 2006. 1. 8.

02 https://astro.temple.edu/~szelnick/actc/ListofGreatBooksPrograms2.htm. 신의항, 「미국대학의 고전 읽기 교육」(2010. 1).

03 구체적인 도서명과 간단한 해제를 보려면 다음 웹사이트에서 찾아볼 수 있다. https://thewholefivefeet.typepad.com/the_whole_five_feet/ 이하 내용은 page/2/~page/5/ 등 5 페이지에 걸쳐 소개하고 있다.

1권: 프랭클린(Franklin, Benjamin)의 『자서전(His Autobiography)』, 울먼(Woolman, John)의 『일기(Journal)』, 펜(Penn, William)의 『고독의 열매(Fruits of Solitude)』

2권: 플라톤(Platon)의 『소크라테스의 변명(The Apology)』, 『파이돈(Phaedo)』, 『크리톤(Crito)』, 에픽테토스(Epiktētos)의 『어록(The Golden Sayings)』, 아우렐리우스(Aurelius)의 『명상록(The Meditations)』

3권: 베이컨(Bacon, Francis)의 『수상록(Essays), 『시민도덕(Civil and Moral), 『뉴아틀란티스(The New Atlantis)』, 밀턴(Milton, John)의 『아레오파지티카(Areopagitica), 『교육론(Tractate on Education)』, 브라운(Browne, Sir Thomas)의 『종교의학(Religio Medici)』

4권: 밀턴(Milton, John)의 『시 전집(Complete Poems Written in English)』

5권: 에머슨(Emerson, Ralph Waldo)의 『에세이 선집(Essays)』, 『영국인의 특성(English Traits)』

6권: 번스(Burns, Robert)의 『시와 시가(Poems and Songs)』

7권: 아우구스티누스(Augustinus, Aurelius)의 『고백록(The Confessions)』, 켐피스(Kempis, Thomas à)의 『그리스도를 본받아(The Imitation of Christ)』

8권: 아이스킬로스(Aeschylos)의 『아가멤논(Agamemnon)』, 『제주를 바치는 여인들(The Libation-Bearers)』, 『자비로운 여신들(The Furies)』, 『결박된 프로메테우스(Prometheus Bound)』, 소포클레스(Sophocles)의 『오이디푸스 왕(Oedipus the King)』, 『안티고네(Antigone)』, 에우리피데스(Euripides)의 『히폴리투스(Hippolytus)』, 『주신 바쿠스의 시녀들(The Bacchae)』, 아리스토파네스(Aristophanes)의 『개구리들(The Frogs)』

9권: 키케로(Cicero, Marcus Tullius)의 『우정에 대하여(On Friendship)』,

『노년에 대하여(On Old Age)』, 『서한집(Letters)』, 플리니우스(Plinius, Caecilius Secundus, Gaius)의 『서한집(Letters)』

10권: 스미스(Smith, Adam)의 『국부론(Wealth of Nations)』

11권: 다윈(Darwin, Charles Robert)의 『종의 기원(The Origin of Species)』

12권: 플루타르코스(Ploutarchos)의 『영웅전(Lives)』

13권: 베르길리우스(Vergilius Maro, Publius)의 『아이네이스(The Aeneid)』

14권: 세르반테스 사아베드라(Cervantes Saavedra, Miguel de)의 『돈키호테 1부(Don Quixote, Part 1)』

15권: 버니언(Bunyan, John)의 『천로역정(The Pilgrim's Progress)』, 월턴(Walton, Izaak)의 『존 던과 조지 허버트의 생애(The Lives of Donne and Herbert)』

16권: 『천일야화(Stories from the Thousand and One Nights)』

17권: 이솝(Aesop)의 『이솝 우화(Fables)』, 그림 형제(Jacob and Wilhelm Grimm)의 『어린이와 가정을 위한 동화(Household Tales)』, 안데르센(Andersen, Hans Christian)의 『안데르센 동화(Tales)』

18권: 드라이든(Dryden, John)의 『지상의 사랑(All for Love)』, 셰리든(Sheridan, Richard Brinsley)의 『스캔들 학교(The School for Scandal)』, 골드스미스(Goldsmith, Oliver)의 『지는 것이 이기는 것(She Stoops to Conquer)』, 셸리(Shelley, Percy Bysshe)의 『첸치 일가(The Cenci)』, 브라우닝(Browning, Robert)의 『오명(A Blot in the Scutcheon)』, 바이런(Byron, George Gordon)의 『맨프레드(Manfred)』

19권: 괴테(Goethe, Johann Wolfgang von)의 『파우스트 1부(Faust, Part I)』, 말로(Marlowe, Christopher)의 『포스터스 박사(Dr. Faustus)』

20권: 단테(Alighieri, Dante)의 『신곡(The Divine Comedy)』

21권: 만초니(Manzoni, Alessandro Francesco Tommaso Antonio)의 『약혼자(I Promessi Sposi)』

22권: 호메로스(Homeros)의 『오디세이아(The Odyssey)』

23권: 데이너(Dana Jr., Richard Henry)의 『2년 동안의 선원 생활(Two Years before the Mast)』

24권: 버크(Burke, Edmund)의 『취향에 대하여(On Taste)』와 『숭고와 미에 대하여(On the Sublime and Beautiful)』, 『프랑스혁명론에 관한 반성(Reflections on the French Revolution)』, 『어느 귀족에게 보내는 편지(A Letter to a Noble Lord)』

25권: 밀(Mill, John Stuart)의 『자서전(Autobiography)』과 『자유론(On Liberty)』, 칼라일(Carlyle, Thomas)의 『성격에 대하여(Characteristics)』, 『에든버러 대학 학장 취임사(Inaugural Address at Edinburgh)』, 『월터 스콧 경(Sir Walter Scott)』

26권: 칼데론 데라바르카(Calderón de la Barca, Pedro)의 『인생은 꿈(Life is a Dream)』, 코르네유(Corneille, Pierre)의 『폴리외트(Polyeucte)』, 라신(Racine, Jean)의 『페드르(Phedre)』, 몰리에르(Molière)의 『타르튀프(Tartuffe)』, 레싱(Lessing, Gotthold Ephraim)의 『미나 폰 바른헬름(Minna von Barnhelm)』, 실러(Schiller, Johann Christoph Friedrich von)의 『빌헬름 텔(William Tell)』

27권: 『영국 에세이 편: 시드니에서 매콜리까지(English Essays: Sydney to Macaulay)』

28권: 『영미 에세이 선집(Essays: English and American)』

29권: 다윈(Darwin, Charles Robert)의 『비글호 항해기(The Voyage of the Beagle)』

30권: 『과학 논문 선집』 패러데이(Faraday, Michael)의 「The

Forces of Matter and The Chemical History of a Candle」, 헬름홀츠(Helmholtz, Hermann Ludiwg Ferdinand von)의 「On the Conservation of Force and Ice and Glaciers」, 켈빈(Kelvin, Baron)의 「The Wave Theory of Light and The Tides」, 뉴컴(Newcomb, Simon)의 「The Extent of the Universe」, 기키(Geikie, Archibald)의 「Geographical Evolution」

31권: 첼리니(Cellini, Benvenuto)의 『자서전(The Autobiography)』

32권: 『문학 및 철학 에세이 선집(Literary and Philosophical Essays)』

33권: 『항해기와 여행기-고대와 근대(Voyages and Travels: Ancient and Modern)』

34권: 데카르트(Descartes, René)의 『방법서설(Discourse on Method)』, 볼테르(Voltaire)의 『영국인에 관한 편지(Letters on the English)』, 루소(Rousseau, Jean Jacques)의 『인간 불평등 기원론(On the Inequality among Mankind)』과 『사부아 지방 보좌신부의 신앙고백(Profession of Faith of a Savoyard Vicar)』, 홉스(Hobbes, Thomas)의 『리바이어던(Of Man, Being the First Part of Leviathan)』

35권: 프루아사르(Froissart, Jean)의 『연대기(The Chronicles)』, 맬러리(Malory, Sir Thomas)의 『성배(The Holy Grail)』, 해리슨(Harrison, William)의 『엘리자베스 시대 영국에 대하여(A Description of Elizabethan England)』

36권: 마키아벨리(Machiavelli, Niccoló)의 『군주론(The Prince)』, 로퍼(Roper, William)의 『토마스 모어 경의 삶(The Life of Sir Thomas More)』, 모어(More, Sir Thomas)의 『유토피아』, 루터(Luther, Martin)의 『95개조 반박문(The Ninety-Five Theses), 기독교인 귀족에게 보내는 글(Address to the Christian Nobility) & 기독교인의 자유에 대하여(Concerning Christian Liberty)』

37권: 로크(Locke, John)의 『교육론(Some Thoughts Concerning Education)』, 버클리(Berkeley, George)의 『힐라스와 필로누스가 회의론자와 무신론자에 반대하여 나누는 세 대화(Three Dialogues Between Hylas and Philonous in Opposition to Sceptics and Atheists)』, 흄(Hume, David)의 『인간 이해력 탐구(An Enquiry Concerning Human Understanding)』

38권: 『히포크라테스 선서(The Oath of Hippocrates)』, 파레(Paré Ambroise)의 『다양한 곳으로의 여행(Journeys in Diverse Places)』, 하비(Harvey, William)의 『동물의 심장과 혈액 운동에 대하여(On the Motion of the Heart and Blood in Animals)』, 제너(Jenner, Edward)의 『천연두 예방접종에 관한 세 원전(The Three Original Publications on Vaccination Against Smallpox)』, 홈스(Holmes, Oliver Wendell)의 『산욕열의 전염성(The Contagiousness of Puerperal Fever)』, 리스터(Lister, Joseph)의 『외과 수술시 소독법에 대하여(On the Antiseptic Principle of the Practice of Surgery)』, 파스퇴르(Pasteur, Louis)의 『과학 논문들(Scientific Papers)』, 라이엘(Lyell, Sir Charles)의 『과학 논문들(Scientific Papers)』

39권: 『서문집(Prefaces and Porlogues)』

40권: 『영미 시 1: 초서(Chaucer, Geoffrey)에서 그레이(Gray, Thomas)까지』

41권: 『영미 시 2: 콜린스(Collins, William)에서 피츠제럴드(FitzGerald, Edward)까지』

42권: 『영미 시 3: 테니슨(Tennyson, Alfred)에서 휘트먼(Whitman, Walt)까지』

43권: 『미국 역사 문헌: 1000~1904(American Historical Documents: 1000~1904)』

44권: 공자(Confucius)의 『논어(The Sayings)』, 『욥기(Job), 시편(Psalms), 전도서(Ecclesiastes)』, 『누가복음과 사도행전(Luke and Acts)』

45권: 『고린도전서 1장과 2장(Corinthians I & II)』, 『찬송가(Hymns)』, 『불경(Buddhist Writings)』, 『바가바드기타(The Bhagavad-Gita)』, 『코란(Chapters from the Koran)』

46권: 말로(Marlowe, Christopher)의 『에드워드 2세(Edward the Second)』, 셰익스피어(Shakespeare, William)의 『햄릿(Hamlet)』, 『리어왕(King Lear)』, 『맥베스(Macbeth)』, 『템페스트(The Tempest)』

47권: 데커(Dekker, Thomas)의 『구두수선공의 휴일(The Shoemakers Holiday)』, 존슨(Jonson, Ben)의 『연금술사(The Alchemist)』, 매신저(Massinger, Philip)의 『묵은 빚을 갚는 새로운 방법(A New Way to Pay Old Debts)』, 보몬트(Beaumont, Francis)와 플레처(Fletcher, John)의 『필라스터(Philaster)』, 웹스터(Webster, John)의 『몰피 공작부인(The Duchess of Malfi)』

48권: 파스칼(Pascal, Blaise)의 『팡세(Thoughts)』, 『서한집(Letters)』, 『기타(Minor Works)』

49권: 『베오울프(Beowulf)』, 『롤랑의 노래(The Song of Roland)』, 『다 데르가 호스텔의 파괴(The Destruction of Da Dergas Hostel)』, 『볼숭과 니벨룽 이야기(The Story of the Volsungs and Niblungs)』

50권: 엘리엇(Eliot, Charles)의 『머리말(Introduction), 독자 가이드(Reader's Guide), 색인(Index)』

51권: 베하(Beha, Christopher R.)의 『하버드 클래식에 관한 강의(Lectures on the Harvard Classics)』

하버드 클래식이 모든 고전을 다 포함하거나 대표하는 것은 아니다. 그러나 하버드 클래식은 이후 미국을 중심으로 한 각 대학의 고전 권장 도서 선정의 기준이 되고 촉매제 역할을 한 것으로 평가된다.

- **컬럼비아대학교**(Columbia Univ.): 미국 대학의 학부 교육에서 중요한 비중을 차지하는 것이 고전이다. 이는 1920년대 컬럼비아대학교(Columbia Univ.)의 어스킨(Erskine, John) 등이 주장하기 시작했다. 지금까지 축적된 서양문명이 기초 교양교육의 중심이 되어야 한다는 생각이었다. 고전은 고대 그리스에서부터 최근에까지 이른다. 고전을 중심으로 한 세미나가 바로 핵심 교육과정(Core Curriculum)이다. 핵심 교육과정은 학생들로 하여금 자신의 전공과 상관없이 1년간에 걸친 철학과 문학에 관한 세미나를 요구한다. 덧붙여 과학, 작문, 음악과 예술도 포함한다. 컬럼비아대학교는 핵심 교육과정 센터(Center for the Core Curriculum)를 설립하여 교양교육 도서목록을 선정하여 알파벳순으로 제시하고 핵심 교육과정 관련 세미나와 강의, 협의회 등을 적극 지원하고 있다. 아벨라르 피터(Peter, Abelard)의 『윤리적 글쓰기』부터 울스턴크래프트 메리(Mary, Wollstonecraft)의 『여성의 권리옹호』까지 구체적인 교양교육 도서목록은 인터넷을 통해 참조할 수 있다.[04]

- **시카고대학교**(The Univ. of Chicago): 1857년 더글러스가 기증한 토지를 기초로 세운 시카고대학이 1886년 재정난으로 폐쇄되자 1890년 석유재벌 록펠러가 새 대학을 설립하여 1892년에 수업을 시작했다.

---

04 http://www.college.columbia.edu/core/austins_books.php

설립 초기에는 삼류대학교로 여겨졌다. 그러나 1929년에 총장으로 부임한 로버트 허친슨(Hutchinson, Robert)은 학생들에게 존 스튜어트 밀(Mill, John Stuart) 식의 독서법을 전파하며 약 100여 권의 고전을 읽지 않으면 졸업을 시키지 않았다. 이를 계기로 시카고대학교는 면모를 일신하게 되었다. 학생들에게 강제로 책을 읽게 했지만 그 효과는 대단했다. 학생들의 사고능력에 변화가 생기며 그들의 진로에도 긍정적인 영향을 끼쳤다. 시카고 플랜(Chicago Plan)으로 불리는 허친슨 총장의 고전 읽기 프로그램(The Great Books Program)으로 시카고대학은 삼류대학에서 일약 명문대학 반열에 오르게 되었다. 시카고대학의 고전 읽기 프로그램의 목록은 다음과 같다.

1년차(『미국독립선언서』외 15권)
2년차(『구약 중 전도서』외 15권)
3년차(『구약 중 욥기』외 15권)
4년차(공자의 『논어』외 15권)
5년차(에우리피데스의 『메데이아』 외 15권)
6년차(아이스킬로스 『사슬에 묶인 프로메테우스』 외 15권)
7년차(플라톤의 『고르기아스』 외 15권)
8년차(아리스토파네스의 『섬』과 『평화』 외 15권)
9년차(호메로스의 『일리아스』 외 15권)

- **세인트존스대학교**(Saint John's Univ.): 세인트존스대학교는 다른 대학들과 달리 전공과 선택과목 없이 4년간 104권의 고전에 기반한 독특한 교육과정을 운영하고 있다. 평가는 시험 대신 토론에 대한 참여와 기여 정도에 기반하여 이루어진다. 가장 중요한 평가 형태는 돈 랙

(The Don Rag)으로 모든 학생이 매 학기말에 개별 지도교수를 만나서 자신과 자신의 학업에 대한 무제한적인 토론을 벌이는 것을 의미한다(신의항, 2010). 세인트존스대학교의 고전 읽기 목록은 다음과 같다.

1학년(호메로스의 『일리아스』 외 32권)
2학년(『구약성서』 외 28권)
3학년(세르반테스의 『돈키호테』 외 23권)
4학년(톨스토이의 『전쟁과 평화』 외 19권)

한편, OnlineCollegeCourses.com에서는 대학에서 반드시 읽어야 할 100권의 필독서를 고전(『베오울프』 외 25권), 역사 기반 픽션(존 스타인백의 『분노의 포도』 외 7권), 근작(데이비드 포스터 월리스의 『무한한 흥미』 외 10권), 비서구, 소수 인종 및 여성 작가[치누아 아체베(Achebe, Chinua)]의 『모든 것이 산산이 부서지다(Things Fall Apart)』 외 7권), 전기, 역사 및 사회 이론(프레더릭 더글라스의 『프레더릭 더글라스의 삶 이야기』 외 6권), 철학과 종교(알베르 카뮈의 『이방인』 외 11권), 드라마와 시(사무엘 베케트의 『고도를 기다리며』 외 9권), 과학과 수학(찰스 다윈의 『종의 기원』 외 12권), 기타(데이비드 소로의 『월든(Walden)』 외 4권)을 선정했다. 구체적인 필독서 목록은 인터넷을 통해 참고할 수 있다.[05]

이들 주요 대학 외에도 『The New York Times』, 『Newsweek』 그리고 『BBC』와 같은 주요 언론들도 나름의 기준으로 권장도서를 제시하고 있다. 『The New York Times』(2005)는 문학(로렌스의 『아들과 연인』 외 29권), 인문(프로이트의 『꿈의 해석』 외 29권), 사회(레닌의 『무엇을 할 것인가』 외 19권),

05 https://www.onlinecollegecourses.com/

과학(아인슈타인의 『상대성원리』 외 9권), 예술 · 기타(헬렌 켈러의 『헬렌 켈러 자서전』 외 9권) 분야에 걸쳐 꼭 읽어야 할 20세기 최고의 책 100권을 선정했다.

『The New York Times』가 뽑은 20세기 최고의 책 100선

문학

1. 데이비드 로렌스(Lawrence, David Herbert), 『아들과 연인』, 1913
2. 루쉰, 『아큐정전』, 1921
3. 엘리엇, 『황무지』, 1922
4. 제임스 조이스, 『율리시스』, 1922
5. 토마스 만, 『마의 산』, 1924
6. 카프카, 『심판』, 1925[06]
7. 프루스트, 『잃어버린 시간을 찾아서』, 1927
8. 버지니아 울프, 『등대로』, 1927
9. 헤밍웨이, 『무기여 잘 있거라』, 1929
10. 레마르크, 『서부전선 이상없다』, 1929
11. 올더스 헉슬리, 『멋진 신세계』, 1932
12. 앙드레 말로, 『인간조건』, 1933
13. 존 스타인벡, 『분노의 포도』, 1939
14. 리처드 라이트(Wright, Richard Nathaniel), 『토박이(Native Son)』, 1940
15. 브레히트, 『억척어멈과 그 자식들』, 1941
16. 카뮈, 『이방인』, 1942

---

06 Franz Kafka의 『Der Prozess(The Trial)』은 1914~1915년에 집필되어, 1925년에 유고작으로 출판(Berlin: Verlag Die Schmiede, 1925)되었다.

17. 조지 오웰, 『1984』, 1948
18. 사무엘 베케트, 『고도를 기다리며』, 1952
19. 블라디미르 나보코프, 『롤리타(Lolita)』, 1955
20. 유진 오닐, 『밤으로의 긴 여로』, 1956
21. 잭 케루악(Kerouac, Jack), 『길 위에서(On the Road)』, 1957
22. 파스테르나크, 『닥터 지바고』, 1957
23. 치누아 아체베(Achebe, Chinua), 『무너져내린다(Things Fall Apart)』, 1958
24. 귄터 그라스, 『양철북』, 1959
25. 조지프 헬러(Heller, Joseph), 『캐치 22(Catch-22)』, 1961
26. 솔제니친, 『수용소 군도』, 1962
27. 가르시아 마르케스, 『백년 동안의 고독』, 1967
28. 움베르토 에코, 『장미의 이름』, 1980
29. 밀란 쿤데라, 『참을 수 없는 존재의 가벼움』, 1984
30. 살만 루시디, 『악마의 시』, 1989

인문

1. 지그문트 프로이트, 『꿈의 해석』, 1900
2. 페르디낭 드 소쉬르, 『일반언어학강의』, 1916
3. 막스 베버, 『프로테스탄트 윤리와 자본주의 정신』, 1920
4. 라다크리슈난, 『인도철학사』, 1923~27
5. 지외르지 루카치, 『역사와 계급의식』, 1923
6. 마르틴 하이데거, 『존재와 시간』, 1927
7. 펑유란(馮友蘭), 『중국철학사』, 1930
8. 아놀드 토인비, 『역사의 연구』, 1931~64
9. 마오쩌둥(毛澤東), 『모순론(矛盾論)』, 1937
10. 헤르베르트 마르쿠제, 『이성과 혁명』, 1941

11. 장 폴 사르트르, 『존재와 무』, 1943
12. 칼 포퍼, 『열린 사회와 그 적들』, 1945
13. 호르크하이머(Horkheimer, Max), 아도르노(Adorno, Theodor Wiesengrund), 『계몽의 변증법(Dialektik der Aufklaerung=Dialectic of Enlightenment)』, 1947
14. 시몬 드 보부아르(Beauvoir, Simone de), 『제2의 성』, 1949
15. 한나 아렌트, 『전체주의의 기원』, 1951
16. 루트비히 비트겐슈타인, 『철학적 탐구』, 1953
17. 미르치아 엘리아데, 『성과 속』, 1957
18. 에드워드 핼릿 카(Carr, Edward Hallett), 『역사란 무엇인가』, 1961
19. 클로드 레비스트로스, 『야생의 사고(La Pensée Sauvage=The Savage Mind)』, 1962
20. 에릭 홉스봄, 『혁명의 시대』, 1962
21. 에드문트 후설, 『현상학의 이념』, 1964
22. 미셸 푸코, 『말과 사물(Les mots et les choses=The Order of Things)』, 1966
23. 노암 촘스키, 『언어와 정신』, 1968
24. 베르너 하이젠베르크, 『부분과 전체』, 1969
25. 질 들뢰즈, 펠릭스 가타리, 『앙티오이디푸스(Anti-Oedipus: Capitalism and Schizophrenia)』, 1972
26. 에리히 프롬, 『소유냐 삶이냐』, 1976
27. 에드워드 사이드, 『오리엔탈리즘』, 1978
28. 페르낭 브로델, 『물질문명과 자본주의』, 1979
29. 피에르 부르디외(Bourdieu, Pierre), 『구별짓기(Distinction: A Social Critique of the Judgment of Taste)』, 1979
30. 위르겐 하버마스, 『소통행위이론』, 1981

사회

1. 블라디미르 레닌(Lenin, Vladimir Ilich Ul·ya·nov), 『무엇을 할 것인가(What Is to Be Done?)』, 1902
2. 프레드릭 윈슬로 테일러, 『과학적 관리법』, 1911
3. 안토니오 그람시(Gramsci, Antonio), 『옥중수고(Prison Notebooks)』, 1926~37
4. 라인홀트 니버, 『도덕적 인간과 비도덕적 사회』, 1932
5. 존 메이너드 케인스, 『고용 · 이자 · 화폐 일반이론』, 1936
6. 윌리엄 베버리지, 『사회보험과 관련 사업』, 1942
7. 앙리 조르주 르페브르, 『현대세계의 일상성』, 1947
8. 알프레드 킨제이(Kinsey, Alfred Charles), 『남성의 성행위(Sexual Behavior in the Human Male)』, 1948
9. 데이비드 리스먼(Riesman, David), 『고독한 군중(The Lonely Crowd)』, 1950
10. 조지프 슘페터, 『자본주의 · 사회주의 · 민주주의』, 1950
11. 존 갤브레이스, 『미국의 자본주의』, 1951
12. 대니얼 벨, 『이데올로기의 종언』, 1960
13. 에드워드 톰슨, 『영국노동계급의 형성』, 1964
14. 마루야마 마사오(Masao, Maruyama=丸山眞男), 『현대정치의 사상과 행동(Thought and Behaviour in Modern Japanese Politics)』, 1964
15. 마셜 맥루헌, 『미디어의 이해』, 1964
16. 케이트 밀레트(Millett, Katherine Murray), 『성의 정치학(Sexual Politics)』, 1970
17. 존 롤스(Rawls, John), 『정의론(A Theory of Justice)』, 1971
18. 이매뉴얼 월러스틴(Wallerstein, Immanuel Maurice), 『세계체제론(World-System Theory)』, 1976

19. 앨빈 토플러, 『제3의 물결』, 1980
20. 폴 케네디(Kennedy, Paul), 『강대국의 흥망(The Rise and Fall of the Great Powers)』, 1987

과학

1. 알베르트 아인슈타인, 『상대성 원리』, 1918
2. 노버트 위너, 『사이버네틱스』, 1948
3. 조지프 니덤, 『중국의 과학과 문명』, 1954
4. 토마스 쿤, 『과학혁명의 구조』, 1962
5. 제임스 왓슨, 『유전자의 분자생물학』, 1965
6. 제임스 러브록, 『가이아』, 1978
7. 에드워드 윌슨, 『사회생물학』, 1980
8. 칼 세이건, 『코스모스』, 1980
9. 일리아 프리고진, 『혼돈으로부터의 질서(Order out of Chaos)』, 1984
10. 스티븐 호킹, 『시간의 역사』, 1988

예술, 기타

1. 헬렌 켈러, 『헬렌 켈러 자서전』, 1903
2. 아돌프 히틀러, 『나의 투쟁』, 1926
3. 마하트마 간디, 『자서전』, 1927~29
4. 에드거 스노, 『중국의 붉은 별』, 1937
5. 아놀드 하우저, 『문학과 예술의 사회사』, 1940~50
6. 안네 프랑크, 『안네의 일기』, 1947
7. 에른스트 한스 곰브리치, 『서양미술사』, 1948
8. 말콤 엑스(Malcolm X), 『말콤 엑스의 자서전(The Autobiography of Malcolm X)』, 1966

9. 에른스트 슈마허(Schumacher, Ernst Friedrich), 『작은 것이 아름답다(Small is Beautiful)』, 1975
10. 넬슨 만델라, 『자유를 향한 긴 여정(Long Walk to Freedom)』, 1994

100권 중 문학 분야 30%, 인문 분야 30%, 사회 분야가 20%, 과학 분야 10%, 예술 · 기타 분야가 10%를 차지하고 있다.

『Newsweek』(2009)도 『The Telegraph's 110 best books/The Perfect Library』, 『The Guardian's top 100 books』, 『Oprah's Book Club』, 『the St. John's College reading list』, 『Wikipedia's list of all-time bestsellers』, 『the New York Public Library's books of the century』, 『the Radcliffe Publishing Course's list of the 100 best English-language novels of the 20th century』, 『The Modern Library's 100 best novels and 100 best works of nonfiction』, 『Time's 100 best English-language novels from 1923 to the present』, and 『NEWSWEEK's own list of current top 50 choices』 등 10개 권장도서 목록에서 선정한 100대 명저 리스트를 발표했다. 1위 톨스토이의 『전쟁과 평화』, 2위 조지 오웰의 『1984』, 3위 제임스 조이스의 『율리시즈』, 4위 블라디미르 나보코프의 『롤리타』, 5위 윌리엄 포크너의 『음향과 분노』 (중략) 100위 윈스턴 처칠의 『제2차 세계대전 회고록』 순이다.

『Newsweek』 선정 100대 명저 리스트는 웹사이트에 공개되어 있다.[07] 셰익스피어의 작품이 『햄릿』, 『리어왕』, 『오셀로』, 『소네트』의 4개로 가장 많이 선정되었다. 톨스토이, 버지니아 울프, 윌리엄 포크너, 조

---

07 https://www.listchallenges.com/newsweeks-top-100-books-the-meta-list

지 오웰, 헤밍웨이의 작품이 2개 이상 목록에 선정되었다.

『BBC』도 죽기 전에 꼭 읽어야 할 100권의 권장도서 리스트를 제시했다. 1위 제인 오스틴의 『오만과 편견』, 2위 톨킨의 『반지의 제왕』, 3위 샬롯 브론테의 『제인 에어』, 4위 조앤 롤링의 『해리포터 시리즈』, 5위 하퍼 리의 『앵무새 죽이기』 (중략) 100위 빅토르 위고의 『레미제라블』 순이다. 『BBC』 선정 100권의 권장도서 리스트도 웹사이트에 공개되어 있다.[08]

이상 외국의 주요 대학과 언론에서 선정한 권장도서 리스트는 많은 부분이 서로 중복이 될 뿐만 아니라, 국내대학의 권장도서 선정에도 많은 영향을 미쳐 다음에 제시되는 국내의 일반대학과 교육대학의 권장도서 목록과도 상당수 중복됨을 알 수 있다.

---

08 https://www.listchallenges.com/bbcs-top-100-books-you-need-to-read-before-you-die

2. 국내대학의 예

가) 일반대학

국내 대학의 권장도서 선정기준과 그 의도를 살펴보도록 하자.

먼저 서울대학교의 '서울대학생을 위한 권장도서 100선'은 선정의 취지를 다음과 같이 밝혔다.

> 대학 졸업 후 어떤 직종에 종사하든 학생들은 평생 동안 시대의 변화에 적응하는 능력을 갖춰야 한다. 정보사회의 흐름은 순식간에 전혀 엉뚱한 방향으로 몸을 틀 수도 있다. 때로는 전혀 예기치 않은 지식과 정보가 융합되어 새로운 지식 분야를 창출하기도 한다. 자기 분야만 아는 편협한 근시안으로는 정보사회의 급격하고 복잡한 변화에 대처할 수 없으며 한 방향만으로 세상을 봐서는 현실을 제대로 예측할 수 없게 되었다. 대학이 개별 분과 학문의 경계를 넘어서 종합적 판단력과 사고력을 기를 수 있도록 주력해야 하는 이유가 여기에 있다.

서울대학교는 그러한 기초교육 강화의 취지를 제대로 살리고 내실을 기하기 위한 핵심과제의 하나로 '서울대학생을 위한 권장

> 도서 100선'을 선정하는 한편, 후속 작업을 통해 서울대학교 학생들이 학문 분야를 막론하고 지식의 원천이 되는 동서양 고전을 읽는 풍토를 조성하고자 노력하고 있다. 여기에 선정된 도서들은 해당 전공 분야의 학생들만을 위한 것이 아니라, 개별 전공의 울타리를 넘어서 서울대학교 학생들이 재학 기간 동안 두루 섭렵하기를 희망하는 취지로 마련된 것이다. 또한 과거와 달리 지식기반 사회에서는 대학에서 배운 지식을 사회에서 활용하는 데 그치지 않고 평생 지속적으로 새로운 지식을 창출해야 한다는 점을 고려할 때, 여기에 제시되는 도서들은 학생들이 대학을 졸업한 후에도 가까이 두고 꾸준히 읽어나가는 것이 바람직함은 물론이다.
>
> ('서울대 권장도서 100선'의 취지와 이용 방법)(밑줄 필자)

이상과 같은 취지에 따라 '한국문학' 17권, '외국문학' 31권, '동양사상' 14권, '서양사상' 27권, '과학기술' 11권을 선정하였다. 문학이 48%, 인문사회가 41%, 자연과학이 11%를 차지한다.

연세대학교는 연세필독도서(고전 200선)로 200권을 선정하였다. 이 가운데 문학이 100권인데, 한국문학 23권, 중국문학 15권, 일본문학 5권, 서양 고전문학 7권, 영미문학 13권, 독일문학 9권, 프랑스문학 9권, 러시아문학 9권, 제3세계 문학 10권 등으로 구성되었다.

사상이론서 100권은, 역사·지리 분야 30권, 철학·예술 분야 30권, 사회과학 분야 25권, 자연·응용과학 분야 15권으로 이루어져 있다.

이를 종합해 보면 문학이 50%, 인문사회가 42.5%, 자연과학이 7.5%를 차지한다.

서강대학교는 1차 100권과 2차 100권 그리고 학교의 설립취지에 부합하는 가톨릭 추천도서 30권을 추가하여 도합 230권을 선정하였다. 이 가운데 '서강대학교 학생이면 누구나 읽기를 바라는 책'을 1차 필독서에, '좀 더 심화해서 읽어야 할 책'을 2차 필독서로 나누었다.

서강대학교 1차 필독서는 문학에 비중을 두었고, 2차 필독서에는 인문사회 분야가 강조되었다. 1차 필독서의 비중을 보면, 문학이 52%, 인문사회가 33%, 과학기술이 15%를 차지하였다. 2차 필독서는, 문학이 29%, 인문사회가 56%, 과학기술이 15%로 비율 배분이 다소 달라졌다. 이를 합쳐 보면 문학이 40.5%, 인문사회가 44.5%, 과학기술이 15%가 된다.

국민대학교는 교양필독서란 이름으로, 교양·문학 21권, 인문과학 21권, 사회과학 23권, 예술 20권, 자연과학 15권을 선정하였다. 문학이 21%, 인문사회가 44%, 예술이 20%, 자연과학이 15%를 차지하였다. 국민대학교의 경우 '예술' 분야에 『문학과 예술의 사회사』, 『미학 오디세이』, 『북한의 문학과 예술』 등이 포함되었다. 다른 대학의 경우로 보면 이들 도서는 '문학'이나 '인문사회' 분야에 배분될 것도 있다.

한양대학교의 경우 일반적인 분류 방법을 따르지 않았다. '나의 사고의 틀을 깨고 싶을 때' 10권, '미래의 변화에 대해 알고 싶을 때' 8권, '최근의 문화현상을 이해하고 싶을 때' 9권, '민족의 삶에 대해 알고 싶을 때' 10권, '인류의 삶의 자취를 알고 싶을 때' 8권, '삶의 다양한 방식들을 알고 싶을 때' 7권, '생명의 신비에 대해 알고 싶을 때' 7권, '자아에 대해 알고 싶을 때' 6권, '보다 가치 있는 삶을 살고 싶을 때' 8권, '문화 예술의 향기를 느끼고 싶을 때' 11권, '영원에 대해 알고 싶을 때' 6권, '세계의 존재 양상을 알고 싶을 때' 6권, '새로운 세계에 대한 탐구의욕이 생길 때' 6권, '사회의 현상을 분석하고 싶을 때' 11권, '철학과 사상의 흐름을 알고 싶을 때' 7권, '철학과 사상을 깊이 이해하고 싶을 때' 11권 등 도합 131권이다.

대학과 무관하게 출판사 보고사에서는 『글쓰기를 위한 책읽기(교양도서 100선)』를 발간하였다. 부제(副題)처럼 교양도서 100선이어서 다른 대학의 필독서 혹은 권장도서 100권과 같은 형식이다. 문학과 예술을 합쳐 44권, 역사와 철학에 22권, 사회와 과학에 30권이 선정되었다. '사회와 과학'에서 과학만 따로 뽑으면 14권이다. 이를 앞의 분류 방식에 따라 환산해 보면, 문학 44%, 인문사회에 38%, 자연과학이 14%를 차지한다.

나) 교육대학

우리나라의 교육대학은 초등교사의 양성을 가장 중요한 목표로 삼아 설립·운영되고 있는 고등 교육기관의 하나이다. 이들 교육대학은 크게 3가지 형태로 구분해 볼 수 있다. 우선 '교육대학'이라는 명칭을 단독으로 사용하는 대학은 대부분 거의 유사한 하나의 독립된 단과대학의 형태이다. 다른 하나는 종합대학 내에 내재된 단과대학 형태이고, 또 다른 하나는 종합대학의 단과대학에 속해 있는 개별 학과의 형태이다. 전자에는 대구교육대학교를 비롯한 거의 모든 교육대학이 여기에 속하고, 후자에는 제주대학교 교육대학이 단과대학의 하나로 위치하고 있으며, 마지막으로는 이화여자대학교 사범대학 초등교육과와 한국교원대학교 제1대학 초등교육과를 들 수 있다. 이들은 외형적인 구조의 차이에도 불구하고 초등교사의 양성과 교사 자격의 취득이라는 측면에서 이들 대학에 재학하고 있는 대학생들은 예비교사로서 배우고 학습하는 교육과정의 내용과 그 특성이 거의 유사할 것으로 생각된다.

이 중에서 단과대학으로서의 교육대학이 속한 제주대학교와 사범대학이나 제1대학 초등교육과가 속해 있는 종합대학교인 이화여자대학교와 한국교원대학교에서는 '필독 교양도서', '필독고전', '동서양 고전 100선', '권장도서 100권' 등의 구호를 내걸지도, 추천도서를 선정하지도 않고 있다. 따라서 결과적으로 이들 대학에 속해 있는 교육대학이나 사범대학과 제1대학에 초등교육과가 추천도서를 선정하지 않은 것은 지극히 당연한 일이다. 그러므로 이들 대학에서 '고전'을 학생들에게 읽도록 어떻게 권장하는지를 알려고 할 때, 그 실상을 파악하려는 작업은 매우 어려운 과제가 될 것임이 분명하다.

다만 단과대학 형식의 교육대학 중에서도 경인교육대학교와 대구교육대학교, 그리고 부산교육대학교의 3개 교육대학에서만 추천도서를 선정하여 학생들에게 제공하고 있다.[09] 이 중에서 대구교육대학교는 『미래 교육리더를 위한 도서 100선』(양서원, 2010)이라는 책을 발간한 반면에 경인교육대학교는 인천캠퍼스 도서관에 배너 '교사를 위한 독서 백 편'으로, 부산교육대학교는 학술정보관 커뮤니티 자료실에 배너 '부산교대 권장도서 목록'을 설치하여 학생들이 읽어야 할 도서를 추천하고 있는 실정이다.

이 경우에도 경인교육대학교와 부산교육대학교에서는 추천도서의 선정기준을 제시하고 있지만, 대구교육대학교에서는 선정기준을 제시하지 않고 있다. 이들 2개의 교육대학교들이 제시한 선정기준을 살펴

---

09 각 대학의 참고 자료는 다음과 같다.
경인교육대학교 인천캠퍼스 도서관 배너 「교사를 위한 독서 백편」
대구교육대학교출판부, 『미래 교육리더를 위한 도서 100선』, 양서원, 2010.
부산교육대학교 학술정보관 커뮤니티 자료실 배너 「부산교대 권장도서 목록」

보면 다음과 같다.

	학문 분야별 구분	내용 특성별 구분
경인교육 대학교		사람에 대한 사랑, 앎에 대한 열정, 참여와 소통을 위하여, 미래를 전망하는 힘, 민주적 리더십을 위하여, 아름다움을 향한 상상력
부산교육 대학교	인문학, 사회과학, 교육학, 과학언어, 문학, 역사	

위의 표에서 알 수 있듯이 경인교육대학교가 내용 특성별 구분을 추천도서의 선정기준으로 설정하였다고 한다면, 부산교육대학교는 학문 분야별 구분을 추천도서의 선정기준으로 제시하고 있다. 이들 선정기준을 구체적인 특성이라는 측면에서 본다면 추천도서의 선정기준을 제시하고 있는 다른 종합대학들의 선정기준과 별반 차이가 없는 것으로 이해해도 무리는 없을 듯하다.

Ⅲ부

대구교육대학교 권장도서 선정

1. 권장도서 선정기준 설정

본 연구는 초등교사 양성대학의 학생들이 융복합적 사고역량을 강화할 수 있는 고전 50권을 선정하고 해제 형식의 서평을 집필하는 것이다.

이를 위해 먼저 선정기준을 마련해야 한다. 선정기준 마련을 위해 해외 유수의 대학과 언론의 권장도서와 국내 유수의 대학교(서울대학교, 연세대학교, 고려대학교, 경희대학교, 한양대학교)의 권장도서, 그리고 교육대학(경인교육대학교, 부산교육대학교, 대구교육대학교 등)의 권장도서를 참고하였다. 여러 선행연구를 참고하되 시대변화에 부응하고 미래역량 함양에 도움이 되는 도서를 선정하도록 노력하였다.

본 연구에서는 선정기준을 설정함에 있어 크게 보편성(普遍性)과 특수성(特殊性)이라는 두 가지를 고려하고자 한다.

첫째, 보편성이란 대학 일반의 기준, 다시 말해 문학적 교양의 확대와 심화, 인문학적 소양과 사회과학적 안목, 자연과학과 예술적 소양 등을 두루 길러 전인적 인격 형성이 가능하도록 하는 기준을 말한다.

보편성을 살피기 위해 여러 대학의 권장도서 목록을 참고하였다. 해외의 경우, 『뉴욕타임즈(NYT)』와 『뉴스위크(Newsweek)』, 『BBC』 등의 선정 도서와 미국의 여러 대학의 도서 선정을 참고하였다. 국내의 경우 서울대학교, 연세대학교, 한양대학교 등 유수의 대학들이 선정한 도서 목록을 참고하였다.

둘째, 특수성은 교육대학의 특수목적을 고려한 기준 마련이 필요한 점을 일컫는다. 교사로서의 인격과 품성, 학생 지도 역량과 관련한 기준이 마련되어야 할 것이다. 세부적으로는 현장교사에게 직접 활용 가능한 아동문학 작품을 선정하는 기준도 요구된다.

교육대학의 경우, 경인교육대학교와 부산교육대학교, 그리고 대구교육대학교의 도서 목록을 참고하였다. 대구교육대학교의 경우, 본교 교수와 졸업생들에게 스스로 도서를 추천하고 해제까지 하도록 한 경우여서 다른 대학과는 다소 차이가 있다.

일반적으로 도서관의 장서 평가에 따르면, 문학과 사회과학이 장서 구성 비율로 볼 때 많은 비중을 차지한다. 그다음이 자연과학, 역사, 예술, 철학 등으로 이어진다. 여기에 교육대학의 특수성을 감안해 교육학과, 임용고시에서 요구하는 인문교양 도서도 적의하게 선정될 수 있도록 선정기준을 마련하였다. 선정기준 마련에는 교수와 현장교사들의 의견을 다수 반영하였다.

DNUE 50 Great Books는 이름에서 확인되듯이 50권의 고전을 고르는 것이다. 일반적으로 대학들은 100권의 권장도서를 제시한다. 이와 달리 50권을 선정한다는 것은 언뜻 보면 쉬워 보일 수 있다. 더 많은 책을 선정하는 것은 더 많은 어려움을 수반한다고 볼 수 있기 때문이다.

그러나 실제 작업을 진행해 보면 50권을 선정하는 것이 더 어려울 수도 있다. 100권과 50권 선정을 함에 있어 어느 것이 더 어려운가를 비교하기 위한 것이 아니다. 100권 선정은 그것대로 어려움이 있을 수 있다. 50권 선정도 마찬가지다. 다만 50권 선정의 어려움은 대학의 권장도서가 일반적으로 100권이었던 일종의 고정관념과 관련된다. 100권에서 흔히 보던 도서가 50권에서는 빠질 수가 있는 것이다. 예를 들어, 100권 선정도서에서는 한국문학 분야에 이광수(李光洙)의 『무정(無情)』과 염상섭(廉想涉)의 『삼대(三代)』, 채만식(蔡萬植)의 『태평천하(太平天下)』가 모두 선정될 수 있다. 그러나 50권을 선정해야 하는 경우 이 모두를 선정할 수 없다. 학문 분야마다 일정한 권수의 도서를 선정 배분해야 균형 잡힌 선정이라고 생각할 것이기 때문이다.

2. 권장도서 선정의 실제

당초 DNUE 50 Great Books의 제안서에는 다음과 같이 권장도서를 선정하겠다고 하였다. 그러나 공동연구자들과의 연구 과정에서 새로운 책이 보태지기도 하고 포함하려고 했던 책이 빠지기도 했다. 논의 과정을 엿보기 위해 제안서의 내용을 제시해 보겠다.

> 인문사회과학에서는 동양과 서양의 고전이 포함되어야 한다. 인류의 오랜 지성이 축적되어 정전(canon)으로 평가받은 저술들이 포함될 것이다. 이 과정에 정전을 기계적으로 적용해 대입하는 것은 지양할 것이다. 정전의 새로운 해석, 학생들의 접근 가능성이 높은 정전 등에 대한 고민이 필요하다고 생각된다. 『논어』, 『명심보감』, 『목민심서』, 『삼국유사』 등과 소크라테스(Socrates)의 『변명』, 밀(Mill, J. S.)의 『자유론』, 루소(Rousseau, J. J.)의 『에밀』, 페스탈로치(Pestalozzi, J. H.)의 『은자의 황혼』 등 혹은 이에 준하는 책의 목록이 준비되어야 할 것으로 보인다. 관련하여 교육학 고전으로 듀이(Dewey, J.)의 『민주주의와 교육』, 브루너(Bruner, J.S.)의 『교육의 과정』 등을 생각해 봐야 할 것이다.
>
> 초중등학교 교육의 엄격성 혹은 제한점을 뛰어넘을 수 있는 도서목록도 일정한 범위 안에서 제시될 필요가 있다. 고정된 지평을

허물 수 있는 융통성 있는 사고가 가능하도록 하기 위함이다. 선정은 되었으나 학생들이 외면하는 책은 대안을 찾도록 할 것이다. 수많은 대학에서 오랫동안 선정되었던 『자본론』은 별로 읽히지 않은 책이었듯이, 이 경우 자본론의 내용을 통해 사고지평은 확대할 수 있되 가독성이 높은 책을 찾아보도록 하는 방법 등을 모색해야 할 것이다. 에드거 스노(Snow, E)의 『중국의 붉은 별』이 단지 마오쩌둥(毛澤東)에 대한 개인 전기가 아니라 중국에 대한 이해로서 필요한 점, 일본의 지한파 지성인 와다 하루키(和田春樹)의 『역사로서의 사회주의』, 김학준의 『러시아 혁명사』, 에므리(Hemery D.)의 『호치민평전』, 코르미에(Cormier, J.)의 『체 게바라 평전』, 카(Carr, E.H.)의 『역사란 무엇인가』 등은, 제도권 학교교육의 틀을 벗어나 청년 지식인들의 안목을 넓히는 데 일정한 도움이 될 것이므로, 목록작업에서 고민해 볼 책들이다.

맹목적이거나 협소한 쇼비니즘의 테두리를 벗어나되 민족의식, 역사의식을 일깨우는 책들도 필요하다. 김준엽의 『장정(長征)』, 장준하의 『돌베개』 등을 생각해 볼 수 있을 것이다.

문학 분야의 선정 목록은 고전적 정전과 현대적 정전의 적절한 배합이 필요하다.

먼저 한국 명작으로는, 해방전후사를 소설적으로 풀어낸 『태백산맥』, 지식인의 이데올로기적 고민과 갈등을 그린 『광장』, 구한말 격변의 시기에 과거와 현재 그리고 미래 세대를 그린 『삼대』, 맨부커상(Man Booker Prize)의 『채식주의자』가 던지는 화두, 70~80년대 민주화운동과 우리 사회의 변화를 담은 『오래된 정원』, 전쟁과 이념의 몸살을 겪어낸 한국 현대사의 『영웅시대』, 주화론과 주전론으로 갈린 『남한산성』이 '지금 여기'에도 적실한 질문을 던지는 점 등을 고려해 목록을 선정해야 할 것이다. 세계명작으로는 톨스토이(Tolstoy, Lev)의 『부활』, 『안나 카레니나』, 『전쟁과 평화』, 도

스토옙스키(Dostoevsky, F. M.)의 『죄와 벌』, 『카라마조프가의 형제들』, 생텍쥐페리(Saint-Exupéry)의 『어린 왕자』, 벌핀치(Bulfinch, T.)의 『전설의 시대-그리스 로마 신화』(혹은 이윤기의 『그리스 로마 신화(전5권)』), 만(Mann, T.)의 『마의 산』, 스탕달(Stendhal)의 『적과 흑』, 카잔차키스(Kazantzakis, N.)의 『조르바』, 셰익스피어(Shakespeare, W.)의 『햄릿』, 샬롯 브론테(Bronte, C.)의 『제인 에어(Jane Eyre)』, 바진(巴金)의 『집(家)』(激流三部作: 『집(家)』, 『봄(春)』, 『가을(秋)』), 가와바타 야스나리(川端康成)의 『설국(雪國)』, 무라카미 하루키(村上春樹)의 『해변의 카프카(海邊のカフカ)』 등을 염두에 두면서 교수, 학생들의 의견을 두루 수렴해 최종 선정 목록을 작성할 것이다. 세계 이해의 관점에서 『백년 동안의 고독』의 가브리엘 마르케스(Marquez, G. G.) 등 제3세계 국가의 작가들도 적극적으로 살펴볼 것이다.

장차 교사가 될 학생들의 아동 이해와 수업 활용이라는 두 측면을 고려하여 아동문학 작품을 선정할 필요도 있다. 최근 문학기반 교육(literature-based education) 이론에도 부합할 것이다. 어린이들의 상상력을 자극할 『사자왕 형제의 모험』 등 판타지 작품, 현실주의 아동문학의 성취로 널리 평가받는 『몽실언니』(『한티재 하늘』), 다문화 사회에 접어든 한국 사회의 여러 문제를 동화로 풀어 본 『블루시아의 가위바위보』, 최근 아동문학 분야에서 폭발적 호응을 받고 있는 그림책(picture-book)으로서 『괴물들이 사는 나라』 등을 놓고 세밀한 검토작업을 할 것이다.

어느 사회나 성장기 아동과 청소년들에 대한 사회적 관심이 높다. 소설 혹은 동화 가운데 이 시기를 다룬 작품들을 일컬어 성장소설(교양소설)이라고 부른다. 헤세(Hesse, H.)의 『데미안』, 하퍼 리(Harper Lee)의 『앵무새 죽이기』, 샐린저(Salinger, J. D.)의 『호밀밭의 파수꾼』 등은 전 세계인의 호응을 받았다. 나이를 먹으면 자연스럽게 육체적 성장은 이루어진다. 반면 정신적 성장은 여러 고통을 수반하기 마련이다. 이 과정을 슬기롭게 겪을수록 내적 성숙을 이룬다. 성장소설이 지향하는 바다. 교사양성 대학의 학생으로서나 예비교사로서 학생을 대할 경우 성장소설의 독서 경험이 여러모로 요긴할 수 있다.

2001년 미국 과학재단(NSF)은 '인간 능력의 향상을 위한 융합 기술(Converging Technologies for Improving Human Performance)'이란 보고서에서 6개의 융합기술을 소개하였다. 야크만(Yakman, G)이 STEM에 예술(Art)을 포함한 STEAM을 제시하면서 '융합 인재 교육'을 강조해 왔다. STEAM은 과학(Science), 기술(Technology), 공학(Engineering), 예술(Art), 수학(Mathematics)의 첫 글자를 딴 합성어로, 창의융합 인재를 양성하기 위한 교육 모델이다. 개별 학문의 경계를 넘어 특정 주제나 과제를 중심으로 융합교육이 이루어진다. 자연과학 도서는 학생들의 관심에서 멀었던 것이 그간의 실정이었다. 그러나 파인만(Feynman, R.P.)의 『미스터 파인만』, 엔첸스베르그(Enzensberger, H.M.)의 『수학귀신(Der Zahlenteufel)』, 김민형의 『수학이 필요한 순간』, 김상욱의 『떨림과 울림』, 도킨스(Dawkins, R.)의 『이기적 유전자』 등은 많은 독자를 확보하였다. 골치 아픈 물리학, 수학이 아니라, 내포독자(implied reader)의 독서능력을 감안하고 접근 가능성을 높인 책들이기 때문일 것이다. 대표적 인문학자인 김우창의 아들인 옥스퍼드대학 수학과 교수(김민형)가 풀어나가는 수학 이야기라면 독자의 호기심을 자극할 만하다. 이러한 자연과학 도서목록 선정을 고민해 보겠다.

아울러 과학소설(Science Fiction, Sci-Fi, S.F.)에 대한 목록도 생각해 볼 필요가 있다. 외삽법(extrapolation)을 간략히 말하면 과거 50년을 경험한 사람들에게 도래하지 않은 50년(혹은 100년) 뒤 미래사회를 꿈꿔보게 하는 방법이다. 인문학적 상상력과 자연과학의 추정이 결합된 대표적인 문학 장르가 바로 과학소설이다. 특히 어린이와 청소년들이 좋아하는 갈래이기도 하다. 이런 점을 감안한 목록작업을 생각해 보려고 한다. 4차 산업혁명 시대 예비 초등교사들의 인문학적 소양, 융복합적 사고역량을 배양하기 위해서는 자연과학과 인문학의 접점을 효율적으로 찾아내 제공하는 것이 필수적이기 때문이다.

이상과 같은 목록작업에는 다음과 같은 고민이 담겨야 할 것이다.

먼저 독자들이 책을 읽고 싶도록 만드는 해제와 서평이 필요하다. 더불어 독서 토론 프로그램을 통해 사고지평을 심화하고 확대할 수 있도록 논점을 제시해야 한다. 『남한산성』은 유려한 문체로 독자를 끌어당기면서, 동시에 국가의 위난 사태에 직면하여 주전론과 주화론이라는 양면가치 대립 상황에 맞닥뜨리게 한다. 지금 우리나라가 일본의 무역 규제와 역사문제가 겹겹이 맞부닥치는 난제를 해결해야 하는 상황과 무척 닮아 있다. 이처럼 목록으로 선정한 책마다 해제와 서평은 물론이고 논점을 찾아 제시함으로써 독서토론 교육에 활용할 수 있도록 해야 할 것이다.

서평과 해제에서 시차(視差: parallax)도 주요하게 고려해야 할 점이다. 『앵무새 죽이기』에는 스카웃(Scout)의 개안(開眼) 장면이 나온다. 늘 자기 집에서 래들리(Radley) 아저씨 집 쪽을 바라보았는데, 래들리 아저씨를 바래다 드리고 돌아서서 처음으로 반대쪽에서 자기 집을 바라다보게 된다. 하나도 변하지 않고 늘 그대로이지만 스카웃에게는 엄청난 차이 곧 시차(視差)를 겪게 된다. 이런 점을 감안한 서평 작업이 세밀하게 준비되어야 할 것이다.

텍스트상호성(inter-textuality)의 관점에서 목록화 작업, 해제와 서평 작업을 하도록 할 것이다. 모두 옳거나 절대 옳은 것은 존재하지 않는다. 진리는 존재하겠지만 우리 인간이 알 도리 또한 없다. 집단지성이 필요하듯이 독서에도 이 근본정신은 적용되어야 한다. 하나의 도서에는 같은 사건이나 제재를 다루고 있지만 시각(視覺)이 다른 책이 다수 있다.

> 베트남전쟁을 다룬 우리나라 작품 가운데 황석영의 『무기의 그늘』과 박영한의 『머나먼 쏭바강』은 상당히 다른 시각의 작품이다. 『무기의 그늘』을 독서목록으로 선정할 경우 텍스트상호성의 관점에서 반드시 『머나먼 쏭바강』을 같이 제시함으로써 독자의 사고지평을 넓힐 필요가 있다. 베트남전쟁의 결과 월남(越南)이 '패망했다' 고 볼 수도 있지만, '베트남이 통일되었다.' 고 볼 수도 있는 것이다. 모든 독서는 열린 자세, 시각, 사고의 전환이 필요한데, 텍스트상호성의 관점은 이때 매우 요긴하게 활용될 수 있는 문학 이론이자 독서 방법론이 될 것이다.
>
> 토론은 답을 구하지 않아도 된다. 토의가 하나의 답을 찾아야 하는 것에 비해, 토론은 사안에 대한 확대된 시각과 깊이 있는 사고를 추구한다. 자칫 무책임을 방임하는 것으로 볼 수 있으나, 사고의 속박으로부터 자유를 부여하는 것이다. 하브루타(havruta)식 토론, "From Universing to Conversing" 의 구성주의적 접근을 두루 활용함으로써 예비교원의 세련된 사고역량을 강화하는 방향을 고민해야 할 것이다.

이상과 같이 제안서에서 고민했던 도서목록은 다음과 같이 수정되었다. 이 과정에는 해외 유수 대학과 『The New York Times』와 『Newsweek』, 『BBC』 등 언론과 일반대학과 교육대학의 권장도서 목록과 대구교육청 인문소양 도서목록을 반영하였다.

저자	도서명	출판사	비고
Pasternak(김연경 역)	닥터 지바고	민음사	문학(외국)
Hesse(이순학 역)	데미안	더스토리	문학(외국)
Cervantes(안영옥 역)	돈키호테(전2권)	열린책들	문학(외국)
羅貫中(황석영 역)	삼국지(三國志)(전10권)	창비	문학(외국)
川端康成(유숙자 역)	설국(雪國)	민음사	문학(외국)
Shakespeare(최종철 역)	세익스피어 4대 비극(전4권)	민음사	문학(외국)
루쉰(魯迅)(전형준 역)	아Q정전: 루쉰 소설집	창비	문학(외국)
Tolstoy, Lev(최선 역)	안나 카레니나(전3권)	창비	문학(외국)
Lee, Harper(김욱동 역)	앵무새죽이기	열린책들	문학(외국)
Saint-Exupéry (정장진 역)	어린 왕자	문예출판사	문학(외국)
Camus(김화영 역)	이방인	민음사	문학(외국)
Homeros(천병희 역)	일리아스 / 오디세이아	숲	문학(외국)
Dostoevsky(김희숙 역)	카라마조프가의 형제들 (전3권)	문학동네	문학(외국)
Goethe(전영애 역)	파우스트(Faust)	길	문학(외국)
최인훈(崔仁勳)	광장(廣場)	문학과지성사	문학(한국)
김훈(金勳)	남한산성	학고재	문학(한국)
고은(高銀)	만인보(萬人譜)	창비	문학(한국)
권정생(權正生)	몽실언니	창비	문학(한국)
황석영(黃晳暎)	오래된 정원(전2권)	창비	문학(한국)
송성욱 옮김	춘향전	민음사	문학(한국)
조정래(趙廷來)	태백산맥(전10권)	해냄출판사	문학(한국)
박경리(朴景利)	토지(土地)(전20권)	마로니에북스	문학(한국)
Strickland(김호경 역)	클릭! 서양미술사 (The Annotated Mona Lisa)	예경	예술

김현경	창의적인 아이로 키우는 발도르프 음악교육: 유년기에 필요한 균형과 조화	물병자리	예술
李舜臣(노승석 역)	(교감 완역)난중일기	여해	인문 사회
이윤기	그리스 로마 신화(전5권)	웅진지식하우스	인문 사회
유홍준	나의 문화유산 답사기	창비	인문 사회
孔子(동양고전연구회 역)	논어(論語)	지식산업사	인문 사회
老子(오강남 평역)	도덕경(道德經)	현암사	인문 사회
장준하	돌베개	돌베개	인문 사회
김학준	러시아 혁명사	문학과지성사	인문 사회
Huntington(이희재 역)	문명의 충돌	김영사	인문 사회
Dewey(이홍우 역)	민주주의와 교육	교육과학사	인문 사회
金九(도진순 역)	백범일지(白凡逸志)	돌베개	인문 사회
Vygotsky(이병훈 외 역)	사고와 언어	한길사	인문 사회
Harari(조현욱 역)	사피엔스-유인원에서 사이보그까지, 인간 역사의 대담하고 위대한 질문	김영사	인문 사회
Rousseau(김중현 역)	에밀	한길사	인문 사회
Carr(김택현 역)	역사란 무엇인가	까치	인문 사회
Popper(이한구 역)	열린 사회와 그 적들	민음사	인문 사회
Norberg-Hodge (양희승 역)	오래된 미래	중앙북스	인문 사회
Said(박홍규 역)	오리엔탈리즘	교보문고	인문 사회
Mill(박문재 역)	자유론	현대지성	인문 사회
Snow(신홍범 외 역)	중국의 붉은 별	두레	인문 사회
Kuhn(김명자 역)	과학혁명의 구조	까치	자연과학

Einstein(장헌영 역)	상대성 이론: 특수 상대성 이론과 일반 상대성 이론	지식을만드는 지식	자연과학
Latterell(박성선 역)	수학 전쟁	교우사	자연과학
Hawking(전대호 역)	시간의 역사	까치	자연과학
최재천 외	청소년을 위한 융복합 특강: 제4차 산업혁명 시대를 살아가야 할 우리 청소년들을 위한 안내서	사람의 무늬	자연과학
Sagan(홍승수 역)	코스모스	사이언스북스	자연과학
Schwab(송경진 역)	클라우스 슈밥의 제4차 산업혁명	새로운현재	자연과학

선정된 50권의 도서를 분야별로 나누어보면, 문학이 44%, 인문사회가 38%, 자연과학이 14%, 예술이 4%를 차지한다.

이러한 분포는 해외 유수 대학과 『뉴욕타임즈』, 『뉴스위크』 그리고 『BBC』 등 언론과 일반대학의 권장도서 분야별 분포와 대체로 일치한다. 그리고 도서관 장서 평가에 관한 연구 결과와도 맥을 같이 한다.

번역본인 경우, DNUE 50 Great Books에서 추천하는 일반적인 기준은 번역자와 출판사를 고려하고 아울러 최신 번역을 우선하는 것 등이다. 이 기준으로 논란 없이 도서가 선정될 수 없는 것은 불문가지다. 그래서 나름대로 결단을 내리기로 하였다. '나름대로'는 이 연구의 책임연구자와 공동연구자 그리고 자문한 교수들의 의견을 종합한 것이다. 따라서 선정된 도서가 '가장 훌륭한' 것이라거나 '유일하게 옳은' 것이란 의미가 있는 것은 아니다. 번역자는 해당 언어 전공자이고 해당 국가 유학자일 경우 우선적인 선정 대상으로 하였다. 그리고 출판사는 지금까지 도서 출판으로써 얻은 명성과 정평 등을 고려하였다. 비슷한 평가를 받는 경우 가급적 최근 번역판을 선정하는 것으로 기준을 정했다.

선정 작업과 관련된 전말을 조금 더 풀어보자. 이 과정은 선정의 이유와 선정된 도서의 가치, 독자 대상들에게 미칠 영향, 활용 방안 등에 대한 설명을 일정한 정도로 포함하고 있다.

먼저 문학 부문을 보자.

외국문학 작품을 선정할 때, 작가의 국가를 고려하였다. 세계문학 고전 목록에 러시아 문학은 다수 포함되는 것이 상례다. DNUE 50 Great Books에서도 러시아 문학은 파스테르나크(Pasternak, Boris)의 『닥터 지바고』를 포함하여 톨스토이(Tolstoy, Lev Nikolaevich)의 『안나 카레니나』와 도스토옙스키(Dostoevsky, Fyodor Mikhailovich)의 『카라마조프가의 형제들』이 포함되었다. 그리스는 호메로스(Homeros)의 『일리아스』와 『오디세이아』를, 독일은 헤세(Hesse, Hermann)의 『데미안』과 괴테(Goethe, Johan W.)의 『파우스트』를, 프랑스는 생텍쥐페리(Saint-Exupéry, Antoine Marie-Roger de)의 『어린 왕자』와 카뮈(Camus, Albert)의 『이방인』을, 중국은 나관중(羅貫中)의 『삼국지(三國志)』와 루쉰(魯迅)의 『아Q정전: 루쉰 소설집』 등 각 2편을 선정하였다. 영국은 셰익스피어(Shakespeare, William)의 『셰익스피어 4대 비극』을, 스페인은 세르반테스 사아베드라(Cervantes Saavedra, Miguel de)의 『돈키호테』를, 미국은 하퍼 리(Harper Lee)의 『앵무새 죽이기』를, 일본은 가와바타 야스나리(川端康成)의 『설국(雪國)』 등 각 1편씩을 선정하였다. 처음에는 동남아시아와 남미(南美) 및 아프리카 지역의 작품도 선정하기 위해 목록에 올렸다. 그러나 분량의 제한으로 인해 부득이하게 제외할 수밖에 없었다.

러시아 문학부터 선정의 이유를 살펴보겠다. 『닥터 지바고』는 구(舊)소련 시기에 국내 발표가 허락되지 않아 1957년 이탈리아에서 출판되었다. 이 작품으로 노벨문학상 수상자가 되었지만, <소련작가동맹(Soyuz pisatelei SSSR)>[01]에서 제명되는 등 소련 내에서 큰 반대가 일어났고, 결국 파스테르나크는 수상을 거부하였다. 여러 작중인물을 통해 혁명과 사회주의에 대한 환멸을 표시했을 뿐만 아니라 종교를 통한 새로운 통일적 원리를 동경하는 등 당시 소련 당국의 기휘(忌諱)에 저촉되었던 것이 큰 원인이었다.

현재 『닥터 지바고』는 국내에 여러 번역본이 시판되고 있다. DNUE 50 Great Books에서는 김연경이 번역한 민음사판을 추천하였다. 『닥터 지바고』는 일반대학의 권장도서로 세 군데에서 선정되었다. 교육대학에서는 선정되지 못했다.

『안나 카레니나』는 『전쟁과 평화』, 『부활』과 더불어 톨스토이의 3대 걸작 중의 하나이다. "농노제 붕괴 이후 급격한 변화를 마주한 19세기 후반 러시아의 사회적·정치적·경제적 현실이 어떻게 개인의 일상, 특히 가장 사적인 영역인 가정생활과 영향을 주고받는지 그린 작품"(출판사 책소개)이다. 톨스토이는 친구인 비평가 스트라호프(Strahov, Nikolai)[02]에게 보낸 편지에서 자신의 '(진정한)첫 번째 소설'이라고 말했다고 한다. 도스토옙스키(Dostoevsky, Fyodor Mikhailovich)는 "완전무결한 예술작

---

01 <소련작가동맹>은 1932년 소련공산당 중앙위원회가 라프(러시아프롤레타리아작가동맹: RAPP)와 기타 프롤레타리아 문학단체를 해산하고 소련 작가의 단일조직을 결성한 것이다. 초대회장에 고리키가 임명되었고, 사회주의 리얼리즘을 슬로건으로 하여 공산당 정책을 지지하였다. 1934년 제1회 전연방작가대회를 개최하였다.

02 스트라호프(Strahov, Nikolai: 1828~1896)는 러시아의 철학자, 문학평론가이다. 톨스토이의 오랜 친구이자 통신원이었다.

품"이라 하였고, 나보코프(Nabokov, Vladimir Vladimirovich)는 "톨스토이 문체의 완전무결한 마법"이라 하였다. 포크너(Faulkner, William Harrison Cuthbert)는 "지금까지 쓰인 최고의 소설"이라며 높이 평가하였고, 체호프(Chekhov, Anton Pavlovich)는 "톨스토이가 없었다면 문학계는 목자 잃은 양 떼와 같았을 것"이라 하였다. 『Newsweek』(2009) 선정 100대 명저, 국립중앙도서관 선정 권장도서, 서울대학교 권장도서 100선에 두루 포함되었다. 일반대학 권장도서 목록에는 네 군데에서 포함되었다. 아쉽게도 교육대학의 권장도서 목록에는 포함되지 않았다. DNUE 50 Great Books에서는 최선이 번역한 창비판을 추천하였다.

『카라마조프가의 형제들』은 톨스토이와 더불어 러시아문학을 대표하다시피 하는 도스토옙스키의 작품이다. 1846년 첫 작품 『가난한 사람들』을 발표했을 때 당시 러시아의 대표적 비평가인 벨린스키(Belinsky, Vissarion Grigorievich)가 "새로운 고골"이라 평가한 바 있다. 러시아의 철학자 베르댜예프(Berdyayev, Nikolay Aleksandrovich)의 도스토옙스키 평가는 가히 압권이다. "도스토옙스키라는 작가를 낳았다는 사실만으로도, 이 지구상에 러시아인의 존재 이유는 충분하다."라고 하였기 때문이다.

『카라마조프가의 형제들』은 "인간사에서 가장 치명적인 죄인 아버지 죽이기를 그림으로써 죄와 벌의 테마를 예술적으로 형상화"(『서양의 고전을 읽는다』)한 작품이다. 일반대학의 권장도서 목록으로 5군데에서 선정되었다. 거의 모든 대학이 이 작품을 골랐다고 할 수 있는 것이다. DNUE 50 Great Books에서는 김희숙 번역의 문학동네판을 추천하였다.

『일리아스』와 『오디세이아』는 누구나 의심하지 않을 고전이다. 『일리아스』와 『오디세이아』는 호메로스(Homeros)의 작품으로 알려져 있다. 플라톤(Platon)은 『국가(Politeia)』에서 호메로스를 "최초의 스승", "그리스 문화의 지도자", "모든 그리스의 스승"이라 묘사하였고, 아리스토텔레스(Aristoteles)는 『시학(Peri poietikes)』에서 "호메로스야말로 시인이 무엇을 해야 하는지를 가장 먼저, 가장 잘 안 시인"이라며 극찬하였다.

『일리아스』와 『오디세이아』는 천병희 번역의 숲판을 추천하였다. 『일리아스』는 그리스 문학의 가장 오래된 작품이자 유럽문학의 효시다. "신의 뜻에 따라 트로이 전쟁을 수행하는 그리스군과 트로이군의 비극적인 운명, 즉 전쟁과 죽음과 삶에 대한 인간의 통찰을 1만 5,693행에 담고 있다."(출판사 책소개) 『오디세이아』 또한 『일리아스』와 더불어 가장 오래 되고 가장 뛰어난 서사시로 불린다.

하버드대학교에는 'Loeb Classical Library(LCL)'라는 고전 도서목록이 있는데, 2019년 현재 500권을 돌파한 것으로 확인된다.[03] 천병희는 이 가운데 30권 정도를 혼자 힘으로 번역했다. 번역을 할 때 영어, 독일어, 프랑스어 등 여러 언어로 된 번역을 보고, 주석도 참고한 뒤에라야 자신감을 갖고 원전 번역에 임할 수 있었다고 하였다. 그래서 천병희의 『일리아스』와 『오디세이아』 번역에는 수많은 주(註)가 붙어 있다. 이런 점을 고려하여 천병희 번역본을 추천한 것이다. 『일리아스』와 『오디세이아』는 일반대학의 권장도서로 4군데에서 선정되었다. 교육대학에는 선정한 곳이 없다.

『파우스트』 역시 누구도 부정하지 못할 고전이다. 전영애는 2011년 <독일괴테학회>가 수여하는 '괴테 금메달'을 한국인 최초로 수상

---

03 〈Loeb Classical Library〉는 1911년 로엡(Loeb, James)에 의해 설립되었는데, 그리스와 라틴 문학의 고전을 가장 광범위한 독자들이 접근할 수 있도록 하는 것을 설립 목적으로 하고 있다. (https://www.hup.harvard.edu/features/loeb/digital.html)

한 바 있다. 전 20권 분량의 '괴테전집'을 번역하고자 하는데 그 가운데 『파우스트』가 포함된 것이어서 번역본으로서 정본(定本)이라 할 수 있을 것이다. 지금까지 한국에 번역된 『파우스트』 번역본 "모든 것 뒤에는 원류인 일본의 전설적인 명역 모리 오가이(森鷗外)의 『화우수도』(ファウスト)가 아직도 조금은 어른거리고 있는 것 같아서(일본에서 1913년에 나온 모리 오가이의 번역이 아직도 정본으로 읽히는 것은 놀랍고 부러운 일이다! 그러나) 한국에서 독문학 하는 사람으로서 늘 마음이 좀 상하는 일"이라며 새로운 번역에 각오를 다지고 있는 것도 추천도서로 선정하는 데 일정한 영향을 미쳤다. DNUE 50 Great Books에서는 전영애가 번역한 길판을 추천하였다. 『파우스트』는 일반대학의 권장도서 목록으로 4군데에서 선정되었다. 교육대학의 목록에는 빠져 있다.

『데미안(Demian)』은 성장소설(Bildungsroman)의 고전이다. 20세기 독일 작가들 중에 우리나라 독자들에게 가장 널리 알려진 사람은 단연 헤세(Hesse, Hermann)일 것이다.

『데미안』은 다음 구절이 널리 알려졌다. 정신적 지주에 대한 동경이 극도로 고조되었을 무렵, 즉 그 동경을 비로소 의지로부터 강렬히 추구하던 때에 싱클레어(Sinclair)는 책갈피에서 쪽지 하나를 발견한다.(전영애, 『서양의 고전을 읽는다』) 그곳에 적혀 있는 말이다.

> "새는 투쟁하여 알에서 나온다. 알은 세계이다. 태어나려는 자는 하나의 세계를 깨뜨려야 한다. 새는 신에게로 날아간다. 신의 이름은 압락사스."[04]

---

04 '압락사스(αβραξας=Abraxas)'의 그리스어의 자리값(α=1, β=2, ρ=100, ξ=60, ς=200)을 합하면 365로 '해[年]의 신'으로도 나타난다. 중세에도 주문으로 쓰였다. 압락사스가 새겨진 돌은 부적이

모든 사람은 부모나 선생님 그리고 누군가 자신을 보호하고 도와주는 사람으로부터 벗어나야 진정한 성인으로 성숙하는 법이다. 알의 껍질은 내면을 보호하는 장치다. 그 장치에 안주하면 더 이상의 성숙은 없다. 보호장치인 껍질을 깨면 고난과 고통을 만나게 된다. 그러나 진정한 성숙은 바로 고통과 고난을 겪어야 가능하다. '하나의 세계를 깨뜨려야 한다.'는 말이 바로 그러한 의미이다. DNUE 50 Great Books에서는 전영애 교수의 번역본으로 민음사판을 추천하였다. 일반대학과 교육대학의 권장도서로 각각 1군데에서 추천되었다.

『이방인(L'Étranger)』은 카뮈(Camus, Albert)의 대표작이자 프랑스 문학의 대표작이기도 하다. 카뮈는 흔히 '20세기의 지성이자 실존주의 문학의 대표 작가'라 불린다. 출판사는 다음과 같이 책을 소개하고 있다.

> 낯선 인물과 독창적인 형식으로 현대 프랑스 문단에 '이방인'처럼 나타난 소설. 젊은 무명작가였던 알베르 카뮈에게 세계적 명성을 안겨준 이 작품은 현실에서 소외되어 이방인으로 살아가는 현대인이 죽음을 앞두고 비로소 마주하는 실존의 체험을 강렬하게 그린다. 카뮈는 '영웅적인 태도를 취하지 않으면서 진실을 위해서는 죽음도 마다하지 않는' 뫼르소라는 인물을 통해 기존의 관습과 규칙에서 벗어난 새로운 인간상을 제시한다.

리스먼(Riesman, David)이 말한 '고독한 군중(The Lonely Crowd)'은 대중사회 속에서 다른 사람들에게 둘러싸여 살면서도 내면의 고립감으로

나 인장반지로 쓰였는데 앞쪽에는 인간의 몸과 팔에 닭머리와 뱀다리가 달린 모습이 새겨져 있으며 뒤쪽에는 마적인 숫자가 적혀 있다.(전영애)

번민하는 사람들을 가리킨다. '현실에서 소외되어 이방인으로 살아가는 현대인' 뫼르소는 현대인 각자의 모습이기도 하다. 그래서 이 작품을 두고 실존의 체험을 그렸다고 평가하였을 것이다. DNUE 50 Great Books에서는 김화영이 번역한 민음사판을 추천하였다. 일반대학의 권장도서로 3군데에서 추천하였다.

『어린 왕자(Le Petit Prince: 영 The Little Prince)』를 읽게 되면 '어느새 어른이 되어버린 세상의 모든 아이들에게'란 수식어를 만나게 된다. 『어린 왕자』의 갈래는 분명 동화(童話)다. 그러나 동화라 하여 어린이들만을 독자로 생각하지 않는다. 지금은 어른이지만 '아이들'의 심성을 그리워하거나 되돌아보고 싶은 모든 어른들을 독자 대상으로 삼고 있다. 출판사는 이 책에 많은 공을 들이고 있다.

> 이번에 작가 탄생 120주년을 기념해 출간하는 『어린 왕자: 출간 70주년 기념 갈리마르 에디션』은 『어린 왕자』 동화 전문뿐 아니라 개인소장품과 도서관 소장품을 모은 백여 개 도판과 작가의 수많은 편지와 작가를 기억하는 지인들의 회고록이 담겨 있다. 특히 『어린 왕자』 동화에서 삭제되었던 미공개 원고를 수록하였으며, 1943년 미국판과 1946년 프랑스판 초판본 발간 시 번역 오류가 생겼던 상황에 대해서도 자세히 설명하고 있다. 또 불문학자이자 미술평론가인 정장진이 새롭게 『어린 왕자』와 수록 글을 번역하고 풍부한 주를 달아 이해의 폭을 넓힐 수 있도록 했으며, 두 가지 버전의 표지 커버를 제작하여 독자들이 취향에 따라 오래도록 책을 소장할 수 있도록 했다.(책 소개)

『어린 왕자』는 생텍쥐페리가 직접 그린 삽화가 함께 수록되었다.

전 세계에서 가장 많이 읽히는 책 중 하나로서, 수많은 독자들이 독서 경험의 입문처럼 읽게 되는 불멸의 고전으로 자리 잡았다. 다른 별에서 온 어린 왕자의 순수한 시선으로 모순된 어른들의 세계를 비추는 이 소설은, 동화처럼 단순해 보이는 이야기 속에 삶에 대한 깊은 성찰을 아름다운 은유로 녹여 내고 있다. 160여 개의 언어로 번역되고 1억 부 이상 판매되며 전 세계 독자들에게 꾸준한 사랑을 받은 작품이다.(생텍쥐페리 '저자소개' 중에서)

DNUE 50 Great Books에서는 황현산 번역의 민음사판과 정장진 번역의 문예출판사판을 두고 어느 것을 추천할 것인가 고민하였다. 결국 정장진 번역을 택했다. 그 까닭은 가장 최근인 2019년 12월에 출판된 점을 고려하였다. 2019년 이전에 있었던 이런저런 논의들을 다 반영할 수 있었다. 그리고 작품 『어린 왕자』 이 외에도 알방 스리지에, 생텍쥐페리가 쓴 『어린 왕자』가 출간되기까지의 과정 등이 담겨 있는 점, 델핀 라크루아, 비르질 타나즈, 올리비에 오데르 등의 비평과 독서감상문 등을 수록하고 있어, 『어린 왕자』를 종합적으로 이해할 수 있는 점을 주요하게 고려하였다.

『어린 왕자』가 동화라는 선입견 때문인지, 일반대학은 어느 대학도 권장도서 목록으로 포함하지 않았다. 교육대학도 포함한 곳이 없었다.

중국은 오랜 기간 동안 동양의 지적 보고(寶庫) 역할을 하였다. 근대 이후 그 영향력이 많이 감소하였지만 그렇다고 지적 보고로서의 위치와 권위가 사라진 것은 결코 아니다.

나관중(羅貫中)의 『삼국지』는 중국 내에서는 물론이고, 우리나라에서도 오랜 기간 많은 사람들의 애독서 중의 하나였다. 진(晉)나라의 학자 진수(陳壽: 233~297)가 위(魏) · 촉(蜀) · 오(吳) 3국의 정사(正史)를 집필하였는데 이 책의 이름도 『삼국지(三國志)』다. 이 『삼국지』에 서술된 위 · 촉 · 오 3국의 역사를 바탕으로 전승되어 온 이야기들을 중국 원(元)과 명(明)의 교체기 때의 사람인 나관중(羅貫中: 1330?~1400)이 장회소설(章回小說) 형식으로 재구성한 장편소설이 문학작품 『삼국지』다. 원래 이름은 『삼국지통속연의(三國志通俗演義)』이다. 『수호전(水滸傳)』, 『서유기(西遊記)』, 『금병매(金瓶梅)와 함께 중국 4대 기서(奇書)의 하나로 꼽힌다. 『삼국지연의』는 여러 판본이 전해져 왔으나, 청(淸)나라의 강희제(康熙帝: 1654~1722) 때인 19년(강희 18년)에 모성산(毛聲山)과 모종강(毛宗岡) 부자(父子)는 촉한정통론(蜀漢正統論)에 기초해 작품 전체의 통일성을 높이고 문체(文體)를 간결하게 다듬어 19권(卷) 120절(節)로 구성된 새로운 판본을 간행하였다. 이를 '모본(毛本)'이라고 하는데, 모종강(毛宗崗)의 개정본은 다른 판본을 압도하고 정본(定本)이 되었다. 오늘날 번역되는 『삼국지연의』의 내용도 대부분 이 '모본(毛本)'에 기초하고 있다.(『두피디아』에서)

『삼국지연의』는 조선시대부터 폭넓게 읽혔다. 근대 이후에도 『삼국지연의』는 수많은 번역본이 있다. 필사본은 제외하고 활자본만 개략적으로 제시하면 다음과 같다.

1904년 근대적 활자본이 최초로 간행되었다고 한다. 고유상(高裕相) 번역의 『삼국지(三國誌)』(박문서관, 1917), 박문서관 편찬의 『(修正)삼국지(三國誌)』(박문서관, 1920), 『삼국지(三國志)』(白斗鏞家, 1920)에 이어, 1929년 양백화(梁白華=梁建植)가 조선총독부 기관지 『매일신보』에 「삼국연의(三國演義)(전859회)」(梁白華 述, 李承萬 畵; 1929.5.5~1931.9.21)란 이름으로 연재하였다. 1941년 박태원(朴泰遠)은 「삼국지(三國志)」란 이름으로 잡지 『신시대(新時代)』에 번역 게재하였다. 1941년 4월호부터 1942년 8월호까지

17회 연재하였다. 이를 1943년 박문서관에서 『삼국지(三國志)』로 발간하였다. 이어 박종화(朴鍾和)의 『삼국지(전5권)』(삼성출판사, 1968), 김구용(金丘庸)의 『삼국지(전5권)』(일조각, 1974) 등이 이어졌다.

가장 최근에는 이문열(李文烈)의 『평역 삼국지』(민음사, 1989)와 황석영(黃晳暎)의 『삼국지』(창비, 2003)가 있다. 『평역 삼국지』는 '평역(評譯)'에서 보듯이 원본에 없는 내용이 다수 반영되어 있다. '평역'은 '번역을 할 때 원본에 없던 것을 구성하여 넣거나 있는 것을 삭제하는 등 번역자가 자신의 관점으로 재해석하는 것'을 의미한다. 반면 황석영의 『삼국지』는 정본(定本)으로 인정되는 모종강(毛宗崗) 판본을 작가의 의견을 보태지 않고 원문에 따라 충실하게 번역한 것이다. DNUE 50 Great Books에서는, 이문열 번역이 작가 자신의 의견이 많이 반영되어 있다는 점 때문에 원문 번역에만 충실한 황석영의 『삼국지』를 추천하였다.

『아Q정전(阿Q正傳)』은 1921년부터 베이징(北京)의 『천바오(晨報)』 부록판에 연재되었다가, 1923년 제1 단편집 『납함(吶喊)』에 수록되었다. 모욕을 받아도 저항할 줄 모르고 오히려 머릿속에서 '정신적 승리'로 탈바꿈시켜 버리는 '阿Q'의 정신구조를 희화화함으로써 중국 구(舊)사회의 병근(病根)을 적나라하게 제시해 보이고 있다. 중국 현대문학의 출발점이 되었다며 오늘날에도 높은 평가를 받고 있다. 일반대학의 권장도서로 2군데에서 추천되었다.

『셰익스피어 4대 비극(전4권)』은 셰익스피어의 이른바 4대 비극 「햄릿(Hamlet)」, 「오셀로(Othello)」, 「맥베스(Macbeth)」, 「리어왕(King Lear)」을 모아 놓은 것이다. 셰익스피어는 문학에 입문하는 사람들에게 가장 먼저 다가오는 혹은 다가가야 할 문제적 작가이다. '햄릿'이나 '오셀로'란 인물을 두고 'harmartia' 곧 '비극적 결함' 운운하는 문학적 개념을 살피던 것도 셰익스피어가 독자에게 준 자극이었거나 숙제였다고 할 수 있다.

> 1623년 벤 존슨[05]은 그리스와 로마의 극작가와 견줄 수 있는 사람은 오직 셰익스피어뿐이라고 호평하며, 그는 "어느 한 시대의 사람이 아니라, 모든 시대의 사람"이라고 칭찬했다. 1668년 존 드라이든(Dryden, John)[06]은 셰익스피어를 "가장 크고 포괄적인 영혼"이라고 극찬했다.(작가 소개에서)

천재적인 작가의 경우 당대에 인정받는 경우가 오히려 드물다. 그러나 셰익스피어의 경우 대부분의 작품이 살아생전 인기를 얻었다.

> 존재의 비극을 탐색한 극문학의 정수 『햄릿』, 모든 시대를 막론하고 가장 현대적인 작품 『오셀로』, 셰익스피어 4대 비극 중 가장 화려하고 잔인한 작품 『맥베스』, 소포클레스의 『안티고네』와 비견되는 서구문학의 가장 위대한 성취 『리어왕』을 한 번에 만나볼 수 있다.(책소개에서)

DNUE 50 Great Books에서는 최종철의 번역한 민음사판 『셰익스피어 4대 비극』을 추천한다. 번역자 최종철 교수는 4대 비극뿐만 아니라, 『로미오와 줄리엣(Romeo and Juliet)』, 『한여름 밤의 꿈(A Midsummer

---

05 벤 존슨(Jonson, Ben: 1572~1637)은 영국의 극작가, 시인, 평론가이다. 사실상 최초의 계관시인이 되었다. 고전의 깊은 학식과 매력 있는 인격으로 문단의 중심적인 존재로 각광 받았다. 작품의 사실적인 면은 셰익스피어와 닮았고, 박학하고 지적이며 통렬한 면은 밀턴(Milton, John)과 통한다고 한다. 문학평론으로 『숲 또는 발견(Timber or Discoveries)』(1640)이 유명하다.

06 드라이든(Dryden, John: 1631~1700)은 영국 왕정복고기의 대표적인 문인으로 다방면에 걸쳐 많은 저술을 남겼다.

Night's Dream)』, 『베니스 상인(The Merchant of Venice)』 등을 운문 형식으로 번역하는 작업을 마친 셰익스피어 전공자다.

번역자 최종철은 『햄릿』의 저 유명한 구절 'To be, or not to be'가 그동안 '죽느냐 사느냐'로 번역되어 오던 것을 인정하지 않는다. '있음이냐 없음이냐'로 번역하고 있다. 『햄릿』이 단순한 복수극이 아니라, 복수라는 행위가 인간의 존재와 도덕성에 미치는 영향 및 그 행위의 본질을 추구하는 극이라는 해석을 바탕으로 한 것이다. 전문 연구자의 노력이 돋보이는 대목이다. 일반대학에서는 3군데에서 이 책을 권장도서로 선정하였다.

『돈키호테(Don Quixote)』는 '세계에서 가장 위대한 문학작품 1위'라거나 '성서(聖書) 다음으로 지구상에서 가장 많은 언어로 번역된 책'이란 수식어로 평가된다. 출판사 리뷰에 따르면, 국립중앙도서관 선정 고전 100선 및 청소년 권장 도서, 『동아일보』 선정 세계를 움직인 100권의 책, 『한국경제신문』 선정 국내외 명문대생이 즐겨 읽는 고전, 서울대, 연세대, 고려대 권장 도서, 미국 대학 위원회 선정 SAT 추천 도서, 노벨연구소 선정 세계 문학 100대 작품, 피터 박스올 선정 죽기 전에 읽어야 할 1001권의 책, 한국 문인이 선호하는 세계 명작 소설 100선, 영국, 미국, 호주에서 활동하는 작가 125명이 즐겨 읽는 문학 등으로 『돈키호테』는 다양한 기관과 사람들의 추천을 받고 있다. 일반대학의 권장도서로도 4군데에서 추천되었다.

『돈키호테』는 안영옥이 번역한 열린책들판을 추천하였다. 번역자가 스페인에서 학위를 받았을 뿐만 아니라 5년 동안이나 고증과 현지 답사를 거쳐 번역했다는 점을 높이 샀다. 더불어 『돈키호테』의 삽화 중 가장 세밀하고도 유명한 작품으로 평가받는 구스타브 도레[07]의 삽화 1백 점을 수록한 점도 선정에 영향을 주었다.

앞에서 소개한 『데미안』과 더불어 『앵무새 죽이기(To Kill a Mockingbird)』는 대표적인 성장소설(Bildungsroman) 가운데 하나로 손꼽힌다. 성장소설(교양소설)의 본고장은 독일이라 할 수 있다. 그러나 미국의 성장소설도 많은 사람들에게 읽혀 왔다. 교육대학의 예비교사들이 장차 담당하게 될 초등학교 학생들은 고학년부터 사춘기에 접어든다. 신체의 변화와 더불어 정신적 · 내적 갈등 또한 수반된다. 교육대학의 권장도서로 이 시기의 아동들이 겪게 되는 성장 과정의 고민을 담아낸 성장소설을 선정할 필요가 있는 것이다.

『앵무새 죽이기』는 인종차별과 편견 문제와 얽혀 있다. 미국에서도 가장 인종차별 문제가 심각했던 앨라배마(Alabama)주에서 나고 자란 작가 하퍼 리(Harper Lee)가 직접 체험한 것을 바탕으로 형상화한 작품이다. 무죄인 것을 알면서도 배심원들은 톰이 흑인이라는 이유로 유죄평결을 하고 만다. 이 과정에서 톰을 변호했던 애티커스(Atticus Finch)의 아이들 젬(Jem)과 스카웃(Scout)은 핼러윈 축제날 귀가하던 도중에 공격을 받게 된다. 이들을 도와준 이는 놀랍게도 아이들이 꺼리고 멀리하던 래들리(Radley) 아저씨다. 그를 바래다주고 돌아서던 스카웃은 다음과 같은 말을 한다.

> 아빠의 말이 정말 옳았습니다. 언젠가 상대방의 입장이 되어 보지 않고서는 그 사람을 정말로 이해할 수 없다고 하신 적이 있

07 도레(Doré, Paul Gustave: 1832~1883)는 프랑스의 화가, 판화가이다. 발자크의 작품 삽화와 단테의 『신곡』 삽화로 유명하다. 『돈키호테』의 프랑스 번역판의 삽화를 제작하였다.

습니다. 래들리 아저씨네 집 현관에 서 있는 것만으로도 충분했습니다.

(중략) 집으로 걸어가는 동안 나는 오빠랑 내가 자랐다는 생각이 들었습니다. 아마 대수를 빼놓고는 이제 우리가 배워야 할 게 별로 많지 않은 것 같았습니다.(밑줄 필자)

1960년 『앵무새 죽이기』가 출판된 후, 이듬해인 1961년 작가 하퍼 리는 이 책으로 퓰리처상(The Pulitzer Prize) 수상의 영예를 안았다. 『앵무새 죽이기』는 지금까지 전 세계 40여 개 언어로 번역되었고 4천만 부 이상이 팔렸다. 1991년 미국 국회도서관이 '성경 다음으로 가장 영향력 있는 책'으로 선정하였고, 1998년 미국 『라이브러리 저널』은 '20세기 가장 영향력 있는 소설'로 선정하였으며, 2008년 영국 '플레이닷컴'은 '영국인들이 꼽은 역사상 최고의 소설' 1위로 선정하였다. 미국에서는 '한 도시 한 책(One City One Book)' 운동이 널리 벌어지고 있는데, 2001년 시카고(Chicago)는 이 운동의 일환으로 개최한 'One Book One Chicago'란 프로그램에서 『앵무새 죽이기』를 선정하였다. 시카고에서 이 책이 선정되는 데 결정적인 역할을 한 것이 바로 『앵무새 죽이기』가 다루고 있는 인종차별 문제 때문이었다. 『앵무새 죽이기』는 토론의 장을 통해 다양한 의견을 교환한 후 인종차별과 관련된 시카고 시민들의 의식을 변화시키는 데 크게 기여했다고 한다.

이상과 같은 점을 고려하여 DNUE 50 Great Books의 추천도서로 선정하였다. 번역본은 이 책을 여러 번에 걸쳐 다듬고 고쳐 다시 발간하는 데 노력한 김욱동 교수의 열린책들판을 추천하였다.

일본 작가들의 약진이 두드러진다. 많은 작가 가운데 일본 최초로 노벨문학상을 수상한 작가 가와바타 야스나리(川端康成)를 떠올리는 것은 자연스럽다. 1968년 가와바타 야스나리는 『설국(雪國)』(1935~1947)으로 노벨문학상을 수상하였다. 스웨덴 한림원은 "일본정신의 정수를 표현해 낸 완성도 높은 서사와 감수성(for his narrative mastery, which with great sensibility expresses the essence of the Japanese mind)"을 수상이유로 밝혔다.

『설국』은 1935년부터 1947년까지 연작 형식으로 발표되었고, 1948년 완결판이 출판되었다. 뚜렷한 줄거리가 없음에도 인물과 배경 묘사가 치밀하다. '눈 지방의 정경을 묘사하는 서정성 뛰어난 감각적인 문체'가 바로 가와바타 야스나리 문장의 백미다. 이를 통해 독자들마다 다양한 해석이 가능할 것이다. 『설국(雪國)』은 일반대학의 권장도서로 4군데에서 추천이 되었다.

한국문학은 8권을 선정하였다. 책명을 기준으로 하면 8권에 지나지 않지만, 『만인보』가 30권, 『태백산맥』이 10권, 『토지』는 20권짜리다. 역사적 맥락을 좇아 선정할까 하다가 최근 감각을 따르지 못하면 의무감에 눌려 독서를 하게 되거나 아예 외면할 것을 걱정해 비교적 최근작 중심으로 선정하였다.

문학사적 위치로 볼 때 가장 오래된 책이 최인훈(崔仁勳)의 『광장(廣場)』이다. 일반대학의 권장도서로 5군데에서 추천되었다. 대학생, 그리고 미래의 교사란 점을 고려하고, 한국의 사회 · 역사적 사정을 감안할 때 이 작품을 건너뛰고 이야기하는 것은 넌센스다. 분단(分斷)과 그 원인 중의 하나인 이데올로기 문제는 대학생들이 당연히 맞닥뜨려야 할 과제다.

고은(高銀)의 『만인보(萬人譜)』는 많은 사람들의 찬사를 받았고 기대를 모았다. 출판사의 책소개를 보자.

한국 시단을 대표하는 세계적인 시인 고은의 연작시편 『만인보』. 『만인보 완간 개정판』은 「만인보」 연작시편이 25년 만에 대장정의 막을 내린 것을 기념하여 기존에 출간된 1~26권을 출간 시기별로 양장합본하고 여기에 신간 27~30권을 더하여 전12권의 전집(연보·인터뷰·작품색인·인명색인 등을 담은 부록 별책 1권 포함)으로 새로이 구성한 것이다. 세계 시단에서도 '20세기 세계문학 최고의 기획'이라 평가받는 『만인보』는 말 그대로 '시로 쓴 인물 백과사전'이다. 시인생활 30년 만에 봇물처럼 터져 나온 '사람들에 관한 노래'가 대하(大河)를 이루어 망망대해로 나아가는 파도소리에 우리는 경탄할 수밖에 없다. '빠리의 호적부'와 겨루겠다는 의지를 불태웠던 발자크[08]에 빗대어 말하자면 가히 '시로 쓴 한민족의 호적부'라 이를 만하다.

『만인보』에는 5,600여 명이 등장한다. 총 작품 수는 4,001편이다.

『오래된 정원』은 일종의 후일담 소설(後日譚小說)이다. 80년대 민주화운동의 주역이 18년 동안의 감옥 생활을 마감하고 출옥하는 데서 소설이 시작한다. 현재와 과거가 교차되면서 서사가 전개된다. 옛날을 회상하지만 과거지향적인 이야기가 아니다. 지금의 이야기지만 과거와 연결된 지점을 찾고 성찰한다. 민주화와 산업화를 동시에 이룬 한국 사회의 현대사를 소설로 만나 볼 수 있다. 그 시대를 살지 않은 세대에게 좋은 안내서 역할을 할 것으로 본다.

『남한산성』은 최근 개정판을 내면서 100쇄를 찍었다고 밝혔다. 그

---

08 발자크(Balzac, Honoré de: 1799~1850)가 1842년 자신의 전체 소설에 붙인 제목이 '인간 희극'이다. 자신의 작품 계획을 단테(Alighieri, Dante: 1265~1321)의 『신곡』에 필적하면서 동시에 프랑스 호적부와 경쟁한다고 호언하였다.

만큼 국민적 관심을 받았다. 어느 시대나 누구나 양면가치가 대립하는 사안에 대해 쉽게 의사결정을 할 수 없을 때가 있다. 이 소설은 역사에서 제재를 가져왔지만 독자들에게 과거의 문제에 침잠하기를 바라지 않는다. 누구에게나 있을 수 있는 오늘의 문제를 사유해 보라고 요구하고 있다.

> 1636년 병자년 겨울. 청나라 10여만 대군이 남한산성을 에워싸고, 조선은 삶과 죽음의 기로에 놓인다. 죽어서 아름다울 것인가 살아서 더럽혀질 것인가. 쓰러진 왕조의 들판에 대의는 꽃처럼 피어날 것이라는 척화파와 삶의 영원성은 치욕을 덮어서 위로해줄 것이라는 주화파. 그들은 47일 동안 칼날보다 서슬 푸르게 맞선다.(책소개 에서)

척화파(斥和派)의 대의(大義)는 유교 문화의 뼈대를 이룬다. 따라서 한국인의 사고 체계에 깊숙이 자리 잡고 있다. 주화파(主和派)의 현실인식과 '삶'이 중요함을 용기 있게 밝히는 것, 이 또한 결코 가볍게 볼 수 없다. 모두 옳거나 다 틀린 것은 우리가 깊이 고민할 필요가 없는 문제다. 절박한 시점에 나름대로 옳은 점을 주장할 수 있다면 의사결정은 어려워진다. '절박함'은 바로 의사결정을 재촉한다. 누구나 이러한 경험을 겪게 된다. 작가 김훈(金勳)의 엄정하고 치밀한 문장이 주는 맛과 '나'의 앞에 놓인 의사결정의 시급하고 절박한 문제가 모두 작품 속으로 깊이 빠져들게 한다. 막 성인으로 대학에 입학한 대학생들에게 '삶'이란 무엇이고 어떤 가치가 있는지, 의사결정의 올바른 방향은 무엇인지 등 다양하고 깊이 있는 사고를 요구하는 작품이다. 선정의 이유다.

『태백산맥』은 1,000만 부가 팔렸다고 한다. 한국 출판문화사상 초유의 기록이다. 『태백산맥』은 1948년 해방과 1950년 6·25전쟁을 겪고 분단이 고착화된 1953년까지를 배경으로 한다. 흔히 이 시기를 '현대사의 실종시대'라 하는데, 작가는 역사의 문제에 정면으로 부딪치는 용기 있는 결정을 한 것이다.

『태백산맥』 연보

1983년 『현대문학』 9월호에 연재 시작

1986년 제1부 「한의 모닥불」 3권의 단행본으로 출간(한길사), 제2부 「민중의 불꽃」(2권, 1987) 제3부 「분단과 전쟁」(2권, 1988), 제4부 「전쟁과 분단」(2권, 1989, 전10권 완간)

1990년 현역 작가와 평론가 50인이 뽑은 '한국 최고의 소설'(『시사저널』)

1991년 『태백산맥』으로 단재문학상 수상, 전국 대학생이 뽑은 '가장 감명 깊은 책' 1위(『중앙일보』)

1994년 『태백산맥』 영화화(태흥영화사, 임권택 감독)

1995년 『태백산맥』을 출판사를 옮겨서 출간(도서출판 해냄), '가장 읽고 싶은 책` 1위(『한겨레신문』)

1996년 독자 선정 '가장 기억에 남는 소설' 1위(『동아일보』) '우리 사회에 가장 영향력이 큰 책' 1위(『시사저널』), 단일 주제 비평서 『태백산맥 다시읽기』가 권영민 교수 집필로 출간

1997년 『태백산맥』 1백 쇄 출간 기념연 개최, 대하소설로 1백 쇄 발간은 최초의 일

1999년 '20세기 한국의 베스트셀러'에 선정(『중앙일보』) 문인들이 뽑은 지난 1백 년 동안의 소설 중에서 '21세기에 남을 10대 작품' 선정(『한국일보』)

2000년『태백산맥』일어판 10권 완간(집영사와 1982년 완역 출판 계약 체결)(이상 출판사 리뷰에서)

위의 인용을 통해 볼 수 있듯이,『태백산맥』에 대한 시중의 반응은 뜨거웠다. 대하소설을 읽으면서 독서능력을 키우는 것이, 장차 초등교사가 되었을 때 교육대상인 학생들의 독서능력과 사고 능력을 키우는 데 좋은 경험이 될 것이다.

『토지』하면 '박경리(朴景利)'를 떠올리게 된다. 거꾸로 박경리란 말을 들으면 바로 '토지'를 떠올리는 것이 자연스럽다.

> 박경리는『토지』의 작가로 불린다.『토지』는 한국문학사의 기념비적인 작품이다.『토지』는 1969년에서 1994년까지 26년 동안 집필되었으며, 그 크기만 해도 200자 원고지 4만여 장에 이르는 방대한 분량이다. 구한말에서 일제강점기를 거쳐 해방에 이르기까지의 무수한 역사적 사건과 민중들의 삶이 고스란히『토지』에 담겨 있다.『토지』는 한마디로 "소설로 쓴 한국근대사"라 할 수 있다.(책소개 에서)

『토지』만으로 수많은 석사논문과 다수의 박사논문이 발표되었다. 비교적 최근에 완간된 책을 두고 석박사 논문이 쏟아져 나오는 것은 예사로운 일이 아니다. 일반대학의 권장도서로 4군데서 추천하였다.

『춘향전』은 작품의 의미도 뛰어나지만, 한국문학사의 한 지표로서도 문학사적 가치가 있어 추천하였다.『춘향전』이 하나의 작품에 그치지 않고 다양한 문화적 전파 효과 또한 크다. 이는 한국인의 의식 저변에 바로 '춘향전'과 관련되는 다양한 가치와 의미가 존재한다는 것을 입증하는 것이다. 일반대학의 권장도서 목록에 4군데에서 선정하였다.

『몽실 언니』는 교육대학의 권장도서 목록이라는 점을 감안하여 추천하는 작품이다. 따라서 이 작품 하나에 그칠 것이 아니라 더 많은 다양한 작품을 읽어야 한다는 안내판이자 유인책으로서의 의미가 크다.

『몽실언니』는 착한 아이들의 예쁜 행동이 '동심(童心)' 취급을 받던 한국 아동문학의 지평을 확장시켰다. 오래 팔리고 많이 팔려 또 다른 기록을 세우기도 하였다. 한국문학에서 특히 아동문학에서는 금기나 다름없는 분단 문제를 직접 언급한 것도 하나의 기록이다. 금기는 깨라고 있는 것이나 다름없지만, 깨기 위해서는 남다른 용기가 필요하다. 용기는 대가를 요구하였다. 작품의 말미가 서둘러 끝마친 느낌을 준다. 30년 뒤라는 설명으로 작품을 마감하는 작가는 사실상 플롯의 초보도 모르는 사람이다. 작가 권정생이 바로 그렇게 『몽실언니』의 결말을 맺었다. 권정생의 용기에 대해 당국이 보답(?)한 것이었다. 북한이나 전쟁 당시 인민군에 대해서는 나쁘게 묘사하는 것이 교과서처럼 지켜지던 아동문학에서 매우 인간적인 인민군을 그려놓은 것을 군부 권위주의 정권이 그저 두고 볼 리가 없었던 것이다.

『몽실언니』를 DNUE 50 Great Books에 포함시킬 것인가를 두고 오래 고민했다. 『이솝우화(Aesop's Fables)』와 흔히 '그림동화집'으로 알려진 『어린이와 가정의 동화(Kinder und Hausmärchen)』, '페로 동화집'으로 알려진 『옛날이야기(Histoires Ou Contes du Temps Passé)』 등을 우선적으로 목록에 포함해야 하는 것 아닌가 하는 갈등이 컸기 때문이다. '하버드 클래식(Harvard Classics)'으로 불리는 '엘리엇 박사의 5피트 책꽂이(Dr. Eliot's Five Foot Shelf)'에서 『이솝우화』가 포함되어 있다는 것을 알게 된 것도 갈등을 더 키웠다. 한국 아동문학에 끼친 영향을 고려하더라도 이들 도서들의 중요성을 결코 간과할 수 없다. 고민 끝에 『몽실언니』를 선정한 것은 상징적인 의미가 크다. 첫째, 교육대학의 권장도서 목록이라는 점을 표나게 내세우기 위해 '아동문학'을 다수 선정하자는 것이다. 둘째, 이름난 서양 아동문학 외에 한국 아동문학 작품을 반드시 포함하여 향후 독서를 유인하는 효과를 거두자는 것이다. 향후 DNUE 100 Great Books이 선정된다면, 『이솝우화』, 『옛날이야기』, 『어린이와 가정의 동화』가 반드시 포함되었으면 한다.

인문사회 분야 도서 선정에 대해 이야기해 보자.

대구광역시 임용시험 인문소양 도서[09]에 포함된 『난중일기』, 『도덕경』, 『백범일지』, 『자유론』, 『그리스 로마 신화』, 『난중일기』 등은 각각 이른바 고전(Great Books)에 포함될 만한 책들이다. DNUE 50 Great Books의 인문사회 분야에 이 책들을 포함시킨 것은 각각의 책들이 가지는 고전적 가치와 더불어 임용시험과 관련된다는 현실적 필요성도 함께 고려한 것이다.

교육청의 인문소양 도서 중에 『목민심서』를 DNUE 50 Great Books

---

09 2020년도 인문정신 소양평가 대상 도서목록은 다음과 같다. 총 20권이나 되므로 우리 대학의 DNUE 50 Great Books를 선정함에 있어 이 도서들을 모두 반영하는 것은 불가능하다.

2020	가) 동양 논어, 명심보감, 난중일기, 열하일기, 목민심서, 백범일지, 삼국유사, 간디 자서전(간디), 삼국사기(김부식), 도덕경(노자) 나) 서양 에밀, 데미안, 그리스 로마 신화, 자유론, 이방인, 소크라테스의 변명, 역사, 문화의 수수께끼, 갈매기의 꿈(리처드 바크), 어린왕자(생텍쥐베리)	20종

에 포함시키지 못했다. 여러 고민이 있었다. 『목민심서』와 관련하여 두어 가지 에피소드가 있다. 둘 다 쿠데타로 집권한 권위주의 정권의 한 대통령과 관련된다. 정권의 정당성이 확보되지 않았던지라 긴 눈으로 보면 매우 바람직하지 않은 행동들을 정책이란 이름으로 시행하였다. 그 가운데 그들의 눈 밖에 난 잡지들을 폐간시킨 혹독한 검열이 포함된다. 그 잡지 중에 『창비』가 들어 있었는데, 정권의 말기에 이르는 1987년까지 발간정지가 풀리지 않았다. 그래서 『창비 1987』을 무크지 형태로 발간하였다. '부정기간행물'임을 내세웠으나, 통권 58호임을 밝힌 점 등이 정지된 잡지를 허가 없이 발간한 것으로 당국의 기휘에 걸렸다. 그 결과는 혹독했다. 출판사까지 등록을 불허해 버렸다. 이를 되돌리기 위해 문인, 교수들이 서명을 했다. 그 선언문 가운데 『목민심서』와 같은 책을 이윤을 고려하지 않고 오로지 문화적 시각으로 발간한 출판사란 말이 들어갔다. 엄혹한 시절이었지만 내로라하는 이 나라 문인들과 교수들이 망라되다시피 한 규모에 정권도 결국 출판사 등록을 허락했다. 압권은 당초 '창작과비평사'에서 '비평'을 뺀 '창작사'로 하고서야 가능했다는 웃지 못할 행태에 있다. 도저히 '비평'은 수용할 수 없었던 모양이다.

그런데 바로 이 책 『목민심서』가 그 권위주의 정권의 수반이 백성을 사랑하고 걱정하는 애민정신의 소유자임을 입증하는 도구로 활용되었다. 외국순방 길에 기내(機內)에까지 이 책을 두고 읽었다는 웃지 못할 관급 기사가 당시 지면에 보도된 것이다.

이 책은 '지방 수령이 백성을 다스리기 위해 꼭 알아야 할 원칙 및 지침과 세부 사항을 담'고 있다. 백성을 중심에 두고 정치제도의 개혁과 지방행정의 개선을 도모한 다산(茶山)의 혜안은 오늘날의 위정자들에게 지침이 될 것이다. 그러나 이 책은 '방대한 분량과 어려운 내용'(책소개에서)뿐만 아니라, 학생들이 실제 읽겠느냐는 현실적인 사정을 고려하였다. 최근 출판사에서는 『목민심서』에서 가려 뽑아 한 권으로 묶은 『정선 목민심서』를 출간하였기 때문에 이 책으로 대신하는 것도 하나의 방법이긴 했으나, 아쉽게도 DNUE 50 Great Books에서는 제외되었다. 후속 50권의 선정으로 이어진다면 우선적으로 포함되어야 할 책이다.

동양 고전으로는 『논어』와 『도덕경』을 포함하였다. 하고 많은 고전 가운데 책 그 자체가 가지는 권위와 가치는 물론이고, 교육자가 될 사람이 갖추어야 할 소양을 담은 책으로서도 필수 불가결한 도서이기 때문이다. 『논어』와 『도덕경』은 오랫동안 여러 사람이 번역하고 해석하였다. 전문가의 자문을 통해 『논어』는 동양고전연구회가 번역한 지식산업사판을, 『도덕경』은 오강남이 풀이한 현암사판을 추천한다.[10]

『그리스 로마 신화』는 서구 지식체계에서 인문 · 문학 분야의 필독서다. 그러한 만큼 판본 또한 다양하다. 『그리스 로마 신화』의 정전(canon)은 대체로 오비디우스(Ovidius, Publius Naso: B.C.43~A.D.17)의 『변신 이야기(Metamorphoses: L. Metamorphōseōn librī)』와 벌핀치(Bulfinch, Thomas: 1796~1867)의 『그리스 로마 신화』로 쏠린다. 『그리스 로마 신화』는 원제가 『전설의 시대(The Age of Legend)』(1855), 『기사도의 시대(The Age of Chivalry)』(1858), 『샤를마뉴 황제의 전설(Legends of Charlemagne)』(1863) 3부작이다.

벌핀치는 미국 매사추세츠(Massachusetts)에서 태어나 하버드대학교(Harvard Univ.)를 졸업하였다. 아버지(Bulfinch, Charles)는 하버드대학교

10 「고전 번역 비평, 최고 번역본을 찾아서(1) 공자의 논어」, 『교수신문』, 2005.5.31.

를 졸업하고, 미국 국회의사당, 매사추세츠주 의회 의사당을 지은 건축가다. 혜택받은 가정과 학교를 마쳤으나 우여곡절이 많은 사회생활 끝에 59세 때 『전설의 시대』를 출간하였다. 이 책은 당시 지식계층 독자들의 엄청난 지지를 받으며 베스트셀러 반열에 올랐다. 그리고 전 세계 여러 언어로 번역되어 현재까지도 세계에서 가장 널리 읽히는 그리스 로마 신화의 표준으로 자리 잡게 되었다.

『그리스 로마 신화』는 서구 세계를 이해하는 데도 필요하고, 세계 문학을 제대로 읽어내기 위해서도 필수적이다. 그래서인지 한국에서도 오래전부터 다양한 번역본이 있었다. 현재도 다양한 출판물이 있다.

DNUE 50 Great Books에서는 『이윤기의 그리스 로마 신화(전5권)』를 추천한다. 벌핀치의 원전을 번역한 책을 찾는 것에 대한 아쉬움이 못내 컸지만, 벌핀치와 오비디우스를 수렴하고 이윤기 자신의 능력을 결합한 책으로 보아 이윤기의 책을 추천한다. 2000년 이 책이 처음 출간되자, '21세기 문화 지형도를 바꾼 책'이라는 찬사와 더불어 신화 열풍을 일으켰다. 그 열풍은 200만 명 이상의 독자가 화답했다는 점도 고려하였다.

『돌베개』는 장준하(張俊河)의 항일대장정을 기록한 것이다. 흔히 광복군이 직접 쓴 회고록 가운데 가장 뛰어난 작품으로 꼽기도 한다. 항일 독립군의 저작들로 이범석(李範奭)의 『우등불』(사상사, 1971), 김준엽(金俊燁)의 『장정(長征)(전5권)』(나남출판사, 1987~2001), 신상초(申相楚)의 『탈출: 어느 자유주의자의 수기』(綠文閣, 1966), 그리고 장준하의 『돌베개』(사상사, 1971)가 있다.

> 『장정』을 읽으면 장준하의 『돌베개』나 신상초의 『탈출』, 이범

석의 『우등불』이 떠오른다. 특히 장준하는 김준엽의 가장 친한 친구였고, 이범석은 그의 직속상관이었다. 장준하의 행적은 『장정』 곳곳에도 나와 있다. 두 사람의 삶은 적지 않은 부분에서 같은 궤적을 보여주었다. 김준엽의 학병 탈출은 유럽 지식인의 나치 탈출에 비견될 만큼 목숨을 건 행동이었다.[11]

문학평론가 조영일은 『돌베개』를 가리켜 "지난 100년간 한국에서 출간된 최고의 문학서"라고 상찬하였다. 지금까지 장준하의 『돌베개』는 여러 차례 간행되었다.

1971년 4월 30일에 장준하 선생이 『사상계』를 펴내던 사상사에서 처음 출간된 이래 여러 번 간행되었다. 1976년 일본에서 『석침: 한민족에의 유서(石枕: 韓民族への遺書)』라는 제목으로 사이마루출판회(サイマル出版會)에서 상하 두 권으로 출판되었고(安宇植 번역), 1978년에는 화다출판사에서, 1985년에는 '장준하선생10주기추모문집간행위원회'에서 '장준하문집'으로 1권 『민족주의자의 길』, 2권 『돌베개』, 3권 『사상계지수난사』가 간행되었다. 1987년에는 청한문화사에서 『돌베개: 청년시대의 항일투쟁기』라는 제목으로 출간되었고, 1992년부터는 세계사에서 간행되었으며, 2006년에는 요약본 『쉽게 읽는 돌베개』가, 2007년에는 양장본 개정판이 출간되었다.(출판사 서평에서)

장준하 선생은 1975년 비명에 가셨다. 살아생전에 민주화운동에 투

11 「"현실에 살지 말고 역사에 살라" 온몸으로 쓴 김준엽의 현대사 대장정」, 『세계일보』, 2017. 8. 26.

신해 10여 차례 투옥당했다. 1975년 개헌청원백만인서명운동본부의 이름으로 '박정희 대통령에게 보내는 공개서한'을 발표했다. 그해 8월 17일 경기도 포천군 약사봉에서 등산하다가 의문의 사고로 사망했다. 2012년 8월 묘지를 이장하는 과정에서 두개골 함몰 흔적이 발견되어 여러 논란이 있었다.

장준하는 1918년생이다. 김준엽은 두 살 아래 1920년생이다. 당시 대통령이던 박정희는 1917년생이다. 이들은 같은 시기에 태어나 청년기를 보냈다. 장준하와 김준엽은 일본 유학생이었다. 그러다 학병(學兵)으로 징집되어 중국으로 끌려갔다가 일본인 부대를 탈출해 충칭(重慶)의 임시정부에 가담하였다. 이범석 장군의 부관이 되었던 김준엽과 더불어 시안(西安)에 있던 광복군 제2지대에서 OSS(Office of Strategic Services) 특별훈련을 받고 지하공작원으로 국내에 진입하려던 때에 일본의 항복을 맞이했다. 이 시기 박정희는 무엇을 했을까? 박정희의 일제 말기 이름은 창씨개명한 다카키 마사오(高木正雄)다. 1940년 만주(滿洲)의 신징군관학교(新京軍官學校) 제2기생으로 입학하였다. 군관학교 지원을 위해 일본인으로서 개와 말의 충성[犬馬の忠]을 다하겠다고 지원서에 썼다. 이 일은 크게 회자되어 『만주신문(滿洲新聞)』[12]에 실렸다. 이 군관학교를 최우등생으로 수료한 뒤 일본육군사관학교로 전학, 1944년 졸업과 함께 만주군 소위로 임관되어 관동군(關東軍)에 배치되었다.(『한국민족문화대백과』 참조) 관동군이란 무엇인가? 일본의 중국 침략

---

12 「혈서 군관지원-반도의 젊은 훈도로부터(血書 軍官志願-半島の若き訓導から)」, 『滿洲新聞』, 1939.3.31, 7면) 기사 내용에는 29일 치안부 군정사 징모과에 조선 경상북도 문경군 서부공립소학교 훈도 박정희 군(23)으로부터 열렬한 군관지원의 편지가 호적등본, 이력서, 교원검정합격증명서와 함께 "한 번 죽음으로써 충성함, 박정희(一死以テ御奉公 朴正熙)"라고 혈서로 쓴 반지(半紙)를 봉투에 넣어 등기로 송부하였다는 내용이 이어진다.

첨병으로 제2차 세계대전 말까지 만주에 주둔했던 일본 육군부대를 총칭한다. 중국과 소련과 대응하기 위해 점차 병력을 증강시켜 1941년에는 70만 명이 되었다. 이 시기에 동북지방의 중국과 한국인의 항일무장 세력의 암살에도 열중했다. 독립군 장준하로서는 일본 관동군 장교였던 박정희가 해방된 조국의 대통령이 된 사실을 인정하기 어려웠을 것이다. 그 결말은 비극적인 죽음이었다.

DNUE 50 Great Books에서는 많은 오류를 교정하여 전면 개정판으로 출간한 돌베개판을 추천한다. '돌베개출판사'는 바로 장준하의 『돌베개』에서 이름을 따온 출판사이다. 일반대학에서는 1군데에서 선정하였다.

『백범일지』도 민족정신을 바로 잡는 데 필요한 책이다. DNUE 50 Great Books에서는 도진순이 주해를 한 돌베개판을 추천한다.

> 이 책 『백범일지』는 백범의 친필 원본은 물론 등사본과 필사본, 여러 가지 출간본 등 여러 저본을 일일이 면밀하게 검토, 대조하여 교감한 책이다. 뿐만 아니라 사전류는 물론 고전, 규장각 자료 등의 고문서, 수많은 회고록, 일본, 중국 등 해외의 임정 관계 자료까지 두루 활용하고 여러 분야의 전문가들로부터 자문을 통해 원본의 미흡한 점과 착오 등을 수정, 보완하였다.
>
> 수많은 판본이 나왔으나 정작 정본은 부재한 현실에서, 원본 『백범일지』의 정본화 과정에 완벽성을 기한 이 책 『백범일지』는 지금까지 나온 출간본 가운데서도 가장 모범적이고 표준이 되는 『백범일지』로서 평가받을 수 있을 것이다.(책소개에서)

여러 고민 끝에 『나의 문화유산 답사기』도 DNUE 50 Great Books

에 추천한다. '1990년대 초중반 전국적인 답사 신드롬을 불러일으키며 인문서 최초의 밀리언셀러를 기록'한 책이다. 해외여행에 들뜨기 쉬운 시기의 대학생들에게 우리 강산, 우리 문화에 대한 이해와 애정을 구하는 의미에서 추천한다. 이 책은 일반대학 2군데에서, 교육대학 1군데에서 권장도서로 선정하였다.

『러시아 혁명사』(김학준, 문학과지성사)를 추천한 이유는 간단하다. 우리나라는 좌우 이념투쟁이 극심했던 해방기와 뒤이어 발발한 6·25전쟁을 겪고 난 후 매카시즘(McCarthyism)에 의한 이데올로기 탄압이 극심했다. 그 결과 일부러 눈감고 귀 막고 말하지 않는 사이에 학문 영역마저도 이데올로기의 절름발이가 되었다. 1917년 러시아 혁명이 일어난 후 차르(tsar) 치하의 제정 러시아는 몰락하고 사회주의 국가가 탄생했다. 이후 지구는 오랫동안 이데올로기 갈등으로 냉전(cold war)을 겪었다. 그들은 무엇을 주장했고 우리와 다른 점이 무엇인지 알아보려는 노력이 필요하다.

『중국의 붉은 별』도 비슷한 이유에서 추천한다. '붉은 별'이라 하니 개인찬양이나 숭배로 오해할 만하나 본질은 거기에 있지 않다. 마오쩌둥(毛澤東)은 군사력이나 경제력에 있어 어느 것 하나 장제스(蔣介石)의 군대에 당할 바 못 되었다. 그러나 쫓겨 다니면서도 백성들의 지지를 얻어 중국을 통일하였다. 우리가 왜곡된 정보로 보아 왔던 마오쩌둥에 대해 미국의 저널리스트 에드거 스노(Snow, Edgar: 1905~1972)가 다른 시각을 제공해 준 책이 바로 『중국의 붉은 별』이다.

한때 독립운동가 장지락(張志樂=金山: 1905~1938)에 대한 님 웨일스(Nym Wales)의 『아리랑(Song of Ariran)』이 대학가에 커다란 바람을 일으켰다. 이 책을 추천하는 것이 우선이 아닐까 고민하였다. 님 웨일즈는 에드가 스노의 부인이었다. 마오쩌둥의 홍구(紅區)를 찾아간 스노와 떨어져 베이징에 남아 있던 님 웨일즈는 조선에서 온 혁명가 김산을 만나게 된다. 그 결과 『아리랑』이 탄생한다. 1941년 미국에서 간행되었다. 고심과 논의 끝에 『중국의 붉은 별』을 선정하기로 하였다. 이 책은 일반대학의 권장도서로 2군데에서 선정되었다.

『에밀(Emile)』(Rousseau, Jean Jacques, 김중현 역, 한길사), 『민주주의와 교육(Democracy and Education)』(Dewey, John, 이홍우 역, 교육과학사), 『사고와 언어(Thought and Language)』(Vygotsky, Semenovich, 이병훈 외 역, 한길사) 등은 그 자체로도 고전이지만, 교육대학이라는 점을 특히 더 고려하였다. 『에밀』은 자연주의(naturalism), 『민주주의와 교육』은 진보주의(progressivism), 『사고와 언어』는 구성주의(constructivism) 교육철학을 각각 대표하기 때문이다. 교육학과는 분야가 다르지만 『자유론(On Liberty)』(Mill, John Stuart, 박문재 역, 현대지성)도 포함하였다. 『에밀』과 『자유론』은 대구광역시 교육청 임용시험 인문정신 소양평가 대상 도서이기도 하다. 일반대학의 권장도서로 『에밀』은 2군데, 『자유론』은 4군데에서 선정되었다. 『민주주의와 교육』은 1군데에서, 『에밀』과 『자유론』은 각 3군데 곧 조사한 대학 모두에서 교육대학의 권장도서로 선정되었다.

『문명의 충돌(The Clash of Civilizations and the Remaking of World Order)』(Huntington, Samuel P. 이희재 역, 김영사)은 문명사적 관점으로 국제질서의 변화를 예측하여 독자들로부터 뜨거운 반향을 불러일으켰다는 점에서, 『사피엔스(Sapiens: A Brief History of Humankind)』(Yuval Noah Harari, 조현욱 역, 김영사)는 인간의 역사와 함께 미래를 내다본 논쟁적인 책이란 점에서 추천한다. 선정의 이유 중에는 미래 교사들의 시야를 넓힌다는 의미도 포함되어 있다. 『문명의 충돌』은 일반대학의 권장도서로 1군데에서 추천되었다.

제도권 교육을 충실히 따른 교육대학의 학생들에게 도발적인 사고가 가능한가? 가능하도록 해야 하는가? 물음을 던져 볼 수 있다.

『열린사회와 그 적들(The Open Society and Its Enemies)』(Popper, Karl R., 이한구 역, 민음사), 『오래된 미래(Ancient Futures)』(Norberg-Hodge, Helena, 양희승 역, 중앙북스), 『오리엔탈리즘(Orientalism)』(Edward Said, 박홍규 역, 교보문고)은 새로운 시각으로 세상을 볼 필요가 있다는 생각에서 추천 목록에 올린다.

> 열린 사회(The open society)란 전체주의와 대립되는 개인주의 사회이며 사회 전체의 급진적 개혁보다는 점차적이고 부분적인 개혁을 시도하는 점진주의 사회이다. 닫힌 사회(The closed society)란 불변적인 금기와 마술 속에 살아가는 원시적 종족 사회로서 국가가 시민생활 전체를 규명하며 개인의 판단이나 책임은 무시되는 사회이다. 포퍼는 열린 사회를 우리가 인간으로 살아남을 수 있는 유일한 사회라고 정의하면서 열린 사회의 최대의 적을 역사주의라 불리는 전체로, 역사적 법칙론, 유토피아로 규정한다.(책소개에서)

오랫동안 우리 사회는 포퍼식 개념으로 말할 때 '닫힌 사회'의 성격이 강했다. 급격하게 '열린 사회'로 변화해 가면서 사고의 혼란, 세대간 차이로 인한 혼란 등을 겪게 되었다. 『열린 사회와 그 적들』은 일반대학의 권장도서로 4군데에서 추천되었다.

『오리엔탈리즘』은 여러모로 생각할 점을 제시한다. 저자 사이드(Said, Edward Wadi: 1935~2003)는 누구인가?

1935년 팔레스타인의 예루살렘에서 태어났다. 이스라엘의 건국과 함께 이집트 카이로로 이주했다. 1950년대 말에 미국으로 건너가 프린스턴대학교를 졸업하고 하버드대학교에서 박사학위를 받았다. 컬럼비아대학교 영문학, 비교문학 교수와 하버드대학교 비교문학 객원교수로 지내며 이론가, 문학비평가로 활동했다. 서구인이 말하는 동양의 이미지가 서구의 편견과 왜곡에서 비롯된 허상임을 체계적으로 비판한 『오리엔탈리즘』을 1978년 출간하면서 세계적 명성을 얻었다.(저자 소개에서)

서구가 갖고 있는 편견과 왜곡은 수정되어야 한다. 그러나 우리 안에 이러한 말도 안 되는 편견과 왜곡은 없는가를 되돌아보아야 한다는 의미에서 이 책을 추천한다. 『오리엔탈리즘』은 일반대학의 권장도서로 3군데에서 선정되었다.

『역사란 무엇인가(What is History?)』(Carr, Edward Hallett, 김택현 역, 까치)는 일반대학 5군데, 교육대학 1군데에서 권장도서로 선정되었다. '역사는 과거와 현재의 대화'란 유명한 정의로 잘 알려진 책이다. 우리는 흔히 논쟁적인 문제에 직면하면 '역사에 맡기자'고 한다. 역사가 가장 엄정한 판단자이자 평가자란 의미라서가 아닌 듯하다. '지금 여기'에서 문제를 회피하는 수단으로 하는 말일 때가 많다. 진정 역사가 무엇인지에 대한 고민을 요구하는 측면에서 이 책을 권장도서로 추천한다. 역사가의 현재에 대한 문제의식과 그의 가치관은 결국 미래에 대한 전망과 연관된다고 하는 카의 입장을 적극적으로 받아들이면서 말이다.

예술 분야의 도서로 일반대학 권장도서로 가장 많이 추천된 것은 송방송의 『한국음악통사』와 곰브리치(Gombrich, Ernst Hans Josef)의 『서양미술사(The Story of Art)』였다. 이 책들로 그 분야의 고전으로 지목되고 있지만, 미래의 초등학교 교사를 염두에 두고 다음 두 책을 선정하였다. 선정은 그 분야 교수의 자문을 통해 결정하였다. 『창의적인 아이로 키우는 발도르프 음악교육: 유년기에 필요한 균형과 조화』와 스트릭랜드(Strickland, Carol)의 『서양미술사(The Annotated Mona Lisa: A Crash Course in Art History from Prehistoric to Post-modern)』다.

자연과학은 『과학혁명의 구조(The Structure of Scientific Revolutions)』, 『상대성 이론(Theory of Relativity)』, 『시간의 역사(A Briefer History of Time)』, 『코스모스(Cosmos)』, 『청소년을 위한 융복합 특강』, 『클라우스 슈밥의 제4차 산업혁명(The Fourth Industrial Revolution)』, 그리고 『수학전쟁(Math Wars: a guide for parents and teachers)』 등 7권을 추천하였다. 전문가의 자문과 일반대학의 권장도서 선정 등을 두루 감안하였다. 일반대학에서는 『과학혁명의 구조』 4군데, 『상대성이론』 1군데, 『시간의 역사』 2군데, 『코스모스』 1군데에서 권장도서로 선정하였다. 『과학혁명의 구조』는 교육대학의 권장도서로 조사한 대학 3군데 모두 선정하였다. 『코스모스』는 일반대학과 교육대학 각 1군데에서 권장도서로 선정하였다. 『수학전쟁(Math Wars)』은 교사양성 대학이라는 점을 고려한 선정이다.

오늘날 제4차 산업혁명, 융복합이란 말은 시대의 화두가 되었다. 『청소년을 위한 융복합 특강: 제4차 산업혁명 시대를 살아가야 할 우리 청소년들을 위한 안내서』와 『클라우스 슈밥의 제4차 산업혁명』은 융복합 교육과 제4차 산업혁명 시대에 능동적으로 대처하는 초등교사를 염두에 두고 선정한 책이다. 이 두 권의 책으로 다가올 제4차 산업혁명 시대를 감당할 수는 없다. 융복합의 ABC를 다 이해할 수 없는 것도 마찬가지다. 여기서 이 두 권의 책을 선정한 것은 융복합교육과 제4차 산업혁명에 대한 관심을 환기(喚起)시키고 지속적인 공부를 위한 길잡이 구실을 할 수 있도록 하자는 것이다.

이상으로 대구교육대학교 권장도서에 대한 선정 이유를 개괄적으로 밝혔다.

Ⅳ부

대구교육대학교 권장도서 해제

문학

광장(廣場)

최인훈(崔仁勳)

1

『광장』은 1960년 10월 『새벽』에 처음 발표되었다. 이후 지금까지 약 60년 동안 10차례 개작되었고 출판사를 바꾸어가면서 200쇄 이상 찍었으며 100만 부 이상 판매되었으니, 해방 이후 한국소설을 대표하는 작품이라 할 만하다. 『광장』이 이처럼 꾸준히 독자의 사랑을 받은 것은 이 작품이 분단체제에 대한 인식, 그리고 그것을 극복하고자 한 문학적 상상력을 담고 있기 때문이다.

작가인 최인훈은 회령과 원산에서 유소년기를 보냈다. 최인훈의 가족은 해방 후 북한체제가 들어서는 과정에서 회령에서 원산으로 이주해야 했으며, 최인훈은 원산에서 중학교를 다닐 무렵 사상과 관련된 문제로 소위 '자아비판'을 하기도 했다. 1951년 1·4후퇴 때 해군수송선(LST)를 타고 월남하여 부산 피난민 수용소 생활을 거쳐 남한에 정착하여 살아가게 된다. 이런 자전적 경험은 『광장』에 어떤 영향을 미쳤을까? 작가가 된 후 최인훈은 어느 대담에서 "삶이라는 것이 늘 출렁거린다는 이미지로 와 닿는다."고 표현한 바 있다(최인훈 · 이창동 대담, 「최인훈의 최근의 생각들」, 『작가세계』 1990년 봄, 50쪽). 이러한 체제의 불안정성에 대한 경험은 그가 체제로부터 소외된 위치에서 남한과 북한이라는 서로 다른 체제를 바라보게 된 데 영향을 주었을 것이다.

이 작품은 1960년의 특수한 상황이 아니고는 발표되기 어려웠다. 『광장』 이전에는 남한과 북한을 이렇게 마주 세워놓고 비판을 하고, 이런 시공간 위에다 어떤 이야기를 만들어가는 것 자체가 가능하지 않았다. 1953년에 휴전이 되었으니 1960년까지도 나라 전체가 전후의 아픔을 겪고 있었다. 체제를 안정시키는 것이 급선무였던 당시 정부는 개인의 자유를 극히 제한하였다. 그러던 중 1960년 4 · 19혁명이 일어났고, 이듬해 다시 5 · 16군사정변이 일어나게 되는데, 그 사이 1년 동안 우리 현대사에서 아주 예외적인 시간, 즉 개인의 자유가 폭넓게 보장된 정치 공간이 열리게 된 것이다. 한 번도 가져보지 못한 자유가 보장되어 그간 억눌려 있었던 욕구가 한꺼번에 분출하게 되었으니 혼란도 없지 않았지만, 잠시나마 이 자유를 맛본 것은 우리 현대사의 축복이라 할 것인데, 이 자유로운 정치 공간에 불쑥 솟아오른 작품이 바로 『광장』이다. '새벽'판 『광장』의 서문은 이러한 사정을 잘 드러내고 있다.

> 아시아적 전제의 의자를 타고 앉아서 민중에겐 서구적 자유의 풍문만 들려줄 뿐 그 자유를 '사는 것'을 허락지 않았던 구정권하에서라면 이런 소재가 아무리 구미에 당기더라도 감히 다루지 못하리라는 걸 생각하면서 빛나는 4월이 가져온 새 공화국에 사는

작가의 보람을 느낍니다.('새벽'판 『광장』(1960) 작가 서문)

2

『광장』의 이야기는 다음과 같다. 전쟁 포로였던 이명준은 전쟁이 끝나고 중립국을 선택하여, 지금 인도로 가는 배 타고르호를 타고 있다. 항해 중 포로들의 집단행동이 일어나고, 얼마 후 이명준이 바다에 자신의 몸을 던진다. 이것이 현재 시간에 일어나는 사건이다. 한편, 이 과정에서 이명준의 과거 회상을 통해 그간의 이야기가 전해진다. 과거 이야기는 주인공 이명준이 한반도의 남쪽에서 북쪽으로, 그리고 전쟁이 일어나자 다시 남쪽으로, 그리고 전쟁이 끝나자 중립국으로 가는 긴 여정을 그리고 있다. 과거 이야기는 해방기부터 전쟁에 이르는 꽤 긴 기간이며, 작품 분량의 대부분을 차지하고 있기도 하고, 사건의 중요성도 더 크다. 이 기간 동안 이명준은 남쪽에서 북쪽으로, 전쟁이 일어나자 다시 남쪽으로 내려오고, 남쪽과 북쪽에서 각각 여인을 만나 사랑을 나눈다. 요컨대, 『광장』은 남과 북을 가로지르는 모험과 사랑의 이야기이다.

먼저 모험 이야기를 살펴보자. 이명준이라는 한 청년이 있다. 월북자의 아들. 철학을 전공하는 대학교 3학년 학생. 지금 영미네 집에 식객으로 얹혀살고 있다. 별 탈 없이 살아가던 이명준에게 느닷없는 불행이 닥친다. 아버지가 북쪽에서 대남방송을 하는 어느 기관의 선전부장을 맡고 있다는 소식이 전해진다. '아버지가 공산주의자'라는 딱지가 붙게 된 것이다. 자신이 몸담고 살아온 사회가 자신을 적대적인 존재로, 위험한 존재로 받아들인다면, 그래서 하루하루 나는 그런 위험한 사람이 아니라는 것을 증명해야 한다면, 어떻게 할 것인가?

이 모험에서 남쪽 체제와 북쪽 체제는 서로 마주 서 있다. 작가는 이명준의 입을 빌려 남쪽과 북쪽의 체제를 신랄하게 비판한다. 『광장』의 분단체제 비판을 살펴보자.

> 추악한 밤의 광장. 탐욕과 배신과 살인의 광장. 이게 한국 정치의 광장이 아닙니까? 선량한 시민은 오히려 문에 자물쇠를 잠그고 창을 닫고 있어요.(중략) 이런 광장들에 대하여 사람들이 가진 느낌이란 불신뿐입니다. 그들이 가장 아끼는 건 자기의 방, 밀실뿐입니다.(중략) 개인만 있고 국민은 없습니다. 밀실만 푸짐하고 광장은 죽었습니다.

여기에서 이 작품의 가장 인상적인 대목, 즉 '광장'과 '밀실'이라는 비유를 만나게 된다. 단순하게 말하면, '광장'은 사회구성원들의 공적인 공간, 즉 정치이다. '밀실'은 보다 사적인 공간으로, 자아 또는 남녀간의 사랑이 될 것이다. 위 인용에서 '광장'과 '밀실'은 남한 정치를 비판하기 위해 사용되고 있다. 한마디로 말해 남한은 '광장은 죽었고 밀실만 푸짐한 곳'이라는 것이다. 한편, 월북한 이명준이 만나게 된 북한은 '당'만 있고 개인은 없는 곳, 한마디로 '잿빛 공화국'이었다.

> 아하, 당은 저더러는 생활하지 말라는 겁니다. 일이면 일마다 저는 느꼈습니다. 제가 주인공이 아니고 '당'이 주인공이란 걸. '당'만이 흥분하고 도취합니다. 우리는 복창만 하라는 겁니다. '당'이 생각하고 판단하고 느끼고 한숨지을 테니, 너희들은 복창만 하라는 겁니다.

북쪽에서 이명준의 삶도 곧 파탄에 처하게 된다. 자아, 즉 밀실을 포기할 수 없었던 이명준이 체제와 불화하게 될 것은 예정된 것이나 마찬가지였다. 북쪽 체제에 절망한 이명준은 다시 전쟁의 광기에 휘말리게 된다. 서울을 거쳐 낙동강 전선까지. 물론 전쟁에서 새로운 광장을 발견할 수는 없다. 전쟁 포로가 된 이명준은 또 다른 광장을 찾기 위해 중립국 행을 선택하게 된다.

『광장』의 모험을 간단히 그려보면, '남한→북한→전쟁→포로→중립국행 타고르호'로 요약된다. 이 모험을 추동하는 근본적인 서사의 힘은 무엇일까? 한마디로 말해 '아버지 찾기'라 할 수 있을 것이다. 남한에서 북한으로 간 것은 말 그대로 '아버지 찾기'이다. 실제 아버지가 북쪽에 살고 있기도 했고, 그 아버지의 존재 때문에 남한에서 살 수 없게 되었으니, 그가 아버지를 찾아 떠나는 것은 정해진 길이다. 그런데, 이렇게 해서 찾아간 아버지는 이명준이 찾던 아버지가 아니었다. '아버지'는 육친의 아버지의 의미를 넘어서는 상징, 즉 자신이 스스로의 삶을 의탁할 수 있는 체제 혹은 이념이기도 하다. 월북해서 아버지를 만났지만, 자신이 만난 실제 아버지는 이제 더 이상 아버지일 수 없는 나약한 존재라는 것을 확인하게 되자 이명준은 이제 스스로 그 길을 찾아야 했다.

3

『광장』은 남과 북을 맞세운 분단 시대의 사랑 이야기이다. 사랑은 체제와의 불화를 모면하기 위한 방편이 되는데, 그 한쪽엔 윤애가 다른 한쪽에는 은혜가 있다. 사랑은 다음과 같이 반복된다. 체제와의 불화를 경험한 주인공이 있다. 그는 자신이 소외된 처지에 있음을 알고 이를 벗어나기 위해 사랑에 빠져들게 되지만 이 사랑은 곧 파탄에 처한다. 그는 다시 다른 체제를 찾지만 그 체제에서도 자신이 머물 곳을 찾지 못하고 체제와 불화하게 된다. 다시 사랑을 찾는다. 그러나 또 실패한다. 이런 패턴이 반복될수록 주인공의 절망과 환멸은 더 깊어진다. 『광장』의 표현을 따르자면 패가 하나씩 줄어들고, 그래서 마지막 주인공이 서 있는 자리는 더 이상 선택지를 갖지 못하는 부채의 사북자리가 된다.

이명준의 사랑은 다분히 일방적이고 자기중심적이다. 사랑이란 원래 상호간의 자유롭고 평등한 소통인데, 이명준의 사랑은 그렇지 않다. 이명준은 윤애의 몸을 안으면서 일체감을 얻고자 하지만 이런 일방적인 몸짓은 사랑의 파탄을 예고한다. 은혜와의 사랑도 크게 다르지 않다. 은혜는 윤애와는 달리 명준을 받아들이지만 은혜가 명준을 받아들일수록 명준은 더 병적으로 은혜와의 관계에 집착하고, 이런 병적인 집착은 사랑을 파국으로 몰고 간다.

이때 전쟁이 일어난다. 명준은 전쟁에 자신을 던져 넣고 악마가 되는 길을 선택한다. 이는 아마도 자기 파괴의 길이라고 해야 할 것인데, 여기에서 그는 기적적으로 은혜와 재회하게 된다. 자기 파괴를 향해 질주하는 명준에게 구원의 길이 열린 것이다. 그리고 이 두 사람은 전장 한가운데에서 사랑을 나눈다. 틈만 나면 두 사람은 동굴에서 만난다. 간호병인 은혜는 수술 가위를 든 채로, 명준은 적의 정보를 담은 보고서를 든 채로. 이 사랑은 전쟁이 이들에게 얼마나 무의미한 일인지 말해 준다.

"나? 나 같으면 이따위 바보짓은 안 해. 전쟁 따윈 안 해. 나라면 이런 내각 명령을 내겠어. 무릇 조선민주주의인민공화국의 공민은 삶을 사랑하는 의무를 진다. 사랑하지 않는 자는 인민의 적이며, 자본가의 개이며, 제국주의자들의 스파이다. 누구를 묻지 않고, 사랑하지 않는 자는 인민의 이름으로 사형에 처한다. 이렇게 말이야."

이런 사랑은 물론 현실에서의 사랑은 아니다. 『광장』의 사랑 이야기는 대부분 이명준의 주관적 진술로 이루어지고 있다는 점, 그리고 이야기의 전개 과정에 생략이 많다는 점 등이 특징인데, 그러다 보니 경험적 현실을 기준으로 삼게 되면 개연성이 부족해 보이기도 한다. 하지만 이러한 개연성 부족이 꼭 작품의 결함이 되는 것은 아니다. 도리어 이 지점에서 『광장』의 사랑 이야기는 새로운 차원으로 옮겨갈 마련을 얻게 된다.

4

사랑 이야기는 작품 결말부에 이르러 상징의 세계로 확장된다. 중립국으로 가는 항해 내내 명준을 따라오는 갈매기. 이 두 마리 갈매기는 은혜와 그녀가 가진 딸을 가리키지만, 이 '갈매기'는 '바다'와 결합되어 보다 큰 상징을 만들어 낸다. 동굴에서 사랑을 나눈 뒤, 은혜는 "깊은 우물 속에 내려가서 부르는 사람의 목소리처럼, 누구의 목소리 같지도 않은 깊은 울림이 있는 소리로" 다음과 같이 말한다.

"정말?" "아마." 명준은 일어나 앉아 여자의 배를 내려다봤다. 깊이 패인 배꼽 가득 땀이 괴어 있었다. 입술을 가져간다. 짭사한 바닷물 맛이다. "나 딸을 낳아요." 은혜는 징그럽고 기름진 배를

> 가진 여자였다.(중략) 그 기름진 두께 밑에 이 짭사한 물의 바다가 있고, 거기서, 그들의 딸이라고 불리울 물고기 한 마리가 뿌리를 내렸다고 한다.

이제 은혜는 명준과 만난 한 여성의 위치를 넘어 보편적 상징 속에 다시 자리 잡게 된다. 그것은 '모성'이라는 상징이다. '모성'은 모든 생명의 근원이다. 그렇다면 은혜라는 모성의 바다에 물고기 한 마리가 뿌리내린 것인데, 이 물고기는 은혜가 장차 낳게 될 딸일 수도 있고, 명준일 수도 있고, 더 크게는 분단 시대를 살아가는 우리 모두일 수도 있다. 상징의 세계에서는 이 모든 해석이 가능하다.

작품의 결말도 이러한 상징 속에서 해석될 수 있다. 바다로 몸을 던지기 직전 이명준의 내면의 목소리는 다음과 같다. "무덤을 이기고 온, 못 잊을 고운 각시들이, 손짓해 부른다. 내 딸아. 비로소 마음이 놓인다." 이 내면의 목소리에 따르면, 그의 죽음은 무덤을 이기고 온 고운 각시들의 손짓에 따른 것이다. 무덤을 이긴 힘, 그것이 바로 모성일 것인데, 그는 죽음으로써 이 모성으로 돌아간 셈이다. 그렇다면 그의 죽음은 절망이 아니다. 그것은 모성으로의 회귀이고, 더 큰 생명으로의 참여가 된다.

이런 문학적 상상력이 분단체제를 근본적으로 변혁시킬 수 있을까? 한마디로 답하기는 어렵다. 문학과 현실 정치가 관련되는 복잡한 방식을 고려해야 하기 때문이다. 하지만 분명한 것은 분단체제를 살아가는 초등 예비교사에게, 그리고 통일 시대를 살아가야 할 새로운 세대에게, 분단체제를 극복하기 위한 의지와 상상력이 더 필요하다는 사실이다. 2020년대로 접어드는 지금, 한반도 분단체제의 틀을 바꿀 수 있는 중

대한 전환기를 맞이하고 있다. 분단체제 극복의 상상력이 현실 영역에서도 요청되고 있다. 『광장』 읽기가 계속되어야 할 이유다.

━━ 더 읽기 자료

최인훈, 『회색인』, 문학과지성사, 2008.
김원일, 『마당 깊은 집』, 문학과지성사, 2008.
황석영, 『손님』, 창작과비평사, 2001.

(집필자: 류동규 · 경북대학교 교수)

남한산성(南漢山城)

김훈(金薰)

김훈의 역사소설 『남한산성』(2007)은 1636년 12월 청나라 태종이 2만 명의 대군을 이끌고 조선을 침략한 후, 1637년 2월 2일에 조선의 임금 인조가 청나라 태종에게 항복을 하고 화친을 맺은 사건을 배경으로 하고 있다. 병자호란을 배경으로 하고 있는 이 소설은 대의명분에 빠져 실리외교를 표방하지 못한 당시 조선의 상황과 위정자들의 무능력으로 인해 피폐한 삶을 살고 겨울 추위 속에서 죽어야 했던 수많은 백성들의 고초를 잘 드러내고 있다. 이를 통해 이 소설은 병자호란이라는 역사적 사건 속에서 삶과 죽음의 길이 다르지 않으며, 죽음의 길에서도 살아야 하는 삶의 본질을 잘 부각하고 있다.

1636년(병자년) 12월에 일어난 병자호란은 정묘호란의 약속을 지키지 않는다는 명분으로 청나라가 조선을 침략한 사건이다. 1627년에 일어난 정묘호란 뒤에 후금(後金)(훗날 '清'으로 국호를 바꿈)과 조선이 형제지국(兄弟之國)으로서 평화유지를 약속했다. 그러나 조선은 해마다 많은 액수의 세폐(歲幣, 해마다 음력 시월에 중국에 가는 사신이 가지고 가던 공물)와 수시로 하는 청나라의 요구에 응하기 힘들었다. 또한 당시 집권층들은 강한 숭명배금(崇明排金) 사상을 가지고 있었기 때문에, 후금을 북쪽의 오랑캐로 여기면서 그들과의 형제관계를 받아들이려 하지 않았다.

당시의 상황은 명나라가 후금에 의해 거의 멸망 직전에 있었다. 후금은 먼저 명나라를 섬기고 있던 조선을 복속시킨 다음, 명나라를 완전히 멸망시키고자 했다. 그런 가운데 후금의 2대 칸[황제]이 된 태종은 조선과의 관계를 '형제지맹'에서 '군신지의(君臣之義)'로 고치려 했고, 세폐도 늘려 금 100냥, 은 1,000냥, 각종 직물 1만 2,000필, 말 3,000필 등과 정병(正兵) 3만 명까지 요구했다. 이에 조선 조정은 세폐를 대폭으로 감액하는 교섭을 벌였으나 실패했고, 그다음 달에는 후금으로부터 명나라 공격에 필요한 군량을 공급하라고 요구받았다. 이처럼 후금이 무리한 요구를 하자, 조선 조정에서는 청나라와의 화친을 끝내고 군대를 준비해야 한다는 논의가 격해졌다. 그러던 중 1636년 인조 임금의 부인 한씨(韓氏)의 조문(弔問)을 온 청나라 장수 용골대(龍骨大)와 마부대(馬夫大) 등은 후금 태종의 존호(尊號)를 알리면서 조선에게 군신의 의(義)를 강요했다.

그러자 조정 신하들은 부당함을 상소하며 후금의 사신을 죽이고 화친을 끝낼 것을 주장했고, 인조도 후금의 국서를 받지 않고 그들을 감시하게 했다. 후금의 사신들은 사태가 심상치 않음을 깨닫고 도망갔다. 조정에서는 의병을 모집하는 한편, 의주를 비롯한 서도(西道)에 병기를 보내고 후금의 침략에 대비하는 임금의 뜻을 평안감사에게 내렸다. 그런데 도망가던 후금의 사신이 인조가 보낸 서신을 빼앗아 보고 조선이 후금에 대항하고자 한다는 뜻을 알게 되었다.

한편 1636년 4월에 후금은 국호를 청(淸)으로 고치는 한편 연호를 숭덕(崇德)으로 개원하고 태종은 황제가 되었다. 이때 즉위식에 참가한 조선 사신인 나덕헌(羅德憲)과 이곽(李廓)이 신하의 국가로서 갖추어야 할 예를 거부했다. 이에 청나라 태종은 귀국하는 조선 사신들을 통해 조선에 국서를 보냈는데, 자신을 '대청황제(大淸皇帝)'라고 하고 조선을 '이국(爾國)'이라고 하면서 조선이 왕자를 보내어 사죄하지 않으면 대군(大軍)으로 침략하겠다고 협박했다. 청나라 태종의 국서를 접한 조선의 조정은 격분하여 나덕헌 등을 유배시키고, 척화론자(斥和論者)들은 주화론자(主和論者)인 최명길(崔鳴吉)과 이민구(李敏求) 등을 탄핵했다. 이러한 조선의 정세를 살펴보던 청나라 태종은 그해 11월 조선의 사신에게 왕자와 척화론자들을 압송하지 않으면 침략하겠다고 거듭 위협했다.

거듭된 청나라 태종의 위협에도 조선의 조정이 척화의 입장을 고수하자 청나라 태종은 용골대를 선봉장으로 하여 한겨울에 조선을 침략했다. 청나라 태종은 명나라가 바닷길을 통해 조선을 지원하지 못하게 하기 위해 별군으로 요하 방면을 지키게 하면서, 12월 2일에 만주족과 몽골족, 한인 등으로 이루어진 2만 명의 대군을 용골대가 이끌고 압록강을 건너게 했다. 청나라가 조선을 침략한 이유는 조선을 군사적으로 복속시켜 명나라를 멸망시킬 때의 후환을 없애기 위함이었다.

이러한 역사적 상황을 배경으로 하고 있는 김훈의 『남한산성』은 1636년 12월 14일 인조의 남한산성으로의 피신과 1637년 2월 2일 인조가 삼전도에서 청나라 태종에게 항복하기까지의 시간을 다루고 있다. 소설에서 조선 조정은 압록강을 건너 아주 빠르게 한양으로 진격하는 청나라 군대의 진격 상황을 무기력하게 그리고 부정확하게 보고받는다. 조선 조정이 청나라 군대의 진격 상황을 무기력하게 보고받게 된 것은 청나라 군대에 대항하는 조선의 군대가 거의 없었기 때문이며, 이 때문에 보고의 내용은 정확할 수가 없었다. 그런 가운데 청나라의 군대가 거의 한양에 당도했음을 알고, 인조는 12월 14일 강화도로 피신하기로 한다. 그에 따라 12월 14일 승지 한흥일에게 종묘의 신주를 가지고 강화도로 향하게 했고, 세자빈 강씨, 원손(元孫), 봉림대군(훗날의 효종), 인평대군 등도 강화도로 떠나게 했다. 12월 14일 오후에 도성을 떠나 인조와 세자, 대신들은 강화도로 가려고 남대문까지 나왔으나 이미 청군이 마포나루 근처에까지 왔다는 보고를 듣고 급히 남한산성으로 피신한다. 남한산성에 피신한 인조와 세자 등은 청나라 군대에 에워싸인다. 이에 따라 남한산성에 갇힌 인조와 세자, 대신들은 청나라 군대에 의해 위협받으면서 무기력하게 말라간다.

> 안팎이 막혀서 통하지 않았다. 아침에 내행전 마루에서 정이품 이상이 문안을 드렸다. 안에서, 알았다. 마루가 차니 물러가라……는 대답이 있었다. 오늘은 아무 일도 없었다. 임금은 남한산성에 있었다.(『남한산성』, 38쪽)

남한산성에 갇힌 임금과 세자, 대신들은 청나라의 공격이 없었기에 아무 일 없이 하루하루를 견디어 낸다. 그러나 그들은 남한산성에 임시로 마련된 내행전에서 말로만 싸우고 있었다. 척화를 주장하는 "큰 목소리는 높이 울리면서 퍼졌고" 화친을 주장하는 "작은 목소리는 낮게 스미면서 번졌다." "그해 겨울 추위는 땅속 깊이 박혔고 공기 속에서 차가운 날들이 번뜩였"는데, 그런 겨울 추위 속에서 그들은 시간과 더불어 말라가거나 버틸수록 약해져갔다. 대의와 방편 가운데서 "묘당

(廟堂)에 쌓인 말들은 대가리와 꼬리를 서로 엇물면서 떼뱀으로 뒤엉켰고", 환란을 수습할 대책을 마련하지 못했다.

그런 가운데 대신들은 "부딪쳐서 싸우거나 피해서 버티거나 맞아들여서 숙이거나 간에 외줄기 길이 따로 있는 것은 아닐 터이고, 그 길들이 모두 뒤섞이면서 세상은 되어지는 대로 되어갈 수밖에 없을 것"(16쪽)을 인식한다. 그러면서도 대신들은 겨울 추위 속에서 남한산성에 갇힌 채 방편을 마련하지 못한다. 이런 그들의 상황은 방편이 아닌 대의를 좇는 데서 연유한다. 그렇기 때문에 대의를 좇았던 척화파 김상헌은 "나는 인간이므로, 나는 살아 있으므로, 나는 살아 있는 인간이므로 성 안으로 들어가야 한다. 삶 안에 죽음이 있듯, 죽음 안에도 삶은 있다. 적들이 성을 둘러싸도 뚫고 들어갈 구멍은 있을 것이다."(40~41쪽)라고 생각하면서, 남한산성에 들어가 척화를 주장한다.

김상헌으로 대변되는 척화파들의 대의처럼 백성들도 대의를 좇을 수는 없었다. 백성들은 늘 굶주림과 추위에 떨어야 했고, 대신이라는 자들의 멸시와 학대를 견뎌야 했기 때문이다. 그렇기 때문에 백성들은 임금의 어가가 남한산성으로 온 것은 그들의 일상과 삶을 고통스럽게 하는 일일 뿐이라고 생각한다. 백성들의 이런 생각은 김상헌을 송파나루에서 남한산성으로 안내해 준 늙은 사공의 말인 "청병이 오면 얼음 위로 길을 잡아 강을 건네주고 곡식이라도 얻어 볼까 해서……."(43쪽)에서 확연히 드러난다. 이러한 늙은 사공의 말은 굶주림과 추위에 죽을 지경에서 조정과 나라가 무의미하며, 대의명분 또한 무의미함을 드러낸다. 굶주림과 추위에 떠는 백성들에게 의미 있는 것은 겨울을 날 수 있는 식량이며, 그러한 식량을 얻어야 하는 생존의 길에서는 나라와 조정, 대의명분은 아무런 의미를 가질 수 없기 때문이다.

백성들은 "임금이 성안으로 들어왔으므로, 곧 청병이 들이닥쳐 성을 에워싸리라는 것을 누구나 알고 있었다."(49쪽) 그렇기 때문에 백성들은 생존을 위해 짐을 꾸려 남한산성을 빠져 나간다. 그런 가운데 남한산성에 남아 있는 백성들도 "갇혀서 마르고 시드는 날들이 얼마나 길어질 것인지 아무도 알 수 없었고, 갇혀서 마르는 날들 끝에 청병이 성벽을 넘어와서 세상을 다 없애 버릴는지, 아니면 그 전에 성안이 먼저 말라서 스러질 것인지"(50쪽)를 알 수 없음을 걱정한다. 백성들의 관심사는 추운 겨울을 날 수 있는 옷가지와 식량이었다. 그러나 그들에게 추운 겨울을 날 수 있는 옷가지와 식량을 줄 수 있는 존재는 조선 땅에는 없었다.

그러나 백성들의 굶주림과 추위의 실체를 모르는 대의를 좇는 대신들은 방편을 마련하지 못한다. 이는 척화를 주장하는 김상헌의 생각을 통해 드러난다. 김상헌은 "죽음을 받아들이는 힘으로 삶을 열어나가는 것이다. 아침이 오고 또 봄이 오듯이 새로운 시간과 더불어 새로워지지 못한다면, 이 성안에서 세상은 끝날 것이고 끝나는 날까지 고통을 다 바쳐야 할 것이지만, 아침은 오고 봄은 기어이 오는 것이어서 성 밖에서 성안으로 들어왔듯 성안에서 성 밖 세상으로 나아가는 길이 어찌 없다 하겠느냐……."(61쪽)라고 생각한다. 이런 김상헌의 생각은 2만 명의 청병이 남한산성을 둘러싸고 모든 길이 막힌 상황을 고려하지 못하고 있다. 김상헌은 전국 각지의 병사들이 남한산성으로 달려와 위급에 처한 조정을 구해줄 것이라는 막연한 기대감을 갖고 있지만, 전국 각지의 병사들을 체계적이지 못한 보병이었다. 보병으로는 청나라의 기병과 홍이포를 대적할 수 없었다. 그럼에도 불구하고 척화파인 김상헌은 막연히 성안에서 성 밖 세상으로 나아가는 길이 있을 것이라 생각한다.

그러나 현실적으로 그 길은 스스로의 힘이 아닌 항복에 의한 것밖에 없었다.

청나라의 군대와 대적할 힘이 없는 상황에서 "안에서 열든 밖에서 열든 성문은 열리고 삶의 자리는 오직 성 밖에 있"(93쪽)다. 그렇기 때문에 "안에서 문을 열고 나가는 고통과 밖에서 문을 열고 들어오는 고통의 차이"(93쪽)는 거의 없다. 어차피 다른 방법은 없으며, 더 이상 대의 명분으로 삶의 자리를 마련할 수 없기 때문이다. 그런데도 조정의 대신들은 여전히 내행전에서 척화와 주화를 놓고 말로써만 싸운다. 척화를 주장하는 김상헌은 "싸울 수 없는 자리에서 싸우는 것이 전이고, 지킬 수 없는 자리에서 지키는 것이 수"(42쪽)임을 말한다. 반면에 주화를 주장하는 최명길은 "죽음으로써 삶을 지탱하지는 못할 것"(143쪽)임을 들어 아직 내실이 남아 있을 때가 화친의 때임을 말한다.

그런 가운데 조정은 여전히 대의를 좇고 있다. "성안으로 들어오기 전부터 묘당의 말들은 이른바 대의로 쏠려서 시세를 돌보지 않으니, 대의를 말하는 목소리는 크고 시세를 살피는 목소리는 조심스"(143쪽)럽다. 그러면서도 조정의 대신들은 "성이 열리는 날이 끝나는 날이고, 밟혀서 끝나는 마지막과 말라서 끝나는 마지막이 다르지 않고, 열려서 끝나나 깨져 끝나나, 말라서 열리나 깨져서 열리나 다르지 않"(181~182쪽)음을 점차 인식해 간다.

그런 가운데 청나라 태종이 1637년 정월 초하루에 남한산성 아래의 탄천에 12만 명의 청군을 집결한 채 남한산성을 에워싼다. 1월 2일에 인조는 문서를 작성하여 청나라 태종에게 보내는데, 청나라 태종은 인조의 문서를 짓밟고 되돌려 보내면서 인조에게 강압적인 내용이 담긴 문서를 보낸다. 그 문서의 내용은 인조가 성에서 나와 항복하되 먼저 세자와 척화론자 2~3명을 거두어 보내라는 것이었다. 그러던 중 이틀 후에는 청병에 의해 강화도가 함락되었다는 소식이 조정에 전해진다. 강화도에는 세자빈궁과 두 대군을 비롯한 여러 대신들이 피난해 있었는데, 강화도가 함락되자 빈궁과 대군 이하 200여 명이 포로가 되어 남한산성으로 호송되었다.

더 이상 남한산성에서 버틸 수 없게 되자 인조는 항복할 결심을 하고 1월 30일 성을 나와 삼전도(三田渡)에서 청나라 태종에게 항복하는 의식을 행했다. 이때 항복의 조건은 정묘호란 때의 조건에 비하면 비교할 수 없을 정도로 굴욕적이고 가혹한 것이었다. 화의가 이루어지자 청나라 태종은 수많은 공물들과 조선 여자들, 전쟁포로 등을 갖고 청나라로 돌아갔다. 그리고 소현세자와 빈궁, 봉림대군과 부인, 그리고 척화론자인 오달제와 윤집 등의 대신을 인질로 끌고 갔다. 그렇게 해서 남한산성의 겨울은 봄으로 바뀌었다.

지금까지 살펴본 것처럼, 김훈의 『남한산성』은 병자호란이라는 역사적 사건을 배경으로 창작된 역사소설로, 47일 동안 남한산성에 고립되어 일어났던 척화와 주화 논쟁, 그리고 백성들의 굶주림과 추위 등을 임금과 대신, 백성들이 처한 각자의 입장에서 보여주고 있다. 이 소설에서 강성한 청나라 군대에 맞서지 못한 채 조선의 대신들은 싸워야 한다는 의견과 물러나서 화친을 해야 한다는 의견 대립을 보이며, 그 가운데서 인조는 명확하고 올바른 판단을 하지 못한다. 그런 가운데 시간만 흘러가고 고립된 남한산성에서 그들은 말라갔다. 그러다 더 이상 버틸 수 없게 되었을 때 인조는 삼전도에서 청나라 태종에게 굴욕적이고 가혹한 항복을 할 수밖에 없었다. 이런 인조의 모습은 강한 군주이기보다는 매우 우유부단한 군주이다. 군주로서 인조는 대의명분과 방편 사이에서 갈등하는 우유부단함을 보이며, 진퇴양난의 상황에서 결정을 내리지 못한다. 그렇지만 인조는 남한산성에서 백성들의 먹을거리를 걱정하는 모습을 통해 인간적인 군주의 성격을 보이기도 한다.

우리가 이 소설을 읽을 때 눈여겨보아야 할 인물은 김상헌과 최명길이다. 예조판서였던 김상헌은 쓰러진 왕조의 들판에도 대의가 꽃처럼 피어날 것이라며 결사항전을 주장한 척화파였는데, 척화파로서 김상헌의 주장은 상당 부분 일리 있는 것이었다. 김상헌의 주장은 비록 힘이 없어 짓밟혀 죽더라도 영원히 사는 것을 지향하는 것이었기 때문이다. 그러나 그의 주장이 '실질'에 따른 타당성을 얻기 위해서는 내실, 즉 청나라에 대적할 힘이 있어야 했다. 청나라에 대적할 힘이나 준비가 되어 있지 않을 때 김상헌의 주장은 허무한 것이 되고 만다. 그렇기 때문에 그의 주장은 명분을 갖고 있음에도 불구하고 구체적인 힘이 뒷받침되지 않는 상황에서 명실상부한 것이 되지 못했다.

한편 역적이라는 말을 듣고 다른 대신들로부터 죽여야 한다는 상소를 받음에도 불구하고, 이조판서였던 최명길은 죽음보다는 삶의 연장이 더 가치 있다는 주장을 했다. 죽음보다는 삶을 선택해야 한다는 최명길의 주장은 힘이 없는 자가 굴욕의 순간을 견디고 살아서 더럽더라도 후일을 도모하는 방편을 마련하는 것과 관련된다.

이 소설에 나타난 김상헌과 최명길의 주장 중 우리의 가슴을 뜨겁게 하는 것은 무엇인가? 매일 매일을 겨우겨우 견뎌야 하는 상황이라면 우리는 누구의 주장을 취할 것인가? 아마 우리의 대답은 분명할 것이다. 우리에게는 대의명분도 매우 중요하다. 그러나 실질이 없는 가운데 대의명분만을 고집하는 것은 더 이상 의미를 갖지 못한다. 일상을 그저 견뎌내야 할 만큼 고통스럽거나 지쳐 있을 때는, 살기 위한 방편의 마련이 더 중요하다. 더군다나 그 방편의 마련이 자기중심적인 이기심에서 비롯된 것이 아니라 다른 사람에 대한 배려와 공감, 이해에서 나온 것이라면, 그러한 방편의 마련은 절대적인 가치를 가질 것이다. 지금 당장은 살아서 수모스럽더라도 후일을 도모해서 모두를 위한 삶을 계획하고 실천할 수 있기 때문이다.

이 소설에서 남한산성에 갇힌 인조와 대신들, 그리고 백성들의 삶은 그저 하루하루를 견뎌내는 것이었다. 갇힌 남한산성에서 하루하루는 계속되었고, 군사들과 백성들은 추위와 굶주림 속에서 매일매일 죽어 나갔다. 점점 남한산성 안에는 개 짖는 소리, 닭 우는 소리도 없어졌다. 굶주림 때문에 개와 닭들을 잡아먹었기 때문이다. 그러면서 성안의 모든 사람들은 성문을 열고 청나라에 무릎을 꿇을 날이 가까워졌음을 본능적으로 알게 되었다. 이런 상황에서 필요한 것은 무엇인가? 대의인가 방편인가?

우리는 누구나 '살고자 한다.' 이 소설의 마지막 부분에서 인조도 '살고자 한다.'라고 말한다. 앞에서 말한 것처럼 우유부단한 인조가 마지막에 '살고자 한다'라고 말한 것은 그가 대의보다는 방편을 따를 수밖에 없는 상황에 처했기 때문이다. 그렇다면 그러한 상황에 처한 인조가 오늘날의 우리에게 시사하는 바는 무엇인가? 그것은 살기 위해서는 힘을 기르고 능력을 함양해야 한다는 것이다. 그런데 힘을 기르고 능력을 함양한다는 것은 말처럼 쉬운 일이 아니다. 특히 지금의 시대처럼 글로벌 자본주의의 공고화에 따라 삶의 모든 부문에서 자본의 위력이 엄청난 상황에서는 더욱 그러하다. 자본의 위력 앞에 많은 사람들은 주눅이 든 채 상대적 빈곤에 시달리면서, 자신의 무능을 절감한다. 또한 극심한 경쟁 속에서 자본에 대한 각자의 욕망이 성취되지 않음으로 인해, 우울과 좌절에 시달리고 있다. 그에 따라 거의 모든 사람들이 행복이 아닌 우울을 느끼면서, 감정의 격동을 경험하고 있다.

살고자 하는데 우리는 왜 좌절하고 우울해하는가? 힘을 기르거나 능력을 배양하는 것이 근본적으로 어려워졌기 때문이다. 개인의 능력 부족이 아닌 우리 사회의 구조적 시스템의 문제라고 할 수 있다. 우리 사회의 구조적 시스템은 한 개인의 능력으로 해결할 수 없는, 푸코(Foucault, Jean Bernard Léon)가 언급한 '원형감옥[Panopticon]'처럼 개인의 삶을 구조적으로 통제하는 기제를 갖고 있으며, 그 기제에서 벗어난 개인은 경쟁에서 도태된 자로 여겨지고 있다. 그렇기 때문에 많은 개인들은 그들을 경쟁시키는 사회적 구조를 벗어날 수 없으며, 그 가운데 극심한 경쟁에서 우울과 좌절을 경험하고 있다. 그러한 우울과 좌절의 경험 속에 애초에 생각했던 '살고자 함'은 어디론가 사라지고 '견뎌야 함'만이 남는다. 이 때문에 우리는 1636년 겨울에 남한산성에 갇혀 말라갔던 그 시대의 사람들처럼 삶의 겨울에서 말라가고 있다.

이런 말라감에서 벗어나 봄의 새싹과 해토머리 같은 활력을 얻기 위해선 살고자 하는 근본 목적에 대한 성찰이 필요하다. 자본에 종속된 경제적 노예의 삶이 아닌 인문적 사고를 통한 자기다움의 길을 발견할 필요가 있다. 이러한 자기다움을 발견하는 것은 과거의 역사에 대한 이해와 성찰, 그리고 자기 자신에 대한 이해와 성찰을 필요로 한다. 과거의 역사에 대한 이해와 성찰을 통해 자기다움을 발견하게 하는 것이 역사소설의 의의이다. 역사소설은 단순히 과거의 사실을 말하는 것이 아니라, 작가 나름의 상상력을 통해 과거의 사실을 '통한' 현재의 의미를 말하고자 하는 소설이기 때문이다. 지금처럼 우리가 감정의 격동에 의해 좌절과 우울을 경험하는 상황에서 김훈의 역사소설 『남한산성』은 대의명분보다는 모두를 위한 방편에 현재적 의미가 있음을 말한다. 모두를 위한 방편이란 다른 사람에 대한 이해와 배려, 공감에서 마련된다.

다른 사람에 대한 이해와 배려, 공감은 기본적으로 다른 사람의 삶이 '나'의 삶과 다르지 않으며, 다른 사람이 '나'에게 의미 있는 존재임을 인식하는 데서 생겨난다. 특히 다른 사람의 고통이 '나'의 삶과 밀접한 관련이 있고, 그 고통이 지나치게 가혹하다는 판단과 관련된다. 이런 것들과 관련된 다른 사람의 삶은 '나'의 삶 속으로 들어와 이해될 수 있고, '나'는 다른 사람을 '나'와 비슷한 존재성을 가진 개체로 배려할 수 있다. 아울러 그의 고통과 우울, 좌절 등을 '나'와 연관 지어 성찰하는 공감적 태도를 가질 수 있다. 그렇기 때문에 모두를 위한 방편을 마련하는 것은 '타자'를 위한 것이면서도 '나'를 위한 것이 되며, 우리가 서사적 존재로 더 나은 삶을 지향하는 윤리성을 실천할 수 있게 한다.

서사적 존재로서 우리가 더 나은 삶을 지향하는 윤리성을 실천하기 위해서는 고통받는 자들에 — 그들이 자신이든 타자이든 간에 — 대한 편듦이 필요하다. 그러한 편듦을 통해 우리는 살아 있는 동안의 몸으로써 신생의 길을 열 수 있을 것이다. 그리고 그러한 신생의 길을 엶으로써 우리는 삶과 죽음, 절망과 희망, 치욕과 자존이 다르지 않은 돌이킬 수 없는 시간들을 받아내는 자기다움을 드러낼 수 있을 것이다.

지금까지 살펴본 것처럼, 김훈의 역사소설 『남한산성』은 대의명분과 방편의 추구 가운데 번민했던 존재들의 과거의 삶을 통해 현재의 우리가 타자와 자신을 위한 삶의 방편을 마련하는 것에 대한 성찰을 촉구하고 있다. 이것이야말로 이 소설이 역사소설로서 얻고 있는 문학적 성과라고 할 수 있다. 역사소설은 단순히 과거의 사실을 말하는 것이 아니라, 과거의 사실을 통해 현재의 우리가 '지금-여기'에서의 삶을 성찰할 수 있는 가능성을 제공하기 때문이다. 그리고 그러한 삶의 성찰을 통해 우리는 역사소설뿐만 아니라 소설, 나아가 문학이 주는 진정성을 깨닫는 존재로 성장할 수 있을 것이다.

김훈의 역사소설 『남한산성』은 2017년에 이병헌, 김윤석, 박해일, 고수 등이 출연한 영화 <남한산성>으로 각색되어 상연된 바 있다. 약 2시간 분량의 영화 <남한산성>은 추위와 굶주림에 고통받는 남한산성 안의 사람들이 지쳐가면서 그 한계를 맞이하는 과정을 생생하게 보여주고 있다. 또한 청나라 태종에게 항복하는 인조와 조선의 비참함을 영상을 통해 효과적으로 보여줌으로써, 소설을 읽을 때와는 다른 영상 매체의 맛을 제공한다.

━ 더 읽기 자료

어느 궁녀(김광순 역), 『산성일기(인조, 청 황제에게 세 번 절하다)』, 서해문집, 2004.

장경남, 『박씨전』, 현암사, 2006.

(집필자: 선주원 · 광주교육대학교 교수)

만인보(萬人譜)

고은(高銀)

고은은 한국문학을 대표하는 작가로 노벨상 후보로도 여러 번 오른 시인이다. 고은(1933~)의 『만인보』는 그가 남긴 많은 저서 중 가장 문제적인 작품이라 할 수 있다.

『만인보』는 계간 『세계의 문학』에 첫선을 보인 후, 처음 1~3권은 1986년 창작사(創作社)에서 초판 발간되었다. 출판사의 이름이 창작과 비평사에서 창작사로 억지 개명된 시대적 환경하에서 『만인보』는 첫 발을 디딘 셈이다. 이후 오랜 시간을 거쳐 2010년 4월 15일 창작과비평사에서 전 30권으로 완간된다. 1980년 김대중내란음모사건 및 계엄법 위반으로 육군교도소 수감 중 『만인보』를 구상한 이후 30년 만에 완성한 대작(大作)이다. 작품 수만 4,001편에 이른다. 웬만한 장편소설을 능가할 만한 분량이다. 『만인보』는 완결된 하나하나의 개별적 작품들이 모여 커다란 장편 연작시를 이루고 있다. 독자들이 한편의 대하장편소설을 읽으려면 어느 정도의 시간적 여유와 책을 읽을 힘이 요구된다. 그렇지만 단형 서정시로 이루어진 『만인보』는 그렇지 않다. 『만인보』는 이 땅에서 살다간, 살고 있는 개별적 인물들을 구체적 형상을 통해 재현시켜 놓았는데, 우선 단형 서정시로 되어 있어 읽기에 지루하지 않다. 짧은 서정시를 통해 장강(長江)처럼 흘러가는 역사 속의 무수한 민초(民草)들을 만나는 기쁨을 능숙한 독자가 아니라도 누구나 누릴 수 있는 장점이 있다.

고은이 남긴 저서만 하더라도 제대로 헤아릴 수 없다. 시집으로는 『피안감성(彼岸感性)』(1960)을 시작으로 『해변의 운문집』, 『신 언어의 마을』, 『문의(文義)마을에 가서』, 『부활』, 『입산』, 『새벽길』, 『조국의 별』, 『시여 날아가라』, 『전원시편』, 『만인보』, 『백두산』 등을, 소설집으로는 『피안앵(彼岸櫻)』, 『어린 나그네』, 『일식』, 『밤주막』, 『산산이 부서진 이름』, 『떠도는 사람』 등을, 수필집으로는 『인간은 슬프려고 태어났다』, 『G선상의 노을』, 『우리를 슬프게 하는 것들』, 『어디서 무엇이 되어 만나랴』, 『한 시대가 가고 있다』, 『1950년대』, 『고사편력(古寺遍歷)』, 『환멸을 위하여』, 『역사와 더불어 비애와 더불어』, 『사랑을 위하여』 등을, 평론집으로 『이중섭평전』, 『이상평전』, 『한용운평전』, 『황토의 아들』, 『문학과 민족』 등 시집, 소설집, 수필집, 평론집 등 장르를 구분하지 않고 그가 감행한 글쓰기의 여정은 여기서 일일이 정리하기도 힘들다. 이는 스님에서 시인으로, 거리의 투사로, 또 민족문학 진영의 원로로 걸어온 다양한 그의 인생길만큼이나 진폭이 큼을 보여준다.

『만인보』에 이르기까지의 고은의 삶의 역정(歷程)을 이경호의 「문학적 연대기」를 바탕으로 잠깐 살펴보기로 하자. 고은은 1933년 8월 1일 전북 군산시 미룡동 138~1번지에서 고근식(高根植)과 최점례(崔點禮)의 4남 중 장남으로 태어났다. 아홉 살이 될 때까지 인근 마을에 있는 서당을 몇 군데 다니며 『동몽선습』, 『소학』 같은 초학 책을 배우다 이웃 새터 마을의 머슴 대길이에게 한글을 배워 『장화홍련전』, 『유충열전』, 이무영의 『의지할 곳 없는 청춘』 같은 소설을 읽기도 했다. 일제말인 1943년 미룡국민학교에 입학하였으며, 해방직후인 1947년 군산중학교에 진급하여 미술반 활동도 하고, 『한하운시초』를 읽으며 시인이 되기를 꿈꾸기도 했다. 6·25전쟁의 와중에 군산항에 있던 미군 제21항만 사령부 운수과 검수원으로 근무하기도 하고, 전쟁의 흔적 속에 삶에 대한 절망감과 죽음에 대한 충동에 시달리기도 하였다. 1952년 출가하여 승려가 되었다. 이후 효봉스님의 상좌로 있으면서 전국의 고사(古寺)를 순례하는 등 승려생활 또한 방랑과 편력으로 일관한다. 방랑은 자유의 욕망과 관련되어 있었으며, 이후 이어진 그의 환속(還俗) 또한 이와 관련된 것이었다고 할 수 있다. 효봉스님과 함께 통영에서 서울로 온 고은은 조지훈의 천거로 1958년 『현대시』 1집에 「폐결핵」을 발표하고, 곧이어 서정주에 의해 『현대문학』 11월호에 「봄밤의 말씀」, 「천은사운」, 「눈길」 등이 추천되어 문단에 나온다. 1960년 대구의 청우출판사에서 첫 시집 『피안감성(彼岸感性)』을 펴내고, 29세 되던 1962년에 환속한다. 이어 두 번째 시집인 『해변의 운문집』(신구문화사, 1966), 세 번째 시집 『신, 언어의 마을』(민음사, 1967)을 펴낸다. 고은의 초기 시 세계는 "누이의 죽음이라는 원초적 경험을 통해 소멸과 멸망의 바다에 이르는"(김현) 과정이며, "존재의 근거를 위협하는 허무와의 싸움에 바쳐지고 있는" 세계로서, "개인의 내적 체험만이 믿을 수 있는 체험이라는 신념"(염무웅)에 머물러 있다.

한편 1974년 <자유실천문인협의회>를 창립하여 초대 대표 간사가 되고, 실천문학과 정치적 현실로 뛰어든다. 민음사에서 네 번째 시집 『문의마을에 가서』를 펴낸 것도 이해이다. 이즈음부터 그의 시에 사회의 어려운 현실에 대한 책임의식이 가미된다. 1970년대 중반 고은은 『이상평전』, 『한용운평전』, 시선집 『부활』(민음사, 1975) 발간 등 다양한 글쓰기를 시도하면서 정치적 투쟁의 전위에 선다. 가택구금과 연행은 일상사가 되었으며, 노동문제에 본격적인 관심을 갖고 현장에 나아가게 되었으며, 문학 또한 '허무에서 역사로' '다시 새로운 삶으로'의 질주를 감행한다. 이는 곧 공적인 세계에서의 실천적 문학행위이자 정치행위였다고 할 수 있다. 시집 『새벽길』(창자과비평사, 1978)에 실린 「화살」은 고은의 이러한 심경(心境)을 잘 보여주는 작품이다.

우리 모두 화살이 되어
온몸으로 가자
허공 뚫고
온몸으로 가자
가서는 돌아오지 말자
박혀서
박힌 아픔과 함께 썩어서 돌아오지 말자

우리 모두 숨 끊고 활시위를 떠나자
몇 십년 동안 가진 것
몇 십년 동안 누린 것
몇 십년 동안 쌓은 것
행복이라던가
뭐이라던가
그런 것 다 넝마로 버리고
화살이 되어 온 몸으로 가자

허공이 소리친다
허공 뚫고
온몸으로 가자
저 캄캄한 대낮 과녁이 달려온다
이윽고 과녁이 피 뿜으며 쓰러질 때
단 한번
우리 모두 화살로 피를 흘리자

돌아오지 말자
돌아오지 말자

오 화살 정의의 병사여 영령이여

(「화살」 전문)

「화살」은 허무에 머물러 있던 고은이 거리로 뛰쳐나온 변화된 모습을 잘 보여주고 있는 시이다. '캄캄한 대낮'이란 과녁은 화살이 쓰러뜨려야 할 부정적인 사회현실이자 목표가 되는 대상이다. '우리 모두'란 강한 연대성과 '~자'란 청유형 어미를 통해 결연한 희생의 의지를 극대화시킨다. 자신의 모든 것을 버리고 산화하는 화살처럼 단단하고 희생적인 삶의 자세를 독자들에게 고무하고 촉구한다. 이처럼 고은은 "입산, 환속, 방황의 시기를 거쳐 80년대의 아스팔트로까지 진출"[01]하였다. 이러한 고은에게 1980년 5월, 즉 5·18은 고은의 삶 전체를 뒤흔든 획기적 사건이었다. 고은은 1980년 5월 17일 자정 김대중 내란음모사건 및 계엄법 위반으로 계엄사 합동수사본부에 강제 연행된다. 고은은 엄

01 백낙청, 「『만인보』를 읽으며」, 완간 개정판 『만인보』 1, 2, 3, 창작과비평사, 2010, 473쪽.

청난 분량의 자술서 진술의 강요 속에 폭력과 고통을 당한 후, 7월 하순 육군교도소의 7호 감방에 송치된다. 1심의 군법회의에서 종신형을 선고받고 육군교도소에 수감되는데, 여기서 그는 서사시 『백두산』과 『만인보』를 구상한다.

『만인보』의 '보(譜)'는 족보, 즉 내력을 말한다. 그렇다면 『만인보』는 만인의 족보, 만인의 내력이란 뜻이 된다. 여기서 만인이란 만 사람을 뜻하지만 반드시 만 명을 의미하지는 않는다. 고은 스스로도 "만은 1000의 10배 개념이 아니에요. 그 본질은 끝이 없고 무량하다는 것"이라고 말한다.

(가)

이 전작시편 「만인보」는 막말로 말해 내가 이 세상에 와서 알게 된 사람들에 대한 노래의 집결이다. 나의 만남은 전혀 개인적인 것이 아니다. 그것은 궁극적으로 공적인 것이다. 이 공공성이야말로 개인적인 망각과 방임으로 사라질 수 없는 것이며 그것은 삶 자체로서의 진실의 기념으로 그 일회성을 막아야 한다. 하잘것없는 만남 하나에도 거기에는 역사의 불가결성이 있다. 이같은 원칙이 나에게 길들여진 바 사람들의 서사적인 숭엄성으로 되고 거기에서 이 시편이 나온 것이다. 여기에는 사람의 추악까지도 해당되어야 했다. 소위 진선미만으로는 사람을 다 밝힐 수 있는 때는 사실인즉 이 세상 어디에도 없다. 그것은 위선에만 있기 때문이다. 우선 내 어린 시절의 기초환경으로부터 나아간다. 그것은 다음 단계인 편력시대의 여러 지역과 사회 각계 그리고 이 땅의 광막한 역사와 산야에 잠겨 있는 세상의 삶을 사람 하나하나를 통해 현재화할 터이다. 이는 결국 가서 민족의 동시적 형상화가 들어 있어 마땅하

다. 따라서 민족생명력의 전형화 역시 덤으로 기대하고 있다[02]

(나)

만인보는 필연의 전시장이 아니다. 또한 의미의 호적부도 족보도 아니겠다. 만인보의 보(譜)는 이문구(李文求)의 어투로 본다면 씨족의 계보쯤에 어울릴 것이다. 누구는 이것을 가곡이나 교향곡의 악보로 파악할지도 모른다. 하지만 내가 뜻하는 만인보는 우선 실내의 서사가 아니다. 그것은 야외의 무작위적인 지점의 서사이고 옛 국도와 지방도로를 오가는 삶의 행렬일 것이다. 시가 시학 및 시론 속에 죽는 대신 산야와 강과 바다 저쪽, 그리고 구름 속에서 정의되는 생명놀이인 것과 흡사하다면, 만인보라는 언어행위는 응당 어떤 규범도 염두에 두지 않는 땅 위의 글쓰기이다.…… 1930년대 후기로부터 기억 속에 쌓이기 시작한 어린 시절의 고향 혈친이나 이웃 삼이웃의 세상에서 시작한 만인보가 1950년대 전쟁시기의 격동이나 그 이후 4월 혁명 전후, 그리고 1980년대 이래의 광주민중항쟁 등 여러 변동의 세월에 담긴 인간상의 자취를 거치는 동안 그들 각자의 중단된 삶의 상상적 연장이나 재생을 통해 삶이란 하루만의 단일성 이상의 복합서술이 요구됨을 깨닫게 마련이었다. 또한 역사의 군상들은 그것의 현재화를 통해서 현재의 삶으로 재생되어야 할 터였다."[03]

(가)는 『만인보』를 시작하면서, (나)는 『만인보』를 마치면서 내놓은 작자의 말이다. 이를 볼 때 『만인보』는 시인이 "이 세상에 와서 알게 된 사람들에 대한 노래"라 할 수 있다. 『만인보』는 '어린 시절의 기초환

---

02 고은, 「작자의 말」, 『만인보』 1, 창작사, 1986, 4~5쪽.

03 고은, 「만물 혹은 만인, 『만인보』를 마치면서」, 『창작과비평』 38(2), 2010년 여름호, 319~322쪽.

경'에서 시작하여 사회에 나가 만난 많은 사람들과 한반도에서 살다간 역사 속의 인물들을 대상으로 하고 있다. 『만인보』에 등장하는 인물은 할아버지, 아버지, 어머니, 고모, 외삼촌 같은 가족은 물론이고, 친척, 이웃, 고향 인근의 사람들로부터 더 나아가 동시대에 살고 있는 갖가지 사연을 가진 수많은 인물들이다. 통시적으로는 삼국시대부터 근현대까지 명멸한 역사적 인물들도 대상화된다. 결국 『만인보』는 이 땅에 살고 있는, 살다간 많은 사람들을 그려낸 장편 연작시를 묶은 것이라 할 수 있다. 전체 30권으로 이루어진 『만인보』의 구성을 살펴보면 다음과 같다.

1~6권까지는 주로 고향 사람들의 삶과 이야기를 배경으로 하고 있다. 1~6권에 등장하는 인물 대부분은 시인 자신이 나고 자란 가족, 친척, 고향 사람들, 그리고 고향 인근의 사람들이다. 이들 등장인물들은 작가가 창작한 허구의 인물이 아니라 작가가 고향이란 장소에서 직접 부대끼며 보고 들은 인물이란 점에서 중요하다.

7~9권에 "이제 고향의 산야를 벗어났다. 고향뿐 아니라 고향 부근의 사람들에 대한 옛모습에서도 벗어나게 되었다."는 시인의 말이 있는 것으로 볼 때 해방 직후부터 1950년대까지의 혼란과 궁핍의 시대를 살다간 사람들의 모습을 그려내고 있다.

10~12권과 13~15권에는 주로 70년대 사람들을 그려내었으며, 16~20권은 다시 1950년대의 전후(戰後)를 산 사람들의 이야기이다. 여기서는 삶과 맞닥뜨린 죽음의 상황, 전래사회가 무너진 곳에서 일어나는 상황, 실존과 폐허, 이데올로기의 습래(襲來), 민족이동 그리고 그 전쟁 속의 인간적 가능성 따위가 비극의 풍광으로 그려진다고 작가는 고백하고 있다.

21~23권에는 1960년대 초 혁명 전후의 인간군상이 주로 그려져 있

다. 여기서 고은은 4·19의 주축인 학생들과 반대편 사람들, 또 그러한 시대를 살아가던 보통 사람들의 삶의 모습을 그려내 보이고 있다. 1960년 전후 시절의 질박한 각성이나 농경 환경의 순정에 대한 진혼 또한 담아내고 있다.

24~26권은 주로 신라시대와 근대에 이르는 불교와 사찰, 암자, 스님들의 행적과 민중들의 삶의 모습을 그려내 보이고 있다. 27~30권에는 5·18광주민주화운동을 소재로 한 작품들이 많이 담겨 있다. 당대의 인물들에 대한 내력은 물론이고 1980년 숨진 광주시민, 학생, 부모 등 여러 사람들에게 애정 어린 눈길을 보내고 있다.

한편 『만인보』는 실명시(實名詩)의 장점을 최대한 살리고 있다. 실명(實名)의 인물을 등장시킴으로써 독자들로 하여금 관심을 유발시키고 묘사된 인물에 대해 더욱 신빙성을 주게 된다. 『만인보』에 등장하는 가족, 친척, 민초(民草)들을 그린 시 사이사이에 고구려, 백제, 신라, 또는 조선조나 현대사의 주요 인물들이 삽입되어 이야기의 변화와 긴장을 유발시킨다. 물론 전부 그런 것은 아니지만 역사적 실명 인물의 묘사보다는 어린 시절 고향에서 마주친 제 인물의 묘사가 훨씬 실감나게 그려진다. 이들 인물의 묘사가 습득된 지식이나 관념으로 그려진 형상이 아니기 때문이라 할 수 있다.

『만인보』 연작에 등장하는 인물들이 모두 긍정적 인물인 것은 아니다. 삶의 현장 도처에서 만난 각양각색의 인물 군상들이 작자의 시선에 포착되어 있다. 이러한 점이 『만인보』의 장점이자 미덕이라 할수 있다. 많은 사람들 중에 잘난 사람, 못난 사람 있고, 이 같은 각기 개성적이고 다양한 사람들이 이 땅 위에서 살아가고 있기 때문이다. 고은은 이러한 사람을 만나면서 성장하고 세상을 알아가는 과정을 겪었다. 『만인보』

를 읽다 보면 성장시적 요소를 지닌 여러 작품이 눈에 들어온다.

대길이 아저씨한테는
주인도 동네 어른들도 함부로 대하지 못하였지요
살구꽃 핀 마을 뒷산 올라가서
훌적삼 처녀 따위에는 눈요기도 안하고
지겟작대기 뉘어놓고 먼데 바다를 바라보았지요
나도 따라 바라보았지요.
우르르르 달려가는 바다 울음소리 들리는 듯하였지요
찬 겨울 눈더미 가운데서도
덜렁 겨드랑이에 바람 잘도 드나들었지요
그가 말하였지요
사람이 너무 호강하면 저밖에 모른단다
남하고 사는 세상이란다

대길이 아저씨
그는 나에게 불빛이었지요.
자다 깨어도 그대로 켜져서 밤새우는 불빛이었지요

(「머슴 대길이」 부분)

'머슴 대길이'는 화자에게 글을 가르쳐주고, 꿈을 갖게 해 주고, 함께 사는 삶의 아름다움을 보여준 사람이다. 시인 고은의 삶에 '불빛'이 되어 준 인물이 '머슴 대길이'다. 이처럼 고은의 기억 속에 각인된 많은 사람들이 『만인보』에서 재현된다. 작가가 고향에서 직접 겪고 접했던 많은 인물들과 사물들이 대부분 시의 소재가 된다. 어린 시절의 생생한 체험 속에 재현된 이들 인물들의 삶은 개별적이지만 전혀 개별적이지 않다. 민중들이 겪는 상실과 소외 같은 큰 보편적 정서의 틀 위에 이들 인물들의 개별성이 살아 숨 쉬고 있기 때문이다. 간도 이민을 떠나는 「큰집 고모」도 그러한 작품 중의 하나이다.

> 우리 집안 아낙네와 가시내들과
> 가운데 오촌네 집 뒷방에 모였다
> 가마니틀 아래
> 큰집 고모 오복녀 데려다가
> 모시개떡 해서 나눠먹었다
> 간도가 어디인가
> 간도로 가는 오복녀
> 모시개떡 남은 것 놔두고 언제까지나 울음바다 이루어서
> 집안 가시내들도 울음바다 이루어서
> 동네가 떠나가는데
> 누가 나서서 말리지도 못했다
> (중략)
> 그 어여쁜 오복녀 고모
> 웃으면 오목하니 볼우물 쌍으로 열리는 고모
> 자주고름 접은 오목가슴 오복녀 고모
> 이 땅에서 가지고 갈 것이 무엇이랴
> 가장 많은 눈물 가지고 간 고모
>
> (「큰집 고모」 부분)

간도로 이민 가는 큰집 고모 '오복녀'의 이야기는 더 이상 남의 이야기가 아니다. 화자, 독자, 시 속의 인물 모두 공감의 공간 속에 놓여 있다. 이 시는 '오복녀 고모'를 둘러싼 그날의 정황, 즉 구체적 삶의 세

부적 형상을 짧은 시행 속에 잘 그려내 보이고 있다. 고모에 대한 직접적 호명과 주정적 슬픔을 드러내는 시어의 반복은 비애의 정서를 더욱 심화시켜 보이는 효과를 거두고 있다. 이처럼 『만인보』에는 도처에 이 땅에 숨 쉬며 살다간, 살아가는 사람들의 이야기가 깔려 있다.

· 사람은 만남입니다. 또 만남입니다.
· 그 누구도 세상의 단역이다. 주인공이 아니다.
· 사람은 나라 이상입니다.
· 만인만이 만인이 아닙니다. 만물도 만인입니다.

이상은 고은이 『만인보』 완간본 내지(內紙)에 육필로 쓴 잠언(箴言)들이다. 이 글들 속에 『만인보』를 이끌어가는 오롯한 정신이 담겨 있다고 하겠다.

— 더 읽기 자료

고 은, 『고은 문학앨범』, 웅진출판, 1993.
김 현, 「시인의 상상적 세계-고은론」, 『시인을 찾아서』, 민음사, 1975.
백낙청, 신경림 엮음, 『고은문학의 세계』, 창작과비평사, 1993.
윤영천, 「인물시의 새로운 가능성」, 『서정적 진실과 시의 힘』, 창작과비평사, 2002.
이경호, 「문학적 연대기-허무의 바다에서 화엄의 땅으로」, 『작가세계』 10, 세계사, 1991 가을.

(집필자: 박용찬 · 경북대학교 교수)

몽실언니

권정생(權正生)

『몽실언니』는 1984년 4월에 출간되었다. 아동문학으로서는 드물게 2012년에 이미 100만 부를 넘겨 판매되었다. 1984년에 문화공보부 추천도서로 선정되었고, 이어서 1989년 국립중앙도서관 추천도서, 그리고 어린이도서연구회 추천도서, 책교실(책읽는교육사회실천협의회) 추천도서로 선정되는 등 가장 많이 추천도서로 선정되는 책 중의 하나이다. 또한 변기자(卞記子)(재일 조선인 번역가) 씨 번역으로 일역본이 출간되어(權正生 著, 卞記子 訳, 『モンシル姉さん』, 朴民宜 装挿画, てらいんく, 2000.5) 재일동포들과 일본인들에게도 우리의 아픈 현대사를 되돌아볼 계기를 만들어주었다.

'몽실이'라는 인물을 창조한 덕분에 이 작품은 한국 아동문학사에 큰 족적을 남겼다. '몽실이'는 어른보다 더 어른다운 생각과 행동으로 온갖 어려움을 견뎌낸다. 아버지를 버리고 새아버지에게 시집을 간 엄마 밀양댁도 이해하고 용서할 뿐만 아니라, 병들어 돌아온 정 씨 아버지의 뒷수발을 묵묵히 감당한다. 이복동생인 젖먹이 난남이를 전적으로 키우다시피 하고, 김 씨 아버지와 엄마 밀양댁 사이에서 난 영득이와 영순이마저 동생으로 거두어 도와주기를 마다하지 않는다.

개인적 품성만으로 설명하기 어려운 이러한 인물을 창조한 것은 작가 권정생이 바로 그러한 삶을 살아왔기 때문일 것이고, 동시대의 우리 민족의 삶의 모습이 그와 같았기 때문일 것이다. 작품 속의 사건이나 배경은 특별히 꾸미거나 보탤 것 없이 작가가 살아왔던 시대적 삶과 한국의 근 · 현대사 그 자체라고 해도 과언이 아니다. 게다가 가장 낮은 곳에서 겸허한 자세로 세상을 보았던 작가의 태도가 '몽실이'와 같은 인물을 형상화할 수 있게 한 것이다.

흔히 아동문학에서 주인공의 험난한 삶은 반동적 인물 또는 외부의 요인 때문에 발생하거나 그 어려움이 더해지는 방식으로 제시된다. 『몽실언니』에서도 이 점은 예외가 아니다. 그간 아동문학 작품은 선악 이분법의 인물 구도를 설정해 반동적 인물을 징치(懲治)하는 경우가 많았다. 권선징악적 주제 의식을 강조해 버린 결과였다. 그러나 『몽실언니』에서 '몽실이'의 언행은 이와 사뭇 다르다. 어른보다 더 어른스럽게 남을 이해하고 수용하며 너그럽게 용서한다. 어른보다 더 어른스러운 인물이 아동문학 작품에서 바람직한가는 달리 논의할 필요가 있다. 그렇지만 선악 이분법적 구도를 취할 경우 작품의 주제는 스테레오타입적인 결과를 가져올 것이 분명하고, 주인공이 호흡하고 살아가는 시대적 배경과 주변적 상황은 교훈적인 주제 의식에 짓눌려 작품 속에서 부차적인 장치로 떨어지고 말게 된다.

한국문학사에서 '몽실이'에 비견될 만한 인물 창조가 있었던 작품으로는, 황순원의 『별과 같이 살다』(정음사, 1950)와 방영웅의 『분례기』(『창작과비평』 제6호~제8호, 1967년 여름호~겨울호; 홍익출판사, 1968)를 들 수 있을 것이다. 『별과 같이 살다』의 '곰녀'와 『분례기』의 '똥례'는 '몽실이'와 같이 작품 속에서 특정한 한 시대를 살아 낸 인물이다. 한국 현대문학의 고전이랄 수 있는 이러한 작품과 비견될 만한 인물 창조는 아동문학에서는 '몽실이'가 처음이다. '곰녀'가 시대가 부여한 짐을 지고 묵묵히 헤쳐 나왔다는 점에서 보면, 그 짐을 이겨내지 못했던 '똥례'보다 '몽실이'에 더 가깝다.

1. 무너진 반공 이데올로기

서사 문학에서 인물 창조가 작품 성패의 큰 역할을 한다고 볼 때 『몽실언니』는 바로 '몽실이'를 창조함으로써 작품적 성공을 거두었다고 해도 과언이 아니다. 한 시대의 총체적인 모습을 '몽실이'라는 한 개인의 생활사를 통해 뚜렷하게 복원해 낸다는 어려운 작업을 작가가 훌륭하게 성공시키고 있기 때문이다.

그러나 시간적 전개에 따른 순차적 구성으로 인해 사건의 전개가 밋밋해진 점이나, 30년을 훌쩍 뛰어넘어 해설식으로 종결하고 있어 서사의 파탄이라고 할 수도 있는 결말 등은 많은 아쉬움을 남기고 있다. 『몽실언니』를 읽은 독자라면 누구나 당연히 이런 의문을 가질 법하다.

이런 아쉬움은 어디에서 기인하는가? 작가의 말에 의하면 작가의 역량과는 상관없이 애초에 구상했던 것을 그대로 다 쓸 수 없었던 사정이 있었던 모양이다.

> 『몽실언니』는 1981년 울진에 있는 조그만 시골 교회 청년회지에 연재를 시작해서 3회쯤 쓰다가 『새가정』이라는 교회 여성

> 잡지에 옮겨 싣게 되었습니다. 그런데 열 번째 꼭지까지 썼을 때 갑자기 연재가 중단되었습니다. 두 달을 쉬고 나서 잡지사에서 연락이 왔습니다. 내용은 아홉 번째와 열 번째 꼭지에 나오는 인민군 이야기가 잘못되었다는 것입니다. 그래서 더 이상 잡지에 싣지 못하게 한 것을, 앞으로 잘못 쓴 것은 모두 지울 테니까 계속 연재할 수 있게 해달라고 문화공보부에 사정을 해서 겨우 허락을 받았다는 것입니다.(『몽실언니』 개정판 서문에서)

작가는 애초 원고지 1,000장 분량으로 쓰려고 했으나 인민군 이야기에 등장해야 할 최금순 언니, 박동식 오빠와 관련된 내용을 모두 지워야 했고, 난남이를 양녀로 보내고 나서 30년을 훌쩍 뛰어넘어 부랴부랴 이야기를 끝내는 통에 겨우 원고지 700장으로 끝을 맺었다고 한다.

작품이 구상대로 되지 못하고 분량을 줄이고 '부랴부랴 이야기를 끝내'야 했다면 독자들이 『몽실언니』에서 아쉬움을 느낄 수밖에 없을 듯하다. 아쉬움의 원인이 '인민군 이야기'라고 하면, 한국 아동문학에서 어떤 의미로 읽어야 할 것인가?

권위주의 정권 시대에 문학에 대한 부당한 검열이 있었던 것은 두루 아는 사실이다. 일반 문학에서도 필화(筆禍)를 겪는 일이 허다했던 현실을 생각하면 인민군을 나쁘게 그리지 않은 아동문학 작품을 고이 두지 않은 것이 어쩌면 당연한 일이었을 것이다. 반공 교육은 북한과 북한군을 그저 괴물에 가깝게 그려야 했고, 악랄하고 잔인한 인물들은 늘 그들 차지였다.

미국에서 불었던 매카시즘(McCarthyism) 선풍이 한국에서는 그 강도가 더 강력했던 것은 주지의 사실이다. 35년 동안 일제의 강점으로 신음했지만 해방이 되어 친일파를 제대로 청산하지 못했을 뿐만 아니라

도리어 그들을 고스란히 싸안고 출범한 정부로서는 자신들의 전력을 감추기 위해서라도 타격해야 할 공공의 적이 필요했다. 여기에다 이데올로기로 인한 전쟁의 상처가 컸기 때문에, 매카시즘적 반공정신의 확대와 심화는 불을 보듯 뻔한 결과였다.

거의 최근까지 올림픽이나 아세안 게임 입장식에서 북한 차례가 되면 텔레비전이 다른 내용을 비춘다든지 하는 일은 으레 있는 일이었다. 국내 정치 상황이 여의치 않으면 간첩을 검거한 뉴스가 신문의 1면을 차지하였다. 『몽실언니』가 집필되던 1980년대 초반도 이와 다르지 않았다.

> 여자 인민군은 구석에 놓인 배낭에서 무언가 꺼내었다. 쌀과 미숫가루가 나왔다. 그걸 얼마쯤 덜어 가지고 바가지에 담았다.
> "너희 집으로 가자. 여긴 지금 긴한 의논을 하고 있으니까 더 있을 수 없단다."
> 여자 인민군은 골목길에 나오자 몽실의 손을 살며시 잡았다. 그러고는 나란히 비탈길을 올라갔다.(106쪽)

아버지는 보국대에 끌려가고 새엄마 북촌댁은 산후증으로 죽어, 갓난아기를 업고 10살짜리 아이인 '몽실이'가 장골 할머니의 도움을 구하러 갔을 때 만난 여자 인민군 최금순이 취한 행동이다.

제9장 '이상한 인민군'에서는 '몽실이'가 잘못 알고 태극기를 달아놓자 인민군 청년이 와서 태극기를 찢어 태우고 인민 국기를 단다. 아직 세상 물정을 모르는 어린 나이의 '몽실이'가 아버지는 공산군을 쳐부수러 싸움터에 갔다고 하자 '아버진 어디 갔는지 모른다.'고 말하라고 일러주는 대목이 나온다.

몽실은 왠지 갑자기 외로움이 가슴 안으로 몰려왔다. 인민군 청년이 잠깐 동안 남기고 간 사람의 정이 몽실을 외롭게 한 것이다.

사람은 누구나 사랑을 느꼈을 때만이 외로움도 느끼는 것이다.(100쪽)

전쟁 상황에서 침략군인 인민군도 사람으로서의 정을 주고 '몽실이' 또한 사랑을 느낀다고 그리고 있다. 사소한 배려가 사랑으로 와 닿는다. 전쟁 마당에 주변의 어느 누구도 남을 걱정하고 배려할 수 없었을 때에 기대하지도 않았던 인민군 청년에게서 인간적인 애정을 느끼도록 사건을 만든 것이다.

그런가 하면 다음과 같은 좀 더 직접적인 질문도 이어진다. 아이들다운 질문은 선악 구분을 원하고 누가 착하고 나쁜가를 확인하는 것이다.

"국군하고 인민군하고 누가 더 나쁜 거여요? 그리고 누가 더 착한 거여요?"

"……"

"왜 인민군은 국군을 죽이고, 국군은 인민군을 죽이는 거여요?"

인민군 여자가 누운 채 말했다.

"몽실아, 정말은 다 나쁘고 다 착하다."

"그런 대답이 어디 있어요?"

"국군 중에도 나쁜 국군이 있고 착한 국군이 있지. 그리고 역시 인민군도 나쁜 사람이 있고 착한 사람이 있어."

"그래요. 아까 낮에 태극기를 불태워 준 인민군 아저씨는 착한 분이셨어요."(109쪽)

작가 의식이 직접 노출되는 장면이다. 인민군도 나쁠 수 있고 국군도 나쁠 수 있다고 한다. 1980년대까지만 해도 우리 사회는 북한에 대한 인식이 이처럼 개방적일 수 없었다. 『몽실언니』를 읽을 독자들이 어린이들이고 이 작품이 발표될 당시가 1980년 초반 권위주의 정권 시대라는 것을 감안한다면, 위와 같은 내용은 매우 위험하게 생각될 수 있다.

『몽실언니』에서 작가 권정생이 그리고자 했던 인민군 관련 내용은 어떤 평가를 받아야 할까? 일제시대 카프(KAPF)는 남달리 아동문학에 관심을 가졌다. 그 이유는 미래에 도래할 혁명을 준비하기 위해 자라나는 어린이들에게 혁명의식을 고취할 필요가 있었기 때문이다. 문학이 정론(政論)의 도구였고 목적의식적 행위의 수단이었다. 해방 후 남한 만의 단독 정부를 구성한 정권 담당자들도 이와 다르지 않았다. 그들 또한 자라나는 어린이들에게 강력한 반공정신을 고취시킬 필요가 있었다. 학교 교육이든 아동문학을 통해서든 예외가 아니었다.

그런데 권정생의 『몽실언니』는 이러한 질서에 도전한 것이다. 작가 권정생이 의식했던 의식하지 않았던 간에 이 점은 분명하다. 한국 리얼리즘 아동문학은 중요한 금기를 하나 깨기 시작한 것이다. 국시(國是)라는 이름으로 엄존했던 반공 사상을 허물어뜨린 것이며, 동심주의 문학에 안주해 있던 한국 아동문학의 지평을 넓힌 것이다.

『몽실언니』는 '몽실이'라는 인물의 성장사다. 개인의 성장사이면서 한국 근·현대사의 가감 없는 진솔한 전개다. '진솔'하다는 것은 있는 현실을 숨김없이 드러내고 있다는 말이다. 인민군이 보여 준 인간적인 면모뿐만 아니라 그들이 저지른 악행 또한 소상하게 제시된다. 같은 관점에서 국군의 잘못이 숨겨지지도 않는다. 김성칠(金聖七)의 『역사 앞에서-한 사학자의 6.25 일기』(창비, 1993)는 중도적인 한 사학자의 눈에 비친 6·25전쟁 초기 민족의 비극을 생생하게 그리고 있다. 그 가운데 한강을 건너 피난 가지 못하고 서울에 남은 그가 본 인민군의 모습은 권정생이 그린 것과 크게 다르지 않다.

권정생은 시대의 총체적 삶을 제시하고 싶었지, 선입견이나 고정관념에 얽매이고 싶지 않았던 것 같다. 그렇다고 카메라 아이(camera-eye)와 같은 판단 유보 혹은 가치 중립적 실물 재생에만 관심을 가졌다는 말은 아니다. 『몽실언니』가 민족적, 민중 지향적 세계관을 견지하고 있는 것을 간과해서는 안 되기 때문이다.

민족적 나아가 민중적 세계관을 바탕으로 해방 직후부터 1980년대에 이르기까지 '몽실이'라는 인물을 따라 그려놓은 한국 민중의 생활사 전부가 귀중하지만, 『몽실언니』가 그린 인민군의 모습은 맹목적인 반공 이데올로기를 무너뜨린 그야말로 '용기'에 다름 아니다. 이로써 한국 아동문학은 자기 검열의 끈을 다소 느슨하게 풀어놓을 수 있었고 서사의 지평이 한 차원 넓어졌다고 할 것이다.

지구상에 유일한 분단국가로 남아 있는 한국의 어린이들은 늘상 입으로는 '우리의 소원은 통일'이라고 왼다. 그러나 다른 한편 맹목적인 반공 이데올로기의 강압 속에 살고 있다. 전쟁을 통한 통일(베트남)이나 지도자의 담합을 통한 통일(예멘)이 불가능한 상황에서, 가능성 있는 통일 방안을 모색하자면 서로에 대한 이해와 교류 협력의 지속적인 발전을 통한 방법밖에 다른 대안이 없다. 『몽실언니』는 아동문학에서 닫히고 막혀 있던 이해의 장벽을 열어 놓은 작품이라고 할 것이다. 윤기현의 「고향병이 든 할아버지」(윤기현, 『서울로 간 허수아비』, 도서출판 산하, 1990에 실려 있음)나, 임길택의 「모퉁이집 할머니」(『산골마을 아이들』(창비, 1990에 실려 있음), 그리고 박기범이 「송아지의 꿈」(『문제아』, 창비, 1999)을 쓸 수 있었던 것은 권정생과 같은 선배 작가들의 아픔과 노력을 밑거름으로 삼았기 때문이다.

2. 리얼리즘 아동문학과 동심주의 혹은 교훈

한국 아동문학은 오랫동안 동심천사주의(童心天使主義)의 언저리에 머물고 있었다. 어린이는 맑고 밝고 순진하다는 것이 동심주의의 핵심이다. 동심은 곧 순진한 어린이의 마음이자 거짓이 없는 진심을 뜻한다. 어린이의 마음을 이와 같이 규정하게 되면서 우리 아동문학이 표현할 수 있는 범위는 매우 제한적이게 되었다. 어두운 현실일지라도 진실하게 재현하는 것이 리얼리즘의 기본 정신인 바 이러한 것들은 동심에 어긋난다고 보기 때문이다.

가라타니 고진(柄谷行人)이 말했듯이 "아동이 객관적으로 존재하고 있다는 것은 누구에게나 자명"[04]한 것이다. 어린이는 늘 '존재'해 왔지만 그 어린이가 어떤 어린이인가는 누군가가 새롭게 '발견'해야 할 일이었다. 어린이가 살아가는 현실을 어떻게 보는가는 세계관의 문제이다. 아동문학은 그 특성상 어린이들의 문제를 어른들이 이야기하고 있다. 따라서 어떤 세계관을 가진 어른들이 객관적으로 '존재'하고 있는 어린이들의 세계를 '발견'할 것인가에 따라 아동문학의 모습은 아주 다르게 된다. 한국의 아동문학에서 볼 때 어른들은 어린이를 어떻게 '발견'해 왔는가? 한마디로 요약하면 계몽적 관점에서 어린이를 보았다.

---

04 가라타니 고진(박유하 역), 일본근대문학의 기원, 민음사, 1998, 153쪽.

> 이 과정에서 가장 두드러지게 형성된 어린이관은 계몽적인 관점이다. 어린이는 미성숙한 존재이며, 완전한 성인으로 자라기 위한 준비기에 놓인 존재들이기 때문에 어른은 어린이가 완전히 성숙할 때까지 후견인으로서 돌보아야 한다는 관점이다.[05]

계몽적인 관점이란 어린이를 독립된 인격체로 보지 않는다는 말과 같다. 미성숙하고 아직 성인으로서 주체적 판단이나 의사결정을 할 수 없다고 보는 것이다. 따라서 어른은 그러한 어린이들을 보호하고 지도하여야 한다는 관점이 바로 계몽적인 관점이다.

계몽적인 관점은 바로 교훈성과도 연결된다. 문학작품에는 많든 적든 교훈을 담고 있게 마련이다. 문학이 윤리 교과서와 다른 점은 재미를 추구하기 때문일 것이며, 무의미한 오락물로 전락하지 않는 것은 교훈을 담고 있어 이 둘이 길항하고 서로 통제하기 때문이다. 그러나 우리 아동문학에서의 교훈이란 이와는 조금 다른 듯하다. 오랫동안 교훈을 앞세우거나 강조하면서 작품은 윤리 교과서나 사회 교과서를 위해 존재하는 꼴이었다. '문학의 교육'이 아니라 '문학을 통한 교육'이 되어 버렸던 것이다. 문학이 주체가 되지 못하고 수단이자 방법이 되어 버렸다. 목적은 교육에 있고 교육이라는 목적을 달성하기 위해 문학은 도구에 지나지 않았다는 말이다.

교훈적 덕목들이 안이한 서사를 바탕으로 전개될 경우 아동문학은 수신서에 지나지 않을 것이다. 수신서는 훈시나 설교가 목적이다. 엄밀한 의미에서 훈시나 설교는 교육이라기보다는 교화(indoctrination)에 가깝다. 교훈적 덕목이 어린이의 삶을 대신한 아동문학은 공허하다.

---

05 김상욱, 『어린이문학의 재발견』, 창비, 2006, 87~88쪽.

『몽실언니』는 1947년경부터 시작하여 1980년대 초반까지에 이르는 긴 시간적 배경을 갖고 있다. 제7장과 제8장을 보면 '몽실이'가 10살임을 알 수 있는데, 이해에 전쟁이 발발하는 것으로 보아 '몽실이'는 1940년생으로 볼 수 있다. 그런데 7살 때 '아버지를 버리고'(제1장의 제목) 새아버지에게 시집가는 엄마를 따라가는 장면부터 시작하기 때문에 시대적 배경은 1947년경부터 출발한다. 이로 볼 때 『몽실언니』는 한국 현대사의 주요 고비를 고스란히 담고 있는 셈이다.

먹고 사는 것이 어려워 멀쩡하게 살아 있는 아버지를 버리고 새로 시집을 가는 어머니가 나오고, 그런 어머니를 찾아온 친아버지의 분노가 드러난다. 북촌댁과 같이 몸이 아파 시집에서 쫓겨나는 현실이 여과 없이 제시되고, 전쟁 직후의 비극에 가까운 우리 사회사가 고스란히 드러나기도 한다. 양공주가 등장하고 '몽실이' 자신이 거지 노릇하는 장면도 제시된다.[06] 자선병원을 통해 전쟁 직후 우리 사회의 무질서를 비판하기도 한다.

> 가끔씩 가다가 택시가 오고 거기서 내린 사람들이 병원으로 들어갔다. 줄 선 사람들은 웅성거리고 있었다.
>
> "뭐야! 일껏 줄 서서 기다리는 사람들은 보름씩 한 달씩 있어도 못 들어가는데, 어떤 놈은 빽이 좋아 금방 들어가는 거야?"
>
> "저런 놈들 때문에 우리는 세월 없이 기다려야 하는가?"
>
> 자선병원도 차별이 있었다. 어떤 이유로 그렇게 되는지 몰라도, 돈 많은 사람들은 뒷구멍으로 진찰권을 얻어내어 이렇게 쉽게

---

06 이철지 엮음, 『오물덩이처럼 딩굴면서』, 종로서적, 1986. 이 책을 깁고 보탠 것이, 이철지가 엮은 『권정생 이야기 1, 2』(한걸음, 2002)이다. 이 두 책의 수기 등 여러 가지 글들을 보면, 그의 걸인 생활, 결핵, 교회 종지기 생활 등이 바로 권정생 자신의 삶이었음을 알 수 있다.

들어갈 수가 있었던 것이다.

가난한 사람을 위해 세워진 병원이 오히려 가난한 사람들을 이용하는 잘못을 저지르고 있는지도 모른다.(221쪽)

'몽실이' 아버지는 자선병원 앞에서 16일을 기다리다 길바닥에서 죽었다. 다리에 생긴 상처 때문인데 빨리 치료를 하지 못해서 죽은 것이다. 배근수라는 청년이 치료를 받고 나은 것으로 보아 '몽실이' 아버지도 치료만 제때 받았다면 죽을 이유가 없는 것이다. 돈 있고 힘 있는 사람들은 질서도 지키지 않고 뒤에 와서 먼저 치료를 받을 수 있고, 보름이나 넘게 기다리다 죽어가는 '몽실이' 아버지 같은 사람도 있었던 것이다. "전쟁은 높은 사람들이 일으켰지만, 그 피해는 모두가 가난하고 착한 백성들만이 떠맡아 버린 것이다."(215쪽)

『몽실언니』에서 제시된 이러한 장면들은 그 시대를 살아온 경험 세대들에게는 새삼스럽게 설명을 덧보탤 일이 없다. 특별히 슬플 것도 없고 충격적이지도 않다. 다들 그랬고 민초들에게는 예외가 없었기 때문이다.

그러나 이러한 장면은 우리 아동문학에서 쉽게 볼 수 없는 장면들이었다. 착한 사람이 잠깐 고난을 겪는다 해도 결말은 언제나 해피엔딩이기 십상이었다. 이러한 현상은 계몽적 또는 교훈적 아동문학관이 일종의 검열관 노릇을 했기 때문이다. 통상 검열은 불온하거나 저속한 표현을 제거하는 것이다.[07] 우리 아동문학은 힘들고 어려운 삶, 밝지 못한 삶을 불온하거나 저속하다고 본 측면이 있었다. 아직 미성숙한 어린이

---

07 Kathy H. Latrobe, Carolyn S. Broodie, Maureen White, *The Children's Literature Dictionary*, Neal-Schuman Publisher, Inc., New York, 2002, p.33.

들에게 세상의 어두운 구석을 보여주거나 모순된 현실에 노출시킬 경우 그들이 장차 부정적 세계 인식에 도달하지 않을까 경계했던 것이 우리 아동문학이 보여준 그간의 모습이었던 것이다. 눈을 뜨면 현실 사회의 어두운 구석을 보고 자라는데도 문학작품에서는 곱고 밝은 이야기만을 하도록 한다는 것이 얼마나 현실에서 동떨어진 것인지는 금방 알 수 있는 일이다. 아이들이 겪고 있는 직핍(直逼)한 현실을 외면하고 어른들이 재단하고 조율한 당위적인 세상을 작품 속에 그려 보인들 그것이 아이들의 관심사가 될 수는 없는 것이다.

교훈적 목적을 앞세운 어른들의 관점을 고집하지 말고 어린이들이 알 수 있게끔 현실을 제시하면 된다. 교훈을 주입하기 위해 설명하려(telling) 들기보다 교훈을 얻을 수 있도록 장면과 사건을 보여주면(showing) 될 것이다. 『몽실언니』에도 교훈적 설명이 없지 않다. 그러나 인물이나 배경이나 사건이 수신서에서 보일 법한 교훈적 덕목을 위해 제시되지는 않는다. 교훈은 있되 훈시나 설교는 하지 않는다.

『몽실언니』는 이런 점에서 또 하나의 벽을 시원하게 깨뜨린 작품이라고 할 것이다. 해방 직후부터 1980년대에 이르는 시대변화에 따른 사회현실, 그것도 기층민중(基層民衆)의 삶이 총체적 시각에서 고스란히 녹아 있는 작품은 우리 아동문학에서 달리 그 예를 찾아보기 어려웠다. 물론 일제강점기의 현덕(玄德), 해방 직후의 이원수(李元壽) 등의 예가 없는 것은 아니다. 권정생 자신의 초기 동화집에도 단편적이지만 이런 노력은 도처에 존재한다. 그러나 장편 동화만이 담아낼 수 있는 총체적 시각과 역사적 안목, 현실적 삶의 진실한 재현은 『몽실언니』를 기다려야만 했다.

김중미의 『괭이부리말 아이들』(창비, 2001)을 읽으면 20년 뒤의 『몽실언니』를 보는 듯하다. 인천의 한 빈민촌을 배경으로 가난과 결손 가정 등 여러 열악한 환경에서 살고 있는 우리 시대 아이들의 아픈 현실을 담고 있다. 『몽실언니』는 지독히도 힘들고 고단한 삶을 그리고 있지만 '몽실이'가 삶의 무게에 굴복하도록 하지 않았다. '몽실이'는 30년 전에도 "가파르고 메마른 고갯길을 넘고 또 넘어"(258쪽) 왔듯이, 난남이가 "기도처럼" 불러보는 존재다. 비록 화려한 비상을 보여주지는 않았지만 또렷한 낙관적 전망이다. '몽실이'가 보여준 희망의 통로가, 『괭이부리말 아이들』의 숙자와 동준을 통해 이어지고 발전된다.

어려운 현실을 외면하지 않고 그 땅을 꿋꿋하게 딛고 선 어린이들의 모습을 보여주는 일은 언젠가는 가능했을 일이고 당연히 그래야 할 것이다. 그러나 동심주의, 교훈, 그리고 계몽적 문학관을 넘어서 리얼리즘 문학의 지평을 연 것은 많은 부분 권정생의 몫임을 부인할 수 없다. 그래서 리얼리즘 아동문학의 일정한 성취로 평가할 수 있는 박기범의 동화도 권정생과 그 공을 일정 부분 나누어야 한다고 본다. 박기범의 『문제아』(창비, 1999)는 기존의 아동문학이란 관점에서 보면 그야말로 문제적이다.[08]

「손가락 무덤」에서 말하는 산업재해 노동자의 문제, 「아빠와 큰아빠」에서 말하는 IMF 뒤의 정리해고 문제, 「전학」에서 좋은 학군을 좇아 위장 전입을 하게 된 아이의 고통, 「독후감 숙제」에 등장하는 빈부 차이의 문제, 사회 운동을 하다 숨져간 「겨울꽃 삼촌」 이야기 등 총 열 편의 이야기는 우리 아동문학에서 이전에 볼 수 없었던 문제들이었

---

08 YES24에 실린 한 독자의 서평에는 "만약 군사정권 시절이었다면 금서가 되었을 수도 있는 책"이라고 하였다. 이러한 평가가 정당한가의 여부는 제쳐두고라도, 아동문학의 주제나 소재로서는 의외라는 생각만은 분명히 읽을 수 있다.

다. 노동 현실을 개탄하며 분신한 전태일 사건을 우화로 다룬 이원수의 「불새의 춤」[09]이 없었던 것은 아니지만, 직설적으로 당대의 문제를 아동문학에까지 확대한 것은 분명 하나의 성취다.

3. 리얼리즘 아동문학의 발전을 위해

『몽실언니』를 통해서 본 권정생의 문학은 사실 현덕, 이원수의 물줄기를 어떻게 빨아들여 리얼리즘 문학의 꽃을 피웠고, 그 자양분을 『서울로 간 허수아비』의 윤기현, 『문제아』의 박기범, 『산골마을 아이들』의 임길택 등으로 나누어주었는지를 두루 살펴야 하는 과제다. 이 글에서 살핀 이데올로기와 우리 사회의 현실적 문제를 담아낸 리얼리즘 아동문학의 개척자적 공로를 권정생이 독차지하는 것은 온당치 않을 수도 있다. 그러나 그가 끼친 직간접적인 영향을 바람직하게 승화시켜 나가는 일은 미룰 일이 아니다.

『몽실언니』는 구조의 이면 혹은 총체적 세계 인식에 대한 단초를 보여주려고 애를 쓴다. 다음 인용을 보자.

> "돌아누워 있던 정 씨가 어깨를 들먹거리고 있었다." (중략)
> "내가 나빴구나. 엄마를 죽으라고 했으니까……."
> "아니어요. 엄마는 언제나 잘못했다고 그랬어요. 엄마는 괴로워서 아마 심장병에 걸렸을 거여요."
> "아니야, 아비가 못나서 엄마를 딴 데로 가게 만든 거야."

---

09 이원수, 『이원수 아동문학전집 6』, 웅진출판주식회사, 1993, 「불새의 춤」은 1970년 전태일의 분신이 있고 그해 12월에 발표한 작품이다.

“아버지, 아니어요. 아버지도 엄마도 모두 나쁘지 않아요. 나쁜 건 따로 있어요. 어디선가 누군가가 나쁘게 만들고 있어요. 죄 없는 사람들이 서로 죽이고 죽는 건 그 누구 때문이어요…….”
(『몽실언니』, 202~203쪽)(밑줄 필자)

“금년이 아줌마, 죽었대.”
(중략)
“그래, 고향도 없이 혼자 죽은 거야. 정말로 죽은 게 아니고 누가 죽인 거지.”
“……”
“소련 사람하고 미국 사람하고, 미군들이 금년이 아줌마를 날마다 날마다 못살게 했고.”(『몽실 언니』, 256쪽)(밑줄 필자)

새 시집을 간 어머니 밀양댁을 죽으라고 했던 정 씨 아버지가 자신이 나빴다고 한 대목과, 양공주였던 서금년의 죽음이 그려진 대목이다. 엄마는 사산(死産)을 하고 심장병으로 인해 세상을 떠났고, 서금년은 양공주 생활 끝에 죽었다. 그런데 ‘몽실이’는 두 사람의 죽음이 ‘누구’ 때문이거나 ‘누가’ 죽였다고 한다. 그 해답은 ‘소련 사람하고 미국 사람’ 그리고 ‘미군’임이 드러난다. 직접적 원인이야 심장병과 양공주 생활이었지만, 간접적인 원인 혹은 근원적인 원인에 미국과 소련이 있음은 부정할 수 없을 것이다. 매춘이라는 여성의 수난이 외세와 밀접한 관련이 있다는 점을 그려 보인 윤정모의 『고삐』(풀빛, 1988) 또한 『몽실언니』의 시각과 다르지 않다.

그런데 암시에 가까울 정도의 운 떼기식 표현이 작품적 성취까지 보장하는 것은 아니다. 여러 가지 외적 요인의 간섭이 있었음을 감안

하더라도, 『몽실언니』가 초등학교 고학년이 읽을 것을 고려하면 이러한 문제에 대해 좀 더 진지한 고민을 담아 서술하여야 했다. 본질 파악을 위해 진지한 자세와 태도를 견지하고 여하히 형상화할 것인가에 대한 고민이 요구되는 것이다. 이오덕의 표현을 빌리면 어린이들에게 안이한 자세로 한갓 오락물을 제공하는 '유희 정신'에 머물 것이 아니라, '시 정신'이 필요한 것이다.[10]

아동문학도 이제 그늘지고 부조리한 현실을 덮거나 감출 일이 아님을 인식하고 있다. 그렇다면 총체적 세계 인식에 대한 작품 창작 노력을 경주해야 할 것이다. 여기에 리얼리즘적 세계관은 창작 방법이자 아동문학이 나아갈 방향타 역할을 해야 한다. 진정한 리얼리즘 아동문학은 엄연히 존재하는 현실을 덮거나 감추는 것이 아니라, 여하히 형상화할 것인가 하는 창작 방법을 모색하는 일이 되어야 한다.

— 더 읽기 자료

권정생, 『한티재 하늘 1, 2』, 지식산업사, 2015~2017.
김중미, 『괭이부리말 아이들』, 창비, 2001.
박기범, 『문제아』, 창비, 1999.
윤기현, 『서울로 간 허수아비』, 도서출판 산하, 1990.
임길택, 『산골마을 아이들』, 창비, 1990.

(집필자: 류덕제·대구교육대학교 교수)

---

10 이오덕, 『시정신과 유희정신』, 창비, 1977 참조.

오래된 정원

황석영(黃晳暎)

하찮은 순간의 영원함, 역사의 소용돌이 속에서 우리를 추억하게 하는 것은 무엇일까. 그것은 지극히 일상적이고 개인적이기에 하찮게 치부되어 온 순간들일 것이다. 황석영의 『오래된 정원』은 5·18민주화운동의 와중에 휩쓸려 고초를 겪고 폭력적 국가 기구에 저항하다 18년간의 오랜 감옥 생활을 해야 했던 한 남자(오현우)와 그런 남자를 추억하는 한 여자(한윤희)의 이야기이다.

오현우는 70년대 말 학번 운동권 출신으로 광주에 시민군으로 참여했다가 실상을 알리기 위해 도청에서 빠져나온다. 이후 서울에서 지하조직을 만들어 광주의 실상을 알리다가 접선책과의 연락이 끊겨서 지방으로 도피한다. 지방 도피 중에 그에게 은신처를 제공해 주던 한윤희와 만나 짧은 사랑에 빠져 행복한 생활을 보내지만, 지서에서 호구조사를 나오자 발각될 것을 직감하고 그곳에서의 도피생활을 끝내고 서울의 가족들을 만난 후 여관에서 체포된다. 그리고 그로부터 18년간의 긴 감옥 생활이 시작된다. 여기까지가 과거 이야기이다.

소설은 현재 시점에서 시작된다. 18년의 감옥 생활 끝에 가석방된 오현우는 현재 시점인 1999년에 광주의 동지들을 재회하면서, 한윤희가 3년 전에 죽었다는 소식을 전해 듣게 된다. 그리고 18년 전 도피처이자 그녀와 사랑을 나눴던 곳인 갈뫼를 찾아간다. 그곳에서 그녀가 남긴 편지와 일기장 등을 읽게 되고, 자신과의 사이에 은결이라는 딸이 있다는 것도 알게 된다. 일주일 동안 한윤희의 지난 삶을 더듬은 후에 한윤희의 동생인 한정희와 연락하여 그녀의 딸로 입양된 은결을 만난다. 그리고 자신과 한윤희의 지난 삶의 의미를 생각하며 끝을 맺는다.

이렇듯 이 소설은 광주민주화운동에 얽혀 도피 중이었던 한 남자와 그 남자를 도피시켜 준 한 여자의 과거 이야기가 한 축을 이루고, 18년 후 감옥에서 출소한 남자가 그 여자를 찾아 함께 했던 장소에서 그녀가 남긴 기록들을 읽으며 과거를 회상하는 현재 이야기가 다른 한 축을 이룬다. 이 과거와 현재는 이야기의 씨줄과 날줄처럼 교차편집 방식으로 짜여 있어 과거의 이야기는 현재 시점에서 읽히고, 현재 시점에서의 이야기들은 과거 이야기를 바탕으로 해야 비로소 이해되는 서로 떼려야 뗄 수 없는 관계로 얽혀 있다.

먼저 과거 이야기의 중심축을 이루는 한윤희의 서사를 요약하면 다음과 같다. 한윤희는 80년대 시골 학교에서 미술교사로 재직 중 국가기관으로부터 쫓기고 있던 오현우를 피신시켜 준다. 한윤희가 오현우 피신에 적극 가담한 이유는 다층적일 테지만 우선 그녀의 가정사를 들여다보면 그녀의 행위를 이해할 수 있는 일말의 단서를 찾을 수 있다. 그녀의 아버지는 일본 유학생 출신의 지식인이었으나 해방 후와 전쟁 중에 빨치산이었고, 전향하여 풀려났으나 사회에 적응하지 못한 채 알

코올 중독과 질병 등으로 정상적인 가장으로서의 역할을 하지 못했다. 아버지 대신 생계를 꾸려 가기 위해 거친 시장 바닥에서 억척스럽게 가족의 생계를 책임져야 했던 어머니에 대해 한윤희는 "내가 우리 엄마의 딸인 한 재수가 좋았을 리 있겠나요."(상, 82쪽)라는 대사에서 드러나듯, 자신의 가족사에 대해 상당히 냉소적인 태도를 지니고 있다. 그런 그녀가 아버지와 유사한 처지에 놓인 남자에게 도피처를 제공한 것은 그녀 역시 그런 남편을 위해 자기 삶을 헌신했던 어머니의 전철을 되밟는 것이어서 아이러니하지만 그렇기에 가능한 선택이었던 셈이었다.

오현우와 만나서는 서서히 그의 진중함에 서로의 마음을 나누게 되고, 아이까지 갖게 되지만 한윤희는 그가 떠나야 하는 상황이기에 임신 사실을 말하지는 못한다. 오현우가 떠난 후 곧바로 체포되었다는 것을 알았지만, 그가 정치범이었기 때문에 가족 이외에는 면회가 안 될 뿐만 아니라 편지조차 할 수 없었던 탓에 오현우와의 연락은 끊기고 만다. 연락이 끊긴 한윤희는 일기를 남기는데, 훗날 그가 출옥했을 때 읽을 수 있도록 하기 위해서였다. 오현우가 떠난 후 한윤희는 혼자 아이를 낳고 키우면서 시간을 보낸다. 대학원에 진학하여 공부를 하면서 입시 학원을 차려 생계를 꾸린다. 그러다가 운동권인 송영태를 만나 가까워지게 된다. 그는 광주의 참상을 알리고, 청년 학생 조직의 건설을 위해 투쟁하고 있었다. 송영태의 일을 도우면서 둘은 가까워지고, 송영태가 사랑을 고백하지만 한윤희는 거절을 한다. 대학원 졸업 후 독일 유학을 결심하게 되고 1989년 한윤희는 독일로 간다. 그곳 대학에서 박사 공부를 하는 도중에 공학도 이희수와 만났으나 그의 죽음으로 인해 사랑은 이루어지지 못한다. 뒤늦게 독일로 유학 온 송영태와 두 번째 만남을 갖지만 깊은 교류는 없다. 한편 한윤희는 독일이 통일되는 역사의 현장을 목격하면서 이념에 대해서 생각한다. 송영태와 시베리아 횡단 여행을 하면서 가보지 못한 세계에 대한 생각을 한다. 여행의 말미에 송영태는 북으로 가고 한윤희는 귀국한다. 이후 대학에서 강의를 하면서 지내다 1996년 자궁경부암으로 죽음을 맞는다.

이렇듯 『오래된 정원』의 한 축은 한윤희의 삶에 대한 기록이다. 그리고 그 대부분이 일기와 편지의 독백체이다. 아버지를 비롯한 남성들의 삶의 그림자를 자신의 것으로 받아들이는 그녀의 태도는 아버지나 오현우같이 개인의 영달을 추구하기보다는 사회에 헌신하는 공적 신체에 대한 돌봄이라는 형식을 통해 드러난다. 제한된 정치적 선택의 방식으로 시대의 폭력에 저항하는 여성의 모습을 보여주고 있는 것이다. 그런 점에서 한윤희 역시 1980년대, 민주화운동에 앞장섰던 많은 이름 없는 이들 중 한 명이며, 그들 모두가 독재 정권이 끝나고도 고통을 겪었다는 점에서 그녀의 비극적인 후반부의 삶 역시 예외일 수 없었던 것이다.

이 소설의 현재 시점 이야기를 이끌고 있는 오현우의 서사는 일종의 후일담 형식을 취하고 있다. 18년여의 수감 생활을 마치고 사회로 나온 오현우의 현재 시점은 거의 과거에 대한 회상으로 점철되는데, 그것은 크게 두 부분으로 나뉜다. 하나는 서울에서의 민주화운동과 도피 생활이고, 다른 하나는 18년간의 영어 생활이다. 전자는 갈뫼라는 공간이고, 후자는 감옥이라는 공간으로 대표된다.

18년 전 한윤희와 함께 했던 갈뫼를 찾은 오현우는 추억이 깃든 다방의 화장실 창문 너머로 한윤희와 대화를 나누었던 마당을 내려다본다. "아무 일도 일어나지 않는 조용한 보통 날들"(하권, 121쪽)이지만 그에게는 그리움의 대상이다. 돌아온 갈뫼에는 더 이상 한윤희도 그녀와 함께 했던 시간들도 다 덧없이 사라지고 없다.

오현우가 장장 18년간 수감되어 있었던 감옥은 인간을 길들이기 위한 장소인 동시에 억압된 사회 구조를 상징하는 공간이다. 그러나 이 소설에서 감옥은 체제에 순응하지 않는 인간들을 길들이는 데 실패한 공간으로 재현된다. 이 작품 속 수형자들은 대부분 민주화운동에 앞장선 소위 '양심수'들로, 그들은 수감되었을 때와 수감되지 않았을 때가 다르지 않게 한결같이 억눌리고 제한된 삶을 살아간다. 사회에서도 그들은 민주화운동을 위해 타인의 주민등록증과 이름을 빌려 도피생활을 하거나 공장에 위장 취업해서 생활해야 했으므로 감옥 안이나 감옥 밖의 삶이 크게 다를 바가 없었던 것이다. 감옥은 일정한 규율하에 반복적으로 규칙적인 행동을 수행하도록 강요한다. 이는 조별로 전단과 책자를 찍어 돌린 후 흩어져 잠적하였다가 다시 모여 전단을 만드는 운동권의 생활 방식과 별반 다를 바가 없다. 감옥에서의 체벌 또한 감옥 밖에서의 구타에 상응한다. 다른 점이 있다면 감옥이 사회와 단절되어 있다는 점 정도일 것인데, 감옥 바깥도 행동과 의식의 단절을 일상적으로 겪어야 했다.

정당한 권리를 되찾기 위해 남들보다 치열하게 싸운 삶의 결말은 남은 것이 없는 허무한 일상과 고통스러운 사회 적응 과정, 독재 체제가 종결되었음에도 이어지는 감시와 규제 등이었다. 그들은 무엇을 위해 싸웠고 왜 싸웠는지, 그리고 그 결과는 무엇인지, 무엇이 어떻게 달라졌는지에 대한 물음을 던지며 오현우 자신과 독자 모두에게 답을 요구한다.

황석영 역시 스스로에게 같은 질문을 던져 답을 확인하고 싶어 했던 것으로 보이며 그가 답을 찾으려 했던 시도가 잘 나타난 작품이 바로

『오래된 정원』이다. 황석영이 1990년 「흐르지 않는 강」 연재 후 1999년 『오래된 정원』을 연재하기까지에는 약 10년의 공백이 있었다. 그 사이 그는 사회 운동, 방북, 독일과 미국 체류, 귀국 후 수감이라는 파란만장한 삶을 살아내야 했다. 그 과정에서 치열했으나 이제는 짐처럼 느껴지는 1980년대의 사건들과 그것으로 인한 개인의 삶, 사회의 변혁에 대한 깊은 고민이 잘 반영된 작품이 바로 『오래된 정원』인 셈이다.

『오래된 정원』 발간 이후 활발한 집필 활동이나 작품들의 내용을 고려하면, 『오래된 정원』은 그의 작품 활동에 있어서 하나의 분수령이 된 작품이기도 하다. 황석영은 스스로를 고향이라는 것을 가지지 못한 자로 여긴다고 말한 바 있다. 정착이 불가능한 현실에 절망한 이들은 대체로 고향으로 귀환하려는 모습을 보이기 마련인데, 『오래된 정원』에서도 다른 여타의 요소보다 강조되고 큰 의미를 갖는 것이 바로 제목이 지칭하는 장소이기도 한 갈뫼이며, 그곳에서의 추억이다. 결국 18년간의 감옥생활을 마치고 오현우가 찾은 곳도 갈뫼이고, 역사의 소용돌이에 휘말려 철저히 공적인 신체로 살아야 했던 그가 오롯이 한 사람의 개인으로서의 일상을 영위할 수 있었던 유일한 공간도 갈뫼였다. 다시 말해서 국가 폭력으로부터 비켜나 오롯이 개인으로서의 일상을 살았던 곳, 따라서 역사적 시간의 흐름이 멈춘 실존의 공간이 바로 갈뫼인 것이다. 그런 공간을 지키기 위한 투쟁이 바로 정치투쟁의 방식을 취할 수밖에 없었던 시대를 이 소설은 후일담 형식으로 그리고 있는 것이다.

갈뫼로 상징되는 평화로운 개인의 일상을 침해하는 독재 체제에 대한 저항은 다양한 방식이 있을 것이다. 오현우와 같이 독재 체제에 저항하다 투옥되고 감옥 내에서도 극단적인 단식을 하는 것과 같은 방식도 있고, 한윤희와 같이 직접 나서서 무엇인가를 하지는 않았으나 도움의 손길이 필요할 때는 서슴없이 손을 내밀어주는 방식도 있을 수 있다.

『오래된 정원』에서 작가 황석영은 일기와 편지, 회상이라는 형식으로 오현우와 한윤희의 서사를 교차시킴으로써 1980년대를 돌아보는 전략을 취했다. 이를 통해 1980년대를 거울처럼 비춰내고자 한 것이 아니라, 1980년대를 새롭게 이해하고 자신의 행위가 가지는 맥락을 재생산하며, 다가올 미래에 대한 적응을 모색하고 희망을 꿈꾸고자 한 것으로 보인다.

황석영은 『오래된 정원』 이후 『손님』(2001), 『심청, 연꽃의 길』(2003), 『바리데기』(2007), 『개밥바라기별』(2008), 『강남몽』(2010), 『낯익은 세상』(2011), 『여울물 소리』(2012), 『해질 무렵』(2015)을 집필하였으며 장편소설을 중심으로 활발한 작품 활동을 이어갔다. 이 작품들은 모두 개인의 삶을 통한 역사의 기록이라는 공통점으로 수렴된다. 이전의 역사적 인간에 몰두했던 황석영의 소설이 이렇듯 구체적 개인의 삶을 전면에 놓고 역사를 후경에서 사유하게 된 문턱이 바로 『오래된 정원』이었던 것이다.

— 더 읽기 자료

윤정모, 『밤길』, 책세상, 2009.
최윤, 『저기 소리 없이 한 점 꽃잎이 지고』, 문학과지성사, 2011.
임철우, 『봄날』, 문학과지성사, 1997.
한강, 『소년이 온다』, 창비, 2014.

(집필자: 오연희 · 목원대학교 교수)

춘향전(春香傳)

우리나라를 대표하는 고전으로 『춘향전』을 꼽는 데 동의하지 않을 사람은 별로 없을 것이다. 왜 그럴까? 『춘향전』은 오랜 기간에 걸쳐 온축(蘊蓄)된, 우리 민족의 문학적 역량을 고루 갖추고 있으며, 나아가 폭넓은 공감대를 지니고 있기 때문일 것이다.

춘향 이야기는 늘 우리 곁을 지켰다. 판소리 <춘향가>는 귀로 듣는 '귀맛'과 추임새를 하는 '입맛' 그리고 너름새를 보는 '눈맛'을 제공한다. 소설로도 널리 읽혀 100여 종이 넘는 이본으로 숲을 이루고 있다. 경판본 『춘향전』처럼 비교적 짧은 소설로 읽히기도 하고, 때로는 『남원고사(南原古詞)』와 같이 상당한 분량의 장편소설로도 읽혔다. 그만큼 세간의 관심이 컸다는 증거다. 그뿐만이 아니다. 문인과 예술가들에게 끊임없이 영감을 불어 넣고, 소재를 제공하여 주옥같은 작품들의 원천이 되어 왔다. 서정주의 「춘향 유문」과 박재삼의 「춘향이 마음 초(抄)」 연작은 그 대표적인 문학적 성과이고, 20여 편의 영화로 제작되었으니 영화사에서 가지는 의미도 각별하다. 이 밖에 드라마, 애니메이션, 만화 등으로도 재창작되기도 했다. 이처럼 춘향 이야기는 400여 년의 장구한 세월 동안 굽이마다 세상살이를 풀어 놓으며 우리와 함께 살아왔다. 요컨대 『춘향전』은 우리의 삶에 활력을 불어넣어 준 산소(酸素) 같은 존재였다.

이 책에는 완판 84장본 『열녀춘향수절가』와 경판 30장본 『춘향전』이 수록되어 있다. 둘 다 소설책으로 출판되었던 것이다. 전자는 19세기 후기에 널리 불리던 판소리 춘향가의 모습을 고스란히 담고 있고, 후자는 서울의 세책가(貰冊家)에서 유통되던 『춘향전』을 간략하게 줄인 것이다. 특히 부록으로 영인한 『열녀춘향수절가』의 원전은 유려한 율문체로 되어 있어 소리 내어 읽으면 율문이 주는 입맛과 귀맛을 느낄 수 있어 좋다. 그리고 곳곳에 들어 있는, 백범영 화백의 따뜻한 그림들이 눈맛마저 쏠쏠하게 하니 금상첨화다.

『춘향전』은 미천한 신분의 여자와 고귀한 신분의 남자가 우여곡절 끝에 마침내 결연한다는 내용이다. 이런 유형의 이야기는 전통이 오래고 흔해서 주목받기 쉽지 않다. 이 치명적인 약점에도 불구하고 『춘향전』은 어떻게 그토록 오랜 세월 동안 살아남을 수 있었을까? 그것은 『춘향전』이 강력한 자력(磁力)으로 우리를 늘 그의 자장(磁場) 속에 끌어들여 묶어두고 있기 때문이다. 문학작품이나 예술은 공감할 수 있고 감동을 주며 나아가 아픔을 치유해 줄 때 그것의 자력은 극대화되고 자장의 범위 또한 증폭된다. 『춘향전』도 그렇다. 『춘향전』이 지니는 자력의 원천은 그것이 주는 감동과 재미다. 그런데 이 재미와 감동은 우연히 이루어진 것이 아니다. 수많은 『춘향전』 작가군이 마련한 문학적 전략들이 오랜 세월을 거쳐 숙성된 끝에 자연스레 우러난 것이다.

『춘향전』의 자력은 무엇보다도 이 도령을 향한 춘향의 숭고한 사랑에서 생긴다. 그 사랑이 가진 힘은 내재해 있다가 변학도의 수청 강요를 계기로 밖으로 드러난다. 수청 들기를 거부하고 모진 매를 맞으면서 부르는 애원 처절한 <십장가>는 그 힘이 외부로 발산되기 시작하는 순간이다. 춘향은 매를 맞을 때마다 "일편단심 굳은 마음은 일부종사하려는 뜻이오니 일개 형벌로 치옵신들 일 년이 다 못 가서 잠시라도 변하리까?" 나 "십생구사할지라도 팔십 년 정한 뜻을 십만 번 죽인대도 변함없으니 어쩌겠나?" 라며 대든다. 선홍빛 절규는 목숨을 담보로 한 선언이라서 비장의 차원을 넘어 숭고하다. 사랑을 지키기 위해 육체적 고통을 감내하고 마침내 사랑을 쟁취하는 춘향의 승리는 그녀만의 것이 아니다. 남원 백성들을 통해 우리 모두의 것으로 확장되기에 더욱 값지다. 『춘향전』에 동원된 일부종사, 열녀불경이부(烈女不更二夫)라는 낡은 이데올로기마저도 이곳에서는 신선한 것으로 거듭난다. 그것은 오로지 춘향의 사랑이 가진 힘 때문에 가능하다.

사랑의 힘은 옥중 상봉 장면에서 극대화된다. 작품 안으로 들어가 보자.

> 한양성 서방님을 칠년대한 가문 날에 큰비 오기를 기다린들 나와 같이 맥 빠질쏜가. 심은 나무가 꺾어지고 공든 탑이 무너졌네. 가련하다 이내 신세 하릴없이 되었구나. 어머님 날 죽은 후에라도 원이나 없게 하여 주옵소서. 나 입던 비단 장옷 봉황 장롱 안에 들었으니 그 옷 내어 팔아다가 한산모시 바꾸어서 물색 곱게 도포 짓고 흰색 비단 긴 치마를 되는대로 팔아다가 관, 망건, 신발 사 드리고 좋은 병과 비녀, 밀화장도, 옥지환이 함 속에 들었으니 그것도 팔아다가 한삼 고의 흉하지 않게 하여 주오. 금명간 죽을 년이

세간 두어 무엇 할까. 용장롱, 봉장롱, 빼닫이를 되는대로 팔아다가 좋은 진지 대접하오. 나 죽은 후에라도 나 없다 마시고 날 본 듯이 섬기소서. 서방님 내 말씀 들으시오. 내일이 본관사또 생신이라, 술에 취해 주정 나면 나를 올려 칠 것이니 형장 맞은 다리 장독이 났으니 수족인들 놀릴쏜가. 치렁치렁 흐트러진 머리 이럭저럭 걷어 얹고 이리 비틀 저리 비틀 들어가서 곤장 맞고 죽거들랑 삯꾼인 체 달려들어 둘러업고 우리 둘이 처음 만나 놀던 부용당 적막하고 고요한 데 뉘어 놓고 서방님 손수 염습하되 나의 혼백 위로하여 입은 옷 벗기지 말고 양지 끝에 묻었다가 서방님 귀히 되어 벼슬에 오르거든 잠시도 지체 말고 육진장포로 다시 염습하여 조촐한 상여 위에 덩그렇게 실은 후에 북망산천 찾아갈 제 앞 남산 뒤 남산 다 버리고 한양성으로 올려다가 선산발치에 묻어주고 비문에 새기기를 수절원사춘향지묘라 여덟 자만 새겨 주오. 망부석이 아니 될까. 서산에 지는 해는 내일 다시 오련마는 불쌍한 춘향이는 한번 가면 언제 다시 올까. 맺힌 한을 풀어 주오. 애고애고 내 신세야.(완판본 『열녀춘향수절가』, 167~170쪽)

'사랑밖에 난 몰라' 다. 어머니에게 자신이 죽은 후라도 원(怨)이나 없도록 비단 장옷과 패물과 세간을 팔아 관망과 의복을 차려주고, 좋은 진지를 대접하며 자신을 본 듯이 섬겨달라고 한다. 월매로서는 환장할 노릇이지만. 이 도령에게는 곤장 맞고 죽게 되면 삯꾼인 체 달려들어 업고 나와 인연 맺었던 부용당에 뉘어 놓고 손수 염습하여 묻었다가, 나중에 벼슬하거든 선산발치에 묻어주고 비문에 '수절원사춘향지묘' 를 새겨 달라고 한다. 사랑을 지키기 위해 기꺼이 죽어 망부석이 되고자 한 것이다. 망부석은 춘향의 사랑이 응결된 거대한 사리다. 유언보다 진솔하고 진실한 것은 어디에도 없다. 이를 두고 신분 상승의 욕망이라는 둥 이런저런 허튼 말을 하는 것은 얼토당토않다.

입체적인 인물들이 수두룩한 것도 『춘향전』이 지닌 미덕이다. 그들은 나름대로 독특한 개성을 지니며 살고 있다. 춘향이 그렇고 이 도령이 그렇다. 월매는 말할 것도 없고, 방자도 그렇고 변 사또도 그렇다. 춘향은 현숙한 요조숙녀와 음란한 요부의 모습을 동시에 지니고 있다. 춘향은 이 도령과 무산(巫山)같이 높고, 창해(滄海)같이 깊은 사랑을 나누다가 이별을 맞는 순간에는 표변한다. 얼굴이 붉으락푸르락하고 눈을 간잔지런하게 뜨고 눈썹이 꼿꼿하여지면서 코가 벌렁벌렁하고 이를 뽀도독뽀도독 갈며 온몸을 수숫잎 틀 듯한다. 왈칵 달려들며 치맛자락도 와드득 좌르륵 찢어 버리며 머리도 와드득 쥐어뜯어 싹싹 비벼 이 도령 앞에다 내던진다. 면경, 체경, 산호죽절을 두루쳐 방문 밖에 탕탕 부딪치며, 발도 동동 굴러 손뼉 치고 돌아앉아 신세 자탄을 한다. 그러다가 어떻게든 데려가 달라고 애원하고, 장송에 목매 죽겠다고 앙탈을 부려 이 도령의 가슴을 한껏 찢어놓는다. 이런 춘향을 힐난하는 것은 사랑이 뭔지도 알지 못하는 이들의 만용이요 횡포다. 목숨 건 사랑을 해본 사람만이 안다. 사랑은 아무나 하나, 진정한 사랑은 그런 것이다. 그런가 하면 미련 없이 버리고 떠난 이 도령을 위해, 자신의 정조를 짓밟으려는 변 사또에게는 서릿발 같은 항거도 한다. 이처럼 춘향은 수신서(修身書) 속에 아미를 숙이고 다소곳이 앉아 있는 인물이 아니다. 춘향은 언제 어디서든 우리 주위에서 만날 수 있는, 그런 인물이다.

이 도령은 철없고 다소 지질한 구석이 없지 않지만, 사랑의 약속을 지켜 그런대로 봐줄 만한 인물이다. 한편 의뭉스럽고 능청스러운 면도 있어 재미를 더한다. 월매는 수다스럽고 경망스러운 듯하면서도 매우 현실적이고 기회주의적인 여인이다. 시대가 요구하는 가치나 굳게 지켜야만 할 이념 같은 것은 애시당초 어울리지 않는, 자신의 이익에 철저한 속물의 전형이다. 방자와 변 사또는 또 어떠한가. 방자는 익살스러운 인물이면서도 잇속도 챙길 줄 아는 제법 영악스러운 녀석이다. 변 사또는 호색한으로 성질이 괴팍하고 급하며 광기조차 있는 부패한 지방 수령의 전형이나, 고집스럽고 우둔해서 웃음을 자아내는 희극적인 위인이기도 하다. 이들은 모두 생동하는 인물로 맡은 몫에 충실하여 『춘향전』에 활력을 불어넣고 있다.

『춘향전』이 당대의 사회상을 잘 반영하고 있고, 시대적 모순과 아픔을 첨예하게 드러내고 있는 점도 주목해야 마땅하다.

> "이 골 원님 공사 어떠하며, 민폐나 없으며, 또 색 밝히는 춘향을 수청 들렸단 말이 옳은지?" 농부가 화를 내며 하는 말이, "우리 원님 공사는 잘하는지 못하는지 모르거니와, 참나무 마주 휘어 놓은 듯이 하니 어떻다 하리오?" 이 도령이 하는 말이, "그 공사 이름이 무엇이라 하더뇨?" 농부 하늘을 보고 크게 웃으며 왈, "그 공사는 소코뚜레 공사라 하니라. 욕심은 있는지 없는지, 민간에 파는 물건을 싼값으로 마구 사들이니 어떻다 하리오? 또 원님이 음탕한 사람이라. 철석같이 수절하는 춘향이 수청 아니 든다고 엄히 다스려 옥에 가두었지만 구관의 아들인지 개아들인지 한번 떠난 후 내내 소식이 없으니 그런 소자식이 어디 있을까 보오?"(경판본 『춘향전』, 229~230쪽)

어사와 농부가 수작하는 장면이다. 백성들을 잘 다스려야 할 고을 원이 송사를 엉터리로 처리하고, 자신의 배를 채우기 위해 매점매석도 서슴지 않는다. 『춘향전』 속의 변학도만 그런 것이 아니다. 19세기 조선에는 탐관오리들이 득시글거렸다. 하늘을 향해 크게 웃을 수밖에 없는, 농부의 그 서늘한 웃음 속에는 삶의 고단함이 배어 있고, 더러운 세상을 향한 비판도 자리하고 있다. 춘향을 헌신짝처럼 버리고 소식 한 장 없는 이 도령을 '개아들' 이요 '소자식' 으로 비하한 것도 양반에 대한 부정적 시각의 일단이다. 민초들이 거리낌 없이 내뱉는 이러한 목소리는 부정부패가 만연한 가혹한 현실에 대한 무거운 분노요, 시퍼런 경고다. 부패한 지방 수령들이 자행한 가렴주구의 실상은 "금준미주는 천인혈이요, 옥반가효는 만성고라. 촉루락시 민루락이요, 가성고처 원성고라."(金樽美酒千人血, 玉盤佳肴萬姓膏, 燭淚落時民淚落, 歌聲高處怨聲高)에 농축되어 있다. 암행어사의 입에서 이런 말이 나왔으니 사태는 더욱 심각하다.

춘향과 이 도령이 한 몸이 되어 나누는 농염한 사랑, 그 아찔하고 짜릿짜릿한 장면이 연출하는 관능의 미학도 『춘향전』의 자력이 아닐 수 없다. 어디 그뿐이랴. 뒤집혀진 난장판이 그려내는 장면도 읽는 재미를 더한다. 서전이 딴전이 되고, 통감이 곶감이 되고, 논어가 붕어가 되고, 맹자가 탱자가 된다. 말 희롱에 의해 전통사회의 정신적 버팀목으로 떠받들던 '교과서' 들이 하나같이 우스꽝스러운 것으로 전락한다. 암행어사 출두 장면은 더욱 가관이다.

> "암행어사 출도야." 소리 지르니 일읍이 진동하여 난장판이 되어, 부러지는 것은 해금 피리요 깨어지는 것은 장구 거문고 등등이라. 각 읍 수령들이 서로 부딪히며 쥐 숨듯 달아날 제, 임실 현감은 갓을 옆으로 쓰며, "이 갓 구멍 누가 막았는고?" 하고, 전주 판관은 정신없는 중에 말을 거꾸로 타며, "이 말 목이 원래 없느냐? 어찌 되었건 빨리 가자." 여산 부사는 어찌 겁이 났던지 상투를 쥐구멍에 박고 하는 말이, "누가 날 찾거든 벌써 갔다 하여라." 하고, 원님

은 똥을 싸고, 이방은 기절하고, 나머지 아전들은 오줌 싸고, 동헌 안채에서도 물똥을 싼다. 원님이 떨며 이른 말이, "겁을 보고 너를 쌀까마는 우리는 똥으로 망한다."(경판 『춘향전』, 243~244쪽)

암행어사 출두 소리에 허둥대는 수령들의 모습은 가소롭다. 이들의 모습 어디에서 목민관다운 모습을 찾아볼 수 있는가, 눈곱만큼이라도. 웃음과 조롱의 대상일 뿐이다. 어디 그것뿐인가. 본관사또는 말할 것도 없고 모두들 오줌 싸고 똥을 싸버려 지엄해야 할 어사 출두 자체가 숫제 '똥오줌 판'이 되어버렸다.

이처럼 『춘향전』은 왜곡된 질서나 권위, 규범을 무너뜨리고 이전에 미처 경험하지 못했던 전혀 새로운 세계를 창조하고 있다. 그곳은 춘향이 '죽을판'에서 벗어나 어떠한 간섭도 받지 않고 정인(情人)을 마음껏 사랑할 수 있는 자유가 보장된 '살판'이다. 그리고 그곳은 또한 우리에게도 건강하고 발랄한 삶을 한껏 누릴 수 있도록 활짝 열려 있다.

— 더 읽기 자료

성현경, 『옛 그림과 함께 읽는 춘향전』, 열림원, 2001.
이윤석·최기숙, 『남원고사』, 서해문집, 2008.
정하영, 『춘향전』, 신구문화사, 2006.

(집필자: 김석배 · 금오공과대학교 교수)

태백산맥(太白山脈)

조정래(趙廷來)

"작가 조정래는 '태백산맥'을 번쩍 들어 올려 지리학에서 문학으로 옮겨놓은 것"이라고 평론가 한만수는 말했다. '태백산맥'은 지리상의 용어지만, 이제 문학상의 용어로 더 널리 알려졌음을 재치 있게 지적한 것이다.

『태백산맥』은 1983년 9월부터 잡지 『현대문학』과 『한국문학』에 연재해 1986년 제1부('한의 모닥불') 3권, 1987년 제2부('민중의 불꽃') 2권, 1988년 제3부('분단과 전쟁') 2권, 1989년 제4부('전쟁과 분단') 3권 등 전 10권이 한길사(1995년부터 해냄출판사에서 간행)에서 완간되었다. 『태백산맥』은 모두 4부로 구성되어 있다. 제1부는 여수순천십일구사건(麗水順天十一九事件)이 끝나고 1948년 12월 빨치산부대가 전남 순천(順天), 벌교(筏橋)의 율어(栗於) 지역을 해방구로 장악하는 데까지를 다룬다. 제2부는 여수순천십일구사건 이후 약 10개월여까지를, 제3부는 1949년 10월부터 1950년 12월까지인 한국전쟁 발발 전후를, 제4부는 1950년 12

월부터 1953년 7월 휴전협정 직후까지를 시간적 배경으로 하고 있다.

『태백산맥』은 270여 명이나 되는 등장인물의 삶이 원고지 총 1만 6천5백여 매에 담겨 있는 장편 대하소설이다. 완간되자마자 "1980년대 최고의 작품", "1980년대 최대의 문제작" 등과 같은 평가를 받았고, 현역 작가와 평론가 50인이 뽑은 "한국 최고의 소설", 전국 대학생이 뽑은 "가장 감명 깊은 책", 문인들이 뽑은 "21세기에 남을 10대 작품"에 선정되는 등 독자들의 사랑을 넘치게 받았다. 반면 이러저러한 수난도 적지 않았다. 1991년 검찰은 『태백산맥』을 의식화 교재로 사용하면 처벌하겠다는 방침을 표명하였다. 1994년 구국민족연맹 등 8개 반공 단체(이승만 대통령의 양자 이인수 포함)는 작가 조정래와 한길사 대표 김언호 등을 보안법 위반 및 명예훼손으로 고소·고발하기도 하였다. 그로부터 11년만인 2005년 3월 무혐의 결정이 났으니 독자들의 사랑에 버금가는 시련이라 할 만했다.

작가 조정래는 『태백산맥』에 이어, 1990년 12월 『아리랑』 집필에 착수하였고 1995년 7월에 2만 장 분량으로 탈고하였다. 『아리랑』은 일제강점기 식민지배 체제하의 왜곡된 민족의식을 바로 세우려는 작가의 의식을 담고 있다. 마지막으로 1950년대 말부터 1980년대 초까지의 한국 현대사를 다룬 『한강』을 탈고하면서 조정래는 '20년 글감옥'에서 출옥하게 된다. 『태백산맥』은 한국 현대사 3부작 전 32권의 문을 연 작품이다. 작품의 시간적 배경으로는 『아리랑』, 『태백산맥』, 그리고 『한강』의 순서이지만, 현대사 3부작의 시작은 『태백산맥』이 열어젖혔기 때문이다.

『태백산맥』의 시대적 배경은 '민족사의 매몰시대' 혹은 '현대사의 실종 시대'라고 하는 여수순천십일구사건으로부터 한국전쟁이 끝날 때까지의 약 5년간이다. 여수순천십일구사건은 제주사삼사건(濟州四三事件)을 진압하기 위해 1948년 10월 19일 국방경비대 제14연대를 여수에서 제주도로 출동시키려 하였으나, 이에 대한 반발로부터 시작되었다. 이승만 정권의 진압 과정에서 다수의 사상자가 발생하고, 봉기참여자들에 대한 군사재판에서 866명이 사형을 언도 받았다. 이후 여수순천십일구사건의 주동자 1천여 명은 지리산과 광양 백운산 등으로 들어가 장기 항전을 시작하였는데, 이것이 무장 유격투쟁의 출발이었고 한국전쟁 발발까지 이어졌다.

『태백산맥』은 여수순천십일구사건과 함께 좌익에 의해 장악되었던 벌교(筏橋)가 군경에 의해 진압되자 좌익 주동자들인 염상진, 하대치, 안창민 등이 율어면을 점거하고 토지개혁을 실시한 후 이곳을 해방구로 선포하면서 시작된다. 인민재판을 열어 악질 지주들과 이른바 반동세력을 공개 처단한다. 그러나 토벌군의 진압작전에 밀려 산악지역으로 퇴각할 수밖에 없었다. 벌교를 장악했던 염상진도 안창민, 하대치 등과 함께 입산하여 빨치산 투쟁에 돌입한다. 남로당의 명령에 따라 순천에 파견되었다가 퇴각하게 된 정하섭은 고향 벌교로 들어와 외딴 제각(祭閣)에 살고 있는 무당의 딸 소화를 만난다. 비밀 심부름을 하던 소화와 정하섭의 사랑이 싹트게 된다.

친일 지주세력을 바탕으로 한 이승만 정권은 지주들의 반대로 농지개혁을 단행하지 못하는 사이, 지주들은 명의변경이나 몰래 매각하는 수법으로 농지를 빼돌린다. 서민영은 양심적인 지주로 소작인들과 땅을 공유하면서 협동농장을 세우고, 야학을 운영한다.

해방공간에서 '토지개혁'(농지개혁)이 중요한 쟁점이 되는 것은 당시 국민의 대다수인 농민들의 주요 관심사였기 때문이다. 1949년 농지개혁법의 골자는 무상몰수 무상분배를 원하는 소작농들의 바람과는 달리 유상몰수 유상분배로 귀착되었고 당연히 농민들은 분노했다. 서민영이 심재모에게 설명하는 방식으로 토지모순의 원인과 의미를 설명하는 데서 농민들의 분노의 이유가 요약되고 있다. 봉건적 토지모순을 온존함으로써 공산 세력의 남하를 막고 싶었던 미국의 이해관계와 조선 지주를 자신의 지지기반으로 삼은 이승만의 생각이 일치했으므로 시늉뿐인 토지개혁이 된 것이다. 결국 봉건적 토지모순과 식민 청산 외면이 한국전쟁의 내재적 원인이 되었다고 『태백산맥』은 말한다.

이런 시각은 브루스 커밍스(Cumings, Bruce)의 『한국전쟁의 기원(The Origins of the Korean War)』(청사, 1986)을 통해 밝혀졌는데, 우리나라에 소개된 것은 1980년대 후반이었다. 놀랍게도 조정래는 1980년대 초반에 한국전쟁의 내재적 원인론을 제기한 셈이다. 제2차 세계대전 패전국으로 분할되었던 오스트리아는 국민적 단합을 통해 외세의 불신을 씻고 분단을 극복하였다. 한국의 경우, 외세에 더해 민족 내적 모순의 극복이 없었으므로 분단이 고착화되었다고 볼 수 있는 것이다.

벌교의 계엄사령관 심재모, 후임 백남식 등은 빨치산 토벌에 나서게 되고, 빨치산부대는 적극적인 투쟁에서 생존투쟁으로 방향을 전환한다. 농민들의 기대를 저버린 농지개혁으로 인해 이승만은 총선에서 대패한다.

6·25전쟁이 발발하자 국군은 남쪽으로 후퇴를 거듭하게 되고, 인민군들이 남부지방까지 내려오자 벌교의 경찰은 좌익 전향자들인 보도연맹원들을 학살한다. 벌교는 다시 염상진 등 좌익세력에게 장악되고 인민위원회, 여성동맹위원회, 청년동맹위원회를 결성하고, 북한식 농지개혁을 단행한다.

미군부대를 탈출한 김범우는 인민군에게 체포되어 통역관을 맡는다. 중국의 개입으로 전쟁은 교착상태에 빠지게 되었지만, 퇴로가 차단된 인민군과 빨치산부대는 전남북과 경남, 지리산 일대에서 유격투쟁을 계속한다. 하지만 휴전회담이 시작될 즈음 토벌대의 공격으로 빨치산들은 해방구를 잃고, 가혹한 추위에 얼어 죽고 굶어 죽고 총에 맞아 죽게 된다.

문학은 사실 전달을 목표로 하는 것이 아니라 진실을 말하고자 한다. 따라서 리얼리즘 문학은 '사실의 재현'에다 '세계관(Weltanschauung)의 확립'을 강조하게 된다. 사실과 현상을 보는 눈, 역사를 보는 안목 등은 비판적 산문정신과 만나 바람직한 사회 변혁을 지향한다. 해방 이후 남한 사회는 정의가 승리했다기보다 승리한 것이 정의가 된 측면이 많다. 그래서인지 권력을 잡은 쪽은 부담스러운 저쪽을 '공공의 적'으로 규정하고자 하였다. 이른바 매카시즘(McCarthyism)적 반공 이데올로기인데, 이는 오랫동안 한국 정치사의 주요 통치 수단이 되었다. 이러한 이유로 해방공간에 대한 왜곡된 인식은 80년대 이후 사회과학의 학문적 성과를 기다려서야 비로소 새로운 해석이 가능해졌다.

손석춘의 『아름다운 집』(들녘, 2001)은 일제강점기 좌파 혁명가들의 일생을 논픽션 형식으로 더듬어 그들이 월북한 후 살아온 일생을 내부자적 시각에서 그려 보인다. 한민족으로서 분열과 불신을 걷어내고 아집으로 맞선 대결이 아니라 통일된 사회를 만들어가야 한다는 생각이다. "반공 이데올로기에 의해 왜곡되어 온 분단사의 진실을 밝히고, 문학 속에서 항용 계몽 대상으로 치부되어 온 농민, 민중이 어떻게 역사의 주체일 수 있는가를 소설 언어로 설명하고 사회주의 운동의 정당한 자리매김이 필요"했다는 조정래의 『태백산맥』 창작 동기도 같은 맥락이다.

조정래는 염상구를 『태백산맥』의 주인공으로 설정했다고 말한 적이 있다. 『태백산맥』을 읽은 독자라면 누구나 의외라 생각할 것이다. 견결한 사회주의자 염상진도 아니고, 중도적 민족주의자 김범우나 정의로운 군인 심재모도 아닌 깡패 두목 염상구라니! 빨치산인 형 염상진과 건달패이자 반공청년단 단장인 염상구 형제의 대립이 『태백산맥』의 주요 갈등으로 설정된 것은 여러모로 짚어볼 대목이 많다. "엄니, 쌀 됫박이나 퍼갖고 그 집구석 잠 가보고 하씨요. 아새끼덜이야 무신 죄가 있겄소."(2권)라고 하면서 형 염상진의 아이들을 돌보는가 하면, 외서댁, 최서학, 춘심이를 도와주는 장면에서 인간적인 면이 부각되기도 하고, "살아서나 빨갱이제 죽어서도 빨갱이여."(10권) 하면서 형의 시신을 수습하는 데서, 악행을 일삼는 염상구와는 전혀 다른 모습을 내보인다. 한만수는 다음과 같이 해석한다.

> 그것은 두말할 것도 없이 민족의 화해라는 메시지를 위해서이다. 이념이란 것도 결국 삶과 죽음 앞에서는, 핏줄 앞에서는 무화될 수밖에 없으며, 죽음으로써 염상진은 다시 그의 형이 되는 것이다. 남도 북도 결국 형과 아우의 관계 같은 것이라는 것이며, 휴전선으로 끊긴 태백산맥은 언젠가 다시 이어져야 한다는 작가적 믿음의 표현이다.

작금 우리 사회는 통일을 부르짖으면서도 대립과 갈등의 길로 치닫고 있다. 흔히 흡수통일이라고 하는 독일식 통일이 동반 몰락을 자초하는 것이라 걱정하고, 오랜 전쟁을 통해 통일을 이룬 베트남식 통일은 한반도의 구석기화를 예고하는 것이란 섬뜩한 전망도 있다. 그렇다고 현존하는 분단비용을 감수하면서 통일을 외면하기는 더욱 어렵다. 오랜 시간을 두고 교류와 협력을 이어가는 한반도식 통일을 준비해야 한다는 백낙청 선생의 말이 솔깃해진다.(『한반도식 통일 현재진행형』, 창비, 2006)

교류와 협력을 통한 상생(相生)의 길은 상대에 대한 인정과 이해에서부터 시작되어야 한다. 황석영의 『손님』(창비, 2001)이 작품을 통해 한반도의 화해와 상생의 희망을 제시한 것이라면, 『태백산맥』은 이런 시각을 형성하는 데 밑돌을 놓은 것이라 할 것이다.

조정래의 아버지는 『자정의 지구』(현대문학사, 1969), 『의상대 해돋이』(한진출판사, 1978) 등의 시집을 남긴 조종현(趙宗泫)이다. 시조 시인으로 알려져 있는데, 일제강점기에는 수많은 동요(동시) 작품을 남겼다. 부인은 『사랑굿 1, 2』(문학세계사, 1985~6) 등의 시집으로 잘 알려진 김초혜(金初蕙) 시인이다.

━ 더 읽기 자료

조정래, 『아리랑(전12권)』, 해냄, 2020.
조정래, 『한강(전10권)』, 해냄, 2020.

(집필자: 류덕제 · 대구교육대학교 교수)

토지(土地)

— 지모신(地母神)의 상상력과 생명의 미학

박경리(朴景利)

지모신의 상상력과 교향악적 수사학

박경리의 소설 『토지』는 실로 거대한 땅이다. 힘차게 솟아오른 큰 산이 있고 유장하게 흐르는 강이 있는가 하면, 표표탕탕한 격류가 있고 세월의 벼랑에 새겨진 역사의 족적이 있다. 무엇보다 『토지』에는 민족의 삶과 운명과 한이 있고, 그것을 넘어서려는 생명의 벼리가 깃들어 있으며 웅숭깊은 휴머니즘이 있다. 또 그것을 섬세하면서도 웅장하게 다루어가는 지모신(地母神)의 상상력이 있고, 만화경(萬華鏡)적이면서도 교향악적인 수사학이 있다. 이런저런 이유로 하여 소설 『토지』는 우리 민족의 근대사를 바탕으로 역사적 · 인문적 상상력이 총체적으로 어우러져 빚어진 현대의 살아있는 서사시라 할 만하다. 국운이 기울기 시작하던 구한말에서 해방에 이르기까지, 우리 근대사의 운명과 근대인의 영혼의 풍경을 그리고 있는 『토지』는 한가위 풍경을 그리는 장면으로 시작한다.

1897년의 한가위.

까치들이 울타리 안 감나무에 와서 아침 인사도 하기 전에, 무색 옷에 댕기꼬리를 늘인 아이들은 송편을 입에 물고 마을길을 쏘다니며 기뻐서 날뛴다. 어른들은 해가 중천에서 좀 기울어진 무렵이래야, 차례를 치러야 했고 성묘를 해야 했고 이웃끼리 음식을 나누다 보면 한나절은 넘는다. 이때부터 타작마당에 사람들이 모이기 시작하고 들뜨기 시작하고 — 남정네 노인들보다 아낙들의 채비는 아무래도 더디어지는데 그럴 수밖에 없는 것이 식구들 시중에 음식 간수를 끝내어도 제자신의 치장이 남아 있었으니까. 이 바람에 고개가 무거운 벼 이삭이 황금빛 물결을 이루는 들판에서는, 마음 놓은 새 떼들이 모여들어 풍성한 향연을 벌인다. (중략) 추석은 마을의 남녀노유, 사람들에게뿐만 아니라 강아지나 돼지나 소나 말이나 새들에게, 시궁창을 드나드는 쥐새끼까지 포식의 날인가 보다.

빠른 장단의 꽹과리 소리, 느린 장단의 둔중한 여음으로 울려 퍼지는 징 소리는 타작마당과 거리가 먼 최참판댁 사랑에서는 흐느낌같이 슬프게 들려온다. 농부들은 지금 꽃 달린 고깔을 흔들면서 신명을 내고 괴롭고 한스러운 일상을 잊으며 굿놀이에 열중하고 있을 것이다. 최참판댁에서 섭섭잖게 전곡(錢穀)이 나갔고, 풍년에는 미치지 못했으나 실한 평작임엔 틀림이 없을 것인즉 모처럼 허리끈을 풀어놓고 쌀밥에 식구들은 배를 두드렸을 테니 하루의 근심은 잊을 만했을 것이다.(박경리, 『토지』, 솔, 1993, 1부 1권 11~12쪽)

이렇게 시작되는 『토지』는 국운이 기울기 시작하던 구한말에서 해방에 이르기까지, 우리 근대사의 운명과 근대인의 영혼에 도전하고 있는 역사적인 소설이다. 『현대문학』 1969년 9월호에 첫선을 보인 『토지』는 25년이 지난 1994년 완결편을 마무리하여 전체 5부 16권의 방대한 대미를 장식했다. 그 25년 동안 작가는 50여 년에 걸친 스토리 시간(비운의 근대사)을 옹골차게 감당해내면서 동시에 1970, 80년대의 현실(비운의 당대사)을 다부지게 버텨 왔던 것이다.

소설 『토지』의 줄거리는 쉽사리 요약되지 않는다. 워낙 양적으로 방대하기도 하려니와, 어느 특정 인물(예컨대 주인공)을 중심으로 서술된 소설이 아니라 수많은 인물들의 의식과 행적이 종횡으로 겹쳐지고 짜여진 소설이기 때문에 그러하다. 다만 소설 전체의 분위기만이라도 훑어본다는 생각에서 간략한 『토지』의 경계를 둘러보자면 이렇다.

1, 2, 3부까지는 주로 최참판댁의 4대에 걸친 가족사의 운명을 중심으로 하면서 그와 관련된 여러 인물들의 초상들에 관한 이야기가 전개된다. 소설 안에서 최참판댁의 1대인 윤씨부인은 구한말 세대를 대표한다. 대지주이자 양반으로서의 권위를 온전히 지니고 있다. 2대는 최치수와 별당아씨, 김환, 이동진, 용이, 월선, 임이네, 혜관 스님 등과 같은 식민지 초기 세대로서, 봉건적 인습의 굴레와 새로운 현실 사이에서 첨예한 갈등을 겪는다. 3대는 이 소설의 주축을 이루는 최서희와 길상으로 대표되는 세대이다. 이상현, 송장환, 임명빈, 임명희, 조용하, 이홍, 정석, 송관수, 김강쇠, 장연학, 봉선이(기화), 등등의 인물들이 등장하여 식민지 시대 지식인과 민중의 삶의 방향에 대한 다양한 모색을 보여준다. 이들의 자식 세대로서 4대에 해당되는 최환국, 최윤국, 이순철, 송영광, 이양현, 김휘, 상의 등등은 역사적 사건과 개인의 운명, 현실과 이념, 나날의 삶과 근원적인 삶, 빈부의 갈등과 충돌을 겪으며, 심화된 인식의 지평으로 나아가고자 한다.

4부에서부터는 작가의 시선이 더욱 넓어지고 깊어진다. 작가는 민족의 대지 곳곳에 두루 자신의 눈빛을 투사하여, 정한과 생명사상, 휴머니즘과 민족주의 등의 문제를 깊이있게 형상화하고자 한다. 그리고 제5부에서 그것은 더욱 심화된다. 1940년에서 1945년까지를 시간 배경으로 하여 작가는 암흑기 민족의 운명과 인간의 개성적 국면들을 묘사한다. 일제가 곧 패망하리라는 희망과 일제의 최후 발악을 견뎌야 하는 절망이 교차되는 가운데, 독립자금 강탈 사건은 실패로 돌아가고, 송관수는 만주에서 돌연히 죽게 된다. 이에 길상은 자신의 회한 어린 과거를 정리하면서, 마지막 원력(願力)을 모아 도솔암에 관음탱화를 그리고, 그동안 몸담아 오던 동학당 모임을 해체한다. 또한 5부에서 작가는 일본에 대한 면밀한 탐색과 민족주의, 가족주의, 개인주의, 사회주의, 허무주의 등 이념형에 대한 대화적 검토는 물론 문화와 예술에 대한 사념까지 보여주면서 복잡한 실타래를 형성해낸다. 일제가 마지막 발악을 하면서 길상은 예비 검속되고, 윤국은 학병으로 입대한다. 그 마지막 어둠의 터널 끝에서 서희는 해방의 소리를 들으며 '빛'을 보게 된다.

실로 소설 『토지』에는 등장인물도 많고 그만큼 사건도 많다. 겁탈당하고, 불륜 행각으로 도망치고, 병들어 죽고, 총 맞아 죽고, 고문당하고, 싸우고, 의병을 일으키고, 독립운동을 하고, 쫓고, 쫓기고, 사랑하고, 결혼하고, 아이를 낳고 하는 등등 수많은 행위들이 겹겹히 중첩되면서 기기묘묘한 사건들을 연출해낸다.

땅의 상상력과 돈의 상상력

그만큼 『토지』에는 다툼과 알력, 갈등과 시련, 욕망과 좌절의 드라마가 다채롭게 펼쳐진다. 국운이 기우는 시기와 비슷하게 『토지』에서 최참판댁의 가세도 기운다. 서희는 조준구 일당에게 땅을 빼앗기고, 용정으로 옮겨가 장사를 하여 평사리 토지를 회복할 수 있기를 바란다. 그 과정에서 서희는 자신의 욕망을 실현하는 데 도움이 될 것으로 판단되는 하인 길상과 결혼하기도 한다. 어쨌든 서희네는 다시 평사리로 귀환하는 데 성공한다. 그러니까 『토지』의 기둥 줄거리는 서희가 평사리 땅을 잃었다가 되찾는 과정의 이야기요, 그만큼 농경민족이 애호했던 땅의 상상력이 잘 반영된 작품이라 할 수 있다.

그러나 근대로 이행하면서 땅의 상상력은 서서히 돈의 상상력에 밀리게 된다. 서희와 길상이 땅을 상실한 것도, 회복한 것도 결국 돈의 문제였다. 최참판댁 뿐만 아니라 이 소설에 등장하는 수많은 인물들이 돈의 상상력을 극적으로 보여준다. 일례로 임이네의 경우를 보자. 그녀는 이용의 두 번째 부인이다. 타작마당에서 용이는 "마을에선 제일 풍신 좋고 인물 잘난 사나이"(1부 1권, 13쪽)다. 그는 무당의 딸이라는 이유로 사랑하던 월선과 결혼하지 못하고 사랑 없는 강청댁과 결혼한다. 강청댁은 용이와의 사이에서 아이를 낳지 못하고 월선에 대한 질투로 일관하다가 호열자로 죽는다. 강청댁의 자리에 월선이가 들어갈 수 있기를 독자들은 바라지만 운명은 곡예를 거듭한다. 월선이 삼촌인 공노인을 따라 간도로 간 사이, 귀녀 사건으로 처형된 칠성이의 아내 임이네가 그 자리를 차지한다. 다시 월선이가 돌아오자 기존의 '강청댁-용이-월선'의 갈등의 삼각형은 '임이네-용이-월선'의 삼각형으로 대치된다. 이 삼각형은 실로 숙명적이다. 욕망의 악무한(惡無限)으로 자신의 삶을 전개시키는 임이네와 영원한 아니마 여성의 화신인 월선의 대극적 만남과 갈등의 한복판에 용이의 존재 방식이 놓이기 때문이다. 여기서 임이네의 욕망이 문제적이다. 애욕과 질투도 문제지만 "상사병과도 같은 돈에 대한 집념"(2부 2권, 386쪽)이 부각된다.

확실히 임이네는 돈 때문에 일희일비하는 즉자적 인물로 그려진다. 그녀는 월선이의 돈을 갈취하여 고리대금업을 하면서도, 월선이가 얼른 죽어버렸으면 좋겠다고 생각한다. "참으로 욕망 무한, 슬픔 없는 목숨이며 비렁땅 꽃 한 포기 새 한 마리 없는 황막한 인생이다."(2부 1권, 343쪽) 그런데 다른 쪽에 작가는 돈에 대한 대자적 태도를 보이는 인물상도 보여준다. 돈의 현실에 환멸을 느끼고 대자대비한 공(空)의 세계에서 한(恨)을 넘어서려 하는 김환 같은 인물이나, 장사를 통해 돈을 많이 벌고 평사리 땅을 되찾는 데 기여하지만 돈의 세계를 넘어서 초극의 지평을 마련하려 한 길상 같은 인물이 그렇다. 일찍이 길상은 "천수관음상을 조성하여 어지러운 세상, 불쌍한 중생에게 보살의 자비를 펴게 하라는"(4부2권, 266쪽) 우관선사의 뜻과 희망을 물려받은 인물이었다. 그는 간도에서 번 돈으로 서희가 원하는 대로 평사리 땅을 복원시킴과 동시에 독립운동을 지원하고 동학당 재건을 위해 돈을 쓴다. 그리고 최초 우관선사의 화두로 돌아가 원력(願力)을 모아 도솔암에 관음탱화를 완성한다. 돈을 초극하고, 현실을 초극하고, 예술을 통해 맺힌 한을 풀어내려 한다. 마침내 "창조는 생명"(5부 1권, 325쪽)이라는 예술론을 개진하기에 이른다. 여러모로 임이네와 대조적인 모습이다. 임이네의 돈은 생명이 거세된 황무지와도 같았다면, 길상의 돈은 새로운 생명을 창조할 수 있는 지렛대였다.

복합적인 성찰과 생명의 미학

이렇게 땅의 상상력에서 돈의 상상력으로 이행하는 과정의 다채로운 풍속을 그리면서 『토지』는 사람살이의 실상을 복합적으로 성찰한다. 사람살이가 결코 단순하지 않고 복잡하다는 것, 그 기기묘묘한 호모 사피엔스에 대한 복합적 성찰이 참으로 어지간하다. 가령 분명한 판별안보다는 복합적인 투시안으로 성찰하고자 하는 인생관을, 우리는 송관수의 발화를 통해 확인할 수 있다. 송관수는 죄인 아비와 악한 반역자 형을 둔 한복에게 이렇게 말한다.

> "사람 살아가는 기이 참으로 기기묘묘하다. 검정과 흰빛으로 구벨지을 수 없는 거이 인간사라. 길상이도 하인 신세에서 만석꾼의 바깥주인이 됐는가 싶더마는 타국 땅에서 설한풍을 맞이며 편한 사람 눈으로 볼 적에는 지랄 겉은 짓을 하고, 니는 반역자 성을 둔 덕분에 애국을 하게 됐으니 기기묘묘한 세상이지 머겠나. 옛날의 선비들은 악산(惡山)을 안 볼라꼬 부채로 얼굴을 가리믄서 지나갔다 하더라마는 그런 생각 때문에 나라가 망한 기라. 악산도 이용하기 나름이제. (중략) 조상과 자손과, 상놈과 양반과 부자와 빈자 그리고 또 인종들이 얽히고 설키서."(3부 3권, 422~423쪽)

무한 포용의 대지적 시선을 강조하는 장면이다. 모든 것을 포괄하고, 온갖 대조와 갈등의 편람을 끌어안으면서 얽히고설킨 현실을 성찰할 때, 삶과 인간의 올바른 빛깔을 투시할 수 있다는 것이다. 그러한 복합성의 성찰이 복합적인 사건과 줄거리를 넓고 깊게 한다. 그토록 복합적인 사건들이 파노라마처럼 얽혀 있는 『토지』의 겉그림은 한마디로 갈등의 그림이며, 정한의 그림자이고, 욕망의 풍경첩이다. 대부분 어두운 암채색 바탕 위에서 일렁이는 욕동의 궤적이며 정한과 수난과 초극의 흔적들로 불거져 있다. 이런 겉그림의 심층에서 작가는 우리 민족의

한(恨)의 속무늬를 어루만지며 동시에 한을 풀고[解恨] 더불어 살아가는 상생(相生)의 지평을 모색한다. 이를 위해 한없는 연민의 정서와 큰 슬픔을 포괄하는 큰 자비[大慈大悲]의 이념형을 제시한다.

> 만물이 본시 혼자인데 기쁨이란 잠시 쉬어가는 고개요 슬픔만이 끝없는 길이네.(중략) 부처는 대자대비라 하였고 예수는 사랑이라 하였고 공자는 인이라 했느니라. 세 가지 중에는 대자대비가 으뜸이라. 큰 슬픔 없이 사랑도 인도 자비도 있을 수 있겠느냐? 어찌하여 대비라 하였는고. 공이요 무이기 때문이며 모든 중생이 마음으로 육신으로 진실로 빈자이니 쉬어갈 고개가 대자요 사랑이요 인이라. 쉬어갈 고개도 없는 저 안일지옥의 무리들이 어찌하여 사람이며 생명이겠는가.(4부 1권, 38쪽, 5부 1권, 154~155쪽)

박경리의 『토지』는 민족의 땅이요, 역사의 땅이다. 소유의 땅이며 또한 존재의 땅이다. 한의 땅이면서 동시에 그 모든 것을 넘어서는 창조적인 생명의 모태공간 같은 상징적인 땅이기도 하다. 그러나 무엇보다도 그것은 가장 기름진 인문적 지혜와 충분히 넉넉한 지모신의 상상력이 펼쳐지는 진정성 있는 문학의 땅이다.

작가가 『토지』를 통해 큰 슬픔[大悲]에 대한 큰 연민, 큰 자비[大慈]로 생명의 창조적이고 근원적인 벼리를 추구하고자 한 것은 경의에 값한다. 소설 집필을 시작한 1960년대 말 이래 1970, 80년대는 군부 독재와 산업화로 말미암아 인간적 가치와 영혼이 왜소화 일로에 있던 시기였다. 말하자면 큰 슬픔의 시간대였던 터이다. 이런 시기에 더 큰 슬픔의 시기였던 구한말에서 해방에 이르기까지를 스토리 시간으로 취택하여, 작가는 인간적 가치와 영혼의 왜소화에 대항하는 큰 형식의 문학을 형상화하고자 했던 것이다.

박경리의 『토지』는 우리 근대사 100년과 저간의 민족적 · 인간적 운명의 사슬과 숨결을 유장한 크기와 넓이로 탐색하면서 의미 있는 서사시적 세계를 보여준 작품으로 기록될 수 있을 것으로 보인다. 특히 그동안 한국인이 지키고자 했던 인간적 가치와 생명의 미학에 대한 고구와 상상적 승화는 문학적 가치뿐만 아니라 정신사적 가치로도 이어질 수 있을 것이다. 끝으로 작가 박경리의 이런 육성을 되새겨 보자. "전체를 바라보는 시선으로 글을 씁니다. 우주 속의 나, 그리고 나의 전후좌우를 살피는 것이지요. 생명이 그것의 핵이고, 탄생과 죽음, 긍정과 부정이 서로 부딪는 생명의 모순-한을 덩어리째 받아들이는 것이지요. 『토지』는 나의 죽음 이후에도 계속되는 얘기지요."

— 더 읽기 자료

박경리, 『생명의 아픔』, 이룸, 2004.
최유찬, 『박경리』, 새미, 1998.
최유찬, 『'토지'를 읽는 방법』, 서정시학, 2008.
토지학회, 『토지 인물열전』, 마로니에북스, 2019.
황현산 외, 『한, 생명, 대자대비(토지비평집 2)』, 솔, 1995.

(집필자: 우찬제 · 서강대학교 교수, 문학평론가)

닥터 지바고(Doctor Zhivago)

파스테르나크(Pasternak, Boris Leonidovich)

'시인' 파스테르나크는 10여 년(1945~1955)에 걸쳐, 자신의 유일한 장편소설인 『닥터 지바고』를 탈고하였다. 소설은 작가의 모국이 아닌 이탈리아에서 출간되었으며(1957), 작가는 이듬해(1958) 노벨상 수상자로 선정되었다. 그러나 소설은 문학적 논의와 상관없이, 정치적 상황에 편승해 과대평가 되었다는 논란에 휩싸였다.

독자의 평가는 그 어떤 평론가의 글보다 무거우며, 가차 없다. 자격이 없음에도 일시적 유행으로 자리를 차지했던 수많은 문학 작품들은 결국 바람처럼 사라져갔다. 『닥터 지바고』는 20세기 여타 소설과 비교할 때 현재까지 독자들에게 가장 많이 읽히는 소설 중 하나이며, 문학적 영향력은 지속되고 있다. 즉, 소설 『닥터 지바고』 속에는 논란을 뒤엎을 만한 강대한 힘이 있다는 것이다.

이야기에 앞서서, 러시아 문학작품이 가지고 있는 특징 중 하나인 등장인물 사이의 '호칭'에 관한 이해는 러시아 문학작품 독해의 근간이 된다. 러시아 사람의 명칭은 이름, 부칭, 성으로 구성되어 있다. 예를 들어, 『닥터 지바고』의 남자 주인공의 온전한 명칭은 '유리 안드레예비치 지바고'이며, '유리'가 이름이며, '안드레예비치'가 부칭, 그리고 '지바고'는 성이다. 일반적으로 러시아 사람들 사이에서 호칭은 이름과 부칭만을 부쳐서 사용하며, 성까지 모두 부르는 경우는 드물다. 성은 개인에게 특별한 의미가 있으며, 공식적 혹은 행정적 절차가 필요할 때 사용된다. 그래서 『닥터 지바고』에서도 주인공의 호칭은 대부분 '유리 안드레예비치'이다.

소설에서는 등장인물 사이에 이름만 불릴 때가 있는데, 이것은 그들의 관계가 친구 사이와 같은 가까운 관계를 의미하여, 특히 이름 '유리'가 아닌 애칭인 '유라', '유로치카'로 불릴 때는 관계가 정말 친밀함을 의미한다. 이것은 『닥터 지바고』에 나오는 모든 등장인물에도 적용되며, 여자 주인공의 이름이 '라리사 표도로브나 기샤르'이지만, 소설 속에는 애칭인 '라라'로 불린다거나, 일반적 호칭인 '라리사 표도로브나'로 불리는 경우도 위 상황과 같은 의미이다.

이러다 보니 러시아 문학작품을 읽다 보면, 동일 등장인물임에도 불구하고 문학작품 속에서, 많게는 5개의 다양한 호칭을 마주하게 된다. 이것은 러시아식 호칭에 익숙하지 않은 사람들에게 자꾸 앞쪽의 등장인물 소개를 읽게 되는 귀찮음을 반복하게 하며, 인물에 대한 혼선을 빚게도 한다.

그러나 앞서도 이야기한 것처럼 러시아식 호칭은 사람과의 관계성과 밀접한 관계를 맺고 있고, 문학작품 속에서 두 등장인물의 상호 간의 호칭이 바뀌었다면 관계성도 바뀌었음을 의미한다. 즉 『닥터 지바고』의 두 주인공이 서로를 '유리 안드레예비치' 와 '라리사 표도로브나'로 부르다가 '유리'와 '라라'로 부르는 시점은 그들의 관계성이 달라졌음을 의미한다. 이러한 문학작품 속에서 등장인물 간의 호칭 변화는 러시아 문학작품 속에서 빈번하게 일어나며. 일반적이면서 독특하고, 혼란스럽지만 명쾌하기도 하다.

러시아 문학작품 속에서 등장인물 간 호칭 변화를 중심으로 살펴보는 것도, 작품 독해에 흥미로움을 더하는 방법이기도 하다. 본문의 아랫글에서는 소설 속 호칭 변화와 상관없이, 글의 가독성을 위해서 남자 주인공의 호칭을 '지바고'로 여자 주인공 호칭을 '라라'로 통일하였다.

『닥터 지바고』는 혁명과 전쟁이라는 혼란의 시기, 삶(жизнь)과 인간(человек)에 대한 이야기이다. 그리고 이야기는 교훈적이지도, 이념적이지도 않다. 그래서 작가는 모국의 비난을 감수해야 했지만, 그래서 오히려 극명하고 세밀하게 인간의 본성과 삶을 탐구하게 한다.

『닥터 지바고』는 '유리 안드레예비치 지바고'(이하 '지바고')의 생애를 다룬 소설이며, 지바고의 어머니의 장례식에서 출발한다. 조실부모한 지바고는 외삼촌의 소개로 자신이 태어나고 자란 시베리아를 떠나 모스크바의 상류 지식인 그로메코박사의 집에 머물게 된다. 그곳에서 그로메코박사의 딸 토냐와 결혼한다. 한편 또 한 명의 주인공인 '라리사 표도로브나 기샤르'(이하 '라라')는 어머니의 정부였으며, 지바고 일가를 파산하게 한 변호사 코마롭스키와 육체적 관계를 가진다. 라라는 그를 죽이려고 했지만 실패하고, 청년 '파벨 파블로비치 안티포프'(이하 '파샤')와 결혼한다. 제1차 세계대전이 일어나고, 라라의 과거에 대한 원망에 파샤는 전쟁터로 도피하고 실종된다. 라라는 파샤를 찾기 위해 간호원으로 군대에 자원하고, 그곳에서 야전병원의 의사인 지바고를 만나게 된다. 지바고와 라라는 서로 호감을 느끼지만 애써 부정하고, 지바고는 모스크바로, 라라는 우랄로 떠난다.

1917년 러시아 혁명은 전국으로 확산되고, 그사이 실종되었다던 라라의 남편 파샤는 '스트렐니코프'로 이름을 바꾼 채 혁명가가 되어 있었다. 지바고는 아내의 외가인 우랄의 시골 마을로 이사한다. 그곳에서 라라를 다시 만나게 되고, 그들은 서로를 사랑하게 된다. 라라와의 부적절한 관계는 지속되고, 지바고는 라라를 만나러 가는 도중에 빨치산에 납치되어 강제로 그들을 돕게 된다. 우여곡절 끝에 지바고는 도망쳐 라라와 같이 지내게 된다. 지바고의 가족들은 이미 유럽으로 떠나 있었고, 지바고와 라라의 사랑은 한층 더 깊어진다. 그러나 지난날 라라에게 큰 상처를 남겼던 코마롭스키가 나타나 새 정권하에서 라라의 남편 파샤(스트렐니코프)가 오히려 제거 대상이 되었고, 체포되었다는 소식을 전한다. 라라 또한 위험에 처했음을 지바고에게 말하고 그들을 보호해 주겠다고 제안하자, 지바고는 라라를 떠나보내고 만다. 그 후, 체포되었다던 라라의 남편 파샤(스트렐니코프)가 지바고 집에 찾아와 얘기를 나눈 뒤 결국 자살한다. 라라와 헤어진 지바고는 모스크바로 향했고, 옛날 하인이었던 사람의 딸 마리나와 동거생활을 시작한다. 그러나 그의 몸과 마음은 피폐했고, 어느 날 전차를 타고 가던 중 갑작스럽게 죽는다. 모스크바에 들렀던 라라는 우연히 지바고의 시신과 마주하게 되고 오열한다.

『닥터 지바고』는 일반적 소설의 구조를 따라가지 않는다. 즉, 갈등의 생성과 확장, 그리고 해결이나 파국이라는 전형적인 모습을 보이지 않는다. 이야기들은 파편화되어 있고, 연결성은 모호하다. 그 와중에 서정적이고 유려한 문체에 비해서 일상에 대한 묘사는 부족하며, 세부적인 표현은 부정확하다. 특히 자주 차용되었던 우연에 따른 이야기 전개

방식은 소설의 문학적 성취에 의구심을 자아내게 한다. 그러나 만일 이러한 모습들이 작가의 문학적 소양의 미숙에서 발생한 것이라면 소설은 다른 잊혀진 작품들처럼 사라졌을 것이다. 이 때문에 작가의 숨겨진 의도를 찾아내는 탐구는 흥미롭다.

『닥터 지바고』는 파스테르나크가 시인(詩人)으로서, 첫 번째이자 마지막으로 시(詩)의 형식을 사용해 쓴 소설이다. 그는 『닥터 지바고』가 러시아의 첫 운문소설인 푸시킨의 『예브게니 오네긴』과 같은 시로 쓴 소설임을 밝히고 있다. 그에게 『닥터 지바고』는 장편 시들의 총합이었으며, 시(詩)였기에 일상에 대한 묘사와 세부적인 표현은 시적 언어인 '함축'과 '도약'으로 표현하는 것이 합당했다. 무엇보다 그에게 중요했던 것, 독자들에게 보여주고 싶은 것은 등장인물들의 행동이 아니라, 그들의 생각과 사상이었다. 그래서 『닥터 지바고』에서 집중해서 봐야 할 것은 등장인물들의 행동이 아니라 그들의 말속에 들어있는 생각이다. 그에게는 소설의 서사구조 완성 보다, 등장인물 한명 한명이 품고 있던 사상이 중요했던 것이다.

『닥터 지바고』 속 우연의 연속은 물론, 이야기의 개연성 부재를 초래했다. 소설 속 등장인물들의 출현과 만남은 우연에 기인하고 있으며, 장소에 대한 우연성은 당혹스럽기까지 하다. 가령 지바고와 라라는 이미 어린 시절 우연한 만남이 있었고, 이 우연한 만남은 그들이 성인이 된 뒤에도, 죽음의 시간에도 이어진다. 지바고는 라라가 코마롭스키에게 총을 쏘는 장면을 목격했고, 전쟁 한가운데서, 그리고 그 많은 야전병원 속에서 의사와 간호원으로 만난다. 이후 헤어졌지만, 우연히 이들은 우랄의 그 많은 도시들의 한 도서관에서 다시 만나게 되며, 사랑에 빠지게 된다. 이런 연속적이며 우연적인 만남이 현실적으로 가능할까?

무엇보다 소설의 끝을 마무리하고 있는 장면, 죽은 지바고와 라라의 만남의 장소는 극적이기까지 하다. 지바고의 장례식 직전, 딸의 입학 문제로 모스크바에 온 라라는 전남편 파샤의 하숙방에 잠시 들리게 되는데, 그 방이 하필이면 지바고의 작업실이었고, 하필이면 죽은 지바고가 안치되어 있었던 것이다.

파스테르나크는 소설 속 등장인물의 만남을 인물들의 계획이나 노력 혹은 열망에 따라 진행되도록 내버려 두지 않는다. 오히려 등장인물의 만남과 헤어짐은 보다 높은 존재의 섭리가 작동되는 것임을 '반복적 우연'을 통해 강조하고 있다. 그리고 이것은 소설의 또 하나의 주제인 '삶의 영원성' 즉 '불멸(бессмертие)'과 연계되어 있다.

파스테르나크에게 있어 '삶'은 '불멸(бессмертие)'과 연결되어 있으며, 삶의 영원성은 삶의 완성과 연결되어 있다. 작가는 『닥터 지바고』를 통해 다음과 같이 삶과 부활, 그리고 불멸을 정의한다. "죽음이란 존재하지 않는다.(смерти не будет)" 왜냐하면 우리가 태어났을 때 우리는 이미 죽음에서 '부활'했기 때문이다. 부활이란 '삶의 또 다른 이름'에 불과할 뿐이다. 인간은 태어날 때 이미 '부활'을 한 것이며, 살아가는 동안의 삶은 낮은 단계의 인간 존재의 삶에 불과하고, 만일 고통(страдание)과 희생(самоотдача)의 삶을 살아간 사람은 죽음과 함께 높은 단계의 인간 존재의 삶이 기다린다. 즉, 삶이란 인간의 육체적, 물리적 죽음과 함께 갑자기 끊어지는 것이 아니다.

'닥터 지바고(доктор Живаго)'의 '지바고(Живаго)'는 '살아있는(живой)'이라는 의미의 단어에서 나온 것이며, 파스테르나크에게 삶의 끝은 죽음이 아니라 '새로운 삶의 부활'이었다. 그에게 삶은 불멸이며, 영원이고 완성이었다. 그래서 『닥터 지바고』 속 우연은 절대적 존재의 섭리를 기억하게 하며, 동시에 절대적 존재의 영원성을 떠올리게 한다. 그리고 이 영원성을 통해서 절대적 존재와 같이 우리의 삶은 불멸이며, 완성해가고 있는 과정임을 이해하게 한다.

파스테르나크는 『닥터 지바고』의 출판을 모국의 출판사 '신세계(Новый мир)'를 통해서 진행하고자 하였지만, 편집진으로부터 거절당했다. 편집진의 거절 이유 중 가장 큰 사항은 '삶에 대한 작가의 시각'에 대한 것이었다. 거절사유서를 통해서 편집진은 소설이 "혁명과 내전, 혁명 이후 세월의 묘사에 있어 심히 공정하지 않고 역사적으로 객관적이지 않다.", "반(反)민주적이고 민중의 이해관계에 대한 어떤 이해도 충분하지 않다."라고 적시했으며, 무엇보다 소설이 "사회주의 혁명이 민중과 인류의 역사에 어떤 긍정적인 의미를 지니기는커녕 오히려 악과 불행 외에는 아무것도 가져오지 못했음을 기술했다."라는 거절 이유를 들었다.

즉, 『닥터 지바고』의 소설 속 등장인물들이 혁명에 대해서 진취적인 모습도, 능동적인 모습도 보여주지 못했음을 지적하고 있다. 그리고 이러한 장면들이 독자들에게 혁명에 대해서 부정적 관점을 줄 수도 있음을 적나라하게 비난했던 것이다. 이것은 어떻게 보면, 사회주의 리얼리즘의 도입 이후 "비극과 혁명은 공존할 수 없다."라는 시대적 정황을 생각할 때 이해가 되는 비평이기도 하다. 당시 소련의 소설은 사회주의 리얼리즘에 따라서 낙관적이어야 했으며, 능동성이 탑재된 주인공들이 전면에 들어서야 했다. 그런 면에서 『닥터 지바고』의 등장인물들은 진취적이지도, 능동적이지도, 낙관적이지도 못했으며, 그리고 무엇보다 도덕적이지도 못했다.

『닥터 지바고』는 사회주의 리얼리즘을 통해서 바라볼 때, "혁명의 바깥에 서 있고”, “오직 그것으로부터 자신의 어떤 개인적인 가치를 유지하고 지키기 위해 - 대부분은 부질없이 - 노력할 따름”인 소설이었던 것이다.

그러나 이처럼 『닥터 지바고』가 “혁명의 바깥에 서 있는”, 그래서 냉전의 시기에 적들(자본주의자들)의 영악스러운 방법(문학상 수여)에 의해 이용당해버린 소설 정도로 평가되는 것이 타당한가? 파스테르나크와 『닥터 지바고』 등장인물들은 과연 혁명에 대해서 부정적이었으며, 더 나아가서 인간의 삶에 대해서 비극적 관점 만을 가지고 있었을까?

『닥터 지바고』의 세 명의 등장인물을 통해서 살펴볼 필요가 있다.

먼저, 『닥터 지바고』 주인공 지바고는 유감스럽게도 우유부단함과 나약함, 그리고 불륜이라는 행동을 통해서 도덕적으로도 비난받기에 충분한 모습을 보여준다. 그는 가족에 대한 걱정보다, 사랑했다고 하지만 아내 아닌 다른 남자의 아내를 더 걱정했고, 자신의 자녀보다 자신의 사랑을 더 소중하게 여겼다. 자녀에는 물론 자신이 사랑한 ‘라라’와의 사이의 자녀도 포함되어 있었다. 그는 가정에 대해서는 무책임한 사람이었다. 사회와 국가에 대해서도 그는 늘 능동적 선택을 하지 못했다. 전쟁에 참전한 것도 징집을 피할 수 없어서 그런 것이었으며, 혁명군과의 활동도 강제적 납치와 이후 강압에 따른 굴종의 결과였다. 그는 삶과 가정과 국가에 대해서 주도적이지 못했고, 그는 능동적이지 못했으며, 그는 도덕적이지도 못했다.

그러나 지바고의 이런 모습들이 삶에 대한 무조건적인, 그리고 무기력한 포기, 회피, 수용으로만 읽혀야 할까? 지바고는 그를 짓눌렀던 삶의 무게 속에서 그가 가지고 있는 최대한의 노력을 했다고 볼 수는 없을까? 그는 의사였지만 시를 쓰는 시인이었고, 시를 통해서 삶에 대해서 고민하고 변화를 꿈꾸었다. 그가 만일 단순히 삶에 대해서 무기력한 수용자였다면 소설 마지막 장의 유리 지바고의 시는 없었을 것이다. 어떻게 본다면 소설 속 지바고의 그 어떤 행동보다 이 시들이 더 중요한 의미를 가진다.

지바고의 첫 번째 시 「햄릿」을 살펴보자. 시는 거대한 운명 속에 휩쓸려버린 지식인의 소명과 자기반성을 보여준다. 행동하고 싶지만 행동하지 못하는 나약한 인간을 위한 자기 고백서인 것이다.

> 소요가 멎었다. 나는 무대로 나갔다.
> 문설주에 기댄 채 아득한 메아리 속에서
> 나의 인생에 무슨 일이 일어날지,
> 붙잡아 본다.
> 한밤의 어둠이 천 개의 쌍안경처럼
> 나를 향하고 있다.
> 할 수만 있다면, 하느님 아버지,
> 이 잔을 거두어 주옵소서.
> 저는 주님의 확고한 뜻을 사랑하며
> 기꺼이 이 역할을 맡겠나이다.
> 그러나 지금은 다른 극이 진행되고 있으니
> 이번에는 저를 면하게 해 주옵소서.
> 하지만 막(幕)의 순서는 짜여 있고
> 길의 끝은 피할 수 없다.
> 나만 혼자이고, 다들 바리새주의에 빠져 있다.
> 삶을 사는 것은 들판을 건너는 것이 아니다.(2권, 481~482쪽)

러시아 혁명가들의 입장에서 햄릿은 '행동'보다는 '사유'의 상징이기에 긍정적으로 평가될 수 없는 인물이다. 그러나 햄릿은 그저 나약하고, 운명에 저항조차 못 했던 지식인으로 평가되어서는 안 된다. 햄릿은 절대적 운명에 대해서 목숨을 걸고 고민했고, 그가 할 수 있는 최대한의 저항을 보여주었던 인물이었다. 물론 그의 삶이 자살로 끝난다고 해도.

지바고의 '햄릿'을 통한 고백은 파스테르나크의 고백이기도 하다. 파스테르나크는 그의 출신(부유한 유대인 집안)에 비추어볼 때 혁명 세력에게 태생적으로 가까이 갈 수 있는 사람이 아니었지만, 오히려 혁명에 대해서 참여하지 못하는 죄책감과 부채의식에 시달렸던 지식인이었다. 그는 침묵하거나 해외로 도피함을 통해서 반혁명적 태도를 보여주었던 또 다른 부르주아 출신 작가들과 비교할 때 혁명에 대해서 최소한 화이부동(和而不同)의 자세를 취했던 사람이었다. 그는 『닥터 지바고』를 통해서 나약한 지식인의 고통과 참회를 보여주고자 하였으며, 추방에 대한 요구가 빗발칠 때도 "조국을 떠난다는 것은 내게 죽음을 의미한다."라는 취지의 탄원서를 쓰면서까지 모국에 머물렀던 사람이었다.

라라의 남편 파샤의 제1차 세계대전 참전, 혁명에의 투신 같은 행동에는 프롤레타리아로서의 계급의식이 투영되어 있다. 그러나 그러한 행동 밑바닥에 숨겨져 있던 동기는 지극히 개인적 이유에서 출발한 것이었다. 사랑해서 결혼했지만, 첫날밤을 통해 여인의 과거를 확인하게 된 순간, 그의 결혼 생활은 분노와 고통 속에 시작되고, 결국 조국수호라는 명분 아래 전쟁으로의 참전, 가정으로부터의 도피로 치닫게 된다. 라라를 향한 파샤의 사랑은 인간 라라에 대한 온전한 사랑이기보다는, 자신의 표상(순수) 속의 사랑일 뿐이었다. 그리고 이 표상 속의 사랑이 깨지게 되자 그의 사랑도 식어버린 것이다. 물론 혁명가 '스트렐리니코프'로의 전환은 지식인이었지만, '방관자'적 태도로 일관했던 지바고와 대비되는 실천하는 '행동가'의 모습을 보여주었음에도 불구하고 이 또한 행동의 근간에는 구시대 악에 대한 '징벌자적 행동'을 통해 아내 라라의 순결을 짓밟았던 코마롭스키(구시대 악)에 대한 내재적 복수(혁명의 완수)를 완성하고, 자신의 행동과 선택에 대한 정당성을 확보하고자 하는 마음이 있었던 것이다.

> "아, 소녀 시절, 김나지움 학생이었을 때 그녀는 정말 예뻤어요!(중략) 이 시대의 모든 주제, 모든 눈물과 모욕, 모든 충동, 그동안 축적된 모든 복수와 오만이 그녀의 얼굴과 자태에, 처녀다운 수줍음과 자신만만한 날씬함의 혼합 속에 쓰여 있었습니다. 그녀의 이름으로, 그녀의 입으로 이 시대에 대한 고소장을 제출할 수 있을 정도였죠."(2권, 378~379쪽)

> "이 소녀를 위해 나는 대학에 들어갔고 그녀를 위해 교사가 되었고, 그때만 해도 나에게는 미지의 곳이었던 유랴틴으로 발령 받아 갔습니다.(…) 결혼한 지 삼 년 뒤에는 그녀를 새롭게 쟁취하기 위해 전쟁에 나갔고, 이어 전쟁 이후 포로가 되었다가 돌아온 다음에는 내가 전사자로 간주된 것을 이용, 가명을 만들어 오롯이 혁명에 투신했습니다. 그녀에게 고통을 안겨준 모든 것을 모조리 갚아주고 이 슬픈 추억을 말끔히 씻어 내기 위해, 더 이상 과거로 회귀하는 일이 없도록, 트베르스카야-얌스카야가 더 이상 존재하지 않도록 하기 위해서 말입니다."(2권 380쪽)

물론, 파샤의 모습은 진취적이며 낙관적이어야 하는 '올바른 혁명가'의 모습과 대치된다. 특히 그의 죽음은 명예롭지도 혁명적이지도 못하다. 그러나 그의 삶의 궤적은 오히려 인간적이며, 그래서 더욱 현실성이 내포되어 있다. '혁명가' 또한 누군가의 아들이며, 남편이고, 인간이다. 언제나, 늘, 그리고 모든 선택에 있어서 능동적일 수 없으며, 항상 올바를 수 없다. 인간적 단점을 보여준 혁명가 파샤의 모습은, 그래서 진취적이지도 낙관적이지도 않았지만 실존했던, 그리고 실존하는 혁명가의 진정한 모습이었다. 파스테르나크는 그 누구보다 당시 혁명가의 인간적 고뇌와 선택을 가장 잘 알았던 작가였는지 모른다. 파스테르나크가 "민중에 대한 이해가 부족했다."라고 한 평가는 반려되어야 한다.

라라에 대해서 충분히 오해할 만한 사건은 어머니의 정부였고, 결국 자신도 그의 아내가 되는 코마롭스키와의 관계이다.

> "오, 이 무슨 마법의 원이란 말인가! 자신의 삶으로 침입한 코마롭스키가 순전히 혐오스럽기만 했다면, 라라는 반항하며 벗어났을 것이다. 하지만 문제는 그렇게 단순하지 않았다. 소녀로서는, 자기에게 아버지 노릇을 해 주는 머리가 희끗희끗한 잘생긴 남자가, 모임에서 박수갈채를 받고 신문에도 실리는 이 남자가 자기를 위해 돈과 시간을 쓰고 자기를 천사라고 부르고 극장과 콘서트에 데리고 다니며 자기를 지적으로 발달시켜 주는 것이 유혹이 되었던 것이다."(1권, 95쪽)

이 장면만을 보았을 때는'성적 그루밍'을 떠올리게 된다. 그리고 이 바탕 위에서 라라와 코마롭스키의 육체적 관계는 위압에 의한 성폭력이며, 코마롭스키에게 총을 쏘았던 라라의 모습은 복수의 전형처럼 여겨진다. 그러나 결코 간과해서는 안 되는 것이 있다. 소설 속에서 전체적으로 드러나 있는 라라의 모습은 주체적이며 자주적 여성이었다는 점이다. 전쟁에서 실종된 남편을 찾아 간호원으로 전쟁터에 자원하며 남편을 찾는 모습이나 아내(토냐)가 있는 남자(지바고)를, 그것도 자신의 손으로 그녀(토냐)의 출산을 도왔던 라라가 지바고와 사랑에 빠지는 장면은 어떻게 보면 시대적 상황 속에서 충격적이다.

앞으로 돌아가 보자, 코마롭스키와의 관계는 라라에게 있어서 두려움과 피동적 형태였을까? 자신을 찾아온 코마롭스키에 대한 라라의 태도는 오히려 주도권이 라라에게 있음을 보여준다. 그녀는 결코 주눅 들어 있지 않았다.

> "늦었어요. 그만 가셔야죠. 나는 자고 싶어요." "설마, 손님을 이렇게 박대하지는 않으시겠지, 이 시각에 나를 문밖에 세워 둘 리가 있나. 한밤중에 불빛도 없는 낯선 도시에서 내가 길이나 찾을 수 있을지 자신이 없군요." "그런 건 더 일찍 생각해서 이렇게까지 죽치고 있지 말았어야죠. 아무도 당신을 붙잡지 않았어요." "오, 나한테 대체 왜 이렇게 매정하게 말하는 거요? 내가 여기서 어디 숙소라도 정했는지 묻지도 않았잖소?" "조금도 관심 없어요. 이런 것으로 모욕을 느낄 사람도 아니고. 묵을 곳을 부탁하신다고 해도 우리가 카텐카와 함께 자는 큰방에는 들이지 않겠어요. 그리고 나머지 방들은 쥐들이 감당이 안 될걸요." "그놈들은 안 무서운데." "그럼 알아서 하세요."(2권, 317쪽)

코마롭스키의 일방적 사랑을 라라 또한 잘 알고 있었고, 그의 사랑을 라라는 어떻게 보면 이용했던 측면도 보인다. 라라는 생애 마지막을 "코마로프 부인"으로서 코마롭스키의 곁에 있었다. 당시 시대상에 비추어 볼 때 라라의 진취성과 자주적 모습은 사실 그렇게 현실적이지 않다. 그런데도, 여성의 능동성과 자주성을 강조했던 소련 시대의 선구자적 여성상으로 『닥터 지바고』의 라라는 의미가 있다.

『닥터 지바고』는 소설의 일반적 서사적 구조를 벗어나 있고, 러시아식 인명 호칭에 익숙하지 않은 사람들에게는 어려운 책일 수도 있다. 그럼에도 불구하고, 『닥터 지바고』는 인간에 대해서, 삶에 대해서 매우 현실적인 작품 중 하나이다. 인간의 나약함을 통해서, 오히려 인간의 참모습과 삶에 대한 영원성을 『닥터 지바고』는 말하고 있다.

더 읽기 자료

임혜영 지음, 『파스테르나크의 작품 세계와 닥터 지바고』, 고려대학교출판문화원, 2018.

오종우 지음, 『진짜 실용적인 삶이란』, 예술행동, 2011.

(집필자: 전병국 · 건국대학교 교수)

데미안(Demian)

헤세(Hesse, Hermann)

1946년에 노벨문학상을 받은 헤세(Hesse, Hermann: 1877~1962)는 독일에서 특이한 경우에 속하는 작가로, 독일 국내에서보다 해외에서 훨씬 더 유명하고 사랑을 받고 높이 평가받는 작가다. 헤세는 1960년대 미국에서 당대 사회에 반기를 들었던 사람들, 특히 히피들의 사랑을 받으며 그야말로 '헤세-열풍'을 불러일으켰고, 그의 『데미안(Demian)』은 1976년까지 미국에서만 150만 부가 팔렸다. 『데미안』과 『싯다르타』, 『황야의 이리』, 『나르치스와 골드문트』는 이 시기까지 미국에서만 천백만 부, 일본에서는 천이백만 부가 팔렸고, 인도와 남미 등에서도 마찬가지로 선풍적인 인기를 끌며 베스트셀러 목록에 올랐으니, 헤세의 소설들은 문학 예술사적으로, 사회사적으로 분명 주목할 만한, 흥미로운 작품들임에는 틀림없다. 사실 그의 소설들이 이처럼 대중적인 인기를 누렸고 아직도 — 특히 청소년들에게 — 스테디셀러의 자리를 놓치지 않는 것은 현대사회의 대중들, 특히 청(소)년들이 안고 있는 문제들을 잘 건드리고 있다는 것을 의미한다.

헤세의 소설들이 상상을 초월하는 판매 부수를 자랑하며 대중성을 입증한 것은 사실이나 또한 분명한 것은 그의 소설들이 쉽게 읽히는 '대중문학' 범주에 속하지는 않는다는 점이다. 그의 작품들은 헤세 자신도 주장하듯이 대중들의 오락과 여흥을 위한 것이기에는 너무 진지하고 무거운 주제를 다룬다. 이런 맥락에서 왜 동서양을 막론하고 현대 사회의 대중들이 헤세의 소설들, 특히 『데미안』에 열광하는가를 포함하여 소설의 몇몇 층위들을 살펴보는 것은 소설을 더욱 깊이 이해하는 데 의미 있는 일이다.

1

『데미안』은 독일 소설사에서 가장 중요한 자리를 차지하는 '성장소설' 범주에 속하는데, 이 성장소설이 탄생하게 되는 배경은 소설을 이해하는 데 매우 중요하다. 성장소설은 서구에서 근현대가 시작되는 18세기에 탄생하는데, 이 세기는 오늘날까지 서구 사회를 유지하고 있는 시민계급이 역사적으로 사회정치적인 권력을 갖게 되는 시기이다. 경제적인 부를 바탕으로 사회정치적인 권력을 차지한 시민계급은 봉건귀족사회의 혈통에 기반한 이데올로기를 거부하며 오로지 시민 개인의 능력과 성과, 자유를 기반으로 하는 사회의 건설을 목표로 한다. 시민계급의 탄생은 바로 개인의 탄생을 의미한다. 시민사회를 지배하는 이념은 개인주의다.

18세기는 또한 서구 시민사회가 폭발적인(자연 및 인문)과학적 인식의 발전을 토대로 합리주의를 세계의 기반으로 삼는 시기로, 이것은 시민사회가 중세 이후 서구를 지배해온 기독교로부터 해방되는 것을 의미한다. 이제 인간의 역사는 신의 문제가 아니라 인간의 문제가 된다. 이러한 인간의 해방과 개인의 탄생은 서로 맞물리며, 개인에게는 '문제'를 안기게 된다. (기독교)신의 존재가 사라진 자리를 차지한 개인은 이념적으로는 '반(反)신'의 자리에 올라갔으나 막상 사회에서 해야 되는 일은 신적인 일이 아닌 것이다.

시민사회는 사회적 기능을 중심으로 그리고 최고의 생산성을 위해 끊임없이 세분화 및 전문화돼 가고 개인들은 이에 맞추어 자신의 능력과 성과를 입증하기 위해 전문화의 길을 가야만 하는 상황에 빠진다. 이것은 단순하게 말하면 18세기 이후 현재에 이르기까지 시민사회의 개인들은 평생을 공장이든 회사든, 전문직 직종이든 상관없이 한 가지 일만을 수행하며 작은 '부품'으로서 일생을 살아가야 함을 의미한다. 서구 시민사회의 개인들은 이제 자신이 누구인지, 자신의 존재 의미가 무엇인지 고뇌하기 시작한다. 이것은 기존의 사회가 자신에게 사회의 작은 부속품으로 살 것을 요구하는 것에 대한 문제 제기를 의미한다. 또한 이 '부속품'-존재는 은유적으로 기존의 거대한 사회 속에서 사회가 만들어 놓은 규범에 맞추어 살아가야 하는 문제를 가리키기도 한다. 이제 시민사회의 개인은 이러한 문제적 존재상황에서 자신의 정체성에 관해, 이 사회 안에서의 위치에 대해 고민하게 되는데, 바로 이것이 성장담, 성장소설이 시민사회의 대중들 앞에 등장하게 되는 배경이다.

2

소설 『데미안』의 주인공은 데미안이 아니라 1인칭 화자로 등장하는 에밀 싱클레어다. 그는 자신을 '구도자'라 칭하며 본격적인 자신의 이야기를 서술하기에 앞서 '서설' 격인 글에서 소설의 핵심적인 중심

이념을 이야기하는데, 그것은 인간 개인의 본질에 관한 것이다. 그는 개인의 본질을 "자연의 단 한 번의 소중한 시도"라고 규정한다. 이것은 인간 개인을 더 이상 신의 피조물로 보지 않는 것을 의미하며, 인간 개인은 그 무엇으로도 환원되지 않는, 오로지 자연으로부터 기원하는 존재임을 가리킨다. 모든 개인은 그 자체로 우주에서 유일무이한 소중한 존재로 그의 이야기는 신성한 것이다. 하지만 여기서 헤세는 '성장담'과 관련하여 중요한 이야기를 하는데, 그것은 "모든 사람의 삶은 자기 자신에게로 이르는 길이다."라는 테제다. 모든 개인은 자연이 이 세계를 향해 '인간'이 되라고 던진 것으로 아직 완전히 자기 자신이 아닌 것이다. 이것은 모든 개인은 오롯이 자기 자신이 되기 위해 모두 노력해야 함을 의미한다. 인생은 자기 자신이 돼 가는 과정이어야 한다. 헤세는 끝내 자기 자신이 되지 못하고 개구리나 도마뱀, 반인반수로 일생을 마치는 사람들이 있다고 쓰고 있다. 헤세에게 인간 개인의 삶의 목적은 자기 자신이 되는 것 외에 그 어떤 것도 없다. 그 무엇이든 간에 그 어떤 이유에서건 한 개인이 자기 자신에게로 가는 길을 방해해서는 안 된다. 이것은 매우 근본적인 개인주의 이념이다.

『데미안』은 어린 소년 에밀 싱클레어가 자기 자신이 되어 가는 10여 년의 고통스러운 혼란과 방황의 과정을 서술하고 있다. 싱클레어가 자기 자신이 되어 가는 고통스러운 과정이 진행되는 곳은 20세기 초의 서구(독일) 시민사회다. 주목해야 하는 것은 헤세가 분석하는 세계인데, 이 세계는 이원론적으로 파악된 것으로 밤과 낮, 선과 악, 이성과 비이성의 두 세계가 공존하는 곳이다. 헤세에게 자연으로부터 기원하는 인간 역시 모두 안에 빛과 어둠의 세계를 함께 갖고 있다. 소설에서 초점이 맞추어지는 세계는 싱클레어의 부모가 속하는 밝은(선과 이성의) 세계라고 할 수 있다. 평화와 질서, 안정을 근간으로 하는 이 '밝은 세계'는 주류 시민사회를 형성하면서 사회구성원들의 삶은 겉으로는 '천사'들의 삶의 양태를 보이지만, 소설의 주인공 싱클레어에게는 그것이 결코 전부가 아니다. 물론 그렇다고 이들의, 적어도 주인공 가족들의 삶이 도덕적으로 문제가 있는 것은 아니다. 다시 말해 주인공의 부모님들과 그의 누이들은 결코 이중적인, 위선적인 삶을 살지는 않는다. 이들은 어둠을, 어둠의 세계를 근본적으로 알지 못하는 자들이라 할 수 있다. 하지만 그것이 결코 '온전한' 삶을 의미하지 않음을, 나아가 무능과 맹목을 의미함을 10세의 소년 싱클레어는 마을의 악동 프란츠 크로머와의 에피소드를 통해 보여준다. 금지된 '어둠의 세계'에 대해 관심과 친화력을 가지고 있는 싱클레어가 프란츠 크로머라는 악의 손아귀에 빠져 어둠 속으로 깊숙이 들어가 수렁에서 헤어 나오지 못할 때, '빛의 세계'의 거주자인 그의 아버지가 볼 수 있는 것은 주인공의 더러운 '젖은 신발'뿐이다. 그의 어머니 역시 아들에게서 무언가가 잘못되었음을 어렴풋이 느끼기는 하지만 주인공에게 줄 수 있는 것은 한 조각 초콜릿뿐이며, 그녀가 데리고 온 의사가 처방을 내리는 것은 '아침 냉수마찰'일 뿐이다. 이들이 악에 손을 내민 주인공을 위해 해줄 수 있는 것은 기껏해야 주인공의 고백 이후 용서이지만, 이 용서는 사태의 본질에 대한 '이해'에서 오는 것이 아니라 역설적이지만 맹목(의 관대함)에서 오는 것이다. 헤세에게 이들은 도덕적으로 문제가 없다고 하더라도 결코 온전하지 못한 '반쪽' 인간들이다.

이미 자신에게서 그리고 저 바깥 세계에서 '다른' 세계를 체험한 싱클레어에게 '밝은 세계'의 사람들이 요구하는 것은 그가 자신과 세계 안에 실재하는 것을 부인하고 계속해서 어린아이의 세계에 머물도록 하는 것이다. 싱클레어는 분명히 어린아이의 세계에 머무는 것이 훌륭한 아들과 유용한 시민이 되는 것을 의미한다는 것을 알지만, 그것은 결국은 한 개인을 온전하지 못한 '반쪽 세계'에 유폐하는 것임을, 그래서 그로 하여금 엄연히 실재하는 두 세계를 총체적으로 인식하고 나아가 통합하는 것을 방해한다는 것을 알고 있다. 세계의 중심을 점유하고 사회의 주류를 형성하는 사람들, 즉 '밝은 세계'의 사람들은 — 물론 반어적으로 — '흠잡을 데 없고 정상적인 사람들로 여겨지지만, 이들은 실재하는 세계와 인간의 본질을 보지 못하는 눈먼 자들로서 작가의 비판은 일관성 있게 이들 '평균적인 자들'에게로 향한다. 이들이야말로 헤세에게는 공존하는 두 세계를 보지 못하며, 자신들과는 '다른' 사람들을 억압하고 배제하며 '삶'을 왜곡하고 훼손시키는 자들이다. 헤세의 이들 평균적인 사람들, 즉 주류 시민사회의 구성원들에 대한 비판은 이와 같은 맥락에서 무엇보다도 이들의 집단적인 삶, 집단주의로 향한다. 이 집단주의는 개인들이 자기 자신에게로 향하는 길을 가지 못하도록 방해하고 금지한다. 소나 양처럼 떼를 형성하며 살고 있는 사람들은 현실적으로 주류 시민사회를 구성하고 움직이는 자들로서 표면적으로는 '흠잡을 데 없고 정상적인' 사람들이지만, 헤세에게 이들의 삶은 위에서 언급했듯이 '온전하지' 않은 인간들의 훼손되고 왜곡된 삶이다. 이와 같은 맥락은 헤세가 구상하는 주인공들이 사회의 중심부를 점유하고 진정한 삶과는 먼 천편일률적인 삶을 사는, 나아가 그와 같은 삶을 강요하는 우중들, 즉 '집단인간'의 적대자, 즉 진정한 개인일 것임을 말해 준다. 헤세는 도발적으로 이 집단인간들의 맞은편에 '카인의 후예들'이라 스스로 칭하는 '다른' 본질의 사람들을 내세운다.

주인공 에밀 싱클레어의 이야기는 그의 '고향'이나 다름없는 '빛의 세계' 를 떠나 이 밝은 세계의 거주자들과는 '다른', 온전한 사람이 되어 가는, 즉 자신이 이들과는 근본적으로 다른 카인의 후예임을 의식하고 카인의 삶을 자신의 삶으로 적극적으로 받아들이고 전환해나가는 과정이다. 이 과정에서 물론 가장 중요한 인물은 소설의 또 다른 주인공인 데미안인데, 그는 작가가 소설에서 구상하는 '다른' 인간의 원형이라 할 수 있다. 말 그대로 혜성같이 나타나 싱클레어를 구원하는 데미안을 헤세는 평균적인 보통 사람들과 '다른' 인물로 형상화해 독자에게 각인시킨다. 데미안은 처음부터 발전 혹은 성장의 피안에 있는 완성된 자로 등장한다. 그는 '밝은 세계' 의 구성원들을 재생산하는 학교에 등장하자마자 곧바로 이마에 표적을 가지고 있는 성경 속 카인의 이야기를 해석하며 자신의 '다름' 을 싱클레어의 의식에 깊게 각인시킨다. 그는 선과 악을 체현하는 아벨과 카인의 위치를 전복하고, 본질을 보지 못하는 우중들이 거짓과 신화를 만들어 내며 표시를 가지고 있는 '다른' 자, 즉 비범한 카인을 어떻게 악인으로 만드는지 설명한다. 데미안이 여기서 카인의 이야기를 하는 것의 일차적인 목표는 싱클레어의 의식을 뒤흔들어 '다른' 세계를 보게 하기 위함이지만, 그에 못지않게 중요한 의도는 자신을 카인의 후예로서 알리는 것이고 싱클레어로 하여금 역시 카인의 후예로서의 자기정체성을 예감케 해주는 일이다.

작가가 '새로운 인간' 으로 제시하는 데미안은 주인공이 사는 세계에서 통용되는 범주에는 맞지 않는 자다. 모든 밝은 세계의 인간들이 거쳐야 하는 '길들임' 의, 성장의 과정을 초월해 있는 그는 가장 근본적인 생물학적인 범주인 남성과 여성 혹은 늙음과 젊음 등의 범주조차 초월해 있다. 그가 짐승이나 나무 혹은 별처럼 보이는 것은 같은 맥락에서 그가 밝은 세계의 사람들의 인위적인 개념과 체계의 피안에서 존재함을 가리킨다. 시간을 초월한 듯, 왠지 수천 살은 돼 보이는 데미안은 '밝은 세계'의 사람들, 즉 떼 인간들이 만들어 놓은(폭력적인 소외의) 역사로부터 훼손되지 않은 인간, 자연의 의지를 온전하게 구현한 인간이다. 데미안은 밝은 세계의 종교에 의해 '신'이 어떻게 왜곡되어 '다른 것'의 세계가 악마화됐는지를 설명하며, 신에 대한 예배와 더불어 악마예배도 가져야 한다고 주장한다. 이러한 맥락에서 데미안은 싱클레어에게 다른 신의 존재를 알리고 그것을 향해 비상할 것을 암시한다.

> 새는 알에서 나오려고 투쟁한다. 알은 세계이다. 태어나려는 자는 하나의 세계를 깨뜨려야 한다. 새는 신에게로 날아간다. 신의 이름은 아프락사스다.

물론 여기서 데미안은 '악' 자체를 찬양하는 것이 아니라 '밝은 세계'의 사람들에 의해 악마화되어 사회와 삶에서 '억압'되고 배제된 것의 복권, 복원을 주장하고 있다. 싱클레어가 깨고 나와야 할 '알'은 다른 반쪽 세계를 억압하고 한쪽 세계만을 지향하는 당대 시민사회를 가리킨다. 카인의 후예인 데미안이 지향하는 것은 최종심급인 '자연'이 포괄하는, 밝음과 어둠이 통합된, 즉 온전한 세계에서의 총체적인 삶이다. 그리고 이 총체적인 삶은 '밝은 세계'를 점유한 '떼 인간들'이 허용하지 않는 삶이다.

에밀 싱클레어의 성장담은 싱클레어가 밝은 '빛의 세계', 그 세계의 거주자인 '떼 인간들'과 '결별'하고 카인의 후예로서의, 즉 어둠과 빛의 세계를 통합하는 온전한 자로서의 자기 정체성을 확립해 나가는 과정에 다름 아니다.

3

헤세가 이 소설을 쓴 시기는 제1차 세계대전이 한참 진행 중일 때이다. 이 소설은 시종일관 평화주의를 표방했던 헤세가 전쟁을 벌이며 서로 살육을 하는 서구인들을 보면서 그 전쟁의 기원을 분석하고 전쟁 이후 새로운 유럽 사회를 건설할 새로운 인간을 모색하는 소설이라 할 수 있다.

헤세는 소설에서 싱클레어의 구원자이자 이상형이라 할 수 있는 데미안을 형상화하며, 자신의 근본적 개인주의를 표방한다. 그는 모든 권위로부터 해방된 개인의 탄생과 함께 건설된 서구 시민사회가 어떻게 개인성을 상실한 떼 인간들이 지배하는 사회가 됐는지를 보여주고자 한다. 소설의 출발점은 서구 시민사회의 비판이다. 시민사회는 헤세에 의하면 개인의 총체적이어야 할 삶을 억압하고 훼손해 온전하지 못한, 반쪽짜리의 삶을 살게 만든다. 당대 서구 시민사회가 요구하는 인간형은 '밝은 세계'만을 지향하는, 도구적 이성만을 갖춘 인간이다. 이들은 기존의 사회적 규범에 의해 부속품처럼 생산됐고, 또한 아무런 문제 제기 없이 기존의 사회체계를 유지하고 재생산하는 자들이다. 헤세에 의하면 억압되고 훼손된 부속품 같은 인간들이 전쟁을 일으키며 사람들을 죽이는 것은 필연적인 일이다.

헤세의 당대 시민사회에 대한 비판은 서구 시민사회의 근간이 되는 개인주의 이념에서 출발한다. 그의 이상적 개인주의는 매우 추상적임에도 불구하고 그 무엇으로도 환원되지 않는 인간 개인의 존엄성을 강조한다는 점에서는 분명 중요하다. 하지만 헤세의 이러한 개인주의는 사회의 개혁을 통한 문제의 해결은 완전히 배제한다는 점에서 적잖은 문제를 내포한다. 오로지 개별 인간의 내적 변화만을 통해 사회가 변혁된다는 것은 지나치게 일면적일 수 있다. 헤세의 개인주의는, 개인은 오로지 자신의 내면세계에만 머물며 성장하는 것이 아니라 사회 속으로 나아가 다른 타자들과의 삶 속에서 자신을 발견하고 발전시킬 수 있다는 것을 묵과하고 거부한다. 헤세의 세계에는 '데미안'과 싱클레어 같은 엘리트와 그 대척점에 집단적으로 움직일 뿐, 독립적으로 사고하지 못하는 대중, 우중만이 있을 뿐이다. 데미안과 같은 개인만이 사회를 구원할 수 있다고 믿는 것은 위험한 엘리트주의다.

『데미안』은 분명 독일 성장소설의 전통에 서서 개인의 성장담을 형상화하고 있으며, 20세기의 대표적인 성장소설로 읽힌다. 이 소설은 적어도 작가의 집필 의도와 관련해서는 사회적인, 정치적인 것을 지향하는 것이 아니라 오히려 지양한다고 해야 할 것이다. 헤세는 무엇보다 사회정치적인 영역과 개인의 영역을 명확하게 분리시키고 개인의 삶과 그의 내면에 초점을 맞추고자 한다. 정치의 문제는 헤세에게 외면적인, 표면적인 문제에 지나지 않는 것처럼 보인다. 그의 입장에서 모든 사회의 구성원이 오로지 자연으로만 환원되는 자기정체성을 실현할 때 세계의 모든 문제는 사라지기 때문이다.

하지만 이 소설의 '순수한' 개인의 내면적 성장담 안에는 위험해 보이는 사회정치적 의식이 스며들어 있다. 소설의 후반부에서 이루어지는 전쟁에 관한 담론은 매우 주목할 만한데, 그것은 작가가 전쟁을 매우 추상적인 차원에서 유럽과 유럽인에 대한 진단 그리고 새로운 유럽에 대한 비전과 직결시키기 때문이다. 데미안은 전쟁을 적극 옹호하지는 않아도 부패한 유럽의 와해와 혁신을 위해 필연적인 것으로 간주한다. 그는 죽음이 없이는 그 어떤 새로운 것도 도래하지 않는다고 주장한다. 그와 싱클레어에게 새로운 인간성의 탄생을 위해서는 이 세계는 파괴되어야만 한다. 데미안에게 다가올 큰 전쟁은 새로운 것의 시작을 가리킬 뿐이다. 이 소설에서 수천만 명의 목숨을 파괴한 전쟁은 그 어떤 이유에서건 합리화되어서도, 은유화되어서도 안 된다는 사실이 매우 추상적인 '시작'이라는 미명하에 정당화되고 있다.

헤세는 세계대전과 관련하여 저널리즘을 통해 일관성 있게 반전과 평화를 주장했고, 전쟁의 막바지에 이 소설을 집필한다. 이와 같은 배경이 작가가 전쟁을 적극 옹호하지 않았음을 입증한다 하더라도 제1차 세계대전에 대한 — 전쟁 일반에 대한 것은 아니라 할지라도 — 그의 소설 속 해석은 충분히 문제적이다. 위에서 살펴보았듯 작가는 전쟁을 새로운 유럽의 탄생과정으로 이해하며 전쟁 이후의 새로운 유럽의 주체로서 카인의 후예들을 가리킨다. 카인의 후예들은 일차적으로 당대(유럽 포함 세계)를 지배하는 대중들과 대척점에 있는 '깨어난 자들'로서 규정되며, 민족적, 국가적인 것의 피안에 존재하는 것처럼 서술된다. 하지만 소설의 후반부에 이르면 이들 후예들은 일관성 있게 '우리들'로 지칭되며, 더 이상 한 개인의 정체성이 아니라 우리들(즉 유럽인)의 정체성의 문제로 발전한다. 그리고 소설은 아시아(러시아를 포함하는)와 아프리카에서 기원하는 '그들(즉 비유럽인)'을 등장시키며 '우리들'의 정체성을 집단적(민족적, 인종적)인, 정치적인 것으로 만든다. 새로운 유럽의 비전에 등장하는 '그들'은 작가의 사유 속에 스며들어 있는 당대 서유럽의 배타적인, 유럽중심주의적인 성격을 드러낸다. 『데미안』이 이야기하려는 한 소년의 성장담은 국가와 민족을 초월한 보편적인 것이 아니라 '새로운 보다 고귀한 공동체'의 주인인 유럽인의 성장담이 아닐 수 없다.

헤세는 한국과 일본을 위시하여 아시아에서 매우 인기 있는 작가다.

이것은 그의 소설이 국경과 인종을 뛰어넘는 인류 보편적인 이야기를 제공하기 때문이기도 하겠지만, 어쩌면 또 다른 한편 그의 소설이 세계가 그만큼 서구 중심의 세계로 된 것을 그리고 서구 중심의 가치가 알게 모르게 우리들의 의식을 점유하게 된 것을 반증해주는 것일 수도 있다.

— 더 읽기 자료

헤세(김이섭 옮김), 『수레바퀴 아래서』, 민음사, 2009.
헤세(임홍배 옮김), 『나르치스와 골드문트』, 민음사, 2002.

(집필자: 홍길표 · 연세대학교 교수)

데미안(Demian)

헤세(Hesse, Hermann)

헤르만 헤세(Hesse, Hermann: 1877~1962)는 우리가 가장 친숙하게 읽는 독일의 소설가이자 시인이다. 그는 1877년 독일 바덴-뷔르템베르크주의 칼브(Calw)라는 작은 도시에서 태어났다. 아버지는 요한네스 헤세였는데 선교사였고 어머니 마리 군데르트는 인도학자의 딸이었다. 마울브론 수도원의 라틴어학교에 입학하지만 “시인이 아니면 아무것도 하고 싶지 않아.” 하고 학교에서 도망친다. 열다섯 살에 자살을 시도하고 결국은 정신과 치료를 받기도 한다. 이후 시계공장과 서점에서 견습생으로 일했으나 결국 글쓰기에 매진한다. 1904년 『페터 카멘친트』로 문학적 명성을 얻은 후 전업 작가가 되었다. 우리나라 중고등 학생들이 많이 읽는 『수레바퀴 아래서』와 『크눌프』, 『청춘은 아름다워라』 등으로 1906년에 탄탄한 작가로서 발돋움하게 된다. 1914년 제1차 세계대전이 일어나자 자원입대하지만 고도근시로 부적격 판정을 받고 포로후원센터에서 일하게 된다. 1919년 에밀 싱클레어라는 가명으로 이 작품

『데미안(Demian)』을 발표하는데 젊은이들에게 큰 반향을 일으킨다. 그 뒤에도 많은 작품을 쓴다. 1946년 괴테상과 노벨문학상을 수상하였고 1962년 8월 9일 스위스 몬타뇰라에서 타계했다. 그의 작품은 60개 국어 이상으로 번역되었으며 전 세계에서 1억 5천만 부가 넘게 팔리면서 20세기 가장 많이 읽힌 독일 작가가 되었다.

2018년 교보문고가 지난 10년간 가장 많이 팔린 책 3권을 선정하였는데, 그것은 『데미안』, 『위대한 개츠비』, 그리고 『그리스인 조르바』였다. 물론 그중 단연 1위는 『데미안』이었다. 우리가 만약 이 대상을 30대 이하의 독자로 한정한다면 『데미안』이 단연코 압도적인 1위가 될 것이다. 우리나라 사람 누구나 학교를 다녔다면 청소년기에 성장소설이라는 이름으로 이 책의 이름을 들어보지 못한 사람은 없을 것이다. 이 책의 인기는 70년대부터 시작하였다. 아마도 우리의 문학적 근대는 이 시기에 시작하였던 것 같다. 이 시기는 더 이상 출세나 사회적 신분이 아니라 개인의 존재, 내면적 가치에 눈을 뜨는 시기가 아니었던가. 필자는 대학 1학년이 되어서야 조금 늦게 이 작품을 읽었다. 너무 감동한 나머지 이 작품과 헤세의 다른 소설 『나르치스와 골드문트』, 『청춘은 아름다워라』, 『수레바퀴 아래서』를 원서로 읽고 감동 받아 유학 시절 10년가량 슈투트가르트에 살면서 100번도 넘게 헤세의 고향인 칼브와 슈바르츠 발트를 떠돌았던 기억이 난다.

『데미안』의 유명세는 비단 기성세대에게 뿐만은 아니다. 지금의 청소년들에게도 아직 큰 영향을 미치고 있다는 사실은 2016년에 발매된 방탄소년단(이하 BTS)의 앨범 <Wings(날개)>에 <Blood, Sweat & Tears(피, 땀, 그리고 눈물)>이라는 뮤직비디오만 봐도 알 수 있다. 물론 이들의 뮤직비디오가 니체의 사상에서 영향을 받았다고 할 수도 있지만 헤세의 소설 『데미안』이 직접적인 동기인 것은 말할 필요가 없다. 뮤직비디오의 첫 장면 '머리를 치는 행동'은 아마도 프란츠 크로머의 폭력을 연상시키는 것 같고, 살인으로 낙인이 찍히는 것(『데미안』에서는 '표'라고 쓰여 있다.), 알에서 깨고 나와 날개를 얻고 신에게로 날아가는 과정은 바로 헤세가 『데미안』에서 말하는 성장과 상징, 그리고 모티브들이다. 청소년기에 읽는 다른 작품들, 이를테면 『모모』와 『나의 라임오렌지나무』처럼 『데미안』도(10살에서 대학생에 이르는) 청소년기를 다루고 있다는 점에서 그들의 관심사에 들어왔을 것이다.

우리는 이 소설을(독일의 전통적인) 교양소설, 즉 성장소설로 분류한다. 그렇게 부르는 이유는 에밀 싱클레어라는 열 살 된 소년이 성장해 나가는 과정을 다루고 있기 때문이다. 이 소설은 성장의 세 단계로 구성되어 있다. 그 첫 번째 성장은 싱클레어가 악과 만나 씨름하는 과정이다. 크로머라는 소년 건달을 만나면서 겪은 온갖 고통에 대해 묘사하고 있다. 싱클레어는 데미안의 도움으로 이 끔찍한 악의 세계에서 벗어난다. 두 번째 성장은 이제 싱클레어가 부모의 집을 떠나, 다시 말해 첫 번째의 유년 세계를 떠나 S시(대부분의 책에서는 성○○시라고 되어 있는데 그것은 아마 슈투트가르트의 약자인 St.를 오해한 데서 비롯된 것 같다.)로 가서 고등학교 시절 겪게 되는 일들을 묘사한다. 이때 에밀 싱클레어는 스승이라고 부를 수 있는 피스토리우스를 만나 데몬(악)의 세계를 이해한다. 에밀이 고등학교(김나지움)를 졸업하며 이 두 번째 성장은 마지막 성장을 향한다. 마지막 성장은 H(하이델베르크) 대학에 진학한 후 데미안과 그의 어머니 에바 부인을 만나서 지혜와 사랑, 그리고 모성을 얻으려고 애쓰는 과정이다. 하지만 이 과정은 제1차 세계대전이 발발하면서 강제적으로 끝나게 된다. 다만 싱클레어는 전장에서 모든 세계가 종말을 고하고 새로운 세계가 탄생하는 것을 본다. 싱클레어는 내면의 다른 자기인 데미안과 일치하며 모신(母神)인 에바 부인을 통해 새로운 사람으로 거듭나게 된다.

소설 『데미안』은 왜 우리에게 특별하게 다가오는가? 왜 우리는 이 소설을 읽어야 하는가? 그것은 이 소설이 한 인간이 스스로 되어야 할 목표를 향한 자신의 개성을 얻기 위해 자신과 씨름하고 있기 때문이다. 우리는 누구나 성장하면서 차츰 가정이라는 부모의 품을 떠나 한 개체로서의 개성을 찾고 자신만의 고유한 길을 가게 된다. 에밀 싱클레어라는 이름의 1인칭 화자는 자신의 유년기(10살 정도)에서 청년기(20살 정도)에 이르는 기간 동안 아버지로부터 겪은 도덕 교육과 경건주의의 개신교 분위기 속에서 어떻게 자신의 내면이 상처를 입게 되었는지, 그리고 그것을 어떻게 극복하는지를 고백하고 있다. 모든 초등학교 교사라면, 혹은 부모라면 누구나 아이들의 성장에 관심을 가질 수밖에 없다. 하지만 내면이라는 것은 피부 밑의 공간이라는 것 이외에 아무에게도 알려지지 않는 미지의 영역이다. 누구나 비슷한 일을 겪지만 아무도 그 특수함을 알아 주지 못하게 되어, 개성화는커녕 으레 누구나 겪는 성장통이라 치부하며 지나가는 시기로 알고 있다.

싱클레어는 이런 성장통을 겪으면서 자신을 찾고 자신의 개성을 찾아가기 위해 처음에는 무의식적으로, 그 후에는 차츰 의식적으로 자신의 내면을 탐구한다. 처음에는 없는 것으로 치부했던 "어두운" 마음의 욕동을 알게 되고, 그림자 같이 다가오는 금지된 세계를 탐닉한다. 그것은 악과 성, 술과 데몬, 이것으로 집약된다. 소년 싱클레어가 처음부터 이 어두운 세계를 직접 찾아간 것은 아니다. 요즘 말로 '일진'이랄 수 있는 골목대장, 또는 조폭 같은 아이 프란츠 크로머라는 인물을 알게 되면서부터 어쩔 수 없이 겪게 된 것이다. 프란츠 크로머는 어느 날 싱클레어가 장난스럽게 이야기한 과수원집 사과 도둑질을 빌미로 그를 압박하고 자신에게 복종하도록 만든다. 그는 크로머로부터 온갖 고통과 학대를 겪게 되고 심지어 꿈에서도 영향을 받게 된다. 처음으로 싱클레어가 데몬(악령)의 세계를 만난 것이다. 그러나 싱클레어는 이 사실을 부모님께 말할 수 없었다.

> 만 열한 살이 안 된 어린아이가 설마 그런 감정을 느꼈을까 믿지 못하는 사람들도 더러 있을 것이다. 나는 그런 사람들에게 이 이야기를 하는 것이 아니다. 인간에 대해 보다 잘 아는 사람들에게 이야기한다. 자신이 느끼는 감정의 일부를 생각으로 바꾸는 법을 배운 어른들은, 아이들에게는 그런 생각을 할 능력이 없고 그래서 그런 감정을 겪을 수도 없다고 여긴다. 하지만 그때처럼 그런 감정을 깊이 겪고 고통받은 적은 내 평생에 별로 없다.(52쪽)

싱클레어가 크로머로 인해 육체적으로, 정신적으로 완전히 쇠약해질 즈음이었다. 그때 싱클레어는 자기보다 연상이며, 경험이나 지식이 풍부하고 성숙한 데미안을 알게 된다. 데미안은 싱클레어의 마음을 읽는 독심술을 발휘해 그를 크로머로부터 해방시킨다. 아마도 이것은 헤르만 헤세가 융(Jung, Carl Gustav)의 제자 랑(Lang) 박사로부터 치료를 받으면서 또는 정신분석을 통해 얻은 무의식 읽기라고 할 수 있겠다. 정신분석에서는 저항이 심하면 그곳에 무엇인가 억압된 것이 감추어져 있다고 설명한다. 데미안이 싱클레어의 내적 갈등을 알아채고 싱클레어가 새로운 정체성을 얻도록 도움을 준 것이다. 가령 카인이 받은 표에 대한 해석을 기존의 교회가 설명하는 것과는 아주 다르게 해석한 것이다. 이후 그의 집 앞에서 크로머의 휘파람 소리는 더 이상 나지 않았다. 이렇게 싱클레어에게 성장의 고통이 해결된 듯 보인다.

소설 『데미안』이 말하는 정체성이란 다름 아닌 우리가 없는 것으로 치부하고 무시하는 무의식적 억압을 인식하고 그것을 인격에 통합하는 것을 말한다. 그 억압은 싱클레어의 내면세계에 존재하는 어두운 세계, 즉 억압된 성적인 것, 악마적인 것이다. 이것들은 사실 우리가 성장하기 위해 우리의 삶에서 추방되어야 할 것이 아니라 전체적인 자아에 통합되어야 한다. 데미안은 이 내적 통합이 익숙한 것의 파괴를 통해서만 이루어질 수 있다고 싱클레어를 설득한다. 이것이 곧 자기 내면과의 씨름, 곧 내적 투쟁인 것이다. 그래서 싱클레어는 이렇게 고백한다. "나는 오직 내 마음속에서 절로 우러나오는 삶을 살려 했을 뿐이다. 그것이 왜 그리 어려웠을까?"(133쪽) 싱클레어의 이 고백을 데미안은 하나의 심상으로 이렇게 말하고 있다. "새는 알을 깨고 나오려 힘겹게 싸운다. 알은 세계이다. 태어나려고 하는 자는 세계를 깨뜨려야 한다."(128쪽)

데미안은 이제 싱클레어에게 왜 그가 크로머나 자기 아버지에 대한 두려움을 가지는지, 그에 대해 어떻게 대처해야 할지를 말해 준다. "사람들을 무서워해서는 안 되는 법이거든. 누군가를 두려워한다면, 그건 그 사람에게 자신을 지배할 수 있는 힘을 내주었기 때문이지."(56쪽) 나아가 데미안은 인간이 근본적인 두려움을 갖는 것은 자기 자신과의 분리 때문이라고 말해 준다. 말하자면 알 수 없는 것, 즉 억압된 것과의 간극이 근본적인 두려움을 만들어 낸다는 것이다. 데미안의 말은 정신분석에서 말하는 자아(에고)와 자기(이드)의 근본적인 불일치가 불안의 근본이라는 말을 의미한다. 데미안은 싱클레어에게 우리가 누군가를 증오하는 것은 우리가 내면으로 느끼고 있지만, 그 누군가(나의 대리자)에게 그것이 나타나는 것을 받아들일 수 없을 때 생기는 것이라고 말한다. 나중에 싱클레어가 고등학교 시절 만나, 그에게 꿈을 해석해 주는 피스토리우스도 이와 비슷하게 말한다.

> "당신이 죽이고 싶은 사람은 절대 이러저러한 특정 인물이 아니요. 그 사람은 틀림없이 위장에 지나지 않을 거요. 우리가 어떤 사람을 미워한다면, 그 사람의 모습 속에서 우리 자신 안에 있는 무엇인가를 미워하는 거요. 우리 자신 안에 없는 것은 우리를 흥분시키지 않는 법이오."(156쪽)

다른 사람을 미워하는 것은 사실 우리 마음속에 있는 것을 미워하는 것인데 그 대리자인 다른 사람을 대신 미워한다는 것이다. 우리가 종종 대상관계 이론에서 들었던 이야기와 같다. 데미안과 피스토리우스의 이 말은 사실 헤세 자신이 말하는 일종의 파라텍스트(저자가 화자에게 감정이입하여 말한 텍스트)이다. 이 말을 잘 분석해 보면 결국 데미안도 싱클레어 내면의 무의식적 자기(self)의 다른 이름이며, 피스토리우스도 에바 부인도 모두 싱클레어의 내면에 있는 그 자기의 다른 이름에 지나지 않는다. 그러니까 데미안에 따르면 자아와 다른 자아(alter ego)라 할 수 있는 '자기'(self)를 포함한 인격이 바로 인간의 진정한 모습인 것이다. 이 자기는 억압된 것, 알 수 없는 성 욕동, 악한 행위, 악령의 숭배들 모두 포함한 인격을 말한다. 이것을 설명하기 위해서 데미안은 성경에 나오는 몇 가지 비유를 비판적으로 해석한다.

경건주의자인 싱클레어의 아버지나 개신교도들이 들으면 경악할 이야기지만 데미안은 먼저 카인과 아벨의 이야기를 성경과는 전혀 다르게 해석한다. 싱클레어가 종교수업 시간을 통해 알았던 이야기는 이렇다. 아담과 하와가 아들 둘을 낳는데 형은 카인이고 동생은 아벨이다. 카인은 농사하는 자였고, 아벨은 양 치는 자였다. 당연히 아벨은 양으로 제물을 바쳤고, 카인은 곡식으로 제물을 바쳤다. 그런데 엘로힘(여호와)께서는 아벨의 제사는 받으시고 카인의 제물은 받지 않았다. 그러자 화가 난 카인은 들판에서 동생 아벨을 쳐 죽였다. 그러자 엘로힘은 그를 저주하고 땅에서 내쫓는다. 그 후 카인은 사람들이 자기를 죽일까 두렵다고 엘로힘께 호소한다. 좋으신 엘로힘은 그에게 표를 주고 그가 죽임을 당하지 않도록 한다는 것이 성경의 이야기이다. 이 표는 곧 살인자라는 낙인이며, 이것이 싱클레어가 알고 있는 것이다.

하지만 데미안은 이런 성경의 해석은 사람들이 조작한 것이라고 해석한다. 그보다는 오히려 카인이 보통 사람과는 다른 힘과 담력, 정신력을 가지고 있기에 붙인 일종의 특별함(훈장)의 표라는 것이다. 그를 두려워했던 사람들이 살인자의 낙인이라는 이야기를 지어냈다는 것이다.

> 그러니까, 강한 자가 약한 자를 때려죽였어. 그것은 영웅적인 행위였을 수도 있고 아니었을 수도 있어. 어쨌든 이제 다른 약자들은 두려움에 벌벌 떨며 신세를 한탄했어. 그러자 누가 물었어. '왜 너희들이 그를 때려죽이지 않지?' 그러면 그들은 '우린 겁쟁이니까.'라고 대답하지 않았어. '그럴 수 없어. 그에겐 표식이 있어. 하느님이 그에게 표식을 주셨거든!' 이라고 대답했어. 틀림없이 이런 식으로 근거 없는 이야기가 생겨났을 거야.(46쪽)

이 말을 들은 싱클레어는 충격을 받고 이렇게 말한다. "돌멩이 하나가 우물에 떨어졌고, 그 우물은 내 영혼이었다." 또 다른 성경 이야기는 신약성서에 나온 말씀이다. 예수가 처형된 골고다 언덕 십자가에는 세 개의 십자가가 있었는데 두 강도가 예수와 같이 매달려 있었다. 한 강도는 예수를 조롱하고 다른 강도는 조롱하는 강도를 꾸짖고 예수께 "당신의 나라가 임할 때" 자기를 기억해 달라고 하였다. 데미안이 말하는 강도는 이 회개한 강도이다. 데미안은 싱클레어에게 이 심각한 상황에서 그렇게 감상적으로 말할 강도는 없다고 말해 준다. 그는 오히려 비겁한 강도보다는 예수를 조롱한 지조 있는 강도가 더 옳고, 이 사람이 카인의 후예라고 말한다. 이 두 이야기를 통해 데미안은 하느님의 모습은 오로지 한쪽 면, 즉 선하고 아름답고 숭고하고 감성적인 면만을 강조하고 다른 모든 것은 악마의 모습으로 떠넘기고 있다고 주장한다.

그렇게 되면 인간이 인간의 종을 퍼뜨리도록 설계된 생명의 법칙은 무시된다. 데미안의 이 말은 인간이 온전히 자신에 이르려면 어두운 악의 측면도 인격의 세계 전체로서 같이 이해해야 한다는 것이다. 물론 강간, 살인 같은 것은 금지되어야 마땅하지만 인간의 무의식적 욕동 같은 것은 금지되어야 할 악이 아니라는 것이다. 다분히 니체의 사상에서 영향을 받은 것이라고 할 수 있지만, 데미안은 이런 욕동을 그리스 문화에서는 오히려 신적인 것으로 섬기고 축제를 열어 숭상했다고도 말한다.(88쪽) 싱클레어에게 이제 크로머라는 악은 사라졌지만 데미안이라는 제2의 유혹자가 나타났다. 크로머로부터의 종속을 끊자 데미안에게 종속되어 버린 것이다.

싱클레어가 겪게 되는 두 번째 성장은 이렇다. 데미안과 일시적으로 떨어져 S시에서 고등학교를 다니면서 혼자만의 길을 가게 된 싱클레어는 운명인지, 자기의 감정 때문인지, 아니면 데미안이 해석해 준 성경 이야기의 영향인지 몰라도 소위 말하는 어두운 세계에 발을 내딛는다. 알폰스 베크라는 친구를 통해 성적인 욕망과 성행위에 대해 눈을 뜨고,

술집을 다니고 담배를 피면서 동급생들 사이에서 소위 말하는 잘나가는 학생이 된다. 문제 학생이 된 싱클레어는 스스로도 자신이 망가졌다는 것을 의식한다.

그러는 가운데 싱클레어가 어느 봄날 우연히 길을 가다가 한 젊은 여자를 만난다. 그리고 만나보기는커녕 이름도 모르는 그 여자에게 단테의 연인인 베아트리체라는 이름을 붙이고 숭배한다. 어느 날 그녀의 얼굴을 떠올리고 그림을 그리는데 이상하게도 그 그림은 소녀의 얼굴이 아니라 젊은 청년의 얼굴에 가깝다. 싱클레어는 이 그림이 데미안의 얼굴이라는 것을 깨닫는다. 그리고 그리운 데미안의 꿈을 꾼다. 그 꿈에서 데미안은 매의 머리가 새겨진 문장을 들고 있다. 그 그림을 그려 주소도 알지 못하는 데미안에게, 그의 옛 주소로 이 그림을 보낸다. 얼마 후 데미안에게서 답장이 온다. 거기에 다음과 같은 글이 들어 있다.

> "새는 알을 깨고 나오려 힘겹게 싸운다. 알은 세계이다. 태어나려고 하는 자는 세계를 깨뜨려야 한다. 새는 신에게로 날아간다. 그 신의 이름은 아브락사스다."(128쪽)

아브락사스가 무엇인지 궁금해하던 중, 수업시간에 폴렌 선생님의 설명으로 아브락사스가 고대 그리스에서 선한 신과 악마적인 신을 결합하는 신의 이름이라는 것을 알게 된다. 여기서 독자들은 이제 싱클레어가 자신의 어두운 부분, 즉 자기(self)를 받아들이게 된다는 것을 알 수 있다. 베아트리체는 이성이면서도 동성인, 남자이면서도 여자인 데미안이며, 데미안은 결국 싱클레어의 다른 자아라는 것을 안다. "그것은 데미안의 눈빛이었다. 아니면 내 안에 있는 그 누군가였다. 모든 것을 알고 있는 그 누군가."(120쪽) 데미안이라는 이름은 어디서 온 것일까? 이 이름은 악령인 "데몬"이라는 말에서 유래했을 수도 있고, 창조주라는 이름의 "데미우르그"에서 나왔을 수도 있다.

우연인지 필연인지 싱클레어는 어느 날 도시를 배회하다가 교회에서 바흐의 음악을 연주하는 오르간 소리를 듣고 피스토리우스라는 인물을 만난다. 피스토리우스는 목사의 아들로서 자신도 목사가 되고자 했지만 그 길을 포기한 인물이다. 그는 신학자이지만 기독교의 교리에 많은 회의를 품고 오히려 그 당시 기독교 국가에서 이교(異教)로 낙인 찍힌 아브락사스에 대해 관심을 가지고 있다. 피스토리우스는 데미안과 마찬가지로 우리 안의 영혼이 바라는 어떤 것도 두려워해서는 안 된다고 말해 준다. 피스토리우스를 만난 후 싱클레어는 다시 삶의 의욕을 찾는다. 피스토리우스는 단순히 아브락사스와 음악에 대해서만 말해 주는 것이 아니라 인간 진화의 과정을 이야기해 준다. 그런 와중에 싱클레어는 악령에 사로잡히게 된다. 말하자면 정신병이 생겨 자살을 시도한 크나우어라는 동급생을 찾아내기도 한다. 한편 싱클레어는 피스토리우스가 말하고 행동하는 것이 더 이상 자기의 길이 아니라는 것을 느낀다. 피스토리우스 자신도 원래는 목사가 되려고 했지만 포기하고 아브락사스 신을 숭배하고 있다. 하지만 싱클레어는 이 오르간 연주자 피스토리우스도 현재의 것보다는 과거의 것에 집착하고, 개성화의 길을 가는 대신 술 취하거나 자신의 삶에 만족하지 못하는 것을 보고 관계를 단절한다. 말하자면 피스토리우스도 데미안처럼 싱클레어의 일부분이었던 것이다.

이제 싱클레어의 마지막 성장이 다가온다. 그 성장은 꿈속에서 만난 영원한 모성 에바 부인을 통해 이루어진다. 에바 부인은 이 소설에서(그리고 싱클레어에게) 사실 영원한 모성으로서 괴테가 『파우스트』에서 말한 "영원히 여성적인 것", 또는 융이 말한 인간의 내면에 있는 "아니마"의 원형질로서 작용하고 있다. 이런 점에서 간절히 보기를 원하던 데미안의 얼굴과 베아트리체의 얼굴은 사실 에바 부인의 얼굴과 같다. 동성애로 오인받기 쉬운 데미안의 키스는 결국 에바 부인의 키스와 같다. H 대학에 등록하고 대학생활을 둘러보지만 학생들이 아무도 자기의 길을 가는 것이 아니라 떼를 짓고 공동체를 만들면서 행동하는 것만 볼 수 있을 뿐이다. 그곳에서 싱클레어는 데미안을 만나고 데미안은 다시 그에게 이렇게 말한다.

> 인간은 자기 자신과 일치하지 않을 때만 두려워하는 법이거든 그들은 결코 자기 자신을 믿지 못했기 때문에 두려워하고 있어. 순전히 자신 안의 미지의 것을 두려워하는 사람들만이 모인 공동체! 그들 모두는 자신들의 삶의 법칙이 언제부턴가 더 이상 유효하지 않으며 자신들이 낡은 규범에 따라 살고 있다는 것을 느끼고 있어.(187쪽)

꿈속의 여성 데미안의 어머니 에바 부인을 만나는 싱클레어는 기쁨과 황홀의 시간을 보낸다. 그녀의 내면과 외모는 싱클레어에게 외부세계와 내면세계가 일치하는 것으로 보였다. 싱클레어가 그녀에게 느낀 연인이자 여신이며, 어머니인 감정은 차츰 성적인 끌림으로 변했고, 이를 알게 된 에바 부인은 그의 사랑을 거절한다. 대신 에바 부인은 '사랑은 구하는 것이 아니라 내적으로 확신하는 것'이라고 말해 준다. 상대에게 끌려가는 것이 아니라 상대를 끄는 힘이 사랑이라는 말을 들은 싱클레어는 이렇게 고백하게 된다.

> 내 존재가 이끌리는 대상은 그녀 자신이 아니며 그녀는 내 내면의 상징일 뿐이고 나를 내 안으로 더욱 깊이 인도하려 한다는 느낌이 이따금 확실하게 들었다. 그녀의 말은 종종 내 마음을 움직이는 간절한 질문들에 대한 내 무의식의 답변처럼 들렸다.(205쪽)

에바 부인과 떨어지는 것이 불안하게 된 싱클레어지만 제1차 세계대전의 발발로 인하여 갑자기 그 관계는 정리된다. 싱클레어는 이제 데미안과 함께 전쟁이라는 운명을 따른다. 전쟁에서 박격포탄을 맞은 싱클레어는 부상을 당하고 어디론가 끌려간다는 느낌을 받았는데 그곳에서 데미안을 다시 만난다. 데미안은 에바 부인의 키스를 전해 주고 이제는 크로머 때처럼 다시 올 일이 없다고 말한다. 폭탄 세례를 받고 부상당한 싱클레어는 강인한 모신(母神)인 에바 부인의 환영을 본다. 이 모신이 인류를 품어 새로운 인류를 잉태한다. 그렇기 때문에 싱클레어는 이제 다시 태어난 사람이다. 이제 데미안은 사라지지만 싱클레어는 데미안을 더 이상 필요로 하지 않는다. 이제 자기 자신 안에서 그를 찾을 수 있기 때문이다. 그는 이제 스스로 데미안이 된 것이다.

나는 이 마지막 장의 제목을 "종말의 시작"이라고 번역하는 대신 '끝으로부터의 시작'으로 번역하는 것이 옳다고 본다. 마지막 장은 모든 것이 파괴되고 난 이후, 어머니 신 에바로부터 새로운 인류가 재탄생하게 된다는 의미를 갖고 있기 때문이다. 끝은 곧 시작을 의미하는 것이다. 우리는 이 상징적 부분을 마치 헤세가 전쟁을 비호하는 것처럼 이해해서는 안 된다. 이 책은 성장소설이지 비유하자면 '융을 읽는 잠 못 이루는 밤'이 아니다. 문학은 부정의 길(via negationis)을 통하여 삶의 긍정에 이른다는 것을 알아야 한다. 굳이 헤세가 작가로서 세계를 비판하는 점이 있다면 그것은 이중적인 기독교의 도덕과 교리일 것이다.(이는 니체와 같은 생각이다.) 그는 가부장적 질서와 실수와 악을 배제하고 오직 선한 것만 인정하는 기독교의 일원론을 비판하고 있다. 그는 이런 세계가 이제 바뀌어야 한다고 본 것이다. 그것이 싱클레어의 인격적 통합으로, 자기 자신에 이르는 길이다. 에바 부인에게서, 이 모신에게서, 이 연인에게서 새로운 인간 싱클레어가 새로 탄생한다.

사족으로 몇 가지 짚고 넘어가야 할 것이 있다. 독일문학은 우리가 보통 내면적인 문학이라고 한다. 무릇 어떤 문학이 내면적이지 않은 문학이 있을까마는 특히 독일문학은 그러하다. 18세기 후반 괴테(Goethe, Johann Wolfgang von)의 『젊은 베르테르의 슬픔』(1774)이 나오기 전까지 독일문학은 세계문학에 이름을 올릴 만한 문학이 없었다. 사실 괴테의 『젊은 베르테르의 슬픔』까지도 당시에는 연애소설로 오독한 탓에 유명해졌다. 우연히 세계문학의 반열에 오른 것이다. 『젊은 베르테르의 슬픔』을 포함한 독일문학은 성경을 읽은 목사의 후예들, 그러나 그들의 기독교 신앙을 버리고 그 자리에 예술적 환상을 갖다 둔 이들이 주도하였다. 이렇게 18세기의 전통을 독일문학이 전승한 만큼 그 문학은 고백하고, 회개하고, 설교하는 전통을 포기하지 않았다. 고백하고, 회개하고, 설교하는 행태는 독일문학에 교양소설이라는 특이한 장르를 낳았고, 그 후예 중 하나가 바로 우리가 읽은(또는 읽을) 『데미안』이다.

아름다움과 오락성이 있는 이탈리아나 프랑스, 러시아, 미국, 심지어 남미의 사회소설에 비하면 독일의 교양소설은 그 진지함 때문에 읽기가 매우 힘들다. 특히 『데미안』을 읽으려면 성경에 대한 지식이 있어야 하고, 내면의 무의식의 언어라고 할 수 있는 정신분석과 심층심리학에 대한 이해가 전제되어야 하며, 고대 이집트나 그리스의 이교적 신에 대한 지식이 있어야 한다. 나아가 추상적인 언어의 중첩은 작품을 읽는 독자를 더욱 어렵게 한다. 마음, 이상, 신, 데몬, 사랑, 성, 꿈, 충동, 심상, 형상, 세계, 영혼, 정신, 우정, 아름다움, 무의식, 매혹 등과 같은 개념어들은 18세기 관념론의 언어에서 전승한 것이다. 그러나 이런 불편한 언어는 거꾸로 『데미안』이 나온 지 100년이 지났는데도 조금도 낡지 않고 신선함을 그대로 유지할 수 있도록 해주는 요인이 되기도 하다. 세상과 시간은 변하지만 청소년은 항상 새롭고, 마음의 언어는 인간이 죽지 않는 한 늘 그대로 있기 때문이다.

── 더 읽기 자료

헤세(김이섭 역), 『수레바퀴 아래서』, 민음사, 2001.
헤세(배수아 역), 『나르치스와 골드문트(지와 사랑)』, 그책, 2018.
융(이윤기 역), 『인간과 상징』, 열린책들, 2009.

(집필자: 변학수 · 경북대학교 교수)

돈키호테(Don Quixote)

세르반테스 사아베드라(Cervantes Saavedra, Miguel de)

들어가며

만화에서부터 성인용 영화에 이르기까지, 대중 예술에서 고급예술에 이르기까지 모든 예술 장르에 걸쳐 각색되고 연출되며 영감을 제공하고 있는 『돈키호테(Don Quixote)』는 세계 최초의 베스트셀러이다. 작품은 두 권으로 구성되어 있다. 전편은 『기발한 이달고 돈키호테 데 라 만차』(1605)이고, 속편은 『기발한 기사 돈키호테 데 라 만차』(1615)이다. 작가는 서문에 작품의 목적을 밝혀 놓고 있다. 기존 기사도 이야기가 갖는 권위를 무너뜨린다는 것이다. 그래서 작품은 기존 기사도 이야기에 나오는 요소요소들을 우스갯감으로 만든다. 주인공은 너무나 기사도 이야기에 심취해 분별력을 잃었다. 그런 그가 기사가 되어 세상을 편력하며 정의를 실현하고자 길을 나선다. 풍차를 거인으로 보고, 이발사의 대야를 투구로 본다. 그 옆을 순박한 먹보 산초가 주인이 약속한 섬의 통치자의 꿈을 갖고 지킨다. 세상 사람들은 이들의 해프닝을 즐기며 우롱하지만 두 사람의 꿈은 확고하다. 그래서 『돈키호테』를 이상주의의 아이콘이라 한다. 그런데 당시 기사도 이야기의 인기는 이미 16세기 중반 이후부터 내려가기 시작했다. 문학작품에 작품이 추구하는 목적을 적어 밝힌다는 자체가 어불성설인데, 이러한 목적을 10년 뒤 발간한 속편 마지막 장에까지 가져가고 있다면, 작가의 진정한 집필 의도가 무엇인지 궁금해진다. 작품은 패러디의 연속이고 수사는 반어로 가득하다. 그러니 『돈키호테』는 재미나는 표층적 독서와 웃음 아래 감춰진 바를 읽어 내야 하는 심층적 독서가 요구되는 작품이다. 작가 자신이 독자에게 고정된 단 하나의 사실을 전해 주기보다는 다각적이며 개인적인 진리 찾기를 요구하고 있다는 점도 의미심장하다. 작가는 웃음을 통해 독자가 무엇을 읽어 내기를 바라는 것일까? 작품 전편은 주인공의 기사로서의 준비와 두 번에 걸친 출정과 두 번의 귀가로 이뤄지고, 귀가 뒤 한 달 동안의 요양과 세 번째 출정과 귀가, 그리고 주인공의 죽음으로 속편이 짜여 있다.

기존 평가

철저한 문헌 연구로 작품 배후에 있는 작가의 정신적인 자세를 밝혀냈던 프랑스 비평가 생트뵈브(Sainte-Beuve, Charles Augustin)는 『돈키호테』를 "인류의 바이블"이라고 정의한다. 인류에게 지침이 될 가장 권위 있는 책이라는 의미이다. 프랑스 비평가 지라르(Girard, René)는 작품이 안고 있는 내용에서뿐만 아니라, 형식에서 허구와 현실의 문제, 독자 비평으로의 초대나 인식에 있어서 관점의 다양성, 상호 텍스트성, 메타픽션, 작가의 죽음 등등의 현대 문학론의 싹을 발견하고 "『돈키호테』 이후에 쓰인 소설은 『돈키호테』를 전부 또는 그 일부를 다시 쓰는 것"이라고 한다. 스페인 사상가 오르테가 이 가세트(Ortega y Gasset, José)는 "인생의 우주적 의미를 이렇게 암시적으로 훌륭하게 보여주는 책은 세상에 없다."고 한다. 미국 문화 비평가 트릴링(Trilling, Lionel)은 "『돈키호테』 이후의 모든 산문은 『돈키호테』 주제의 변주곡"이라 한다. 노르웨이 북클럽이 56개국 100명의 저명한 작가들에게 인류발전에 가장 많은 영향력을 행사한 문학작품이 무엇인지를 물었다. 답은 『돈키호테』이다. 러시아의 도스토옙스키(Dostoevsky, Fyodor Mikhailovich)는 "전 세계를 뒤집어 봐도 『돈키호테』보다 더 숭고하고 박진감 있는 픽션은 없다."고 하였다. 그런데 작가 시대의 펠리페 3세 왕(1578~1621)은 자신의 궁전 창문 밖으로 한 젊은이가 벤치에 앉아 포복절도하고 있는 모습을 보며 말했다. "저 젊은이는 아마도 미쳤거나, 아니면 『돈키호테』를 읽고 있는 게 틀림없다."

작가 소개

『돈키호테』의 저자는 세르반테스 사아베드라(Cervantes Saavedra, Miguel de: 1547~1616)이다. 작가가 사망한 지 400년 되는 2016년에 그의 유해를 세상에 내보이기 위해 2014년 4월부터 유골 탐색이 시작되었다. 마드리드의 삼위일체 수도원에 동냥 주듯 주어졌고 아무도 기억하지 않고 있던 그의 유해는 1697년 수도원이 개축되면서 제32번 묘 구덩이로 옮겨졌다는 사실을 사후 400년이 다 된 시점에서야 알게 된다. 열여섯 구의 다른 유해들에 섞여, 세르반테스의 것이라고 단정할 수 없는 지경이 되어서였다. 그의 것임을 판명하기 위해 남자 측 가계의 DNA를 추적하던 중 그의 고조할아버지가 종교재판에서 처형되었다는 사실을 알게 된다. 기독교로 개종했으나 암암리 유대 의식을 행했다는 죄명이었다. 동시에 고조할아버지의 딸, 그러니까 증조할아버지의 누이는 자신의 부친이 그러한 인물이었기에 자신이 종교재판의 감시 대상 명부에 올라가 있는 사실을 발견하고 돈으로 명부에서 자기 이름을 삭제하도록 했다는 기록 역시 발견되었다. 이렇게 보면 세르반테스는 명명백백하게 개종한 유대인의 후손이다. 할아버지가 종교재판소 변호사로 일했고 아버지가 외과 의사였다는 사실 역시 유대인들이 하던 직업에서 빠져나오지 못했음을 밝혀주는 증거가 되기도 한다. 세르반테스 당시 외과 의사는 이발사가 하던 일을 했다는 사실로 보면 의사라는 직업이 지금과 같은 위상이 아니었음을 알 수 있다. 고발과 밀고를 모두 받아들였던 종교재판소에서 변호사 일이란 문맹률이 99%이던 시대, 문서 작성이 주 업무였다 해도 과언이 아니다.

이런 가문에서 7남매의 넷째로 태어난 세르반테스의 삶은 고난 그 자체였다. 경제적 어려움으로 정규과정의 학업은 전혀 할 수가 없었다. 하지만 땅에 떨어진 종이 쪼가리도 주워 읽은 독서광으로, 이탈리아로 도망가서 소개받은, 훗날 추기경이 된 아쿠아비바의 수행원으로 이탈리아를 돌며 몸소 경험한 바들로 자신의 삶을 만들어 나간다. 기사소설에 탐닉하여 자신도 역사의 한 자리를 메워 보자는 꿈으로 레판토해전에 참가하지만, 어깨와 손에 입은 총상으로 왼팔을 사용하지 못하는 불구의 몸이 되고 만다. 군 복무를 마치고 조국으로 귀국하던 1575년, 튀르키예 해적에 납치되어 알제리로 끌려가 5년간 노예의 삶을 산다. 네 번이나 탈출을 감행하지만 모두 실패로 끝나고, 드디어 몸값을 치르고 조국으로 돌아온 그를 기다렸던 것은 경제적으로 더 어려워진 가족과 인간의 존립부터 문제가 되는 모순덩어리의 조국이었다. 그는 무적함대에 조달할 물자 징발 일을 하다 파문당하고, 밀린 세금 징수 일을 하다 투옥까지 당하는 굴욕의 세월을 견뎌야 했다. 희망이 없는 조국을 떠나 당시 꿈의 대륙인 중남미로 가고 싶어 당국에 두 번에 걸쳐 청원서를 제출하지만 "이곳에서 당신이 할 일을 구하라."는 차가운 대답만을 듣게 된다. 이렇듯 개종한 유대인 후손이라는 지울 수 없는 짐을 지고 출구 없는 삶의 미로에서 말할 수 없는 고난의 행군을 했던 그였지만, 꿈을 잃는 건 죽음과 진배없다며, 열악한 조건의 감옥에서, 왼팔의 지지 없는 몸으로 『돈키호테』를 써 내려갔다. 인간의 존재 이유를 묻고, 세상이 지켜나가야 할 가치들을 종교재판소의 감시와 당국의 검열을 웃음이란 가면으로 가리며 목숨 걸고 기록했다. 당사자의 죽음은 물론이요, 조상의 무덤까지 파헤쳐져 유골이 화형에 처해지고 후손들은 두고두고 치욕의 세월을 감내해야 할 무모한 일을 용감하게 발휘한 결과물이 바로 『돈키호테』이다.

작품 배경

스페인은 세 개의 종교와 인종으로 이루어진 나라이다. 스페인이 로마 지배하(B.C. 219~A.D. 411)에 있던 1세기 중엽부터 기독교가 전파되기 시작했고, 하드리아누스 황제가 집정하던 117년에서 138년 사이에는 예루살렘이 멸망하며 세계 각지로 흩어진 유대인들의 일부가 스페인에 들어온다. 스페인에서 태어난 테오도시우스 황제가 380년 기독교를 제국의 공식적인 종교로 인정함으로써 이렇게 기독교와 유대교가 그런대로 공존하던 중, 711년에 이슬람교도인 아랍인들이 스페인에 들어오면서 스페인은 세 개의 종교와 세 개의 인종으로 나뉘어, 이들 간의 조합과 갈등으로 나라의 기본 틀이 이루어진다. 유대인들은 재정과 금융을 장악하고 각 지방의 행정기관과 왕실 요직에 진출해 있었으며, 세금 징수 일을 맡았고 주 납세자도 유대인이었다. 그들은 은행가, 상인, 고리대금업자였으며, 스페인에 막 태동하고 있었던 자본가 계급의 선봉장이었다. 아랍인들은 척박한 스페인 땅을 우수한 관개 기술로 옥토로 만들고 새로운 농산물을 들여와 경작하여 기독교인들을 먹여 살렸다. 제조업에 있어서 귀재인데다 건축, 공예뿐만 아니라 점성술, 의술, 수학, 천문학 등 세상의 모든 지식을 스페인 땅에 가져와 당시 스페인을 유럽에서 최고의 문명국으로 만들어 주었다.

하지만 이슬람교도들이 들어옴으로써 내몰린 기독교도들은 자신들의 전통과 영토를 되찾고자 전쟁을 벌이는데, 이것이 기독교 측에서 말하는 국토회복 전쟁이다. 국토회복 전쟁은 스페인 내 마지막 이슬람 왕국인 그라나다가 기독교 측에 정복당함으로써 1492년에 막을 내린다. 이렇게 물리적으로 영토를 통일해 나가게 되자 정신적인 통일의 필요성을 느낀 기독교 양왕은 국가적 차원에서 최초로 종교재판소(이단 심문소)를 교황에게 요구하고, 교황 식스투스 4세는 1478년에 이를 허락한다. 곧 스페인 국왕의 칙령에 따라 강력한 종교재판 기관이 만들어져 1481년에서 1482년, 단 1년 만에 카스티야에서만 2천 명이 화형을 당한다. 그것으로도 부족하다고 생각했는지, 1492년 3월 31일에는 개종하지 않은 이교도들은 모두 빈손으로 스페인을 떠나도록 한다. 당시 백만 단위로 세어지던 머릿수에서 약 20만 명의 개종하지 않은 유대인이 떠나고 개종을 거부한 무어인들도 떠났으나 종교재판소의 위력은 수그러들지 않는다. 국민이 순수한 기독교인지, 개종한 유대인과 무어인들이 진정으로 기독교도가 되었는지 감시하고 판단하는 도구로 이용되었기 때문이다. 이때 감시와 판단 기준을 피에 두었다. 순수한 기독교도의 피를 가진 기독교 가문인지 아니면 선대 유대교나 회교도의 피를 물려받은, 즉 순수하지 못한 피를 소유한 가문인지를 따졌다. 이러한 순혈(純血)에 대한 집착은 1517년 종교개혁 바람이 불자 반종교개혁을 주장하며 광적으로 변한다. 1563년에는 트리엔트 공의회에서 결정한 바를 나라의 법으로까지 공표한다. 금서목록 작성, 종교재판 기능 강화, 성물에 대한 예배와 의식 강조 등을 통해 인간의 영혼과 정신을 불태우며 스페인 국민을 순응주의의 노예로 만든다. 종교적 믿음이 아닌, 순수 피에 근거한 소외는 사람의 직업까지 바꾸었다. 유대인이나 이슬람교도들이 했던, 의사, 약사, 변호사, 대사, 세금 징수원, 왕실 재정 담당관, 고관대작 자제들의 선생 등의 일을 누구도 하려 들지 않았다. 유대인이면 똑똑하다는 인식 때문에 무식이 순수 기독교 가문임을 알리는 코드가 되어 버린다. 머리를 써서 생산하는 일과 관계된 것이면 유대인이라는 의혹을 불러일으켰으므로 생산적인 지적 노동에서 모두가 손을 떼 버린다.

이렇게 남에게 보이는 모습이 진실보다 중요한 사회적 가치가 된 나라는 유럽에서 스페인이 유일하다. 그러다 보니 16세기 말에 들면, 여론에 의지하는 순수 혈통의 기독교인이라는 점 외에는 인간 존재를 규명할 어떠한 가치도 스페인에 존재하지 않게 된다. 자존감이라든지 양심의 자유 같은 인간의 내적 가치나 부와 지적 노동이라는 외적 가치, 어느 하나 의미 있는 것이라곤 없게 된다. 이렇게 개인의 존재 정립부터 불가능한 사회에서 어떤 일이 가능할 수 있었을까? 인간의 자유와 사회 정의가 무엇인지 모르고 생각과 노동이 죽음의 덫이 되어 버린 나라, 이런 모순투성이의 스페인 현실에 거의 모든 지식인은 눈을 감고 잘나가던 자신의 펜을 정권에 아부하고 왕의 통치 이념을 선전하기 위해 사용했지만, 세르반테스는 그러한 현실을 미학으로 투영하여 인간다운 세상을 열어 보인다. 간에 좋은 약을 쓰는 의사는 간이 좋아하는 단 것을 약에 입힌다. 간이 단 것을 빨아들이면 약까지 들어가 간이 치료된다. 세르반테스에게 단 것은 웃음이다. 웃다 보면 인류가 지켜 나아가야 할 세상과 인간의 모습을 깨치게 된다.

작품 내용

1) 원대한 삶의 목표를 가져라

"불의를 바로잡고 무분별한 일들을 고치고 권력의 남용을 막고 빚은 갚아줘야 했다."(전편 2장)

"처자들을 지키고 미망인들을 보호하며 고아와 가난한 사람들을 구제하라."(전편 11장)

"약한 자 가난한 자를 돕기 위해 운명이 부여하는 그 어떤 모험에도 내 힘과 내 한 몸을 던질 굳은 결의를 품고 모험을 찾아 헤매고 있는 것이라오."(전편 13장)

"힘 있는 자를 꺾고 불쌍한 사람들에게 달려가 돕는 나의 임무를 수행할 때."(전편 22장)

"그 행복했던 시대를 부활시키지 못하고 있는 실수를 세상이 깨닫도록 애쓰고 있을 뿐."(속편 1장)

2) 너 자신을 알라

“나는 내가 누구인지 알고 있다. 그리고 나는 내가 원하는 자가 될 수도 있다.”(전편 5장)

“자네 자신에게 눈길을 보내 스스로가 어떤 인간인지를 알도록 하게. 이것은 세상에 있을 수 있는 가장 어려운 지식일세.”(속편 42장)

“인간은 각자 자기 운명의 창조자이다.”(속편 66장)

3) 사고의 다양성, 눈에 보이는 세상이 전부가 아니다.

“머릿속에 그런 해괴한 생각을 담고 있는 사람이 아니라면 누가 그걸 모르겠느냐고요!”(전편 8장)

“자네 눈에 이발사 대야로 보이는 것이 내 눈에는 맘브리노 투구로 보이는 걸세. 다른 사람에게는 또 다른 것으로 보일 수 있겠지.”(전편 25장)

“이로써 결론을 내리자면, 내가 말하는 것들이 모두 실제로 그러하다고 상상한다는 것이네.”(전편 25장)

4) 잘못된 기존 질서에 도전하라.

“자기들의 의사와 상관없이 억지로 가고 있다는 말이 아닌가. 왕 자체가 법인데…결국 판관의 비뚤어진 판단이 파멸의 원인으로 그대들은 정당한 판결을 받지 못한 것이오.”(전편 22장)

“이때 묵주를 만들 방법이 생각났다. 축 늘어진 셔츠 자락을 널찍하게 찢어 매듭을 열한 개 만들고 그중 한 개는 좀 더 굵게 만드는 것이었다. 이것을 그는 산에 있는 동안 사용하여 성모송을 1백만 번이나 올렸다.”(전편 26장)

“덮어놓고 남의 집에 불법으로 들어가 그 집의 주인들에게 이래라 저래라 해도 되는 겁니까? 오직 기숙사에서 궁핍하게 자라 고작해야 그 지역 20 레과나 30 레과 거리 안에 들어갈 수 있는 세상보다 더 많은 세상을 본 적이 없는 자가 갑자기 기사도 규정을 들먹이고 편력기사를 판단하겠다고 끼어들어도 된단 말이오?”(속편 32장)

“괴로워하는 자나 사슬에 묶여 있는 자나 억압받는 자들이 그런 모습으로 길을 가는 것을 보게 되었을 때, 그렇게 고통스러운 상황에 놓이게 된 이유가 그들의 잘못으로 인한 것인지 다른 짓들 때문인지 알아보는 데 있는 게 아니다. 그들의 고약한 행위를 보는 게 아니라 그들의 고통에 눈을 돌려 도움을 필요로 하는 그들을 도와주는 것이다.”(전편 30장)

5) 인간이 지켜내야 할 가치들은 목숨으로 옹호하라.

진리: “생각은 순결해야 하고 말은 정직해야 하며 행동은 관대하며 사건에서는 용감하고 역경에서는 인내를 가지고 도움이 필요한 자에게는 자비를 베풀며, 끝으로 비록 목숨을 잃는 한이 있더라도 진리를 지키고 지지하는 자가 되어야 한다.”(속편 18장)

평등: “내 통치가 나흘만 가도 이놈의 ‘돈’(기득권에게 주던 경칭)을 죄다 뿌리째 뽑아 버릴 수 있을 거요. 너무 많아 모기처럼 짜증 나게 만드니 말이오.”(속편 45장)

정의: “행복한 세기가 있었으니, 속임수도 없었고 진실과 평범함을 가장한 사악한 행동도 없었소. 정의도 말 그대로 정의였소. 오늘날처럼 배경과 이해관계가 정의를 교란하고 모욕하는 일은 없었소.”(전편 11장)

자비: “진실로 자네에게 말하지만, 남편이 직을 그만두고 나올 때 판관의 아내가 받은 건 모두 심판관 앞에서 보고해야 하네. 살아서 책임지지 못할 품목들은 죽어서라도 그 네 배로 갚아야 하니 말이지. 절대로 자네 멋대로 법을 만들고 그에 따라 일을 처리하지 말게. 이런 법은 흔히들 똑똑한 체하는 무지한 자들이 이용하는 것이라네. 부자가 하는 말보다 가난한 자의 눈물에 더 많은 연민을 가지도록 하게. 그렇다고 가난한 자들의 편만 들라는 건 아니네. 정의는 공평해야 하니까 말일세. 가난한 자의 흐느낌과 끈질기고 성가신 호소 속에서와 마찬가지로 부자의 약속과 선물 속에서도 진실을 발견하도록 해야 하네. 중죄인에게 그 죄에 합당한 무거운 벌을 내릴 수 있고 또 그렇게 해야만 하는 경우에 서더라도 너무 가혹한 벌은 내리지 말게. 준엄한 재판관이라는 명성은 동정심 많은 재판관이라는 명성보다 더 좋은 게 아니라서 그러하네. 혹시 정의의 회초리를 꺾어야 할 경우가 있다면, 그것은 뇌물의 무게 때문이 아니라 자비의 무게 때문에 그렇게 해야 하네. 자네의 원수와 관련한 소송을 재판할 일이 생길 때는, 자네가 받은 모욕은 머리에서 떨쳐 버리고 사건의 진실에만 생각을 집중해야 하네. 자네와 관계

없는 남의 사건에서 자네 개인의 감정으로 인해 눈이 멀어서는 안 되는 법이니 말일세. 그런 일에서 자네가 만일 실수를 저지른다면 대부분의 경우 그 실수를 만회할 방법은 없을 것일세. (중략) 만일 한 아름다운 여인이 자네에게 판결을 요구하러 온다면, 그녀의 눈물에 눈을 두거나 그녀의 신음 소리에 귀를 기울이지 말고 그녀가 요구하는 것의 본질이 무엇인지를 차분히 생각해야 하네. (중략) 체형으로 벌해야 할 사람을 말로써 학대하지 말게. 체형의 고통은 고약한 말을 보태지 않더라도 그 불행한 사람에게는 충분하네. 자네의 사법권 안에 들어올 죄인을 타락한 우리 인간성에서 벗어나지 못한 자라고 생각하며 가엾게 여기게. 자네 쪽에서는 어떠한 경우라도 상대를 모욕하지 말고, 늘 인정과 자비를 베풀도록 하게. 하느님의 속성들이 모두가 다 똑같이 훌륭하지만 특히 자비의 속성은 정의의 속성보다 훨씬 눈부시고 뛰어나 보이기 때문이네."(속편 42장)

자유: "산초, 자유라는 것은 하늘이 인간에게 주신 가장 귀중한 것 중 하나라네. 자유를 위한 것이라면 명예를 위한 것과 마찬가지로 목숨을 걸 만하고, 또 걸어야 하네."(속편 58장)

사랑: "둘시네아 델 토보소는 세상에서 가장 아름다운 여인이고 나는 이 땅에서 가장 불행한 기사요. 그리고 내가 쇠약하여 이 진실을 저버린다는 것은 옳지 않소. 기사여, 그대는 그 창을 압박하여 나의 목숨을 앗아 가시오. 나의 명예는 이미 빼앗았으니 말이오."(속편 64장)

인류애: "자 받아라, 내 형제 안드레스. 네 불운의 일부가 우리 모두

에게 미치는구나."(전편 제31장) "에스파냐 사람 그리고 독일 사람, 모두 하나 좋은 친구."(속편 제54장)

6) 용기의 가치

"통치자에게는 다스릴 줄 아는 지혜와 함께 어떤 일이 일어나더라도 공격하고 방어할 줄 아는 용기가 필요하다는 것이오. 용기란 진정으로 옳다고 생각하는 바를 의심 없이 행하는 것으로."(전편 15장)

"용장은 적의 간계를 알아채는 신중함과 자기 군인들을 설득하거나 단념시키는 유창한 웅변술, 조언하는 데 있어서의 노련함과 결단을 내리는 데 있어서의 신속함, 그리고 공격을 개시하거나 기다리는 데 있어서의 용맹성"(전편 47장)

"용기란 비겁함과 무모함이라는 극단적인 두 악덕 사이에 놓여 있는 미덕으로 용기 있는 자가 비겁함으로 내려가 그 한계에 접하는 것보다 무모함으로 올라가 그 한계에 접하는 편이 나을 것. 큰 용기는 나쁜 운도 부숴버린다."(속편 17장)

7) 행동하라, 그것이 삶이다

"이렇게 모든 준비를 마치자 그는 더 이상 자신의 생각을 실행에 옮길 때를 기다릴 필요가 없다고 생각했다. 실행이 늦어질수록 세상이 입을 손실이 크다는 생각에 마음이 급해졌다."(전편 2장)

“행동 없는 믿음은 죽은 것이다.”(전편 50장)

“무엇보다 내 의지가 원하는 것을 싫어하도록 설득해 봐야 헛수고 하는 것.”(속편 6장)

“말은 믿지 않지만, 일은 믿는다.”(속편 25장)

“인간은 자기 행위의 자식이노라.”(전편 5장)

8) 돈키호테 비문

“그 용기가 하늘을 찌른/ 강인한 이달고 이곳에 잠드노라/죽음이 죽음으로도/그의 목숨을 이기지 못했음을/ 깨닫노라./ (중략) 그의 운명은/그가 미쳐 살다가/정신 들어 죽었음을 보증하노라.”

나가며

스페인은 근대적 사고(이성과 경험에 대한 신뢰, 사고 인식의 다양성과 자유로 형상화됨)를 갖기에 좋은 토양을 갖고 있었다. 이슬람, 유대, 기독교 등의 문명들과의 갈등과 공존을 통해, 그리고 신대륙 발견을 통해 역동적으로 대응할 토양을 자체적으로 가졌다. 그러나 현실은 제국을 하나로 묶을 필요성과 단일성에 대한 열망으로 가톨릭만을 택했다. 그 결과 공식적인 역사 속에서 제대로 표출되지 못한 근대성에 대한 사유가 예술적 상상력으로 분출되었다. 벨라스케스((Velázquez, Diego Rodríguez de Silva)의 회화와 공고라(Góngora y Argote, Luis de)의 시와 케베도(Quevedo y

Villegas, Francisco Gómez de)의 악한소설과 티르소 데몰리나(Tirso de Molina)의 『돈 후안(Don Juan)』이 있고, 이들과 함께 이상적인 세계를 향한 꿈이 삶이었던 『돈키호테』가 있다. 이러한 자의 삶은 죽임이 죽음으로도 그를 죽이지 못한다. 여전히 우리의 삶 속에 『돈키호테』가 살아가고 있다는 게 그 증거이다.

— 더 읽기 자료

안영옥, 『돈키호테를 읽다, 해설과 숨은 의미 찾기』, 열린책들, 2016.

안영옥, 『돈키호테의 말, 세상에서 가장 아름다운 광인이 들려주는 인생의 지혜』, 열린책들, 2019.

(집필자: 안영옥 · 고려대학교 교수)

삼국지(三國志)

— 삼국지라는 이름의 이야기 천국

나관중(羅貫中)

소설 『삼국지연의(三國志演義)』가 우리나라에 수입되었다는 문헌 증거는 1569년의 기록이 최초이다. 물론 그 이전에도 삼국시대 관련 이야기는 지속적으로 수입되어 왔던 것으로 추정되나, 전국적인 유행은 확실히 선조(宣祖) 시기 이후의 일로 보인다. 그 후로 우리 조상들은 이 중국산 소설에 지속적으로 빠져들었고, 그 경험이 대대로 누적되면서 원래 우리 것이 아니었던 중국소설 『삼국지연의』는 우리의 '『삼국지』'가 되었다. 이처럼 과거 오백 년 가까이 우리나라에서 가장 성공한 외국 소설이라고 볼 수 있는 『삼국지』의 어떤 점이 우리를 매혹시켰는지 궁금하지 않을 수 없다.

근대 이전의 형성사

『삼국지연의』의 모태는 진수(陳壽: 233~297)가 쓴 중국의 공식 역사서 『삼국지』에 기록된 삼국시대의 이야기이다. 다채로운 인물군상이 출현하여 천하통일을 위해 다투었던 이 시기는 일찍부터 많은 후세인의 관심을 받았는데, 이 시기를 둘러싼 사실과 허구가 혼재된 수많은 일화들은 배송지(裵松之: 372~451)에 의해 빠짐없이 채록되었다. 이후 당 · 송 · 원 시기에 이르기까지 이 삼국시대 이야기는 중국의 여러 왕조 이야기 가운데에서도 단연 손꼽히는 인기 공연 레퍼토리였다. 이 시기 삼국 이야기 소비의 흔적이 오늘날 『삼국지평화(三國志平話)』라는 상도하문(上圖下文) 형식의 스토리집 및 각 주요인물별 극적인 에피소드를 소재로 한 희곡 대본의 형태로 남아 있다.

이처럼 설서인(說書人)의 구두 공연 또는 인물별 희곡 공연의 형태로 높은 인기를 끌던 삼국 이야기를 처음으로 장편 역사소설로 기록한 사람은 원말명초의 문인 나관중(羅貫中)이었다. 그는 문자 교육과 도서 출판이 어느 정도 보급됨에 따라 독자의 수요가 '보고 듣는 구두 공연'이나 '저급한 만화 수준의 스토리 요약본'에서 점차 '교육적 유익함을 갖추면서도 재미있게 재구성된 역사 해설서'로 바뀌었음을 간파하였고, 이에 부응하기 위한 새로운 대중소설의 형식을 창안하였다.

이를 위해 그는 우선 주희(朱熹: 1130~1200)의 『자치통감강목(資治通鑑綱目)』과 같은 편년체 역사서를 참고하여 제1회부터 제120회까지의 스토리보드를 만들었다. 오늘날 장편 대하소설 또는 연속극이 첫 회에서 독자를 흡인한 다음 마지막 회까지 구독하도록 유혹하는 전략을 취하는 것처럼 그 또한 안정적인 수입을 꾀할 수 있는 전체 구조를 사전에 설계한 것으로 볼 수 있다. 이어서 그는 그 안을 먼저 기존에 가장 인기 있던 삼국지 영웅들의 희곡 레퍼토리로 채워 넣었다. 유비 · 관우 · 장비의 도원결의, 관우의 오관참장과 단도회, 제갈량의 박망소둔 등이 대표적인 에피소드이다. 다만 비록 편입 과정에서 환골탈태에 가까운 수정이 가해졌지만, 이 기존 『삼국지』 영웅담이 기본적으로는 허구 이야기임을 독자들이 잘 알고 있기 때문에 역사 해설서로서의 성격을 강화하기 위한 2차 작업이 필요해졌다. 따라서 그는 다시 삼국시대 관련 역사기록을 거의 분해하다시피 해체하여 이를 나머지 빈 공간에 매우 솜씨있게 채워 넣었다. 삼국지 주요 인물의 실제 역사기록을 거의 고스란히 재활용하면서도, 비록 상당한 가공을 거치기는 했지만, 이러한 역사기록 인용문이 전체 이야기에서 『삼국지』 영웅들의 허구적 캐릭터가 가지는 매력과 거의 충돌하지 않도록 서사를 구축했다는 점에서 나관중이 보여준 작가적 능력은 실로 경이로울 정도이다.

문제는 나관중이 역사적 사실성과 소설적 흥미성 가운데 언제나 후자를 기준으로 역사기록을 선택해 가공했다는 점이다. 그러므로 소설 『삼국지』 초기 판본에서 전체의 6할 정도는 역사서 원문을 비교적 고스란히 재료로 활용해 만든 장면이지만, 정작 이 문단들의 연결 논리 및 주요 장면의 스토리를 이루는 핵심적인 4할은 실은 기존의 희곡 레퍼토리를 새롭게 재구성한 것이었다. 그 결과, 그의 소설 『삼국지』는 겉으로는 실제 역사의 상세한 장면 해설집을 표방했지만, 실제로는 역사를 순전히 주관적 관점에 의거해 재미 위주로 각색한 '허구 드라마'가 되고 말았다.

나관중이 완성한 이 소설 『삼국지』 원본은 오늘날 남아 있지 않다. 아마도 그의 소설은 당시 대중 독서물 시장 수준에서 출판하기에는 지나치게 방대한 분량의 작품이었던 것 같다. 아울러 중국 최초의 장편소설이었던 만큼 전체적 완성도 또한 이후의 판본에 비해 한참 못 미쳤다.

그의 이름이 다시 부활한 것은 관련 독서 시장이 성숙해진 명나라 중기부터이다. 이때부터 똑같이 나관중의 이름을 달고 각양각색의 소설 『삼국지』 수정판이 물밀듯이 쏟아져 나왔다. 당시 판본의 서문을 읽어보면, 그들이 이 소설이 가지는 역사 해설서로서의 가치를 우선적으로 홍보하고 있음을 알 수 있다. 그 시기 가장 많이 쓰였던 서명인 『삼국지통속연의(三國志通俗演義)』에서 '통속연의'라는 용어 자체가 애초 '역사 이야기의 올바른 교훈("義")을 쉽고 상세하게 풀어냈다.'는 의미를 가진다. 그리고 나관중이 처음 만들어 낸 이 장편 역사 이야기에 특화된 '연의'라는 소설 형식을 후대의 소설가들은 '장회(章回)'라고 명명했고, 이후 중국의 대중소설은 그것이 역사 소재이든 아니든 간에 모두 이 장회 형식에 맞춰 창작되었다.

명말청초 시기까지 수십 종의 상도하문본 및 삽화본이 난립했던 소설 『삼국지』 시장에서 최후의 승자가 된 것은 모륜(毛綸), 모종강(毛宗崗) 부자가 1679년에 출판한 평점본 소설 『삼국지』였다. '모종강본'으로 불리는 이 판본은 먼저 기존 판본의 거의 모든 문장을 세련된 문언문으로 새로 다듬었고, 스토리 본문 분량의 삼분의 이에 맞먹는(김성탄본 『수호전』에서 연유한) 막대한 분량의 작가 논평("평점")을 추가하였으며, 나관중 이래로 일관되었던 '촉나라 인물에 대한 편향성'을 정통론에 입각해 최대치로 끌어올렸다. 형식과 내용의 완성도에서 모두 이전의 판본을 능가했던 이 모종강본은 출시 직후 전 중국의 독서 시장을 장악했고, 그 이후 기존의 다른 소설 『삼국지』들은 국내외 시장에서 급속히 소멸하게 되었다.

조선 시기의 수용사

우리나라와 일본에 수입되자마자 선풍적인 인기를 모은 이 『삼국지통속연의』는 중국의 입장에서 보았을 때, 천년 동안 쏟아져 나온 삼국

시대 관련 이야기 상품의 최종 결정판이었다. 바꾸어 말하자면, 드라마의 규모와 기술적인 완성도 면에서 정점에 도달한 문화상품이 자국 시장을 석권한 뒤 다시 해외로 진출한 경우라고 하겠다. 특히 이 세 나라 가운데 시장의 규모가 가장 작았던 우리나라의 독자들은 처음 접하게 된 이 재미있고 방대한 외국의 이야기에 완전히 매료당했고, 그 후 450년이 흐른 오늘날까지 소설 『삼국지』는 끊임없이 잘 팔리는, 국내에 거의 유일한 '스테디셀러 겸 베스트셀러'인 외국 작품이다.

따라서 우리는 『삼국지』 안에 무엇인가 우리의 심성에 딱 들어맞는 문화적 코드가 들어있다고 생각할 수밖에 없다. 또 우리는 그 코드가 인류에 보편적인 것이라고 가정할 수도 없다. 왜냐하면 지금까지 『삼국지』를 읽어본 서양인들 가운데 재미있다고 말한 사람은 있었겠지만, 우리처럼 가슴에 와닿게 감명을 받았다고 한 경우는 아직까지 보고된 바 없기 때문이다. 결국 한자문화권에 있던 나라들만이 공유하는 어떤 문화적 심성이 존재하고, 『삼국지』는 그것을 충족시켜 주는 이야기라는 가설이 성립한다. 그리고 현재 중국과 일본에 비해 『삼국지』'만' 읽는 경향이 두드러진 우리나라는 이 문화 코드를 상대적으로 온전하게 보존하고 있다는 추론도 가능하다.

재미있는 점은 조선 시대 사대부들은 성인이 되어서도 『삼국지』를 읽는 것을 부끄럽게 여겼다는 점이다. 그들은 『삼국지』가 사실은 『삼국지통속연의』이고, 그것이 중국의 공식 역사서 『삼국지』를 주관적으로 각색한 드라마 대본이라는 것을 알고 있었다. 그러나 동시에 그들은 『삼국지』 안의 충의(忠義) 사상이 역사서의 교훈을 효과적으로 선전하고 있다는 점도 잘 알고 있었다. 최근 연구 결과에 의하면, 그들은 성인이 되어서도 『삼국지』를 읽는 아들에게 꾸중을 했다. 그러나 부녀자가 『삼국지』를 읽는 것은 눈감아 두었다. 현재 남아 있는 조선 시대 『삼국지』 번역본들은 대부분 왕실과 사대부 집안의 부녀자들이 읽기 위해 만들어진 것이다. 아울러 조선에서 『삼국지』가 폭발적 인기를 누렸던 것에는, 그 시기 공문서는 중국어 서면어인 한문으로만 쓰여졌는데, 마침 규범적이고 쉬운 서면어 문장으로 쓰여진 『삼국지』가 외국인이었던 당시 조선 독자들에게 가장 매력적인 한문 교재였다는 점도 크게 작용했다.

한편, 이러한 통제와 제약이 없는 일반 백성들은 주로 책을 가지고 구연하는 이야기꾼을 통해 『삼국지』 이야기를 접했다. 그들이 『삼국지』 이야기에 몰두했던 방식은 오늘날 TV 드라마를 보는 것과 유사했다. 착하고 의리 있지만 모든 면에서 불리한 우리 편이 잘 되기를 바라고, 이유 없이 얄미운 다른 편이 나타나면 야유와 욕을 보내는 식으로 이야기에 빠져들었다. 원래 역사의 상대적 선악 구분은 점차 절대적 선악 구분으로 바뀌어 갔다.

이렇듯 과거 『삼국지』는 지배층에게는 그들의 가치관을 전파하는 유용한 교화서이자 실용적인 문장교과서였고, 출판업자 및 공연자에게는 생계를 보장해 주는 든든한 수입원이였으며, 일반 독자와 청중에게는 속을 후련하게 해주는 감동적인 이야기였다.

근대 시기의 변신

20세기에 들어와서 소설 『삼국지』는 극적인 위상 변화를 겪게 된다. 우선, 서양의 문학과 소설 개념이 들어옴으로써 『삼국지』는 공식적으로 열등한 작품으로 낙인이 찍혔다. 아직까지도 상당한 영향력을 지니고 있는 이 개념들에 의하면, 기본적으로 개인의 내면을 진실 되게 그려낸 작품이 훌륭한 문학 작품이다. 혹은 사회를 다루더라도 객관적으로 충실하게 묘사해야 한다. 그리고 작가가 상업적 이윤과 독자의 수준을 염두에 두고 창작하는 것을 배격한다. 『삼국지』는 이 같은 기준에 모두 미달한다. 사실 작가나 창작이라는 말 자체부터 『삼국지』와는 잘 들어맞지 않는다. 『삼국지』는 혼자서 쓴 것이 아니고, 또 새롭게 만들어 낸 이야기도 아니기 때문이다.

또 다른 변화는 이러한 평가와는 상반되게, 『삼국지』는 20세기 이후 동아시아의 대중 출판·문화 산업이 가장 선호하는 원천 콘텐츠가 되었다. 이 작업을 선도한 일본의 제작자들은 『삼국지』가 한자문화권의 사람들이 가슴으로 원하는 바를 가장 잘 충족시켜 주는 검증된 상품이라는 냉철한 판단에 입각해, 신문연재 대중소설[요시카와 에이지(吉川英治)의 현대개작본 『삼국지』: 1939~1943], 신문연재 만화[요코야마 미쓰테루(横山光輝): 1971~1987], 게임(코에이사의 『삼국지』 시리즈: 1985~현재) 등에서 『삼국지』를 소재로 한 문화 상품을 잇달아 성공시켰다.

우리나라의 경우, 해방 후에 모종강본의 번역본과 요시카와 에이지의 아류작이 난립하다가 1983년부터 연재되기 시작한 이문열 삼국지가 큰 인기를 모은 것을 계기로 다시 많은 작가와 출판사들이 다투어 『삼국지』 번역본 출판에 뛰어들었다. 하지만 현재 수십 종에 달하는 국내 『삼국지』 번역본 가운데 『삼국지연의』의 최종본인 모종강본의 평점까지 완역한 판본은 하나도 없다. 모종강본의 원래 취지이자 성공 비결은, 기존의 삼국 이야기를 유려한 문장으로 가다듬고 여기에 본인의 당파성을 화끈하게 드러내는 논평을 추가하여 독자로 하여금 서사와 평론이 유기적으로 결합된 새로운 독서 경험을 만끽하게 하는 것이었다. 현재 대부분의 국내 번역본이 모종강본을 충실히 번역했다고 주장하나, 이 모종강본의 전모는 아직 한국어를 포함하는 다른 외국어로 번역된 바 없다. 따라서 번역의 정확성에서는 정원기 『삼국지』가, 문장의 유려함에서는 황석영 『삼국지』가 우선적으로 꼽히기는 하나, 어느 국내 번역본도 모종강본의 완역본이라고 불리기에는 심히 부족하다고 하겠다. 기실 대다수 국내 번역본의 출판은 겉으로 표방하는 내용과는 무관하게, 우선적으로는 '상업적 성공'이라는 세속적 욕망에 의해 추진된다. 이는 『삼국지』 속 촉나라 주인공들이 겉으로는 황실 부흥의 가치를 내세워 독자를 현혹하나, 실상은 천하통일이라는 사적인 권력 욕망을 달성하기 위해 휘하 군사와 백성을 부렸던 것과 크게 다르지 않다.

『삼국지』의 가치와 의의

280년 삼국통일 이래 지난 1,740년간의 『삼국지』 이야기의 발전사를 돌이켜보면, 역사나 소설이라는 기존 틀로는 『삼국지』를 제대로 이해할 수 없음을 알 수 있다. 『삼국지』의 본질은 역사나 소설이라는 형식에 있지 않다. 나관중의 소설이 역사서 『삼국지』를 대체해 지배적인 『삼국지』가 되었던 것처럼, 21세기에 진입한 이후 지배적인 『삼국지』는 이미 소설이 아니라 게임 속의 <삼국지>이다. 그리고 오늘날 소설이나 게임 <삼국지>를 '해설'하기 위해 제작되는 웹툰이나 유튜브 <삼국지> 또한 어쩌면 다음 세대에는 지배적인 『삼국지』가 될 수 있다.

결국 중요한 것은 삼국시대에서 파생된 이야기가 자가발전해 온 과정과 그에 대한 각 시대의 해석이다. 그리고 삼국시대 이야기가 어떻게 오늘날까지도 동아시아의 특정 계층에게 어필하고 더 나아가 어떤 방식으로 작품 속 편향적 가치관을 자발적으로 수용하게 만드는지 분석해 보아야 한다. 이는 삼국지와 이를 둘러싼 동아시아의 문화현상을 기본적으로는 문학이 아니라 역사학과 사회학의 관점에서 봐야 함을 의미한다.

한편, 『삼국지』는 우리 사회의 정신풍경을 나타내는 바로미터 역할을 한다. 우리의 정신세계는 학교와 책에서 주로 배운 서구적 가치관, 그리고 가정과 사회의 관습에서 체득한 과거의 유산이 서로 혼재되어 있다. 『삼국지』 속의 가치관은 어느 하나 건전한 근대 시민 의식에 부합하는 것이 없다. 그러나 우리는 세상을 살면서 충성과 의리 같은 『삼국지』의 가치관이 실은 가장 유용한 처세술임을 뼈저리게 느낀다. 이처럼 우리가 『삼국지』를 읽으면서 느끼는 머리와 가슴의 분열은 우리 삶의 모순상이 반영된 것이나 다름없다.

『삼국지』처럼 한자문화권에 내재된 지배층의 이데올로기와 욕망의 실체를 실감나게 보여주는 작품도 드물다. 동아시아 역사상 가장 재미있는 권력과 이상 추구의 이야기이자 동시에 우리 전통문화의 내면과 장단점을 가장 손쉽게 비춰주는 거울이라는 점에서, 『삼국지』는 읽고 나서 그 속의 세계를 거부할 수는 있어도, 동아시아인이 일생에 한번쯤은 꼭 읽어보아야 할 작품인 것은 틀림없다고 하겠다.

── 더 읽기 자료

이은봉, 『중국을 만들고 일본을 사로잡고 조선을 뒤흔든 책 이야기』, 천년의상상, 2016.

이나미 리츠코(井波律子), 『이나미 리츠코의 삼국지 깊이 읽기』, 작가정신, 2007.

김문경, 『삼국지의 영광』, 사계절, 2002.
김문경, 『삼국지의 세계』, 사람의무늬, 2011.
야마구치 히사카즈(山口久和), 『사상으로 읽는 삼국지』, 이학사, 2000.

(집필자: 민경욱 · 경기대학교 교수)

설국(雪國)

— 일본 서정 소설의 고전 『설국』

가와바타 야스나리(川端康成)

누구도 예상치 못한 이상한 바이러스의 출현에 온 세상 사람들이 힘겨워하고 있는 요즘, 이와는 아랑곳없이 계절은 정해진 흐름을 따라간다. 단풍을 제대로 만끽하기도 전에 갑작스레 찬 바람이 몰아치고 어느새 첫눈 소식이 들려온다. 예년에 비해 한 달이나 빠르다고 한다. 지구가 직면한 기후 위기를 실감하게 된다. 그래도 새벽에 내린 도둑 첫눈이라니! 아쉬움이 남는다. 그렇다면 가와바타 야스나리(川端康成: 1899~1972)의 『설국(雪国)』 속으로 여행을 떠나보기로 하자.

> 국경[11]의 긴 터널[12]을 빠져나오자, 눈의 고장이었다. 밤의 밑바닥이 하얘졌다. 신호소에 기차가 멈춰 섰다.(7쪽)

---

11 군마현(群馬県)과 니가타현(新潟県)의 접경을 말한다.

12 군마현과 니가타현을 잇는 시미즈 터널(清水トンネル)을 가리킨다.

『설국』을 읽어 보지 않은 사람이라 해도 어디선가 한 번은 들어본 적이 있음 직한, 널리 회자가 되는 서두 문장이다. 너무나 유명한 이 도입 부분은 일본 근대문학 전 작품을 통틀어 보기 드문 명문장으로 손꼽힌다. 그런데 흥미롭게도 이 문장에는 주어가 보이지 않는다. '국경의 긴 터널'을 빠져나오는 주체는 무엇인가. 사람인가? 아니면 기차? 구체적인 주어의 애매한 부재를 떠안으면서, 독자는 그저 속수무책으로 이 문장을 따라 환하게 펼쳐진 눈의 세계로 진입하게 된다.

사실 『설국』의 이 첫 문장은 여러 면에서 시사하는 바가 크다. 특히 번역의 문제를 제기한다. 더욱이 인도(印度)에 이어 아시아에서는 두 번째, 일본 작가로는 최초의 노벨문학상 수상(1968)에 빛나는 작품이 아닌가. 지극히 동양적인, 일본 고유의 전통미와 서정이 녹아 있는 소설 『설국』이 전혀 다른 문화권 독자들의 공감을 불러일으킬 수 있게 된 데는, 작품을 영역한 사이덴스티커(Seidensticker, Edward G.)라는 훌륭한 번역자의 공이 적지 않다고 할 수 있다. 동시에 영어와 일본어라는 서로 다른 언어 구조와 표현 방법으로 인해 원저와 번역 작품 간의 메우기 힘든 틈이 발생하는 것은, 불가피한 일인 동시에 번역자의 책임을 벗어난 결과일지도 모른다. 가령 사이덴스티커의 『Snow Country』는 이렇게 시작된다. "The train came out of the long tunnel into the snow country."

흥미로운 주제이긴 하나, 여기서 영어 번역에 대해 길게 이야기할 여유는 없다. 다만 『설국』의 첫 문장이 얼마나 매력적인가를 느낄 수 있다면, 그걸로 족하다. 독자는 소설의 주인공과 더불어 기차를 타고 어둑한 터널을 지나, 새로운 미지의 세계로 발을 들여놓는 설렘을 안게 된다. 그런데 여기서 눈의 고장, 눈 지방을 가리키는 '설국'은 어디인가? 니가타현의 에치고 유자와(越後湯沢)가 작품의 무대라고 기정사실로 굳어졌지만, 굳이 염두에 두지 않아도 좋다. 작가가 이미 언급한 대로, 실제 지명에 대한 선입견은 오히려 독자의 자유로운 상상력을 방해하고 구속할 뿐이다. 기차가 다니지 못할 정도의 큰눈이 내리고, 눈에 갇힌 채로 긴 겨울을 보내야 하는 외진 한촌 사람들의 삼파쿠[13] 차림, 얼음을 깨며 노는 아이들, 눈집을 짓는 아이들의 '새쫓기 축제', 들판 가득한 흰 눈 위에 펼쳐져 햇살을 받는 지지미 '눈 바래기' 풍경, 눈과 천이 모두 다홍빛으로 물드는 장관 등이 그려지는 눈 고장 묘사는 손에 잡힐 듯 선명하면서도 동화 속 한 장면처럼 아련하게 다가온다.

신호소에 기차가 멈춰 서고서야 독자는 기차를 타고 있던 등장인물의 이름을 알게 되는데, 시마무라(島村)는 슬프도록 아름다운 목소리를 지닌 처녀 요코(葉子)의 모습에 시선을 빼앗긴다. 『설국』은 '가와바타 문학이 정점에 도달한 근대 일본 서정 소설의 고전'으로 알려져 있다. 이 소설의 핵심은 순간순간 덧없이 타오르는 여자의 아름다운 정열에 있다. 한적한 시골 온천장에서 게이샤(芸者)로 살아가는 고마코(駒子). 그녀에게서 발산되는 야성적 정열과는 대조적으로 순진무구한 청순미로 시마무라의 마음을 끌어당기는 요코. 원래 고마코와 요코라는 이름이 제각기 말(馬)·망아지와 잎사귀라는 의미를 띠고 있듯이, 동물/식물성의 대조적인 특징이 작품 전반에 깔려 있다. 이 두 여자를, 도쿄에서 온 무위도식하는 여행자에 불과한 시마무라는 허무의 눈으로 지켜본다. 어린 시절, 잇따른 육친의 죽음을 숙명처럼 받아들여야 했던 작가의 고독한 삶이 절로 상기되는 대목이기도 하다.

가와바타는 『설국』의 시마무라에 대해 "시마무라는 내가 아닙니다.

---

13 주로 농촌이나 산촌 여성이 작업복·방한복으로 입는 바지. 윗부분은 헐렁하고 아래는 통이 좁아 활동하기 편하다.

심지어 남자라는 존재도 아닌 듯하고, 다만 고마코를 비추는 거울 같다고나 할까요."라고 말한 바 있다. 여기서 '거울'이라는 단어에 주목할 필요가 있다. 『설국』에서는 일반적인 소설이 구비하고 있는 기승전결의 구성 요소를 발견하기 어려운 탓에, 독자들을 낯설게 하고 당혹하게 만드는 것도 사실이다. 소설의 주인공이라 할 시마무라는 이른바 삼각관계를 이루는 두 여자 사이에서 어떤 행동을 적극적으로 취하지 않는다. 마치 영화의 카메라 렌즈 같은 시선으로 인물과 풍경, 자연의 변화를 낱낱이 세밀하게 포착해 보인다. 소설의 도입 부분에서 시마무라가 요코의 모습을 지켜보는 것은, 해 질 녘 저녁 풍경과 함께 거울로 바뀐 기차 유리창에 비쳤을 때다.

> 거울 속에는 저녁 풍경이 흘렀다. 비쳐지는 것과 비추는 거울이 마치 영화의 이중 노출처럼 움직이고 있었다. 등장인물과 배경은 아무런 상관도 없었다. 게다가 인물은 투명한 허무로, 풍경은 땅거미의 어슴푸레한 흐름으로, 이 두 가지가 서로 어우러지면서 이 세상이 아닌 상징의 세계를 그려내고 있었다. 특히 처녀의 얼굴 한가운데 야산의 등불이 켜졌을 때, 시마무라는 뭐라 형용할 수 없는 아름다움에 가슴이 떨릴 정도였다.(12쪽)

그리고 건너편 풍경의 흐름이 사라지는 동시에 거울의 매력도 사라진다. 시마무라는 '저녁 풍경을 담은 거울이 지닌 비현실적인 힘'에 사로잡히는 남자다. 그는 도회지 출신으로 일정한 직업도 없이 서양 무용에 대해 글 쓰는 일이 전부인 한가한 여행자로 설정되어 있다. 그가 일본 춤보다 서양 무용 쪽으로 기운 까닭은 서양인의 춤을 직접 눈으로 볼 수 없고, '제멋대로의 상상으로' 서양의 언어나 사진에서 떠오르는

'자신의 공상이 춤추는 환영'을 감상할 수 있어서다. 이러한 시마무라의 눈에 비친 고마코와 요코의 모습은 어떠한가.

> 고마코가 아들의 약혼자, 요코가 아들의 새 애인, 그러나 아들이 얼마 못 가 죽는다면, 시마무라의 머리에는 또다시 헛수고라는 단어가 떠올랐다. 고마코가 약혼자로서의 약속을 끝까지 지킨 것도, 몸을 팔아서까지 요양시킨 것도 모두 헛수고가 아니고 무엇이랴.
>
> 고마코를 만나면 댓바람에 헛수고라고 한 방 먹일 생각을 하니, 새삼 시마무라에겐 어쩐지 그녀의 존재가 오히려 순수하게 느껴졌다.(55쪽)

'모든 게 헛수고'라고 여기는 시마무라지만 '헛수고일수록 오히려 순수하게' 비치는 고마코와 요코에게, 어쩔 수 없이 빠져들고 만다. 그리고 고마코와 요코의 존재는 '아름답고 예민한 것의 감각적인 저울'인 시마무라, 혹은 작가 자신의 냉정하고 예리한 시선을 통과함으로써 형태를 갖추고 생기를 띤다. 고마코의 육감적 미는 영화 속 카메라의 클로즈업 장면처럼 독자의 눈앞에 성큼 다가서듯 묘사되어 인상적이다.

> 가늘고 높은 코가 약간 쓸쓸해 보이긴 해도 그 아래 조그맣게 오므린 입술은 실로 아름다운 거머리가 움직이듯 매끄럽게 펴졌다 줄었다 했다. 다물고 있을 때조차 움직이는 듯한 느낌을 주어 만약 주름이 있거나 색이 나쁘면 불결하게 보일 텐데 그렇진 않고, 촉촉하게 윤기가 돌았다. 눈꼬리가 치켜 올라가지도 처지지도 않아 일부러 곧게 그린 듯한 눈은 뭔가 어색한 감이 있지만, 짧은 털이 가득 돋아난 흘러내리는 눈썹이 이를 알맞게 감싸 주고 있었다.

다소 콧날이 오똑한 둥근 얼굴은 그저 평범한 윤곽이지만 마치 순백의 도자기에 엷은 분홍빛 붓을 살짝 갖다 댄 듯한 살결에다, 목덜미도 아직 가냘퍼, 미인이라기보다는 우선 깨끗했다.(31쪽)

여성의 입술을 '거머리'라고 표현하는 작가의 비유! 참으로 신선한 충격에 가깝다. 앞에서 잠깐 언급된 '영화의 이중 노출'이나 위 인용문에서 볼 수 있는 서술 기법 등은 당시 일본 문단의 경향이나 작가가 추구한 문학세계와도 무관하지 않다.

1924년, 『문예시대』를 창간하면서 가와바타가 요코미쓰 리이치(橫光利一)와 함께 전개한 '신감각파 운동'은, 소박한 현실 묘사와 재현에만 머물러 있는 종래의 문학을 벗어나, 현실을 주관적으로 파악하여 지적으로 구성된 새로운 현실을 풍부한 감각의 세계로 창조하려는 시도였다. 신감각파 문학은 새로운 예술 장르인 영화와 근접해 있었고, 가와바타는 직접 영화 시나리오를 쓰기도 했다. 작가가 거의 평생에 걸쳐 꾸준히 집필한, '손바닥만 한 길이'의 극히 짧은 소설 모음집이라 할 『손바닥 소설(掌の小說)』을 통해서도 '신감각파'적인 세련된 기교와 작풍이 발휘된 가와바타 문학의 정수를 만날 수 있다.

스웨덴 한림원이 밝힌 『설국』의 노벨문학상 선정 이유는 '자연과 인간 운명에 내재하는 존재의 유한한 아름다움을 우수 어린 회화적 언어로 묘사했다.'라는 것이다. 작품의 주요 키워드라 할 수 있는 '헛수고', '거울' 이미지, 계절의 변화에 따라 사그라지고 흐트러질 수밖에 없는 생명의 추이 등에 무게감이 실린다. 만물이 죽었다 다시 소생하기를 거듭하듯, 자연의 일부인 인간 역시 그 굴레에서 벗어날 수 없다. 불교적 무상(無常) 사상을 자연히 연상시키는데, 작가는 '동방의 고전, 특히 불전(佛典)을 세계 최대의 문학이라 믿는다.'라고 했다.

소설의 말미는 고치 창고에서 발생한 화재 사고로 분위기가 급변하면서 고조된다. 타오르는 화염 속 땅바닥으로 떨어진 요코의 몸을 그러안고, 고마코가 울부짖는다. 그 모습을 지켜보는 시마무라. "발에 힘을 주며 올려다본 순간, 쏴아 하고 은하수가 시마무라 안으로 흘러드는 듯했다." 마지막 문장에서 거대한 자연은 인간 존재와 하나로 어우러지고, 은하수는 일 년에 단 한 번 만나는 견우와 직녀를 닮은 시마무라와 고마코의 이별을 암시하듯 쏟아져 내린다.

『설국』은 처음부터 하나의 완결된 작품으로 성립된 것이 아니었다. 작가가 36세 때 쓴 단편 「저녁 풍경의 거울」(1935) 이후, 이 작품의 소재를 살려 단속적으로 발표한 단편들이 모여 연작 형태의 중편 『설국』이 완성되었다. 이러한 형식은 후기 대표작 『천우학(千羽鶴)』, 『산소리』 등으로 이어지면서 가와바타 문학의 특징으로 자리 잡았다. 대개 중·장편에서는 서사가 중심에 놓이기 마련이지만, 『설국』이 그러하듯 사물을 현미경처럼 꿰뚫어 보는 치밀하고 섬세한 묘사, 상징적이고 함축적인 표현으로 채워진 밀도 높은 가와바타 문학은 어쩌면 처음에는 그 생경함에 '입문'하기 어려운 것도 사실이다. 그러나 그런 만큼 곱씹어 읽으면 읽을수록 더욱더 깊고 진한 맛을 음미할 수 있다. 행간을 읽는 정독이 요구되는 이유다. 문장과 문장 사이 숨겨진 장면을 해독하는 것은 독자의 몫이자 즐거움이다. 1948년, 완결판 『설국』을 출간하기까지 작가는 13년이나 한 작품에 몰두했다. 심지어 노벨상 수상 후 작가 스스로 생을 마감하기 일 년 전인 1971년에 『결정판 설국』을 출간했으며, 사후에는 『설국초(抄)』 원고가 발견되어 세상에 나왔다.

『설국』은 일본에서 몇 차례 영화화되었다. 1957년 여배우 기시 게

이코가 주연인 작품이 가장 유명하고, 1965년에 리메이크되었다. 노벨상 수상 소식이 전해지면서 우리말로도 번역 소개되어 인지도를 얻은 덕분일까, 1977년 고영남 감독에 의해 한국판 『설국』이 제작되었다. 원작과 비슷한 분위기를 연출하기 위해 그 무대를 강원도로 옮겨 각색된 점이 이채롭다. 가와바타 탄생 100주년을 기념해 새로 쓴 사사쿠라 아키라(笹倉明)의 소설 『신(新) · 설국』이 2001년에 영화화되었고, 한국에서 뜻밖의 관심이 쏠리기도 했다.

작가 가와바타에게 여행은 매우 중요한 창작의 요소다. "혼자만의 여행은 모든 점에서 내 창작의 집이다."라고 썼는데, 『설국』도 여행지에 머물며 집필되었다. 작가가 체재한 온천 여관은 그 자취를 간직한 채, 여전히 관광객을 맞이하고 있다. 자유로운 이동이 가능한 시기가 오면, 『설국』을 한 손에 들고 설국행 기차에 오르는 것도 좋으리라.

— 더 읽기 자료

가와바타 야스나리(유숙자 옮김), 『손바닥 소설 1, 2』, 문학과지성사, 2021.
허연, 『가와바타 야스나리』, 아르테, 2019.
김민나 외, 『동양의 고전을 읽는다 4 문학(하)』, 휴머니스트, 2006.

(집필자: 유숙자 · 『설국』 번역자)

셰익스피어 4대 비극

셰익스피어(Shakespeare, William)

뮤지컬 영화 <레 미제라블>(2012)에서 팡틴 역으로 우리의 심금을 울렸고 영화 <악마는 프라다를 입는다>(2006)와 <인턴>(2015)으로 우리에게 친근한 앤 해서웨이의 이름이 누구와 같은지 아는가? 이 배우의 이름 'Anne Hathaway'는 철자 하나 틀림없이 셰익스피어(Shakespeare, William: 1564~1616)의 8년 연상의 아내 이름과 같다. 셰익스피어의 연극은 우리나라에서도 곧잘 무대에 올라갈뿐더러 종종 영화로 만들어져 연극 무대를 자주 찾지 않은 사람들에게도 낯설지 않다.

사실 셰익스피어 연극을 각색한 영화는 400편이 넘는데, 셰익스피어는 최다 영화 각색 작가로 기네스북에 올라가 있다. 제피렐리(Zeffirelli, Franco)가 감독하고 올리비아 핫세가 줄리엣을 맡았으며 <A Time for Us>라는 노래로 흔히 알려진 로미오와 줄리엣의 사랑 선율로 유명한 1968년 영화 <로미오와 줄리엣>은 50대 이상에게 추억의 영화로 기억된다. 1996년에 영화로 나왔던 <Romeo+Juliet>은 로미오 역할을 맡은 22세의 레오나르도 디카프리오의 젊고 풋풋한 모습을 볼 수 있는 것으로 유명하다. 1994년 디즈니가 만화영화로 제작한 <라이언 킹>은 사실 『햄릿』의 개작이다. 심바가 햄릿이며 날라가 오필리아이고 무파사가 선왕이며 사라비가 거트루드이고 스카가 클로디우스이다. 원작에서 거트루드는 남편을 죽인 클로디우스와 결혼하고 오필리아는 햄릿을 버리고 이 둘은 결국 비극적으로 죽게 된다. 디즈니 개작은 '동심파괴'를 피하기 위해서라도 결말을 바꾸는데, 사라비는 스카와 결혼하지 않고 날라는 끝까지 심바를 포기하지 않으며 심바는 왕위를 되찾은 다음 날라와 결혼하여 후계자를 낳는다. 탄탄한 구성과 인물 설정 덕에 이 만화영화는 그 자체로 엄청난 인기를 끌었고 이후 뮤지컬로 만들어져 브로드웨이 역사상 최고의 흥행수입을 올리는 공연 작품으로 기록되고 있다.

셰익스피어는 1564년 4월 26일에 탄생하여 1616년 4월 23일에 사망했다. 셰익스피어의 전성기인 1589년부터 1613년까지는 영국이 잉글랜드를 중심으로 민족국가가 되었고 영국 문예부흥(르네상스)이 활짝 피어난 시기였다. 영국의 르네상스기에 셰익스피어가 연극계에서 활동한 것은 여러모로 행운이었다. 우선 현대영어가 시작된 시기라서 작품을 현대영어로 썼기 때문에 지금까지 셰익스피어의 영어가 이해될 수 있다. 또 르네상스 시기부터 시작된 시대정신이 현재까지 이어지고 있기에 셰익스피어 연극의 인간관과 세계관을 오늘의 관객이 이해할 수 있다. 그리고 영국 르네상스기에 그리스어, 라틴어, 이탈리아어로 써진 수많은 명저가 영어로 번역되었기 때문에 지금의 초등학교인 문법학교만 나왔고 대학을 다니지 않은 셰익스피어가 외국어 원본 대신 영어 번역본을 읽어서 유럽 르네상스의 수혜를 입을 수 있었다.

에이본 강가에 위치한 스트랫포드-어폰-에이본(Staratford-upon-Avon)이라는 마을에서 태어난 셰익스피어는 18세에 결혼하고 젊은 나이에 런던에 와서 연극인의 삶을 시작하였다. 배우와 극작가로 경력을 쌓아가던 셰익스피어는 초기에 희극과 역사극을 썼고 점차 비극을 쓰기 시작했는데, 『한여름 밤의 꿈』으로 실력 있는 극작가로 인정받았으며 나중에 '궁내부장관 극단'의 전속 극작가가 되어 당대 최고의 극작가로 등극하였다. 그가 쓴 희극에는 『한여름 밤의 꿈』, 『베니스의 상인』, 『십이야』, 『말괄량이 길들이기』, 『뜻대로 하세요』 등이 있고, 사극에는 『리처드 2세』, 『리처드 3세』, 『헨리 4세』, 『헨리 5세』 등이 있으며, 비극에는 『로미오와 줄리엣』, 『햄릿』, 『오셀로』, 『맥베스』, 『리어왕』 등이 있다.

셰익스피어가 죽은 7년 뒤인 1623년에 후배들이 첫 번째 작품 전집을 펴낸다. 이 전집은 『제1 이절판』으로 불리며 셰익스피어 전집의 시초가 되고 가장 권위 있는 셰익스피어 작품의 원본이다. 이 전집의 편집자들이 셰익스피어의 연극 대본을 희극, 역사극, 비극으로 최초로 분류하였다. 『제1 이절판』은 출판된 이래 개정을 거듭했으며 『사절판』도 등장하기 시작했다. 참고로 이절판은 한 페이지를 양분하여 두 페이지로 만들어 인쇄하는 것이고 사절판은 사등분하여 네 페이지로 만들어서 인쇄하는 것이다. 현대에 출판되는 여러 책들은 『제1 이절판』을 기본으로 하면서 다른 판본을 가미하여 편집한 편집본이다. 여기에는 『리버사이드(Riverside) 셰익스피어』, 『노튼(Norton) 셰익스피어』, 『아든(Arden) 셰익스피어』, 『옥스퍼드대학본』, 『예일대학본』, 『캠브리지대학본』 등이 있다. 한글 번역본들은 이러한 편집본 중 하나를 주로 번역하거나 하나의 편집본을 위주로 하되 다른 편집본을 참고하여 번역한 것이다.

편집본에 따라 셰익스피어의 희곡의 숫자가 달라지는데 번역본에서도 비슷한 일이 생긴다. 『제1 이절판』에 수록되지는 않았지만, 셰익스피어의 작품으로 볼 수 있는 희곡을 몇 편으로 판단하느냐에 따라 그 숫자가 달라진다. 『제1 이절판』에는 36편의 희곡이 실려 있지만, 편집본에 따라서 이 숫자가 1편에서 3편까지 늘어난다. 번역본의 경우 김재남의 번역본과 신정옥의 번역본에는 37편의 희곡이 실려 있지만, 이상섭의 번역본에는 38편의 희곡이 실려 있다.

한국에서 셰익스피어 번역이 언제부터 시작되었는가에 대해서 1914년, 1919년, 1920년 등 몇 가지 주장이 있지만, 정작 셰익스피어 번역사에서 중요한 연도는 1964년과 2016년이다. 1964년은 셰익스피어 탄생 400주년을 기념하여 <한국셰익스피어학회> 회원들이 정음사에서 전집을 펴냈으며 동시에 김재남이 단독으로 휘문출판사에서 전집을 발간한 해이다. 한 해에 두 가지 번역본 전집이 나온 것은 엄청난 사건으로 언론이 크게 주목하였다. 2016년은 셰익스피어 서거 400주년이 되는 해인데 이상섭이 문학과지성사에서 또 <한국셰익스피어학회>가 동인출판사에서 전집을 펴내어 기념하였다. 1964년처럼 한 연구자가 전체를 번역한 것과 여러 연구자가 공동 번역한 것을 서로 비교할 수 있는 상황이었지만 언론은 이전처럼 주목하지 않았다. 이 외에도 1989년 역시 주목할 만한데 신정옥이 공연대본으로 쓰일 수 있는 셰익스피어 번역본을 전예원에서 내놓았기 때문이다.

셰익스피어 번역은 지금까지 전문연구자에 의해서 주로 이루어졌지만 비연구자가 번역한 경우도 있다. 정홍택이 네 편의 희극을 번역하였고 김정환이 전집을 번역하여 아침이슬에서 출판하였다. 태일사와 지만지에서 펴내는 김종환의 해설이 달린 영한대역본과 번역본 역시 주목할 만한 전문가의 셰익스피어 번역이다. 셰익스피어의 4대 비극은 이태주가 범우사에서 출판하였고 또 이경식이 해설하고 번역하여 서울대학교출판부에서 펴낸 것이 있으며 단행본으로도 꾸준히 번역되고 있다. 사실 단행본 『햄릿』, 『오셀로』, 『맥베스』, 『리어왕』을 세트로 묶은 것이 최종철이 번역한 민음사의 셰익스피어 4대 비극 컬렉션 세트이다. 최종철의 번역은 『아든 셰익스피어』를 기본으로 하는데, 민음사는 최초의 운문 역이라고 소개한다. 셰익스피어는 희곡을 쓸 때 약강오음보라는 운율의 운문을 사용하였는데, 이 운문을 얼마나 살려서 번역했는가의 문제이지 다른 번역본이 셰익스피어의 운문을 무시했다는 말은 아니다. 어쨌든 최종철의 번역은 약강오음보를 살리려는 노력이 남다르며 확실히 이 운율을 잘 살렸기 때문에 소리 내어 읽어보면 그 진가를 느낄 수 있다.

<영미문학연구회> 번역 평가 사업단이 2004년에 영문학 작품의 번역본들을 평가한 일이 있다. 이때 셰익스피어 번역본들은 소설 번역본들보다 훨씬 좋은 평가를 받았다. 셰익스피어의 희곡은 전문가가 아니면 번역하기 힘들어서 전문 지식을 갖추고 일생의 과업이라 여기며 번역에 임하는 전문가들의 번역이 많다는 것이 주된 이유일 것 같고 또 비전문가라 할지라도 학부에서 영어영문학을 전공했고 문학과 공연 분야에서 활동해 온 경력이 있는 실력 있는 이들이 번역했기 때문으로 보인다.

셰익스피어의 4대 비극은 『햄릿』(1600), 『오셀로』(1604), 『리어왕』(1605), 『맥베스』(1606)를 일컫는다. 이 네 작품을 셰익스피어의 가장 위대한 비극으로 분류하게 되면 몇 가지 질문이 잇따라 생길 수밖에 없다. 『로미오와 줄리엣』, 『줄리어스 시저』, 『안토니와 클레오파트라』와

같은 비극 작품들은 무엇이 부족해서 4대 비극에 포함되지 못했는가? 『햄릿』은 소포클레스의 『오이디푸스 왕』과 비교되는 워낙 뛰어난 작품으로 알려져 있으니 제쳐둔다면 『오셀로』, 『리어왕』, 『맥베스』가 『로미오와 줄리엣』, 『줄리어스 시저』, 『안토니와 클레오파트라』보다 더 뛰어난 작품이라고 단정할 수 있는가? 누가 무슨 권위를 가지고 『햄릿』, 『오셀로』, 『리어왕』, 『맥베스』를 4대 비극으로 지정했는가? 이런 의문이 당연히 생기지만 확정적인 답을 찾기는 쉽지 않다. 하지만 이 네 비극 작품을 4대 비극으로 분류한 예는 한국뿐만 아니라 미국의 출판사에서도 찾을 수 있으니 이 작품들을 4대 비극(Four Great Tragedies)으로 여기는 것은 보편적인 현상으로 보인다. 솔직히 이 네 비극 작품이 위대한 비극이라는 데에 이의를 제기할 사람은 거의 없을 것이다. 그러면 무엇 때문에 그렇게 위대하다고 말하는지 알아보기 위해서 각 작품을 간략하게 살펴보자.

『햄릿』의 원천은 『덴마크 사람들 이야기』에 나오는 암레스(Amleth) 이야기이다. 셰익스피어는 당대에 유행하던 복수극의 요소를 가져오고 자신의 창의성을 발휘하여 플롯과 인물을 더 복잡하고 정교하게 만들었으며 뛰어난 문장력으로 '죽느냐 사느냐'와 같은 주옥같은 독백을 첨가하여 『햄릿』에 심리적 깊이를 더하였다. 관객이 복수극인 『햄릿』에서 복수가 지연되는 이유를 찾으면서 인간의 무의식적 차원을 들여다볼 수 있도록 함으로써 오이디푸스 콤플렉스라는 용어를 낳은 『오이디푸스 왕』과 견줄 수 있는 작품이 되었다.

『오셀로』는 인종과 젠더 문제를 심리적 깊이를 가지고 다룬 작품으로 현재도 진행 중인 문제를 다룬 시대를 앞서간 작품이다. 베네치아의 무어인인 오셀로가 인종적 열등감을 백인 아내에 대한 의처증과 분노로 표출하다가 파국을 맞는다. 자신의 아내를 포함하여 여러 사람을 죽음으로 내모는 악인 이아고의 '활약'은 이 비극을 더욱 매력적으로 만든다. 지중해의 키프로스를 주 배경으로 하는 『오셀로』는 거장 베르디(Verdi, Giuseppe Fortunino Francesco)에 의해 <오텔로>라는 오페라로 재탄생하였다.

『리어왕』은 고대 브리튼(Britain)를 배경으로 한 것으로 잔인한 동화와 같은 느낌을 준다. 12세기에 출판된 『브리타니아 열왕사(Historia Regum Britanniae)』의 레이르(Leir) 왕 이야기에 근거를 두고 있는 『리어왕』은 어리석은 판단 때문에 비극적 운명을 맞이하는 늙은 왕의 이야기로 안타까움을 자아낸다. 거너릴, 리건, 에드먼드와 같은 악인들이 욕심을 이루기 위해 천륜을 버리는 모습에 관객들은 충격을 받고 충신 켄트 백작이 어리석은 리어왕에게 충성을 다하고 효자 에드가가 바보 같은 아버지에게 효성을 다하는 모습에 관객들은 가슴이 먹먹해질 것이다.

『맥베스』는 스코틀랜드의 돈카드 1세와 막 베하드의 이야기를 이용하여 스코틀랜드의 영주 맥베스가 자신의 욕심과 부인의 야심을 이루기 위해 왕을 시해하고 왕이 되었다가 비참하게 일생을 마치는 내용이다. 마녀와 지옥 귀신의 예언이 맥베스, 벤쿠오, 맥더프의 운명을 결정하게 되면서 관객에게 공포심을 자아낸다. 또 '내일 또 내일 또 내일'이라는 맥베스의 독백이 유명하다.

셰익스피어는 당대 최고의 시인이었다. 하지만 자신의 문장력만 믿지 않고 수많은 자료를 공부하고 자신의 것으로 만든 다음 풍부한 창의력을 발휘하여 자신만의 플롯과 인물을 창조해 내었다. 이러한 셰익스피어의 매력은 그의 4대 비극에서 확인할 수 있다. 하지만 이 매력은 다른 비극 작품과 희극 작품에도 숨김없이 나타난다. 이미 살펴본 대로 셰익스피어의 희곡 전부는 이미 여러 차례 번역되었다. 민음사의 4대 비극뿐만 아니라 다른 출판사의 셰익스피어 희곡도 읽어보기를 권하며 글을 마친다.

더 읽기 자료

매든(Madden, John Philip) 감독의 영화 <셰익스피어 인 러브(Shakespeare in Love)>(1998)
김종환, 『명대사로 읽는 셰익스피어 4대 비극』, 이담북스, 2012.
서운교, 『셰익스피어 4대 비극의 이해』, 신아사, 2008.

(집필자: 남정섭 · 영남대학교 교수)

아Q정전(阿Q正傳)

— 인간의 나약한 정신 바로보기

루쉰(魯迅)

1. 루쉰의 생애

루쉰(1881~1936)은 저장성(浙江省) 사오싱현(紹興峴)에서 태어났다. 본명은 저우수런(周樹人)이며 루쉰은 단편소설 『광인일기(狂人日記)』를 발표할 때 사용했던 필명이다. 봉건 사대부 가정 출신이었던 그는 어려서부터 중국의 전통적인 유교 경전을 공부하여 『논어(論語)』, 『맹자(孟子)』를 비롯한 사서오경을 독파하였다. 비록 유년시절부터 과거시험을 염두에 둔, 서당에서의 규정된 공부에 매진했지만, 루쉰은 조부나 유모를 통해 듣던 중국의 민간전설과 설화 및 야사에 많은 관심을 보였고 『서유기(西遊記)』나 『삼국연의(三國演義)』 같은 고전소설 등을 즐겨 읽었다. 이 작품들이 훗날 루쉰의 성장과 문학세계의 형성에 많은 영향을 끼쳤음은 물론이다.

루쉰의 유년시절의 유복한 생활은 그가 13살이 되던 해에 발생한 조부의 투옥 사건을 계기로 하여 급속도로 뒤바뀌게 된다. 청조의 관료였던 할아버지가 과거시험 부정 뇌물사건에 연루되어 투옥되고, 그로 인해 아버지도 중병으로 앓아눕게 되자 저우씨 집안은 몰락의 길을 걷게 된다. 루쉰은 집안 물건을 저당 잡혀 아버지의 약값을 마련하기 위해 거의 매일 전당포와 약방을 출입하게 된다. 훗날 루쉰은 그 헛고생이 속임수와 다름없는 한의(漢醫) 때문이라고 술회하는데, 그 회고담은 그의 첫 소설집인 『외침[吶喊]』에 잘 드러나 있다.

집안의 몰락으로 정통적인 입신양명의 길이 막혀 버린 루쉰은 새로운 삶의 출로를 찾기 위해 그의 나이 17세 때인 1898년, 난징(南京)으로 가서 신식 학당인 강남수사학당(江南水師學堂)에 입학하여 서구의 근대적 학문을 공부한다. 1년 뒤에는 광무철로학당(礦務鐵路學堂)으로 옮겨 거기서 4년여 동안 물리, 수학, 지리, 체육 등 근대과학의 기초를 배우며 신학문의 우월성을 실감한다. 또한 이 시기 중국의 진보적 지식인 사이에 널리 읽히고 있던 옌푸(嚴復)의 『천연론(天演論)』을 통해 정신적 성장을 한 단계 이루게 된다. 영국의 과학자 헉슬리(Huxley, Thomas Henry)의 『진화와 윤리(Evolution and Ethics)』를 번역한 『천연론』은 서구의 사회진화론을 소개하며 생존경쟁 및 자연도태라는 사회 운행 원리를 제시한 바 있다. 또한 루쉰은 당시 입헌군주제를 주장하던 유신파가 간행하던 『시무보(時務報)』와 기타 여러 근대 잡지를 통해 서구의 정치, 경제, 문화를 널리 접했으며 서구의 문학과 철학 서적도 탐독하게 된다.

1902년에는 관비유학생으로 선발되어 일본으로 유학하여 일본어 교육기관인 홍문학원(弘文學院)에 입학한다. 홍문학원에서 공부하던 2년여 동안 루쉰은 일본어 번역본을 통해 서구 사상에 보다 깊이 매료되었고, 동시에 이상적인 인성과 중국의 '국민성' 문제에 대해 탐색하면서 중국과 중국인을 구할 방법을 모색하게 된다. 1904년 홍문학원을 졸업한 루쉰은 센다이의학전문학교(仙臺醫學專門學校)를 선택한다. 일본의 유신이 서양의 의학과 깊은 관련이 있음을 깨달아서였다. 하지만 이른바 '환등기 사건'으로 인해 루쉰은 의학에서 문학의 길로 방향전환을 하게 된다. 이에 관한 일화는 소설집 『외침』의 자서(自序)에 잘 드러나 있다. 루쉰은 수업시간에 환등기를 통해 보게 된 하나의 장면에서 커다란 충격을 받는다. 러시아군의 첩자라는 죄목하에 일본군에 의해 처형되는 한 중국인과 이를 둘러싼 채 멍하니 구경하고 있는, 건장한 체격의 중국인들의 모습이었다. 이 필름을 본 후 그는 중국과 같이 낙후된 국민에게는 건장한 체격보다 병든 정신을 고치는 것이 더 필요하다고 통감한다. 따라서 국민정신을 개조하는데 문학을 통한 방법이 최선이라고 판단한 후 문학에 매진할 것을 결심한다.

루쉰이 문학에 대한 결심을 굳히고 시작한 첫 작업은 잡지의 창간이었다. 1907년, 루쉰은 몇 명의 동료들과 의기투합하여 『신생(新生)』이라는 문예잡지의 출판을 계획한다. 하지만 인력과 재력의 한계라는 현실의 벽에 부딪혀 무산되고 만다. 이에 그는 자신이 공부한 내용을 논문으로 발표하는 작업과 러시아 문학작품을 번역하는 작업에 매진하며 문학생활의 첫 장을 열게 된다.

이후 루쉰은 어머니의 부름에 응해 1909년 귀국하여 항저우(杭州)에서 화학과 생리학을 가르치다가 1910년에는 고향인 사오싱(紹興)으로 돌아와 사오싱중학교에서 근무한다. 1911년 신해혁명(辛亥革命)이 발생하고 1912년 난징에 중화민국임시정부가 수립된 이후에는 교육총장이 된 차이웬페이(蔡元培)의 요청을 수락하여 교육부 직원으로 취직하게 된다. 1912년에서 『광인일기』를 발표하게 되는 1918년까지는 루쉰의 생애에 있어, 현실과 거리를 두며 새로운 출로를 찾기 위한 침묵과 숙고의 시기라고 볼 수 있다. 그는 중국의 전통문화와 중국사회에 대해 깊이 관찰하고, 중국서적을 고증하고, 고서와 비문(碑文)을 필사하고, 탁본(拓本) 수집 및 불경 연구 등에 몰두하며 시간을 보냈다.

1918년에는 친구 첸쉔퉁(錢玄同)의 부탁에 응하여 드디어 침묵을 깨고 문학혁명을 지원하기 위해 계몽잡지 『신청년(新青年)』에 단편소설 「광인일기」를 발표한다. 「광인일기」는 중국의 수천 년 전통 유교사회의 가족제도와 예교의 폐해를 과감히 폭로하면서 중국사회에 크나큰 충격을 안겼다. 루쉰은 이어서 「공을기(孔乙記)」(1919), 「약(藥)」(1919), 「사소한 일(一件小事)」(1920), 「두발 이야기(頭髮的故事)」(1920), 「고향(故鄉)」(1921) 등 주옥같은 작품들을 쉼 없이 발표하며 중국 현대문학을 대표하는 문학가로 인정받게 된다. 루쉰의 대표작인 「아큐정전(阿Q正傳)」(1921)도 이 기간에 창작되었다. 이 시기에 창작된 소설들은 루쉰의 첫 번째 소설집 『외침』(1923)과 두 번째 소설집 『방황(彷徨)』(1926)에 모두 수록되어 있다. 1924년에는 동생 저우쭤런(周作人)과 문예주간지 『어사(語絲)』를 창간하고, 1925년에는 문예잡지 『망원(莽園)』을 편집 · 발행하는 등 젊은 문학가들의 지도에 힘쓰기도 했다.

1926년에는 군벌정부에 반대하는 3 · 18학생운동의 배후로 지목되면서 지명수배자가 되어 베이징(北京)을 탈출, 샤먼대학(廈門大學)과 광둥중산대학(廣東中山大學)에서 교편을 잡게 된다. 이후 1936년 폐병과 늑막염으로 세상을 뜰 때까지 지명수배자의 몸으로 상하이(上海)의 조계에서 정치투쟁과 함께 작가로서의 삶을 살아간다. 국민당의 우익작가들을 적극 비판하였으며 문학을 선전으로 간주하는 혁명문학 작가들과 논전을 전개하기도 하였다. 또한 '루쉰풍'의 독특한 문체를 형성한, 수많은 잡문들을 발표하여 사회비판과 정치비판의 도구로 삼기도 하였다. 1930년 반정부문인단체인 <좌익작가연맹>이 성립되자 지도자의 위치에서 활약하였으며, 이후에는 중국 진보 작가의 대명사로 알려지게 되었다. 루쉰은 만년에 자주 병상에 누웠지만 독서와 글쓰기는 쉬지 않았다. 그가 생을 마감한 1936년에도 세 번째 소설집인 『고사신편(故事新編)』이 출간된다.

1936년, 루쉰은 지병이었던 폐병으로 세상을 떠났다. 그의 시신은 수만 명 중국인들의 애도 속에서 '민족혼(民族魂)'이라고 쓴 천에 둘러 싸여 상하이의 만국공묘(萬國公墓)에 안장되었다.

2. 루쉰, 문학혁명의 전사(戰士)

1912년 1월 1일 신해혁명의 '성공'으로 수천 년의 전제 왕조가 타도되고, 난징을 임시수도로 제정한 중화민국의 공화제가 성립되었다. 하지만 이후 전개된 중국의 현실은 암울하기 그지없었다. 위안스카이(袁世凱)의 독재, 제제(帝制)운동, 국회해산, 언론탄압, 공교(孔教) 국교화 운동, 군벌 난립 등 봉건화로의 회귀 움직임이 뚜렷했다. 1910년대 초기의 복고적 풍조는 중국에 있어 분명 문명의 위기였다.

중국의 진보적 지식인들은 암울한 현실의 중국의 위기를 타개하기 위한 사고과정에서 정치 이전에 그 기반인 문화와 사상부터 개혁해야 한다는 문제의식에 이르렀다. 그들은 행정제도 및 정체(政體) 전변의 허구성을 깨닫고 민중의 사상 및 정신 계몽에 주목하였다. 대중적 지지 기반이 없는 제도의 취약성을 목도하고 예전의 정치운동에서 사상계몽 운동으로 전환한 것이다. 이후 중국 사회를 근본적으로 개혁하기 위해서는 신사상운동부터 시작해야 한다는 전제하에, 이 정신계몽 운동의 구체적인 매개체로서 대중의 언어와 문학이 지목된다.

신문화운동은 봉건 유교사회에 대한 비판에서 출발해 '민주'와 '과학'이라는 서구의 가치를 근거로 하여 중국사회에 새로운 문화를 창조하려 했던 사상혁신 운동으로 요약해볼 수 있다. 이는 상술한 사상 개혁의 중요성과 필요성이 사회적으로 대두된 이후 청년들의 정신 계몽에 대한 논의가 구체화된 결과물이었다. 천두슈(陳獨秀)가 1915년에 창간한 종합 계몽잡지 『신청년』은 청년들의 정신과 사상을 변혁시켜 새로운 중국을 건설할 것을 추구하면서, 중국사회의 변혁에 참고할 만한 새로운 학술적 주장과 서구의 근대사상 및 문학작품을 대대적으로 소개한다. 이에 신문화운동을 주도하는 신흥 지식인들의 근거지로 자리잡게 된다.

신문화운동은 크게 신사상운동과 신문학운동이라는 두 축을 기반으로 전개되었는데, 전자는 '유교 비판에 입각한 인간의 발견'이란 구호 아래 전통 봉건사상과 대척점에 있는 자유주의, 민주주의, 개인주의, 평등주의, 과학적 방법, 이성적 사고 등 서구 근대사상을 대거 소개하면서 새로운 가치관이 수립된 새로운 중국을 꿈꾸었다. 후자는 전통 시기의 문학적 글쓰기가 전제 왕조 체제를 지탱하는 봉건사상의 전파 매개체임을 선포한 후 전통의 구문학에 대한 총체적 비판의 태도를 분명히 밝히면서, 신문학을 수립하여 문학의 근본적 변혁을 실현하고자 하였다. 이러한 신문학 수립 운동이 바로 문학혁명으로 명명된다.

문학혁명의 주요 목표는 전통 사회의 귀족 언어인 고문체의 문언문 대신 일상 구어에 가까운 백화문(白話文)을 사용하여 근대적 주체의 사상과 감정을 자유롭게 표현할 수 있는 문학을 새롭게 수립하는 데 있었다. 즉, 봉건사상의 담지체인 구문학을 타도하고 인생과 사회에 대한 개인의 사상과 감정을 자유롭게 백화로 표현할 수 있는 신문학을 창작하는 것이었다. 이를 위해서는 구체적인 창작면에서 예교질서, 제왕귀족, 장원급제, 영웅호걸, 재자가인, 신선놀음, 색정강도 등을 주요 내용으로 하는 구문학에서 탈피한, 작가 개인의 감정과 사상이 사회적 현실에 반응하여 발현된, 완전히 새로운 차원의 문학작품이 탄생되어야 했다.

루쉰이 바로 이러한 역사적 사명을 맡아서 결국 완수하게 되었다. '신청년 사단'의 후스(胡適), 천두슈, 저우쭤런, 첸쉔퉁 등이 문학혁명의 당위성을 적극 설파하면서 신문학 체계의 방향성을 제시하는 논설을 발표하는 데 주력했다면, 작가 루쉰은 진정한 신문학의 걸작들을 잇달아 창작해냄으로써 문학혁명의 실질적 성과를 여실히 드러내 주었다고 볼 수 있다.

중국의 현실에 뿌리 깊은 절망감을 느꼈지만 문학혁명을 지원하기 위해 다시 펜을 들었던 루쉰은 1918년 「광인일기」를 시작으로, '사회와 인생을 개량하기 위한' 작품들을 잇달아 발표한다. 루쉰이 1918년부터 1925년까지 발표한 소설 작품들은 문학혁명 이념을 구현하고 문학적 깊이가 심대한 작품군이었다. 이 작품들은 시기별로 각각 소설집 『외침』(1923)에 15편, 『방황』(1926)에 11편씩 수록되어 있는데, 루쉰 특유의 현실에 기반한, 투철한 고발정신과 비판정신을 강하게 반영하고 있다고 할 수 있다. 예컨대, 「공을기」는 구지식인의 나태한 근성과 시대적 몰락을 묘사하여 경각심을 불러일으켰고, 「약」은 미신과 무지로 인한 중국인의 병폐를 지적하였으며, 「고향」은 농촌생활의 피폐함과 암울함을 적나라하게 묘사하였다. 또한 「복을 비는 제사」는 봉건사회의 비인간적인 제도하에서 핍박받고 희생되는 여성의 아픔을 그렸으며, 「죽음을 애도하며」는 봉건 가족제도가 허락하지 않는 자유연애를 선택했다가 현실의 생활고로 인해 무너지는 지식인의 무기력함과 비애를 묘사하였다.

무엇보다 「광인일기」는 봉건사회의 구조적 병폐를 근원적으로 고발한, '시대의 문제작'으로서 문학혁명의 이정표 역할을 했던 중요한 작품이라고 할 수 있다. 루쉰의 작품 가운데 봉건사회에 대한 본질적 고발성이 가장 강하게 나타나 있으며, 문학언어와 문학내용의 획기적인 파격성으로 인해 당시 중국의 젊은 지식인 세대에 크나큰 충격을 안겼다. 작품은 일기체 형식으로 '먹는 사람'과 '먹히는 사람'이 선명하게 대조를 이루며 봉건 예교가 사람을 잡아먹는다는 것을 고발한다. 정상인이지만 광인으로 간주되는 피해망상자의 눈을 통해 중국 전통 유교사회의 봉건예교의 구조적 폐해를 과감하게 폭로하고 있는 것이다. 작가 루쉰은 '상하(上下)'와 '귀천(貴賤)'에 기반한 봉건 등급사회가 인격적 존재인 사람을 수단화하고 노예화하여 약자를 잡아먹는 '식인(食人)사회'를 구축하였다고 보았다.

상술(上述)한 현실 고발적인 작품들은 문학혁명의 실질적인 성과이자 문학혁명의 전사로서의 루쉰의 면모를 여실히 드러내 주었으며, 작가 루쉰의 입지를 확고하게 다져 주었다고 볼 수 있다. 하지만 무엇보다도 문학혁명의 빛나는 성취인 중국 현대문학의 선구자로서 작가 루쉰의 이름을 후세에까지 길이 남게 해준 작품은 단언컨대 「아큐정전」이라고 할 수 있다.

3. 『아큐정전』과 인간의 나약한 정신 바로보기

중국 현대문학의 선구자 루쉰의 대표작 「아큐정전」은 1921년 12월부터 이듬해 2월까지 베이징의 『신보부간(晨報副刊)』에 연재된 중편소설로, 중국 현대소설 가운데 가장 먼저 해외에 번역 · 소개되었다. 작품은 신해혁명 시기의 농촌생활을 제재로 하여 아큐라는 품팔이꾼의 운명을 비극적으로 묘사하는 동시에, 신해혁명 전후 중국사회와 중국인의 낙후성과 마비성을 날카롭게 지적하고 있다.

소설은 주로 주인공 아큐와 관련된 여러 가지 일화 중심으로 전개된다. 아큐는 집이 없어 웨이좡(未莊)마을의 사당에 거주하면서 보리를 베라 하면 보리를 베고 배의 노를 저으라 하면 노를 저으며 날품팔이로 근근히 살아간다. 하지만 그의 정신세계는 그의 처지와는 다르게 자부심으로 가득하다. 동네 건달들에게 조롱을 당해도, 자오나리의 아들과 항렬이 같다고 떠들고 다니다 따귀를 맞아도, 도박으로 일한 품삯을 모두 잃어도, 아큐는 늘 정신승리법을 동원하여 자신의 실제 상황을 자신의 우위와 승리로 마무리한다. 그러던 어느 날, 아큐는 자오나리 집에서 우씨 아줌마를 희롱하다가 쫓겨나고 더 이상 마을에서 일을 할 수 없게 된다. 아큐는 추위와 배고픔에 떨다가 성으로 떠난다. 얼마 후 아큐는 새 겉저고리를 입고 은화가 두둑한 모습으로 다시 마을에 나타난다. 마을 사람들은 아큐의 달라진 모습에 대해 궁금해하고, 마을의 건달 몇 명은 끝까지 아큐의 비밀을 캐기에 이른다. 아큐는 자신이 성안에서 담의 구멍 밖에 서 있다가 물건을 건네받는 좀도둑이었음을 자랑스럽게 털어놓는다. 1911년 어느 가을날, 웨이좡 마을엔 혁명의 커다란 불안감이 퍼진다. 마을엔 변발을 정수리에 틀어 올린 사람들이 눈에 띄게 늘어났고, 자오수재나 가짜양놈 등 마을의 지배층은 혁명을 외치는 자유당을 상징하는 은복숭아 배지를 가슴에 달고 다닌다. 아큐 역시 굴욕을 만회하고 사람들에게 위세를 부리기 위해 혁명당을 자처하면서 가짜양놈을 찾아가 혁명에의 동참을 말하려 하였으나 말 한마디 제대로 건네지 못하고 쫓겨난다. 그러던 어느 날 자오나리 집에 강도가 들고 예전에 '이런 장사'를 해 본 적이 있었던 아큐는 이 광경을 두려움 없이 자세히 지켜본다. 남의 일에 참견하길 좋아했던 아큐는 자오나리 집의 상자와 가재도구가 털리던 구경거리를 즐긴 후 영문도 모른 채 잡혀간다. 이후 아큐는 강도사건을 무마할 희생양으로 지목되고, 결국 한바탕 조리돌림을 당한 후 총살형에 처해진다.

루쉰은 정전의 형식으로 아큐라는 인물의 일대기를 압축적으로 써 내려가며, 청말 신해혁명 전후의 중국의 현실과 중국인의 정신세계를 정확하게 지적하였다. 민족적 위기에 직면해서도 중국의 정신문명이 세계 최고라고 생각하면서 신해혁명을 성공적으로 이끌어가지 못하는 반봉건, 반식민지의 허영의 사회와 실제로는 모든 것에 패하였으면서 정신적인 승리에 만족하는 중국인의 국민성을 예리하게 고발한 것이다.

하지만 「아큐정전」이 발표된 지 100여 년이 지났어도 중국문학뿐 아니라 세계문학의 걸작으로서도 손색이 없다고 평가받는 것은 작품 속에 반영된 인간의 나약한 정신의 보편성이 여전히 깊은 울림을 전해주는 데 있다고 볼 수 있다.

우선 주인공 아큐는 어떠한 상황에서도 현실을 바로 보지 못하고 자신의 우위를 정당화하는 정신승리법의 소유자이다. 아큐는 언제나 현실의 패배를 정신의 승리로 둔갑시키는 공상가이다. 왜 조롱을 당하는지 생각하지 않고 도리어 마음속으로 우월감을 느낀다. 동네 건달들에게 맞아도 자식놈에게 맞은 셈 치고, 살다 보면 감옥에 갇힐 수도 있고 목이 잘릴 수도 있다고 여긴다. 그는 정신승리법에 갇혀 현실을 외면하면서 현실이 아닌 공상에서 산다. 이는 잠깐의 정신적 위안이 될

순 있지만 인생의 치명적 약점으로 작용한다. 비참한 현실에 대해 자각할 수 있는 가능성을 상실한 채, 스스로를 좀먹는 수치와 무기력한 고통의 현실에서 영원히 벗어나지 못하게 하기 때문이다.

아큐는 또한 비겁한 노예근성의 소유자이다. 상대를 가늠하여 욕을 할지 때릴지 결정한다. 강자에게는 아첨하고 굽신거리며 약자는 깔보고 괴롭힌다. 그는 강자에겐 어쩌지 못하고 약자에 대한 멸시를 통해서 승리의 쾌감을 느낀다. 작품에 등장하는 샤오디, 왕털보, 비구니 등 사회의 최하층 약자는 줄곧 아큐의 분풀이 대상이 된다. 마을의 지배층 가짜양놈에게 빡빡머리라고 말했다가 지팡이로 두들겨 맞은 후 우연히 마주친 비구니를 희롱하는 장면은 아큐의 비겁한 노예근성을 전형적으로 표현한다. 이러한 교활한 대응 방식은 강자에게 빌붙어 스스로의 책임을 남에게 미루고 약자를 핍박하며 약자에게 잔인해지는, 피압박의 사회적 기풍을 보다 공고히 한다고 볼 수 있다.

「아큐정전」의 등장인물들은 또한 물질적 지위와 사회적 지위에 대한 맹목적 숭배를 보여 준다. 아큐는 마을에서 권력의 정점을 차지하고 있는 자오나리와 자신을 한집안이라고 우긴다. 마을 사람들은 아큐가 자오가라고 떠들고 다니다가 자오 대감에게 따귀를 맞은 것은 스스로 매를 번 것이라 하면서, 자오 대감이 이곳에 건재해 있는 이상 다시는 그런 헛소리를 지껄여서는 안 된다고 말한다. 또한 아큐가 강도 사건의 주모자로서 총살을 당한 것은 아큐가 잘못이라면서 총살이 그 증거라고 여긴다. 이는 모두 스스로의 주체적 사고력과 판단력을 감추거나 상실한 채 물질적 · 사회적 지위를 지닌 기득권층에 편승하여 '문제'를 일으키지 않고 제 잇속만을 챙기려는 심리로 볼 수 있다.

또한, 인간의 위선과 허위를 들 수 있다. 「아큐정전」의 등장인물들은 혁명에 대해 어떠한 사명감도 가지고 있지 않다. 이들은 스스로 각성하지도 못하고 혁명이 어떤 것인지도 알지 못한 채, 각자의 목적을 지니고 혁명에 뛰어든다. 자오수재나 가짜양놈 등 마을의 지배층은 가문과 일신을 보전하고 잇속을 챙기기 위해 정수암의 황제 위패를 때려부수면서 혁명에 가담한다. 집도 없이 날품팔이로 근근이 살아가는 아큐 역시 혁명을 하면 다른 이들에게 위세를 부릴 수 있고 재물도 여자도 다 자기 것이 될 것이라 생각해서 혁명에 동참한다. 하지만 이들은 결코 이와 같은 진짜 목적을 발설하지 않는다.

다음으로 '구경꾼 심리'를 들 수 있다. 「아큐정전」 후반부에는 아큐가 사형장으로 가는 도중 조리돌림을 당하면서 구경꾼들의 조롱거리로 전락하는 장면이 나오는데 이때 구경꾼들의 시선은 굶주린 늑대의 눈빛보다 더 무시무시한 것으로 묘사된다. 구경꾼들은 마지막까지 총살형은 목을 베는 것만큼의 구경거리는 못 된다는 '감상평'까지 내놓는다. 이들은 사회의 진실에는 전혀 관심이 없고 오직 방관자로서 극적 연출이 행해지는 오락거리와 볼거리에만 관심을 나타낸다. 루쉰의 소설에는 유난히 차갑고 무시무시한 눈빛의 구경꾼들이 자주 등장하는데, 루쉰은 「아큐정전」에서도 이들을 등장시켜 '구경'이라는 명목으로 그저 방관하면서 즐기는, 중국사회의 '조리돌림 문화'를 강하게 비판하고 있다고 할 수 있다.

마지막으로 왜곡된 여성관을 들 수 있다. 아큐는 무릇 비구니란 물건은 필시 중놈과 사통하기 마련이고, 여자가 혼자 밖을 돌아다니는 건 필시 남자를 유혹하려는 것으로 생각한다. "여자란 가증스러운 요물"이므로 모든 잘못이 여성에게 있다는 것이다. 때문에 상나라는 달기(妲己)가, 주나라는 포사(褒姒)가 말아먹었고 진나라 역시 여자 때문에 망했다고 해도 틀린 말이 아니라고 생각한다. 이는 여성이란 사회적 약자를 지속적으로 억압하고 잘못의 책임을 여성이란 약자에게 전가하기 위한, 왜곡된 여성관이라 볼 수 있다.

100여 년 전, 작가 루쉰은 「아큐정전」을 발표하면서 정신승리법을 비롯한, 중국 민족의 나쁜 근성을 고발하여 중국인을 각성시키려고 하였다. 신해혁명 전후 병태사회(病態社會) 속 중국인의 암울한 국민성을 일찍 깨닫고 우매무지한 민중을 치료하려고 하였다. 하지만 루쉰이 작품 창작을 통해 발굴해 낸 인간 정신의 약점은 그가 살았던 역사적 배경을 넘어서서 오늘날의 인간현실과 사회현실에서도 보편적으로 존재한다. 비록 루쉰은 다양한 인간 군상의 나약한 정신들을 어두운 빛으로 묘사했지만 이를 돌이켜 오늘의 우리의 정신을 희미하나마 바로 볼 수 있다면, 그것만으로도 그의 작품은 충분히 감동적이라고 할 수 있겠다.

— 더 읽기 자료

김상원, 『중국의 문화변동과 현대문학』, 학고방, 2006.
루쉰(신여준 옮김), 『아큐정전』, 글누림출판사, 2011.
루쉰전집번역위원회 옮김, 『루쉰 전집 2: 외침, 방황』, 그린비, 2010.
이영옥, 『중국근대사』, 책과함께, 2019.
중국근현대사학회 엮음, 『중국 근현대사 강의』, 한울아카데미, 2019.
홍석표, 『중국의 근대적 문학의식 탄생』, 선학사, 2007.
홍석표, 『중국현대문학사』, 이화여자대학교출판부, 2009.

(집필자: 이지영 · 한국외대 통번역대학원 교수)

안나 카레니나(Anna Karenina)

— 오늘날의 우리에게도 질문과 고민을 던지는 소설

톨스토이(Tolstoy, Lev Nikolaevich)

1. 일단 재미있는 작품

"지금 배가 부른데 빵집 옆을 지나면서 빵을 훔치는 것과 똑같잖아."

"그게 어때서? 빵이 때로는 참을 수 없을 만큼 좋은 냄새를 풍기는걸."

장편소설 『안나 카레니나』에 등장하는 두 남성의 대화이다. 노총각 레빈이 자식 여럿 딸린 유부남 친구 스티바에게 왜 자꾸 다른 여자에게 한눈을 파느냐고 나무라자 스티바는 빵 냄새가 좋으면 집어들 수밖에 없는 것 아니냐고 항변한다. 스티바는 이 말을 증명이라도 하듯 자식들의 가정교사와, 극장의 무용수와 쉴 새 없이 바람을 피우고 값비싼 선물을 해댄다.

'하여튼 이렇게 앞뒤 분간 못하고 여자 밝히는 남자는 딱 질색이야!'

라는 생각이 절로 들지 않는가. 이 유부남 아저씨가 나중에 어떻게 될지 궁금하고 말이다. 안나 카레니나의 친정 오빠이기도 한 스티바는 별 고민 없이 속 편하게 사는 유형이다. 남들이 하는 말에 적당히 맞장구를 치다가 연줄을 찾아 청탁해 공직 자리를 얻는다. 해도 그만 안 해도 그만인 업무를 대단히 중요한 일인 양 해낸다. 어려운 가정살림은 나 몰라라 값비싼 식당에서 최고급 요리를 외상으로 즐긴다.

어쩐지 익숙하게 다가오는 이 아저씨는 1800년대의 러시아를 배경으로 살아가는 귀족 남자이다. 그러니까 어림잡아 지금으로부터 2백 년 전 인물이다. 그때나 지금이나 사람 사는 모습은 큰 차이가 없구나 하는 생각이 절로 든다.

이 아저씨 외에도 『안나 카레니나』에는 다양한 인물들이 등장한다. 여자와 도박, 술에 빠져 사는 청년 장교들이 있고, 불행하거나 지루한 결혼생활을 연애놀이로 달래려는 귀족 여성들이 있다. 딸 결혼 상대를 찾으면서 의견충돌을 벌이는 노부부, 다가오는 죽음 앞에서 왕년의 패기를 잃고 갈팡질팡하는 사회혁명가가 나온다. 심지어는 주인의 새 사냥을 돕는 사냥개의 느낌과 생각까지도 구체적으로 묘사된다.

이 다양한 인물들이 연결되며 펼쳐지는 소설 속 세상은 참으로 흥미진진하다. 그래서 『안나 카레니나』는 재미있는 소설이다. 누구나 한 번쯤은 제목을 들어보았을 만큼 유명해진 이유도 일단은 재미있기 때문이다. 1877년에 출간된 이 작품이 여러 차례 영화화되었고, 불과 4년 전인 2016년에 뮤지컬로까지 각색된 이유도 재미있기 때문이다. 시간과 공간의 간극을 충분히 뛰어넘을 만큼 널리 인정받은 『안나 카레니나』의 재미를 직접 느껴보고 싶지 않은가.

2. 진실한 삶이란 얼마나 어려운가

『안나 카레니나』에 등장하는 모든 인물들이 입체감과 설득력을 지니지만, 그중에서도 특히 중심이 되는 두 사람이 있다. 안나와 레빈이다. 이 둘은 소설 속에서 딱 한 번 대면할 뿐 각자의 삶을 살아가지만 중요한 공통점을 지닌다. 그것은 바로 '가식과 거짓에 대한 거부'이다.

안나는 고위직 관료와 결혼해 아들 하나를 둔 부인이지만 아직 27세로 여전히 젊고 아름답다.(남편의 성을 따라 쓰면서 결혼 후 이름이 안나 카레니나가 되었고, 이것이 그대로 소설의 제목이다.) 오빠네 집에 다니러 왔다가 청년 장교의 적극적인 구애를 받게 되고, 결국 사랑에 빠진다. 새로운 사랑으로 딸까지 하나 낳지만 남편에게 이혼을 거부당하고, 연인과의 관계도 망가지자 결국 달리는 기차에 뛰어들어 생을 마감한다.

레빈은 35세가량의 귀족 남성으로 작품 초반에 노총각으로 등장했다가 우여곡절의 청혼 과정을 거쳐 결혼에 성공, 결말 부분에서는 갓 태어난 아들을 둔 아버지가 되어 있다. 도시의 귀족들과 달리 공직에 뜻이 없고 영지를 지키면서 시골에서 산다. 밀 농사, 사냥 등 전통적인 시골생활의 모습을 지켜나가면서 동시에 새로운 기술과 제도가 물밀듯 들어오는 시대를 맞아 수많은 고민거리를 안고 있다.

성별이 삶의 무대와 역할을 좌우하던 시대였던 만큼 안나는 사랑에 관련하여, 그리고 레빈은 제반 사회생활에서 각자 가식과 맞서고 거짓을 거부하는 모습을 보여준다.

'안나는 결혼한 상태에서 바람을 피운 거잖아? 그것 자체가 잘못인데 무슨 거짓을 거부한다는 거지?'라는 생각이 들지 모르겠다. 유부녀가 바람을 피운 것은 맞다. 그런데 당시 귀족사회에는 바람을 피우지 않는 부인이 오히려 이상한 존재였다. 청년들은 '결혼한 여성을 따라다니며 무슨 수를 써서라도 간통에 끌어들이고자' 했고, 귀부인들은 바람을 피우지 않는 척, 남편들은 배우자의 부정을 모르는 척했다. 안나 역시 그렇게 행동했다면 아무 문제가 없었을 것이다. 그렇지만 안나는 자기 사랑을 숨기지 않았고, 그 사랑에 최선을 다하려 했다. 자신이 속한 귀족사회에서 받아들여질 수 없는 이 진실함 때문에 결국 안나는 파멸을 맞는다.

레빈은 영지 경영에서도, 귀족 공동체에서도 좌충우돌한다. 가난한 소작농들에게 경작을 맡기고 수확물을 착취하려 드는 여느 지주와 달리 레빈은 직접 팔을 걷어붙인 채 낫을 휘두르고 어떻게든 소작농들을 배려하려 한다. 하지만 오랜 세월 지주들에게 시달려온 농부들은 불신만이 가득한 시선으로 그를 바라본다. 또한 입으로는 민중을 말하지만 스스로를 민중과 분명히 분리된 존재라 여기는 귀족들은 레빈의 돌출 행동을 납득하지 못한다. 결혼식을 위해 도시로 나온 레빈은 아무 쓸모없는 것들에 막대한 돈을 지출해야 한다는 것에 놀라고, 아무 의미도 찾을 수 없는 교회의 절차를 따르면서 괴로워한다.

이 두 사람의 모습을 따라가다 보면 독자인 내가 얼마나 진실하게 살아가고 있는지 저절로 의문을 던지게 된다. 그저 남들이 다 그러니까 나도 따르면 되겠거니 생각하는 일들이 우리 삶에는 얼마나 많은가. 어쩌면 그렇게 따라가는 데 골몰하다가 내 삶이 과연 어떤 것인지조차 모르고 하루하루 흘려보내는 것은 아닐까.

3. 그래도 톨스토이는 진실한 삶을 지향한다

안나와 레빈의 모습은 작가 톨스토이(Tolstoy, Lev Nikolaevich: 1828~1910)

의 삶을 그대로 반영해 보여주는 것이기도 하다. 톨스토이 자신이 가식과 거짓을 거부하는 삶을 살고자 했기 때문이다.

톨스토이는 백작 가문에서 태어났다. 신분과 재산이 보장된 이른바 '금수저' 출신이었던 셈이다. 젊은 시절에는 『안나 카레니나』에 나오는 장교들처럼 방탕한 생활을 하고 도박에 빠지기도 했다. 34세에 불과 18세이던 어린 신부와 결혼했다. 레빈과 어쩐지 비슷해 보이는 조건의 결혼이다.

『안나 카레니나』는 작가가 49세일 때 발표되었다. 당시 톨스토이는 삶에 대한 여러 고민이 많았다. 자기 삶에 주어진 조건들 하나하나마다 의문을 제기하고 나아갈 방향을 모색했다. 『안나 카레니나』작품 속에는 그러한 고민의 흔적이 여러모로 깊게 새겨져 있다.

작가의 가장 큰 고민 중 하나는 자신의 신분과 그에 따른 특혜를 어떻게 받아들일 것인가에 있었다. 대지주로 수많은 하인을 거느리고 유복하게 살 수 있는 환경이었지만 그는 가능한 한 소박하게 입고 먹고 자기 손으로 일상의 필요를 해결하고자 했다. '투입된 노동에 상응하지 않는 획득물은 모두 부정한 것'이라 생각하면서 '더욱 열심히 일하고 사치를 삼가겠다.'고 결심하는 레빈의 모습이 이를 반영한다. 어느 집에서 누구의 자식으로 태어났는가가 일생을 결정하는 것이 당연하던 시대, 이런 시대의 부당함을 제일 먼저 지적하고 저항할 존재는 아무런 혜택도 받지 못하는 농민이나 농노일 성싶다.(사실 이것도 요즘 식의 사고이다. 당시 농민과 농노들은 입에 풀칠하기에도 급급해 다른 생각을 하기 어려웠다.) 주어진 상황을 말없이 누리기만 하면 평생 아쉬울 것 없이 살다 갈 수 있는 대귀족 신분이었던 톨스토이가 자기 상황에 부끄러움을 느끼면서 변화를 시도했다는 점이 그래서 더욱 놀랍다. 그는 청빈의 삶을 위해 작품의 판권도 모두 포기하겠다는 결심을 했지만 이는 가족의 반대로 실현될 수 없었다.

작가는 종교에 대해서도 치열하게 고민했다. 21세기 한국에서 사는 우리 입장에서는 종교가 삶의 주어진 조건이니, 고민거리니 하는 얘기를 이해하기 쉽지 않다. 하지만 19세기 러시아는 여전히 종교가 도덕과 가치판단의 기준을 제시하는 곳이었다. 태어나자마자 세례를 받고 평생 교회의 가르침을 따르며 혼인도, 장례도 교회에서 주관했다. 그러나 진정한 믿음보다는 형식의 존중이 더 중시되는 상황이었고, 성직자들은 권위만 내세우며 문제를 방관했다. 결혼식을 준비하면서 성찬식에 참석해야 했던 레빈은 '자신도 이해하지 못하는 행위를 하는 것에서 거북함과 부끄러움을 느끼는데' 이 역시 작가의 갈등을 드러내는 셈이다. 결국 톨스토이는 형식화된 종교를 버리고 본래 모습의 기독교로 돌아가겠다는 결심을 한다. 그 과정에서 교회로부터 파문까지 당했고, 이로 인해 교회의 묘지에 묻히지 못했다. 『안나 카레니나』 뒷부분에서 레빈은 종교에 대한 고민으로부터 벗어난다. 산고에 시달리는 아내 곁에서 무력한 자신을 절감하며 자신도 모르게 기도를 올렸던 것이다. 자신의 삶에 언제나 절대자에 대한 믿음이 존재했으며, 거기서 벗어날 수 없다는 점을 깨달은 이 모습 또한 톨스토이를 드러내 준다.

'어떻게 살 것인가'는 우리 모두가 살면서 떨쳐낼 수 없는 고민거리이다. 삶의 큰 방향을 결정할 때는 물론이고 일상에서 마주치는 온갖 갈림길에서도 내 기준은 무엇인지 계속 생각할 수밖에 없다. 또한 한번 선택을 했다고 끝나지도 않는다. 그 선택을 견지할지, 어느 정도의 궤도 수정을 해야 할지 고민하게 만드는 일들이 계속 터지니까.

『안나 카레니나』에 등장하는 각양각색의 인물들, 다양한 사건과 상황은 독자에게 "나라면 어떻게?"라는 질문을 던지게끔 한다. 톨스토이가 제시하는 '진실한 삶의 실천'이라는 방향이 과연 유효한지 고민하게 한다.

4. 전환의 시대에 고민은 더욱 깊다

200년 가까운 시간적 거리, 러시아와 한국이라는 공간적 거리가 엄연히 존재함에도 이 작품 속 세상과 지금 우리가 사는 세상 사이에는 공통점이 존재한다. '전환의 시대'라는 공통점이다. 지금 우리는 4차 산업혁명, 인간의 노동력을 비롯해 기존 여러 가치들이 과연 얼마나 유효할지 의문이 제기되는 시대에 살고 있다. 톨스토이가 그려낸 세상 역시 엄격하게 유지되던 신분제가 무너지고 새로운 과학기술과 제도가 급작스럽게 등장하던 시기였다.

교육만 해도 그렇다. 보통 교육이 확산되어 지역 귀족 회의에서 학교 설립 문제를 다루게 되었을 때 레빈은 말한다. "뭣 때문에 학교가 필요해? 내 아이를 보낼 생각도 없고 농부들도 자기 아이들을 보내고 싶어 하지 않는 학교를 설립하는 데 마음을 써야 할 이유가 무엇이지?" 그는 당장 급한 것은 민중들의 삶을 개선하는 일이라고, 배곯지 않고 마음 편히 일할 수 있게 만들어주는 일이라고 믿었다. 여기서 덧셈, 뺄셈, 교리문답 같은 지식을 가르치는 학교는 아무 의미도 없다고 말이다. 그 바탕에는 자신이 배운 지식과 교양이 한없이 무익 무용하다는 생각이 깔려 있었다.

4차 산업혁명 시대에 살고 있는 우리도 다음 세대에게 무엇을 어떻게 교육할 것인지를 두고 그때와 마찬가지로 갈팡질팡이다. 지식 전달은 의미가 없다고 한다. 지금 존재하는 직업의 태반이 사라질 것이라고 한다. 창조적 인재를 키워야 한다고 한다. 하지만 구체적으로 뭘 어떻게 해야 하는지는 잘 모른다.

급격한 전환 앞에서 기존의 것들, 당연하게 여기던 삶의 조건들은 하나하나 검토해야 할 대상이 된다. 톨스토이가 그랬듯이 말이다. 물론 금방 답이 나올 문제는 아니다. 하지만 그렇다고 그냥 손 떼고 기존의 방식대로 흘러가겠다는 태도는 자기 삶을 방임하는 것이나 다름 없다. 각자 맡은 자리와 역할 속에서 고민을 이어나가다 보면 서로의 고민이 연결되고 결합되면서 새로운 세상에 기여하게 되지 않을까.

『안나 카레니나』의 번역본은 여러 출판사에서 나왔고 무엇을 선택하든 무방하다. 다만 분량이 많다는 점은 미리 감안해서 시작하기 바란다. 두꺼운 책 세 권으로 편집된 경우가 대부분이다. 여러 인물들의 다양한 삶을 담으려니 길어지는 것도 어쩌면 당연해 보인다. 긴 책 읽기가 엄두가 나지 않는다면 『사람은 무엇으로 사는가』나 『이반 일리치의 죽음』 등 단편을 먼저 읽으면서 작가에 익숙해지는 방법도 좋다.

더 읽기 자료

톨스토이(윤새라 역), 『사람은 무엇으로 사는가』, 열린책들, 2014.
톨스토이(이순영 역), 『이반 일리치의 죽음』, 문예출판사, 2016.

(집필자: 이상원 · 서울대학교 기초교양원 교수)

앵무새 죽이기(To Kill a Mockingbird)

하퍼 리(Harper Lee)

하퍼 리(Harper Lee: 1926~2016)의 『앵무새 죽이기(To Kill a Mockingbird)』는 1960년 출간 직후부터 미국 전역에서 선풍적인 인기를 끌었다. 이듬해인 1961년 하퍼 리는 이 책으로 퓰리처상(The Pulitzer Prize) 수상의 영예를 안았다. 미국 작가가 당대 미국인들의 삶을 다룬 빼어난 소설이란 평가를 받았다.

『앵무새 죽이기』는 지금까지 전 세계 40여 개 언어로 번역되었고 4천만 부 이상이 팔렸다. 1991년 미국 국회도서관이 '성경 다음으로 가장 영향력 있는 책'으로 선정하였고, 1998년 미국 『라이브러리 저널』은 '20세기 가장 영향력 있는 소설'로 선정하였으며, 2008년 영국 '플레이닷컴'은 '영국인들이 꼽은 역사상 최고의 소설' 1위로 선정하였다. 미국에서는 '한 도시 한 책(One City One Book)' 운동이 널리 벌어지고 있는데, 2001년 시카고(Chicago)는 이 운동의 일환으로 개최한 'One Book One Chicago'란 프로그램에서 『앵무새 죽이기』를 선정하였다. 시카고에서 이 책이 선정되는 데 결정적인 역할을 한 것이 바로 『앵무새 죽이기』가 다루고 있는 인종차별 문제 때문이었다. 『앵무새 죽이기』는 토론의 장을 통해 다양한 의견을 교환한 후 인종차별과 관련된 시카고 시민들의 의식을 변화시키는 데 크게 기여했다고 한다.

『앵무새 죽이기』는 영화로도 만들어져, 1962년 아카데미상 8개 부문에 지명되었다. 애티커스 핀치(Atticus Finch) 역을 맡은 그레고리 펙(Peck, Gregory)은 남우주연상을 수상하였다.

『앵무새 죽이기』는 1930년대 당시 미국에서 인종차별이 가장 심했던 앨라배마(Alabama)주에서 실제로 있었던 일을 바탕으로 하여 쓴 작품이다. 리의 어릴 때와 스카웃(Scout)의 유사함, 변호사였던 리의 아버지가 1919년 살인죄로 기소된 두 흑인을 변호했던 것이 애티커스의 역할과 닮은 점, 스카웃과 같이 리 역시 어머니가 돌아가신 것, 리의 오빠가 스카웃의 오빠 젬(Jem)이란 인물 창조에 영감을 준 점 등은 작가의 자전적인 요소와 관련된다.

무고한 흑인 청년 톰 존슨(Tom Johnson)이 백인 여성 마옐라(Mayella Ewell)를 성폭행했다는 누명을 쓰게 되었다. 백인 변호사 애티커스는 주변의 만류에도 불구하고 흑인 청년의 변호에 나선다. 톰이 억울한 누명을 썼다는 증거가 충분히 제시되었지만 배심원들은 단지 흑인이라는 이유로 유죄평결을 내리고 만다. 배심원들의 평결은 1930년대 대공황의 여파로 정신적 · 경제적으로 피폐해진 미국 남부 사회의 인종차별(racism)과 편견(bigotry)의 모습을 고스란히 반영하고 있다.

> "사람들이 그 사람을 변호해선 안 된다고 하는데 왜 하시는 거예요?"

"여러 가지 이유가 있지. 가장 중요한 이유는, 내가 그 일을 하지 않는다면 읍내에서 고개를 들고 다닐 수 없고, 이 군을 대표해서 주 의회에 나갈 수 없고, 너랑 네 오빠에게 어떤 일을 하지 말라고 다시는 말할 수조차 없기 때문이야."

"아빠가 그 사람을 변호하시지 않으면, 오빠랑 저랑 이제 더 아빠 말씀을 안 들어도 괜찮다는 거예요?"

"그런 셈이지."

"어째서요?"

"내가 너희들에게 내 말을 들으라고 두 번 다시 말할 수 없기 때문이야. 스카웃, 단순히 변호사라는 직업의 성격으로 보면 모든 변호사는 말이다, 적어도 평생에 한 번은 자신에게 큰 영향을 끼치는 사건을 맡기 마련이란다. 내겐 지금 이 사건이 바로 그래. 이 문제에 관해 어쩌면 학교에서 기분 나쁜 말을 듣게 될지도 몰라. 하지만 나를 위해 한 가지만 약속해 주렴. 고개를 높이 들고 주먹을 내려놓는 거다. 누가 뭐래도 화내지 않도록 해라. 어디 한번 머리로써 싸우도록 해 봐……. 배우기 쉽지는 않겠지만 그건 좋은 일이란다."

"아빠, 우리가 이길까요?"

"아니."

"그렇다면 왜 —"

"수백 년 동안 졌다고 해서 시작하기도 전에 이기려는 노력도 하지 말아야 할 까닭은 없으니까."(148~149쪽)(밑줄 필자)

딸 스카웃과 아버지 애티커스의 대화다. 흑백 간의 인종차별이 만연하던 미국 남부 도시에서 흑인을 변호하지 말라는 사람들의 말은 매우 일반적인 생각이었다. 톰이 재판에서 질 것을 모두 알고 있었던 셈이다. 그래서 어린 딸은 이기지도 못할 것을 알면서 왜 흑인을 변호하느냐고 묻는다. 아빠는 '수백 년 동안 졌다고 해서 시작하기도 전에 이기려는 노력도 하지 말아야 할 까닭은 없'다고 답한다. 오랜 관습이 잘못되었다면 그걸 부수기 위해서 누군가는 노력해야 한다는 점을 어린 딸에게 가르치는 것이다.

'앵무새 죽이기'가 무엇을 의미하는지를 짐작할 수 있게 하는 대목 또한 아빠의 말에 담겨 있다.

> "(전략) 하지만 앵무새를 죽이는 건 죄가 된다는 점을 기억해라."
>
> 어떤 것을 하면 죄가 된다고 아빠가 말씀하시는 걸 들은 것은 그때가 처음이었습니다. 그래서 모디 아줌마에게 여쭤봤습니다.
>
> "너희 아빠 말씀이 옳아." 아줌마가 말씀하셨습니다. "앵무새들은 인간을 위해 노래를 불러 줄 뿐이지. 사람들의 채소밭에서 뭘 따 먹지도 않고, 옥수수 창고에 둥지를 틀지도 않고, 우리를 위해 마음을 열어 놓고 노래를 부르는 것 말고는 아무것도 하는 게 없어. 그래서 앵무새를 죽이는 건 죄가 되는 거야."(173~174쪽)(밑줄 필자)

그 뜻은 모디(Miss Maudie) 아줌마가 설명하고 있다. 앵무새는 바로 톰을 뜻한다. 사람들에게 아무런 해를 끼치지 않은 앵무새를 죽이는 것은 죄가 된다고 했다. 톰이 유죄가 될 것을 알면서도 내버려 두는 것 또한 죄가 되는 것은 마찬가지다. 위험과 피해를 무릅쓰면서 아빠가 흑인을 변호하는 이유가 여기에 있다.

마옐라의 아버지 밥(Bob Ewell)은 재판에서 이겼다. 그러나 창피를 당했다고 생각한 그는 복수를 계획한다. 애티커스의 아들 젬과 딸 스카웃이 핼러윈(Halloween) 축제 행렬에서 집으로 돌아오는 길목을 지키다가 아이들을 공격한다. 젬은 팔이 부러지는 등 위험에 처했으나 세상과 단절된 채 살아온 부 래들리(Boo Radley)의 도움으로 스카웃과 함께 무사히 집으로 돌아온다. 아버지 애티커스는 딸 스카웃에게 래들리 아저씨를 바래다 드리고 오라고 한다.

> 아빠의 말이 정말 옳았습니다. 언젠가 상대방의 입장이 되어 보지 않고서는 그 사람을 정말로 이해할 수 없다고 하신 적이 있습니다. 래들리 아저씨네 집 현관에 서 있는 것만으로도 충분했습니다.
>
> 한창 내리는 가랑비에 가로등이 뿌옇게 보였습니다. 집으로 가는 동안 나는 나이가 부쩍 든 것 같은 느낌이 들었습니다. 코 끄트머리에 작은 안개 방울이 맺혀 있는 것이 보였습니다. 하지만 사팔뜨기처럼 눈을 흘겨 쳐다보다가 현기증이 나서 그만뒀습니다. 집으로 걸어가면서 내일 젬 오빠에게 무슨 말을 해 줄까 생각했지요. 오늘 일을 놓친 것에 화를 내며 아마 며칠 동안 내게 말을 걸지 않을 것 같았습니다. 집으로 걸어가는 동안 나는 오빠랑 내가 자랐다는 생각이 들었습니다. 아마 대수를 빼놓고는 이제 우리가 배워야 할 게 별로 많지 않은 것 같았습니다.(514~515쪽)(밑줄 필자)

'나'는 스카웃이다. 초등학교 3학년쯤 되는 나이의 어린아이 말 치고는 퍽 맹랑하다. 아직 배우고 익혀야 할 게 많은 어린아이가 대수(代數) 말고는 이제 배워야 할 것이 별로 많지 않다고 하니 말이다. 아이들[오빠 젬, 딜(Dill) 그리고 스카웃]은 마을 사람들이 입에 올리기를 꺼리는 래들리 아저씨 집 앞을 지나가는 것을 두려워했었다. 그래서 스카웃은 늘 자기 집에서 래들리 아저씨 집을 바라보았을 뿐 한 번도 래들리 아저씨 집 쪽에서 자기 집을 바라본 적이 없었던 것이다. '래들리 아저씨네 집 현관에 서 있는 것만으로도 충분'하다는 말은, 바로 입장이나 관점이 바뀌면 의미 또한 달라진다는 뜻이다.

시차(視差: parallax)란 말이 있다. 본래 '관측자가 어떤 천체를 동시에 두 지점에서 보았을 때 생기는 방향의 차'라는 뜻이었다. 원용해 보면 래들리 아저씨네 현관에 선 스카웃은 바로 시차를 경험한 것이다. 바로 이때 전에 아빠가 했던 말을 소환한다. '상대방의 입장이 되어 보지 않고서는 그 사람을 참말로 이해할 수 없다.'던 말씀 말이다. 아마도 그때는 그 의미를 온전히 깨닫지 못했던 것이 분명하다. 래들리 아저씨네 집 현관에서 돌아섰을 때 스카웃은 비로소 그 의미를 깨달은 것이다. '대수를 빼놓고는 이제 우리가 배워야 할 것이 별로 많은 것 같지가 않'다고 나이답지 않은 맹랑한 말을 한 것으로 보아 깨달음의 크기를 가늠할 수 있다. 몸은 아직 어리지만 생각이 훌쩍 커버린 것이다.

『앵무새 죽이기』는 인종차별과 편견에 사로잡힌 1930년대 미국 남부에서 벌어지는 이런저런 사건들이 중심 제재다. 그러나 인종차별과 편견 문제를 다루었기 때문만으로 『앵무새 죽이기』가 주목받았다고 보기는 어렵다. 예닐곱 살부터 열 살 남짓의 어린아이로서는 잘 이해할 수도 없는 문제를 아빠와의 대화를 통해 자연스럽게 인식하고 이해해 나가도록 하는 과정이 독자들의 관심을 끌었다. 『앵무새 죽이기』는 그 '거창한 주제'에 대한 스카웃의 개안(開眼) 과정을 그린 성장소설(Bildungsroman)이다. 자칫 거창한 주제를 들고 구호를 외치는 경우가 있다. 그보다는 인물과 사건을 통해 잘 형상화한 소설을 읽고 독자가 구호를 외치도록 해야 성공한 소설이 된다. 『앵무새 죽이기』가 바로 그렇다.

더 읽기 자료

괴테(Goethe, J. W.)(안삼환 역), 『빌헬름 마이스터의 수업시대』, 민음사, 1999.
헤세(Hesse, H.)(전영애 역), 『데미안』, 민음사, 2000.
만(Mann, T.)(곽복록 역), 『마의 산』, 동서문화사, 2018.
샐린저(Salinger, J. D.)(공경희 역), 『호밀밭의 파수꾼』, 민음사, 2019.
황석영(黃晳暎), 『개밥바라기별』, 문학동네, 2014.

(집필자: 류덕제 · 대구교육대학교 교수)

어린 왕자(Le Petit Prince)

— 우리 모두는 어린 왕자, 그러나……

(생텍쥐페리 『어린 왕자』 프랑스어판 출간 70주년 기념판 출간에 부쳐)

생텍쥐페리(Saint-Exupéry, Antoine Marie-Roger de)

1. 다시 한번, 생텍쥐페리 『어린왕자』의 깊은 의미를 찾아 나서다

『어린 왕자』는 안 읽은 사람이 드문 책이지만, 책의 행간 속에 깊이 숨어있는 뜻은 책이 나온 지 70여년이 지난 오늘날에도 여전히 다 밝혀지지 않은 것 같다. 2017년 프랑스의 역사 깊은 출판사인 갈리마르(Gallimard, 110년 전인 1911년 설립)사가 『어린 왕자』의 프랑스어판 출간을 기념해 이 책이 탄생하기까지의 흥미진진한 온갖 비화들을 소개하는 특별판을 냈다. 다시 한번 모두 읽어 보자는 것인데, 많은 사진과 비화들과 함께 저명한 작가들의 독후감들도 몇 편 곁들인 특별판이다. 이 책을 한국의 전통 깊은 출판사인 문예출판사에서 번역 출간했다.

'책을 팔려는 고도의 판촉 행위'라고 볼 수도 있지만, 이번 특별판 출간은 아직도 '어른을 위한 동화'라고 불리는 이 책의 신비가 다 드러나지 않았다는 반증이기도 할 것이다. 사실 시나 소설은 아무리 오래되었다고 해도 그 의미가 다 드러나는 경우는 없다고 봐야 한다. 법조문이나 상업적 계약서와는 전혀 다른 결을 지닌 문학작품은 읽는 사람에 따라, 심지어는 같은 사람이 읽어도 읽는 나이에 따라 전혀 다른 작품이 되는 경우가 많다. 걸작인 경우 더더욱 그렇다. 우리가 다 경험해 본 바이지만, 이는 비단 문학작품에만 해당되는 이야기가 아니라 미술과 음악의 경우에도 해당된다.

『어린 왕자』의 다 드러나지 않은 깊은 의미에 대해 말하면서 또 한 가지 잊지 말아야 할 것은 작가 자신도 이 깊은 의미에 대해 모르기는 마찬가지라는 점이다. 자신이 쓴 작품임에도 불구하고 작가가 작품의 의미를 다 알지 못한다는 이 말은 언뜻 이해하기 어려운 지적이다. 하지만 어린 왕자 식으로 말한다면, "작가가 작품의 깊은 의미를 다 안다면 책을 쓸 이유가 없는 것이에요"라고 말할 수 있다. 작품은 언제나 작가보다 위대하다. 창작과 작품에 대한 이런 관점, 즉 작가와 작품을 떼어놓고 봐야 한다는 관점은 20세기 문학 비평의 주된 흐름이다. 정신분석 쪽에 기댄 심리비평 계열의 무의식 연구도 그렇고, 문학이나 여타 예술 일반 전체를 사회와 문화가 낳은 것으로 보는 구조주의적 관점도 같은 관점에 기반한다. 요즈음 다소 그 뜻이 왜곡되어 유행하는 찰스 도킨스가 주장한 바 있는 세대에서 세대로 모방, 전승되는 문화의 핵심 요소들인 '밈(meme)'도 작가와 작품을 별개로 보는 관점이다.

다음과 같은 일화 한 토막이 『어린 왕자』의 신비를 작가인 생텍쥐페리도 모르고 있었다는 사실을 말해 준다. 전투기를 몰고 나갔다가 실종되기 두 달 전인 1944년 5월 어느 날, 이탈리아에서 존 필립스라는 미국 사진기자가 생텍쥐페리를 만나 취재한 기사의 일부다.

이 어린 왕자가 서류들 속에서 튀어나오는 것을 나는 여러 번 보았다. 그러던 어느 날 생텍스(생텍스는 흔히 생텍쥐페리를 줄여서 부르는 애칭임)에게 어떻게 해서 이 장난꾸러기같이 생긴 짓궂은 어린 왕자를 만들게 되었는지 물었다. 질문을 받은 그는, 어느 날 흰 종이 한 장을 앞에 놓고 가만히 쳐다보았더니 어린아이 하나가 불쑥 나타났다고 답했다. 그래서 생텍스가 물었단다.

"넌 대체 누구니?"

그랬더니 그 아이가 "난 어린 왕자야"라고 답을 했다고 한다.

생텍스가 퍼즐을 풀면서 쉬거나 할 때는 굳이 어린 왕자의 도움이 필요 없었겠지만, 그럼에도 어린 왕자는 늘 그의 곁에 있었던 듯하다.(본문 53쪽)

시인이나 화가 혹은 음악가 등 예술가들은 평범한 우리 같은 보통 사람들과는 다른 사람들이다. 욕심도 많고 고집도 세고, 어떤 때는 어린아이 같다가도 갑자기 예언자처럼 행세하기도 하고 그런다.

일화 하나를 더 보자. 저명한 소설가이자 문학비평가이기도 한 앙드레 모루아(Maurois, André)가 나치를 피해 미국에 피난을 가 있던 시절 생텍스를 만나 겪은 일이다.

바다가 보이는, 뉴욕 인근의 베빈 하우스에서 그가 『어린왕자』를 쓴 것이 불과 4년 전이다. 생텍쥐페리 부부는 이 저택을 구해 놓고 두 사람이 살기에는 어울리지 않게 크고 야릇한 집에 스스로 놀랐다. 많은 방을 보며 두 사람만이 아니라 그들의 유령도 함께 살려는 게 아닐까 수군대는 사람이 있다 해도 이상할 게 없었다.(중략) 바람이 불고 쌀쌀한 미국의 가을이 찾아오면 일대 나무들은 붉은 단풍이 들어 마치 불이 난 것만 같았다. 나는 드니 드 루즈

몽과 함께 이 집에 도착했다(1942년 10월). 오후 내내 우리 두 사람은 생텍스가 들려주는 멋진 이야기들을 들었다. 인도차이나에서 시작해 파리 뒷골목 이야기까지, 사하라 사막에서 칠레까지 그는 쉼없이 이야기를 해나갔다. 타고난 이야기꾼이었다…….

저녁을 먹고 난 후 생텍스는 체스를 두었다. 체스를 끝낸 후에는 카드를 펼치고는 내가 한 번도 본 적이 없는 신기한 마술을 보여주면서 집에 온 사람들을 즐겁게 해주려고 마술사가 되기도 하고 시인이 되기도 했다. 자정쯤 되었을 때 그는 서재로 들어갔는데, 잠을 자는 게 아니라 아침 일곱 시가 될 때까지 작은 소행성에 올라탄, 자신의 분신이기도 한 상징적 인물인 어린 왕자 이야기를 쓰고 그림을 그렸다. 한밤중에도 고래고래 소리를 치며 우리를 불러 그림을 봐달라고 했는데 그만큼 그림이 자기 마음에 들었던 것이다. 자신의 인생을 이렇게 스스로 강요하고 아낌없이 써버리는 것은 천재의 한 특권이다.(본문 50쪽)

조금도 과장이 아니다. 어린 왕자를 쓴 생텍스는 이런 사람이었다. 그는 일상의 시공간에서도 시인으로 살았던 것이다. 다른 사람의 눈에는 실성했다는 오해를 불러일으킬 수도 있다.

흰 종이를 펼쳐놓고 바라보고 있는데 갑자기 종이 위에 나타난 어린 왕자는 누구일까? 한밤중에 자고 있는 손님들을 깨워 밤새 그린 어린 왕자를 봐달라는 이 정신 나간 집주인, 생텍쥐페리의 손에서 나온 소행성에 올라탄 어린 왕자는 누구일까?

작가 생텍스의 분신이라는 답은 너무 쉬운 답이다. 그러면 누구란 말인가? 아무도 속 시원하게 답을 할 수가 없다. 바로 이런 이유 때문에 동화 같은 혹은 시나 소설 같은 우의적이고 읽을 때마다 다르게 느껴지는 예술이 필요한 것이다. 암시와 느낌으로만 가 닿을 수 있는 세계가 있다. 어느 시인이 말한 것처럼 "사람들 사이에 섬이 있다. 그 섬에 가고 싶다." 섬은 사람들 사이에 가고 싶다는 욕망의 대상으로만 존재할 것이다. 지도에도 없고 오직 가고 싶다고 말하는 그 순간 언뜻 보일 뿐이다. 그렇다면 섬은 없는 것일까? 환상일 뿐일까?

단답식으로 세상과 인간을 이해하려고 하면 안 된다. 눈에 보이는 것이 세상의 전부가 아니다. 어린 왕자가 말하지 않았던가. "정말로 중요한 것은 눈에 보이지 않아요. ……" 어린 왕자는 책 속에서 단답식으로 말하거나 눈에 보이는 것이 전부라고 믿으며 사는 이런 이들이 사는 행성들을 하나씩 방문한다.

굳이 어린 왕자를 따라 저 이상한 행성들을 가볼 필요도 없다. 우리들 주변에도 단답식으로 세상을 살아가는 이들이 많지 않은가. 우리 모두가 익히 잘 아는 것처럼, 사람들은 재난이 닥치거나 자신과 다른 현상을 목격할 때 원인이 쉽게 찾아지지 않으면 비난의 화살을 대개 마음껏 비난해도 대응하기 어려운 약자들에게 돌리곤 한다. 역사적으로 보면 전염병의 원인을 마녀에게로 돌리고, 그것도 모자라면 마녀의 몸에 난 점으로 마귀가 들락거렸다고 하며 점을 꼬챙이로 쑤시며 고문하고 죽였다. 20세기 초 나치는 독일 경제 몰락의 원인을 제1차세계대전의 베르사유 조약에서 체결된 전쟁 보상금이 아니라 동산을 많이 갖고 있는 유대인 집단에게서 찾아 집단 학살을 했다.

성차별도 단답식 세상의 전형적 행태다. 여자는 여자가 가야 할 길이 따로 있고, 못 배우고 가난한 자는 그들이 따르고 지켜야 할 것들이 따로 있다고 말한다면 이는 독재자들의 어법이다. 노동자는 노동만 하면 되고, 사장은 경영만 하면 그만이고, 장사꾼은 이익만 남기면 된다.

…… 할아버지와 아버지가 지배하던 곳이니 손자이자 아들인 내가 당연히 지배해야지 라며 똥배를 내밀고 뒤뚱거리는 젊은 독재자를 우리는 거의 매일 본다. 유명한 영화 <인생은 아름다워>에 나온 수수께끼이기도 하다. "뚱보에 못 생기고 노란색을 달고 누구냐고 물으면 꽥꽥꽥. 날 따라오면서 똥을 싼다. 나는 누구일까?" 수수께끼 강박증을 앓고 있는 군의관은 영화의 주인공 귀도를 다그친다. "자네를 위해 어젯밤 번역을 해왔네. 답이 뭔 것 같은가? 아무리 봐도 오리 같지만……. 날 좀 도와주게, 제발 도와주게. 밤엔 잠도 잘 오지 않아. 오리가 틀림없는데!" 답은 나치 히틀러다.

독재자들은 수수께끼를 인정하지 않는 공통점을 갖고 있다. 단답식만 좋아한다. 그래서 '똥배를 내밀고 뒤뚱거리는 젊은 독재자'는 오징어 게임을 보기만 해도 무기징역을 내리고 USB에 담아 들여온 사람은 사형에 처해 버린다. 지구상에 이런 나라가 몇 개 남지 않았지만 어린 왕자가 있어야 할 이유가 분명해진다.

많은 사람들이 믿지 않겠지만 지구상에서 『어린 왕자』를 금서로 지정한 이상한 나라가 있었다. 옛 소련 시절의 동구권 국가 중 하나인 헝가리에서 실제로 있었던 일이다. 동구권 국가들은 다른 유럽 국가들보다 늦게 1950, 1960년대에 『어린 왕자』를 받아들였다. 하지만 유독 헝가리 청소년들은 이 책을 마음대로 읽을 수가 없었다. 당시 헝가리 공산당 정부가 발표한 성명을 읽어보자.

> 이 책은 자라나는 우리 아이들의 취향을 오염시킬 위험이 있다. 우리는 사회주의 체제에서 살고 있다. 이 체제는 내일의 일꾼들인 어린아이들에게 이 지상에서 굳건하게 두 발을 딛고 살아나

갈 것을 요구한다.(중략) 이들이 하늘을 올려다보며 신과 천사를 찾도록 해서는 안 될 것이다. 하늘에서 찾아야 할 것은 스푸트니크들이다.[14] 우리의 아이들을 어린 왕자의 터무니없고 병적인 향수병에서 구원해 내야 하며, 마찬가지로 동화라는 이름의 독약에서도 구출해야만 한다. 이런 것들은 어리석게도 죽음을 그리워하게 만든다!(본문 34쪽)

『어린 왕자』는 생각보다 심각하게 정치적 성격을 갖고 있는 책이다. 이런 책을 어른을 위한 동화라고 하면서 가볍게 읽으려고 들면 책은 더욱 어려워지기만 할 것이다. 작가는 자신이 의도하지 않아도 언제나 참여 작가가 되지 않을 수가 없다. 전설과 동화를 포함한 시와 소설의 언어는 좋은 작품일수록 작가 개인을 떠나 인간 일반을, 그리고 동시에 사회 전체를 드러내지 않을 수가 없다. 문학작품은 주장을 천명하는 성명서가 아니며 교리를 설파하는 경전도 아니다. 좋은 작품일수록 연주할 때마다, 혹은 연주자에 따라 달라지는 베토벤이나 라흐마니노프(Rakhmaninov, Sergei Vasil'evich)처럼 새로운 깊이를 드러낸다. 따라서 깊이 읽고, 깊이 연주해야 한다. 책을 읽는 행위는 악기를 연주하는 것과 똑같다.

생텍쥐페리가 제2차 세계대전이 터져 하루에도 수천 명씩 사람들이 죽어가는 때에 전쟁을 고발하는 반전소설이 아니라 이런 동화 형식을 빌린 데에는 그만한 이유가 있는 것이다. 어린 왕자가 죽어가고 있었던 것이다. 모든 사람들의 가슴속에 있어야 하는 어린 왕자가. 문학

---

14 스푸티니크들(sputniks)은 소련이 쏘아 올린 인공위성들을 말한다. 1957년에 시작해 1961년에 개와 TV 시스템 등을 탑재한 스푸티니크 10호를 발사하면서 이 계획은 끝난다.

을 죽이고 성명서 같은 것들이 난무하며 사이비 경전들이 사람들을 미혹할 때 흰 종이를 펼치니 어디서 나타났는지 불쑥 어린 왕자가 나타난 것이다. 이 귀여운 꼬마 괴물은 자신을 멋지게 그려달라고, 같이 놀아달라고 나타난 것이 결코 아닌 것이다. 겉으로는 나타내지 않았지만 거의 죽어가고 있었던 것이다. 같은 이유로 제2차 세계대전이 한창이던 때에 알베르 카뮈(Camus, Albert)라는 작가도 반전소설과는 전혀 관계가 없는 『이방인』이라는 야릇한 소설을 썼다.

2. 『어린 왕자』는 어떤 책인가

2017년, 『어린 왕자』가 본국인 프랑스에서 출간된 지 70주년 이 되자 이를 기념해 나온 이 특별판에는 작품 『어린 왕자』만이 아니라 미국에 거주하던 당시는 물론이고 생텍쥐페리의 어린 시절이나 가족들에 관한 사진과 에피소드들이 많이 실려 있어서 생텍쥐페리를 가깝게 만날 수 있다. 하지만 무엇보다 책을 구상하고 집필하면서 겪었던 일화들이 풍부하다.

『어린 왕자』는 프랑스에 앞서 미국에서 영어와 프랑스어판으로 동시에 출간되었다. 작가는 영어를 못했기 때문에 자연히 번역가를 따로 두고 작업을 했다. 데생과 수채화로 이루어진 삽화도 나중에 더 추가되었지만 처음부터 글과 함께 그려지고 다듬어졌다. 이렇게 하나의 작품이 탄생하게 된 과정을 초고에서부터 마지막 출간 때까지 추적하는 일은 프랑스의 경우 일반화되어 있는 문학 연구 과정이다.[15] 70주년 기념

---

15 필자도 프랑스 유학 당시 이 점이 너무나 부러웠다. 갈리마르(Gallimard) 사에서 총서로 출간하는 라 플레이아드(La Pléiade)판으로 불리는 전집이 있다. 작고한 지 이삼백 년 된 작가에서

이라고 해서 나온 특별판이지만 생텍쥐페리 연구자들에게는 이런 정보들 때문에 더할 나위 없이 귀중한 자료집이기도 하다. 문학 연구는 이런 사실관계 파악이 우선이다. 그다음에 비평과 해석 작업이 이어지는 것이다.

『어린 왕자』는 발표하는 사람마다 조금씩 다르지만 소수민족 언어나 사투리까지 다 포함해서 계산하면 대략 457개 언어로 번역이 되었다고 한다. 프랑스 우파 정론지인 『르 피가로』지의 2017년 발표에 따르면, 『어린 왕자』는 아랍어의 사투리인 하사니아(hassanya)어로 번역이 되면서 300번째 외국어로 번역이 되었다는 발표도 있다.(이렇게 숫자가 크게 차이가 나는 것은 각 재단마다 계산법이 다른 것이 한 원인일 것이다.)

『어린 왕자』는 이렇게 해서 '성경책 다음으로' 많이 번역된 프랑스 책이라는 타이틀을 갖고 있다. 뿐만 아니라 영화, 오페라, 뮤지컬, 애니메이션 등으로 각색되어 무대와 스크린을 누볐다. 장차 웹툰도 나올 것이 분명하다. 『어린 왕자』와 관련된 파생 창작에 관해서는 특별판 본문 33쪽 이하에 자세하게 정리가 되어 있다. 물론 갈리마르사가 낸 전집 『라플레이아드』 판도 있다.

부터 20세기 작가까지 기억할 만한 작가마다 전집을 내주는데, 그 작가 수가 수백 명에 이르며 해당 작가 연구의 최고 권위자들 중 한두 사람이 전집 집필을 맡는다. 학자로서 큰 영광이 아닐 수 없다. 이 갈리마르 전집은 박사 논문의 필수 원전이기도 하다. 작품 구상에서부터 초고는 물론이고 작품이 처음에 어느 잡지에 실렸는지 등 자세한 정보를 제공한다. 한국도 이 작업을 해야 하는데 늦은 감이 있지만 지금이라도 시작해야 한다. 참고로 미술 분야에서도 프랑스는 같은 서지학적 노력을 보여주는데 그것이 다름 아닌 카탈로그 레조네(catalogue raisonné)라고 하는 것이다. 이 프랑스어 단어를 전 세계에서 그대로 사용한다. 한 화가나 조각가의 전 작품을 속속들이 조사해 언제 제작했고, 전시회는 언제 어디서 했으며, 얼마에 거래가 되었는지 등이 모두 기록되어 있다. 클로드 모네나 피카소 같은 다작으로 유명한 작가의 경우에는 카탈로그 레조네도 여러 권이 되는데 권당 가격이 수백만원씩 한다.

흥미로운 것은 영화사 최고의 걸작으로 꼽히는 <시민 케인>의 감독인 오손 웰스가 『어린 왕자』를 영화로 제작하려고 디즈니에 협조를 구하다가 실패해 계획만 세우고 말았는데, 영화 <시민 케인>에 나오는 '로즈버드'(장미 꽃봉오리라는 뜻이지만 영화에서는 어린 시절을 상징하는 눈썰매 이름이다.)와 『어린 왕자』의 장미(rose) 사이에는 여러 유사성이 존재한다는 것이다.

또 하나 『어린 왕자』에서 지적되고 깊이 논의되어야 할 것이 삽화들이다. 우리는 흔히 책의 내용을 중시한 나머지 설사 작가가 직접 그렸다고 해도 삽화에 큰 중요성을 두지 않는다. 하지만 『어린 왕자』의 경우만이 아니라 이 문제는 문학 연구에 있어 상당히 중요한 위치를 차지하고 있다. 가령, 요즈음 개봉된 <무녀도> 같은 애니메이션의 경우 이 이미지 문제는 원작이 그림 이야기이기에 엄청난 중요성을 지닌다. 일제강점기가 배경인 이 소설에서, 모화의 딸 낭이는 겨우 한글을 깨친 어린 나이에 미술학교는 고사하고 초등학교도 제대로 다니지 못한 소녀임에도 불구하고 그림으로 먹고살 정도로 그림을 잘 그린다. 이 그림 재주는 그 아이에게는 어미 모화의 신기가 내린 결과다. 김동리는 일찌감치 서양의 추상화를 예견한 것처럼 보인다. 신기가 내려 춤을 추듯 그린 그림이 바로 잭슨 폴록이 물감을 붓에 묻혀 뿌리면서 그린 일련의 그림들이다. 서양화는 이젤을 세워놓고 그리는 것이 일반적인데 폴록은 동양화처럼 캔버스를 바닥에 펼쳐놓고 붓으로 물감을 찍어 뿌려 댄 것이다. 어떤 때는 물감 방울들을 뚝뚝 떨어뜨리기도 했다. 이 엉뚱하게 보일지 모르는 비교는 소설에서 낭이가 경전이 없는 종교인 샤머니즘을 대표하고 반대로 욱이는 전형적인 경전 종교인 기독교를 대표하고 있기에 신중하게 접근할 필요가 있다. 이 문제를 제기하는 것은 『어린 왕자』의 경우 거의 언제나 작가의 뇌리에 글보다 그림이 먼저 나타났기 때문이다.

소설의 시대인 유럽의 19세기에 소설이 출간되면 대부분 엄청난 분량의 삽화들이 첨가되곤 했다. 지금도 삽화가 있는 소설이 나오긴 하지만 아예 그래픽 노블이라는 소 장르가 있고, 또 만화는 말풍선이라는 텍스트 덩어리보다 그림이 더 중요한 장르다. 우리가 흔히 쓰는 상상력이라는 말, 즉 imagination에서 이미지는 눈에 보이는 상들을 따라 우리의 정신이 움직이는 언어 이전의 인지 현상을 말한다. 말이 아니라 그림이 먼저인 것이고 마지막까지 남는 것도 그림이다. 이 이미지들의 논리가 이성적 언어를 압도하는 세상이 꿈이다. 꿈 속에서는 +기호가 수학기호가 아니라 십자가도 되고 섹스도 되고 창살도 된다.

어린아이들이 그리고 청소년들이 낙서하는 것을 크게 나무라지 말아야 한다. 그런데 한국은 어떤가? 한국은 세계에서 길거리에 가장 낙서가 없는 나라다. 잡혀간다. 그래서 세계 낙서가들은 한국에서 낙서하고 오면 영웅이 된다. 풍자화의 대가로 전 세계 빈 벽을 찾아다니며 낙서를 하는 얼굴 없는 화가 뱅크시(Banksy) 같은 예술가는 한국에서는 태어날 수가 없다. 전철도 깨끗하고 길거리 담벼락도 너무 깨끗하다. 그러나 속은 겉만큼 깨끗하지 못하다.

앞에서 말했듯이, 어린 왕자는 단순히 귀엽고 예쁜 아이가 아니다. 숨을 헐떡거리는 소리는 안 들렸지만 죽어가고 있는 가여운 아이였다. 생텍쥐페리는 이 아이에게 나와서 마음 놓고 펑펑 울라고 종이를 펼쳐준 것이다. 그랬더니 그동안 쌓인 이야기를 다 풀어놓았다. 생텍쥐페리는 언젠가 다른 책에서 "아이들 속에서 자라는 모차르트를 죽이면 안 된다."고 말했다. 모차르트는 정인이 같은 아이만 가리키는 것이 아니다. 아이들 속에 있는 이 모차르트는 거의 신이다. 마음속 깊은 곳의 부처이며 빛이고 꿈이다. 예수님이 말했다. "어린아이들이 내게 오는 것을 용납하고 금하지 말라. 하나님의 나라가 이런 자의 것이니라." 부처님도 비슷한 이야기를 어딘가에서 하셨을 것이다.

3. 생텍쥐페리는 누구인가

생텍쥐페리(Saint-Exupéry, Antoine Marie-Roger de)는 1900년에 스위스와 국경을 이루는 프랑스 남동부의 대도시 리용(Lyon)에서 태어났다. 그래서 리용 국제공항 이름이 생텍쥐페리 공항이다. 제2차 세계대전 당시 남불의 마르세이유 인근 바다 위를 날다가 1944년 7월 실종되고 말았다. 작가이지만 무엇보다 항공기 조종사였다. 기자 생활도 잠시 했었다. 그의 작품은 대부분 이 비행기 조종사로의 경험이 낳았다고 해도 과언이 아니다. 『남방 우편기』, 『야간 비행』 같은 소설은 제목만 봐도 조종사가 쓴 것임을 쉽게 알 수 있다. 1939년에 나온 『인간의 대지』는 베트남, 모스크바, 스페인 등을 기자로 취재하며 느낀 것을 적은 글이다. 이 작품은 프랑스한림원 소설 대상을 수상하기도 했다.

생텍쥐페리는 처음에는 해군장교가 되려고 했었다. 다행인지 불행인지 이 시험에 낙방하는 바람에 미술과 건축을 가르치는 학교에 들어갔다가 일반병으로 입대해 우연히 1922년경에 비행기를 타게 되었다. 제대한 후 우편기 회사에 들어가 프랑스 남부에서 아프리카 세네갈을 연결하는 노선에 투입되었고, 이어 남미 노선에서도 일했다. 『남방 우편기』, 『야간 비행』 등은 모두 이 당시의 조종사로서의 경험이 바탕이 되어 나온 작품들이다.

1939년에는 잠시 공군에 들어가 정찰기를 몰기도 했지만, 1940년 프랑스가 독일에 항복을 하자 바로 프랑스를 떠나 미국으로 건너갔다. 이 미국 체류 시간은 결코 생텍쥐페리에게는 편안한 시간이 아니었다. 우선 레지스탕스 운동을 통해 조국에서는 독일에 저항하느라 많은 이들이 목숨을 걸고 싸우고 있는데 도망쳤다는 비난을 받아야만 했다. 프랑스는 제2차 세계대전 당시 생각보다 너무나 쉽게 독일에 항복을 해버렸다. 생텍쥐페리는 친독 정부인 비시(Vichy) 정권에는 반대하면서도 드골의 노선에 대해서도 일정한 거리를 유지하고 있었기에 이런 비난은 사실과 다른 편견이었지만, 그러나 견디기 쉬운 일은 아니었다. 또 그의 미국행은 미국을 제2차 세계대전에 끌어들이기 위한 목적도 갖고 있었다. 하지만 당시 미국에 와있던 많은 프랑스인들은 양분되어 서로 헐뜯는 일이 잦았다고 한다.

마침내 1944년 봄 생텍쥐페리는 지중해의 사르데냐(Sardegna) 섬을 거쳐 코르스(이탈리아어로는 코르시카) 섬에 도착해 남불 해안 상륙 작전을 위한 정찰 활동에 투입되었다. 하지만 록히드 P-38 라이트닝을 몰고 나간 그는 영영 다시 돌아오지 못하고 만다. 60년만인 2003년에 그가 타고 나갔던 비행기가 마르세이유 앞바다에서 발견되었다. 불행한 죽음이 아니라 안타까운 죽음이었다. 제2차 세계대전이 거의 끝나갈 무렵이었던 것이다. 이 실종 사건은 그가 『어린 왕자』의 마지막 페이지에서 했던 말을 떠올리게 해서 더욱 우리를 숙연하게 한다.

"만일 한 어린아이가 여러분에게 다가오는데 그 어린아이가 웃고 있고 머리가 금빛이라면, 그리고 묻는 말에 아이가 대답을 하지 않는다면 여러분은 그 아이가 누구인지 알아챌 수 있을 것이다. 그때는 내게 친절을 베풀어주시길 바라니, 이처럼 마냥 슬퍼하도록 나를 내버려 두지 말고 빨리 편지를 보내주길 바란다. 그 애가 돌아왔다고…….”

━ 더 읽기 자료

나탈리 데 발리에르(김병욱 역), 『생텍쥐페리』, 시공사, 2000.
생텍쥐페리(이현웅 역), 『생텍쥐페리의 르포르타주』, 울력, 2016.

(집필자: 정장진 · 파리 제8대학 문학박사, 『어린 왕자』 번역자)

이방인(L'Étranger)

카뮈(Camus, Albert)

오늘은 2020년 12월 14일이다. 이제 몇 주만 지나면 2021년이다. 2019년 12월 중국 우한(武汉)에서 원인을 알 수 없는 호흡기 전염병이 발생했다. 세계보건기구(WHO)는 2020년 1월 9일에 그 호흡기 질환의 원인을 규명하고 1월 30일에 '국제적 공중보건 비상사태(Public Health Emergency of International Concern, PHEIC)'를 선포했다. 그리고 2월 11일에 이 전염병의 공식 명칭을 발표했다. 코로나바이러스감염증-19. 하루에도 몇 번씩 코로나19에 감염된 사람들의 숫자와 그들의 주거 지역을 알려주는 문자가 온다. 2020년 12월 12일에는 하루 국내 확진자가 1,002명으로 치솟았다. 이제 몇 주만 지나면 2021년이다. 이전에도 전염병으로 인해 몇 번의 위기가 있었지만 잘 넘어갔기에 막연한 희망과 약간의 무관심으로 지금까지 왔는데 상황이 심상치 않다. 이 사태가 2021년에도 이어지리라는 전문가들의 예측은 틀리지 않을 것 같다.

알라딘을 검색해 보니까 김화영이 번역한 알베르 카뮈(Camus, Albert: 1913~1960)의 『페스트(La Peste)』(1947)가 종합 판매량 Top 10에서 5주 연속 2위를 차지했다. 대학 입시 면접에서도 물어보면 학생들 대다수가 카뮈의 『페스트』를 읽었다고 답한다. 이는 비단 한국만의 현상이 아니다. 코로나19로 인하여 이 작품의 전 세계 판매량이 급증했다. 세계 각지의 신문, 잡지와 논문은 코로나19를 다루면서 『페스트』를 빠트리지 않고 언급하고 있다. 세상의 위기에서 그 위기를 다뤘던 소설이 다시금 부각되고 있는 것이다.

그런데 여기서 다루고자 하는 작품은 『페스트』가 아니다. 카뮈의 또 다른 작품 『이방인』이다. 코로나19로 사회가 총체적으로 변화할 것이라는 말들이 있다. 전염병으로 인해 이제 이 세계는 인류에게 낯설고 두려운 대상이 되고 있다. 『페스트』의 배경이 되고 있는 알제리의 오랑시처럼 말이다. 이런 점에서 정해진 규율과 관습을 따르는 세계에 위협적이고 낯선 존재로 부각되는 이방인을 다루는 『이방인』은 어쩌면 『페스트』의 반대 버전이라고 할 수 있다. 아니 엄밀하게 말하면 『페스트』가 『이방인』의 반대 버전이다. 마치 뫼비우스 띠처럼 얽혀 있는 두 작품은 각기 상반되는 이야기를 하지만 '부조리'라는 지점에서 서로 연결되어 있으니 말이다. 이 말을 확인하고 싶다면 카뮈의 이 두 소설을 읽어 봐야 할 것이다.

자, 그럼, 이 글의 목적에 맞게 『이방인』을 중심으로 이야기를 다시 시작해 보겠다. 이제 몇 주만 지나면 2021년이다. 2020년 12월 9일, 학생들에게 문학 수업과 관련해서 설문 조사를 실시했다. 그중 한 문제가, '다음 학기에 공부하고 싶은 프랑스 문학작품은 무엇인가?' 이다. 놀랍게도 약 88%가 카뮈의 『이방인』이라고 대답했다. 정말 읽고 싶은 작품인지 아니면 아는 프랑스 문학작품이 이 소설밖에 없는지 분간이 잘 안 되지만, 확실한 사실은 그만큼 카뮈의 『이방인』이 우리나라에서 프랑스 문학을 대표하는 작품들 중 하나로 인식하고 있다는 점이다. 실제로 김화영이 번역한 『이방인』이 교보문고에서는 주간 베스트 74위를, 알라딘에서는 15위를 기록하고 있다. 이 작품과 관련된 특별한 사회적·문화적 이슈가 없는데도 이 정도 순위라면 결코 나쁘지 않은 성적이다. 아니, 『페스트』의 영향을 고려해야겠다. 그래도 이 작품이 스테디셀러 작품이라는 사실에는 변함이 없다. 아, 그러고 보니 2013년에 『이방인』 번역 논란도 있었구나. 새움출판사 대표 이대식이 김화영의 번역을 공개적으로 비판하면서 2013년과 2014년에 『이방인』에 대한 관심이 증폭된 적이 있었다. 결국 이대식의 문제 제기가 합당하지 않다고 판명이 나면서 이 논란은 마무리됐는데, 이 논란이 텔레비전 뉴스에서까지 언급될 정도로 나름 집중을 받을 수 있었던 데에는 물론 여러 이유들이 있었겠지만 그 무엇보다도 『이방인』이라는 작품의 인지도가 큰 몫을 하지 않았을까 싶다. 그러니까 그 인지도 덕분에 국내에서 이런 식의 논란을 일으킨 유일한 외국 문학이 될 수 있었던 것이다.

카뮈의 첫 소설 『이방인』은 1942년 5월 19일에 프랑스 갈리마르출판사에서 출판되었다. 오른쪽에 보이는 책이 총 159페이지로 된 첫 출판본이다. 책표지는 갈리마르출판사 고유의 책표지이다. 프랑스의 몇몇 출판사는 이렇게 출판사 고유의 책표지를 사용하여 독자로 하여금 한눈에 출판사를 알아볼 수 있게 한다. 『이방인』은 '부조리 시리즈(cycle de l'absurde)' 4부작에 속한다. '부조리 시리

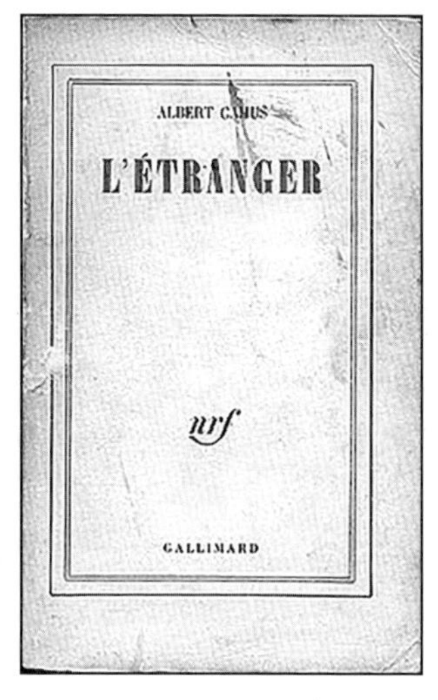

『이방인』 초판 표지

즈'는 카뮈의 철학을 잘 보여주는 작품들로서 다행히 4부작 모두 번역되어 있다. 그러니까 『이방인』을 읽고 마음속 깊은 곳에서부터 어떤 울림이 느껴지면 주저하지 말고 『시지푸스의 신화(Le Mythe de Sisyphe)』(1942)와 『칼리굴라(Caligula)』(1944) 그리고 『오해(Le Malentendu)』(1944)를 읽어 보기 바란다. 그간 인식하지 못했던 삶의 부조리와 그에 대한 저항을 강하게 느낄 수 있을 것이다. 혹자는 '철학'이나 '부조리' 이런 용어들로 뭔가 어려운 소설인가 지레 겁을 먹을지도 모르지만, 『이방인』은 프랑스어로 집필된 작품들 중에서 생텍쥐페리(Saint-Exupéry)의 『어린 왕자(Le Petit Prince)』(1943)와 베른(Verne, Jules)의 『해저 2만리(Vingt Mille Lieues sous les mers)』(1869~1870) 다음으로 세계에서 가장 많이 읽히고 있는 작품이다. 지금까지 무려 68개국 이상의 언어로 번역되었고 앞으로도 더 많은 국가의 언어로 번역될 것이다. 도대체 어떤 작품이기에 이런 인기를 누리는지 궁금하지 않은가?

분명 본 기억이 있는데! 영상에 한해서는 그 누구보다도 정확한 기억을 가지고 있다고 자부했는데 아무리 찾아봐도 그 자료가 없다. 분명 미국에서 만든 『이방인』 영화를 본 기억이 있는데……. 『이방인』은 카뮈의 첫 소설임에도 불구하고 출판되자마자 큰 성공을 거둔다. 그래서 1954년에, 첫 출판 후 12년이 지났음에도 변함없는 그 인기 덕분에, 카뮈의 육성으로 오디오북이 제작된다. 물론 영화 제작 제안도 꾸준히 있었다. 아쉽게도 카뮈가 원하지 않아서 그의 생전에는 촬영을 할 수 없었지만 사후에 그의 부인의 허락으로 영화가 제작된다. 그래서 1967년에 비스콘티(Visconti, Luchino)가 감독한 프랑스-이탈리아 합작 영화 <이방인>이 개봉될 수 있었다. 이 외에도 연극, 뮤지컬, 무용 등 다양한 예술 분야에서 각기 다른 방식으로 이 작품은 재현되었다. 그리고 지금도 여전히 유사한 작업들은 계속해서 이루어지고 있다. 수그러들지 않는 이러한 인기는 작품이 가지고 있는 힘을 잘 보여 준다. 물론 노벨문학상 수상자라는 작가의 이력 역시 이 인기를 유지시키는, 무시하지 못할 중요한 요인이기는 하지만 말이다.

알베르 카뮈는 1957년 9월에 『이방인』과 『페스트』로 노벨문학상을 수상한 작가이다. 그때 그의 나이가 44세였으니까, 1907년 영국 최초로 노벨문학상을 수상한, 최연소 수상자 러디어드 키플링(Kipling, Joshep Rudyard)을 제외하면……. 그래도 꽤 젊은 나이에 국제적인 상을 수상한 셈이다. 아래의 사진이 바로 카뮈이다. 여러 작가들의 사진을 볼 때마다 생기는 의문이 하나 있는데, 뭔가 심각해 보이면서도 사색하는 듯한 표정과 자세는 어떻게 만들어지는 걸까? 카메라를 의식하지 못한 채 취한 표정과 자세일까 아니면 카메라를 의식하고 취한 표정과 자세일까? 사진 찍는 일이 늘 어색한 사람으로서 정말 궁금하다. 여하튼 뭔가 현재의 문제를 간파하고 어떤 본질을 추구하고 싶어 하는 초조함이 묻어나는 이 사진의 주인공은 노벨문학상을 수상하면서 그 공을 자신의 초등학교 선생님 루이 제르맹(Louis Germain)에게 돌린다. 학부 때 카뮈 작품을 탐독하면서 자연스럽게 알게 된 그의 생애에서 그가 스승과 맺은 관계가 참 부러웠다. 제자의 능력을 간파하고 이끌어주고자 했던 스승들. 그런 스승들은 부조리한 세상으로 인한 절망과 두려움을 때때로 희망과 기쁨으로 바꿔준다. 만남과 관계는 계획과 노력으로 이뤄질 수 없다. 그러니까 '인복'이라는 말을 하는 게 아니겠는가. 그러나 준비는 할 수 있지 않을까. 누군가의 인생에 미약하지만 빛이 되어줄 수 있는 사람이 되도록. 혹은 누군가의 호의에 진심으로 반응하고 감사할 수 있는 사람이 되도록.

알베르 카뮈

카뮈는 1913년 11월 7일 프랑스령이었던 알제리 몬도비(Mondovi)에서 프랑스계 알제리 이민자로 출생한다. 알제리는 1830년부터 1848년까지 프랑스의 식민통치를 받다가 그 이후로는 1962년에 독립되기 전까지 프랑스의 본토처럼 여겨졌던 곳이다. 1914년에 그의 아버지 뤼시엥 카뮈(Camus, Lucien)가 제1차 세계대전에 참전하여 사망하자 카뮈는 문맹이면서 청각장애까지 있는 어머니 카트린 엘렌 생테스(Sintès, Catherine Hélène)와 가난한 삶을 살게 된다. 카뮈는 알제(Alger)에서 초등학교를 다녔는데 거기서 그의 평생의 스승 루이 제르맹(Germain, Louis)을 만나게 된다. 루이 제르맹은 카뮈에게 수업료를 받지 않았을 뿐만 아니라 고등학교 진학을 위해서 장학금을 탈 수 있도록 그에게 많은 도움을 줬다. 루이 제르맹의 이러한 관심과 도움이 없었더라면 카뮈는 학업을 계속할 수 없었을 것이다. 한 마디로 루이 제르맹은 카뮈의 운명을 바꿔놓은 그의 은인인 셈이다. 그래서 카뮈는 그의 노벨문학상의 공을 루이 제르맹에게 돌리지 않을 수 없었던 것이다. 루이 제르맹에 대한 그의 깊은 감사와 존경을 반드시 전해야만 했던 것이다. 이상의 내용을 보다 더 구체적으로 알고 싶다면 카뮈의 자서전적 소설 『최초의 인간(Le Premier homme)』(1994)을 읽어 보기 바란다.

카뮈에게는 작가로서의 삶을 살아갈 수 있도록 도움을 준 또 한 명의 스승이 있다. 바로 철학가이자 작가인 장 그르니에(Grenier, Jean)이다. 그는 1930년부터 1938년까지 알제고등학교 철학과 교사로 재직했는데, 그때 카뮈가 그의 학생이었다. 그르니에는 카뮈의 작가로서의 자질을 간파하고 그에게 작가가 될 것을 권고했는데, 그 권고가 카뮈의 작가로서의 인생을 여는 중요한 계기가 된다. 이후 그르니에와 카뮈는 같은 작가로서 돈독한 관계를 이어나간다. 카뮈는 자신의 재능을 아껴준 스승에 대한 감사와 존경의 표시로 그의 첫 번째 저서 『안과 겉(l'envers et l'endroit)』(1937)과 『반항하는 인간(L'Homme révolté)』(1951)을 그르니에에게 헌사하고, 그가 많은 영향을 받았던 그르니에의 작품 『섬(Les Îles)』(1933)의 1959년 재판본에 서문을 쓴다. 언급한 세 작품은 모두 번역되어 있다. 이 두 작가가 정신적으로 어떻게 연결되어 있는지 보여주는 작품들로서 카뮈의 문학 세계를 이해하는 데 도움을 줄 수 있는 책들이다. 더불어 두 작가의 관계를 보다 구체적으로 알고 싶다면 장 그르니에의 『카뮈를 추억하며(Albert Camus-Souvenirs)』(1968)를 읽어보길 권한다.

점차 거대해지는 유럽의 파시즘을 반대했던, 가난한 알제리 이민자의 삶을 누구보다도 잘 아는 카뮈는 그르니에의 권유로 1935년에 알제리 공산당에 가입함으로써 행동하는 지성인으로서의 삶의 첫발을 내딛는다. 공산당에 가입 후 얼마 안 있어 카뮈는 공산당의 교조적 태도에 분노하고 당과 갈등을 빚은 결과 1937년에 공산당에서 제명당한다. 그 후에 그는 파스칼 피아(Pia, Pascal)가 창립한 『공화주의 알제(Alger Républicain)』라는 신문사에 들어가서 주필로 활동하다가, 반전론을 펼친 그 신문을 정부가 폐간하자, 1939년 그와 피아가 공동으로 발간한 『공화주의 저녁(Le Soir Républicain)』에서 기자생활을 이어간다. 이 시기에 카뮈는 언론의 자유와 신문의 본분에 대해서 많은 성찰을 하게 된다. 1939년에 제2차 세계대전이 벌어지고 1940년에 독일이 프랑스를 점령하면서 알제리 총독부는 『공화주의 저녁』의 발간을 금지한다. 전쟁에 직접 참여하고 싶었지만 그의 지병인 폐결핵으로 뜻을 이룰 수 없었던 카뮈는 파리로 건너가 피아의 후원하에 『파리-저녁(Paris-Soir)』의 기사 감수를 맡는다. 그리고 1941년에 카뮈는 다시 알제리로 돌아간다.

1942년은 카뮈에게 특별한 해이다. 그는 『전투(Combat)』라는 신문을 비밀리에 만들어 배포하는 레지스탕스 조직에 들어갔고, 또 같은 해 작가로서도 큰 성공을 거뒀다. 갈리마르 출판사의 원고 심사위원이었던 앙드레 말로(Malraux, André Georges)의 결정으로 『이방인』과 『시지프스 신화』가 갈리마르출판사에서 출판되었는데, 두 책에 대한 반응이 엄청났던 것이다. 그 성공 덕분에 다시 파리로 돌아간 그는 1943년에 갈리마르출판사의 원고 심사위원이 된다. 1944년 말엽 지하에서 활동했던 『전투』가 세상에 그 모습을 드러내고 통찰력 있는 정의로운 목소리를 내고자 했던 카뮈는 그 신문의 주필이 된다. 시간이 흐르면서 『전투』가 본래의 모습을 잃고 상업화되어가는 것을 목격한 카뮈는 1947년에 사임한다. 그리고 신문사 밖에서 정의와 인간의 존엄성을 위한 투쟁을 계속 이어간다. 같은 해에 카뮈는 『페스트』로 다시금 큰 성공을 이루고 비평가협회상을 수상한다. 1957년에 노벨문학상을 받은 카뮈는 알제리의 독립 문제에 대해서 중용적인 입장을 취한다. 즉 프랑스의 식민통치는 반대하지만 프랑스와의 협력은 찬성하면서 알제리에서 일어나는 각종 테러를 비판한다. 1960년 1월 4일 카뮈는 갈리마르

(Gallimard, Michel)의 자가용을 타고 가다가 몽트로 근방에서 자동차 사고로 짧은 생을 마감한다.

지금까지 평생을 진리와 정의를 추구해온 『이방인』의 작가 알베르 카뮈에 대해서 살펴보았다. 가끔 이런 생각을 해본다. 누가 철학가가 되는 것일까? 누가 작가가 되는 것일까? 누가 노벨상을 받는 것일까? 온전히 삶에 집중하여 하고자 하는 바를 실행하는 사람이 아닐까. 자신의 한계를 정하지 않고 돌진하는 사람이 아닐까. 정말 진지하게 부조리한 삶에 반항하는 사람이 아닐까. 카뮈는 정말 열심히 산 사람이다. 가난으로 병으로 또 전쟁으로 삶이 그를 여러 번 내쳤음에도 카뮈는 계속해서 일어나 삶을 향해 돌진했다. 그의 스승들이 그를 알아볼 수 있었던 것도 그가 다 포기하고 누워있지 않고 일어나 움직이고 있었기 때문이 아닐까. 그는 자신의 정의를 믿었고, 그 정의로 세상의 평화를 이루고자 했다. 그런 그가 낯선 소설을 하나 발표했고 그 소설이 세상에 실존적인 질문을 던졌고 또 던지고 있다.

> 오늘, 엄마가 죽었다. 아니 어쩌면 어제였는지도, 잘 모르겠다.
> Aujourd'hui, maman est morte. Ou peut-être hier, je ne sais pas.

인용된 문장은 『이방인』의 첫 구절이다. 보통 프랑스 소설에서 첫 구절은 제목만큼이나 중요한 역할을 한다. 이 첫 구절은 『이방인』의 인기만큼이나 잘 알려져 있는데, 소설의 주제와 주인공의 성향을 오롯이 함축하고 있다. 그럼, 인용문을 다시 읽어 보기 바란다. 앞으로 어떤 이야기가 펼쳐질지 예상이 되는가? 주인공이 어떤 사람일지 상상이 되는가? 이런 책들이 있다. 너무 유명해서 실제로는 읽지 않았는데 꼭 읽은 것만 같은 책들. 『이방인』도 어쩌면 그런 책들 중 하나일지도 모른다. 혹 그렇다면 『이방인』의 책장을 넘기기 전에 자신의 머리를 깨끗하게 비우기 바란다. 읽은 것 같은 인상 때문에 책 속에 숨겨져 있는 꼭 읽어야만 하는 어떤 인생의 메시지를 놓칠 수가 있으니까.

보통 '이방인'이라고 하면 다른 나라에서 온 사람을 가리킨다. 그러니까 관습과 문화가 다른 존재, 그래서 낯설고 두려울 수 있는 존재를 의미한다. 그런데 '이방인'이라는 정체성은 언제든지 바뀔 수 있다. 이 책은 1942년에 나왔다. 당시 독자들에게 인용된 첫 구절은 엄청난 놀라움을 안겨줬을지도 모른다. 하지만 그 놀라움이 2020년도에도 유효한지는 알 수 없다. 그래서 독서가 흥미로운 것이다. 동일한 책인데도 여러 조건에 따라 매번 새로운 경험을 할 수가 있다. 다시 말해서 작가의 의도나 텍스트의 교훈에 얽매이지 않기 바란다. 작가와 작품의 관계는 복잡해서 작가가 어떤 의도를 가지고 작품을 창작했다고 하더라도 작품은 작가의 의도와 다르게 빛날 수 있다.

이 소설은 주인공 뫼르소(Meursault)를 중심으로 전개된다. 그래서 어떤 이는 주인공의 이름을 분석해서 나름의 해석을 제시하기도 한다. 즉 'Meur + sault'라고 이름을 나눠서 앞부분 'Meur'를 프랑스어 1, 2, 3인칭 단수 현재형 동사 '죽다(meurs/meurt)'와 연결시키고 뒷부분 'sault'은 '태양'을 뜻하는 프랑스어 단어 'soleil'와 연결시킨다. 꽤 자의적인 해석이기는 하지만 소설의 중심 소재인 '살인'과 '태양'을 강조하는 하나의 근거로서 충분히 사용될 수 있다. 이는 창의적 독서의 한 예라고 말할 수 있을 것이다. 한 번 더 강조하지만 텍스트에서 어떤 정답을 찾으려고 하지 않기 바란다. 눈치 보지 말고 마음껏 텍스트에 빠져들고 또 그것을 마음대로 이용했으면 좋겠다.

교사들은 정형화된 사고에 갇히기 쉽다. 아무래도 사회가 요구하는 모습으로 학생들을 교육해야 하기 때문에 당연한 현상이라고 생각한다. 하지만 아이러니하게도 건강한 사회를 이루기 위해서는 어떤 윤리적 틀을 마련해서 그 틀에 맞게 학생들을 재단해서는 안 된다. 이는 학생들의 눈과 마음을 오염시킬 수 있다. 가장 이상적인 방향으로 교육을 이끌어가기 위해서 교사들은 부조리한 현실을 직시하며 유연한 사고를 유지시킬 수 있도록 노력해야 한다. 그런 점에서 『이방인』을 읽어 보도록 추천하고 싶다. 당신들이 우리의 미래이고 희망이기에.

── 더 읽기 자료

카뮈(유호식 역), 『페스트』, 문학동네, 2015.
카뮈(김화영 역), 『최초의 인간』, 미메시스, 2014.
카뮈(김화영 역), 『시지프 신화』, 책세상, 1997.
카뮈(김화영 역), 『반항하는 인간』, 책세상, 2003.
장 그르니에(김화영 역), 『섬』, 민음사, 2020.
장 그르니에(이규현 역), 『카뮈를 추억하며』, 민음사, 2020.

(집필자: 전승화 · 경북대학교 교수)

일리아스(Ilias)와 오디세이아(Odysseia)[16]

— 인간의 운명과 세계의 발견에 대한 최초의 기록들

호메로스(Homeros)

우리는 왜 이 작품들을 읽으려는 것일까?

근엄한 표정은 치우고 솔직하게 얘기해보자. 사람들이 『일리아스』와 『오디세이아』를 읽으려는 이유는 무엇일까? 답: 여러 추천 도서 목록에, 그것도 맨 앞에 놓여있기 때문에. 그렇다. 우리는 모두, 사람 사이에는 소통이 필요하다는 것, 그 소통을 위해서는 공통의 기반, 즉 교양이 있어야 한다는 것을(어렴풋이라도) 느낀다. 그리고 교양이 독서에서 비롯된다는 것도 안다. 하지만 세상의 모든 책을 다 읽을 수는 없으니 '반드시' 읽어야만 하는 기본적인 책들의 목록이 필요하다. 그것을 찾아나선 우리가 마주친 것이 『일리아스』와 『오디세이아』를 앞장세운 목록들이다.

16 천병희와 강대진은 책 이름을 '오뒷세이아'로 표기하였으나, 외래어표기법에 따라 모두 '오디세이아'로 수정하였다. '트로이아 전쟁'도 마찬가지로 모두 '트로이전쟁'으로 고쳤다.

그러면 이 작품들이 맨 앞에 놓인 이유는 무엇인가? 우선 쉬운 답: 서양 최초의 문학 작품들이기 때문에. 그렇다. 이 두 작품은 기원전 8세기의 서사시(이야기시)로서, 현재 남아 있는 것으로는 유럽 최초의 문학 작품들이다. 이렇게 맨 앞자리에 놓인 작품은 당연히 후대에 큰 영향을 끼치기 마련이고, 후대 작품들을 이해하기 위해서는 이 최초의 것들을 잘 알고 있어야 한다. 이렇게 영향력이 크다는 것은 또, 이 작품들이 대단한 수준의 것이라는 뜻이기도 하다.

자, 이제 답은 다 나왔다. 우리가 이 작품들을 읽으려고, 또는 최소한 그 내용을 알려고 하는 것은, 이것들이 현재 세계를 석권하다시피 한 서구 문화의 최초 작품이고, 그 영향력이 지대하기 때문이다.

책을 읽기 전에 미리 알아야 할 것

하지만 문제가 있다. 이미 시도해본 사람은 알겠지만, 이 작품들은 읽기가 어렵다. 사실 이것은 추천 도서 목록에 있는 거의 모든 책들에 해당되는 일로서 친절한 길잡이가 필요한 대목인데, 이 작품들과 관련해서 내가 드릴 수 있는 충고는 일단 이런 것이다.

1. 이 작품들에는 반복되는 구절이 거듭 나오니, 짜증내지 말 것.

가령 『일리아스』의 주인공 아킬레우스에게는 앉아 있을 때조차 '발이 빠른'이라는 수식어가 붙는다. 이것은 애당초 이 작품들이 문자로 창작된 것이 아니어서다. 우리는 이 작품들을 인쇄된 책에서 눈으로 읽고 있지만, 이것들은 원래 노래에 얹혀 전해지던 것이었다. 게다가 노래하는 사람들은 언제나 같은 내용으로 공연한 것이 아니라, 공연 때마다 즉석에서 구절들을 짜 맞춰냈었다. 그래서 공연자는 운율이 맞는 구절들을 외고 있다가 필요할 때마다 거듭 사용하였고, 그 흔적이 지금까지 남아 있는 것이다.

2. 옛날 작품이지만 시간적 순서대로 짜여 있지 않으니, 놀라지 말 것.

『일리아스』는 초반에 잠깐, 얘기를 시간적으로 나중인 것에서부터 먼저인 것으로 진행시켜 나가고, 『오디세이아』는 시간적으로 가장 앞선 이야기를 작품 한가운데에 배치해 놓았다. 그래서 오디세우스의 바다모험 이야기를 읽고 싶은 사람은 그 전에 다른 얘기를 한참(전체의 1/3 가량) 읽어야 한다.

『일리아스』의 주제와 줄거리

잠깐 저자에 관하여. 『일리아스』와 『오디세이아』의 저자로 알려진 호메로스는 이오니아(튀르키예 서해안) 출신의 눈먼 가객이라고 전해지지만, 실제로 그런 사람이 있었는지, 『일리아스』나 『오디세이아』가 한 사람이 처음부터 끝까지 만든 것인지, 아니면 여러 사람이 만든 내용이 대충 얽힌 것인지, 그리고 한 사람이 만든 것이라면 『일리아스』 시인과 『오디세이아』 시인이 같은 사람인지 다른 사람인지 여전히 논쟁거리이다.

자, 이제 『일리아스』의 내용을 짧게 살펴보자. 신화를 좀 안다는 사람들은 트로이전쟁에 대해 들어보았을 것이고, 『일리아스』가 트로이전쟁을 다루고 있다는 사실도 알 것이다. 하지만 이 서사시는 트로이전쟁 전체를 다룬 것이 아니라, 그 마지막 해에 아킬레우스가 분노한 사건만을 다룬다. 그러니 트로이전쟁이 어떻게 시작되었고 어떻게 끝났는지는 나오지도 않는다.(옛날 사람들은 그 전말을 다 알고 있어서 시인은 그것을 다 밝힐 필요가 없었다. 그리고 시인은 작품 여기저기에 조금씩 트로이전쟁 전체를 돌아보는 구절을 넣어서 독자와 청중이 전쟁 전모를 구성할 수 있게 해 놓았다.)

『일리아스』의 내용은, 그 전쟁이 10년째 되던 해의 이야기이다. 줄거리는 이렇다. 희랍군의 최고 전사인 아킬레우스는 자신을 무시하는 아가멤논 왕에게 화가 나서 전투를 거부한다. 희랍군은 엄청난 위기에 처하고, 그것을 보다 못해 아킬레우스의 절친한 친구인 파트로클로스가 전투에 참가한다. 하지만 그는 결국 트로이의 영웅 헥토르에게 죽고 만다. 아킬레우스는 분노의 방향을 헥토르에게로 돌리고, 전장으로 돌아가 친구의 원수를 갚는다. 그는 헥토르의 시신을 계속 학대하지만, 헥토르의 아버지가 아들의 시신을 찾으러 오자 결국 그 시신을 돌려보낸다.

하지만 『일리아스』를 읽자면 독자는 큰 혼란을 느끼게 되는데, 무엇보다도 전투 장면이 너무 많아서다. 장면들이 서로 구별되지 않고, 어느 쪽이 유리한 상황인지도 불분명할 정도다. 이를 극복하는 가장 좋은 길은 날짜별로 나눠보는 것이다.

전투가 벌어지는 날은 모두 나흘뿐이다. 전투 첫날(제3권~제7권)에는 맨 앞과 맨 뒤에 단독대결이 있고, 중간에는 디오메데스가 대활약을 보인다. 겨우 한 권(제8권)만 차지하는 둘째 날은 희랍군이 대패하는 날이다. 다음날(제11권~제17권)은 희랍군의 우세로 시작해서 전진, 후퇴를 여섯 번 반복하니, 전세별로 나눠보면 좋다. 마지막 날(제19권~제22권)은 아킬레우스의 출전으로 희랍군이 대승을 거두는 날이다.

작품 처음의 세 권은, 마지막의 세 권과 짝을 이룬다. 그러니 제1권과 제24권, 제2권과 제23권, 제3권과 제22권의 공통점이 무엇인지 찾아보기 바란다.(이 작품은 전체가 스물네 개의 '권'으로 나뉘어 있는데, 그래봐야 전체가 요즘 책 한 권 분량이다.)

『오디세이아』의 주제와 구성

이번에는 『오디세이아』를 보자. 이 서사시는 오디세우스라는 영웅이 트로이전쟁에서 귀환하며 겪은 일을 다루며, 얘기는 트로이전쟁이 끝나고 10년째 되는 해에서 시작된다.

이 작품은 보통 세 가지 주제, 즉 젊은이의 성장담, 뱃사람의 모험이야기, 그리고 집 떠난 이의 귀향을 함께 다루는 것으로 알려져 있다. 그래서 이 주제들에 따라 세 부분으로 나눠보면 전체를 한눈에 넣기가 쉽다.

처음 한동안은 오디세우스가 나오지 않고, 그의 아들 텔레마코스가 중심적 역할을 한다. 이것이 바로 젊은이의 성장을 다룬, 이른바 '텔레마키아'란 부분(제1권~제4권)이다. 텔레마코스는 아버지의 행방을 찾아 육지로 떠나서 아버지의 옛 동료들을 만나고, 아버지와 비슷한 경험을 함으로써 성인의 세계로 진입한다.

제5권에 이르면 드디어 오디세우스가 등장하지만, 그는 별로 이상한 모험을 하지 않고, 그저 칼립소라는 요정에게 잡혀있다가 뗏목을 만들어 타고 거기를 떠난다. 그 후 파선을 당하여 스케리아라는 섬에 닿고, 나우시카아라는 왕녀를 만나 그녀의 집에서 접대를 받는다(제6권~제8권). 우리에게 잘 알려진 오디세우스의 모험 이야기(제9권~제12권)는 이 집에서 오디세우스 자신이 들려주는 것으로 되어 있다.(이런 방식으로 지난 10년의 이야기를 며칠 사이의 이야기에 끼워 넣었다.)

그 후 나우시카아의 섬사람들의 도움으로 고향 이타케에 돌아온 오디세우스는 늙은 거지 모습으로 자기 집으로 찾아가, 그의 아내에게 결혼을 졸라대며 집안 재산을 먹어 치우고 있던 구혼자들의 무리를 활쏘기 시합에서 모두 처치한다. 마지막으로 아내가 낸 수수께끼를 맞추고 부부가 재결합한다.(제13권~제24권)

『일리아스』와 『오디세이아』의 매력

한데 이 두 서사시가 사람들에게 그토록 강렬한 인상을 남긴 이유는 무엇일까?

위의 요약을 보면 『일리아스』가 그저 전쟁 얘기인 듯 보일 수도 있지만 사실 이 작품은, 옛사람들이 언젠가는 죽어야 하는 인간의 운명을 뼈아프게 인식하고, 그것을 받아들인 과정의 기록이라고 할 수 있다. 여신의 아들이면서도 죽어야만 하는 존재였던 아킬레우스는 신과 인간의 경계에 있는 자이므로, 이 운명을 더욱 분명하게 인식하고 거기 격렬하게 반응한다. 그가 그 운명을 받아들이는 과정은, 역시 죽을 운명인 우리로 하여금 자기 연민을 벗어나게 한다.

또 아킬레우스는 세계 속에서 인간의 위치가 무엇인지 탐색한다. 신과 짐승 사이가 그 위치다. 아킬레우스는 어떤 때는 짐승의 수준까지 낮아지지만, 어느 순간 제우스와 같은 시선으로 인간의 허무한 삶을 내려다본다. 그러면서 그는 신보다 나은 어떤 인식에 도달한다. 저 하찮은 인간 가운데 자신도 속해 있다는 의식, 인간은 고통의 공동체로서 서로를 향한 연민과 우정을 보여야 한다는 깨달음이다.

한편 『오디세이아』는 인간들이 어떻게 세계의 리듬을 발견하고 거기 맞춰 새로운 질서를 세워 가는지 보여주는 작품이다. 온갖 수준의 질서와 무질서를 경험한 주인공이 극한의 무질서에 달한 고향집에 와서 질서를 회복하는 과정을 보여주기 때문이다. 그 과정에 인간의 활동 범위가 넓어지고 등장인물이 다양해졌다. 『일리아스』에 깊이가 있다면, 『오디세이아』에는 넓이가 있다.

하지만 두 작품이 무슨 교훈을 의도한, 추상적인 설교로 구성된 것은 아니다. 인물들은 이야기를 위해 만들어진 사람들이라기보다는 독자적으로 살고 있는 이들을 잠시 데려다 놓은 듯 생생하다. 『일리아스』의 경우에는 인물들의 감정이 너무나 뚜렷하고 강렬하여, 현대인의 현실과 비교하면 좀 과장되었다는 인상도 주는데, 이것은 '장르가 그것을 요구'하기 때문이다. 인류 최초의 문학작품에 들어가는 이 서사시들은 이미 현실과 문학, 두 개의 차원을 구별하여 문학에 '현실보다 큰' 모습들을 등장시킨 듯하다.

판본과 참고할 책들

『일리아스』나 『오디세이아』를 직접 읽으려면 천병희 역(도서출판 숲)을 보는 것이 좋다. 작품 제목을 '일리어드', '오디세이'로 알고 계신 분은 인터넷서점 등에서 아마 그 제목으로 찾을 텐데, 그런 제목을 달고 나온 책들은 모두 영어 번역이나 일어 번역에서 다시 옮긴 것(중역)이라고 알면 되겠다. 몇 군데 출판사에서 새로운 희랍어(그리스어) 번역을 준비한다는 소식을 들었지만, 현재까지 출판된 것은 천병희 교수의 번역뿐이다. 희랍어에서 직접 옮긴 것인지 아닌지는 곁에 행 수가 인쇄되었는지를 보면 알 수 있다. 중역에는 앞에서부터 몇 번째 줄인지가 표시되어 있지 않다는 말이다. 이 장치가 없으면 작품 내용을 논할 때 각 구절을 지시하고 비교하는 게 불가능하다. 이런 표시를 빼먹는 책들은 그런 논의 가능성을 아예 차단하기로 작정한 것이고, 또 자주 어려운 내용은 슬그머니 빼먹고 적당히 건너뛰기도 한다.

앞에 말한 것처럼 이 작품들은 읽기가 어렵다. 사실은 둘 중에 『일리아스』가 훨씬 더 읽기 어려워서, 나로서는 『오디세이아』를 먼저 읽는 것도 한 가지 방법이라고 생각하는데, 보통 독자들은 이 제안을 잘 따르지 않는다. 사실 현재는 서양에서도 『일리아스』를 직접 읽는 사람이 많지 않다. 그리고 어떤 짓궂은 이들은 『일리아스』를 '죽기 전에 꼭 읽을 필요가 없는 책'으로 꼽기도 한다. 앞에 말한 장점과 가치를 알아보자면 대단한 안목이 필요한데, 서양에서도 이제는 느긋이 그런 안목을 갖춰가는 게 좀 구식으로 여겨져서다. 반면에 『오디세이아』는 일단 주인공의 모험이 매우 흥미롭고, 분량도 비교적 적으며, 무엇보다 등장인물이 적어서 따라가기 어렵지가 않다. 내가 개인적으로 아는 서양 청년도 학교에서 『오디세이아』만 - 펭귄판으로 - 읽었다고 한다. 그러니 기억해 두시라. 『오디세이아』로 시작하는 방법이 더 낫다!

한데 국내에서 『일리아스』는 상당히 팔리지만 『오디세이아』는 아예 판매부터가 부진하다. 그 이유를 나는 이렇게 추정한다. 많은 사람이 두 작품이 연결된 것이라고 오해해서, 『일리아스』는 '제1편', 『오디세이아』는 '제2편'이라고 여긴다. 그래서 일단 '제1편'을 구입한다. 한데 그것을 도저히 읽을 수가 없다. 그래서 '제2편'은 아예 구입하지도 않는다. 하지만 두 작품은 내용이 서로 연결된 게 아니다. 어쩌면 이 작품들은 서로 다른 시인이 만든 것일지도 모른다. 『오디세이아』에서 트로이전쟁에 대해 언급한다면, 그것은 언제나 『일리아스』에 나오지 않는 내용이다.(같은 작가가 반복을 피한 것일 수도 있고, 다른 작가가 경쟁심에서 일부러 피해간 것일 수도 있다.) 어쨌든 두 작품 내용은 전혀 연관되어 있지 않고, 『오디세이아』를 읽기 위해서는 그저 '예전에 트로이전쟁이 있었다, 거기에 오디세우스, 아킬레우스, 아가멤논 등이 함께 싸웠다.' 정도만 알면 된다.

『일리아스』, 『오디세이아』를 이해하는 데 도움이 될 책을 몇 개 소개하자. 모두 내가 쓴 책이어서 좀 쑥스럽지만 국내에 아직 다른 참고서, 연구서가 나온 적이 없으니 어쩔 수 없다. 우선 강대진의 『그리스 로마 서사시』(북길드). 이 책은 희랍과 로마의 서사시 7편을 간략히 소개한 것인데, 그중 첫 두 장을 읽으면 대략의 지침을 얻을 수 있다. 그리고 강대진의 『세계와 인간을 탐구한 서사시, 오뒷세이아』(아이세움). 원래는 청소년용으로 쓴 책이지만, 큰 작품을 얼른 살펴보는 데 도움이 된다. 마지막으로 『호메로스의 '일리아스' 읽기』와 『호메로스의 '오뒷세이아' 읽기』(그린비). 이 둘은 두 작품에 대한 자세한 해설서다.

두 작품과 함께 읽으면 좋은 책으로는 니컬슨(Nicolson, Adam)의 『지금, 호메로스를 읽어야 하는 이유』(세종서적)와 멘델슨(Mendelsohn, Daniel)의 『오디세이 세미나』(바다출판사)가 있다.

『일리아스』, 『오디세이아』를 읽어야 할 이유로 내가 앞에 적은 것에 별로 끌리지 않는 사람이라면 플라톤의 『국가』 제2권과 제3권 앞부분을 보시기 바란다. 거기에 이 두 작품을 비난하고 이런 것을 읽지 못하게 해야 한다는 주장이 나온다. 그런데 그게 무슨 말인지 알려면 『일리아스』, 『오디세이아』를 읽을 수밖에 없다. 그러니까 어떤 훌륭한 철학자께서 읽지 말라고 하신 말씀이 대체 무슨 뜻인지 알기 위해 그 '금서'를 읽어야 한다는 것이다. 이 논의의 의미는 해블록(Havelock, Eric A.)의

『플라톤 서설』(글항아리)에 나와 있고, 얘기는 구텐베르크를 거쳐 현대 미디어 이론까지 이어진다. 한편 『일리아스』를 읽고 작품이 마음에 들었다면 오든(Auden, W. H.)의 『아킬레스의 방패』(나남)를 구해서 표제시('아킬레스의 방패')를 읽어 보기 바란다. 고대 시인이 열어 놓은 길이 현대로 어떻게 이어지는지 알 수 있을 것이다.

현대의 독자께서 두 작품을 충분히 활용하여 그 깊이와 넓이를 체득하고, 면면한 인류 정신사의 흐름에 동참하시길 기원한다.

— 더 읽기 자료

강대진, 『그리스 로마 서사시』, 북길드, 2012.
강대진, 『세계와 인간을 탐구한 서사시, 오뒷세이아』, 아이세움, 2009.
강대진, 『호메로스의 '일리아스' 읽기』, 그린비, 2019.
강대진, 『호메로스의 '오뒷세이아' 읽기』, 그린비, 2020.
니컬슨(Nicolson, Adam)(정혜윤 옮김), 『지금, 호메로스를 읽어야 하는 이유』, 세종서적, 2016.
멘델슨(Mendelsohn, Daniel)(민국홍 옮김), 『오디세이 세미나』, 바다출판사, 2019.

(집필자: 강대진 · 경남대학교 교수)

카라마조프가의 형제들
(The Brothers Karamazov)[17]

도스토옙스키(Dostoevsky, Fyodor Mikhailovich)

기이한 생애

흔히 잔인한 천재라고 불리는 표도르 미하일로비치 도스토옙스키(1821~1881)는 평범한 사람들로서는 상상하기조차 힘든 비극과 인간적 고통을 경험한 고독한 거인이었다. 그의 작품들은 자신의 인생 역정에 뿌리를 두면서 인간 심리의 심층과 복잡한 동시대 사상들이 충돌하는 파국 지점을 예술로 승화시킨다. 그의 심오한 창작적 성과들은 단순성과 단선성을 넘어선 '다음향소설'의 형식으로 현대소설의 단초가 되기도 했고, 프로이드의 정신분석학, 니체의 초인사상, 프랑스의 실존주의 등 현대문명 전반에 지대한 영향을 끼치기도 했다. 그런 의미에서 그는

17 이대우의 원문에는 '까라마조프 씨네 형제들'로 되어 있으나, 『표준국어대사전』을 좇아 '카라마조프가의 형제들'로 수정하였다. 아울러 지은이와 작중인물들의 이름도 『표준국어대사전』의 외래어표기법을 따라 수정하였다.

소설가를 넘어 현대의 위대한 사상가, 예언자로 평가되기도 한다. 최근 노벨연구소가 발표한 세계 100대 문학작품 목록 속에는 도스토옙스키의 작품 가운데 『죄와 벌』, 『백치』, 『악령』, 『카라마조프가의 형제들』 등 4편의 장편소설들이 포함되었다. 이는 역대 전 세계 작가들 가운데 최다의 선정작품 수를 기록한 것이며, 이런 사실만으로도 세계문학 속에서 차지하는 도스토옙스키의 작가적 위상을 짐작할 수 있을 것이다.

도스토옙스키는 모스크바 자선병원 의사인 아버지와 상인 집안 출신의 어머니 사이의 7남매 가운데 차남으로 태어났다. 그가 열여섯 살이 되던 해에 어머니 마리야가 병사하자, 아버지는 장남 미하일과 차남 도스토옙스키를 공병학교에 입학시켰다. 군인이 되는 것은 당대 러시아 사회에서 사회적으로 출세할 수 있는 전형적인 길이었기 때문이다. 그러나 공병학교 생도 시절 도스토옙스키의 아버지가 영지에서 자신의 농노들에게 무참히 살해당하는 사건이 발생했다. 도스토옙스키는 이 사건의 충격으로 한평생 정신적으로 고통받았으며, 『카라마조프가의 형제들』 창작의 계기가 되었다.

공병학교를 졸업한 후 소위로 임관했지만 문학청년 도스토옙스키는 작가가 되는 꿈을 포기하지 않고 군대에서 퇴역하는 길을 선택했다. 이후 하숙방에 틀어박혀 첫 작품 『가난한 사람들』을 집필했으며, 이 작품은 그를 하루아침에 문단의 스타로 만들어 주었다. 그러나 인기작가의 영예를 누리기도 전에 그는 공상적 사회주의자 페트라솁스키가 운영하는 문학 서클에서 왕정주의를 옹호하던 작가 고골을 비판하는 편지를 낭독했다는 죄만으로 체포되고 말았다. 그는 결국 사형 선고를 받고 형장에 끌려갔지만, 이는 급진주의의 확산을 막으려는 니콜라이 1세의 정치적 술수에 지나지 않았다. 이 사건은 형장에서 극적으로 감형

받는 모양새를 취했지만 삶과 죽음의 갈림길에 섰던 도스토옙스키가 받은 충격은 너무나 끔찍한 것이었다. 결국 그는 시베리아 옴스크 지방으로 추방되어 4년간의 수형생활과 4년간의 사병 생활을 보내야 했다.

오랜 시베리아 생활 끝에 페테르부르크로 돌아온 도스토옙스키는 문학에 전념하기 시작했다. 그는 『학대받는 사람들』, 『죽음의 집의 기록』 같은 작품을 쓰기도 하고, 형과 더불어 문학잡지를 연달아 창간하기도 했다. 그러나 출판사업의 거듭된 실패와 형의 죽음은 그를 극도의 궁핍으로 내몰았고, 시베리아 유형 중에 악화된 신경성 히스테리(주치의의 견해와는 달리 도스토옙스키 자신은 간질이라는 자가진단을 내린 것으로 알려져 있다)와 병적인 도박중독은 삶을 더욱 피폐하게 만들었다. 급기야 선금을 끌어 쓰다가 모든 저작권을 출판업자에게 빼앗길 위기에 내몰리자 시간에 쫓긴 그는 속기사를 고용하여 26일 만에 소설 『도박사』를 완성하기도 했다. 그 후 성실한 보필자였던 속기사 안나와 재혼한 도스토옙스키는 정신적으로나 경제적으로 안정을 되찾으며 만년을 맞을 수 있었다. 『카라마조프가의 형제들』은 그가 운명하기 3개월 전에 완성한 마지막 작품이자 자신의 창작적 역량을 쏟아부은 최고의 걸작이다.

가족사로 환원된 이데올로기

도스토옙스키는 여러 창작 단계를 거쳐 소설 『카라마조프가의 형제들』을 완성시켰다. 처음에 이 소설은 무신론, 가톨릭, 러시아 정교 사이의 논쟁을 다루는 '무신론자'로 구상되었다가 신의 존재 여부로 고뇌하는 무신론자의 방황을 그린 '위대한 죄인의 생애'로 방향을 틀었다가 최종적으로는 『카라마조프가의 형제들』로 귀착되었다. 이 소설에는 줄거리와는 다소 동떨어진 수많은 독립적 에피소드들, 예를 들면 '대심문관', '파 한 뿌리', '소년들' 등이 삽입되는데, 그것은 '무신론자'나 '위대한 죄인의 생애'를 통해 언급하고자 했던 이야기들을 그대로 살렸기 때문일 것이다.

도스토옙스키는 작품 제목을 정할 때 '카라마조프'라는 주인공들의 성 속에 이미 자신의 창작의도를 은밀히 숨겨놓았다. '카라마조프(Karamazov)'란 본래 튀르키예(Türkiye)어 형용사 '검다 kara(xara)'와 러시아어 동사 '칠하다(mazati)'의 결합어로 작가가 주인공들의 캐릭터를 강조하기 위해 지어낸 성이다. 도스토옙스키의 의도를 추측하면 '카라마조프'란 결국 '검은 칠을 한 사람들' 또는 '어둠의 자식들'로 해석할 수 있다. 즉, 카라마조프라는 성을 부여받은 아버지와 네 아들은 모두 악으로 뒤범벅이 된 어둠의 존재들이며, 이를 통해 스토리 진행에서 벌어지는 극단적인 부자 갈등과 참극은 이미 어느 정도 암시된 것이라 할 수 있다.

『카라마조프가의 형제들』에서는 리얼리즘 소설이 중시하는 캐릭터의 대립구조가 확연히 나타나는 것에 주목할 필요가 있다. 우선 아버지 표도르는 도덕적·종교적으로 몰락한 파렴치한 고리대금업자이자 자식들을 방치한 무정한 인물이다. 그는 현실 문제를 도외시하고 자신의 탐욕과 욕정에 빠져 살면서 진지한 해결을 모두 희화화시키려는 비극 속의 광대다. 하인의 손에 버려진 자식들 가운데 장남 드미트리는 당대의 전형적인 출세주의자의 길(군인이나 관료가 되는 것)을 따르지만 실패한 퇴역군인이다. 그는 지적 능력이 부족하며 무절제한 야수적 본능에 의지하는 몰락한 상류층 인물이다. 차남 이반은 서구의 니힐리즘에 경도되어 러시아적 전통과 규범을 전복시키려는 인텔리겐챠의 전형이다.

막내 알료샤는 전통적 미덕인 순종과 정교적 신앙심을 간직한 평범한 인물이다. 그러나 그는 아버지와 형제들과 소통하고 사랑받는 유일한 긍정적 인물이자 카라마조프 집안의 혼돈을 막아낼 희망이기도 하다. 그리고 사생아이자 하인인 스메르쟈코프는 가족과 사회에 대한 불만으로 가득한 음험한 기회주의자다. 그는 세뇌당하거나 일시적 충동으로 사회 전체를 파괴할 수 있는 가장 위험한 잠재적 범죄자다. 소설의 줄거리는 각기 다른 캐릭터로 성장한 세 아들이 죽은 어머니의 유산 문제로 고향을 방문하며 이루어지는 가족회의에서 출발한다. 그리고 이들 부자는 돈과 여자 문제로 충돌하며 끝내 아버지를 살해하는 끔찍한 파국으로 끝을 맺는다. 그러나 그 파국은 이 소설의 새로운 출발점이기도 하다.

그런데 이토록 이질적인 가족 구성과 친부살해라는 엽기적 범죄행위는 실제 현실 속에서 개연성이 있을까?! 한 마디로 그렇지 않다. 소설 속의 인물 설정과 줄거리는 평소 주변 사람들에게도 신문을 권하며 자신도 신문기사를 통해 작품의 소재를 찾을 만큼 현실적 소재를 중시했던 도스토옙스키의 작가적 입장을 돌아볼 때 이런 구도와 테마 선정은 매우 낯설기만 하다. 사실 그는 실제 인물과 사건을 다룬 것이 아니라 자신만의 가공의 세계를 그려내고 있다. 다시 말해서 도스토옙스키는 산업화와 서구화가 진행되는 과정에서 혼란에 빠진 러시아 사회를 목격하면서 그 위기의 근본 원인을 이질적 서구 이데올로기의 침입으로 파악했다. 그래서 이데올로기의 의인화라는 창작방법을 통해 아버지 표도르는 타락한 자본주의를, 장남 드미트리는 야수적 현실주의를, 차남 이반은 사회를 위협하는 니힐리즘을, 막내 알료샤는 러시아적 신앙심을, 사생아 스메르쟈코프는 파괴적 행동주의를 상징화시켰다. 소설 속에서 의인화된 각각의 이데올로기들은 끊임없이 자신의 목소리를 내며 서로 갈등하고 충돌한다. 그리고 아버지의 죽음이라는 사회적 파국이 벌어진 후에, 그리고 스메르쟈코프의 자살이라는 극단주의의 종식 후에 위기탈출을 위한 형제간의 화해와 소통이 시작된다.

친부살해의 테마

『카라마조프가의 형제들』은 친부살해를 소설의 중심 테마로 삼고 있다. 그런데 친부살해라는 파격적인 테마는 소설의 캐릭터, 갈등구조, 심리묘사 등과 더불어 오늘날에도 끊임없이 다양한 해석과 논쟁을 불러일으키는 핵심요소다. 사실 친부살해는 동양적 윤리규범 속에서는 상상하는 것조차 불경한 최악의 반인류적 범죄일 것이다. 그러나 이 테마는 서양의 신화와 문학작품 속에 반복적으로 등장하기도 하고, 또 신화, 문학, 철학, 인류학, 정신분석학 등의 다양한 영역에서 논의의 중심에 서는 문제이기도 하다.

그리스의 창조 신화를 살펴보면 권력을 둘러싼 부자간의 골육상쟁과 친부 제거의 이야기가 자주 등장한다. 태초의 천신인 우라노스(천공)는 자식들을 지하세계에 가두었다가 티탄족 출신의 막내아들 크로노스(시간)에게 거세되고 권좌에서 축출당한다. 이어서 권력을 잡은 크로노스는 자식들을 닥치는 대로 잡아먹지만, 그 위기에서 벗어난 제우스는 형제들과 힘을 규합하여 아버지 크로노스를 몰아내고 최고신의 지위에 오른다. 이때 제우스가 아버지의 뱃속에서 구출한 다른 형제들이 다름 아닌 사계절이다. 최초의 신들 사이에서 벌어지는 친부거세 혹은 친부축출의 이 신화들은 우주질서가 형성되는 과정을 다룬 고대 그리스인들의 우주관에서 비롯된 것이다.

신계의 친부축출 테마는 소포클레스의 『오이디푸스 왕』을 통해 문학의 영역으로 자리를 옮긴다. 여기에서 오이디푸스는 신탁에 따라 자신을 죽이려던 아버지 라이오스 왕을 오히려 죽이고 어머니와 결혼하여 자식까지 낳게 된다. 이 비극은 신이 결정한 운명 앞에서는 아무리 뛰어난 영웅일지라도 초라한 인간에 지나지 않는다는 그리스인들의 세계관을 보여준다. 오이디푸스 비극을 관통하는 친부살해의 정신세계를 프로이드는 오이디푸스 콤플렉스로 정의했다. 오이디푸스 콤플렉스는 아버지를 적대시하고 어머니를 좋아하는 사내아이의 배타적 사랑을 의미하는 것으로 『카라마조프가의 형제들』의 친부살해 테마와 많은 점에서 맥을 같이 한다. 따라서 프로이드는 도스토옙스키의 친부살해 테마를 분석하면서 아버지에 대한 적대감이 살해로까지 확장된 것에 곤혹스러웠을 것이다. 결국 그는 『카라마조프가의 형제들』의 창작을 신경성 히스테리 환자인 작가의 초자아적 죄의식, 즉 아버지의 피살이라는 어두운 과거행적으로 중압감에 눌린 정신질환자이자 범죄자의 필연적 결과물로 결론짓는다.

친부살해 문제를 인류학자 말리노프스키는 『미개사회의 성과 억압』 속에서 인류학적 관점으로 바라본다. 그는 프로이드의 오이디푸스 콤플렉스와 반대 입장에 서면서 친부살해가 원시문명의 초기과정에서는 보편적인 현상이었다고 주장한다. 그의 주장에 따르면 재산과 여자를 독점한 아버지로부터 쫓겨난 아들들이 아버지를 살해한 후에 재산을 나누게 되지만, 그 후 후회와 반성의 과정을 통해 인류의 도덕과 문명이 탄생했다고 한다. 말리노프스키의 이 문명기원론은 아버지 표도르의 분신들인 드미트리, 이반, 스메르쟈코프가 여자와 재산 문제로 아버지와 암투를 벌이다가 살해한 후에 윤리적으로 각성하고 형제간 화해를 모색해가는 『카라마조프가의 형제들』의 소설 구도와 상당 부분 일치한다. 친부살해에 대한 테마는 이처럼 시대에 따라 여러 스토리로 변형되기도 하면서 다양한 해석을 낳고 있다. 그렇다면 문학적 관점에서 친부살해 문제는 어떻게 볼 수 있을까? 앞서 언급했듯이 『카라마조프가의 형제들』이 의인화된 이데올로기들의 충돌이라면, 살인으로 상징되는 극단적인 사회 파괴적 상황을 어떻게 막아낼 수 있을까 하는 도스토옙스키의 문제 제기와 경고로 읽혀야 하지 않을까?! 물론 친부살해라는 범죄의 법적 가해자는 니힐리스트 스메르쟈코프이겠지만, 니힐리즘을 세뇌시킨 이반도, 아버지와 끊임없이 대결했던 드미트리도, 살인을 막지 못하고 시종 무력했던 알료샤도 궁극의 책임에서 벗어날 수는 없다. 카라마조프 부자들의 가족사를 다루면서도 '부자들' 대신에 '형제들'이라는 제목이 붙여진 것은 악의 근원인 아버지 세대가 아니라 문제투성이긴 해도 변화와 희망의 가능성을 가진 아들 세대를 기대하는 작가의 의도가 반영된 것이리라.

도스토옙스키의 『카라마조프가의 형제들』은 독자들에게 오랫동안 사랑을 받아온 걸작으로서 시중에 여러 판본들이 나와 있다. 그중에서도 도스토옙스키 전집을 새롭게 출판한 '열린책들'(2000) 판본이나 '민음사' 세계문학전집 판본을 추천한다. 이 판본들은 러시아문학 전공학자들에 의해 가장 최근에 번역된 것들이다. 이 소설의 또 다른 쟁점으로는 에피소드 '대심문관' 속에서 다룬 빵과 자유의 선택 문제인데, 이와 관련해서는 러시아의 종교철학자 베르쟈예프의 논문을 참고할 수 있을 것이다. 이 논문은 '열린책들' 판본 하권에 번역본으로 실려 있다.

더 읽기 자료

콘스탄틴 모출스키(김현택 역), 『도스토옙스키』, 책세상, 2000.
석영중, 『도스토옙스키 돈을 위해 펜을 들다』, 예담, 2008.
김진국, 『어리석음의 미학』, 시간여행, 2017.
스타이너(윤지관 역), 『톨스토이냐 도스토옙스키냐』, 서커스출판, 2019.

(집필자: 이대우 · 경북대학교 교수)

파우스트(Faust)

괴테(Goethe, Johann Wolfgang von)

독일문학을 세계문학의 반열에 올려놓은 독일 고전주의 시인이며 극작가, 정치가였던 괴테(Goethe, Johann Wofgang von: 1749~1832)가 일생 동안 구상하고 다듬어 완성시킨 작품이 『파우스트(Faust)』다. 영국인들이 셰익스피어를 아끼는 만큼, 독일인들은 괴테를 시성(詩聖)으로 존경한다. 독일문화원을 'Goethe Institut'라고 명명한 데에서도 독일인이 괴테를 얼마나 자랑스러워하는지를 짐작할 수 있다. 실러(Schiller, Johann Christoph Friedrich von)가 주로 드라마를 집필한 반면, 괴테는 시, 소설, 드라마에 골고루 능한 작가였다. 괴테의 작품은 독일 교과서에 수록되어 있고, 대표작 『파우스트』는 인용의 보고(寶庫)이며(영어권의 셰익스피어처럼), 명대사들은 독일인들이 일상에서 사용하는 관용구가 되었다.

괴테는 젊은 시절의 작품 『젊은 베르테르의 슬픔』으로 유명작가가 되었고, 당시의 문학풍조였던 질풍노도(Strum und Drang) 문학의 중심인물이었다. 1786년 이태리 여행을 하고 생의 전환점을 맞이하였으며 고전주의를 지향하게 되었다. 고요한 위대함(stille Größe)과 우아한 간결함(edle Einfalt)이 이후 괴테의 예술지향점이 되었다.

『파우스트』는 괴테가 23세부터 쓰기 시작하여 83세로 죽기 1년 전인 1831년에야 완성한 괴테 생애의 대작이다. 초고(Urfaust)(1772~73)는 학자의 비극을 다루는 '밤-바그너와의 대화', 대학을 풍자하는 '학생 장면, 아우어바하의 술집', '그레트헨 비극'으로 구성되어 있으며, 초고는 1790년 『파우스트 단편』으로 이어졌고, 1808년 『파우스트』 1부가 출판되었다. 『파우스트』 2부는 악마의 도움을 받아 고대 희랍으로 시공을 옮겨 파우스트가 이상향을 건설해 보는 내용으로 진행되는데, 그 과정에서 현대 자본주의 사회의 본질적 문제들과 연관되는 작품의 현대적 맥락을 드러내 준다. 장막 희곡임에도 불구하고 '흐린 날. 벌판' 한 장면만 제외하고 각운을 갖는 운문으로 집필되었다는 사실 또한 괴테의 작가적 역량을 가늠해 볼 수 있는 측면이다. 『파우스트』 판본은 바이마르판본, 프랑크푸르트판본, 함부르크판본 등이 표준적인 정본으로 알려져 있으나, 2003년 괴팅겐대학의 알브레히트 쇠네(Albrecht Schöne) 교수가 기존 판본에서 제외되었던 초기 필사본을 복원하여 편집한 인젤출판사(Insel Verlag)의 『파우스트(Faust. Texte und Kommentare)』(Frankfurt am Main und Leipzig)를 번역한 2015년 을유문화사판 번역본을 추천한다. 괴테가 미풍양속을 해칠까 우려하여 "발푸르기스의 보따리"라고 칭하며 자기검열했던 부분을 복원하여 "사탄의 연설 장면"과 "그레트헨 처형 장면"을 텍스트에 추가하였다. 괴테의 의도를 살리려는 쇠네 교수의 새로운 시도와 해석은 많은 독일 독자들의 공감을 얻은 바 있다. 작가의 초기의도를 그대로 보여 주고 해석은 미래의 독자에게 맡기고자 한다. 함부르크판본은 2009년 문학동네 번역본이 택하고 있다.

역사상 실재인물 파우스트 / 파우스트 전설

극중인물 파우스트는 괴테가 단독으로 창조한 극중인물이 아니다. 16세기 초 독일에 실존했던 게오르그 파우스트(1480~1536, 1540년으로 추정)는 신학과 철학을 공부한 마술사였으며, 이미 생전부터 다양한 마술사의 전설과 혼동되었고, 그의 갑작스런 죽음이 악마가 그의 생명을 빼앗았다는 전설에 박차를 가하게 된다. 전설 속의 인물은 Georg가 아닌 Johannes라는 이름으로 변형되고, 향락과 무한의 지적 호기심을 만족시키기 위하여 악마에게 영혼을 판 인물로 되어 있다. 1587년 프랑크푸르트의 인쇄업자 쉬피스가 여러 전설을 수집하여 『요한 파우스트 박사 이야기』를 출간하였고, 이 책은 10년간 22판을 거듭해 대중적 인기를 독점하였다. 이 독일어 민담본이 영어로 번역되었고, 영역본에 의거, 셰익스피어의 선배인 말로(Marlowe, Christopher)가 『파우스트 박사의 비극적 이야기』라는 드라마로 각색하였고, 영국의 유랑극단이 이 작품을 독일에서 공연하고, 독일의 인형극단이 다시 이 공연을 인형극으로 재공연하게 된다. 어린 시절의 괴테가 이 인형극을 보고 감동을 받았으며, 훗날 자신의 대표작으로 집필하게 된다.

이 파우스트 전설은 많은 작가들에게 작품의 소재로 사용되었는데, 이름난 작가로는 영국의 말로, 독일의 레싱(Lessing, Gotthold Ephraim), 괴테, 하이네(Heine, Heinrich), 만(Mann, Thomas) 등이 있다. 작가들은 대부분 파우스트가 종국에 파멸하는 결말을 택하였지만, 괴테는 구제되는 결말을 택하고 있다.

본격적인 프롤로그에 해당하는 '천상의 서곡'은 작품 전체의 개요에 해당한다. 주님과 악마 메피스토는 인간이란 구원 가능한 존재인가를 두고 내기를 한다. 주님은 인간의 근본은 착하고, 어두운 충동에 사로잡혀 방황을 거듭하더라도 결국은 올바른 길로 다시 돌아온다고 말하며, 파우스트를 악마가 유혹해 볼 것을 허락한다. 허무주의자인 악마 메피스토는 인간의 이성은 허약하기 그지없으며, 인간본성이란 향락과 욕정 앞에 여지없이 무너져 내림을 자신하며 내기에 응한다. 사건 진행의 축은 무한한 지식욕에 악마에게 영혼을 판 학자 파우스트의 비극과 파우스트에게 유혹당하여 삶을 송두리째 파괴당하는 불행에 빠진 그레트헨의 비극으로 구성되는 1부와, 학자의 비극이 이어지는 2부로 되어 있다.

파우스트-메피스토-주님, 정-반-합의 변증법적 관계

파우스트라는 극중인물은 여러 세기 동안 문학사, 정신사적으로 끊임없이 변모해 온 인물이다. 중세 말기 기독교 신앙과 연관된 악마존재에 대한 믿음, 개인의 무한한 자유를 추구하는 르네상스적 거인존재에 대한 동경, 근대 자연과학의 선구자들 중 하나였던 연금술사 및 악마와 계약을 맺었다고 하는 마술사들에 대한 전설 등이 극중인물 파우스트를 탄생시키지만, 대중소설이나 통속극의 파우스트는 중세 기독교의 정통교리라는 관점에서 구원 불가능한 존재로 그려지는 데 반해, 괴테의 파우스트는 구원 가능한 존재로 형상화되었다는 데 주목하여야 한다. 르네상스 시대의 전설은 억압적인 중세의 봉건질서에서 스스로를 해방하고 자유로운 삶을 누리고자 하는 민중의 시대적 요구에서 성립되었다. 그러나 루터주의자들은 그 전설을 민중의 통제수단으로 역이용하여 반기독교인에 대한 경고문학으로 오도하였음을 간과하지 말아야 할 것이다. 전설 속의 파우스트가 갖고 있는 "코페르니쿠스적 탐구

정신", "콜럼버스적 모험", 연금술사의 과학적 노력, 그리고 숨겨진 자연과 정신의 힘을 이용하려 했던 주술을 기만으로 매도하면서, 종교개혁자들은 종교적 관점에 의해, 전설을 변형시켰고, 민중의 통제수단으로 역이용하였다. 신을 배반한다는 것은 추호도 인정될 수 없었기 때문이었다. 르네상스 시대 독일 민중이 만든 이 전설 속의 숨은 의미가 바로 이런 측면이며, 파우스트 이야기가 대중적 인기를 누렸던 까닭이다. 질풍노도 시대의 독일 작가들에게 파우스트는 프로메테우스와 함께 그들의 동일시 대상이었으며, 성경의 계시나 합리적인 인식에도 만족하지 않고, 신에 대한 외경도, 지옥에 대한 공포도 개의치 않는 감각적이고 용기 있는 인물이었던 것이다.

파우스트가 역사철학적 낙관주의의 대표자라면, 메피스토는 역사철학적 허무주의자의 대표자로 간주된다. 메피스토는 역사발전에 있어서는 변증법적 부정이고, 파우스트에게는 변증법적 보완이다. 부정과 모순의 정신으로서 현재 상태를 지양하고 역사를 앞으로 발전시키는 인생의 변증법적 계기이다. 선을 이루기 위해 악을 계기로 삼는 이러한 사고방식은 18세기 독일 계몽주의 시대, 생과 인식의 토대로서의 "모순"에 대한 자각으로부터 나온 것이고, 젊은 괴테는 브루노(Bruno, Giordano), 루소(Rousseau, Jean Jacques), 스피노자(Spinoza, Baruch)의 영향을 받아, 모순이 생과 인식의 중심이라는 생각이 확고해졌다고 한다. 루카치(Lukács, György)는 이러한 세계관의 형성을 괴테의 전 생애에 걸친 『파우스트』 창작의 토대로 해석한다. 악역으로 설정한 메피스토의 언설에서 괴테는 작가의 은밀한 심중을 반영하고 있고, 정치적으로 예민한 부분에서 괴테는 예외 없이 메피스토로 하여금 발언케 한다. '아우어바하의 술집'에서 벼룩의 노래를 통해서 궁정대신과 고관대작들의 행태들을 비판하고(2212행 이하), 현실 법체계의 이중적 기만성을 비판하며(1970행 이하), 교회의 위선에 대한 가차 없는 통찰(6100행 이하)과 파당정치에 대한 비판(10777 행 이하)등 정치 · 종교 · 경제의 제 영역에 대한 비판은 전적으로 메피스토의 몫이다. 메피스토의 이러한 세계통찰은 단순한 허무주의적 영감의 소산일 뿐만 아니라, 괴테 자신의 말에 의하면 "거대한 세계관찰의 생생한 결과" 이기도 하다. 1부에서 메피스토는 돈과 재화의 위력을 보여주고, 2부에서는 지폐 제조와 자본의 원시적 축적에 의한 봉건질서의 몰락과 해체를 보여주면서 황금만능주의와 금융자본주의의 파괴성과 경직성을 보여주고 있으며, '발푸르기스의 밤' 에서 황금에 대한 탐욕과 노골적인 성욕을 인간성에 있어서 가장 악마적인 것으로 묘사하고 있다. 이와 같은 메피스토적 파괴와 경직은 오늘날 현대사회에서도 물신숭배, 포르노와 섹스산업, 핵무기와 레이저 무기, 무인기, 그리고 인간에 의한 환경파괴 등에 나타나고 있음은 아무도 부인할 수 없을 것이다,

괴테가 필생의 사업으로 완성한 『파우스트』에는 서구의 르네상스에서 시민사회에 이르는 역사 발전과정이 함축되어 있다. 인간의 자연에 대한 총체적 인식을 갈망하는 파우스트의 자세를 현대 독일의 철학자 슈펭글러(Spengler, Oswald)는 오늘날의 서구문화를 가능케 한 핵심으로 파악하고, 이를 "파우스트적 혼" 이라고 명명했으며, 전 유럽의 역사시대가 "파우스트적 혼" 에서 발원하였다고 주장하였다. 그에 의하면 파우스트는 현대 서구인의 상징이며, 파우스트적 문화는 "의지의 문화" 이며, "자아의 완성" 과 "자아의 불멸성" 을 지향한다. 파우스트적 삶이란 "활동하고, 싸우고, 정복하는 존재" 로 규정된다. 그러나 독일제국의 창립 이후, "파우스트적 혼" 은 정치적으로 악용된다. 독일 민족의

약진과 비약을 파우스트적이라 해석하고, 독일 민족의 자의식과 자기 위안, 자기숭배를 위한 도구로 활용되었고, 나치 시대까지 "파우스트적" 가치는 국수주의, 제국주의적 관점에서 독일 민족의 신화로 숭배되었다.

이 작품을 바라보는 시각은 다양하다. 루카치 계열의 마르크시스트들은 이 작품에 서구의 단계적인 역사 발전과정이 구체적으로 형상화되어 있으며, 파우스트의 인생 여정이 한 개인의 발전뿐 아니라 서구의 근대인간사를 상징하고, 파우스트와 메피스토의 양극성을 역사 발전의 변증법적 기본원칙으로 보고 있다.

다양한 시각에도 불구하고, 괴테는 2부에서 지하에 묻힌 금은보화를 담보로 지폐를 발행함으로써 현대의 금융자본주의를 선취하고 있으며, 섹스의 향연을 통해 주식상장에까지 이르는 포르노 산업의 번창을 그리고 인조인간 호문쿨루스(Homunculus)를 통해 현대의 인공지능과 생명공학의 문제점이라는 현대적 맥락을 제공하고 있다. 끊임없이 노력하고 방황하는 절망적 인간 파우스트의 비극적 이야기를 접하면서 독자들은 진정한 자아발견에 도움을 받고, 자신의 인생관과 세계관을 확립, 확장할 수 있을 것이며, 삶의 온갖 역경을 극복하고 유혹을 물리칠 수 있는 힘을 얻게 될 것이다.

『파우스트』를 주제로 한 주요 공연, 영화, 음악, 미술 관련 사항은 다음과 같다.

공연: 드라마로 집필된 이 작품의 무대화 작업은 난해한 2부는 제외하고 대부분 1부만 공연되었으며 그중 언급할 만한 공연은 다음과 같다. ◀1932년에 베를린의 프로이센 국립극장 공연에

서 극장장 그륀트겐스(Gründgens, Gustav)가 메피스토 역으로 출연하면서 흑백 마스크를 착용하였다. 이후 이는 메피스토 마스크로 굳어졌다. ◀1977년 슈투트가르트 시립극장 공연은 파이만(Peymann, Claus)이 연출을 맡았다. 1부와 2부를 이틀간 공연했으며 '헌사'와 '천상의 서곡' 장면만 빼고, 나머지 장면들은 상당 부분을 생략한 채 공연하였는데, 고전을 현대의 관객과 소통시키는 데 성공한 첫 공연으로 평가받았다. 2년간 매진되는 흥행대박이었다. ◀2000년 베를린에서 슈타인(Stein, Peter)이 연출한 공연은, 하노버 Expo를 기념하여 괴테의 드라마를 대본대로 공연한 첫 공연이었다. 3주에 걸친 주말공연으로 진행한 매머드 공연이었다.

영화: ◀무르나우(Murnau, Friedrich Wilhelm) 감독의 영화 <파우스트(Faust-Eine deutsche Volkssage)>(1926)는 괴테의 텍스트를 원전에 충실하게 영상화한 무성영화이다. ◀고르스키(Gorski, Peter) 감독의 영화 <파우스트>(1960)에서 주연 그륀트겐스(Gründgens, Gustav)는 전설적인 제3 제국 최고의 배우로 메피스토 역을 연기해 전설이 되었다. ◀소쿠로프(Sokurov, Alexsandr) 감독의 영화 <파우스트(Faust)>(2011)는 러시아 영상시인의 새로운 파우스트 해석으로 주목받았다. 베니스영화제의 대상 수상 작품이다.

음악: 베토벤, 슈베르트, 리스트(Liszt, Franz), 바그너(Wagner, Wilhelm Richard), 말러(Mahler, Gustav) 등 수많은 작곡자들이 괴테의 시(詩)와 드라마 대사들을 작곡하였다. 오페라 <파우스트>는 프랑스인 구노(Gounod, Charles)가 1859년에 작곡한 것이다.

미술: 렘브란트(Rembrandt Harmensz van Rijn), 들라크루아(Delacroix,

Ferdinand Victor Eugène)를 비롯한 많은 화가들이 『파우스트』의 장면들을 화폭으로 옮겼다. 들라크루아의 그림들은 곽복록이 번역한 『파우스트/젊은 베르테르의 슬픔』(동서문화사, 2007)에 실려 있다.

— 더 읽기 자료

만(Mann, Thomas, 임홍배 옮김), 『파우스트 박사(1, 2)』, 민음사, 2010.
에커만(Eckermann, Johann Peter, 장희창 옮김), 『괴테와의 대화(1, 2)』, 민음사, 2008.
박병상, 『파우스트의 선택』, 녹색평론사, 2004.
괴테(Goethe, Johann Wolfgang von, 박찬기 옮김), 『젊은 베르테르의 슬픔』, 민음사, 1999.

(집필자: 김창우 · 경북대학교 교수)

인문 사회과학

그리스 로마 신화

이윤기(李潤基)

신화! 이 말만 들어도 가슴이 설레는 사람이 있는 반면에, 다른 한편에서는 아니 신화가 뭐지? 현실에 맞지 않는 상상의 이야기에 지나지 않을 뿐이지! 라고 하는 사람도 있을 것이다. 그만큼 신화는 이중적인 성격을 지니고 있을 뿐만 아니라 그 내용의 해석에서도 난해하고 애매한 점이 많이 내재되어 있기 때문이다. 그럼에도 불구하고 신화라고 하면 곧 『그리스 로마 신화』를 가리킨다고 할 정도로 널리 알려져 있는 동시에 여러 나라의 신화를 대표하는 위상을 지니고 있다고 할 수 있다. 따라서 『그리스 로마 신화』는 일반인들의 교양도서로서뿐만 아니라 다른 나라의 신화를 언급할 때 다른 여느 신화보다도 우선적으로 주목을 받아서 한번 읽어 볼 것을 추천받고 있는 책임에는 틀림이 없다.

우리나라에서 초 · 중 · 고를 다닌 사람이라면 적어도 한 번쯤은 『그리스 로마 신화』에 대해서 들어보았을 것이다. 그만큼 학생이나 일반

대중들에게 회자되었다는 의미이다. 그러면 왜 『그리스 로마 신화』가 그런 위상을 가지게 되었는지가 궁금할 것이고, 그러면 당연히 『그리스 로마 신화』라는 책이 나온 배경을 알아보는 작업이 필요할 것이다. 여는 신화들이 다 그렇듯이 그 성립과정과 내용을 살펴보는 노력이 신화를 이해하는 기본이자 첫걸음이라고 할 수 있으므로 『그리스 로마 신화』는 어떻게 형성되었고, 어떤 과정을 거쳐서 하나의 완결된 체계로 구성되어졌으며, 사회 전반에 어떤 영향을 미쳤는지를 종합적으로 고려해 보려는 노력이 필요할 것이다.

『그리스 로마 신화』는 고대 그리스에서 발생해 로마제국으로 이어진 신화이다. 단지 로마로 건너와 그리스 신들의 이름을 로마식으로 바꾸면서 그 내용이 발전되기도 했지만, 어디까지나 그리스 신화가 중심이고 주된 바탕이며, 로마 신화는 그리스 신화에 부수되어 『그리스 로마 신화』가 된 것이다. 신화들이 다 그렇듯이 처음부터 체계적인 기록으로만 전해져 오던 완전한 스토리가 아닌 것은 『그리스 로마 신화』도 마찬가지이다. 신화의 편린(片鱗)들이 구전이나 전승, 아니면 일부의 기록이 전해지면서 점점 더 복잡하고 서로 연결된 이야기로 확대되어 정교한 신앙체계의 근간이 형성되면서 전해지다가 어느 시점에서 일정한 체계를 갖추는 종합적인 형태로 그 모습을 드러내는 것이 일반적인 점에서 『그리스 로마 신화』도 유사한 과정을 거쳤다고 볼 수 있다.

이 때문에 다른 무엇보다 우선적으로 주목되는 것은 그 형성과 변천과정이다. 현재 우리들에게 알려져 있는 체계적인 신화집은 진짜 그리스 신화라기보다는 후대에 편찬된 『그리스 로마 신화』로 보는 것이 합리적이다. 신들의 구체적인 계보와 신성, 행적 등을 서술하기 시작한 것은 기원전 8세기 호메로스(Homeros)의 『일리아스(Ilias)』, 『오디세이

(Odyssey)』와 헤시오도스(Hesiodos)의 『신통기』부터라고 할 수 있다. 그리고 폴리스의 초기 문화가 형성되던 그리스 상고기의 시인들은 이들 신화 서술을 보완해 보다 내용이 풍요롭도록 만들었는데, 호메로스 찬가, 판다로스 송가, 아테네의 고전기 비극 시들, 헬레니즘 시대의 칼리마코스 찬가 등이 여기에 해당된다. 상고기 다음의 그리스 고전기에도 신화의 형성 과정은 지속되었지만, 예전과 달리 플라톤과 아리스토텔레스로 대표되는 합리주의 철학이 등장하면서 비판과 극복의 대상이 될 수밖에 없었던 것이다. 이 시기에 신화는 비이성적 산물로 간주되면서 그들의 서술에서 신화의 의미는 퇴색되어 신화는 목적이라기보다 한낱 수단으로 취급될 뿐이었다. 그 다음의 헬레니즘 시대에는 기존의 다양한 전승들을 수집해 정리한 일종의 신화집이라고 할 수 있는 아폴로도로스(Apollodoros)의 『아폴로도로스 신화집』과 디오도로스 시켈로스(Diodorus Sikelos)의 『세계사(Bibliotheca historica)』가 대표적이다.

그리스 신화에 대한 비판은 플라톤 등 합리주의 철학자들이 등장하기 전인 탈레스 등 밀레토스학파 때부터 본격적으로 시작되었다고 할 수 있다. 이 학파는 인간, 신, 자연을 분리하면서 신화에서 모든 형태의 미신적인 것과 신성한 힘을 배제하여 이 세계의 근원을 신들의 이야기가 아닌 자연 속에서 그 방향을 모색하였다. 그 결과 고대 그리스의 지식인들이었던 크세노파네스, 헤라클레이토스, 피타고라스와 같은 자연주의 철학자들은 신화에 등장하는 잔혹하고 비윤리적인 이야기를 비난하면서 신화는 진실이 아니라 시인들의 상상력으로 만들어 낸 허구라고 비판하였던 것이다. 중세시대에 이르기 전까지 서구사회는 『그리스 로마 신화』가 불합리하고 어리석은 이야기라고 인식하는 플라톤의 관점과 유사한 인식이 지속되고 있었던 것이다.

기독교 중심의 중세시대가 되면 『그리스 로마 신화』는 금기시될 수밖에 없었을 것이다. 이는 지극히 당연한 시대사조였을 것이고, 기독교 이외의 신들에 관한 이야기는 발붙일 여지가 없었을 것이다. 특히, 17세기 자연과학의 발달과 18세기 계몽주의 사조가 등장하면서 중시된 이성적 사고는 신화를 황당무계하고 구시대적이며 진실하지 못한 이야기로 규정하는 동시에 원시적 사고의 산물로 치부하여 경멸하고 배척하는 경향이 강하였다고 할 수 있다. 이러한 시대사조는 19세기 초 낭만주의의 대두와 민족학의 등장으로 합리주의적 사고에 대한 반성이 신화적 사고에 대한 관심으로 전환될 수 있었고, 그 결과의 산물은 『그리스 로마 신화』를 종합하여 체계화하는 신화집의 발간으로 이어질 수 있었다. 우리나라의 단군신화와 마찬가지로 합리주의적 시대사조가 강해지면 비판과 배척이 강해지는 경향은 『그리스 로마 신화』라고 하여 예외적인 것은 아니며, 단군신화가 『삼국사기(三國史記)』에 편재되지 못하고 『삼국유사(三國遺事)』에 들어가 있는 이유와 맥락을 같이 한다고 볼 수 있다.

그중에서 대표적인 책은 『설화의 시대(The Age of Fable)』(1855)와 『신화(Mythology)』(1940)이다. 전자는 벌핀치(Bulfinch, Thomas)라는 미국의 은행원이, 후자는 해밀턴(Hamilton, Edith)이라는 미국의 교육자가 저술한 책이다. 우리나라에서 『그리스 로마 신화』라는 제목이 붙은 책들 중에서 거의 대다수는 전자를 번역하거나 각색한 것이라고 해도 과언이 아니고, 이 책의 작가인 이윤기도 『벌핀치의 그리스 로마 신화』라는 제목으로 편역한 바가 있다. 그리고 후자는 『그리스 로마 신화』나 『에디스 해밀턴의 그리스 로마 신화』라는 이름의 우리말로 번역되어 있다.

우선 이 책이 나온 배경을 이해하기 위해서 저자인 이윤기라는 작가의 이력을 살펴볼 필요가 있다. 작가의 학력은 중졸, 즉 중학교 졸업이 학력의 전부라고 해도 과언이 아니다. 고등학교는 입학 후 두세 달 정도 다니다가 그만두고 대입은 검정고시로 통과했으며, 서른 살이 넘어 신학교도 다녔으나, 거의 대부분은 독학을 했기 때문에 중졸이라고 해도 그리 지나친 표현은 아닐 것이다. 특히 중학교 2학년 때 학비를 면제받으려고 교내 도서실 사서로 근로를 하는 과정에서 처음으로 인문학의 영역을 접하면서 이후 이 분야에 몰입하였던 것 같다. 아마 자신의 평생 관심사가 된 종교학이나 신화, 인류학에 대한 관심도 이 중학교 시절부터 시작되었던 것으로 추측해도 그리 큰 무리는 없을 듯하다.

이후 그의 이력을 살펴보면 그러한 점은 좀 더 분명해진다. 그는 생활도 다른 사람들과는 달리 조간신문을 읽고 난 후 취침하여 대낮에 일어나는 습관을 가지고 있었다고 한다. 그러니 일생 동안 직장생활을 한 건 전부 합해도 4년 정도에 지나지 않았음에도 불구하고 인문학에 대한 열정만은 조금도 식지 않았던 것 같다. 월남 참전 후 귀국할 때 700여 권의 서양에 관한 책들을 가지고 돌아온 점에서도 잘 드러난다. 이 책들은 그의 재산목록 1호가 되었고, 그중 여러 권이 번역되어 출간되기도 하였다. 그는 뒤늦게 종교학에도 관심을 기울였던 것 같다. 1991~1996년에 미국 미시간 주립대학교 종교학 연구원으로, 1997년에는 같은 대학 비교문화인류학 연구원을 지냈다는 사실에서도 그러한 점은 잘 드러난다. 그는 자신의 인문학적 관심을 '인간 현상학'이라고 명명하고, 도대체 사람은 어떻게 생겨 먹은 존재이고, 종교란 또 무엇이며, 인간의 원형은 무엇인가? 라는 문제를 화두로 삼고, 그 해결에 심취하고 있었던 것 같고, 이 책은 그러한 점들을 방증해 주는 사례들 중의 하나임에는 틀림이 없는 것 같다.

그는 1997년 중앙일보 신춘문예를 통해 등단했다. 그 후 장편소설 『하늘의 문』과 『내 시대의 초상』 등을, 중단편 소설집으로 『두물머리』와 『노래의 날개』 등을 펴냈으며, 지난 20여 년간 『장미의 이름』과 『푸코의 진자』, 『그리스인 조르바』를 비롯한 1백 50여 권에 이르는 번역서를 출간하기도 하였다. 이들 중에 벌핀치의 『설화의 시대』를 편역한 『벌핀치의 그리스 로마 신화』가 들어 있음은 물론이고, 난해하기로 소문난 세계적인 기호학자 움베르트 에코(Eco, Umberto)의 소설 『장미의 이름』과 『푸코의 진자』도 포함된다. 이처럼 그의 글들은 질적으로 아주 우수할 뿐만 아니라 양적으로는 엄청난 속필다작이었다고 할 수 있다. 이 책은 우리나라에 『그리스 로마 신화』에 대한 관심을 불러일으킨 계기를 제공했다고 볼 수 있기 때문에 우리나라에서 『그리스 로마 신화』라고 말만 하면 으레 저자의 이름을 우선적으로 들먹거릴 정도라고 해도 그리 지나친 표현은 아닐 것이다.

이 책은 아마 저자가 편역한 『벌핀치의 그리스 로마 신화』라는 책의 토대 위에서 이루어졌을 것이다. 이 『벌핀치의 그리스 로마 신화』는 5권으로 된 시리즈로서, 이 책들의 각 제목은 『벌핀치의 그리스 로마 신화: 신들의 전성시대』, 『벌핀치의 그리스 로마 신화: 영웅의 전성시대』, 『벌핀치의 그리스 로마 신화: 일리아스, 오뒤쎄이아』, 『벌핀치의 그리스 로마 신화: 사랑의 신화』, 『벌핀치의 그리스 로마 신화: 인간의 새벽』 등이다. 편역자는 각각의 부제를 테마로 삼아 재편하여 번역했거나, 아니면 번역하여 부제를 중심으로 재구성하였을 것이다. 각각의 테마로 삼은 부제를 신들의 전성시대 → 영웅의 전성시대 → 일리아스, 오뒤쎄이아 → 사랑의 신화 → 인간의 새벽으로 나열하여 차례를 정한 것은 시간의 경과를 고려하면서 그 과정에 일리아스, 오뒤쎄이아와 사랑의 신화라는 2가지 사건을 삽입하여 이야기의 흥미를 도모하고자 노력을 했던 것 같다.

그렇지만 저자가 직접 쓴 이 책은 편역한 책의 시리즈와는 달리 테마를 정한 부제를 달고 있다. 이들은 4권으로 된 시리즈물로서, 『이윤기의 그리스 로마 신화: 신화를 이해하는 12가지 열쇠』, 『이윤기의 그리스 로마 신화: 사랑의 테마로 읽는 신화의 12가지 열쇠 2』, 『이윤기의 그리스 로마 신화: 신들의 마음을 여는 12가지 열쇠 3』, 『이윤기의 그리스 로마 신화: 헤라클레스의 12가지 과업 4』 등이다. 부제가 신화를 이해하는 12가지 열쇠, 사랑의 테마로 읽는 신화의 12가지 열쇠 2, 신들의 마음을 여는 12가지 열쇠 3, 헤라클레스의 12가지 과업 4 등으로 설정한 점으로 보아 『그리스 로마 신화』에 대한 독자들의 이해를 쉽도록 할 뿐만 아니라 흥미를 돋우려는 의도를 가지고 저술한 것으로 추론해 볼 수 있다. 특히 우리들에게 널리 알려져 있는 헤라클레스의 12가지 과업을 하나의 테마로 정하여 관련된 이야기들을 전개한 점에서 더욱더 그러한 점을 엿볼 수 있다.

결국 이 책에 실려 있는 『그리스 로마 신화』는 신들에 관한 이야기인 동시에 인간에 관한 이야기이기도 하다. 이들 신은 으뜸 신과 버금신, 그리고 딸림 신들로 나누어지고, 이들은 올림포스 천성에 거주하면서 인간들을 내려다보고 있는 것으로 묘사되어 있다. 그다음으로 이들 신들과 인간들을 연결해 주는 신들, 그리고 영웅을 포함한 인간들에게 일어난 일들에 대한 이야기로 크게는 3개의 영역으로 나누어져 이야기가 전개되어 있다. 따라서 이 책과 같은 『그리스 로마 신화』의 줄거리는 이들 사이에 벌어지는 사랑과 증오, 이상과 욕망, 동경과 좌절, 환상과 현실이 원색으로 교차하는 세계에 대한 재미있는 이야기라고 할 수 있다. 그러므로 이 책은 바로 이 영생불사하는 신들과 때가 되면 죽어야 할 팔자를 타고나는 사람들 이야기, 그리고 신들과 사람 사이에 존재하는 신인(神人)들 이야기인 셈이다.

이 책에 나오는 이야기들은 대체로 신들의 활동과 관련된 것이다. 이는 아버지 크로노스를 몰아내고 신들의 제왕이 된 제우스와 그의 형제들, 제우스와 암피트리온의 아내 알크메네 사이에서 태어난 제우스의 부인 헤라, 가장 힘이 세고 뛰어난 무인으로 숱한 모험담의 주인공이 된 헤라클레스와 테세우스, 황금양털을 찾아 떠난 이아손과 아르고 원정대, 아버지를 죽이고 어머니와 결혼할 운명을 타고난 오이디푸스, 선조 탄탈로스의 죄로 인해 대를 이어 후손들이 신들의 저주를 받은 아가멤논의 가문, 이름 없이 오래 살기보다 영웅으로 요절하여 영원히 기억되기를 택해 트로이 전장에서 몸을 사리지 않은 아킬레우스, 트로이의 운명을 두 어깨에 짊어진 채 고군분투하는 헥토르, 아내 페넬로페의 품에 안기기 위해 10년을 헤맨 오디세우스, 함락된 트로이를 뒤로하고 이탈리아로 건너가 로마의 시조가 된 아이네이아스, 자신이 만든 조각과 사랑에 빠진 피그말리온, 밝은 세상을 눈앞에 두고 뒤를 돌아보아 사랑하는 에우리디케를 두 번이나 잃은 오르페우스, 비너스의 질투와 큐피드의 애정을 한 몸에 받아 선택받은 공주인 아름다운 프시케, 바람보다 빠른 발로 구혼자들을 물리친 처녀 사냥꾼 아탈란타, 제우스의 심부름으로 이승과 저승을 자유자재로 오르내리는 헤르메스, 인간을 만든 프로메테우스 등이다. 이들 신들에 관한 이야기는 『그리스 로마 신화』라는 신화집 속에서 바다의 신인 포세이돈과 술의 신인 디오니소스처럼 자신들이 주관하는 분야에서 인간의 능력을 초월하는 역할이 주어져 있으면서도, 그 속에는 지극히 인간적인 감정과 정서를 지니고 속세의 인간들과 지속적인 교류를 하고 있다는 점에서 그 두드러진 특성이 잘 드러난다고 할 수 있다.

서양문화에 끼친 『그리스 로마 신화』의 영향력은 지대하여 그 산물이 너무나 많으므로 일일이 언급하는 것은 쉽지 않다. 등장하는 신들의 이야기는 인간들의 상상력을 자극하여 간혹 서양문학의 모티브가 되기도 하고, 달리 예술에 소재를 제공하기도 한 사례는 너무나 방대한 양이다. 그러므로 대표적인 몇몇 사례를 언급하는 방법 이외에 다른 도리는 없을 것 같다. 로마 신화에 나오는 여신의 이름인 '베누스(Venus)'의 영어식 발음은 비너스이다. 비너스는 미술에서 다양한 형태로 그려져 있으며, 연꽃 위에서 나신으로 서 있는 아름다운 여인으로서 우리들에게 잘 알려져 있다. 그리고 영어의 '바배리언(이방인)'은 원래 그리스 사람들이 '이방인'을 지칭하면서 쓰던 말인 '바르바로이(Barboroe)'에서 나온 말이고, '이탈리아'라고 하는 오늘날의 이름은 '이탈로스'(일설에는 비툴루스)라고 하는 붉은 수송아지 때문에 생겨난 이름이며, '티탄'의 영어식 발음인 '타이탄'에서 침몰한 호화 여객선 '타이타닉' 호의 이름, 해파리를 뜻하는 '메두사', 경험이 풍부한 스승을 뜻하는 '멘토' 등이 이들 신화에서 유래했다고 한다. 뿐만 아니라 '판도라 상자', '피그말리온 효과', '오이디푸스 콤플렉스', '나이트메어', '트로이 목마', '아킬레스건' 등은 물론이고, 심지어 '너 자신을 알라'는 소크라테스의 경구도 아폴론 신전 박공에 새겨져 있는 글귀 '그노티 세아우톤(gnōthi seauton)'에서 나온 경구라는 점에서 가히 그 영향력을 짐작하고도 남음이 있을 것이다.

여기에서 『그리스 로마 신화』는 철학자와 역사가의 사상에 심대한 영향을 주어 재생산되고 재해석됨으로써 문학과 미술, 조형 등의 중요한 주제부터 과학기술의 용어까지 포괄하는 서양문화 전반에 걸쳐 유례가 없을 정도로 큰 영향을 미쳤다는 사실만을 대략적으로 짐작할 수 있을 뿐이다. 노벨문학상을 수상한 아일랜드 시인 예이츠(Yeats, William Butler)의 시 「레다와 백조」처럼 『그리스 로마 신화』에 대한 이해가 없으면 해석이 불가능하다는 점에서 상징적으로 잘 드러난다. 더욱이 이 책에 사진이나 삽화 등으로 실려 있는 너무나 많은 명화와 대리석상들은 『그리스 로마 신화』의 이해를 도와주는 것은 물론이고, 한편으로는 그 영향력을 여실히 보여준다고도 할 수 있다. 작가가 "루브르 미술관에 가면 나는 숨이 멎는 듯한 뜨거운 경험을 자주 한다. 신화 혹은 성경이라고 하는 텍스트(원전)와 미술이 만나는 현장의 경험은 나에게 늘 뜨거웠다."라고 한 것은 이들 작품들의 상당수가 프랑스의 루브르박물관, 영국의 대영박물관, 로마의 바티칸미술관, 러시아 상트페테르부르크의 예르미타시(Ermitazh)미술관 등 유럽에서 유명한 박물관(미술관)에 상당수가 전시되어 있기 때문일 것이다. 어디 그뿐이겠는가? 그리스 주위에 널려 있는 신전들과 유물들은 물론이고, 러시아의 옛 수도 상트페테르부르크 근교에 위치하고 있는 여름궁전의 분수공원에는 그리스의 신들과 영웅들의 황금빛 석상들이 즐비하여 '황금빛 신화 이미지들에 둘러싸인 거대한 분수!'라고 표현될 정도이다. 또 겨울궁전에 위치해 있는 예르미타시미술관에도 신화 이미지가 반영된 얼마나 많은 명화와 조각상들이 있을지 상상해 볼 수 있을 것이다.

이 책의 작가는 신화 이해와 해석에 필요한 12개의 열쇠를 제시하며, 독자들에게 신화 읽기의 주인공으로 내세운 창조적 신화 읽기를 시도한다고 언명하고 있다. 그래서인지 작가는 신화를 주제로 한 작품들과 『그리스 로마 신화』의 이미지가 남아 있는 유적지와 박물관 등을 직접 답사하면서 촬영한 현장 사진들을 곳곳에 수록해 두고 있다. 이 책에 실려 있는 풍부한 사진자료들은 그 방증이라고 할 수 있을 것이다. 달리 말하면 한국적 신화 해석과 이해의 가능성을 제시함으로써 우리나라에서 신화의 붐을 일으키는 계기를 제공했다는 평을 들을 수 있을 정도의 위치에 있는 것으로 평가되고 있다. 신화, 특히 『그리스 로마 신화』하면 이윤기라고 작가를 거명할 정도의 위상을 가지고 있다고 해도 과언이 아닐 것이다.

그러한 작가의 인식 때문인지는 몰라도 이 책은 다른 책들에 비해서 유난히 다른 나라의 신화나 옛이야기들과 비교해서 설명하는 내용이 많다. 그중에서 우리나라의 경우 고구려 왕 유리 이야기와 아테나이의 왕 테세우스 이야기, 그리고 이아손과 메데이아 이야기와 호동왕자와 낙랑공주 이야기를 비교하여 설명하고 있다. 중국의 경우에는 '후예' 이야기를 중국의 헤라클레스로 비유하여 그 내용을 설명하고 있으며, 여인들의 왕국으로 알려져 있는 아마존족과 동일한 여인국을 중국의 소설 『서유기』에도 여인국 전설이 존재하고 있음을 강조하고 있다. 일본의 경우에는 일본의 창조신인 이자나기(伊邪那伎)와 이자나미(伊邪那美)가 남매지간에 결혼하였다는 사실을 제우스와 그의 아내 헤라가 본래 남매지간이었던 점을 들어 비교하고 있다. 이는 아마 작가가 『그리스 로마 신화』에 나오는 내용 중에서 우리나라와 중국, 일본에도 유사한 신화나 이야기가 있음을 강조함으로써 『그리스 로마 신화』만이 특별히 이상하다거나 다른 나라의 신화들과 별반 다르지 않다는 점을 드러내려고 함으로써 신화들이 지닌 공통성과 보편성을 강조하려고 했던 것 같다.

이미 앞에서 이 『그리스 로마 신화』가 후대에 미친 영향은 너무나 지대하여 그들을 일일이 지적할 수 없을 정도라고 해도 과언이 아니라고 언급하였다. 너무 널리, 그리고 너무 많이 잘 알려져 있기 때문에 단지 검색 포털에서 한번 검색만 해 보아도 어느 정도 찾아낼 수 있을 것이다. 그중에서 관련 영화는 많이 있지만, 비교적 근래 나온 대표적인 영화로는 페터젠(Petersen, Wolfgang) 감독의 <트로이>, 리터리어(Leterrier, Louis) 감독의 <타이탄>, 리브스만(Liebesman, Jonathan) 감독의 <타이탄 분노>, 퍼시 잭슨 시리즈로 불리는 콜럼버스(Columbus, Chris) 감독의 <퍼시 잭슨과 번개도둑>과 프류덴탈(Freudenthal, Thor) 감독의 <퍼시잭슨과 괴물의 바다>, 할린(Harlin, Renny) 감독의 <헤라클레스: 레전드 비긴스>, 래트너(Ratner, Brett) 감독의 <허큘리스>, 싱(Singh, Tarsem) 감독의 <신들의 전쟁> 등이 있다. 그리고 김준 감독의 <그리스 로마 신화-올림포스-기간테스 대역습>이라는 애니메이션과 <그리스 로마 신화 올림포스 가디언>이 비디오로 출시되기도 하였다. 특히, <만화로 보는 그리스 로마 신화>는 가나출판사에서 출판한 그리스 로마 신화를 주제로 아동들이 보기 쉽게 만화로 그려놓은 판타지/학습만화로 본편은 20권, 본편의 완결 이후 추가로 나온 특별판 5권을 합쳐서 총 25권의 완결판으로 되어 있다.

이 작품을 원작으로 <올림포스 가디언>이라는 제목으로 2002년에 애니메이션화되어 SBS에서 방영되었고, 2년 후인 2004년에 SBS에서 재방영되는 동시에 투니버스에서도 방영되었으며, 2005년에는 비록 흑역사로 평가받은 적이 있기는 하지만 교정을 거쳐 극장판까지 제작되는 등 현재까지 회자되고 있는 한국 애니메이션의 수작 중 하나라는 좋은 평가를 받고 있다. 더욱이 이 작품은 가나출판사의 '만화로 보는 ×××시리즈'의 하나로서 2000년 11월에 판매를 시작해서 2001년까지 총 9권이 나오게 되었으며, 그동안 출판했던 9권까지의 본문 내용들을 개정하고 보충하는 등의 일부 수정을 거치고 재출간 되어 오늘의 우리만화상을 수상하게 되었다. 이후 트로이 전쟁이 시작되는 10권부터 연재를 재개하여 본격적으로 인기를 누리기 시작하였고, 다른 출판사들도 잇달아 만화로 보는 세계 신화 시리즈들을 대거 양산하게 되면서 세계의 신화들이 대중적으로 알려지게 되는 계기를 제공하였다. 그러므로 이 작품은 국내에서 『그리스 로마 신화』를 언급할 때 가장 먼저 떠올릴 정도의 대표적인 작품이고, 이후 『그리스 로마 신화』와 관련된 관심은 TV 애니메이션, 게임, 웹툰 등으로 외연이 확장되어 2018년에는 <어쌔신 크리드: 오디세이>라는 게임의 출시로 이어지기도 하였다.

필자가 서유럽을 여행하고 난 후 후배들에게 초등학교 4학년에서 중학교 2학년 사이의 아들딸이 있다면 함께 서유럽을 한번 여행해 보라고 권유한 적이 여러 번 있었다. 앞으로는 『그리스 로마 신화』를 먼저 읽은 후에 서유럽 여행을 떠나라고 권유해야겠다는 생각이 든다. 특히 이 책은 저자가 직접 답사를 통해 수집한 자료와 촬영한 사진들이 많이 실려 있어서 『그리스 로마 신화』에 대한 생동감과 현장감을 한층 더해 준다. 다만 여러 신들의 이름과 지명들이 복잡하게 혼재되어 있어서 읽는 데 어려움이 적지 않다. 이 책의 저자인 이윤기가 편역한 『벌핀치의 그리스 로마 신화』를 먼저 읽고 난 후에 이 책을 읽으면 많은 도움이 될 것이다.

일러두기를 보면 그리스식 표기, 로마식 표기, 영어식 독법이 일목요연하게 표로 정리되어 있어서 많은 도움을 준다. 복잡하게 얽혀 있는 신들의 이름이나 명칭, 지명들로 다소 혼란스럽지만 머리가 맑은 대학생 시절에 한번 도전해 볼 만한 독서목록에 꼭 포함시킬 필요가 있다. 왜냐하면 그리스와 로마문화인 헬레니즘과 『구약성경』과 『신약성경』

을 기둥 줄거리로 하는 헤브라이즘이라는 서구 문화의 원천이나 정수를 이해하기 위해서 『그리스 로마 신화』 읽기는 그 밑바탕이 될 것이기 때문이다.

마지막으로 이 책에 나오는 이야기들을 역사적 관점에서 보면 어떨까? 헤라클레스가 한동안 살게 되는 도시인 티린스, 그가 자주 드나들던 도시국가인 미케네, 원정 중에 맨 먼저 들른 일리온, '트로이의 목마'로 유명한 트로이, 아이네이아스가 트로이전쟁 후 이탈리아 반도로 건너가 건국의 기틀을 마련한 로마, 크레타 왕이었던 밀레토스가 미노스의 기세에 눌려 고향을 떠나 아시아 땅인 지금의 튀르키예로 건너가 건설한 도시국가 밀레토스 등의 사례에서 추론해 보면 그리스와 로마의 도시국가, 즉 폴리스가 형성되는 과정에 대한 신화라고 보는 것이 적합할 것 같다. 그러므로 『그리스 로마 신화』는 고조선의 건국에 관한 이야기인 단군신화의 내용에 대한 분석과 해석에 직접적인 관점을 제공해 줄뿐만 아니라 다른 나라의 건국신화에 대한 이해에도 일정한 시사를 줄 수 있다는 점에서 큰 의미를 지니고 있다.

— 더 읽기 자료

이윤기 편역, 『벌핀치의 그리스 로마 신화』, 창해, 2015.
조셉 캠벨, 빌 모이어스(이윤기 옮김), 『신화의 힘』, 21세기북스, 2020.
김봉철, 『그리스 신화의 변천사』, 길, 2014.
박홍규, 『그리스 귀신 죽이기』, 생각의 나무, 2009.
송건호, 『그리스 로마 신화』, 북마당, 2011.
장 피에르 베르낭(문신원 옮김), 『베르낭의 그리스 신화』, 성우, 2006.

(집필자: 주웅영 · 대구교육대학교 교수)

나의 문화유산답사기

유홍준(兪弘濬)

유홍준의 『나의 문화유산답사기』 시리즈는 1993년 5월 '남도답사 일번지'라는 부제를 단 제1권이 출판된 이래 현재까지 꾸준히 집필되고 있는 인문학 분야의 베스트셀러이다. 전라, 경상, 중부, 제주 등 우리 땅 곳곳을 다니며 문화재를 소개하고 문화재의 가치는 물론 그에 얽힌 역사와 관련 문화정책 등, 문화유산이 지니고 있는 다양한 면모를 이야기해주는 『나의 문화유산답사기』는 남한에 이어 북한 지역과 일본, 중국까지 아우르는 답사기를 현재진행형으로 이어가고 있다.

『나의 문화유산답사기』의 저자 유홍준은 1949년 서울 출생으로 서울대학교 미학과, 홍익대학교 대학원 미술사학과(석사)를 거쳐 성균관대학교 대학원 동양철학과에서 박사 학위를 받았다. 1981년 동아일보 신춘문예 미술평론에 「묵로 이용우론」이 당선되었고, 2003년에는 『완당평전』으로 만해문학상을 수상하였다. 영남대학교 교수와 박물관장, 명지대학교 미술사학과 교수 및 문화예술대학원장을 역임하였으며, 2004년부터 2008년까지 제3대 문화재청 청장을 지내기도 하였다. 명지대학교 석좌교수, 한국학중앙연구원 이사이자 걷는 도시 서울 시민위원회 위원장을 맡고 있는 유홍준은 『나의 문화유산답사기』(국내 편 10권, 일본 편 5권, 중국 편 3권 등)를 비롯해 미술사 관련 『조선시대 화론 연구』, 『화인열전』(1~2), 『완당평전』(1~3), 『유홍준의 미를 보는 눈』 시리즈('국보순례', '명작순례', '안목')와 『유홍준의 한국미술사 강의』(1~3), 평론집 『80년대 미술의 현장과 작가들』, 『다시 현실과 전통의 지평에서』 등을 펴냈다.

전문적인 내용을 대중의 눈높이에 맞는 흥미로운 이야기 형식으로 풀어낸 유홍준의 『나의 문화유산답사기』 시리즈는 지금까지 400만 권이 넘게 팔리며 비소설 분야에서 최초의 밀리언셀러를 기록했을 뿐 아니라 '유적답사 붐'을 불러일으키고 여행하는 방식까지 바꾼 책으로도 유명하다. 이 시리즈의 첫 권은 강진과 해남, 예산 수덕사와 가야산 주변, 경주, 문경과 담양, 고창 선운사 일대를 답사한 것이며, 1994년에 출판된 제2권은 '산은 강을 넘지 못하고'라는 부제로 지리산 동남쪽 함양과 산청 지역과 영주 부석사, 토함산 석불사, 평창과 정선, 철원 민통선 부근 지역과 청도 운문사와 그 주변, 부안 변산과 고부 녹두장군 생가를 답사하며 문화유산을 해석하는 일이 얼마나 가치 있는지를 강조하고 있다. 이후 1997년에 나온 제3권은 부제 '말하지 않는 것과의 대화'로 서산 마애불과 구례 연곡사, 북부 경북 지역의 문화유산, 익산 미륵사터와 경주 불국사, 그리고 서울과 공주, 부여 등 옛 백제 지역의 소중한 유산을 돌아보고 있다.

2011년에 출판된 『나의 문화유산답사기』 제4권과 제5권은 북한 편에 해당한다. 1993년 6월경 『나의 문화유산답사기』 첫째 권을 내고 시사주간지와 인터뷰를 하면서 북한답사의 희망을 비치고, 제2권의 서문에서 북한 답삿길이 열리기를 소망했던 유홍준에게 1997년 북한답사의 기회가 열렸다. 십이 일간 방북단의 일원으로 북한에 체류한 결과를 담은 네 번째 권 '평양의 날은 개었습니다' 는 평양 대동강, 상원 검은모루동굴과 평양 지방의 고인돌, 단군릉과 조선중앙력사박물관, 조선미술박물관, 묘향산과 평양의 고구려 고분벽화, 용악산 등을 찾은 북한답사의 기록이다. 4권에 이은 『나의 문화유산답사기』 시리즈의 다섯 번째는 '다시 금강을 예찬하다' 라는 부제의 금강산 기행서로 외금강과 내금강, 금강산의 역사와 문화유산을 들려주고 있다.

『나의 문화유산답사기』 시리즈 중 6번째로 출간된 답사기는 삶의 도처에 숨어 있는 고수들을 만나 새로운 깨달음을 얻는다는 의미를 담은 '인생도처유상수(人生到處有上手)' 라는 부제로 경복궁과 순천 선암사, 달성 도동서원, 거창과 합천 지역, 부여 · 논산 · 보령을 답사하며 역사와 예술, 그리고 인간이 조화를 이룬 이야기를 전해 준다. 제6권이 나온 지 일 년 후인 2012년 출간된 『나의 문화유산답사기 7』은 '돌하르방 어디 감수광' 이라는 부제에서 알 수 있듯 제주의 자연과 역사, 문화유산을 기록한 제주 답사기이다. 제주의 유명 관광지에 얽힌 전설, 탐라국에서 제주도에 이르는 역사와 제주 사삼사건(4 · 3사건)의 아픈 기억들, 세계자연유산과 천연기념물, 그리고 제주 추사관과 해녀박물관까지 넓고 깊은 시각으로 제주를 안내한다.

여덟 번째 『나의 문화유산답사기』는 제주도 편을 펴내고 3년 만인 2015년에 '남한강 편 강물은 그렇게 흘러가는데' 로 찾아온다. 남한강을 따라 영월부터 단양, 제천, 충주, 원주, 여주를 지나는 문화유산답사의 여정은 남한강 유역의 아름다운 풍경과 문화유산에 스며있는 갖가지 이야기를 들려주며 금수강산(錦繡江山)이라는 표현이 고스란히 독자들에게 전달되는 감동을 선사한다.

2017년에 출판된 아홉 번째와 열 번째 『나의 문화유산답사기』는 서울 편이다. 서울 편 1은 종묘와 창덕궁, 창경궁을 애정 어린 시선으로 훑으며 조선 건축이 지닌 아름다움과 가치를 전달한다. 그리고 서울 편 2는 한양도성의 변천 과정과 한양의 옛 향기가 남아있는 부암동 산책길, 덕수궁과 동관왕묘와 성균관에 이르는 서울의 오랜 역사와 다양한 매력을 조명한다. 그리고 2018년에는 그동안 『나의 문화유산답사기』에 소개된 산사 22곳을 추려 『나의 문화유산답사기: 산사 순례』를 간행하기도 한다. 영주 부석사와 안동 봉정사, 순천 선암사와 해남 대흥사를 비롯하여 북한에 위치한 묘향산 보현사와 금강산 표훈사를 찾았던 산사 순례담을 산사가 유네스코 세계유산에 등재되면서 기념 특별판으로 다시 묶은 것이다. 2018년 6월 말, 공주 마곡사와 양산 통도사, 영주 부석사와 안동 봉정사, 보은 법주사와 순천 선암사, 해남 대흥사의 7개 사찰이 유네스코 세계유산목록에 등재되어 산사와 사찰 문화가 주목을 받자 산사의 미학과 그 역사를 소개함으로써 산사 순례객들에게 좋은 안내서를 전해주고자 내놓은 책이 바로 『나의 문화유산답사기: 산사 순례』 편이다.

제주 편의 문화유산답사를 끝낸 뒤 유홍준은 2013년부터 2014년까지 일본 편을 다룬 4권의 『나의 문화유산답사기』를 저술하고, 그 후 한 권을 추가해 5권의 일본 답사기를 출판한다. 일본 편 답사는 규슈 지역을 다룬 '빛은 한반도로부터' 시작하여 2편 '아스카 들판에 백제꽃이 피었습니다'의 아스카·나라(飛鳥奈良), '역사는 유물을 낳고, 유물은 역사를 증언한다'는 부제의 교토의 역사 편인 3편, 교토의 명찰과 정원에 집중한 '그들에겐 내력이 있고 우리에겐 사연이 있다'의 4편을 거쳐, 교토의 정원과 다도를 통해 '일본미의 해답을 찾아서' 떠나는 5편의 답사로 마무리된다. 일본 편은 일본의 유물과 유적의 가치를 설명하는 데에서 나아가 한일 문화교류의 역사를 돌아보면서 우리의 역사와 문화까지 새롭게 인식할 수 있는 방향을 제시하고 있다. 일본 답사를 시작하면서 저자 유홍준은 "한일문제와 한일 교류사를 일방적 시각이 아니라 쌍방적 시각에서 보아야 한다."고 말한다. "공생적 관계를 회복"하기 위해 고대 한일 간에 있었던 왕성한 문화교류를 들려주고 일본 편의 제5권에는 부록으로 '일본의 풍토와 고대사 이야기'까지 한국사와 연관하여 제시하고 있다.

한편 2019년부터 2020년에 걸쳐 독자들을 찾은 『나의 문화유산답사기』 중국 편은 서안에서 시작하여 둔황(敦煌)과 하서주랑, 막고굴(莫高窟)과 실크로드의 관문을 거쳐 실크로드의 오아시스 도시에서 일단락된다. 중국 편의 시작인 첫 권은 '명사산 명불허전'이라는 부제로 둔황과 하서주랑(河西走廊)을 소개하고 있는데, 중국 역대 왕조의 고도(古都)를 중심으로 중국의 문화유산을 따라가며 중국문화를 바라보는 눈을 키워준다. 그리고 중국 편 2권은 '오아시스 도시의 숙명'이라는 부제를 달고 막고굴을 탐사하고 둔황을 찾았던 도보자들과 수호자들의 이야기를 흥미롭게 들려준다. 실크로드의 관문을 지나 문명의 교차로였던 실크로드의 역사를 복원한 답사길은 중국 편 3권인 '불타는 사막에 피어난 꽃'이라는 주제로 신강위구르자치구의 오아시스 도시들과 타클라마칸 사막을 탐방하는 여정으로 이어진다. 유홍준이 "내 인생에서 가장 감동적인 여행이었다."고 고백한 실크로드 답사는 지금은 사라진 지명인 누란과 고대 실크로드의 중심지였던 투르판, 쿠차, 타클라마칸사막과 호탄, 카슈가르를 순례하며 끝을 맺는다.

『나의 문화유산답사기』는 국내 편과 일본 편, 중국 편 외에도 3권의 『여행자를 위한 나의 문화유산답사기』(창비, 2016)가 출판되었다. 이 책은 국내 지역의 답사록인 여섯 권의 내용을 여행객들이 이용하기 편리하도록 세 권으로 재구성한 "한정판 답사 가이드북"으로서 절판된 국내 답사기의 개정판이라 할 수 있다. 독자들로부터 제주 편 이전에 나온 답사기들도 "권역별로 묶어서 충실한 여행 가이드북이 되게 해달라는 요청"을 받고 "중부권, 전라 · 제주권, 경상권 등 세 권으로 묶"어 낸 것이 『여행자를 위한 나의 문화유산답사기』인 것이다.

뿐만 아니라 『나의 문화유산답사기』는 2009년부터 2014년까지 10권으로 구성된 학습만화(유홍준 원작, 이보현 글, 김형배 그림, 박재동 기획 · 감수, 녹색지팡이)가 출간되었고, 2019년과 2020년에는 『10대들을 위한 나의 문화유산답사기』(유홍준 원저, 김경후 글, 이윤희 그림, 창비)가 4권으로 출판되었다. 또한 2000년에는 『나의 문화유산답사기』의 영문판이 『Smiles of The Baby Buddha 아기부처의 미소』라는 제목으로 출간되었다. 창비에서 펴낸 이 영문판은 『나의 문화유산답사기』 경주 편을 영역한 것으로 경주를 중심으로 한국문화를 알리는 관광 가이드북의 역할을 담당하고 있다.

1993년부터 시작된 문화유산답사기는 미술사적 유물을 중심으로 이야기를 펼쳐나가던 방식에서 "점점 폭을 넓혀 문화유산 전체를 이야기하"는 방향으로 변화해 갔다. 저자 유홍준은 유적 유물에 대한 설명을 "역사 · 문학 · 민속, 나아가서는 자연유산에 관한" 내용과 연결하고 그림과 사진 자료, 관련 시편들을 함께 소개하는 한편 답사 일정표와 안내지도까지 부록으로 제공하였다. 이러한 구성은 유홍준이 오랜 기간 집필을 계속해 온 『나의 문화유산답사기』 시리즈가 독자들이 실제로 문화유산의 현장을 답사하는 데 도움을 주는 가이드북으로서 그 역할을 충실히 담당하기를 바랐던 저자의 의도를 반영한 것이다.

또한 오랜 기간 인문 분야의 스테디셀러로 자리 잡아 온 사실에서도 알 수 있듯이 『나의 문화유산답사기』는 "독서하는 또 다른 와유가 되기를 바"라는 저자 유홍준의 소망을 담고 있기도 하다. 여기서 와유(臥遊)란 '누워서 노닌다'는 의미로 중국 남북조시대 송나라의 화가인 종병(宗炳: 375~433)이 늙어서 직접 산수를 유람하기 어려워지자 집 안에 그림을 걸어놓고 누워서 산수를 감상하며 즐겼다는 이야기에서 유래한 것이다. 유홍준은 이 시리즈가 독자들에게 독서를 통한 간접체험의 기회를 제공할 수 있기를 기대하며 "독서하는 또 다른 와유"를 언급했던 것이다.

무엇보다 역사와 문화, 그리고 광활한 자연과 인간들의 삶이 얽힌 문화유산에 대한 답사기는 교육적 가치가 매우 크다고 할 수 있다. 원작을 바탕으로 한 학습만화 시리즈와 10대들을 위한 판본까지 연이어 출판되고 있는 상황은 『나의 문화유산답사기』에 담긴 교육적 가치가 얼마나 중요하게 인식되고 있는가를 말해준다. 원본인 『나의 문화유산답사기』가 만화와 아동청소년 문학작품으로 변용되면서 큰 주목을 받고 있는 이러한 현상은 OSMU(One Source Multi-Use, 하나의 소재를 서로 다른 장르에 적용하여 파급효과를 노리는 마케팅 전략)에 해당하는 하나의 사례라 할 수 있다.

특히 유홍준이 『10대들을 위한 나의 문화유산답사기』 머리말에 남긴 다음의 내용은 『나의 문화유산답사기』에 담긴 교육적 가치와 의의가 무엇인가를 잘 대변하고 있다.

내가 답사기를 펴낼 때 생각은 우리 문화유산이 갖고 있는 의미를 일반인들에게 쉽게 설명해주고 싶은 마음에서 시작된 것이었습니다. 당시만 해도 우리 문화에 대한 관심이 높지 않았습니다. 그래서 이 책의 첫 문장은 "우리나라는 전 국토가 박물관이다."라고 시작합니다. 그리고 '인간은 아는 만큼 느끼고 느낀 만큼 보인다.'라는 점을 강조하면서, 조선 시대 한 문인의 말을 이끌어 "사랑하면 알게 되고, 알면 보이나니 그때 보이는 것은 전과 같지 않으리라."며 사랑하는 마음에서 우리 문화유산을 바라보고 일상 속에 간직하기를 희망하였습니다. 그리고 많은 분들이 여기에 마음을 같이 하였습니다.

독자들이 나의 답사기를 좋아하였던 것은 우리 문화유산의 가치를 새삼 알게 된 일깨움도 있지만 역사는 문화유산과 함께 익힐 때 생생히 다가온다는 사실과 문화유산이 우리의 일상과 따로 떨어져 있는 것이 아니라는 사실, 그리고 여행이 갖는 중요한 의미 중 하나인 국토에 대한 인식과 사랑이 곁들여졌기 때문인 것 같습니다.(『10대들을 위한 나의 문화유산답사기』, 머리말, 5~6쪽)

『나의 문화유산답사기』를 펴낸 목적이 무엇인가는 유홍준 답사기의 첫 문장인 "우리나라는 전 국토가 박물관이다."라는 외침에서 잘 드러난다. 사실 『나의 문화유산답사기』가 처음 세상에 선보인 1990년대 초반은 서구의 문화에 대한 관심이 높고 상대적으로 우리의 옛것을 등한시하는 풍조가 만연했다. 유홍준은 그런 문화적 분위기에 "강한 거부감을 갖고" 우리 국토의 다양한 면모를 보여 주고 우리의 문화유산이 지니는 가치를 알리기 위해 "전 국토가 박물관"이라고 외쳤던 것이다. 우리 문화유산을 사랑하기 위해서는 우리의 문화유산이 어떤 가치를 지니고 있는가를 알아야만 한다고 생각했기에 유홍준은 일반인 누구나 우리 문화에 관심을 가질 수 있도록 “독서를 위한 기행문”을 쓰기 시작했다. 그의 말대로 처음부터 몇 권을 쓰겠다고 계획한 것은 아니었으나 “『나의 문화유산답사기』가 운명적으로” 자신을 “붙잡고 놓아주지 않았”던 배경에는 이러한 그의 문제의식이 자리하고 있었으리라.

『나의 문화유산답사기』에 독자들의 관심이 쏟아지자 언론은 『나의 문화유산답사기』와 저자 유홍준을 조명하며 “독서계에 엄청난 회오리를 불러일으켰”고, 제1권이 “불과 1년 만에 인문사회 과학서로서는 초유의 50만 부를 내다보는 진기록과 함께 한 시대 문화의 형태까지 바꾸는 괴력을 보임으로써 90년대 문화사의 한 사건으로 기록될”(『출판저널』, 1994) 것이라 평가하였다. 그리고 『나의 문화유산답사기』를 “기행문학의 백미”로 평하며 “무심한 사회 인식 환기시킨 명저”로 소개하기도 하였다. “『나의 문화유산답사기』는 출간 당시 학생, 직장인은 물론” “30~40대 주부들의 폭발적인 호응을 얻어 새로운 독자층을 형성하”였고, “출판용으로 인기를 기대하기 어려웠던 소재인 문화재를 새로운 글감으로 만들었다는 단순한 성과 외에도 책 한 권이 일으킨 사회적 파장과 영향력을 간과할 수 없다.”(『출판저널』, 2007)고 말하기도 하였다.

『나의 문화유산답사기』를 읽은 소설가 박완서가 “깨우친 바 기쁨이 하도 커서 말하고 싶은 걸 참을 수가 없다.”고 한 평과 시인 박노해가 “제 눈을 맑게 열어준 운명 같은 마주침의 책, 펼칠 때마다 선방의 죽비처럼 내 등짝을 때리는 책, 내 마음속 가장 은밀한 자리에 꽂아둔 우리 시대 고전 같은 책”(『서울신문』, 2004.4.6)이라고 찬사를 한 일도 독자들 사이에서 유명하다. 또한 소설가 송기숙은 유홍준의 『나의 문화유산답사기』가 지니고 있는 공감의 폭과 깊이를 “사람들이 문화를 얘기할 때 어떤 사람들은 꽃을 얘기하려고 하고 어떤 사람은 가지나 잎을 얘기하려고 했다. 유홍준은 문화의 뿌리는 물론이고 나아가 그 뿌리가 딛고 있는 땅을 말하고 있다."(『사회평론 길』, 1994.9)고 표현하기도 하였다.

『나의 문화유산답사기』는 흡사 저자와 함께 답사를 하고 있는 것 같은 현장감을 주는 '수다체의 문체'를 따라 독자들이 문화유산을 총체적으로 볼 수 있도록 시야를 넓혀준다. "이 땅과 역사의 숨결"을 찾는 순례기인 『나의 문화유산답사기』 시리즈는 아는 만큼 이 땅과 우리의 역사를 사랑할 수 있다고 말하며 문화유산을 통해 인간과 우리가 발 딛고 있는 현실을 바라보는 통찰력을 선사한다.

— 더 읽기 자료

유홍준, 『유홍준의 한국 미술사 강의(1, 2, 3)』, 눌와, 2010~2013.
유홍준, 『유홍준의 미를 보는 눈 국보순례, 명작순례, 안목』, 눌와, 2011, 2013, 2017.
유홍준, 『다시 현실과 전통의 지평에서』, 창비, 1996.
이상근·김정윤, 『돌아온, 돌아와야 할 우리 문화유산』, 지성사, 2020.

(집필자: 김화선·배재대학교 교수)

난중일기(亂中日記)

이순신(李舜臣)

1. 충무공(忠武公) 이순신(李舜臣)은 1545년에 서울 건천동(인현동1가 31-2)의 덕수 이씨 집안에서 이정(李貞)의 셋째 아들로 태어났다. 이곳에서 5살 위인 원균(元均)과 3살 위인 유성룡(柳成龍)을 만나 유년기 시절을 보내며 돈독한 우정을 맺었다. 특히 이순신은 대대로 유학의 업을 이어온 유가(儒家)의 집안에서 자랐기에 희신(羲臣)과 요신(堯臣) 두 형을 따라 서당에 다니면서 경전을 배우고 글씨를 익혔다. 진로를 바꾸기 전 21살까지 대략 10여 년 동안 유학(儒學) 공부를 했던 것이다.

22살이 되던 1566년 이순신은 무과 출신인 보성군수 방진(方震) 장인의 영향으로 무예를 본격적으로 배우기 시작했는데, 이미 문인의 자질을 갖춘 상태에서 무인의 길로 든 것이다. 그 후 10년 뒤 1576년(32세) 2월 이순신은 식년(式年) 무과시험에 응시하여 병과에 급제했는데, 이때 황석공의 『소서(素書)』를 강하는 시험에서 시험관을 놀라게 한 일이 있었다. 시험관이 한(漢)나라 때 장량(張良)의 사망 여부를 묻자, 이순신은 "『통감강목』에 임자(壬子) 6년 유후(留侯) 장량(張良)이 졸(卒)했다고 합니다."라고 대답하니, 시험관이 감탄하여 "이것이 어찌 무인(武人)이 알 수 있는 것인가."라고 하였다.(이분, 『충무공행록』)

이처럼 남다른 학식이 있었던 이순신은 과장에서 두각을 드러낼 수 있었다. 유학뿐 아니라 병서에도 능통했는데, 일찍이 선조(宣祖)는 "이순신의 학업은 황석공이 이교(圯橋) 아래에서 장량에게 전한 『소서』에서 전해졌다.(業傳圯下)"고 하였다.(「교서」) 『소서』는 한나라 때 천하통일의 비법이 담긴 비서(祕書)인데 이 책이 이순신의 학문과 사상에 큰 영향을 주었다. 다년간 문인의 학식과 소양을 쌓은 결과 임진왜란 때는 남다른 문필력을 발휘하여 『난중일기』를 쓸 수 있었다. 후대의 학자들은 "『난중일기』는 그의 학문적인 실력을 입증하기에 충분하다."고 평가하였다.

2. 『난중일기』는 이순신이 지휘관으로서 전쟁에 직접 참전하여 체험한 사실을 기록한 진중(陣中)의 비망록이다. 본래 『난중일기』라는 이름은 정조(正祖) 때 이순신의 문집인 『이충무공전서(李忠武公全書)』를 간행할 당시 편찬자인 규장각 문신 윤행임(尹行恁)과 검서관 유득공(柳得恭)이 처음 해독한 『난중일기』에 편의상 붙인 것이고, 원래는 임진년부터 연도별 이름으로 분책되어 있다. 단, 『을미일기』는 초고본이 전하지 않고 전서본이 있으며, 『정유일기』는 Ⅰ·Ⅱ 책으로 되어 있다.

『난중일기』 원본은 전편이 난해한 초서(草書)로 작성되어 있다. 이순신이 평소에 사용한 서체인데, 이는 긴박한 상황에서 빨리 적을 수 있는 반면, 심하게 흘려 적거나 삭제와 수정을 반복한 경우에 해독하기 어려운 점이 있다. 후대의 활자본에는 바로 이러한 글자들이 오독되거나 미상으로 남게 되었다. 원본을 옮겨 적은 최초의 전사본(傳寫本)은 비록 분량이 적지만 『충무공유사』의 「일기초」가 유일하다. 이는 1693년 이후 미상인이 옮겨 적은 것인데, 여기에 새로운 일기 32일치가 들어 있다. 1795년에 간행된 『이충무공전서』의 『난중일기』는 최초의 활자본인데 탈초 및 해독과정에서 많은 누락과 산정이 되었다. 1935년 <조선사편수회>(회장 今井田清德)에서 초고본 형태로 다시 간행한 『난중일기초』가 있는데, 전서본 보다 진전된 작업이었으나 여기에도 미상과 오독이 남아 있었다. 그러나 후대의 판본으로는 이 두 활자본이 대표적이다.

3. 『난중일기』 번역은 20세기 중반부터 본격적으로 이루어졌다. 『난중일기』 최초 한글번역본인 홍기문의 『난중일기』가 1955년 북한에서 간행되었는데, 이 책자를 2013년 5월 31일 노승석이 KBS뉴스에 처음 소개하면서 국내에 알려졌다. 1968년 이은상이 초고본에 없는 내용을 전서본의 내용으로 보충하여 하나로 합본한 『난중일기』를 완역하여 현암사에서 간행하였다. 이 두 책이 후대에 간행되는 『난중일기』 번역서의 근간이 되었다.

『난중일기』 판본과 번역에 있어서 이러한 선구적인 연구성과가 있었지만, 아쉽게도 여기에는 미상과 오독의 문제들이 다 해결되지 못한 채 후대의 과제로 남게 되었다. 당시 학계에서는 기존 해독의 문제점을 인식하고 교감(校勘)의 필요성을 제기했다. 이에 노승석이 2005년에 『난중일기』 완역을 시도하고, 2007년 『충무공유사』를 완역하여 새로운 일기 32일 치를 문화재청 주관으로 고궁박물관에서 발표했다.(연합, YTN, 조선, 동아, 중앙, KBS, MBC, SBS 등) 이 발굴내용이 『난중일기』의 보유(補遺) 문제를 해결하는 데 중요한 몫을 했다.(KBS 한국사傳 소개) 그후 『난중일기』의 이본을 종합정리하고 판본상의 오류를 교감하여 2008년 「난중일기의 교감학적(校勘學的) 검토」란 논문으로 박사학위를 받았다.

2010년에는 이 연구 성과를 반영한 『교감완역 난중일기』(민음사)를 출간하게 되었다.

4. 2013년 6월 『난중일기』가 유네스코 세계기록유산에 등재될 때 『교감완역 난중일기』가 심의자료로 제출되었다. 신자료 발굴 및 오류를 교감한 연구성과가 인정된 것이다. 그 후 2014년 7월 『교감완역 난중일기』 증보판(도서출판 여해)이 간행되었다. 이 책에는 홍기문의 『난중일기』 내용을 반영하고 이순신이 『난중일기』에 적은 『삼국지』 인용문을 수록하고, 고상안의 『태촌집』에 들어있는 「충무공난중일기」 9일 치 중 새로운 3일 치를 찾아 『난중일기』에 합본하였다. 이때 개봉된 영화 <명량>에 『교감완역 난중일기』가 고증자료로 인용되었다고 보도됨에 따라 『연합뉴스』 등 각 언론매체의 조명을 크게 받았다.

2016년 12월 『교감완역 난중일기』 개정판(도서출판 여해)이 간행되었다.(2017년 1월 25일 『조선일보』 문화면 소개) 이 책은 약포(藥圃) 정탁(鄭琢)의 『임진기록』에서 이순신이 1594년 3월 10일에 작성한 장계 초본 1편 「삼도수군통제사 이순신장계초(三道水軍統制使李舜臣狀啓草)」에 들어있는 명나라 담종인의 금토패문 전문을 처음 수록했다. 이 내용이 동년 12월 28일 JTBC 손석희의 9시 뉴스에 인용되고 『연합뉴스』, 『세계일보』, 『MBN』 등에 보도되었다. 또한 한효순의 『월탄연보(月灘年譜)』에서 이순신이 무술년(1598) 2월 고금도해전을 치를 당시 조선 수군의 배 40척이 나오게 된 근거를 찾았다. 이순신의 휘하 배흥립(裵興立)의 문집인 『동포기행록(東圃紀行錄)』에서 『난중일기』를 초록한 일기 6일 치를 찾아 배흥립과 관련한 새로운 일기 1일 치를 소개했다.

2019년 10월 이순신의 유적지 4백여 곳을 답사하여 현장의 사진들을 『교감완역 난중일기』의 해당 내용에 삽입한 『난중일기 유적편』을 출간했다.(2019년 11월 1일 『조선일보』 사회/피플 보도) 동년 11월 『교감완역 난중일기』 개정 2판이 간행되었다. 새로운 일기 35일치를 추가하고 인명과 지명의 오류를 수정했는데, 특히 이순신과 관련된 유적지 3백여 곳을 새롭게 고증하여 해당 사진을 일일이 수록했다. 기존에 문제가 되었던 번역문과 지명, 명칭, 건물 위치 등에 대해 고증을 더해 바로잡고 완성도를 높였다.

5. 『교감완역 난중일기』는 2010년 민음사에서 간행한 이후 2019년 도서출판 여해의 개정 2판까지 총 판매 부수는 대략 8만 부 정도이다. 현재의 개정 2판은 민음사 본부터 시작하여 증보와 개정을 거친 현재에 이르기까지 10년 동안의 전통을 이은 완결판이라고 할 수 있다. 이 책은 한국복제전송저작권협회의 2019년 통계자료에 의하면, 2010년부터 2019년까지 중고교 교과서 27종에 수록되었다고 한다.

그동안 연구기관과 언론에서도 『교감완역 난중일기』의 내용을 대본으로 인용한 사례들이 있었다. 특히 『난중일기』에 나오는 내산월(萊山月)은 노승석이 최초로 고증하여 밝혀낸 조선시대의 한양 기생이다. 1935년에 간행된 『난중일기초』에는 "세산월(歲山月)"로 오독되었던 것을 2004년 최초로 고증하여 "내산월(萊山月)"로 바로잡았다. 이 당시 노승석은 박사과정 대학원생이었는데, 동년 12월 23일 난중일기 판독공로로 성균관대학교 총장으로부터 '성균가족상'을 수상하였다.

이 내용을 기초로 하여 성균관대 무용학과 임학선 교수가 2015년 9월 18일, 19일 서울 대학로 아르코예술극장 대극장에서 <영웅 이순신> 주제로 공연했다. 내산월은 조선 선조때 한양에 거주한 의기(義妓)로서 이순신이 거북선을 만들 때 평생 모은 금괴를 바쳤다고 한다. 또한 2017년 9월 26일 MBN의 <사극 대본 리딩쇼-왕과 여자>에서도 인용되었

다.(강민성)

강민성은 "『난중일기』 초서를 완역한 노승석 연구가의 연구에 따르면 한양의 기생이었던 내산월이 이순신을 흠모해 평생 번 돈을 거북선을 만드는 데 바쳤다고 한다."고 전했다.(MBN방송)

2014년에는 문화관광부 산하 한국문학번역원에서 지원하여 『교감완역 난중일기』가 베트남어로 번역되었고, 2015년 베트남 현지에서 베트남판 『교감완역 난중일기』가 간행되었다. 그 외 이순신 관련 저서를 집필하는 대부분의 작가들은 이 책을 기본으로 저작하거나 본문에 자주 인용하기도 한다.

6. 일반적으로 "이순신" 하면 전략 전술이 뛰어난 장수를 먼저 떠올린다. 하지만, 실제는 장수이기 이전에 유학을 충실히 배운 선비였고, 자연의 낭만도 즐길 줄 아는 감성의 소유자로서 시와 유묵도 다수 남겼다. 고금의 역사를 보면, 뛰어난 업적을 남긴 위인들은 대부분이 문무를 겸비했는데, 이순신도 역시 문무겸전한 인물이라는 평을 듣는다.

임진년 1월 1일자의 『난중일기』를 보면, 2년 동안 전라좌수영에 근무하느라 그동안 어머니를 뵙지 못한 안타까운 마음에 "어머니를 떠나 두 번이나 남쪽에서 설을 쇠니 간절한 회한을 가눌 수 없다."고 적었다. 전쟁일기에 어머니에 대한 사랑과 그리움을 담은 내용이 먼저 시작된 것이다. 그 외에도 "사자를 보내어 대신 안부를 묻고", "전란 중에 시간 날 때마다 어머니를 찾아뵙고", "이순신이 직접 밥을 하여 진지를 올렸다."는 등의 이야기들이 나온다. 전쟁 중에 항상 국난극복에 관한 한결같은 염원으로 나라에 충성하고자 했는데 바로 그 내면에는 부모에 대한 효(孝)의 정신이 먼저 자리 잡고 있었던 것이다. 이는 바로 유학(儒學)에서 강조하는 "효는 백행의 근본이다."라고 하는 의미와도 상통한다.

이처럼 이순신의 정신과 활약상이 담긴 『난중일기』는 매일 매일의 전투상황과 개인적 소회를 현장감 있게 기록하였다는 점에서 세계 역사상 그 어디에도 유례가 없다고 이미 2013년 유네스코 세계기록유산에 등재될 당시 세계기록유산위원회에서 인정하였다. 이순신은 정유재란 때 고니시 유키나가(小西行長)의 부하이면서 첩자였던 요시라(要時羅)의 모함으로 억울한 옥살이를 한 적이 있다. 일본에 있는 가토 기요마사(加藤清正)가 곧 조선에 온다는 거짓 정보에 출동하지 않아 왕명을 거역한 죄로 처벌된 것이다.

그러나 조정의 대신들의 신원(伸寃)운동으로 간신히 사면되어 권율(權慄) 휘하에서 백의종군하라는 처분을 받았다. 이순신은 그 후 출옥하여 아산에 머무는 동안 모친상을 당하고 뼈저린 아픔을 재차 겪는다. 상제의 몸으로 삭탈관직을 당한 채 왕명을 받들고 왜적을 물리치기 위해 마침내 어머니 영전에 하직을 고하고 피눈물을 흘리며 남행의 길에 올랐다.(『난중일기』, 1597.4.19) 이처럼 악순환되는 절체절명의 위기 상황에서도 결코 굴하지 않고 국난극복을 위해 위기를 승리로 승화시킨 이순신의 백절불굴한 정신은 시대를 초월하여 항상 우리에게 귀감이 되어 준다.

현대인은 21세기 문명시대에서 물질적인 혜택을 마음껏 누리며 살고 있다. 하지만, 정작 인간사회의 근본인 윤리 도덕이 날이 갈수록 퇴보하고 있다는 지적이 곳곳에서 들려온다. 도덕성 결핍으로 인한 현대사회의 병폐를 해결하기 위해서는 무엇보다 미래에 나라의 동량(棟樑)이 될 소년기 학생들에게 인성교육을 하여 윤리 도덕의 중요성을 인식시켜야 한다. 이를 위해 현장에서 학생을 교육해야 하는 교사부터 올바른 교육이론으로 효율적인 교육방법을 모색해야 한다. 요컨대 우리 역사에서 가장 대표적인 위인으로 손꼽는 이순신의 『난중일기』 내용은 희생정신과 솔선수범의 교훈을 일깨워줌으로써, 교사에게는 전인적인 교육을 지향하도록 하고, 학생들에게는 청운의 꿈을 품게 하여 선생과 학생이 줄탁동기(啐啄同機)하는 데 항상 올바른 지침이 되어 줄 것이다.

더 읽기 자료

유성룡, 『징비록』, 홍익출판사, 2015.
이순신(노승석 역주), 『난중일기 교주본』, 여해, 2021.

(집필자: 노승석·여해연구소장)

논어(論語)

공자(孔子)

1

누구나 알고 있지만 아무도 끝까지 읽어 본 적이 없는 책을 고전이라고 부른다는 말이 있다. 『논어』도 바로 그런 책 중 하나다. 사람들은 일상생활에서 '불혹(不惑)'이니 '지천명(知天命)'이라는 말을 자주 쓰고, 또 '온고지신(溫故知新)'이나 '극기복례(克己復禮)'라는 말을 인용하면서도 그것이 『논어』에서 나온 말임을 모르는 경우가 많다. 그렇지만 『논어』라는 이 작은 책은 지난 25세기 동안 한자를 해독하는 수억에 달하는 지식인의 공감을 불러일으켜 동아시아의 사상계를 완전히 지배했으며, 또한 오늘날 새로운 문명 설계에 중요한 아이디어를 제공하고 있다.

공자는 기원전 552년 겨울, 노(魯)나라 양공(襄公) 21년에 추(鄹)라는 지역의 숙흘(叔紇) 또는 숙량흘(叔梁紇)이라고 불린 용사를 아버지로 하여 태어났다. 당시 노나라는 맹손씨(孟孫氏), 숙손씨(叔孫氏), 계손씨(季孫氏)라는 3가에 의해 지배되고 있었는데, 숙량흘은 계씨에 비해 세력이

약한 맹손씨를 섬겨 여러 번 전투에서 무훈을 세웠다고 한다. 공자의 이름은 구(丘)이고 자는 중니(仲尼)인데 '중'이란 두 번째 아들임을 가리키니 공자에게 형이 하나 있었던 것은 확실하다.

공자의 몰년에 관해서는 『좌전(左傳)』에 "애공 16년 여름, 사월 기축일 공구가 사망했다."고 씌어 있어 기원전 479년임이 확실하다. 그러니 공자는 당시로는 무척 긴 수명인 74세를 살았다. 『사기』에는 그의 부친이 '안 씨의 딸과 야합해 공자를 낳았다.'고 기록하고, 또 '니구(尼丘)라는 산에 기도하여 공자를 얻었다.'고 쓰고 있다. 또 『예기』「단궁」에는 공자의 어머니를 징재(徵在)라고 기록하고 있다. 『사기』에 의하면 공자는 키가 9척 6촌이나 되어 세상 사람들로부터 키다리로 불리었으며 기인 취급을 받았다고 한다. 한대의 척도는 지금보다 짧아 성인의 보통 신장이 7척이어서 8척 정도라도 큰 키로 여겼으므로, 9척 6촌이라면 보통 사람보다 훨씬 큰 거인이었던 셈이다.

공자는 3살에 아버지, 그리고 17살에 어머니를 잃었다. 그리고 19살에는 송나라 출신의 여인과 결혼하였고, 20세에 계씨의 창고지기를 시작으로 오늘날의 법무장관에 해당되는 대사구(大司寇)의 벼슬까지 하였다. 그러나 계씨 등 3가를 타도하는 데 실패한 뒤 공자는 14년간 전국을 주유하며 자신의 정치철학을 받아줄 군주를 찾았으나 찾지 못하고, 다시 고국인 노나라로 돌아와 죽을 때까지 제자교육에 전념하였다.

2

『논어』는 공자와 그의 제자들의 대화를 엮은 책이다. 『논어』는 공부의 즐거움을 말하는 「학이(學而)」에서 시작하여 정치의 방법을 다룬 「요왈(堯曰)」에 이르기까지 총 20편으로 구성되어 있다. 논어의 핵심 내용은 두말할 것도 없이 인(仁)이다. 인은 공자에게 삶의 유일하고도 최고의 목표였으며, '인'의 본질이 무엇인가에 대한 탐구는 공자와 제자들이 논의한 가장 어려운 주제이기도 했다. 그렇다면 인은 무엇일까?

> 공자께서 말씀하셨다. "증삼아, 나의 도는 한 가지로써 모든 것을 꿰뚫고 있느니라." 그러자 증자가 말했다 "예." 공자가 밖으로 나가자 제자들이 물었다. "무슨 말씀이십니까?" 증자가 대답하였다. "스승의 도는 충(忠)과 서(恕)일 뿐이다."[18]

위의 글은 아마 공자 만년의 일화일 것이다. 상황을 재구성해 보면 다음과 같다. 공자와 제자들이 한 방에 앉아서 토론하고 있다. 이때 공자가 증자를 불러 자신이 평생 공부하여 발견한 진리는 하나라고 말한다. 이 진리는 물론 '인(仁)'이다. 이 말을 하고 공자가 밖으로 나가자 나머지 제자들이 궁금해서 물어본다. 증자는 제자들에게 공자의 인은 충(忠)과 서(恕)라고 대답한다.

단순하게 말하면 인은 사랑이라고 할 수 있다. 조금 수준이 떨어지는 제자 번지(樊遲)가 인을 묻자 공자는 "사람을 사랑하는 것"이라고 하였다.[19] 그러나 인은 단순한 사랑은 아니다. 정자(程子)는 충(忠)과 서(恕)를 파자(破字)하여 충은 중심(中心)이고 서는 여심(如心)이라고 하였다. 여심은 같은 마음이니 곧 내 마음을 살펴 다른 사람의 마음을 헤아리는 것이다. 중심은 '인(仁)한 마음 상태'를 나타내는 말로서 정자의 해설과

---

18 子曰 參乎 吾道 一以貫之 曾子曰 唯 子出 門人問曰 何謂也 曾子曰 夫子之道 忠恕而已矣(「里仁」 15)

19 樊遲問仁 子曰 愛人(「顔淵」 12)

같이 마음이 가운데 있음을 뜻한다. 마음이 가운데 있다는 것은 시간적, 공간적으로 가운데, 곧 내 마음이 지금, 여기에 존재함을 말한다. 다른 곳에서 공자는 다른 제자들은 하루나 한 달에 한 번 인에 이를 뿐이지만, 안회(顔回)는 그 마음이 3개월간 인에서 벗어나지 않았다고 칭찬하고 있다.[20] 이는 마음이 지금, 여기에 존재하기가 그만큼 어렵다는 것을 말하는 것이다. 인이 무엇인지 살펴볼 수 있는 또 한 가지 중요한 구절이 있다.[21]

> 공자께서 시냇가에 계시면서 말씀하셨다. "가는 것이 이 물과 같구나. 밤낮을 그치지 않는도다."

이 구절에 대한 설명은 아쉽게도 『논어』에는 없다. 다행히 『맹자』에 이에 대한 설명이 보인다.[22]

> 서자가 물었다. "중니(仲尼)께서 자주 물을 칭찬하시어 '물이여, 물이여!' 하셨으니 어찌하여 물을 취하셨습니까?" 맹자께서 대답하셨다. "근원이 있는 샘이 혼혼(混混)히 흘러 밤낮을 그치지 아니하여 구멍에 가득 찬[盈科] 뒤 전진하여 사해에 이르나니 근본이 있는 자가 이와 같다. 이 때문에 취하신 것이다."

과(科)는 벼를 뽑고 난 구멍을 말한다. 영과(盈科)라는 말은 유가의

---

20 子曰 回也 其心三月不違仁 其餘則日月至焉而已矣(「雍也」 5)

21 子在川上曰 逝者如斯夫 不舍晝夜.(「子罕」 16)

22 徐子曰 仲尼亟稱於水曰 水哉水哉 何取於水也 孟子曰 原泉 混混 不舍晝夜 盈科而後進 放乎四海 有本者如是 是之取爾.(『孟子』「離婁章句」 下 18)

인설(仁說)이 묵자의 겸애설(兼愛說)과 구별되는 지점이다. 근원이 있는 샘은 물론 우리 마음속에 있는 인, 즉 사랑의 샘을 말한다. 사랑의 샘에서 솟아난 물은 먼저 주위에 있는 구멍을 메우고 가득 차야 흘러넘친다. 즉 사랑이란 나와 가장 가까이 있는 사람, 즉 부모 혹은 부부에서 시작되어 조금씩 멀리 있는 사람에게 흘러넘친다는 것이다.

우리는 누구나 마음속에 무한한 용량을 가진 사랑의 샘을 가지고 있다. 그러나 우리의 마음속에는 커다란 바위가 그 사랑의 샘을 막고 있다. 그 바위의 이름은 '나[己]'이다. 가장 뛰어난 제자인 안회가 인이 무엇인지 묻자 공자는 자기를 이겨 예로 돌아가면 인이 된다고 대답한다.[23] 이 답변이 인에 대해서 가장 중요하면서 동시에 해석하기 어려운 부분이다. 먼저 인은 '행하는' 것이 아니라 '되는[爲仁]' 것이다. 안회와 같은 진정한 구도자는 진리를 배우려 하지 않는다. 그는 스스로 진리 자체가 되기를 원한다. 사랑을 아는 것과 사랑이 되는 것은 엄청난 차이가 있다. 인은 지식이 아니라 존재이다. 사랑은 나의 행동이나 의지와 관계없이 이루어지는 것이다. 내가 사랑이 되면 세상 전체가 사랑속에 있게 된다. 그래서 사랑이 되는 것은 자신으로 말미암는[由己] 것이지 다른 사람에게서 전하여 받는 것[由人]이 아니라고 한 것이다.

안회가 이어서 어떻게 자기를 이겨 예로 돌아갈 수 있는지 묻자 공자는 예가 아니면 보지도, 듣지도, 말하지도, 마음이 동하지도 말라고 하였다.[24] 이를 흔히 사물(四勿)이라고 한다. 그렇다면 사물은 구체적으로 어떻게 하라는 것일까? 만약 이 문답이 공자와 번지 사이에서 일어

---

23 顔淵問仁 子曰 克己復禮爲仁 一日 克己復禮 天下歸仁焉 爲仁由己 而由人乎哉(「顔淵」12)

24 顔淵曰 請問其目 子曰 非禮勿視 非禮勿聽 非禮勿言 非禮勿動 顔淵曰 回雖不敏 請事斯語矣(「顔淵」12)

난 것이라면 사물은 말 그대로 이해하면 될 것이다. 즉 예가 아닌 사건이나 상황을 목격하였을 경우 그것을 외면하고, 예가 아닌 말을 들었을 때에도 역시 외면하면 될 것이다. 그렇지만 공자가 자기보다 낫다고 말한 안회가 아닌가?[25] 그렇다면 예가 아니면 보지도 듣지도 말라는 것은 어떻게 하라는 것일까?

예(禮)란 무엇인가? 주자는 예(禮)를 천리(天理)의 절문(節文)이요 인사(人事)의 의칙(儀則)이라고 하였다. 절은 마디를 말한다. 절문이란 마디가 있는 무늬이다. 즉 천리는 마디 있는 무늬와 같이 질서가 있다는 뜻이다. 이러한 하늘의 이치가 인간관계에 질서 있게 그려져 있는 무늬가 곧 예인 것이다. 즉 인을 가로막는 '나(己)'라고 하는 분리 독립된 개체라는 생각을 넘어서 자연의 질서를 회복하면 인이 될 수 있다. 따라서 예가 아니라는 것은 자연의 질서에서 벗어난 분리 독립된 개체로서의 나[에고]의 작용을 말하며, 예가 아니면 보지도 듣지도 말라는 것은 '나'라는 에고의 작용을 매 순간 깨어서 지켜보라는 뜻이다. 결론적으로 인은 사랑이되 그냥 사랑이 아니고 '나'가 없는 사랑(無我之愛)이다.[26]

3

현대사회에 있어서 행복이란 욕망의 충족을 말한다. 행복지수의 공식은 분모를 욕망으로 하고 분자를 욕망 충족으로 한다. 그러나 끊임없이 새로운 욕망을 창출하여 소비를 불러일으켜야 생존할 수 있는 현대자본주의는 인간의 욕망을 무한대로 팽창시키고 있다. 따라서 현대를

---

25 子曰 弗如也 吾與女 弗如也(「公冶長」5)

26 無我之愛이기 때문에 仁은 곧 公이 될 수 있다.(蓋公則仁 仁則愛 孝悌其用也 而恕其施也 知覺乃知之事, 朱子의 「仁說圖」)

넘어서는 새로운 문명의 설계에 있어서 근본이 되는 것은 따라서 새로운 기술의 개발에 의한 욕망의 충족이 아니라 욕망을 감소시킬 수 있는 방안이다.

욕망은 왜 생겨나는 것일까? 욕망은 결핍감에서 비롯되는 것이다. 결핍감을 해소할 수 있는 유일한 대안이 바로 사랑이다. 즉 자기 자신이 그 근원을 알 수 없는 무한한 용량을 가진 사랑의 샘이라는 것을 깨닫는 것이 욕망의 갈증을 채울 수 있는 유일한 대안이다.

현대의 기획에서 자유는 개인이 갖는 권리이다. 개인은 데모크리토스((Democritos)의 원자에 대한 정의와 같이 더 이상 나눌 수 없는 단단한 고체 입자와 같이 분리된 존재이다. 이러한 개인은 융(Jung, Carl Gustav)의 말과 같이 망망대해에 점점이 떠 있는 외로운 섬과 같은 존재다. 자유가 권리라고 할 때 권리는 타인에게 행사하는 배타적인 힘이다. 권리는 개인과 개인의 욕망 추구의 자유가 서로 충돌할 때 힘을 발한다. 우리가 인간관계에서 권리를 말할 때가 언제일까? 부부 사이에 사랑에 충만해 있을 때 그 누구도 권리를 언급하지 않는다. 권리는 서로 간에 갈등이 발생할 때, 사랑이 깨졌을 때 그 힘을 발휘한다. 우리가 사랑 속에 있을 때, 물 위에 떠 있는 섬을 버리고 물속으로 서로 연결되어 있음을 깨달을 때 우리는 비로소 결핍감에서 벗어나 하나로 화합할 수 있다. 자유와 인권은 인간과 인간을 서로 떼어놓으려는 고립성에 그 기반을 두고 있지, 인간과 인간을 결합하는 화합성에 그 기반을 두고 있지는 않다.

현대 자본주의 사회에서 교육의 목적은 자기 노동력의 가치-요즈음 말로는 몸값-를 높이는 것이다. 교육 목적이 몸값을 높이는 것이 된 것은 서구 현대가 자유를 욕망의 자유로 이해하고, 행복을 욕망의 충족으로 정의했기 때문이다. 그러나 인(仁), 즉 내가 없는 사랑[無我之愛]은 욕망과는 다르다. 욕망은 맹목적이지만 사랑은 맹목적이지 않다. 사랑은 가장 분명한 통찰력, 신선한 눈을 준다. 자유, 그것은 외부세계와는 아무런 관계가 없다. 진정한 자유는 정치적이거나 경제적인 것이 아니다. 정신적이고 영적인 문제이다. 정치적인 자유는 어느 순간이라도 빼앗길 수 있고, 경제적인 자유 또한 아침의 이슬이 증발하듯이 언제라도 사라질 수 있다. 진정한 자유는 욕망으로부터의 자유이다. 또 과거로부터의 자유, 미래로부터의 자유이다. 과거와 미래의 짐을 벗고 현재에 사는, 지금 이 순간에 사는[中心] 사람이야말로 진정한 대자유인이다.

더 읽기 자료

이현지 외, 『논어와 탈현대』, 살림터, 2019.
정재걸 외, 『공자혁명』, 글항아리, 2015.

(집필자: 정재걸·대구교육대학교 교수)

도덕경(道德經)

노자(老子)

동양사상을 서양에 소개하는 데에 탁월한 기여를 한 린위탕(林語堂)은 동양의 수많은 고전 가운데서 어느 것보다 먼저 읽어야 할 것으로 『도덕경(道德經)』을 추천하였다. 그리고 유네스코의 통계에 의하면, 『도덕경』은 수천 년 동안 『성경』 다음으로 가장 유명한 책이다. 서양철학자들 중에서도 라이프니츠, 헤겔, 야스퍼스, 하이데거를 비롯한 수많은 사상가들이 『도덕경』을 활용하여 자신의 독창적인 사상을 전개하였다. 특히 하이데거의 사상은 『도덕경』의 사유 세계와 닮은 점이 많다.

『도덕경』은 '노자'라는 인물이 지었다고 하여 『노자』라고도 불린다. 그런데 '노자'라는 인물에 대해서는 학자들 간에 많은 논쟁이 있었지만, 결정적인 문헌 부족으로 인해 단정할 만한 사실이 별로 없다. 지금 우리가 노자가 누구인지에 대해 분명하게 밝혀내는 것은 거의 불가능에 가깝다.

『도덕경』은 상 · 하 두 편으로 구분되는데, 상편은 1~37장, 하편은

38~81장으로 구성되며 총 81장의 분량으로 이루어져 있다. 상편은 '도(道)'에 관해 언급하고, 하편에서는 '덕(德)'에 대해 말하기 때문에 『도덕경』이라고 한다. 이 책은 간단한 운문체의 문장으로 기술되어 있어서 마치 잠언(箴言)이나 주문(呪文)을 엮어 놓은 듯한 느낌이 든다.

일반적으로 노자와 장자를 도가학파의 주요 사상가라고 한다. 그런데 '도가'는 학파의 명칭이 시사하듯이 '도' 개념과 관련하여 가장 대표적인 학파이다. 유가사상이 선천적인 도덕 원리를 충분히 인식할 수 있다고 생각했던 반면, 도가에서는 이러한 합리주의적 도덕론을 강하게 비판한다. 그래서 도가의 사상가들은 유가에서 '도'라고 여기는 인(仁)이나 예(禮)조차 인위적인 비도(非道)의 문화라 보고 이것에 구속되어서는 안 된다고 강조한다. 도가에서는 참된 길 즉 '도'의 체득을 강조하며, 참된 길은 인위(人爲)를 배제한 무위자연(無爲自然)의 속성을 지닌다고 주장한다.

'도'라는 글자는 본래 사람이 통행하는 '길'을 나타냈지만, 의미가 발전하여 인간이나 사물이 반드시 통하게 되는 도리, 법칙, 규범을 뜻하게 되었다. '도'는 동양사상사에 있어서 줄곧 중요한 개념으로 사용되어 왔는데, 주로 천도(天道)와 인도(人道)라는 형태로 드러났다. 인도(人道)의 내용에 구체성을 부여한 인물이 공자라고 하면, 도의 개념에다 존재 개념을 강화한 학자가 노자라고 할 수 있다. 즉 노자는 존재의 근거를 인간 자체가 아니라 대자연에서 찾으면서 세계의 본질을 '도'로 삼았다.

거의 대부분의 동양 고전은 기본적으로 두괄식 형태의 문장을 이룬다. 가장 핵심 사상이 첫 편, 또는 첫 문장에 나오는 경우가 많다. 『도덕경』의 경우도 마찬가지다. 그러므로 『도덕경』의 첫 장만 잘 이해해도 전체 사상의 근간을 파악했다고 할 수 있다. 특히 “말로 설명하는 도는 영원불변한 도가 아니다.(道可道, 非常道)”라고 하는 『도덕경』 제1장의 첫 구절은 ‘도’ 개념의 논의에 있어서 가장 유명하다.

노자에게 있어서 도는 ‘이름 붙일 수 없는(無名)’ 그 어떤 것이다. 도는 이름 붙일 수 없는 것이기 때문에 말로 표현될 수 없다. 그러나 우리는 그것에 대해 말하고 싶어 하므로 억지로 거기에다 이름을 붙여 ‘도’라고 부를 뿐이다. 어떠한 사물이든 다 이름을 가지고 있지만, 도는 사물이 아니므로 무명(無名)이며 마치 통나무처럼 있는 그대로의 상태일 뿐이라고 한다.

> “말로 설명하는 도는 영원불변의 도가 아니다. 이름 지어 부를 수 있는 이름은 영원불변의 이름이 아니다. 이름이 없는 것은 천지의 시작이요, 이름이 있는 것은 만물의 어머니이다. 그러므로 항상 무욕(無欲)함으로 그 본체의 오묘함을 살펴보고, 항상 유욕(有欲)함으로 순환하는 현상의 끝을 본다. 이 두 가지는 같은 근원에서 나오지만 그 이름을 달리 부른다. 둘 다 현묘[玄]한 것이라고 한다. 현묘하고 현묘하다. 이것은 모든 오묘한 변화의 문(門)이다.”(『도덕경』, 제1장)

‘도’에다 이름 붙일 수 없다는 말은 도를 개념으로 정확하게 규정할 수 없다는 말과 같다. 그렇다면 도는 존재하지 않는단 말인가? 하이데거는 우리가 존재를 정의할 수 없다고 하여 존재 자체를 부정할 수는 없다고 하였다. 즉 도를 이런저런 개념으로 그것의 본질을 규정하거나 정의할 수 없다고 하여 그것이 존재하지 않는다고 말할 수 없다. 이처럼 도는 근본적으로 규정할 수 없는 것으로서, 하이데거의 표현방식을 빌리자면 '하나의 비밀(ein Geheimnis)'이다.

'도'의 '무궁함'이란, '도'가 시간상 어느 사물보다 먼저 존재해 있음과 동시에 공간상 어떠한 제한도 받지 않는다는 사실을 나타낸다. 이것은 곧 '도'가 초월성을 가진 존재임을 의미한다. '도'는 형상이 없어서 볼 수 없지만 그 운동이 만물에 적용될 때에는 만물이 이로 인해 변화 발전하게 된다.

> "만물이 풀처럼 쑥쑥 자라지만 각각 그 뿌리로 돌아간다[復]."(『도덕경』, 제16장)
>
> "되돌아가는 것[反]은 도의 움직임이다."(『도덕경』, 제40장)
>
> "아득한 덕은 깊고 멀다. 만물과 더불어 되돌아간다[反]."(『도덕경』, 제65장)

『도덕경』에서는 '반(反)', '환(還)', '복(復)', '복귀(復歸)' 등으로 표현되는 '되돌아가다'라고 하는 표현이 자주 등장하는데, 이러한 말은 『도덕경』 전체를 통해 일관성 있게 유지되는 중요한 개념이다. 노자는 사물의 발전이 모종의 극한에 도달했을 때, 그 사물은 반드시 원래 상황으로 돌아가거나 아니면 그 반대 작용으로 전환됨을 관찰하였다. 사물의 극점이 바로 그 사물이 쇠락하는 반환점이 된다는 것이 대립 전환의 법칙이다. 그래서 『도덕경』에서는 "만물이 강성하면 노쇠하게 된다."(『도덕경』, 제30장)라고 하였다.

이러한 『도덕경』의 사상은 후대 사람들에게 많은 영향을 주었다. 그래서 『사기』에서도 "달은 차면 기울고 만물은 성하면 쇠한다."라고 하였다. 자연의 법칙은 인간사에 있어서도 동일하게 적용된다. 즉 모든 일이 잘 풀려나갈 때에도 교만하지 않고, 어려운 일에 봉착하더라도 실망하지 않아야 한다는 삶의 교훈을 준다.

그래서 『도덕경』에서는 '물'을 자주 언급하며, '낮춤'과 '비움'의 도리를 강조한다. 물같이 되고, 물같이 살라 한다. 물은 곧 도를 상징한다. 물은 생명의 근원이며 생명 그 자체이기도 하지만, 오히려 자신을 낮추고 자신을 비운다. 즉 자기 부정과 자기 극복의 길을 통해 진정한 자기를 세워가라는 가르침이다.

> "나를 앞세우지 않기에 앞서게 되고, 나를 버리기에 나를 간직하게 된다. 나를 비우는 것이야말로 진정으로 나를 완성하는 것이다."(『도덕경』, 제7장)
>
> "가장 훌륭한 것은 물처럼 되는 것이다. 물은 온갖 것을 섬기지만 다투어 겨루는 일이 없고 모두가 싫어하는 낮은 곳을 향해 흐른다. 그러기에 물은 도에 가장 가까운 것이다."(『도덕경』, 제8장)

『도덕경』의 언설은 흔히 부정적 · 역설적 표현으로 수식되어 있다. 이 책에서 강조하는 무명(無名), 무용(無用), 무지(無知), 무위(無爲) 등의 부정적 논리는 유명(有名), 유용(有用), 유지(有知), 유위(有爲)로 표현되는 유가사상의 긍정명제에 대한 비판이다. 이것은 곧 유가사상의 합리성이 갖는 한계를 넘어서려는 논리이다. 동아시아 사회에 있어서 『논어』(유가)의 윤리적이고 현실적인 사상이 일상생활과 정치제도를 이루는 외면세계에 영향을 주었다고 한다면, 『도덕경』(도가)의 역설적이고 자연주의적인 사상은 사람들의 내면세계와 예술철학에 강한 인상을 남겼다.

— 더 읽기 자료

공자(孔子)(동양고전연구회 역), 『논어』, 지식산업사, 2002.
장자(莊子)(김달진 역), 『장자』, 문학동네, 1999.
펑유란(馮友蘭), 『중국철학사』, 까치, 1999.
최진석, 『노자의 목소리로 듣는 도덕경』, 소나무, 2001.

(집필자: 장윤수·대구교육대학교 교수)

돌베개

장준하(張俊河)

"나의 형제, 곧 골육의 친척을 위하여 내 자신이 저주를 받아 그리스도에게서 끊어질지라도 원하는 바로다"(로마서, 9장 3절)

앞으로 베어야 할 야곱의 돌베개는 나를 더욱 유쾌하게 해 줄 것이다.(321쪽)

장준하(張俊河: 1915~1975)는 일제강점기 독립운동가로서 정치인, 종교인, 언론인, 사회운동가로 알려져 있다. 『돌베개』는 일제강점기 광복군으로서 장준하의 이력을 생생하게 담아내고 있다. 이 작품은 1인칭 시점의 수기로 청년 시절 장준하가 직면한 갈등과 내면을 구체적으로 보여 준다. 학도병으로서 일본군에 자원, 중국군에 정규 준위로 편입, 한국광복군으로 활동, 연합군 미군 요원으로 활동에 이르기까지, 조국을 잃은 청년이 여러 국적으로 제2차 세계대전에 참전한 참상과 구국 의지를 보여 준다.

1944년 7월 7일 지나사변 7주년 기념일, 장준하는 중국 서안의 일본군 쓰카다 부대를 배경으로 1인칭 나의 시점에서 이야기를 들려준다. 나는 일본 동경의 신학대를 다니다가 학도병을 지원했다. 아버지는 신사참배를 거부하고 요시찰 인물로 낙인이 찍혀 교직에서도 추출 당했다. 환송회 석상에서 나는 다음과 같이 답사했다. “나는 이제부터 내가 해야 할 일을 발견해서 꼭 그 일을 마치고 돌아오겠습니다.”(8쪽) 이 책은 “내가 해야 할 일을 발견해서 꼭 그 일을 마치는 과정”을 담고 있다.

나는 부모님과 결혼한 지 얼마 안 된 아내를 평안북도 삭주에 두고, 평양 제42부대에 배속되었다. 1944년 1월 29일, 일본 군의관은 동상에 걸린 오른쪽 엄지손가락을 마취도 하지 않고 칼집을 내었다. 고름이 아닌 출혈만 일으켰으며, 나는 당시 고통과 상처를 빼앗긴 조국의 상흔으로 간직했다. 나는 내가 해야 할 일을 하기 위해 중국 파견부대를 자원했으며, 그렇게 배속된 곳이 중국 쉬저우(徐州)의 일본군 쓰카다 부대였다. 쓰카다 부대에서 나는 3명의 동지들과 탈출을 감행한다.

나와 동지들은 쉬저우에서 탈출하여, 중국 농민을 비롯해서 수색하는 무리들로 인해 수 차례 죽을 고비를 넘겼다. 총성에 내몰릴 때에는 강가에서 구사일생으로 한 척의 배를 발견하고 강을 건넌다. 강을 건너자, 일행은 팔로군(八路軍)에 포위된다. 팔로군에 끌려 중국 중앙군 소속의 유격대로 인도된다. 나와 동지들은 학도병으로서 일본군으로부터 탈출했으며 조국의 광복을 위해 싸울 것이라는 의지를 전달한다. 그곳에서 쓰카다 부대를 탈출한 학도병 제1호 김준엽(金俊燁: 1920~2011) 동지를 만난다. 장준하는 이것을 ‘탈주’가 아니라 ‘탈출’, ‘탈출병’이라 명명한다.(49쪽)

김준엽은 일본 게이오대학(慶応大学) 재학생이었다. 나를 비롯한 일련의 학도병들이 정규 대학과정의 재학생이라는 사실은 중요하다. 지성인으로서 그들은 전쟁에 참여한 식민지 백성이 아니라 시대를 선도하는 지식인의 삶을 고민할 수 있었던 것이다. 앞서 탈출한 학도병 김준엽은 중국어를 습득하여, 중국군 한치륭(韓治隆) 사령관의 통역사로 일본군 수비대장과 마주한다. 일본군 수비대장이 부대 이탈 탈주병과 중국인 포로들과의 맞교환을 제의했으나, 한치륭은 이에 응하지 않았다. 나를 포함한 탈출 학도병들은 중국 유격대원들과 더불어 행군을 시작했으며, 그들은 불로하(不老河) 강변에서 몸을 씻으며 애국가를 부른다. 조국 광복전선에 뛰어들겠다는 조국애의 결의를 북돋운다.

그들은 중국군영의 유격대를 따라다니며 중국 공산당과 국민당의 갈등과 전투의 실제를 목격한다. 일본은 양자 간의 격돌을 수수방관하며, 양자가 서로의 힘을 빼앗도록 기다렸다. 유격대 본부의 한치륭 장군이 전사함에 따라, 그들은 다시금 참모장에게 임시정부가 있는 충칭(重慶)에 가야 하는 그들의 상황을 설명했다. 참모장은 6천여 리의 고단함을 상기시키며 그들의 출발을 허락했다.

1944년 7월 27일 일행은 충칭을 향해 떠났다. 나를 포함한 일행은 임정을 찾아 조국광복에 몸 바칠 생각으로 가득 찼다. "김구 선생님과 우리 혁명 선배들을 찾아 조국광복에 몸 바칠 생각은 이 일망무제의 대륙에서 찾아볼 수 있는 한 가닥의 희망이었다."(75~76쪽) 안내인의 안내를 따라 각 지구의 유격대로 인도되었으며, 지구마다 새로운 안내인이 따랐다. 다양한 유격대 사령관을 접하며 임천(臨泉)에 도달해 한국 청년들을 만났다.

나와 일행은 중국 중앙군관학교 임천분교 한국광복군 훈련반에 들어간다. 목총밖에 없었으며 제식훈련도 제대로 이루어질 수 없었다. 집총훈련, 사격훈련, 병기분해 훈련을 할 수 없는 그야말로 총(무기) 없는 군대였다. 나는 3개월간 다양한 경험을 한다. 나와 탈출 학도병들은 그곳에서 지식인으로 사명과 책임을 다한다. 정규 대학의 재학생으로서 신학, 철학, 역사, 법학, 문학 공개강좌를 개설하여 운영했다. 훈련병들은 공개강좌에 흥미를 느끼고 몰입해 주었다. 『등불』이라는 잡지를 만들어 훈련병들을 정신적으로 무장시키고 그들의 의기를 하나로 모아나갔다.

> 『등불』은 진정 우리들의 뜻대로, 등불로서 불을 밝히고, 앞장서 길을 밝히며, 꺼지지 않는 등으로 이 민족 누구에게나 손에손에 들게 만들어 주고 싶은 그때의 그 뜻을 스스로 짓밟고 싶지 않다.
>
> (중략)
>
> "그렇다. 이들에게 그리고 우리에게 필요한 것은 마음의 등불이다. 그것은 누구나가 갈구하고 있다."
>
> 우리는 이에 2호를 착수하기로 했다. 공개강좌의 발표며, 잡지 발간이며, 이러한 작으나마 창의성 있는 일로 해서 우리는 그 무료하던 시간과 공간을 극복할 수 있었고 서로가 격려를 통해서 새로운 의욕을 가질 수 있게 되었다. 한편 우리는, 우리의 일에 대해서 어떤 자신을 얻게 되었다. 그것은 정말 자신에 대한 신뢰였다. 충분히, 자신에 대한 신뢰는 이번 일로 해서 스스로에게 입증된 것이었다. 사실 이것이 그지없는 나의 환희였다. 혼자만의 생각 속에 나는 여기에서 나오는 어떤 자부심과 긍지를 처음으로 느끼게 되었다.(105~106쪽)

처음에는 대대적인 환영식과 더불어 조국광복의 의지를 공유했지만, 훈련도 미미하고 교육과정을 제대로 갖추지 못한 상태에서 굶주림과도 싸워야 했다. 부대 취사병의 부정행위가 적발되자, 나는 새로운 취사 담당자가 되어 두 차례밖에 없는 훈련병들의 끼니를 충실히 보급하고자 노력했다. 심지어 고구마를 훔쳐 와서 야식을 제공하기도 했다. 훈련반 탈주 학도병 중 L과 P가 술을 먹고 행패를 부려 중국 육군 형무소로 이감될 위기에 처하자, 눈물로 호소하여 그들을 구했다. 훈련기간이 끝났을 때는 연예회를 기획하여 웅변(연설), 연극, 무용, 노래 등을 펼쳤으며 열띤 무대를 만들어 중국군을 비롯한 모두의 환호를 받았다.

나를 비롯한 훈련병들은 3개월간의 훈련과정을 거쳐 중국 정규군 육군 준위에 임명되었다. 준위 계급은 사병 계급에서 장교로서 대우받는 최초 계급이다. 김학규 주임은 일행의 잔류를 원했지만 일행은 충칭행의 의지를 드러내며 길을 떠났다. 나와 일행은 충칭 길 6천 리를 민간인들과 더불어 떠났다. 중일전쟁을 배경으로, 중앙군, 공산군, 일본군은 독특한 형세로 전쟁을 거듭하고 있었다. 그들이 마주하는 중국 중앙군의 정규 부대 다수는 부패되어 전의를 상실해 있었다. 어느 때에는 마적단 같은 토비의 손아귀에서 가까스로 벗어났다. 그들은 남영을 거쳐 노하구까지 간다. 그 과정에서 정신적 해이함, 여성에 대한 욕망으로 광복군의 의기가 사분오열되기도 했다. 나와 김준엽은 일행의 풀어진 정신을 다잡으며, 문제를 촉발한 당사자들에게 서른 대의 뺨을 때리며 엄중한 징계를 내리기도 했다.

노하구에 들어서자, 광복군 제1지대 분견대, 공산당 노선을 취한 약산(若山) 김원봉(金元鳳)의 세력이 손을 뻗었다. 노선을 같이하자는 제안에 응하지 않자, 그들은 일행을 이간질했다. 김준엽 동지가 중국군 제5전구 사령부의 이종인 부대와 접촉하여 충칭행을 서둘렀다. 이종인 정훈 참모는 '장개석의 15만 학도 종군운동'이라는 학도병 모집의 일환으로 일행들에게 정훈 공작에 가담하도록 요구했다. 중국군은 징병제도가 있었으나, 돈을 주고 대리 입대한 노병들로 가득했으며, 기강과 전투력이 말이 아니게 부패해 있었다. 일행은 임천 군관학교에서 했던 무대 행사 일체를 노하구의 중고등학교에서 순회공연 했으며, 최종으로 시민회관에서 다시 공연했다.

광복군 제1지대 분견대는 일행을 포섭하기 위해 김준엽 동지의 성과를 비판하며 이간질하기 시작했다. 나는 김준엽을 변호하며 취사반장과 선발대장 직을 내려놓았다. 김준엽은 윤동지와 중국군 제5전구 사령부와 교섭하여 노하구에서 충칭까지 50여 명의 경비를 지급받도록 했다. 이제 일행은 각자의 여비로 충칭을 향했다. 나는 파촉령을 넘으며 한겨울밤을 김준엽 동지와 지새웠다. 제비도 날아서 넘어가지 못한다는 고사가 있는 영(嶺)의 숲길은 험로일 뿐 아니라, 호랑이와 눈 덮인 한파로 살아서 넘기 어려웠음에도 두 사람의 신념과 의기로 영을 넘었다.

파동에 도착하자, 일행은 중국 군용선을 타고 8일에 걸쳐 충칭에 이르렀다. 양자강에서 충칭이 시야에 들어오자, 일제히 애국가를 불렀다.

> "마르고 닳도록 하나님이 보우하사 우리나라 만세."
>
> 신념이란 우리 인간이 가질 수 있고 구할 수 있는 가장 고귀한 생명력이라는 것을, 나는 체험을 통해 확신했다.
>
> 나의 신념은 앞으로 계속 날 지배하고, 또 내가 속해 있는 단체를 지배할 것이며, 더 나아가서는 내가 사랑하는 '내 나라' 도 나의 신념을 필요로 할 것이다.
>
> 나의 신념은, 나의 뜻이 보호되어 있다는 신앙이다.(189쪽)

충칭 임시정부 건물에 도달하자, 목전에 휘날리는 태극기 앞에서 거수경례를 했다. 광복군 총사령관 이청천(李靑天) 장군을 만나고 김구 주석을 비롯한 임정 요인들을 만난다. 그들은 모두 노쇠해 있었으며, 환영의 모임에서 서로 눈물바다를 이룬다. 나라 없는 서러움이 쉬저우로부터 탈주하여 6천 리 길을 걸어온 고단함과 결합되었다. 중한문화협회 환영에서는 연합군의 신문기자들이 사진을 찍고 인터뷰를 요청했다. 쉬저우로부터 탈출한 학도병이 6천 리 길을 걸어 항일 광복군이 되었다.

충칭 임시정부에 와서 얼마 안 있어, 일행은 파당과 파쟁의 실태를 보고 실의에 빠졌다. 각 정당의 환영회는 포섭을 위한 미끼였기에 거절하기로 단합했다. 나는 충칭 시내 교포들의 주회에 참석해서 국내 실정을 보고하며, 파당·파쟁을 일삼는 임시정부 요인들을 직설적으로 질타했다. 이 사건 이후 나를 비롯한 일행은 충칭을 떠나 토교(土橋)에 머물렀다. 그곳에서 『등불』을 복간하고 토교대(土橋隊)로서 직분을 다했다. 한국청년당의 신익희가 임정내부 관할 경위대의 명목으로 10여 명의 동지들을 포섭했다. 나를 포함한 남은 일행은 충칭으로 건너가 신익희를 규탄하던 차, 이범석 장군을 만나 광복군 제2지대 미국합작 한국침투작전에 함께하기로 했다. 전투에 투입되기 전, 장준하라는 이름 대신 김신철로, 김준엽을 김신일로 개명했다.

나를 포함한 일행은 1945년 4월 9일 한미합동작전에 참여하기 위해 충칭의 토교를 떠났다. 임정경위대로 10여 명이 남고, 7~8명의 동지들은 회의와 불안으로 잔류했다. 4월 29일 30여 명은 김구 주석의 작별인사를 받고 충칭 비행장으로 간다. 시안(西安)으로 가서 3개월간 미국

전략첩보대(OSS)[27] 특수훈련을 받았다. 그곳에서는 잡지 『제단』을 만들었다. 이범석 장군이 잔류하여 그곳에서 더 많은 일을 하도록 권유했으나, 나는 전투에 투입하겠다는 굳은 의지를 표명했다. 연합군의 한반도 서해안 상륙작전을 얼마 앞두고, 일본의 포츠담선언 무조건 수락이라는 소식을 접한다.

1945년 8월 18일 나는 이범석 장군과 미군 사절단 쁘르즈 대령과 한 무리가 되어 시안에서 국내로 진입한다. 오후 3시 여의도 비행장에 도착하지만 일군과 대치하면서 밤을 보낸다. 국내 진입이 용이하지 않은 상황에서 일행은 기름을 넣어 다시 회항해야 했으며, 회항 중에 산둥성(山東省) 유현(維懸) 비행장에 불시착한다. 한국은 중국 전구에서 태평양 전구로 이관되었다가, 다시 이범석 장군의 교섭으로 상해에서 제7함대에 편승 입국하기로 했다. 그도 쉽지 않던 차, 한국주둔 미군 사령관 하지 중장이 비행기를 보내 충칭 임시정부 요인을 데리고 가게 되었다.

1945년 11월 23일 충칭의 임정 요인들은 중형 미군수송기를 타고 환국한다. 김포에 도착한 후, 일행은 장갑차를 타고 서울로 들어갔다. 그들은 환국과 더불어 혁명 투사, 민족 지도자로서 국민들의 환호를 직접 받지 못했다. '임시정부환국 환영준비위원회'가 결성되어 있었지만, 입국 정보를 통보받지 못했다. 군정청 공보과는 다음과 같은 내용으로, 미군 최고사령관 하지 중장의 공식성명을 발표했다. "오늘 오후 김구 선생 일행 15명이 서울에 도착하였다. 오랫동안 망명하였던 애국자 김구 선생은 개인의 자격으로 서울에 돌아온 것이다."(278쪽)

김구 선생과 수행원 일행은 경교장(京橋莊)에 거처를 마련했다. 엄항

27 'Office of Strategic Services'의 약자로 제2차 세계대전 당시 미국의 정보기관이었다.

섭이 선전부장으로, 나는 비서로 김구 선생의 일정을 도왔다. 김구 선생의 귀국 제1 성명문, 임시정부 당면정책 14개 조항을 기자들에게 전달했다. 미군정에서는 김구 선생에게 단 2분이라는 제한된 시간으로 귀국 성명을 발표하게 했으며, 나는 김구 선생의 귀국 성명을 쓰면서 그 참담함을 다음과 같이 기술한다.

> "…… 나 여기 이렇게 왔소."
>
> 그러나 실상은 우리들 몸만이 온 것이고 와야 할 것이 못 온 것이 아닌가. 무엇인가 우리가 조국에 가져와야 할 것을 못 가져온 것이 아닌가?
>
> 우리가 가져와야 할 것을 우리 힘으로 싸워 찾아왔다면, 누가 무엇이라고 말할 것인가? 분명히 우리는 비행기에 태워져 온 것처럼 조국에 그저 되돌려 보내진 것이 사실이었다. 그들은 우리에게 빈손으로 되돌아가게 했고 우리는 그들에게 무엇을 요구할 대가를 충분히 치를 힘이 정말 없었던 것이 사실일까.
>
> 싸워서 피흘려 찾은 해방이라면 그 얼마나 싸운 대가라고 계산될 것인가?
>
> 아니다, 우리는 못난 후예다. 3·1 운동을 기점으로 전국 방방곡곡에서 또는 남북만주 시베리아를 무대로 얼마나 많은 우리 선열들이 이날을 위하여 숭고한 피를 흘렸던가. 우리는 그 피값을 제대로 찾지 못하고 있는 것은 아닌가.(294쪽)

임정의 제2진이 12월 2일 환국했다. 12월 6일 첫 국내 국무회의가 개최되었지만, 회의내용은 뚜렷한 것이 없었다. 12월 19일 임시정부 개선 환영회를 비롯한 각계각층의 환영과 초대가 이어졌지만, 아무도 '충칭으로의 길'을 가려내지 못했다. 해방 이전의 열정과 기대감은 해방 이후에 이르러 실의와 암담함으로 변모했다.

장준하의 『돌베개』는 일제강점기, 중일전쟁, 제2차 세계대전의 종식이라는 역사적 소용돌이를 배경으로 나라 잃은 청년의 구국에 대한 염원과 구국을 향한 험난한 도정을 보여 준다. 정규 대학의 재학생으로서 자신의 삶과 자신이 소속한 공동체의 운명이 무관하지 않음을 직시하고, 공동체를 위해 자기 한 몸을 헌신해 나가는 과정을 확인할 수 있다.

더 읽기 자료

김대영, 「장준하의 정치평론 연구⑴⑵」, 『한국 정치 연구』 11~12, 서울대학교 한국정치연구소, 2002.

장준하선생추모문집간행위원회, 『민족혼·민주혼·자유혼: 장준하의 생애와 사상』, 나남출판, 1996.

차현지, 「기독교인 장준하의 생애와 자유·민권사상」, 『한국기독교와 역사』 52, 한국기독교역사연구소, 2020.

황병주, 「어느 민족주의자의 삶과 죽음」, 『내일을 여는 역사』 63, 내일을 여는 역사, 2016.

(집필자: 안미영·건국대학교 교수)

러시아 혁명사

김학준(金學俊)

김학준(1943~)의 『러시아 혁명사』는 두 가지 측면에서 우리에게 중요한 의미를 갖는다. 먼저 한국 사회에서 최초로 등장한 러시아 혁명에 대한 총체적인 개설서이다. 다른 측면은 한국인에 의해서 정리된 최초의 러시아 혁명에 대한 전문서이다.

『러시아 혁명사』를 이해하기 위해서는 김학준에 대한 이해가 필요하다. 김학준은 만주의 선양(瀋陽)에서 태어났고 광복 후 귀국하여 서울대 정치학과를 나온 연구자이다. 1965~1968년 잠시 『조선일보』에서 기자로 일한 이후 서울대학교 정치학과 교수로 재직했다. 1985년에는 12대 국회의원 선거에서 민주정의당 전국구 국회의원으로 당선되었고, 임기 중에 의원직을 사임하고 유럽으로 유학을 가서 연구 활동을 이어갔다. 다시 노태우 대통령 시절 청와대에서 공직생활을 했다. 이후로도 동아일보 회장 등을 역임하며 저명한 위치에서 활동을 이어왔다. 2011년 '뉴라이트' 역사교과서 문제로 한국 사회에서 논란이 되었던 <한국

현대사학회>의 창립준비위원장을 맡기도 했다. 반공주의자로서 이념적 지향성과 별개로 그의 연구성과를 토대로 학자 김학준은 합리적 보수주의자의 위치에 있다고 조심스럽게 말 할 수 있을 듯하다. 『러시아 혁명사』는 광범위한 자료를 조사하고 객관적으로 서술하려는 노력을 기울였음에도 불구하고, 저자의 지향성이 저서의 곳곳에서 드러나고 있다. 그럼에도 불구하고 이 저서는 한국 사회에 매우 긍정적인 영향을 미쳤다고 할 수 있다.

그 이유는 『러시아 혁명사』 초판이 1979년에 나왔기 때문이다. 10·26사건으로 박정희 대통령이 사망하면서 한국 사회에는 민주화에 대한 열망이 높아졌고, 12·12 군사반란으로 독재자 전두환이 집권하면서 1980년대는 정치적 격동의 시대가 되었다. 이러한 시대적 분위기에서 사회주의 사상과 혁명 이념은 한편으로 민주화의 열기를 탄압하는 구실이었고, 다른 한편으로는 폭압적인 독재정권에 맞서는 '민주화 운동'을 위한 사상적 원천으로 작용했다. 1980년대 지식인들의 필독서 중의 한 권이 되었다.

한국전쟁을 경과하면서 지배 권력은 한국인들의 뇌리에 '레드 콤플렉스'를 각인해 놓았다. 우리나라가 분단의 고통 속에서 경제 발전을 이룩하는 동안, 서유럽의 국가들은 제2차 세계대전의 악몽에서 서서히 깨어나 다양한 사회사상을 하나의 공동체 속에서 정치적 대결과 타협으로 해소하면서 '성숙한' 민주국가로 변화했다. 반면에 한국 사회는 미소대립, 냉전의 최전선이 되었고, 소련과 중국뿐만 아니라, 그 나라의 지배 이념인 '사회주의 사상' 자체를' 악마화'했다. 그럼에도 불구하고 현대사회는 어느 국가를 불문하고 점진적으로 민주주의라는 원칙하에 공동체 내에서 자유주의와 사회주의를 경쟁하는 사상으로 포섭해가고 있다고 할 수 있다.

1980년대 한국에서는 불법적으로 권력을 찬탈한 독재 권력에 맞서는 민주화운동 세력과 양심적 지식인들은 독재 권력이 주창하는 미국식 '자유 민주주의'를 공격해야 했고, '사회주의' 사상에 관심을 돌리기 시작했다. 물론 자유주의와 사회주의는 보수와 진보만큼이나, 명확하게 구분되지만 정확하게 규정될 수도 없는 개념이란 점을 염두에 두어야 할 것이다.

민주화운동에 참여하는 사람들에게 사회주의 사상과 러시아 혁명은 군사독재하의 권위주의 체제를 뚫고 나갈 원칙이나 도구로 작용했다. 그러나 '레드 콤플렉스' 사회 속에서 러시아 혁명에 관한 책을 읽는 것은 위험했다. 역설적이게도 이런 상황 속에서 김학준은 마르크스주의 사상과 러시아 혁명가들에 대해 주도적으로 연구했으며, 김학준의 '보수적인' 관점은 그의 연구가 세상에 나올 수 있게 만들었다. 1980년대 중반부터 쏟아져 나오는 러시아 혁명 관련 서적들의 균형추 역할도 했다. 그 가운데에는 소련공산당에서 발간한 교과서도 있었다. 이런 종류의 책의 특징은 '반공주의'와 마찬가지의 편향적인 관점을 드러낸다는 점이다. 러시아 혁명의 역사에는 볼셰비키 이외에도 다양한 경향의 사회주의 세력과 사상, 그리고 혁명가들이 존재했으나, 소련의 교과서는 이들의 역할을 축소하거나 삭제했다.

『러시아 혁명사』의 초판 발행 이후 20년의 세월이 흘렀고 1999년에는 수정 · 증보판이 출판되었다. 한국 사회도 20년 사이에 놀라운 경제발전과 더불어 민주화가 진행되어 괄목할 만큼 바뀌었다. 1980~90년대의 젊은이들의 사상적 경향은 매우 진보적이 되었고, 오히려 시간이 흘러 2000년대부터 대학생들의 의식은 보수화되기 시작했다. 1980

년대 중반부터 진행된 고르바초프(Gorbachyev, Mikhail Sergeyevich)의 개혁, 개방 정책 덕분에 일반에 비공개였던 많은 기밀자료들이 공개됨으로써 그동안 여백으로 남아 있던 많은 역사적 사실들이 새롭게 드러났다. 게다가 1991년에는 소련이 붕괴하여 15개의 국가로 분열되었고 더불어 '러시아 혁명'의 의미도 퇴색되었다. 분열된 신생 독립국들은 국가 이념을 형성하기 위해 자민족 중심의 민족주의를 강조하고 있다. 이러한 현재의 상황에서, 러시아 관련 연구자들에게 '러시아 혁명'은 관심의 대상에서 점차 멀어지고 있는 실정이다. 수정 · 증보판 『러시아 혁명사』가 분량이나 내용면에서 많은 부분 개선되었으나, 새롭게 번역되고 출판된 연구서와의 경쟁에서도 비교우위를 갖기 어렵게 되었다. 김학준의 저서가 우리 사회에서 큰 울림이 되었던 것은 한국 사회의 시대적 분위기에 연유하고, 러시아 혁명에 대한 폭넓은 지식을 일목요연하게 정리한 것에 있었다. 달리 말하면, 『러시아 혁명사』가 연구의 독창성이나 심오함을 통해서 독자에게 다가간 것이 아니기에, 요즘 나오는 연구 서적에 비해서 연구 방법의 일관성이나 연구의 독창성에서 부족한 점 또한 지적하지 않을 수 없다.

이제 수정 · 증보판 『러시아 혁명사』의 내용에 대해서 살펴보기로 하자. 러시아 혁명에 대한 김학준의 접근은 인물 위주이다. 보통 역사적 사건에 대해 연구할 경우 사회적 환경이나 사건을 중심에 놓고 인물들 간의 역학관계를 분석하는데, 『러시아 혁명사』는 그 반대로 접근한다는 점이다. 책의 목차만 본다면 전형적인 연대기적 사건을 따라가지만, 내용은 인물 중심임을 알 수 있다. 저자는 월프의 『혁명을 이룩한 세 사람』(1964)에서 주요 모티브를 가져오고, 다른 주요한 저작들에서 혁명과 관련된 상황을 종합 정리하고 있다. 특히 수정 · 증보판에서는 초판본에서 부족했던 사회상황과 사건에 대한 내용을 보완했는데, 주로 리처드 파이프스(Pipes, Richard Edgar)의 『러시아 혁명』(1990)을 활용했다. 사실 1,000페이지가 넘은 수정 · 증보판은 초판본의 19개의 장에서 13개의 장이 추가되어 32개의 장으로 구성되어 있다. 초판본 목차와 추가된 항목은 다음과 같다.

『러시아 혁명사』 목차

초판(1979)	수정증보판(1999)
	1. 러시아 혁명에 뿌리로서의 차리즘 체제가 성립된 과정
	2. 귀족의 황금시대 대 푸가초프의 농민 반란 및 라디셰프의 지식인 저항
1. 12월당원의 반란	3. 조국 전쟁의 영향과 데카브리스트의 반란
2. 지식인들의 논쟁 : 서구화주의와 슬라브주의	4. 니콜라이 1세의 반동 정치 대 지식인들의 저항
3. 혁명 사상과 혁명 운동의 성장 : 러시아 마르크시즘의 기원	5. 알렉산드르 2세의 '대개혁' 대 '러시아 혁명주의'의 성장
	6. 알렉산드르 3세의 반개혁 대 플레하노프의 러시아 최초의 마르크시스트 조직
4. 레닌의 등장 : 플레하노프와 제휴하기 직전까지의 시기	7. 레닌이 마르크시스트가 되다
5. 레닌의 당 조직 계획	8. 니콜라이 3세의 반개혁 지속과 레닌의 노동자 해방 동맹 결성
	9. 1899년의 대학 소요와 1900년의 『이스크라』 창간
6. 트로츠키의 등장	10. 트로츠키가 인민주의자를 거쳐 마르크시스트가 되다

7. 당내 파쟁과 레닌	11. 레닌이 플레하노프와 멀어지면서 트로츠키와 손을 잡다
	12. 러시아 사회민주당 2차 대회가 볼셰비키와 멘셰비키로 분열되다
8. 〈피의 일요일〉: 1905년 1월의 혁명	13. 1905년 '피를 흘린 일요일'로 가는 길
	14. 마침내 '피를 흘린 일요일': 1905년 1월의 러시아 혁명
9. 망명자들의 귀국	15. 망명자들의 귀국과 투쟁 노선을 둘러싼 논쟁
10. 10월의 총파업과 소비에트의 출현	16. 10월의 총파업과 소비에트의 출현
	17. 10월 선언의 발표와 반동 정치의 재개
11. 레닌과 스톨리핀의 경쟁	18. 입헌주의의 실험과 혁명가들의 전략
	19. '러시아 역사에서 가장 정치가다운' 스톨리핀이 개혁과 억압의 양면 정책을 추진해 혁명가들을 긴장시키다
12. 레닌의 무장 투쟁론	20. 레닌이 무장투쟁론을 전개하면서 동시에 강도 행위로 자금을 조달하다
	21. 러시아와 폴란드 및 독일에서 여성 혁명가 로자 룩셈부르크가 투쟁하다
13. 스탈린의 유년 및 청년 시절	22. 스탈린의 유년 및 청년 시절
	23. 스탈린이 마르크시스트 혁명 대열에 참여하다
14. 스탈린이 레닌의 제자가 되다	24. 스탈린이 레닌의 제자가 되다
15. 외로운 망명 생활	25. 혁명 열기의 하강과 외로워진 망명 생활
16. 혁명의 열기가 다시 일어나다	26. 혁명의 열기가 다시 일어나다
17. 제1차 세계대전의 발발과 러시아	27. 러시아의 제1차 세계대전 참전과 레닌의 반전 운동

18. 2월혁명과 임시정부	28. 2월혁명과 임시정부의 수립
	29. 이중 권력 시대의 개막: 임시정부의 무기력과 소비에트의 실권 장악
	30. 혁명가들의 귀국과 레닌의 4월 테제
19. 레닌의 귀국과 10월혁명	31. 10월 쿠데타와 소비에트 국가의 성립
	32. 니콜라이 2세 일가의 최후와 혁명가들의 최후

실제로 새롭게 추가된 내용은 1, 2, 21, 32장의 네 개장에서 다루고 있다. 사실 1장과 2장의 내용은 러시아 국가의 기원과 18세기 로마노프(Romanow, Holstein Gottorp) 전제정의 확립까지를 다룬다. 21장에서 로자 룩셈부르크(Luxemburg, Rosa)를 소개하고, 마지막 32장은 러시아의 마지막 황제 니콜라이 2세(Nicholas II)와 가족들의 비극적인 죽음으로 혁명사를 마감한다.

『러시아 혁명사』의 주요인물은 레닌(Lenin, Vladimir Ilich Ul·ya·nov), 트로츠키(Trotsky, Leon) 그리고 스탈린(Stalin, Iosif Vissarionovich)이다. 그리고 이들의 선구자가 될 수 있는 앞선 세대의 혁명가들과 동시대의 혁명가들을 다루고 있다. 이들은 러시아 혁명 과정에서 끝내 결정적인 역할을 하지 못했다고 볼 수 있다. 그래서 김학준은 이들을 '혁명에서의 조연급'으로 다루고 있고, 내용적으로 훨씬 분량이 적지만, 이들의 역할이 러시아의 사회주의 운동에서 1917년 혁명이 발생할 때까지 주인공 세 사람에 비해서 적다고 말할 수는 없다. 저자도 이점을 염두에 두고 있으며, 다른 연구서에서 이름만 거론되는 많은 혁명가들을 비교적 공정하게 다루고 있다.

5장부터 사회주의 이념을 가진 혁명가들이 등장한다. 먼저 체르니

셉스키(Chernyshevsky, Nikolay), 트카초프(Tkachov, Pyotr Nikitich)를 소개하고 있다. 6장에서는 러시아 사회주의 혁명 운동의 '아버지'라고 할 만한 플레하노프(Plekhanov, Georgy Valentinovich)를 다루며, 그의 평생의 동지인 악셀로드(Axelrod, Pavel Borisovich)(본문에는 악설로드로 표기)와 베라 자술리치(Zasulich, Vera Ivanovna)(본문에는 자수리치로 표기)를 함께 다룬다. 9장부터는 볼셰비키의 주요인물인 레닌, 트로츠키, 스탈린이 등장한다. 그리고 국제적인 명성에 비해서 러시아에서 활동이 미미했던 로자 룩셈부르크를 다루고 있다. 혁명 전후 스탈린보다 더 두각을 드러내었든 부하린(Bukharin, Nikolay Ivanovich)도 소개하고 있다. 김학준의 관점에서는 이렇게 소개된 혁명가들이 러시아 혁명에 가장 중요한 역할을 한 인물로 그려지고 있으며, 이와 더불어 이들에게 협조하거나 대립했던 주요한 인물들에 대해서도 주요 사건과 연관시켜 소개하고 있다. 특별한 점은 주요 혁명가뿐만 아니라, 러시아 혁명에 어떤 형식으로든 연루되어 있는 인물들도 등장한다. 먼저 러시아의 통치자들인 차르와 그의 통치 스타일을 소개하며, 차르의 전제주의 정책에 영향력을 행사한 인물로 관료인 스톨리핀(Stolypin, Pyotr), 비테(Vitte, Sergei Yulievich, 본문에는 위테로 표기), 그리고 지방의 한 사제였던 라스푸틴(Rasputin, Grigorii Efimovich)을 다룬다. 또 사회주의에서 자유주의로 사상을 전환했던 사상가로 스트루베(Struve, Friedrich Georg Wilhelm), 베르댜예프(Berdyaev, Nikolai Alexandrovich, 본문에는 베르디아에프로 표기)와 불가코프(Bulgakov, Mikhail Afanas'evich)를 언급하고 있다. 이 저작 속에서 사건과 사회적 배경, 철학 이념은 장대한 양에 비해 비교적 간략하게 서술되어 있다.

『러시아 혁명사』에서 혁명가들의 관점과 사건을 알 수 있는 몇몇 장면을 소개하면 다음과 같다.

… 플레하노프는 우선 티호미로프의 글은 1870년대 나로드니크 운동의 이론보다도 훨씬 뒤지는 것이라고 포문을 열었다. … 인민의 의지당원들이 이처럼 오도된 이론에 집착하는 것은 그들이 '즉각적인 사회주의 혁명'이라는 바쿠닌적 관념에서 해방되어 있지 않기 때문이며, 그렇기 때문에 이미 엥겔스에 의해 완전히 파탄이 난 트카초프의 기습적 음모 혁명론에 다시 매달리게 된 것이라고 그는 비난했다.(6장. 206~207쪽)

… 레닌에 약 25년 앞서 트카초프는 "현재에서나 미래에서나 인민은 그들의 힘만으로는 사회 혁명을 탄생시킬 수 없다."고 전제하고 "오직 우리 혁명가들만이 이것을 성취시킬 수 있다"고 썼었다. 트카초프는 "사회 이념은 인민들에게는 거리가 먼 것이며, 그것은 혁명적 소수의 사회철학에 속한다."고 보았던 것이다 …(9장. 285쪽)

여기에서 레닌의 독창적인 당 조직 이론이 펼쳐진다. 거듭 말하지만, 그는 노동 계급의 기회주의적 따라서 부르주아적인 경향이 사회주의 정당을 부패시키지 못하도록 그들을 배제한 채 정통 사회주의자들만으로 혁명적인 정당을 만들어야 한다고 역설한 것이다.(11장. 330쪽)

경제주의자 아키모프의 프롤레타리아 독재에 대한 비판("독재 때문에 고통을 겪고 있는 사람들의 대변자인 우리가 독재를 옹호할 수 있단 말인가?"): 이에 대해 트로츠키는 『공산당 선언』의 구절을 따 다음과 같이 반박했다. "노동 계급의 지배는 노동 계급의 대다수가 그것을 갈망함에 있어서 단합될 때까지는 생각할 수 없다. 그렇게 되면 그들은 압도적 다수가 될 것이다. 이것은 작은 음모가 집단이나 소수

당의 독재가 되는 것이 아니라 반혁명을 방지하고 광대한 다수의 이익을 옹호하는 광대한 다수의 독재가 되는 것이다. 간단히 말해 그것은 진정한 민주주의의 승리를 대변하는 것이다."(12장. 355쪽)

레닌은 농민 문제에 대한 자신의 강령이 시대에 뒤떨어졌으며 현실에 적절하지 못하다는 것을 인정했다. 그래서 모든 토지의 국유화, 그리고 국가에 의한 토지의 임대와 분배를 당의 강령으로 채택하기로 결심했다.(15장. 423쪽)

(전략)레닌은 토지의 '국유화'를 지지했고, 플레하노프와 멘셰비키는 '자치제'를 지지했던 것인데, 스탈린은 볼셰비키의 다수와 함께 레닌의 안과 플레하노프의 안을 모두 배격했다. 그 점에 대해 스탈린은 다음과 같이 견해를 나타냈다. "우리가 투쟁하는 농민들과 함께 잠정적인 혁명적 동맹을 맺고 있으므로 그들의 요구가 경제 발전의 경향, 그리고 혁명의 진로와 대체로 모순되지 않는다면 우리는 그들의 요구를 지지해야 한다. 농민들은 분할을 요구한다. 분할은 위의 현상들과 모순되지 않는다. 그것은 우리가 토지의 완전 몰수와 그 토지의 분할을 지지해야 한다는 것을 의미한다. 이 견해로부터 국유화와 자치제화는 모두 수락하기 어려운 것이 된다."(24장. 666쪽)

유태인 망명가의 국제주의. 러시아로부터 탈출한 망명자들 가운데 그들의 망명지의 정당에서 그 정당을 거의 고향처럼 느끼며 활동하던 사람들은 로자 룩셈부르크, 앙겔리카 발리바노프, 파르부스, 그리고 트로츠키 네 사람이었다.(중략)

모든 유태인 출신의 러시아 망명가들이 그러했던 것은 아니다. 악셀로드, 마르토프, 지노비예프, 카메네프가 후자의 경우에 속한다. 그들은 그들의 망명지의 정당에 입당해 활동한 일이 없었다. 플레하노프도, 자술리치도, 레닌도 결코 그들이 살던 큰 도시들에서의 사회주의 운동에 참여하지 않았었다. 레닌은 15년의 세월을, 그리고 플레하노프와 자술리치는 성인으로서의 전 생애를 해외 망명지에서 보냈는데도 말이다.(25장. 691쪽)

2월혁명의 정확한 날짜. 그날은 1917년 2월 27일이었다. 많은 역사학자들이 지적했듯이. 2월혁명이 시작된 날짜를 굳이 꼭 짚어내야 한다면 그 날짜는 구력으로 2월 27일, 신력으로는 3월 12일이 된다. 바로 이날에 노동자들의 시위는 병사들의 반란으로 바뀌었으며 이때부터 차리즘 정부는 수도에 대한 통제력을 잃은 것이다.(28장. 766쪽)

4월 테제: 레닌은 곧바로 볼셰비키 간부 회의를 소집하고 이른바 '4월 4일 테제'를 발표했다. 그 골자는 다음과 같다. 1) 자본주의의 타도 없이 전쟁을 종결짓는 것은 불가능하다. 이 점을 군대 안에 널리 알리라. 2) 당은 지금과 같은 과도기에서는 전술에서 신축성을 가져야 한다. 3) 임시 정부를 더 이상 지원하지 말라. 4) 소비에트의 권력을 확장함과 동시에 소비에트 안에서 볼셰비키의 권력을 확장해야 한다. 5) 의회제 공화국안은 받아들일 수 없다. 군대와 경찰 및 관료는 폐지되지 않으면 안 된다. 6) 모든 지주의 재산은 몰수돼야 하며 모든 토지는 국유화돼야 한다. 7) 모든 은행은 소비에트의 통제를 받는 단일 국립 은행으로 통합돼야 한다. 8) 생산과 분배에 대한 소비에트의 통제를 확대하라. 9) 당 대회를 소집하여 당 강령을 새 상황에 맞도록 바꾸고 당의 이름을 사회민주당에서 공산당으로 바꿔라. 10) 새로운 혁명적 국제 조직을 창설하라.(30장. 807쪽)

> 볼셰비키 쿠데타가 성사되다. 10월 25일 아침까지는 수도의 거의 모든 지역이 볼셰비키의 손안에 들어갔다.(31장. 841쪽)

『러시아 혁명사』의 서술 방식은 그 장점과 단점이 극명하게 드러난다. 인물 위주의 논지 전개를 통해서 혁명가의 사상과 활동을 잘 파악할 수 있는 반면에, 러시아의 사회적 환경과 혁명가의 철학 이념에 대한 심오한 분석에 이르지 못했다. 과도하다 여겨질 혁명가들의 전기적 내용은 '혁명의 본질'을 이해하는 데 장점으로 작용하지 않은 것으로 보인다. 김학준은 방대한 양의 서방의 자료를 활용했으나, 활용한 자료를 자신의 기획에 맞게 일관성 있게 유기적으로 종합하진 못했던 것 같다. 그런 이유로 몇몇 저명한 연구자의 연구성과를 그대로 가져왔고, 그들의 견해를 '무비판'적으로 전용했다. 예를 들면, 의미를 파악하기 힘든 '경찰사회주의', '교회사회주의'라는 월프의 개념을 그대로 활용한 점일 것이다. 그리고 1991년 소련 붕괴 이후 나온 많은 새로운 자료들이 반영되지 못했다. 그럼에도 불구하고 이만한 규모에서 혁명가의 삶과 이념, 그리고 활동을 다루고 있는 연구서는 해외에서도 그리 흔하지 않다. 다만 혁명에 대한 편향적인 해석을 하지 않기 위해서는 활용된 원전을 잘 살펴 읽어야 하는 수고로움이 독자에게 남아 있다. 제일 아쉬운 점은 이 방대한 연구의 결말에서 저자가 볼셰비즘과 러시아 혁명을 싸잡아서 평가절하하고, '붉은 차리즘'이라 유도하는 것이다. 러시아 혁명은 한 국가의 틀 내에서 일어난 사건이 아니라, 세계 체제 내에서 일어난 역사적 사건으로 여전히 그 혁명의 의미는 경청해야 할 많은 요소를 담고 있는 복합적인 것이다. 저자의 결말에 나오는 이런 평가와 본문의 중간중간에 월프의 입을 빌려 내리는 혁명사상에 대한 비판적 평가를 주의한다면, 『러시아 혁명사』는 복잡하고 혼란스런 혁명의 양상을 비교적 쉽게 이해할 수 있는 훌륭한 참고서라고 할 수 있다.

— 더 읽기 자료

정재원, 최진석 엮음, 『다시 돌아보는 러시아 혁명 100년 1』, 문학과 지성사, 2017.
박종소 엮음, 『다시 돌아보는 러시아 혁명 100년 2』, 문학과 지성사, 2017.
트로츠키(최규진 역), 『러시아 혁명사(상, 중, 하)』, 풀무질, 2003~2004.
박노자, 『러시아 혁명사 강의』, 나무연필, 2017.
세르주(황동하 역), 『러시아 혁명의 진실』, 책갈피, 2011.
피츠패트릭(고광열 역), 『러시아 혁명 1917~1938』, 사계절, 2017.
라비노비치(류한수 역), 『1917년 러시아 혁명』, 책갈피, 2017.
카, 『E. H. 카 러시아 혁명』, 이데아, 2017.
파이지스(조준래 역), 『혁명의 러시아 1891~1991』, 어크로스, 2017.
리드(서찬석 역), 『세계를 뒤흔든 열흘』, 책갈피, 2005.
한국러시아문학회, 『예술이 꿈꾼 러시아 혁명』, 한길사, 2017.

(집필자: 천호강·모스크바 국립대학교 대학원 철학박사)

문명의 충돌(The Clash of Civilizations)

헌팅턴(Huntington, Samuel Phillips)

1. 세계를 보는 눈으로서 '문명의 충돌'

낯선 땅에서 길을 가려면 길을 안내하는 지도가 필요하듯이 세계정치 현상을 이해하려면 그것을 보는 눈이 필요하다. 제2차 세계대전 이후 반세기 동안은 초강대국이 각축을 벌이는 냉전 시대로 세계정치 현상은 미국 대통령 트루먼(Truman, Harry Shippe)이 처음 제시한 냉전 모델이 매우 유용하였다. 냉전 모델은 누구든지 이해할 수 있는 용어로 20세기 후반기 국제 정세를 묘사하는 정치 지도였으며, 정치지도자들은 그 지도를 토대로 좀 더 정교한 견제 전략 방안을 마련하였고, 그것은 즉시 실천적 행동으로 옮겨졌다. 그리고 국제 관계를 연구하는 학자들과 일선에서 뛰는 전문가들은 단순하면서도 유용한 냉전 패러다임을 통해 1945년에서 1990년까지 세계정치를 생각하고 행동하였다. 그러나 동독과 서독의 통일(1989)과 소비에트 붕괴 이후 새로이 전개되는 세계정세를 이해하는 데는 이전 시기의 냉전 패러다임으로는 한계가 노출되었고, 이를 대치할 만한 새로운 모델(패러다임)이 필요하였다. 냉전 종식과 함께 찾아온 환희는 세계가 대립하지 않는다는 조화의 전망을 나았지만, 얼마 안 가 그러한 전망은 환상에 불과하고 새로운 더 심각한 갈등을 낳을 우려가 있음이 밝혀졌다. 이제 사람과 사람을 가르는 가장 중요한 기준은 이념이나 정치 경제가 아니라 문화이다. 이러한 점에 주목하여 헌팅턴은 『문명의 충돌(The Clash of Civilizations)』(1996)에서 냉전 패러다임의 한계를 넘어서는 새로운 패러다임으로 '문명충돌'을 제시하며, 문명정체성에 다름 아닌 문화 또는 문화정체성이 탈냉전 세계에서 전개되는 결집, 분열, 갈등 양상을 고찰하고 있다.

2. 세계의 다문명화

지구상에서 삶을 시작한 이래로 인류는 주어진 환경에서 다양한 방식으로 삶의 양식을 개선해 왔다. 인류의 발전은 곧 문명의 발전으로 인류사는 문명사라 할 수 있다. 문명이란 용어가 지칭하는 바는 학자마다 차이가 있지만 대체로 다음과 같은 점에서 합의가 이루어져 왔다.

첫째, 단일 문명, 보편 문명과 복수 문명을 구분할 필요가 있다. 18세기 프랑스 사상가들이 '야만'의 개념과 반대되는 뜻으로 발전시킨 문명 개념, 즉 사회를 평가하는 판단 기준이 된 유럽 중심의 단일 문명, 보편 문명이라는 시각은 도전을 받고 있으며, 문명은 여러 개이며, 각각의 문명은 독자적 방식으로 문명화되었다는 복수 문명적 시각이 제기되고 있다.

둘째, 19세기 독일 사상가들이 문명(civilization)과 문화(culture)를 구분하고 있지만, 독일을 제외한 대부분 지역에서는 문명과 문화를 구분하지 않고 모두 사람들의 총체적 생활방식을 가리키고 있다. 문명과 문화는 주어진 사회에서 중요성을 부여한 가치, 기준, 제도, 사고방식을 담고 있다.

셋째, 문명은 가장 상위 수준의 문화적 결집체이며 가장 광범위한 수준의 문화적 동질성이다. 각 문명은 다른 문명들에 포섭당하지 않은 포괄성을 갖는다.

넷째, 문명은 유구하고 역동적이며 발흥하고 쇠멸하며 융합하고 분열한다.

다섯째, 현재 세계의 중요 문명은 중화, 힌두, 이슬람, 정교, 서구, 일본, 라틴 아메리카, 아프리카 문명이다.

여섯째, 문명과 문명과의 관계는 서로 조우하고 격돌하고 교섭하며 변화해 간다.

그러면 헌팅턴은 '문명'이란 용어를 어떤 의미로 사용하고 있는가. 그가 말하는 문명은 '야만'과 대비되는 보편적 의미의 '문명'이 아니라 언어 종교 등 여러 가지 문화적 특질의 집합체로서 세계 여러 지역에 자리 잡아온 문명권들을 말하는 것으로, 일반적인 의미에서 보면 문화권에 가깝다. 헌팅턴이 문명충돌에서 자주 언급하는 서구 문명, 정교 문명, 이슬람 문명, 중국 문명, 힌두 문명, 아프리카 문명, 일본 문명, 라틴 아메리카 문명 등은 일반적인 물질문명의 개념으로 이해하면 혼란스럽다. 오히려 헌팅턴이 의미하는 문명은 특정 국가나 지역의 문화권 속에서 가치 꾸러미들의 집합을 공유하고 있는 집단의 사유체계에 가깝다. 그는 문명들의 상호관계를 이해하기 위해서 서구화와 근대화를 구분할 필요성을 제시한다. 즉 그는 '서구화=서구문화=서구문명', '근대화=물질문명'이라고 보면서, 근대화라는 기술 문명, 경제성장 등은 전 지구의 다양한 문명권에서 공유되지만, 서구화에 대해서는 다른 문명권에서 자신들의 고유한 문명을 유지하면서 '서구문명=서구화'를 거부하고 있다고 본다. 특히 서구화와 대조되는 가치꾸러미로 이루어진 이슬람 문명, 중국 문명, 힌두 문명 등에서 서구 문명의 가치 꾸러미에 대한 거부감은 단순한 적대 의식보다 훨씬 더 심각하다.

우리나라가 서구 문명과 만나는 시점을 되돌아보면 이점은 전혀 새로운 것이 아니다. 이미 서구 문명과 동아시아 문명이 만나는 19세기 조선은 '동도서기(東道西器)', 일본은 '화혼양재(和魂洋才)', 중국은 '중체서용(中體西用)' 등으로 '서기, 양재, 서용' 등을 의미하는 기술 문명은 수용할 수 있지만, '동도, 화혼, 중체' 등을 의미하는 자신들의 고유한 가치꾸러미인 정신문명을 포기하는 것은 어렵다는 시각을 보여 왔다. 동서 냉전 체제에서는 누가 근대화를 더 빠르게 이루는가를 두고 체제경쟁을 했다면, 동서냉전 체제가 해체된 이후 자유 자본주의의 일방적인 승리로, 근대화 논쟁보다 문명, 곧 가치꾸러미 논쟁이 갈등의 중심으로 떠오르게 되었다.

사실 1990년 동서냉전 체제가 해체된 이후 이슬람 문명 지역의 빠른 인구증가 속도, 그리고 중국 문명권의 빠른 경제성장으로 비서구권은 현실적 면에서 서구와의 비대칭적 관계가 해소됨에 따라 더 이상 서구 문명 주도의 세계질서를 허용하지 않고 있다. 장기간 주도권을 행사해온 서구문명과 비서구문명이 힘과 문화의 차원에서 상호작용하며 세계정치는 다극화 다문명화 되고 있다.

3. 재편되는 문명권들

냉전 기간 세계 정치는 양극화되었고, 세계는 미국이 주도하는 민주 진영과 소련이 이끄는 공산주의 진영, 그리고 이 두 진영의 바깥에는 빈곤하고 정치적으로 불안정한 나라들로 이루어진 비동맹 노선을 추구하는 제3 진영으로 나누어진다. 1980년대 말 공산 세계가 무너지면서 냉전 체제는 역사의 뒤로 물러났다. 탈냉전 시대 사람과 사람을 가르는 중요한 기준은 이념이나 정치 경제의 수준이 아니라 문화이다.

이제 가장 중요한 국가군은 냉전 시대의 세 진영(블록)이 아니라, 세계는 일곱 또는 여덟 개에 이르는 문명으로 구분되기 시작하였다. 이에 따라 세계의 여러 나라는 문화 혹은 문명의 괘선을 따라 새로이 재편되고 있다. 가장 크고 위험한 갈등은 사회적 계급, 빈부, 경제적으로 정의되는 집단 사이에 나타나지 않고, 다른 문화적 배경에 속하는 사람들 사이에 나타날 가능성이 매우 크다. 지금까지 서구사회는 서구 문명을 보편 문명으로 간주하고 다른 문명들도 이 보편 문명을 향하여 나아갈 것을 요구하였다. 그러나 1990년 냉전 체제 해체 이후, 서구와 다른 문명권의 국가들은 근대화가 서구화를 뜻하는 것이 아니라 비판하면서, 자기의 고유한 문화를 포기하지 않고, 서구의 가치, 제도, 관습들을 수용하지 않고도 근대화를 할 수 있고, 실제 발전해왔다.

그 결과 냉전 시대의 블록을 대신하여 문화적 결속이 등장하였으며, 이를 중심으로 문명과 문명의 단층선이 세계정치에서 중요 분쟁을 나누는 구분 기준으로 변모하고 있다. 냉전 체제 시대에는 한 나라가 이쪽(공산 진영)에서 저쪽(자유 진영)으로 혹은 그 반대로 동맹 관계를 바꿀 수 있었지만, 정체성을 중심으로 구분되는 문명충돌 패러다임에서는 A 문명에서 B문명으로 문명이동이 불가능하다. 정체성의 문제는 상이한 문화적 배경을 가진 상당 규모의 인구집단들을 여럿 거느린 분열 국가에서 강하게 나타난다. 정체성 위기를 극복하기 위해 사람들은 주로 혈연, 믿음, 신앙, 가족을 중심으로 비슷한 조상, 종교, 언어, 가치관, 제도를 가진 사람들과 그렇지 않은 사람들과 일정한 거리를 둔다.

이제 새로운 문명권으로 가톨릭 종교를 중심으로 서구의 새로운 결속(폴란드, 슬로베니아, 크로아티아, 슬로바키아, 체코 포함), 대중국 공영권 결속(싱가포르, 대만, 홍콩, 여러 나라 화교), 이슬람 종교의 결속(중심 없는 의식), 정교 국가들의 결속(벨라루스, 몰도바, 아르메니아, 세르비아, 불가리아, 그리스) 등의 문명권이 형성되고 있다. 그리고 이들 문명권이 마주치는 지역에서는 새로운 분쟁이 등장하고 있다. 대표적인 분쟁 지역으로는 동부 유럽에서 정교문명과 서구 가톨릭 문명이 충돌하고, 발칸반도에서는 이슬람 문명과 정교 문명이, 아프가니스탄에서는 이슬람 문명과 정교 문명 혹은 가톨릭 문명이, 대만과 남중국해에서는 중국 문명과 서구 문명이 충돌하고 있다. 이렇게 문화적 동질성과 이질성은 국가들의 이익, 대결, 협력 양상을 규정한다.

4. 문명충돌 양상

문명 중심의 구조 개편은, 새로운 세계정치 구도를 만들고 있다. 보편성을 자처하는 서구의 자세는 다른 문명, 특히 이슬람, 중국과 갈등을 빚고 있다. 국지적 차원에서는 주로 이슬람권과 비이슬람권 사이의 단층선 분쟁에서 '형제국들의 규합'을 통해 확전으로 치달을 가능성이 상존한다. 분쟁을 저지하려는 핵심국의 노력도 두드러진다. 새로운 정치 역학관계를 그림으로 제시하면 다음과 같다.

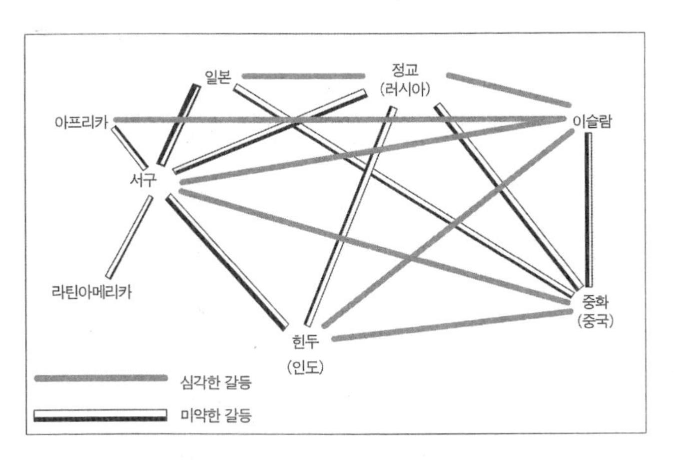

문명 세계의 역학: 새로운 구도

이들 새로운 문명 세계의 역학관계에서 발생하는 단층선 분쟁은 상이한 문명에 속한 국가나 지역 사이의 집단 분쟁이다. 단층선 분쟁은 주민을 장악하려는 투쟁의 양상으로 나타나기도 하지만 대개 영토분쟁의 양상을 띤다. 당사자들 중에 최소한 한 진영의 목표는 영토를 점령한 다음 다른 진영의 사람들을 내쫓거나 죽이거나 둘 다를 행함으로써 이 지역에서 다른 사람들이 뿌리내리지 못하도록 만드는 데 있다. 단층선 전쟁이 발생하는 주된 원인으로는 서로 다른 문명의 역사, 두 문명간 인구 비율변화 등의 변화를 들 수 있다.

헌팅턴은 이들 단층선 전쟁의 특징을 바탕으로, 1990년 이후 문명 간 충돌에서 나타나는 여러 지역의 다양한 양상들을 하나의 구조로 제시하고 있다. 아래 그림은 실제 문명충돌로 이어지는 단층선 전쟁의 전개 과정을 보여준다.

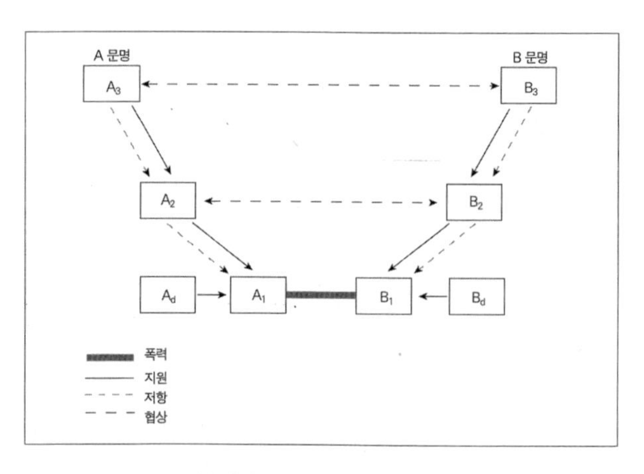

복잡한 단층선 전쟁의 구조

단층선 전쟁에 국가와 집단이 개입하는 수준은 저마다 다르다. 1순위에는 실제로 전투에 가담하여 싸움을 벌이는 당사자들(A1, B1)이다. 이스라엘과 이웃한 아랍 국가들의 전쟁처럼 국가일 수도 있고, 보스니아나 나고르노-아르메니아 세력처럼 국가가 아니라 국가의 틀을 막 갖추려는 지역 집단일 수도 있다. 이 분쟁에 2순위의 관여자들(A2, B2)이 끼어드는 데 이들은 1순위의 당사자들과 직접적으로 연결된 국가들이다. 옛 유고슬라비아 지역의 세르비아 및 크로아티아 정부, 코카서스 지역의 아르메니아 및 아제르바이잔 정부가 여기에 해당한다. 분쟁에는 이보다 더 원거리로 연결된 3순위 국가들(A3, B3)은 전투 현장으로부터 떨어져 있지만, 분쟁 당사자들과 문명적 동질감을 가지고 있다. 3순위 참가국들은 대개 문명의 핵심국이다.

2순위와 3순위 위치에 속한 나라들은 분쟁 당사자들을 지원한다. 적대관계에 있는 집단들은 이들이 지원하지 않더라도, 지원을 보낸다고 의심하면서 자신들의 지원을 정당화한다. 그러나 동시에 2순위와 3

순위의 국가들은 분쟁의 확산을 막기 위해 노력하며, 전투에 직접 개입하는 것은 가급적 피하려 든다. 따라서 분쟁 당사자들을 지원하는 한편으로 그들을 자제시키고 그들의 기대 수준을 낮추려고 애쓴다. 또한, 상대 진영의 2순위, 3순위 국가들과 협상을 벌여 국지전이 핵심국을 망라한 전면전으로 치닫는 것을 막으려고 노력한다. 헌팅턴은 분쟁을 종식시키고, 지역분쟁이 대규모 전쟁으로 비화하는 것을 막기 위해 문명의 핵심국들이 자신의 이해관계를 의식하고, 적극적으로 나설 것을 요청한다.

5. 문명들의 미래

다문명 세계에서 상이한 문명에 속하는 국가들과 집단들의 관계는 대체로 적대적인 경향을 띠는 경우가 많다. 헌팅턴은 미래의 가장 위험한 충돌은 서구의 오만함, 이슬람의 편협함, 중화의 자존심이 복합적으로 작용하여 발생할 것이라 예측한다. 미시적 차원으로 볼 때 폭력으로 치달을 가능성이 가장 높은 단층선은 이슬람과 이웃한 정교, 힌두, 아프리카, 서구 그리스도교 문명 사이에 놓여 있다. 거시적 차원으로 볼 때 지배적 대립은 서구 대 비서구의 양상으로 나타나겠지만, 가장 격렬한 대립은 이슬람 사회와 아시아 사회, 이슬람 사회와 서구사회, 중화 문명사회와 미국을 중심으로 한 서구사회 사이에서 나타날 것이다.

다른 문명들의 힘이 상대적으로 증가하면서 서구 문화의 매력은 반감되며 비서구인들은 점점 자신들의 고유문화에 애착과 자신감을 갖게 된다. 그러므로 서구와 비서구의 관계에서 가장 핵심이 되는 문제는 서구 문화의 보편성을 관철하려는 서구, 특히 미국의 노력과 서구의 현실적 능력 사이에서 생겨나는 부조화라고 할 수 있다. 헌팅턴이 볼 때 서구의 생존은 미국이 자신의 서구적 정체성을 재인식하고 자기 문명을 보편이 아닌 특수한 것으로 받아들이면서 비서구 사회로부터 오는 위협에 맞서 힘을 합쳐 자신의 문명을 혁신하고 수호할 수 있느냐 없느냐에 달려 있다. 문명들이 단결하거나 갈라설 수 있는 세계에서 문명 간의 대규모 전쟁을 피하려면 헌팅턴이 역설하듯이 전 세계 지도자들이 세계정치의 다문명적 본질을 받아들이고, 자제의 원칙, 중재의 원칙을 발휘하여 그것을 유지하는 데 협조해야 할 것이다. 나아가 문화적 공존을 누리기 위해서 얼핏 보면 보편적으로 보이는 한 문명의 특성을 부각하기보다는 대부분 문명에 공통으로 존재하는 가치관, 제도를 확대하는 방안을 지속적으로 모색하고 실천할 것이 요구된다.

— 더 읽기 자료

헌팅턴(Huntington, Samuel P.)(이희재 역), 『문명의 충돌』, 김영사, 1997.

뮐러(Muller, Harald)(이영희 역), 『문명의 공존』, 푸른 숲, 2000.

칼둔(Khaldun, Ibn)(김정아 역), 『무깟디마』(1377), 소명출판, 2020.

토인비(Toynbee, Arnold J.)(노명식 역), 『역사의 연구』, 삼성출판사, 1994.

가트(Gat, Azar)(오숙은, 이재만 역), 『문명과 전쟁』, 교유서가, 2017.

오스터함멜(Osterhammel, Jürgen)(박종일 역), 『대변혁: 19세기의 역사풍경1, 2, 3』, 한길사, 2021.

(집필자: 이종일·전 대구교육대학교 교수)

민주주의와 교육(Democracy and Education)

듀이(Dewey, John)

> 이 책은 민주사회에 작용하고 있는 이념을 추출하여 진술하고 그 이념을 교육의 실제 문제에 적용해 보려고 한 노력의 결과이다. (중략) 이 책에 진술된 철학은 민주주의의 성장을 과학의 실험적 방법, 생물학의 진화이론, 그리고 산업의 재조직과 관련된 것으로 보고, 이러한 방면의 발달이 교육의 내용과 방법에 어떤 변화를 가져오는가를 지적하는 데에 관심을 둔다.(31쪽)

『민주주의와 교육(Democracy and Education)』(1916)은 현대 교육학을 대표하는 문헌 중 하나다. 이 책의 저자 존 듀이(Dewey, John: 1859~1952)는 20세기 전반을 대표하는 미국의 철학자이자, 심리학자, 교육개혁가로 실용주의(pragmatism)에 근거한 진보주의(progressivism) 교육철학을 대표하는 인물이다.

듀이는 1859년 미국 버몬트주 벌링턴에서 태어났다. 1879년 버몬트대학교를 졸업한 후 약 2년간 고등학교 교사로 근무했다. 1882년 존

스홉킨스대학교의 예술과학대학(School of Arts & Sciences)에 진학하여 1884년 「칸트(Kant, Immanuel)의 심리학(The Psychology of Kant)」을 주제로 철학박사 학위를 받았다. 1884년 미시건대학교 교수로 임용되었다가, 1894년 시카고대학교로 자리를 옮겨 경험주의와 당시 태동하던 실용주의 철학에 관심을 가지게 되었다. 시카고대학교에 재직하는 동안 실험학교(University of Chicago Laboratory Schools)를 만들어 자신의 교육적 신념을 실천하고, 첫 번째 주요 저서인 『학교와 사회(The School and Society』(1899)를 출간했다.

듀이는 <미국심리학회(American Psychological Association: APA)>의 창립멤버로 1899년에 회장으로 선출되었다. 시카고대학교 재직 동안 발표된 그의 주요 저작물은 1903년 『논리이론에 대한 연구(Studies in Logical Theory)』라는 제목으로 출간되었다. 1904년에 컬럼비아대학교로 옮겨서 1930년 은퇴할 때까지 철학과 교수로 재직했다. 1905년에 <미국철학회(American Philosophical Association): APA>의 회장이 되었다. <미국교사연맹(American Federation of Teachers): AFT>의 종신회원으로 140개 저널에 700개가 넘는 논문과 기사 그리고 40여 권의 책을 출판했다.

『민주주의와 교육』은 듀이가 시카고대학교 부속 실험학교에서 겪은 생생한 경험과 컬럼비아대학교의 새로운 철학적 분위기 속에서 자신의 진보주의 교육철학을 체계화한 고전이다. 듀이 스스로 이 책이 자신의 철학을 "가장 포괄적으로, 가장 충분히 제시한 책"으로 표현하며 『교육철학입문』이라는 부제를 붙였다. 듀이는 교육을 삶(life)과 성장(growth), 사회적 과정(social process), 그리고 경험의 지속적인 재구성 과정(the process of a continuous reconstruction of experience)으로 정의했다. 이는 유치원은 물론 초·중·고와 대학을 비롯한 각급 교육현장과 평생교육

등 모든 교육 장면에 유용하게 적용할 수 있는 매우 실제적이고 합리적인 정의다.

『민주주의와 교육』의 번역·주석자인 이홍우는 이 책의 가치를 다음과 같이 기술했다.

> 이 책은 그야말로 '현대 교육학의 가장 중요한 문헌'임에 틀림없다. 만약 교육학을 얼마간 공부한 사람이 이 책을 세밀히 읽어본다면, 현대 교육학에서 논의되고 있는 대부분의 주제들이 이 책에, 비록 태아적인 형태나마, 취급되어 있다는 것을 알게 될 것이다. 그 정도로 이 책은 교육학의 '종합 교과서'요, 나아가서, 현대 철학은 '플라톤의 주석'이라는 화이트헤드의 말을 빌려 표현하자면, 현대 교육학은 '『민주주의와 교육』의 주석'이라고 말해도 별로 틀림이 없다.(역자 해설: 9)

이홍우는 또한 듀이의 교육이론을 다음과 같이 두 가지 명제로 요약했다.

> 듀이의 교육이론 또는 그의 사상 전체는 두 명제 즉 '이론은 실제에서 파생되며 실제에 적용되는 한에서 가치를 가진다.'는 인식론적 명제와 '이론과 실제의 괴리는 사회적 계층분열을 반영하며 그것을 영속시킨다.'는 사회 철학적 명제에 들어 있는 의미를 부연, 적용한 것이라고 볼 수 있다.(역자 해설: 11~16쪽)

듀이는 이토록 이론(theory)과 실제(practice) 즉 '아는 것'과 '행하는 것'의 통합을 강조하고, 이론 없는 실제와 실제 없는 이론을 경계했다.

> 교육은 무엇이 바람직한가에 대한 가설을 제시하는 것으로 그치는 것이 아니라 실제로 필요한 변형을 일으키는 과정이기 때문에, 교육은 의도적으로 수행되는 실제요 철학은 교육의 이론이라는 진술이 타당하다는 결론에 도달한다.(474쪽)

『민주주의와 교육』은 각 주제별 총 26개의 장으로 구성되어 있다. 1장 삶의 필연성으로서의 교육, 2장 사회적 기능으로서의 교육, 3장 지도로서의 교육, 4장 성장으로서의 교육, 5장 준비설, 발현설 및 형식도야 이론, 6장 보수적 교육과 진보적 교육, 7장 민주주의 교육의 개념, 8장 교육의 목적, 9장 교육목적으로서의 자연적 발달과 사회적 효율성, 10장 흥미와 도야, 11장 경험과 사고, 12장 교육에 있어서 사고, 13장 방법의 성격, 14장 교과의 성격, 15장 교육과정에서의 놀이와 일, 16장 지리와 역사의 의의, 17장 교과로서의 과학, 18장 교육적 가치, 19장 노동과 여가, 20장 이론적 교과와 실제적 교과, 21장 자연과와 사회과: 자연주의와 인문주의, 22장 개인과 세계, 23장 교육의 직업적 측면, 24장 교육철학, 25장 지식의 이론, 26장 도덕의 이론이 그것이다. 각 장의 제목만 보아도 듀이의 교육관과 교육철학 및 교육이론에 대한 빅 픽처(big picture)와 빅 아이디어(big idea)를 간파할 수 있다.

1장부터 6장까지는 교육의 개념과 의미를 삶, 성장, 사회적 기능 등과 같은 다양한 관점에서 정의하고 있다. 7장부터 12장까지는 민주주의 관점에서 본 교육의 개념과 목적, 흥미와 도야 등에 대해 기술하고 있다. 13장부터 23장까지는 교육의 방법과 교과의 성격, 교과로서 지리와 역사, 과학, 노동과 여가 등의 주제를 다루고 있다. 24장부터 26장까지는 듀이 자신의 교육철학과 지식과 도덕 이론에 대해 기술하고 있다.

『민주주의와 교육』에서 듀이의 교육관과 교육철학 및 교육이론을 파악할 수 있는 주요 문단을 살펴보면 다음과 같다. 먼저 민주주의와 교육의 관계에 대해 듀이는 다음과 같이 진술했다.

> 민주주의가 교육에 열성을 가진다는 것은 잘 알려진 사실이다. 여기에 대한 피상적인 설명은 민주주의 정치는 국민의 투표에 의존하는 만큼, 대의원들을 선출하고 그들에게 복종할 사람들이 교육을 받지 않으면 정치가 잘 될 수 없다는 것이다. 민주적인 사회는 외적 권위에 복종해야 한다는 것을 인정하지 않기 때문에, 자발적인 성향과 관심은 오직 교육에 의해서만 길러질 수 있다. 그러나 이 피상적인 설명 이외에, 더 본질적인 설명이 있다. 즉, 민주주의는 단순히 정치의 형태만이 아니라, 보다 근본적으로는, 공동생활의 형식이요 경험을 전달하고 공유하는 방식이라는 것이다.(155쪽)

듀이는 교육의 목적을 민주사회의 실현에 두고 민주사회에 적용되는 삶의 철학들이 어떻게 교육의 원리로 변형되어 교육의 실제 문제에 영향을 미치는가를 포괄적으로 설명하고 있다. 민주사회는 모든 구성원이 평등한 조건하에서 행복 실현에 참가할 수 있는 사회, 다른 사회에 대해 폐쇄되지 않고 서로 배움으로써 자신에게 필요한 제도를 개조할 수 있는 사회를 의미한다. 교육은 스스로 민주사회를 지향하며, 교육 이외의 어떠한 외적 권력에도 굴하지 않는다. 따라서 민주주의에서 교육의 역할이 중요함을 강조했다.

또한 듀이는 교육목적이 교육활동과 밀접히 연계되어야 하며, 교육활동은 학습자가 중심이 되는 쓸모 있는 경험이 되어야 한다고 주장했다.

> 교육목적은 수업을 받는 학생들의 활동에 맞추어 그것을 도와 주는 방법을 직접 시사할 수 있는 것이어야 한다. 교육목적은 '그들의' 능력을 이끌어 내고 조직하는 데에 필요한 환경이 어떤 것인가를 시사하는 것이어야 한다. 교육목적이 구체적인 교육의 절차를 마련하는 데에 도움이 되지 않는다면, 또 이 절차가 교육목적을 검증하고 수정하고 확장하는 데에 도움이 되지 않는다면 교육목적은 전혀 쓸모가 없다. 이 경우에 교육목적은 구체적인 교육활동에 도움이 되지 않으며, 사태를 관찰하고 파악하는 대부분의 교사들이 통상적으로 하고 있는 판단을 저해한다.(183쪽)

듀이는 교육의 방법으로 반성적 사고를 통한 능동적 참여와 탐구의 중요성을 강조했다. 전통적 교육은 학생들의 실제 경험과 교육 사이에 직접적인 관련 없이 이미 선정된 학습내용을 학생들에게 강제적으로 부과하는 데 큰 문제점이 있는 것으로 보았다. 이러한 문제점을 해결하기 위한 대안으로 듀이는 교육활동의 기초를 학생들의 자발적인 참여에 두었다. 자발적 참여를 위해서는 흥미가 중요하다. 흥미는 마음을 움직이는 힘이다. 미리 조직된 교과 내용을 학생들에게 전달하기보다는 학생들이 흥미를 가지고 실생활 속에서 직면하는 문제를 탐구하는 문제해결 학습을 강조했다.

> 내가 더 중요하다고 생각하는 것은, 어떠한 사고나 아이디어도 한 사람에게서 다른 사람에게 아이디어로서 전달될 수 없다는 것이다. 그것을 말로 해 주면, 그 말을 들은 사람에게는 또 하나의 주어진 사실일 뿐이며 아이디어는 아니다. 언어에 의한 전달은 상대방으로 하여금 스스로 질문을 깨닫게 하고 비슷한 아이디어를 생

> 각해 내도록 자극할 수도 있지만, 또한 지적 관심을 파괴하고 사고 하려는 노력의 싹을 짓밟을 수도 있다.(257쪽)

듀이는 실용주의에 입각한 지식획득 방법을 제안하여 쓸모없는 비활성 지식(inert knowledge)이 아닌 실생활에 쓸모 있는 지식이 참된 지식임을 강조했다.

> 이 책에서 주장한 지식획득 방법을 설명하는 이론은 실용주의라고 부를 수 있을 것이다. 이 이론의 핵심적인 주장은, 지식을 추구하는 행위는 환경을 의도적으로 변형시키는 활동과 연속성을 유지하고 있다는 것이다. 이 주장에 의하면, 엄밀한 의미에서 지식을 소유하고 있다고 말하기 위해서는 그것이 우리의 지적 자원이 되어야 한다는 것 - 다시 말하면, 지식은 우리의 행동을 지적인 것이 되게 하는 모든 습관을 가리킨다는 것이다. 우리가 환경을 우리의 필요에 맞게 적응시키고 우리의 목적과 욕망을 우리가 살고 있는 상황에 맞게 적응시킬 수 있도록, 우리의 성향의 한 부분으로 조직되어 있는 것만이 참으로 지식이라고 말 할 수 있다.(489쪽)

듀이는 지적 능력의 개발도 중요하지만, 이것만이 교육의 충분한 목표는 아니라고 주장했다. 학교교육은 학생들이 자기주도적인 평생 학습자가 되어 잠재력을 발휘하고 사회에 기여하며 성공적인 삶을 영위할 수 있는 능력을 길러 주어야 한다. 교육의 중요한 기능 중 하나는 학생들에게 흥미를 유발하여 동기를 부여하고 지성을 개발하는 것이다. 나아가 성숙하고 효과적인 시민이 되어 한 세대에서 다음 세대로 사회문화를 전수하고 변화에 잘 대처할 수 있도록 이끌어주는 것이다.

20세기 초반 듀이가 주장한 민주주의와 교육에 대한 신념과 실용주의, 학습자 중심, 생활 중심, 경험 중심 교육관은 4차 산업혁명 시대로 일컬어지는 현대사회에도 많은 교훈을 주고 있다. 참된 지식에 기초한 쓸모 있는 교육을 통해 학생들이 초 연결(super-connectivity), 초 지능(super-intelligence)으로 대변되는 4차 산업혁명 시대의 불확실성에 현명하게 대처할 수 있는 능력을 길러 주어야 한다. 나아가 학생들이 정보통신기술(ICT) 융합에 기반한 평생학습 사회의 주인공으로 행복한 삶을 누릴 수 있는 슬기로운 민주시민이 되도록 해야 한다.

듀이의 『민주주의와 교육』의 번역본은 최병칠 역(1947, 연구사), 오천석 역(1948, 국제문화관; 1984, 교육과학사), 임한영 · 오천석 공역(1955, 한국번역도서), 이상옥 역(1975, 대양도서), 이홍우 역(1987, 교육과학사), 김성숙 · 이귀학 공역(2008, 동서문화사) 등이 출간되었다. 하지만 번역은 물론 주석의 충실성 면에서 이홍우가 번역 · 주석한 책(2007 개정 · 증보판, 교육과학사)을 추천한다. 이홍우가 번역 · 주석한 책은 1987년 1월 초판이 출간된 후 2006년 2월까지 19쇄가 발행되었다. 2007년 5월 개정 · 증보판이 출간된 후에도 2019년 9월까지 11쇄가 발행되었다. 개정 · 증보판 서문에서 이홍우가 밝혔듯이 이 책도 불완전성이 여전히 남아 있어 장차 누군가가 듀이의 『민주주의와 교육』을 더 완전하게 번역 · 주석해 주기를 기대한다.

끝으로 『민주주의와 교육』 부록에 실린 듀이의 「나의 교육 신조」 일부를 인용하며 교육에 관심을 가진 모든 사람이 『민주주의와 교육』을 꼭 읽어 보기를 권한다.

교육은 삶의 과정 그 자체이며, 장차의 삶을 위한 준비가 아니

다.(514쪽)

학교는 삶의 전형적인 모습을 나타내어야 한다. 이 삶은 아동이 가정에서, 이웃에서, 놀이터에서 살고 있는 삶, 그것과 다름없이 실감과 생기를 가지 것이어야 한다.(514쪽)

나는 이것을 믿는다. 즉, 교육은 사회의 진보와 개혁의 근본적인 방법이다.(523쪽)

학교가 사회의 진보와 개혁의 가장 중요하고도 효과적인 도구임을 역설하여, 사회 전체가 학교라는 곳에서 하는 일이 무엇인지 깨닫게 되고, 교육자가 그 일을 적절하게 수행하는 데 충분한 장비를 갖추도록 할 필요성을 느끼도록 하는 것, 이것은 교육에 관심이 있는 모든 사람의 과업이다.(524쪽)

더 읽기 자료

듀이(Dewey, J.)(송도선 역), 『학교와 사회』, 교육과학사, 2016.
듀이(Dewey, J.)(엄태동 역), 『경험과 교육』, 박영스토리, 2019.
루소(Rousseau, J.)(김중현 역), 『에밀』, 한길사, 2003.
루소(Rousseau, J.)(김영욱 역), 『사회계약론』, 후마니타스, 2018.
비고츠키(Vygotsky, L.)(이병훈 외 역), 『사고와 언어』, 한길사, 2013.

(집필자: 조영남·대구교육대학교 교수)

백범일지(白凡逸志)

김구(金九)

"ᄃᆞ리 즈믄 ᄀᆞᄅᆞ매 비취요미 ᄀᆞᆮᄒᆞ니라."(「월인천강지곡」)
"같은 강물에 두 번 발을 담글 수 없다."(Herakleitos)

1. '평범'에서 '비범'으로, 그리고 '지금' '여기'

김구(金九: 1876~1949)는 대한민국에서 저명한 역사적 인물 중에 한 분이다. 백범 김구가 역사적인 인물이 된 것은 그의 자서전인 『백범일지』가 국민적 도서로 널리 읽히는 것과도 깊은 관계가 있다. 이 책을 출간하면서 김구는 '백범(白凡)'이라는, 스스로 지은 자신의 아호(雅號)를 특별히 언급하였다.

> 내가 이 책[백범일지]을 발행하는 데 동의한 것은, 잘난 사람으로서가 아니라 못난 한 사람이 민족의 한 분자로 살아간 기록이기 때문이다. 하층민 백정(白丁)과 평민인 범부(凡夫)를 의미하는

> 백범(白凡)이라는 내 호가 이것을 의미한다. 내가 만일 민족의 독립 운동에 조금이라도 공헌한 것이 있다면, 그만한 것은 대한사람이라면 누구나 할 수 있는 것이다.(『쉽게 읽는 백범일지』, 돌베개, 6쪽)

이처럼 백범(白凡)이란 아호는 김구가 스스로 하층민인 백정(白丁)과 평민인 범부(凡夫)를 자처한 데서 비롯된 것이다. 백범이 보통사람의 평범(平凡)을 강조한 이것이, 그가 역사적인 인물이 되는 주춧돌이 된 것이다.

백범 김구가 역사에 길이 남게 된 것은, 그가 1949년 6월 26일 백주에 안두희에 의해 비극적으로 암살된 된 것과도 관계가 있다. 1946년 7월 6일 장례식장에서 그의 최측근이었던 엄항섭(嚴恒燮: 1898~1962)은 백범을 이렇게 추모하였다.

> 여기 잠깐 "월인천강"이란 말을 생각합니다. 다시금 헤아려 보면 선생님은 결코 가시지 않았습니다. 3천만 동포의 가슴마다에 계십니다. 몸은 무상하여 흙으로 돌아가고 영혼은 하늘의 낙원에 가셨을 것이로되 그 뜻과 정신은 이 민족과 역사 위에 길이길이 계실 것입니다.

월인천강(月印千江)'이란 "하나의 달이 천 개의 강물에 비춘다."는 말로 부처님의 자비가 달빛처럼 모든 중생에게 비춘다는 의미이며, 세종대왕이 부처님의 공덕을 노래한 곡명(曲名)이 바로 '월인천강지곡(月印千江之曲)'이다. 월인천강이 이처럼, 그 사람이 없어져도 영영 가슴 속에 남아 있는 것을 의미하니, 이것은 평범이 아니라 지극히 비범(非凡)한 것이다.

백범의 인생은 이렇게 평범에서 출발하여 비범으로 귀결되었다고 할 수 있으며, 그의 인생에서 이러한 면모가 가장 잘 드러난 것이 자서전 『백범일지』이다. 그렇다면 우리는 『백범일지』를 읽고, 외우고, 그대로 실천하면 되는 것인가? 그러나 바로 여기에 역사와 위인의 독해에 대한 '함정'이 있다. 이 대목에서 필자는 "같은 강물에 두 번 발을 담글 수 없다."는 헤라클레이토스(Heracleitos)의 명구를 상기하고 싶다. 오늘 발을 담근 강물은 내일이면 이미 멀리 다른 곳에 가 있다. 우리가 진정 평범에서 비범으로 나아가고 싶다면, '과거'의 백범 '그대로 베끼기'가 아니라, '지금' '여기'의 현실에서 백범을 숙고하여 우리 시대에 맞게 창의적으로 해석하고 그 정신을 실천해야 하는 것이다.

『백범일지』 원본은 일종의 수고(手稿, Manuscript)이다. 『백범일지』는 백범이 중국 망명 중 황망한 가운데 변변한 자료나 보조원 하나 없이, 과거의 기억을 더듬으며 일정한 기간 동안 집중적으로 집필한 것이다. 그리하여 원본의 상권은 목차가 표기되어 있지만, 하권은 목차마저 완비되지 못하였다. 또한 서술 내용에서 시기가 모순되는 경우도 많고, 인명 · 지명 등에도 착오가 적지 않다. 따라서 일반인들이 『백범일지』를 읽기 위해서는 제대로 정비된 출간본이 불가피하게 필요하며, 더욱이 중요 부분을 조직 검사(?)하면서 창의적으로 독서하는 것이 필요하다.

2. 『백범일지』 상권

『백범일지』 상권은 1928년(53세) 3월경에 집필을 시작하여, 1년 2개월 정도 소요하여 이듬해 5월 3일 종료하였다. 『백범일지』를 처음 집필한 동기와 당시의 실정은 머리말에 해당하는 「두 아들에게 주는 글

(與仁信兩兒書)」에 잘 나타나 있다.

> 내가 상해에서 대한민국 임시정부의 주석이 되어 언제 죽음이 닥칠는지 모르는 위험한 일을 시작할 때, 당시 본국에 들어와 있던 어린 두 아들에게 내가 지낸 일을 알리자는 동기에서 이 글을 쓰기 시작했다. 이렇게 유서 대신으로 쓴 것이 이 책의 상편이다.(『쉽게 읽는 백범일지』, 3쪽)

『백범일지』 상권은 백범이 황해도 벽지에서 상민의 아들로 태어나 상하이 대한민국 임시정부의 최고 영수로 성장하는 과정을 흥미진진하게 다루고 있다. 집필 당시 백범은 아내와 사별한 이후였고, 어머니와 어린 두 아들을 고국으로 보내 가정적으로 매우 외롭고 고독한 시기였다. 백범의 표현에 의하면 "자신의 그림자를 벗하고, 허벅지를 끌어안고 자야했"던 시기였다. 가족으로부터의 격리된 고독한 생활과 애로, 상민에서 민족운동의 영수까지 오른 삶의 궤적을 아비 없이 자라는 자식에게 전달하려는 의지, 독립운동으로 생명을 담보할 수 없는 비장함 등이 상권에 녹아 있다.

상권에는 또한 지금은 사라졌거나 볼 수 없는 한말의 풍물과 격동기 특유의 다양한 인물군(群)을 만날 수 있다. 1894년 동학군의 꿈과 좌절, 무너지는 청국을 바라보는 옛 양반 선비의 모습, 시대를 잘못 만난 옥중의 기인과 영웅, 나라 잃은 유이민의 타국에서의 삶 등을 만날 수 있다. 풍물로는 황해도 지역 상민들의 결혼 풍습인 삼각혼(三角婚), 양반과 평민의 차별, 조선 북부지역과 백두산 넘어 만주지역의 이채로운 풍물, 한말의 전통 감옥과 통감부 시절의 신설 감옥 등을 생생하게 감상할 수 있다.

『백범일지』 상권은 이처럼 재미있는 요소가 많이 있지만, 어린 학생들에게 읽힐 경우 교사들의 지도 아래 조심스럽게 토론해야 하는 문제들도 여러 가지 있다. 지면 관계상 상권에서는 하나만 예를 들어 언급한다.

『백범일지』 상권에서 가장 흥미진진한 부분이 역시 1896년(21세) 3월 9일 황해도 치하포에서 일본인 쓰치다 조스케(土田讓亮)를 죽이고, 투옥되어 재판을 받고, 탈옥하여 스님이 되는 흥미진진한 과정이다(『쉽게 읽는 백범일지』, 66~99쪽). 백범이 일본인 쓰치다를 죽이는 치하포 사건은 1895년 10월 8일 경복궁에서 일본인에 의해 비참하게 살해된 명성황후 시해 사건의 복수라고 할 수 있다. 당시 조선인이라면 누구나 일본인을 죽이고 싶은 심정이었을 것이다. 그러나 현재의 관점에서는 어떻게 해야 하는 것인가 반드시 토론해 보아야 한다고 생각된다. 그 일본인이 명성황후 시해사건과 직접 관련이 있는가, 관련이 있다고 하더라도 개인이 처단하는 식이 타당한가 등등의 쟁점에 대해서 선생님의 세심한 안내가 필요하다고 생각된다.

3. 『백범일지』 하권

『백범일지』 하권은 1941년 10월경에 집필이 시작되는데, 본문은 1942년 2월까지의 내용을 담고 있다. 상권과 비교하여 하권 집필 당시의 사정은 상당히 바뀌었다. 대한민국 임시정부도 비약적으로 발전하였고, 주석인 백범도 매우 분주하였다. 이러한 정세가 반영되어, 상권이 주로 백범 개인의 성장과정과 다양한 활동을 소개하고 있다면, 하권은 임시정부와 독립운동 저변의 일이 주축을 이루고 있다. 하권은 분망한 와중의 기록이기 때문에, 분량도 상권의 1/3 정도이다.

『백범일지』 하권에서 최고 중요한 부분은 역시 1932년 이봉창과 윤봉길 의거일 것이다. 『백범일지』에 소개된, 이봉창과 윤봉길이 각각 백범과 만나고 작별하는 모습은 무척 감동적이다. 이봉창과 윤봉길 두 분은 사뭇 대비적이다. 이봉창은 평소 술을 즐겼고, 윤봉길은 술을 삼갔다. 이봉창은 돈이 모자란다고 일본에서 돈을 더 보내달라고 부탁했고, 윤봉길은 헤어지면 남은 잔돈까지 털어 백범에게 드리고, 자신의 시계가 더 고급이라면서 백범의 시계와 교환하였다. 이봉창이 사회 밑바닥에서 일했던 노동자라면, 윤봉길은 어려서부터 한시에 능통했던 선비의 풍모가 완연했다. 이런 두 젊은이가 목숨을 바쳐 의거에 나서는 과정이 『백범일지』에 잘 소개되어 있다.(『쉽게 읽는 백범일지』, 277~243쪽)

하권에서 또 하나 빼놓을 수 없는 부분이 중국인 여자 뱃사공 주애보(朱愛寶)와의 동거이다. 1932년 57세의 백범은 윤봉길 의거 이후 상하이를 탈출하여 자싱(嘉興)으로 피신했고, 그곳에서 주애보를 만나 선상(船上) 동거생활을 시작하였다. 이후 중화민국의 수도 난징(南京)으로 가서 주애보와 동거하면서 회갑을 맞이하였다. 당시 백범과 주애보는 일제의 혹심한 공중폭격 아래서 생사를 같이하였고, 백범은 중화민국의 장제스(蔣介石) 총통을 만나는 등 독립운동의 영수로 부상하였다. 1937년 여름, 일제의 대륙 침략이 본격화되면서 백범과 임시정부도 중국의 국민정부를 따라 난징을 떠나 충칭(重慶)으로 먼 길에 올랐다. 난징을 떠나면서 백범은 주애보를 고향 자싱으로 돌아가게 했다. 백범은 다시 만날 것이라 생각했지만, 이것이 두 사람의 영원한 이별이 되고 말았다.(『쉽게 읽는 백범일지』, 253~263쪽)

한 나라의 독립운동은 그 나라 국민들의 힘만으로 되는 것이 아니라, 이웃나라와 세계 대중들의 애호와 지원이 있어야 가능하기에, 독립운동이 자기민족 영웅호걸의 역사에 머물 순 없다. 하여 난징에서 백범이 장제스를 만나 독립운동에 큰 도움을 받았던 것 못지않게, 주애보의 도움을 받았던 것도 무척 중요하다. 장제스의 지위는 높지만 한 사람에 지나지 않고, 주애보의 지위는 비록 낮지만 다수 중국 인민대중에 속한다. 장제스는 정파의 이해관계가 있지만 주애보와 같은 서민대중은 모든 정파의 바탕이 된다.

4. 「나의 소원」

1947년 12월 15일 『백범일지』가 출간되는데, 책의 마지막에 정치적 입장을 체계적으로 정리한 「나의 소원」이 추가되었다(『쉽게 읽는 백범일지』, 305~318쪽). 그런데 『백범일지』의 다른 부분과는 달리 이 글은 백범이 쓴 원본이 남아 있지 않다. 그리하여 「나의 소원」은 다른 사람이 쓴 것이라는 주장도 있다. 이 점은 추후 더 밝혀져야 할 것으로 생각된다.

나의 소원은 1) 민족국가, 2) 정치 이념, 3) 내가 원하는 우리나라 등 세 부분으로 구성되어 있다. 아마도 그중에서 가장 많이 인용되는 것은 「내가 원하는 우리나라」의 다음 대목이다.

> 나는 우리나라가 세계에서 가장 아름다운 나라가 되기를 원한다. 가장 부강한 나라가 되기를 원하는 것은 아니다. 내가 남의 침략에 가슴이 아팠으니, 내 나라가 남을 침략하는 것을 원치 아니한다. 우리의 부는 우리 생활을 풍족히 할 만하고, 우리의 힘은 남의 침략을 막을 만하면 족하다. 오직 한없이 가지고 싶은 것은 높은 문화의 힘이다. 문화의 힘은 우리 자신을 행복하게 하고, 나아가서

> 남에게도 행복을 주기 때문이다. 지금 인류에게 부족한 것은 무력도 아니오, 경제력도 아니다. 자연과학의 힘은 아무리 많아도 좋으나, 인류 전체로 보면 현재의 자연과학만 가지고도 편안히 살아가기에 넉넉하다.(『쉽게 읽는 백범일지』, 315쪽)

이 구절에 대해서는 두 가지 상반되는 견해가 있다. 하나는 "높은 문화의 힘"을 강조한 선견지명을 높이 평가하는 경우이다. 다른 하나는 오히려 이 글의 한계에 각별하게 주목해야 한다는 견해이다. 즉 ① 한반도에서 사활적으로 중요한 문제가 되는 안보(무력) 및 경제, 그리고 자연과학이 경시되고 있다, ② 안보(무력)/경제/문화, 인문과학과 자연과학이 각각 분리 나열되어 있어 선순환적으로 상호 연결되어 있지 않다는 것이다. 현재의 북핵위기나 삼성전자, 그리고 한류 등의 문제와 관련하여 이 대목은 선생님들과 학생들의 중요한 토론 거리가 될 수 있다.

더 읽기 자료

김구, 『백범일지』, 집문당[원본의 컬러 영인본], 1994.

김구, 도진순 주해, 『주해 백범일지』, 돌베개[최초의 원본의거 주해본], 1997.

김구, 도진순 엮어옮김, 『쉽게 읽는 백범일지』, 돌베개, 2005.

김구, 도진순 탈초교감, 『정본 백범일지』, 돌베개, 2016.

도진순, 「백범일지의 원본·필사본·출간본 비교연구」, 『한국사연구』 92, 한국사연구회, 1996.

도진순, 「백범일지 조직 검사: 기억과 망각, 오독과 정독」, 『정본 백범일지』, 돌베개, 2016.

(집필자: 도진순·창원대학교 교수, 『백범일지』 주해자)

사고와 언어(Thought and Language)

비고츠키(Vygotsky, Lev Semenovich)

이 책에서는 실험심리학에서 가장 어렵고 혼란스러우며 복잡한 문제의 하나인 사고와 언어의 문제를 심리학적으로 연구한다. 우리가 알고 있는 한 이 문제를 체계적이고 실험적으로 고찰한 연구자는 아직 없었다.(27쪽)

레프 비고츠키(Vygotsky, Lev Semenovich: 1896~1934)의 『사고와 언어(Thought and Language)』(1934)는 인간 의식의 본성을 다룬 현대 심리학을 대표하는 문헌 중 하나다. 이 책의 저자 비고츠키는 구소련의 인지심리학자이자 발달심리학자로 21세기 교육이론인 사회적 구성주의(social constructivism)를 선도한 인물이다.

비고츠키는 1896년 벨라루스 민스크 북동쪽 오르샤의 유복한 유태인 가정에서 태어났다. 출생 직후 가족이 남부의 고멜로 이주하여 이곳에서 유년기와 청소년기를 보냈다. 고멜의 유태인 김나지움에서 공부한 것이 전 생애의 학문적 토대가 되었다. 1913년 김나지움을 졸업하고 모스크바 대학교에 진학했다. 처음에 의학을 공부하다가 법학으로 전공을 바꾸었다. 모스크바 법대 재학 중 러시아 혁명이 일어났다. 당시 비공식 교육기관이던 샤냐프스키 대학교에서 철학과 심리학 과정을 이수하면서 블론스키(Blonsky, Pavel Petrovich)의 심리학과 교육학 강의에 감명을 받았다. 모스크바 대학교 졸업 후 고멜에서 중등학교 교사로 재직했다. 고멜사범기술대학에서 심리학 실험실을 조직하여 본격적으로 심리학 연구에 몰두했다. 1924년, 레닌그라드에서 개최된 제2차 러시아 심리신경학회에서 「조건반사적 조사방법과 심리학적 조사방법」 논문 발표로 주목을 받고, 모스크바 국립실험심리학연구소에 발탁되었다. 이곳에서 1925년에 「예술 심리학」 논문으로 박사학위를 받았다. 비고츠키는 심리학을 주관적인 영역에서 역사적, 문화적 영역으로 확장하는 데 관심을 기울였다. 1934년 폐결핵으로 요절할 때까지 약 10년 동안 저술활동에 몰두하며 비고츠키 학파의 이론을 정립했다.

『예술 심리학』(1925), 『심리학 위기의 역사적 의미』(1925~26), 『고등정신기능의 발달사』(1931), 『심리학 강의』(1932)를 비롯한 180여 편의 논문과 저술을 남겼다. 비고츠키의 저서는 스탈린(Stalin, Joseph) 체제의 학문 탄압으로 출판이 금지되었으나, 그의 업적과 학문적 전통은 소비에트 심리학계에 많은 영향을 미쳤다. 동료와 제자들의 지속적 노력으로 1960년대 초반부터 다시 주목을 받게 되어, 소비에트 연방 및 기타 공산권의 학교교육에 많은 영향을 주었다. 이후 서구 학자들의 공감을 얻어 서구 사회의 교육에도 많은 영향을 미쳤다. 비고츠키의 제자이자 동료로 비고츠키학파의 학문적 성과를 서구에 전파한 루리아(Luria, Alexander)는 “내 연구의 모든 것은 비고츠키가 구성한 심리학 이론을 완성한 것뿐이다. 내 경력은 비고츠키를 만나기 전의 작고 무의미한 시기와 그와의 만남 이후의 보다 중요한 시기로 나눌 수 있다."고 했다. 영국의 철학자 툴민(Toulmin, Stephen Edelston)은 비고츠키를 "심리학계의 모차르트"라 칭했다.

비고츠키의 심리학은 융합 학문적 특성이 있다. 이 책의 번역자인 이병훈은 "비고츠키 심리학 이론의 특징은 예술, 철학, 미학, 언어학, 교육학 등의 문제를 심리학의 주요 연구주제로 삼았다는 데 있다."(역자 해제, 7쪽)고 했다. 이 책은 인간 의식의 본성인 사고와 언어의 관계를 심리학적으로 접근한 비고츠키의 마지막 저서로 저자 서문과 7개의 장으로 구성되어 있다.

비고츠키는 저자 서문에서 이 책이 사고와 언어에 대한 자신과 동료들의 10년에 걸친 연구 결과물로, 언어와 사고의 발달에 관한 가장 완성되고 영향력 있는 두 가지 이론 즉, 피아제와 스턴의 이론을 비판적 견지에서 분석하여 새로운 관점을 탐구하려 했음을 천명했다.

> 우리는 새로운 방향으로 내디딘 첫걸음 같은 이 연구가 가지고 있는 피할 수 없는 불완전성을 잘 알고 있다. 그러나 확신하건대 그 첫걸음이 사고와 언어의 연구에서 이전에 심리학에서 진행된 연구와 비교하여 진일보한 것이며, 사고와 언어의 문제를 인간 심리의 중심적 문제로 해명하며, 연구자들을 의식에 대한 새로운 심리학 이론으로 직접 인도한다는 점에서 그 불완전함의 정당성을 찾으려 한다.(32쪽)

제1장 '문제와 연구 방법'에서 비고츠키는 "사고와 언어의 문제는 무엇보다 다양한 심리 기능, 다양한 종류의 의식 활동에 관한 문제로 심리학의 영역에 속한다. (중략) 심리학 역사만큼이나 오래된 문제인 사

고와 언어의 문제는 생각과 말에 대한 문제로 귀결되며, 이 문제는 연구가 가장 덜 되고 밝혀진 것도 가장 적다."(33쪽) 고 지적했다. 따라서 아동기의 개념 발달을 인공적인 개념 발달과 실제적인 개념 발달로 구분하여 계통 발생과 개체 발생 차원에서 실험적으로 연구하는 것이 이 연구의 핵심임을 밝히고 있다.

제2장 '피아제 이론에서 아동의 언어와 사고에 대한 문제: 비판적 연구'는 피아제(Piaget, Jean)의 심리학 이론을 비롯한 9개의 절로 구성되어 있다. 비고츠키는 심리학의 위기를 유물론적 경향과 관념론적 경향의 대립에 있다고 보고, 피아제 이론이 관념론과 유물론의 경계 위치에 있음을 지적했다. 그리고 피아제가 아동 사고의 자기중심적 특징을 성인의 사고와 비교해서 아동 사고의 빈약함, 비합리성, 비논리성을 지적하려 한 것을 비판했다.

제3장 '스턴의 학설에서 언어발달 문제'에서 비고츠키는 스턴(Stern, William)의 철학적, 심리학적 인격주의의 제한성과 내적 모순, 과학적 근거 부족, 그리고 관념론적 본질을 지적했다. 뿐만 아니라 스턴이 언어의 발달과 관련된 복잡한 기능적, 구조적인 사고 변화를 전혀 연구하지 않고 있음을 비판했다.

제4장 '사고와 언어의 발생적 근원'에서는 유인원의 사고와 언어, 아동의 사고와 언어의 발달, 내적 언어의 발생을 다루고 있다. 사고와 언어는 상이한 발생적 근원을 가지고 서로 다른 경로를 따라 독립적으로 발달하다가 일정한 시점에서 두 경로가 만나서 사고는 언어적으로, 언어는 지능적으로 된다고 보았다. 하지만 유인원의 사고와 언어는 직접 연결되어 있지 않다. 내적 언어는 언어의 사회적, 자기중심적 기능의 분화와 함께 외적 언어에서 분리되어 아동이 획득하는 언어 구조가

사고의 주된 구조 역할을 하게 된다고 주장했다.

제5장 '개념발달에 관한 실험적 연구'는 과거의 개념연구 방법 비판을 비롯한 18개의 절로 구성되어 있다. 비고츠키는 이전 개념 연구에서 개념의 형성 과정과 심리학적 본성을 깊이 있게 연구할 수 있는 실험적 방법이 미비했던 것을 중요한 문제점으로 보았다. 이러한 문제를 해결하기 위해 실험적 방법을 통해 고차원적 정신기능의 발달과 활동을 연구했다. 실험 결과, 우리가 진정한 의미의 개념이라고 부르는 독자적인 의미적 구조가 혼합적 형상과 결합들로부터, 복합적 사고로부터, 개념 형성 수단으로서 말의 사용에 기초를 둔 잠재적 개념으로부터 발생한다는 사실을 증명했다.(295쪽)

이 책의 가장 많은 부분을 차지하고 있는 제6장 '아동기의 과학적 개념발달 연구: 작업가설의 구성'은 일상적 개념과 과학적 개념을 비롯한 8개의 절로 구성되어 있다. 비고츠키는 학교교육에서 취학 연령기 아동의 과학적 개념 발달 문제가 매우 중요하지만, 우리가 알고 있는 것은 놀라울 정도로 미약함을 지적했다. 과학적 개념의 문제는 교육과 발달과 관련되어 있다. 교육과 발달의 관계에 대한 가장 보편적인 관점은 양자가 상호 독립적 과정이라는 것이다. 피아제는 아동의 사고는 교육을 받았는지 여부와 상관없이 일정한 발달 단계(감각 운동기, 전조작기, 구체적 조작기, 형식적 조작기)를 거친다고 보았다. 아동이 교육을 받았다는 것은 순전히 외적인 사실일 뿐, 그 교육이 아직 아동의 사고 과정에 통합된 것은 아니다. 따라서 아동에게 새로운 사고의 가능성이 발달할 때 또 다른 단계의 교육이 가능해진다.

교육과 발달의 관계에 대한 두 번째 관점은 손다이크(Thorndike, Edward)를 비롯한 연합주의자들의 관점으로 교육과 발달을 동일시한다. 아동은 교육받은 만큼 발달하기 때문에, 발달은 교육이고 교육이 곧 발달이라는 것이다. 교육과 발달의 관계에 대한 세 번째 관점은 앞선 두 관점을 통합한 코프카(Koffka, Kurt)의 견해로 양자의 극단성을 보완하기 위해 발달 자체를 이중적으로 해석하려고 한다. 발달은 하나의 과정이 아니라, 성숙의 발달과 교육의 발달로 구분한다. 결과적으로 교육은 발달에 뒤따를 수도, 발달과 보조를 같이 할 수도, 발달에 선행할 수도 있다는 관점이다.

반면, 비고츠키는 아동의 발달 정도를 하나의 척도로만 측정할 수 없으며, 이미 성숙한 부분만으로는 발달의 정도를 알 수 없다고 지적했다. 교육이 이미 성숙한 발달만 사용하고, 발달의 원천이 되지 않는다면 필요 없게 되기 때문에, 교육이 발달에 선행하는 것이 바람직하다고 주장했다.

> 자신의 정원 상태를 알려는 정원사가 만약 성숙해서 열매를 맺은 사과나무만 고려한다면 옳지 않다. 정원사는 성숙하고 있는 나무도 고려해야 한다. 이와 마찬가지로 심리학자는 발달 상태를 정할 때 이미 성숙한 기능뿐 아니라 성숙하고 있는 기능도 고려해야 하며, 실제적인 발달 정도뿐 아니라 근접 발달 영역까지 고려해야 한다.(376쪽)

> 모든 교육심리학에서 중심적인 것은 협력으로 고도의 지적 단계로 상승할 가능성, 모방을 통해서 아동이 할 줄 아는 것에서 할 줄 모르는 것으로 이행할 가능성이다. 발달에서 모든 교육의 의미는 이것에 기반을 두고 있다. 그리고 이것은 최근접 발달 영역이라는 개념의 내용을 이룬다.(380쪽)

비고츠키는 교육의 가능성은 아동의 근접 발달 영역(ZPD: zone of proximal development)으로 결정되기 때문에, 교육이 최상의 열매를 맺기 위해서는 근접 발달 영역 내에서 이루어져야 한다고 주장했다. 사회적 구성주의의 핵심 개념인 근접 발달 영역은 교사와 학생간의 상호작용을 중요시한다. 언어적 의사소통에 기초한 모델링과 코칭, 스케폴딩을 통해 학생이 현재의 발달 수준에서 잠재적 발달 수준으로 나아갈 수 있도록 도와주어야 한다.

과학적 개념과 일상적 개념의 비교 연구를 통해 비고츠키는 개념의 자각성과 자의성, 취학 연령기 아동의 자연발생적 개념에서 적게 발달한 특성들이 최근접 발달 영역에 속한다고 했다. 또한 개념의 일반성과 일반화의 구조를 통해 사고의 구조와 기능이 통합되어 있다는 것, 개념과 그 개념을 위한 모든 가능한 활동과 작용이 통합되어 있다는 것이 모든 개념 심리학의 중요한 법칙 중 하나라고 했다.

비고츠키는 자신과 동료들이 수행한 아동기의 과학적 개념 발달 연구의 한계를 첫째 실험에서 아동의 사회학적 개념들이 너무 평범하고 일반적인 측면에서 채택되었다는 점, 둘째 개념 구조의 연구와 그 속에 내재하는 일반성의 관계, 그리고 이에 따른 기능들에 대한 연구가 지나치게 일반적, 전체적이고 차별성이 약하다는 점, 셋째 일상적 개념의 속성과 취학 연령의 심리발달 구조라는 두 문제에 대한 실험이 충분히 진행되지 못한 점을 들었다.

제7장 '생각과 말'은 사고와 언어에 관한 여러 학설의 방법론 비판을 비롯한 7개의 절로 구성되어 있다. 비고츠키는 계통 발달과 개체 발달의 가장 극단에 있는 생각과 말 사이의 내적 관계를 규명하기 위해 연구를 시작했다. 사고와 언어에 관한 기존 학설의 비판적 명제로 말을

말이 되게 하는 것과 말과 그것의 의미를 발달의 시각에서 보지 못하고 있는 점을 들었다. 말의 의미는 불변이 아니라 발달 과정에서 변화한다. 말하는 것은 언어의 내적, 의미적 측면이 외적, 음성적 측면으로 변화되고, 이해하는 것은 언어의 외적 측면에서 내적 측면으로 변화되는 것이다. 내적 언어와 외적 언어의 근본적인 차이는 음성화의 유무에 있다. 비고츠키는 내적 언어를 연구하는 열쇠가 자기중심적 언어에 있다고 보고, 내적 언어의 심리학적 본성을 연구하기 위해서는 자기중심적 언어의 기능적, 구조적 본성을 설명하는 것이 중요하다고 했다. 자기중심적 언어는 심리학적 측면에서는 내적 언어이지만, 구조적 측면에서는 외적 언어다. 비고츠키는 언어적 사고를 복잡하고 동적인 총체적 과정으로 보았다. 생각과 말의 관계를 말속에서 생각이 태어나는 살아있는 과정으로 결론짓고, "생각이 없는 말은 무엇보다도 죽은 말이다. 생각과 말은 발달 과정에서 발생하며, 스스로도 발달한다."고(545쪽) 주장했다.

20세기 초반 비고츠키가 주장한 사고와 언어의 발생적 관계와 근접 발달 영역에 기초한 교육적 신념은 21세기 교육이론인 구성주의에 견실한 이론적 기초를 제공해 주었다. 사회적 구성주의를 대표하는 비고츠키와 인지적 구성주의를 대표하는 피아제는 1896년 같은 해에 태어났으나 비고츠키는 1934년, 피아제는 1980년 세상을 떠났다. 비고츠키가 불과 38세 젊은 나이에 요절했지만, 그가 남긴 학문적 업적은 오늘날 4차 산업혁명 시대의 교육이론에도 지대한 영향을 미치고 있다.

비고츠키의 『사고와 언어』의 번역본은 이병훈, 이재혁, 허승철 옮김(2013, 한길사: 한국연구재단 학술명저번역총서), 윤초희 역(2011, 교육과학사), 이병훈, 이재혁, 허승철 옮김(2021, 연암서가)이 출판되어 있다. 이병훈, 이

재혁, 허승철 옮김(2013, 한길사)은 절판이 되었다. 윤초희 역(2011, 교육과학사)은 비고츠키 사후 미국 MIT에서 영문으로 발행한 『Thought and Language』(1962)를 1986년 코즐린(Kozulin, Alex)이 편집한 개정 증보판을 이중 번역한 것이다. 번역자가 직접 밝힌 것처럼 러시아어 텍스트의 이중 번역으로 원저자의 의도나 원문의 의미를 충분히 살리지 못했을 가능성이 있다. 이에 절판된 이병훈, 이재혁, 허승철 옮김(2013, 한길사: 한국연구재단 학술명저번역총서)의 최신 개정판인 이병훈, 이재혁, 허승철 옮김(2021, 연암서가)을 권장도서로 추천한다. 끝으로 『사고와 언어』의 마지막 단락을 인용하며, 독자들이 비고츠키가 탐구한 인간 의식의 본성에 한 걸음 더 가까이 다가갈 수 있기를 바란다.

> 태양이 작은 물방울에 반영되듯이 의식은 말 속에 자신을 표현한다. 말과 의식의 관계는 미시적 세계와 거시적 세계, 살아있는 세포와 유기체, 원자와 우주의 관계와 같다. 말은 의식의 소(小)세계다. 의미가 부여된 말은 인간 의식의 소우주다.(547쪽)

— 더 읽기 자료

듀이(Dewey J.)(이홍우 역), 『민주주의와 교육』, 교육과학사, 2007.
루소(Rousseau, J.)(김중현 역), 『에밀』, 한길사, 2003.
피아제(Piaget, J.)(김명자 역), 『사고의 심리학』, 양서원, 2015.
비고츠키(Vygotsky, L.)(조희숙 외 옮김), 『비고츠키의 사회 속의 정신』, 양서원, 2000.
한순미, 『비고츠키와 교육』, 교육과학사, 1999.

(집필자: 조영남·대구교육대학교 교수)

에밀(Émile ou De l'éducation)

루소(Rousseau, Jean-Jacques)

장 자크 루소(Rousseau, Jean-Jacques: 1712~1778)는 18세기를 대표하는 프랑스의 계몽주의 철학자이자, 교육가, 소설가이다. 『에밀(Emile)』(1762)은 자연주의(naturalism) 교육을 대표하는 루소의 교육 소설이자 철학서이다.

루소는 1712년 6월 28일 스위스 제네바에서 시계공의 아들로 태어났으나, 생후 10일 만에 어머니가 세상을 떠났다. 정규교육을 받지 못하고, 독학으로 방대한 서적을 탐독했다. 열여덟 무렵인 1730년에 음악 가정교사를 했다. 1735년에 아버지에게 쓴 편지에서 자기가 할 수 있는 모든 직업 중에서 가정교사가 가장 맞는 것 같다고 고백했다. 1740년 리옹 법원장 아들의 가정교사가 되어, 『생트-마리 씨의 교육』에 대한 책을 집필했다. 1745년 23세였던 여관 하녀 테레즈와 동거했다. 1746년 출생한 첫 아이를 비롯한 다섯 명의 아이를 모두 고아원에 보냈다. 1747년 아버지 사망 후 어머니의 재산을 상속받고, 희극 『경솔

한 약속』을 집필했다. 1750년 디종 아카데미에서 『학문 · 예술론』으로 일등상을 받았다. 1755년 『인간불평등 기원론』, 1760년 『신 엘로이즈』를 발간했다. 1762년 『사회계약론』과 『에밀』을 발간했다. 하지만 두 권 모두 금서가 되고 체포령이 떨어져 스위스로 피신했다. 1768년 테레즈와 결혼식을 올렸다. 1776년 『고독한 산책자의 몽상』을 집필하기 시작하여, 1778년 『고독한 산책자의 몽상』 열 번째 산책(미완성)을 집필하다 7월 2일 사망했다.

루소는 『에밀』에서 청년에게 가장 좋지 못한 역사가를 이렇게 지적했다.

> 청년에게 가장 좋지 못한 역사가는 판단을 내리는 역사가이다. 사실을 청년 스스로 판단하게 하라. (중략) 저자가 내린 판단이 끊임없이 그를 안내한다면 그는 타인의 눈으로 볼 뿐이다. 그리하여 그에게 타인의 눈이 없으면 그는 더 이상 아무것도 보지 못한다.(427쪽)

루소의 말을 새기면, 『에밀』에 대한 해제 쓰기가 부담스럽다. 해제는 통상 책 전반에 대해 개략적으로 설명하는 것인데, 설명에는 가치판단이 들어가기 때문이다. 루소의 주장대로 독자가 『에밀』을 직접 읽고 자신의 관점에서 의미를 찾는 것이 가장 좋은 방법이다. 이에 『에밀』에 대한 해제를 가능한 한 루소가 직접 기술한 내용을 중심으로 엮고자 한다.

『에밀』은 서문과 5개의 부로 구성되어 있다. 서문에는 『에밀』의 집필 동기, 1부는 유년기의 에밀, 2부는 다섯 살에서 열두 살까지, 3부는 열두 살에서 열다섯 살까지, 4부는 열다섯 살에서 스무 살까지, 마지막 5부는 스무 살에서 결혼까지의 내용이 담겨 있다.

루소는 『에밀』 서문에서 이렇게 말했다.

> 사람들은 어린이에 대해 거의 문외한이다. (중략) 어린이가 무엇을 배워야 하는 점에 대해서는 고려하지도 않는다. (중략) 그러니 당신의 학생들을 더 잘 연구하는 것으로부터 시작하라. 확신하건대 당신은 그들을 전혀 모르기 때문이다.(서문: 54~55쪽)

루소의 교육은 한 마디로 아동 중심이다. 아동 중심 교육은 조기교육을 강조한 플라톤(Platon, Plato)을 시발점으로 『아동교육론』을 집필한 에라스무스(Erasmus, Desiderius)를 거쳐, 루소의 『에밀』을 통해 개화되었다. 이후 페스탈로치(Pestalozzi, Johann Heinrich), 프뢰벨(Fröbel, Friedrich Wilhelm August), 헤르바르트(Herbart, Johann Friedrich)와 케이(Key, Ellen Karoline Sofia)를 거쳐 듀이(Dewey, John)를 통해 아동 중심 교육이 확고하게 정립되었다.

1부는 에밀의 생후 5세까지의 유년기 교육을 통해 신체의 자유를 구속하지 않는 양육을 강조하고 있다. "모든 것은 창조자의 수중에서 나올 때는 선한데 인간의 수중에서 모두 타락한다.(61쪽)"는 문장으로 시작된다. 당시 주류였던 기독교의 원죄설(原罪說)에 배치되는 성선설(性善說)을 표방하여 출판 초기 금서가 되기도 했다. "식물은 재배를 통해 가꾸어지며, 인간은 교육을 통해 만들어진다.(62쪽)"고 교육의 중요성을 강조했다.

> 그 교육은 자연이나 사물 또는 인간의 소산이다. (중략) 그러므로 우리는 모두 세 종류의 선생을 통해 교육받는다. (중략) 그 세 교육의 일치는 각자의 교육의 완성에 필요하기 때문에, 다른 두 교육

> 을 통솔해야 하는 것은 우리가 어찌할 도리가 없는 바로 그 자연의 교육 쪽이다.(63-64쪽)

루소는 자연과 인간과 사물에 의한 세 가지 교육 중 자연에 의한 교육을 가장 강조했다. 루소의 교육을 자연주의 교육이라고 하는 연유도 여기에 있다. 번역본의 찾아보기에도 '자연'이 가장 많이 색인되어 있다.

2부는 5~12세까지의 교육으로 신체와 감관 훈련이 중심이다. 자연의 필연성을 알게 하고 감각과 경험을 통한 이해의 중요성을 강조했다.

> 불확실한 미래를 위해 현재를 희생시키면서 아이에게 온갖 종류의 사슬을 채워, 그가 맛보지도 못할 이른바 행복이라는 것을 미래에 안겨준다는 미명 아래 아이를 불행하게 만드는 그런 야만적인 교육을 도대체 어떻게 생각해야 하는가?(136쪽)

루소는 아이들 앞에서 인간답게 행동할 것을 첫째 의무로 제시했다. 아이를 사랑하고 놀이와 즐거움과 사랑스러운 천성을 독려하게 했다.

> 젊은 선생이여, 나는 당신에게 어려운 기술 하나를 권장하겠다. 훈계하지 않고 학생을 지도하는 기술이며, 아무것도 하지 않고 모든 것을 다하는 기술이 바로 그것이다.(213쪽)

지시와 명령, 권위에 의한 적극적 교육 대신, 타고난 자연성에 따라 아동이 스스로 할 줄 알도록 이끌어주는 소극적 교육을 강조했다.

3부는 12~15세까지의 교육을 지능과 기술교육 중심으로 다루고 있다.

인간의 지능에는 한계가 있다. 그리하여 한 인간이 모든 것을 알 수는 없으며, (중략) 있는 모든 것을 아는 것이 중요한 게 아니라, 유익한 것만 아는 것이 중요하다.(297쪽)

다시 말하지만 내 목적은 그에게 지식을 가르쳐주는 것이 아니라 필요할 때 그것을 획득하는 방법을 가르쳐주고 지식의 가치를 정확하게 가능하도록 하는 것이며, 특히 그가 진실을 사랑하도록 하는 것이다.(371쪽)

루소는 "수다스럽게 지껄이는 교육으로는 수다쟁이밖에 만들어내지 못한다.(321쪽)"며 실생활에 유용한 교육과 감각과 경험을 통한 교육, 문제해결 방법을 강조하여 듀이의 진보주의 교육이론에 영향을 주었다. "그것이 각 개인과 연령과 성(性)에 적합하지 않다면, 내 방법과 같은 성공을 거둘 수 있을지 의문을 품지 않을 수 없다.(343쪽)", "학문 연구에 적합한 시기가 있는 것처럼, 세상의 관습을 잘 이해하는 데 적합한 시기가 있다.(592쪽)"며 교육 만능설 대신, 학습 준비설을 제기했다. 루소의 학습 준비설은 피아제(Piaget, Jean)의 인지발달이론과 비고츠키(Vygotsky, Lev Semenovich)의 사회성발달이론에도 영향을 주었다.

4부는 15~20세까지의 교육을 도덕과 종교교육을 중심으로 다루고 있다. 이 시기는 정서적, 도덕적 감정이 형성되는 시기로 인간과의 관계와 말이 아닌 행동을 통한 교육을 강조하고 있다. 4부에 삽입된 "사부아 보좌신부의 고백(475~567쪽)"을 통해 서로에 대한 존중과 관용의 정신을 호소했다. 하지만 원죄설 거부와 성선설에 근거한 순수 자연종교 추구, 그리고 유물론을 반박하는 내용으로 당시 철학자들과 기독교인들을 격앙시켜 출판 초기 금서가 되었다.

청년기는 복수의 시기도 증오의 시기도 아니다. 그 시기는 연민과 관용과 동정의 시기이다. 그렇다 확실히 그러한 시기이다. 경험은 내 이 주장을 부인하지 못하게 할 것이다.(394쪽)

인생에는 결코 잊혀 지지 않는 시기들이 있다. 에밀에게서는 내가 지금 이야기하고 있는 교육의 시기가 바로 그 시기이다. 이 시기는 그의 나머지 생애에 영향을 미친다. 그러므로 이 시기가 잊혀 지지 않도록 그의 기억 속에 새겨지도록 힘쓰자.(579쪽)

루소는 "청년의 그 불같은 열정이 교육에 장애물이 되는 것이 아니다. 오히려 그 열정에 의해 교육이 수행되고 완성되는 것이다.(415쪽)", "청년의 모든 교육은 말로서보다는 행동으로 하라. 경험으로 가르칠 수 있는 것을 책에서 배우지 않도록 하라.(451쪽)" 고 말했다. 선생이 인간애와 미덕, 말과 행동에 있어서 학생의 본보기가 될 것을 강조하고, "당신 학생의 약점들을 교정해주기를 원한다면, 당신의 약점들을 당신 학생에게 보여주라.(605쪽)" 고 했다.

5부는 에밀과 소피의 결혼을 테마로 20세에서 결혼까지의 교육과 여성교육론을 담고 있다.

루소는"성(性)과 관련이 없는 모든 점에서 여자는 남자와 다름이 없다.(645쪽)", "차이점은 모두 성에 관련된 것이라는 사실이다. 그들을 그토록 다르게 조립하면서도 그토록 유사한 두 존재로 만들 수 있었던 것은 아마도 자연의 불가사의 가운데 하나일 것이다.(646쪽)" 라고 했다. 여성과 남성은 자연의 질서와 조화에 따른 권리와 능력이 평등하며, 남성과 마찬가지로 여성의 교육도 자연에 따르도록 했다.

소녀에게 강요하는 임무들에 대해서는 항상 잘 설명해 주어라.

하지만 끊임없이 그 임무를 부과하라. 나태와 불순종은 그녀에게 가장 위험한 두 가지 결점으로 그런 결점을 갖게 되면 아주 치유하기 힘들다. 소녀는 주의가 세심해야 하며 부지런해야 한다. 그게 전부가 아니다. 그녀는 일찍부터 속박받아야 한다.(666쪽)

오늘날 페미니즘과 성인지 감수성의 관점에서 보면, 루소의 여성교육론은 비난받을 측면이 많다. 하지만 루소가 활동하던 18세기 계몽시대에도 여성을 교육의 대상으로 보지 않았다. 루소가 『에밀』을 통해 여성을 교육의 장으로 끌어들인 것만으로도 여성교육에 크게 기여한 것으로 볼 수 있다.

서로 조화를 이루는 것은 부부의 몫이란다. 서로 좋아하는 것이 그들의 첫 번째 연결 끈이 되어야 한다. 그들 자신의 눈과 가슴이 그들의 첫 번째 안내자가 되어야 한다. 결혼의 첫 번째 의무는 서로를 사랑하는 것이다.(723~724쪽)

그러니 사랑하는 에밀, 네가 진실로 네 아내의 애인이 되기를 원하고, 소피가 진실로 네 애인이 되기를 원하고 또 자기 자신이기를 원한다면, 행복하지만 예의를 지키는 애인이 되어라. 의무라고 말하며 요구하지 말고, 사랑을 통해 모든 것을 얻어라. 아주 작은 사랑의 표시일지라도 당연하게 받아야 할 권리라고 생각하지 말고 감사의 마음으로 받아들여라.(863쪽)

루소가 『에밀』에서 전한 부부간의 사랑과 조화, 예의와 의무는 오늘날 부부에게도 소중하게 다가온다. 루소는 『에밀』의 끝을 아래와 같이 맺고 있다.

"선생님, 선생님의 아들을 축하해 주세요. 곧 아버지가 되는 영광을 가지게 되었거든요. (중략) 저를 키워주셨는데, 제 아들까지 키워달라고 부탁하는 일은 당연히 없을 거예요. (중략) 하지만 젊은 선생들의 스승으로 계속해서 남아주세요. (중략) 제가 살아있는 한, 저에게는 선생님이 필요할 겁니다. 어른으로 제 임무가 시작되는 지금, 저에게는 그 어느 때보다 선생님이 필요해요. (중략) 선생님을 본받을 수 있도록 저를 이끌어 주세요. 휴식도 함께 취하시고요. 이제 그러실 때도 되었으니까요?"(869쪽)

앞서 생애에서 밝혔듯이, 루소는 다섯 명의 자식을 모두 고아원에 보냈다. 이는 『에밀』에서 보인 루소의 교육론과는 전혀 다른 실상이어서 호사가들의 비판의 빌미가 되었다. 루소와 함께 계몽주의를 대표하는 볼테르(Voltaire, Francois-Marie Arouet)는 『시민들의 견해』란 소책자에서 "『에밀』의 저자인 루소가 실제로는 자식들을 모두 고아원에 버린 위선자"라고 비난했다.

사람이 태어나는 곳 어디서나 내가 제안하는 방법으로 인간을 교육한다면 그것으로 나는 만족하며, 내가 제안하는 방법으로 인간을 교육하여 그들 자신에 대해서나 타인에 대해 최선의 결과를 얻는다면 그것으로 또한 만족한다. 만일 내가 그와 같은 약속을 이행하지 못한다면 그것은 당연히 내 잘못이다.(서문: 57쪽)

루소가 제안한 교육방법도 내적인 모순과 한계가 있다. 하지만 260년 전 루소가 주창한 자연주의 교육이론은 현대사회 교육에도 여전히 화두를 던지고 있다. 루소의 아동중심 교육과 감각과 경험을 통한 교육, 소극적 교육, 생활 중심 교육, 발달 단계별 교육, 학습 준비설, 수학, 과학, 음악, 도덕, 종교 등 각 영역별 교육방법이 오늘날 교육에도 많은 의미를 줄 것으로 기대한다.

루소의 『에밀』은 전 세계적으로 널리 알려진 고전이다. 『에밀』의 국내 번역본은 완역본으로 오증자 역(1996, 박영사 상, 367쪽; 중, 306쪽; 하, 280쪽), 김중현 역(2003, 한길사, 888쪽), 정봉구 역(2006, 종합출판범우, 934쪽), 민희식 역(2012, 육문사, 896쪽), 축약번역본으로 이애경 역(1996, 일신서적출판사, 464쪽), 정영하 역(2003, 연암사, 512쪽), 권응호 역(2006, 홍신문화사, 583쪽), 강도은 역(2009, 산수야, 400쪽), 김종웅 역(2009, 미네르바, 525쪽), 정병희 역(2016, 동서문화사, 744쪽), 김평옥 역(2020, 집문당, 518쪽) 등이 출판되어 있다. 여러 번역본 중 번역과 주석의 충실성 등의 측면에서 김중현이 옮긴 책(2003, 한길사, 888쪽)을 추천한다. 이 책은 2003년 10월 초판이 출간된 후 2018년 11월까지 11쇄가 발행되었다.

시간관념이 철저하기로 유명한 칸트가 산책을 딱 두 번 빠트린 적이 있는데, 한 번은 『에밀』을 읽다가, 또 한 번은 프랑스 대혁명을 보도한 신문을 읽다가 그랬다고 한다. 루소가 『사회계약론』과 『인간불평등기원론』으로 프랑스 대혁명의 기초를 제공했으니, 아이러니하게도 칸트가 빠트린 두 번의 산책 모두가 루소와 관련된 셈이다.

끝으로 옮긴이의 말을 인용하며, 모든 사람이 『에밀』을 꼭 읽어 보기를 권한다.

> 『에밀』을 꼭 한 번 읽어 볼 것을, 나는 이 땅의 모든 이에게 다시 한번 권하고 싶다. 누가 뭐래도 『에밀』은 그럴 만한 가치가 있기 때문이다. 누구나 인정하듯 이 책은 고전 중의 고전이며, 인간

성의 유지 · 회복에 관한 '이상적인' 교육론이기 때문이다.(옮긴이의 말: 880쪽)

더 읽기 자료

듀이(Dewey, J.)(이홍우 역), 『민주주의와 교육』, 교육과학사, 2007.
루소(Rousseau, J.)(최석기 역), 『인간불평등기원론/사회계약론』, 동서문화사, 2016.
비고츠키(Vygotsky, L.)(이병훈 외 역), 『사고와 언어』, 한길사, 2013.
페스탈로치(Pestalozzi, J. H.)(김정환 역), 『은자의 황혼』, 서문당, 1996.

(집필자: 조영남 · 대구교육대학교 교수)

역사란 무엇인가(What is History?)[28]

카(Carr, Edward Hallett)

역사교육 분야에서 하나의 고전에 해당하는 책을 추천하라고 한다면 대부분의 사람들은 주저함이 없이 카(Carr, Edward Hallett: 1892~1982)의 『역사란 무엇인가(What is History?)』를 추천할 것이다. 역사학의 입문서로서 이 책보다 더 널리 알려진 책은 거의 없다고 해도 과언이 아니다. 역사 입문서로는 독보적인 존재라고 표현될 정도의 상징성을 지니고 있다. 특히, 이 책은 역사학의 성격과 특성에 대한 이해는 물론이고

28 아래 책들을 참고하였다.

교양필독도서 선정위원회 엮음, 「역사란 무엇인가?」, 『창조적 책읽기』, 한양대학교출판부, 2000, 311~312쪽.

교양필독서 선정위원회 편, 「역사란 무엇인가」, 『교양 필독서 100선』, 경희대학교출판국, 2007, 323~325쪽.

이진희·김하규·김동린 지음, 「세계적으로 가장 많이 팔린 역사학 이론서」, 『대학으로 가는 길: EBS 명강사와 함께하는 SKY 고전 100선』, 풀빛, 2014, 236~239쪽.

연세필독도서추천위원회 편, 「역사란 무엇인가?」, 『연세필독도서: 고전 200선 해제』, 연세대학교출판부, 2001, 210쪽.

역사발전에 대한 일반인들의 인식에도 지대한 영향을 미쳤다고 할 수 있다. 따라서 일반인들의 교양도서로서뿐만 아니라, 역사연구의 방법론과 역사교육의 교수 · 학습론에 대한 이해를 언급할 때 다른 어느 책보다도 우선적으로 추천되는 역사학의 고전이다.

우리나라 대학생이라면 적어도 한 번은 이 책의 이름을 들어보았을 것이다. 흔히 카의 "역사는 과거와 현재의 끊임없는 대화이다."라는 명언으로 세상에 널리 알려진 책이다. 그럼에도 불구하고 『역사란 무엇인가』란 책을 실제 읽어 본 사람은 많지 않은 것으로 보인다. 이 책은 역사학의 성격과 특성을 이해하는 가장 중요한 저서로 이해되고 있다. 따라서 초등교사로서 역사교육을 담당해야 하는 예비교사들은 반드시 한 번쯤 읽어 보고 그 내용을 되돌아보아야 할 책으로 이 책을 추천하고자 한다.

우선 이 책이 나온 배경을 이해하기 위해서는 저자인 카의 이력을 살펴볼 필요가 있다. 카는 1892년에 런던에서 태어났다. 케임브리지대학교를 졸업하고 1916년 외무성에 취직하여 20년 정도 근무한 후 1936~1946년까지 웨일스대학교 국제정치학 교수를 지냈다. 그 사이인 1939~1940년까지 정보성 외교부장을 거쳐 1941년~1945년까지 『타임스(The Times)』의 논설위원을 지내기도 했다. 1953년부터 옥스퍼드대학교 정치학 교수를 거쳐 1955년부터 캠브리지대학교 트리니티칼리지의 펠로가 되었고, 1966년부터는 옥스퍼드대학교 벨리올 칼리지의 명예연구원을 지냈다. 그러므로 카는 제1차 세계대전을 전후한 시기에는 외교관으로, 제2차 세계대전 동안에는 정보성 외교부장을 지내면서 두 차례의 세계대전과 중국혁명, 러시아 혁명, 식민지 독립전쟁 등 세계사적으로 비극적인 일을 목도하면서 암울한 시기의 시대사조를 직접 체험하였다.

그리고 이 책의 초고가 완성된 1960년대는 세계사적으로 새로운 기운이 싹트고 있었다. 전후 새로운 국제질서의 수립과 경제 부흥이라는 새로운 변화는 카가 1961년 강연을 끝마쳤을 때 주장했던 낙관주의와 미래의 전망에 대한 신념을 형성하도록 촉진하였을 것이고, 결국 그 결과는 이 책의 출간으로 표명되었을 것이다. 이 당시 세계사적 분위기의 전환이라는 새로운 국제적 분위기가 그로 하여금 '역사란 무엇인가?'에 대한 질문을 제기하고, 그 해결책을 모색하도록 추동하였을 것임에 틀림이 없다. 아마 그는 웨일스대학교 국제정치학 교수가 된 1936년부터 저술활동을 했을 것으로 추론해 볼 수 있지만, 이 책은 그동안의 연구를 바탕으로 1961년 1월부터 3월까지 케임브리지대학에서 강연한 내용을 책으로 출판한 것이다. 이후 카는 제2판을 위해서 상당한 자료를 수집해 놓았으나 새로운 판을 위한 서문만을 써놓고 1982년 11월에 타계하자 그의 제자로 추정되는 데이비스(Davies, Robert William)가 그 서문을 원판에 추가하였다. 본문은 그대로인데 본문 다음에는 데이비스의 "E. H. 카의 자료철에서 『역사란 무엇인가』 제2판을 위한 노트"를 추가하여 1984년 11월에 출판한 것이 제2판이다.

이 책은 기본적으로 그의 강연을 토대로 이루어졌기 때문에 본문은 6개의 장으로 구성되어 있다. 이들은 제1장 역사가와 그의 사실들, 제2장 사회와 개인, 제3장 역사, 과학, 그리고 도덕, 제4장 역사에서의 인과관계, 제5장 진보로서의 역사, 제6장 지평선의 확대이다. 이 중에서 제1장부터 제4장까지는 역사를 연구하는 과정과 관련된 문제들에 관한 것이고, 제5장과 제6장은 역사의 인식에 관한 문제를 다루고 있다. 그러므로 이 책은 기본적으로 역사를 연구하는 과정, 즉 역사의 의미에 관한 문제를 다루는 전반부와 역사에 관한 인식, 즉 역사를 대하는 관점에 관한 문제를 다루는 후반부로 대별해 볼 수 있다.

첫 번째 문제인 역사의 의미에 대한 이해를 위해 카는 우선적으로 "역사를 연구하기에 앞서 역사가를 연구하고, 역사가를 연구하기에 앞서 그의 역사적 · 사회적 환경을 연구하라."고 주장하였다. 즉, 역사는 역사연구의 산물이라는 점을 분명히 규정하면서 역사란 무엇인가는 역사가가 연구하는 과정에서 발생하거나 직면하는, 아니면 둘러싸고 있는 문제들을 이해해야만 제대로 된 역사이해라는 점을 강조함으로써 역사가가 역사를 연구하는 과정과 방법을 이 책의 중심적인 논지로 설정하고 있다. 즉, 역사는 역사가가 자신이 살고 있는 시대와 문화 속에서 후세인들에게 교훈을 줄만 하다고 판단한 사건, 아니면 후대에 중요한 영향을 미칠 것이라고 생각하는 일을 서술할 것이지만, 그에 대한 평가와 의미 부여는 시대와 사람에 따라 달라질 수 있으므로 역사에서 절대적이고 객관적인 서술은 존재할 수 없다는 것이다. 그러므로 역사는 과거에 일어난 사실 중 누군가가 중요한 것이라 인정하고 선택하여 기록하고 해석한 것으로 정의를 내려 역사의 연구과정에 대한 종전의 관점을 새로운 관점으로 바꾸려고 하였던 것이다.

그다음으로는 역사의 학문적 성격에 대한 언급이다. 역사는 자연과학처럼 보편성과 객관성을 유지할 수 있을지의 문제라고 할 수 있다. 이에 대해 카는 자연과학자가 수립한 객관적이고 보편적인 법칙이나 이론이라고 하더라도 현재까지의 유효한 가설에 지나지 않을 뿐이라고 주장하였다. 따라서 역사의 경우에도 역사가는 자신이 선택한 과거의 사실, 일반적이고 보편적인 관점에서 보면 과거의 특수한 사실을 담고 있는 사료를 해석하여 관련된 사실, 즉 증거를 추출하여 입론을 하는 과정에서 나름의 가설을 설정하여 일반화를 시도한다는 것이다. 그러므로 역사연구의 산물로서 역사의 법칙성을 이해함으로써 현재의 문제를 해결하고 미래를 예측한다는 점에서 자연과학과 역사는 다른 학문적 분야이지만, 그 연구과정은 자연과학과 마찬가지로 동일한 방법과 목적을 지니고 있다는 것이다.

마지막으로 역사에서의 인과관계에 관한 주장이다. 그는 과거와 현재, 그리고 미래가 역사 속에서 긴밀히 연결되어 있고, 그로 인해 과거의 어떤 원인이 현재의 결과를 만들고, 현재의 어떤 원인이 미래의 어떤 결과를 만든다고 보아 "역사연구는 원인에 관한 연구이다."라고 단정적으로 규정하였다. 그 때문에 역사 속에서 존재하는 우연은 있을 수 있겠지만, 그 우연은 역사를 변화시키는 주요한 요인은 아니므로 역사연구는 원인의 연구라고 정의해도 좋을 것이라고 주장하였던 것이다. 따라서 카는 역사가가 끊임없이 '왜'라는 질문을 제기하면서 연구를 진행함으로 역사연구의 기본적인 원리가 원인과 결과의 관련성을 분석하는 작업이라고 이해했던 것이다. 이는 일반적인 역사연구에서 원인과 결과의 관련성에 대한 분석과정을 흔히 배경→과정→영향이라고 순서를 짓는 연구 절차의 형성에 지대한 영향을 미쳤다고 볼 수 있다.

위에서 살펴본 것처럼 카의 기본적 입장은 역사가가 현재의 입장에서 자신이 관심이 있는 역사적 사건을 선택하여 관련된 사료를 해석하면서 추출한 사실들인 이들 원인들을 나열하여 순서 짓는 작업을 통하여 의미를 생성하는 과정이 곧 역사연구라는 것이다. 이때 역사가는 과거의 사실을 선택하고, 그 과정에는 역사가의 현재적 관점이 준거로서 기능하며, 그 관점에는 역사가가 살고 있는 시대와 문화가 투영되면서 형성된 사관(史觀)이 작동한다는 것이다. 그러므로 카는 랑케

(Ranke, Leopold von)식의 실증사관이나 크로체(Croce, Benedetto)와 콜링우드(Collingwood, Robin George)식의 주관주의 역사관을 모두 비판하면서 역사는 사실 자체에만 매몰되는 것도, 역사가의 주관 속에서만 존재하는 것도 아니기 때문에 결국 "역사란 역사가와 사실들의 지속적 상호작용의 과정이자, 현재와 과거의 끊임없는 대화이다."라고 주장을 하였던 것이다.

이 책의 후반부에서 다루는 역사의 관점에 관해 주목되는 것은 역사의 진보에 관한 문제이다. 이에 대해 카는 문명이 발명이나 진화처럼 갑자기 등장하는 것이 아니듯이 역사도 마찬가지로 서서히 발전된다고 보았던 것이다. 그러므로 역사의 진보는 인류의 축적된 경험을 토대로 나타나며, 진보에는 나아가는 절대적인 방향이 있을 수는 없겠지만, 역사의 진행과정에서 구체적인 방향이 드러날 수 있다고 주장하였다. 이는 제1·2차 세계대전 등을 비롯한 세계사적 비극을 거치면서 만연했던 유럽의 비관주의와 역사의 진보에 대한 회의를 극복하려는 노력의 일환인 동시에 '역사란 무엇인가'라는 물음에 대한 균형 잡힌 역사관을 제시함으로써 역사 인식과 판단에 대한 새로운 관점을 제공해 주려는 노력이었다. 더욱이 제6장 지평선의 확대에서는 많은 다른 사례들을 제시하면서 역사는 진보한다는 자신의 논리를 더욱더 보강하고 있다.

이 책은 1980년대의 독재체제에서 민주화운동에 참여한 학생들의 필독서로 인식되면서 금서(禁書) 조치를 당하기도 하였다. 이는 아마 독재체제와 분단으로 정치적 악화일로를 걷고 있던 당시의 우리나라 상황에서 역사는 진보한다는 신념은 민주화와 통일에 대한 희망을 제공해 주는 것으로 인식되어 졌기 때문일 것이다. 특히, 이 책은 연구자들로 하여금 종전까지 관심을 두지 않았던 민족, 계급, 자본, 지역, 문명

등의 분야로 연구 영역을 확대하면서 다양하고 새로운 분야를 개척하는 가운데, 그중에서도 당시 우리나라에서 민중사관이 대두하는 데 결정적인 계기를 제공한 저서로 보아도 큰 무리는 없을 듯하다.

현재 이 책은 두 가지 도전에 직면해 있다. 하나는 당시 이 책에서 주장된 논리를 바탕으로 출간된 대표적인 책인 『해방전후사의 인식』(한길사, 1980)을 과거로 보고, 현재와의 대화를 통해 재인식을 요구하는 『해방전후사의 재인식』(책세상, 2006)의 출간이다. 다른 하나는 "역사는 과학이다."라는 근대주의의 명제인 역사가가 연구하는 '과거와의 대화'는 어디까지나 역사가의 상상력을 매개로 하는 작업이므로 이제 더 이상 과학이 아니라고 본다는 주장이다. 적어도 이 명제는 역사서술의 문학적 특성을 간과하는 오류를 범했다는 비난에 직면해 있는 셈이고, 대표적인 책으로서는 『"역사란 무엇인가"를 넘어서』(푸른역사, 2000)를 들 수 있다. 이 둘은 모두 탈근대, 즉 포스트모던 역사서술의 상황을 반영한 책들로서, 근대주의의 명제들이 탈근대주의의 상황으로부터 점진적인 도전을 받고 있는 실정이다. 결국 근대 이전의 역사연구가 지닌 한계를 극복하면서 등장한 이 책은 근대 역사연구의 이론적 배경을 제공한 가장 핵심적인 책이었지만 탈근대가 되면서 이들로부터 도전을 받는 상황에 처하게 된 것이다.

그럼에도 불구하고 이 책이 꾸준히 읽히는 것은 근대 사학사의 근간이 될 뿐만 아니라 현재 진행되고 있는 교실 역사수업에도 많은 시사점을 주고 있기 때문이다. 역사교육이라는 측면에서만 보면 21세기 민주시민이 될 학생들에게 길러줄 '핵심역량'은 한마디로 말하자면 역사탐구의 기능이고, 그 하위기능인 변화 · 지속성 · 맥락, 관점, 역사적 전거와 증거, 인과관계와 입론은 이 책에서 카가 주장한 세부적인 내용과 일맥상통한다는 점이다. 즉, 역사탐구의 핵심적 기능은 역사연구의 과학적 방법에서 추출되고, 교실 역사수업에서 이들 하위기능을 숙달하는 역사학습은 곧 학생들이 역사탐구의 과정을 수행하면서 경험할 때에만 가능하다는 사실을 시사한다. 그러므로 교실 역사수업에서 학생들의 역사탐구를 안내하려는 교사들이 그들의 능력과 자질을 향상시키려는 노력의 일환으로 학습할 때 가장 중요한 역사 이론서인 것만은 틀림이 없는 것 같다. 이 때문에 다른 여느 사학사나 시대사에 관한 책에 앞서, 그야말로 진심으로 역사는 무엇인가?를 교사들이 반성적으로 생각해 보는 중요한 계기가 될 수 있기를 바라는 마음에서 한번 읽어 보기를 권한다.

── 더 읽기 자료

토인비(Toynbee, A. J.)(홍사중 역), 『역사의 연구(A study of history』, 동서문화사, 2016.

블로크(Bloch, Marc)(고봉만 역), 『역사를 위한 변명(Apologie pour l'histoire ou metier d'historien)』, 한길사, 2007.

이거스(Iggers, G. G.), 『20세기 사학사(Historiography in the Twentieth Century)』, 푸른역사, 1999.

김기봉, 『"역사란 무엇인가"를 넘어서』, 푸른역사, 2000.

(집필자: 주웅영 · 대구교육대학교 교수)

열린 사회와 그 적들
(Open Society and Its Enemies)

포퍼(Popper, Karl Raimund)

2008년 독일에서 재미있는 영화 한 편이 개봉되었다. 독일 영화이기에 많은 이들의 주목을 받지는 못했지만 실화를 배경으로 제작되어 더욱 흥미로웠다. 제목은 파도, 물결을 의미하는 <디 벨레(Die Welle)>. 고등학교 교사인 '벵어'는 '독재정치'라는 수업에서 학생들에게 오늘날 전체주의와 독재가 가능한가를 묻는다. 그러나 제2차 세계대전을 겪은 후 뼈저린 비판과 반성을 경험한 독일인에게 전체주의는 더 이상 현실에서 가능한 것은 아니었다. 그러자 그 교사는 학생들에게 실험을 하자고 제안하고 수업시간에 학생들에게 다양한 방식의 전체주의를 도입한다. 이 과정에서 학생들은 모두가 하나가 됨을 경험하며 전체와 자신을 하나로 느끼고 여기서 삶의 기쁨을 느끼게 된다. 이제 학생들에게 전체주의는 더 이상 멀리 떨어진 것이 아니라 자신의 삶에 기쁨과 의미를 제공하는 삶의 방식이 되었다. 며칠만에 이 실험의 위험을 느낀 교사가 실험을 그만두고자 했을 때 학생들은 저항하며 결국 비극으로 막을 내리게 된다.

1902년 오스트리아에서 유대인의 아들로 태어난 칼 포퍼(Popper, Karl Raimund: 1902~1994)에게 독재정치와 전체주의는 세계의 위협일 뿐만 아니라 개인적 차원에서도 두려움의 대상이었을 것이다. 따라서 전체주의의 위험을 알리는 닫힌사회에 대한 규정과 열린사회에 대한 희망은 그의 삶의 필연적 반영일 것이다. 그러나 원래 포퍼의 관심은 과학철학 분야였다. "그 당시 변호사였던 아버지의 영향으로 지적인 분위기에서 성장할 수 있었던 그는 1919년에서 1928년 동안 빈 대학에서 수학, 물리학, 철학 등을 전공하였고, 1928년 「사유심리학의 방법론문제(Zur Methodenfrage der Denkpsychologie)」라는 논문으로 철학박사 학위를 취득했다."(역자 해설, 1권 273쪽) 그 당시 오스트리아에서는 논리실증주의라는 언어분석철학이 유행이었다. 그들의 관심은 세계에 대한 명확한 진리를 인식하는 것이며 이 진리는 언어를 명확히 함으로써 얻어질 수 있다는 생각으로 나아갔다. 왜냐하면 세계에 대한 분명한 지식은 세계를 지시하는 언어를 분명히 함으로써 얻을 수 있다고 믿었기 때문이다. 즉 "한 단어가 지시하는 것은 항상 경험적 대상이며 한 문장의 의미는 검증 가능한 경험적 사실이라고 믿었기 때문"이다.(역자 해설, 1권 275쪽) 그들에 따르면 경험적 관찰과 실험에 의해 검증 가능한 것만이 진리일 수 있다.

그러나 이 검증원리는 과학적 지식의 정당성을 위해 너무 많은 것을 요구하게 된다. 검증하기 어려운 과학적 이론적 진리도 많으며, 검증이 불가능한 형이상적 명제나 윤리적 명제는 학문에서 배제될 위험에 처하게 된다. 우리 세계에 유의미한 모든 학문적 명제를 검증원리에 따라서 판단할 때 세계에 대한 우리의 지식은 너무 협소하게 된다. 따라서 포퍼는 과학과 사이비과학을 구별하는 기준으로 반증 가능성을 제안한다. 어떤 이론이 과학이 되기 위한 기준은 그 이론의 반증 가능성, 반박 가능성이 있을 경우이다. 그러므로 한 이론의 과학적 성격이란 그 이론이 언제나 경험에 의하여 반증될 가능성을 가질 때이다.(역자 해설, 1권 276쪽) 포퍼에 따르면 마르크스(Marx, Karl Heinrich)의 이론이나 프로이트(Freud, Sigmund)의 정신분석학이 과학이 될 수 없는 이유는 그 이론이 반박될 수 없기 때문이다. 반박 가능성이 높을수록 그 이론은 우리에게 더 많은 정보를 제공하며 더 발전된 이론일 수 있다. 반증 가능성의 원리를 학문의 기준으로 삼겠다는 것은 결국 과학적(학문적) 진리의 절대성을 주장하는 것이 아니라 과학적 진리는 가설로서 주어지고 테스트되며, 언제나 변화되고 수정되며 발전될 수 있다는 것이다.

따라서 이런 과학철학에서의 반증주의는 정치사회철학에서의 열린사회에 대한 희망으로 이어질 수 있다. 왜냐하면 반증 가능성이라는 것은 비판과 반성에 열려 있다는 의미를 가지기 때문이다. 그리고 포퍼가 독일 파시즘이나 그 당시 소련 공산주의의 전체주의에서 목격하는 것이 바로 비판과 반성을 허용하지 않는 닫힌사회이다. 따라서 과학철학자로서의 포퍼는 과학철학자로서는 흔하지 않지만 사회와 정치에 대한 관심을 통해 열린사회에 대한 희망과 이를 위한 이론적 작업을 수행하게 된다.

이런 의미에서 포퍼가 1945년에 쓴 『열린사회와 그 적들』은 “전체주의와 전체주의에 대한 줄기찬 투쟁”의 의도를 갖고서 닫힌사회를 비판하며 열린사회를 지향하고자 하는 목적을 가진다.(1권 14쪽) 그렇다면 열린사회와 닫힌사회는 무엇일까?

포퍼의 말을 들어보자. "마술적 사회나 부족사회, 혹은 집단적 사회는 닫힌사회(closed society)라 부르며, 개개인이 개인적인 결단을 내릴 수 있는 사회는 열린사회(open society)라 부르고자 한다. 전성기에 있는 닫힌사회는 하나의 유기체에 그대로 비교될 수 있을 것이다. 소위 국가 유기체 이론이나 생물학적 이론은, 상당한 범위에까지 닫힌사회에 적용될 수 있다. 닫힌사회는 그 구성원들이 半생물학적 유대—즉 함께 살며, 공통적인 노력과 공통적인 위험, 공통적인 기쁨과 공통적인 고통을 함께 나누는 혈족관계—에 의해 함께 묶여 半유기체적 단위로 존재하는 한 집단이나 부족과 비슷하다. 닫힌사회는 여전히 구체적인 개인들의 구체적인 집단으로서, 노동의 분업이나 상품의 교환과 같은 추상적인 사회관계에 의해서 상호 관계하는 것이 아니라, 만져보고 냄새 맡고 바라보고 하는 구체적인 육체적 관계에 의해 맺어진 사회이다."(1권 241쪽)

이에 반해 열린사회는 "유기체적인 특성이란 없는 추상적인 사회이다. 이 사회는 인간 상호간의 직접적인 접촉이 거의 없는 비인격적 사회라 불릴 수도 있을 것이다. 이런 열린사회에서는 친밀한 인간적 접촉을 거의 갖지 않거나 전혀 갖지 않고 익명과 고립 속에서, 그리고 그 결과 불행 속에서 사는 사람들이 많다. 왜냐하면 사회는 비록 추상화되었다고 하더라도, 인간의 생물학적 구조는 크게 변하지 않았기 때문이다. 인간은 추상적 사회에서는 만족할 수 없는 사회적 욕구를 갖고 있다."(1권 234쪽) 그렇다면 열린사회보다 닫힌사회가 때로 더 좋지 않을까? 열린사회에서 겪게 되는 고립과 불안은 우리를 닫힌사회로 나아가게 할 수 있다. 따라서 오늘날에도 닫힌사회로 다시 가려는 움직임은 언제든 나타나게 된다. 그러나 이것이 바로 포퍼가 경계하는 것이다. 닫힌사회, 전체주의에서 우리는 친밀감과 안정을 느낄 수 있지만 이것은 나를 제거한 채 또는 나를 버린 채 얻게 되는 안정인 것이다. 앞의 <디 벨레>에서 나타났듯이 전체주의를 통해 자유를 희생하고 얻어진 기쁨이 결국 비극으로 끝났던 것처럼 말이다. 따라서 포퍼는 열린사회의 추상성에도 불구하고 열린사회에서 얻게 되는 개인의 자유와 합리성을 적극적으로 옹호한다. 열린사회는 개인의 자율성과 점진적인 변화를 허용하는 활발한 사회인 것이다.

포퍼에 따르면 역사는 열린사회와 닫힌사회의 대립과 투쟁과정이라고 여길 수 있다. 서구 역사에서 고대와 중세 신분제 계급사회는 철저히 닫힌사회의 성격을 지니고 있었다. 모든 존재의 가치는 전체에서 맡고 있는 위계질서에 따라 순위가 정해졌고, 개인의 자유와 권리보다는 공동체의 가치가 우선시되었다. 그러나 서양 근대에 접어들면서 "닫힌사회 최악의 적일 수 있는" 상업과 무역, 항해에 종사하는 새로운 계급이 탄생하고 개방적이고 추상적인 사회로의 변화가 나타나기 시작한다. 닫힌사회와 열린사회의 대립 속에서 "문명의 긴장"(1권 244쪽)이 시작되고, 이 긴장과 불안은 닫힌사회가 붕괴되기 시작하는 전조이다. 물론 이런 혁명은 포퍼에 따르면 고대 아테네의 민주주의에서부터 시작했다고 볼 수 있다. 왜냐하면 그곳에서 비로소 열린사회의 기본신념인 이성과 자유 및 박애의 사상이 싹텄기 때문이다.(역자 해설, 1권 290쪽) 따라서 열린사회로의 길은 상업의 발전뿐만 아니라 이성의 기초 위에서 합리적 반성의 가능성을 인정하며, 합리적인 개인의 책임을 인정하는 것에서 출발한다. 따라서 열린사회는 "개개인이 개인적인 결단을 내릴 수 있는 사회"인 것이다.(1권 241쪽)

닫힌사회로부터 개방적이고 추상적인 사회인 열린사회로의 이행을 주장하는 것은 독일 사회학자 퇴니스(Tönnies, Ferdinand)가 주장한 공동

사회에서 이익사회로의 변화를 떠올리게 한다. 우리에게 이미 익숙한 개념인 공동사회(게마인샤프트: Gemeinschaft)는 퇴니스에 의하면 선택의지가 아니라 본질의지에 의해 형성되는 인격적 사회이며, 이익사회(게젤샤프트: Gesellschaft)는 선택의지에 의해 합목적적 이유로 모인 사회를 의미한다. 따라서 공동사회는 감정적 연대와 긴밀한 관계로 형성되는 어느 정도 닫힌사회를 뜻하며 이익사회는 합리적 이해관계에 따라 형성되는 열린사회를 의미할 수 있다.

포퍼는 인류 역사에서 나타났던 이런 닫힌사회에 대한 옹호자들을 이 책에서 강력하게 비판한다. 1권에서 주로 다뤄지는 철학자는 플라톤(Platon)이며, 2권에서는 헤겔(Hegel, Georg Wilhelm Friedrich)과 마르크스의 철학을 닫힌사회의 전형으로 규정한다. "플라톤이 『국가』에서 사용한 <정의로운>이라는 말은 <최선국가의 이익이 되는>이라는 말과 동의어"이며, 최선국가의 이익은 "엄격한 계급구분과 계급지배의 유지에 의해 모든 변화를 억제하는 것"이다.(1권 132쪽) 따라서 포퍼는 "플라톤의 정의론은 그 시대의 평등주의적, 개인주의적, 보호주의적 경향을 극복하고 전체주의적 도덕이론을 전개함으로써 종족주의의 주장을 재확립하려는 의식적인 시도"라고 규정한다.(1권 127쪽)

2권은 헤겔과 마르크스 철학에 대한 강력한 비판을 전개한다. 포퍼에 따르면 인간의 자유와 능동성을 부정하는 철학은 우리를 닫힌사회로 이끌게 한다. 따라서 사회학적 결정론을 주장하는 마르크스의 <과학적 사회주의>는 플라톤 철학과 마찬가지로 개인의 자율성을 부정하고 역사는 결정되어 있음을 주장한다. "마르크스는 과학적 예언에 깊은 관심을 가지고 있었다. 그는 미래가 미리 결정되어 있을 때에야 비로소 과학은 미래를 예측할 수 있다고 믿고 엄격한 결정론을 신봉했다. 그런데 그런 엄격한 결정론은 그가 살던 시대의 과학적 지식의 한계의 산물이다. 오늘날에는 물리학에 있어서조차 엄격한 결정론은 과학적 증거들에 의해서 반증되고 있다."(2권 120쪽)

플라톤이나 마르크스 철학이 가진 닫힌사회의 성격은 역사주의이다. 포퍼에 따르면 역사주의는 전체주의, 역사적 법칙론, 유토피아주의로 이루어진 사상이다.(역자 해설, 1권 282쪽) 포퍼가 의미하는 역사주의의 핵심적 원리는 "역사는 특수한 역사적 법칙이나 진화적 법칙에 의해서 지배되며, 우리가 이 법칙을 발견한다면 우리는 인간의 운명을 예언할 수 있다."는 것이다.(1권 22쪽) 예언자로서 마르크스가 실패한 이유는 "전적으로 역사주의의 빈곤 그 자체"에 있으며, "역사에 대한 거시적인 법칙적 예언을 하려는 역사주의는 과학적인 영역 밖의 시도"라고 평가한다.(2권 264쪽). 포퍼에 의하면 원래 역사 자체에는 아무 의미가 없으며, 역사에 의미가 있다면, 인간이 의미를 부여했기 때문인 것이다. 이런 의미에서 포퍼는 "인간이 수동적으로 끌려가야 할 역사의 의미나 법칙은 없"으며, "역사에 의미를 부여하는 것은 인간"이며, "우리가 역사의 창조자가 되어야 한다."고 말한다.(2권 357쪽) 유토피아를 꿈꾸며 역사의 법칙과 운명을 이야기하는 역사주의는 개인의 자율성과 점진적 개혁을 부정하기에 닫힌사회로 귀결될 수밖에 없다. 따라서 포퍼가 지지하는 것은 점진적 사회개혁을 이끄는 비판적 합리주의이다. 이는 "사회의 합리화에 대한 요구"이며, "자유를 위한 계획에 대한 요구"이자 "사회를 이성에 의해 지배해야 한다는 요구"이다.(2권 330쪽)

『열린사회와 그 적들』은 두 명의 번역자에 의해 1권과 2권으로 1982년 민음사에서 출판되었다. 그 후 제1권은 2006년 같은 역자가 민음사에서 개정판을 출판했다. 개정판 이전에 역자는 <포퍼의 생애

와 철학>이라는 해설을 마지막에 덧붙임으로써 독자들의 이해에 상당히 큰 도움을 주었으며, 개정판에서도 상당히 많은 분량의 주석을 덧붙임으로써 독자들은 또한 큰 도움을 받을 수 있을 것이다. 2권은 아직 개정판이 나오지 않아 예전 것을 읽어야 하지만 그럼에도 불구하고 포퍼의 풍부한 지식은 우리에게 책읽기의 즐거움을 선사할 것이다. 닫힌사회와 열린사회에 대한 주제 외에도 서양 고대 철학자인 소크라테스(Socrates)와 플라톤, 아리스토텔레스(Aristoteles)의 철학과 근현대 철학에 대한 다양한 이야기는 오늘날 우리에게도 많은 지혜를 제공하고 있다.

물론 포퍼가 말하듯이 사회를 일괄적으로 열린사회와 닫힌사회의 이분법으로 구분하고 플라톤이나 마르크스의 사상을 닫힌사회의 전형으로 규정하는 것이 무조건적 진리는 아닐 것이다. 플라톤이나 마르크스의 사상도 하나의 성격으로 규정하기에는 어려움이 있으며 어떤 점에서는 인간의 자율성을 인정하고 좋은 사회에 대한 열망을 나타내고 있다. 또한 1980년 이후 자유주의에 대한 공동체주의의 비판과 이로부터 야기된 자유주의와 공동체주의 논쟁에서 공동체주의는 자유주의가 주장하는 원자적 개인주의, 개인과 공동체의 분리, 보편주의적 권리관 등의 문제점을 강력하게 비판하고 있다. 특히 찰스 테일러(Taylor, Charles)는 『불안한 현대사회』에서 개인주의와 도구적 합리성을 비판하며, 개인주의로부터 발생하는 인간의 불안에 대해 이야기한다. 그에 따르면 개인주의는 개인과 공동체의 관계에 대한 오해를 야기하며 이로부터 삶의 의미를 협소하게 만든다. 또한 이성에 대한 지나친 강조는 인간 중심주의를 낳게 되고 이는 환경파괴로 귀결되거나, 인간의 다른 한 측면인 감정을 소홀히 다룸으로써 배려윤리 등으로 대변되는 감정윤리학의 비판을 받게 된다.

그러나 그럼에도 불구하고 닫힌사회와 열린사회에 대한 대립 속에서 인간의 자유와 개방적 의사소통, 민주주의의 중요성을 부정할 수는 없을 것이다. 경직된 사고는 기존의 질서와 규범만을 인정하며 변화와 새로움을 거부할 것이다. 열린사회라는 것은 끊임없는 비판을 허용하며 스스로 반성하는 사회를 의미한다. 반성과 비판을 허용하지 않는다면 사회는 경직되고 제도와 규범은 인간을 억압하고 창의성은 질식된다. 포퍼 또한 이 책 서론에서 다음과 같이 이야기한다. "나의 의도는 우리의 문명이 살아남으려면 위대한 인물에 맹종하는 습관을 타파해야 한다는 나의 확신에서 나온 것이다."(1권 5쪽) 변화를 거부하려는 플라톤이든 변화의 불가피성을 주장하는 마르크스이든 "변화를 전적으로 정지시킬 수 없기 때문에 변화는 적어도 '계획되어야 하며, 막강한 권력을 가진 국가에 의해 통제되어야 한다.'" 고 믿는 것은 열린사회의 적이 될 수밖에 없다.(2권 299쪽) 우리가 믿을 것은 인간의 이성에 기반 한 점진적 개혁뿐이다. 포퍼의 열린사회는 "개인의 자유와 권리가 확보된 사회이며, 개인이 그의 이성에 입각해서 스스로 판단을 내리고 자신의 행위에 대한 책임을 지는 사회이다. 이때 자유란 다수와 의견을 달리하고 자기 자신의 길을 갈 수 있는 인간 진보의 원천으로서의 자유이며, 권리란 자신의 지배자를 비판할 수 있는 권리로서 규정된다."(역자해설, 1권 281쪽)

어쩌면 오늘날 이 말은 너무나 당연하게 들릴 수도 있을 것이다. 그러나 현실에서 인간의 정신은 미약하기에 언제든 전체주의의 유혹에 빠져들고 기존의 질서와 습관이 주는 편안함에 자신의 몸을 맡길 수 있다. 그리고 이때 우리에게 위험의 경고음을 보내는 것이 바로 포퍼의 열린사회에 대한 열망일 것이다. 『열린사회와 그 적들』은 출판된 이래 무수히 많은 논평과 논쟁을 불러일으키고 있지만 우리 사회를 독재와 전체주의로부터 지키기 위해 우리에게 필요한 나침반이 될 것이다.

── 더 읽기 자료

포퍼(Popper, K.)(허형은 역), 『삶은 문제해결의 연속이다』, 부글북스, 2006.
포퍼(Popper, K.)(이한구 역), 『객관적 지식: 진화론적 접근』, 철학과 현실사, 2013.
퍼트남(Putnam, R. D.)(정승현 역), 『나 홀로 볼링』, 페이퍼로드, 2016.
벌린(Berlin, I.)/헨리 하디(H. Hardy) 엮음(박동천 역), 『이사야 벌린의 자유론』, 아카넷, 2014.
테일러(Taylor, Charles)(송영배 역), 『불안한 현대사회』, 이학사, 2019.
싱어(Singer, P.)(노승영 역), 『이렇게 살아가도 괜찮은가』, 시대의 창, 2014.

(집필자: 이상형 · 경상국립대학교 교수)

오래된 미래
(Ancient Futures-Learning from Ladakh)

노르베르 호지(Norberg-Hodge, Helena)

『오래된 미래: 라다크로부터 배우다』는 스웨덴 출신의 헬레나 노르베리 호지(Norberg Hodge, Helena: 1946~)가 저술한 책이다. 원래 그녀는 언어학자로서, 라다크 언어를 연구하려고 그곳에 갔다가 이 지역이 지닌 독특한 사회구조와 특성에 매료되어 오랫동안 머물면서 이 지역이 지닌 독자적인 사회구조의 측면과 그 변화과정을 관찰하고 체험을 통하여 경험하는 도중에 느낀 바를 실천하려고 노력하는 과정에서 작가이자 사회운동가로 성장하였던 것 같다. 그녀가 라다크에 온 이후 16년 동안 여기에서 생활했던 점은 참여관찰자로서 인류학적 연구방법의 하나인 민족지적 방법과 유사한 형태로 이 책을 저술하였다고 보는 것이 합리적일 것이다.

저자의 원서인 『Ancient Futures: Learning from Ladakh』에 대한 우리말 번역서는 두 가지 종류가 있다. 하나는 김종철 · 김태언이 공역한

『오래된 미래: 라다크로부터 배운다』(녹색평론사, 1996)이고, 다른 하나는 양희승이 번역한 『오래된 미래: 라다크로부터 배우다』(중앙books, 2007)이다. 전자와 후자의 내용을 비교해 볼 때, 우리말에 비추어보면 번역한 내용이 거의 엇비슷하지만, 굳이 구분하려고 한다면 전자가 직역에 가까운 반면에 후자는 의역에 가깝다고 할 수 있다. 그 한 예로 제3부의 제목이 전자가 「라다크로부터 배운다」이고, 후자는 「미래를 향하여」라고 한 점을 들 수 있다. 이러한 점들은 목차를 비교해 보아도 쉽게 발견할 수 있지만, 그럼에도 불구하고 후자는 전자에 비해 몇 가지 첨부된 부분이 있다. 대표적인 사례로 후자에는 전자에 없는 저자의 서문, 그리고 마지막 부분에 감사의 글, 이 책에 대하여, 국제기구: 단체 및 용어의 약어 정리, 화보: 라다크와 라다크 사람들이라는 글과 화보가 증보되어 있다는 사실이다. 후자에는 없지만 전자에만 있는 것은 마지막에 '옮긴이의 말'이라는 항목의 글이 있는 정도이다.

이 책의 내용은 우선 크게 세 부분으로 조직되어 있다. 즉, 1부는 「전통에 관하여」, 2부는 「변화에 관하여」, 3부는 「미래를 향하여」가 그것이다. 1부 「전통에 관하여」는 하위의 세부 목차가 7개이고, 2부 「변화에 관하여」는 하위의 세부 목차가 7개이며, 3부 「미래를 향하여」는 하위의 세부 목차가 4개로 편제되어 있다. 따라서 이들 3개의 큰 목차와 그 하위의 세부 목차만 한번 훑어보아도 그 내용의 대략적 의미를 짐작하고도 남음이 있다고 하겠다.

먼저 1부 「전통에 관하여」는 7개의 세부 목차로 나누어 라다크의 사회구조와 전통문화를 상세히 소개하고 있다. 그 중 제일 먼저 나오는 1. 리틀 티베트라는 세부 목차에서는 이 라다크가 티베트와 그야말로 너무 유사한 자연환경을 가지고 있어서 티베트를 연상할 정도라는 점을 강조하고 있다. 아마 이는 라다크를 이해하는 가장 기초적인 부분이고, 나머지 세부 목차에 나오는 내용은 이 세부 목차의 내용 위에서만 제대로 된 이해가 가능할 것으로 생각된다. 그러므로 이 자연환경은 라다크를 모양지우는 가장 중요한 요인이자 이해를 위한 선결조건 중에서 최고로 중요한 요소라고 단정해도 별 무리가 없을 듯하다.

이 라다크는 인도 서북부 잠무와 카슈미르의 접경에 위치하고 있는 인도의 국경 요충지이다. 이 지역은 사방이 히말라야산맥으로 둘러싸인 고도 4,000미터 이상의 고원지대에 위치해 있다. 이러한 자연환경은 라다크를 겨우 4개월 정도만 농사를 짓고, 8개월 정도는 영하 40도 이하의 추위가 계속되는 지역으로 만드는 결정적인 요인이 된다. 게다가 여름에는 뜨거운 햇볕이 내리쬐고, 황량한 계곡 사이로 회오리바람이 몰아치며, 비가 거의 내리지 않는 그야말로 너무나 가혹하고 혹독한 기후 때문에 말할 수 없이 열악한 환경에 둘러싸여 있는 곳으로 평가해도 무방할 것이다.

만약 이들 지역의 자연환경에 대해서 자세히 알고 싶을 경우 다음이나 네이버의 검색엔진에서 '라다크'라는 항목을 검색해 보면 이 지역의 지형적 측면을 비롯한 자연환경은 쉽게 이해될 수 있다. 뿐만 아니라 방송에서 여러 차례 다큐멘터리로 제작되기도 하였다. 그 중에 잘 알려진 것은 2012년 KBS <세계는 넓다>에서 4부작으로, 2014년 KBS <걸어서 세계 속으로>에서, 2014년 KBS <리얼 체험 세상을 품다>에서, KBS <파노라마> 히말라야인 3부작 제2부에서, 2017년 KBS <영상 앨범 산>에서 신년기획 3부작 등으로 방영된 적이 있다. 그리고 2017년 MBC 스페셜에서 라다크의 환생불을 다룬 <소년 앙뚜-고승의 환생> 편이 방영되었고, 영화 <세 얼간이>에서는 이 지역에 있는 호수, 빵공

초(Pangong Tso)가 등장하기도 하였다.

1부 「전통에 관하여」의 2. 대지와 함께 하는 삶이라는 세부 목차에서는 라다크의 혹독한 기후와 빈곤한 천연자원 하에서 이 지역의 주민들이 토지를 이용하면서 적응해 온 삶의 지혜를 상세히 설명하고 있다. 한 걸음 걸을 때마다 먼지와 모래 구름이 일어나는 히말라야 고원에 자리 잡고 있어서 무어라 형언할 수 없는 황량한 곳이라고 표현하는 것이 적합할 것이다. 감히 외부인들이 상상하지도 못할 정도의 척박한 환경과 열악한 조건 속에서도 산허리를 파내어 계단식으로 정교하게 밭을 만들어서 기후에 적합한 온갖 작물을 빽빽하게 심고 가꾸어 먹는 곳이다. 그리고 채소와 과일나무들이 가축들에게 다치지 않도록 그 둘레에는 돌담을 쌓아놓고, 그 돌담 위에 짐승들의 똥을 모아서 햇볕에 말려 부엌에서 땔감으로 사용한다. 여타 지역에서 생활에 필수적인 물품 몇 가지를 제외하면 수입으로 필요한 물품을 공급을 받을 수 없는 환경이므로 어떻게 해서든 그 지역에서 생산되는 모든 것을 버리지 않고 순환적으로 재활용하면서 자급자족을 하는 그런 지역사회이다. 그럼에도 불구하고 라다크인들 모두에게는 얼굴에 환한 미소가 피어나고, 어떤 갈등이나 대립이 없는 평온한 마음으로 다른 사람들을 접촉하며, 물질적인 측면에서도 부족하거나 불편함을 느끼지 않고 생활한다는 사실이 최고의 특성이다.

이들은 각 가정마다 일정한 토지를 가진 자영농이며, 마을 전체가 공동으로 상부상조하면서 공동체적 운영을 토대로 생활을 영위하는 마을들로 구성되어 있다. 어느 한 가정이라도 가족 구성원의 수에 따라 일정한 토지만을 경작할 수 있는 사회·경제적 구조를 지니고 있었던 것이다. 특히, '일처다부제'나 공동의 '수로의 이용', '물레방아의 활용'

등은 이러한 자연환경에 순응하지 않을 수 없는 상황에서 비롯된 관행들임에는 틀림이 없는 것 같다. 그 같은 가혹한 환경과 혹독한 기후를 극복하면서 살아남기 위한 그야말로 독특한 자영농 체제로 지역공동체를 구성하여 조화롭게 삶이 운영되고 있던 지역이다. 그러므로 라다크 사회는 그야말로 자연환경에 적극적으로 순응하면서 일정 지역에 소수의 가구들이 옹기종기 모여서 가족과 공동체 간에 오순도순 정겹고 즐겁게 살아가는 지역 공동체들의 집합이라고 할 수 있다. 즉, 경쟁이 아니라 공동 작업을 통한 상호부조가 이들 경제의 토대를 이루는 그야말로 공생의 사회인 것이다.

이러한 자연환경과 구조를 지닌 사회에서 가장 두드러진 특성은 가정과 마을 공동체의 역할과 기능에 있다고 해도 과언이 아니다. 한 가정을 중심으로 운영되는 자영농 체제의 경제적 구조에서 가족 구성원은 각자의 역할이 분명하지는 않지만 일정한 각자의 역할을 하는 동시에 많은 시간을 함께 보내면서도 대단히 화목해 보인다는 것이다. 대가족과 친밀한 작은 공동체로 구성된 사회이므로 성숙하고 균형 잡힌 개인과 건강한 사회라고 할 수 있다. 그러므로 노인과 여성들도 각자가 맡은 일이 있고, 가족들과 오랜 시간을 함께 보내기 때문에 가족 구성원들에게서 소외되는 것은 상상할 수도 없는 일이다. 그러므로 인간의 삶과 행복이라는 측면에서 보면 이들 라다크인들보다 더 좋을 수 없다는 인식이 세계 도처에서 맹렬히 진행되고 있는 작금의 세계화 속에서 팽배해지는 것은 어쩌면 당연한 일일 것이다.

라다크의 지역 공동체는 농경생활에서 모든 일을 공동으로 경영하게 된다. 파종을 위한 밭갈이부터 추수에 이르기까지 순서를 정하여 가정마다 돌아가면서 서로 도와주는 형식이다. 하나의 축제 행사로 열리는 추수 축제인 '스캉솔'에서도 그러한 점은 잘 드러난다. 뿐만 아니라 '푸'라는 넓은 평원에서 가축을 방목하는 일도 어느 정도 구분은 있지만 거의 공동에 가까운 형태로 기르고 있다고 해도 좋을 만하다. 각각의 마을 공동체마다 마을협의회가 있고, 돌아가면서 맡는 의장격인 '고바'가 있어서 분쟁이 될 만한 일이 생기기 전에 고바와 상의하여 고바의 중재 하에 자율적으로 문제를 해결하는 것이 보편적이다. 이처럼 삶의 모든 측면에서 상호협조적인 방식으로 운영되기 때문에 대립이나 반목, 갈등과 같은 양상은 거의 찾아볼 수 없을 정도로 평온하다는 것이다.

이들 사회에서 무엇보다 중요한 필수적인 요소로서는 '암치'라 불리는 마을의 의사와 사면이라고 하는 무당의 존재를 들 수 있다. 이 땅에서 사는 의사는 그 환경에서 나는 식물들을 활용하여 환자를 치료하지 않을 수 없었을 것이고, 이들은 도제제도와 같은 과정을 거치면서 오랜 기간 수련을 통해서 양성되는 것은 세계 도처에 산재해 있는 어느 전통적인 사회에서든 보편적인 현상이었을 것이다. 뿐만 아니라 정신적인 측면에서 심리적이고 정신적인 건강을 위무해 주는 무당이나 '온포'라고 하는 점성가의 기능을 하는 사람들도 필수적인 존재라고 할 수 있다. 근대화 이전의 전통사회에서는 세계 어느 사회나 공동체에서도 흔히 볼 수 있는 일반적인 현상임에는 틀림이 없을 것이다.

이러한 자연적 환경에서 또 다른 지극히 중요한 조건의 하나는 종교라고 할 수 있다. 그 중에서 이들 지역 공동체를 공동체답도록 모양지우는 가장 중요한 사상적·종교적 요소는 라마불교이다. 미술과 음악은 물론이고 문화전반과 농경활동에 이르기까지 방대한 영향을 미쳤던 것이다. 집집마다 제단을 설치하여 신을 모시고, 정기적으로 높은 지대에 우뚝 솟아 있는 사원에 기도를 드리러 간다. 매일 하는 기도에서부터 연례로 행해지는 축제까지 갖가지 중요한 불교의식이나 종교행사들이 너무나 많다. 그리고 형제 중에 한명은 라마 승려가 되어 자신의 집에 머물기도 하고, 지역 공동체에 돌아다니면서 종교 행사를 대행해 주기도 한다. 그러므로 라다크 사회에서 라마불교가 지닌 종교적인 기능을 이들의 일상생활과 분리해서 생각하는 것은 어려울 것이다.

이 외에 한 사회의 인간생활을 이해하는 데 있어서 중요한 문제 중의 하나는 삶의 중요한 전환기가 되는 의식인 통과의례이다. 그 중에서도 혼례와 상례를 어떻게 치루는 지는 핵심적인 요소라고 할 수 있다. 이 라다크 사회에서 혼례는 물론이고 상례도 공동체의 구성원들이 '파스푼'에 참여하여 공동으로 해결한다는 점에서 라다크 사회의 상호 의존하는 공동체적 의식과 구조를 엿 볼 수 있다. 이들은 한 가정의 일이라도 인간사의 중요한 문제라면 지역사회의 공동체 내에서 공동으로 해결하면서 삶을 영위하는 생활 공동체라고 할 수 있다.

이 때문에 기쁜 일이 있으면 공동으로 춤을 추면서 축하하기도 한다. 그러므로 당연히 이들 춤사위는 매우 자유롭고도 정겨웠을 것이다. 그 결과 이들 라다크인들은 평화롭고 자유스러우며, 부드러운 가정생활과 상호부조적인 공동체적 생활로 말미암아 물질적으로 부족함이나 불편함을 느끼지 않고, 어떤 대립이나 심리적인 갈등을 겪지 않는 편안함과 평상심으로 늘상 즐겁게 살아갈 수 있었던 것 같다. 만약 문제가 발생하면 이를 슬기롭게 해결할 수 있는 마을협의회라는 기구를 통한 원활하고 원만한 의사소통 체계도 갖추고 있었던 점에서도 그러한 모습을 발견할 수 있다. 결국 라다크인들은 그들이 처한 가혹하고 혹독한 자연환경에 순응하면서 살아남는 방식으로 관행들을 구조화시킴으로써 그들만의 독특한 삶과 생활문화를 창조하였던 것으로 볼 수 있다.

이러한 전통적인 라다크 사회가 변화하기 시작한 것은 2부 『변화에 관하여』에 매우 자세하게 잘 서술되어 있다. 특히, 8. 서양인의 발길이라는 세부 목차가 암시하듯이 인도 정부와 카시미르 주 정부가 이 지역을 관광지로 개발하여 서양인들의 관광을 위한 서구식 개발이 가속화되면서 변질되어 가는 모습에 대한 다양한 사례들을 들어가면서 여러 측면에서 설명하고 있다. 이들 변화는 외부인인 관광객들의 접근을 용이하게 하려는 도로의 개설과 이들의 숙박을 위한 숙소, 그리고 이들을 운영하는 데 필수적인 전기의 공급을 위한 대규모의 인프라 투자가 그 시발점이라고 할 수 있다. 이처럼 외환을 약속하는 관광 사업은 개발의 중요한 부분이고, 관광이 자급자족의 원리에 토대한 라다크의 전통사회에 끼치는 영향은 광범위하고도 파괴적인 것만은 틀림이 없는 것 같다.

이 라다크 지역에 대한 관광이 일반화되면서 이들 관광객들은 많은 비용을 달러라는 미국 돈으로 지불하게 된다. 상품 구매나 여행비용의 결제 수단이 달러라는 화폐로 바뀌면서 달러를 획득하기 위한 노력을 둘러싼 경쟁과 갈등이 야기될 수밖에 없다. 이들 관광객들은 마구 달러를 뿌려대면서 관광을 하는 모습이 라다크인들의 입장에서 보면 마치 화성에서 온 사람들처럼 행동하는 것으로 비춰지게 되었을 것이다. 모든 결제 수단이 달러로 이루어지면서 달러를 벌기 위한 외화 획득 경쟁과 그로 인한 갈등과 반목이 치열하게 일어나는 것은 어쩌면 당연한 일일 것이다. 라다크인들 중에서, 특히 어린이들이 관광객들에게 달러를 구걸하는 모습에서 그러한 변화는 여실히 잘 드러난다고 할 수 있다.

더욱이 전기가 생산되면서 TV와 같은 대중매체가 보급되는 것은 자연스러운 일이다. 이들 매체에서 나오는 내용들은 서양인들의 패션이나 화장품 등이 사회생활에서 비교우위를 차지하고, 전통적인 것들은 열등한 것으로 비춰지면서 달러의 가치에 대한 욕구는 가속도적으로 커지게 되었을 것이다. 이 같은 현상은 결국 라다크 관광의 중심지인 수도 레(Leh)에 관광객들의 숙소나 상점, 트랙관광을 위한 편의시설과 인력이 필요해지고, 이들 일에 종사하려는 사람들의 숫자도 급격히 늘어날 수밖에 없었을 것이다. 종래 라마 승려가 되려고 하던 사람들조차 개발이 진행된 이후부터는 엔지니어가 되려고 하는 사회적 분위기가 매우 강한 국면으로 전환되는 것은 당연한 일이다.

이러한 사회·경제적 변화는 자연히 서양을 배우려는 욕구를 유발하게 되었다. 서양을 배우려는 열망을 충족하기 위해 중심지에 서양을 배우기 위한 소위 현대식 학교가 설립되고, 입학과 취직을 위한 이농향도(離農向都) 현상이 일어나면서 수도 레로의 인구가 집중되는 현상으로 발전되었던 것이다. 중심지로의 인구 집중은 주택, 교육, 생활 등 여러 측면에서 많은 문제를 수반하여 갈등과 대립, 스트레스 등을 야기하게 되었을 것이다. 동시에 전통적인 라다크의 지역 공동체는 붕괴되면서 자녀들이 학교와 취업을 위해 중심지로 떠난 가정에 홀로 남은 노인과 여자들은 기존의 역할에서 소외되면서 그간 가족 구성원 간에 이루어진 유대관계도 점차 해체되어 갔을 것이다. 특히, 그동안 사이가 좋았던 라마교도와 이슬람교도 사이에서 대립과 반목, 갈등이 점차 격렬해진 점은 매우 심각한 문제로 발전되고 있었던 것이다.

이들 서구식 개발 사업은 '개발'이니, '진보'니, '현대화'니, '세계화'니 하는 등의 슬로건 아래에 자행되는 것이 일반적이다. 주체가 중앙정부와 지방정부이다 보니 개발의 주체로서 참여하지 못한 지역 공동체의 구성원들은 가속도적으로 하위 계층으로 전락할 수밖에 없는 것이다. 즉, 서구의 가치들이 급속히 유입되면서 강조된 지나친 진보적 주장과 패권주의적 논리로 인해 전통적인 라다크 사회가 지닌 다양성이 약화되면서 파괴되어 갔던 것이다. 이는 기술의 진보와 경제성장을 통해 생활수준을 향상시킨다는 서구식 개발이 필연적으로 수반하는 병폐를 적나라하게 보여 주는 대표적인 사례라고 할 수 있다. 제3세계의 다른 지역에서도 이 같은 사례들을 얼마든지 볼 수 있다는 점에서 개발이나 세계화를 앞세우는 논리의 이면에 놓여 있는 토착적이고 자생적인 가치들을 보존하기 위해 어느 지역사회나 공동체이던지 간에 이들을 철저하게 살펴보지 않으면 안 되는 이유이기도 하다.

특히, 이 현대사회를 지향하는 서구식 개발에서 눈여겨보아야 할 점은 '속도'이다. 이 속도는 곧 노동생산성으로 연결되기 때문에 이 속도에 적응하지 못하면 뒤처질 수밖에 없다. 서구식 개발에의 참여는 자연히 새로운 기술 개발과 같은 속도를 중요한 가치로 부상시켜 전통사회를 외환경제에 강제 편입시키면서 변화에 적응하려는 사람들을 괜히 바쁘게 만드는 속성을 지니고 있다. 이러한 변화에 적응하지 못한다면 시대의 조류에 뒤처지는 사람이 되면서 온갖 희생을 감수하지 않을 수 없는 상황에 처하게 되는 것이 일반적이다. 인간생활에 편리한 도구들의 개발에도 불구하고 흔히 사람들은 바쁘다는 말을 입에 달고 살면서 그동안 친밀했던 가족 간에도 서로 정겹게 이야기를 나눌 시간조차 거의 없도록 만들면서 이전의 전통사회들이 지녔던 많은 장점과 특성들을 일거에 변질시켜 버리기 일쑤이다. 이 점이 바로 서구식 개발, 즉 현대화나 세계화가 가족과 지역 공동체의 유대관계를 붕괴시키는 가장 중요한 특성이라는 사실을 주목해야만 하는 합리적인 이유인 것이다.

제3부 「미래를 향하여」에서는 이들 개발이 몰고 온 갈등과 병폐를

극복하여 보완하려는 시도와 노력들을 잘 설파하고 있다. 아마 서구식 개발이 지닌 논리의 모순을 간파한 저자의 노력으로 라다크인들은 서로 간에 신뢰를 바탕으로 오래 지속되어 오던 정체성과 안정감의 상실을 자각하고, 그들 자신이 누구인가에 대해 스스로 의심하기 시작하면서 '반개발'의 논리를 세울 수 있었을 것이다. 이 논리는 개발을 하지 말자는 것이 아니라 서구식의 잘못된 개발에 반대하는, 즉 라다크인들이 중심이 되어 그들 지역의 공동체를 토대로 하면서 그들 환경에 적합한 방식으로 개발하자는 것이다. 이는 라다크가 본래부터 지니고 있던 공동체적 삶의 가치를 장래에 새로운 형태로 복원하자는 의미이다. 이 점이 바로 세계시민이라면 누구나 라다크로부터 배워야 할 인간 삶의 절대적 가치라고 할 수 있다. 서구식의 문명이라는 관점에서 보면 개발은 진보일지 몰라도 삶의 질과 행복의 척도에서 보면 그것은 오히려 퇴보라는 점을 강조하고 있는 것이다.

이를 위해 우선적으로 저자는 산업화 체제에서의 생산품들이 야기시킬 수 있는 잠재적 위험요소를 제거하기 위한 관련 법규와 압력단체들의 감시체제가 필요함과 동시에 라다크인들이 유지해온 자급 경제체제의 장점들을 옹호하기 위한 전면적인 정보 캠페인을 전개하였던 것이다. 이 활동의 핵심적인 요소는 라다크 프로젝트의 시행으로서, 현대화를 표방하는 서구식 개발 논리의 함정에 대한 정확한 정보를 제공하는 한편 서양의 문화가 라다크에 비해 우세하다는 왜곡된 이미지에 맞서 라다크를 방어하려는 시도와 노력들이 필요한 상황에 대응하기 위한 것이다. 1978년에 라다크의 전통문화 부흥과 재생 가능한 에너지 사용 장려 탄원서를 인도 중앙정부와 주 정부에 올려 태양에너지 활용 소규모 실험 프로젝트를 승인받았던 것이 대표적인 사례이다. 이는 우아한 모습의 태양열 주택 난방 시스템인 '트롱브의 벽'으로 결실이 맺어질 수 있었다.

이 라다크 프로젝트는 1991년 'ISEC(에콜로지 및 문화를 위한 국제협회)'로 재탄생하게 되었다. 설립취지는 포괄적 시각을 견지하면서 생태 친화적 변화를 실행하고 있는지에 관한 정보를 제공하여 지속가능한 개발을 위해 노력하자는 것이다. 그중에는 기술적 대안을 마련하기 위해 열 흡수 원리를 이용한 복사열 직접 흡수 시스템, 물레방아를 개선한 수압 펌프, 소규모 수력 발전 시스템의 설치 등이 있다. 특히 주목할 만한 일은 재활용 가능한 에너지에 기반을 둔 무공해 적정 기술 개발에 수혜자가 참여할 수 있는 기구로서 생태개발센터인 LEDeG(라다크생태개발그룹) 본부를 설립한 것이다. 여기는 생태 개발에 관한 라디오 프로그램과 출판물 정기 발간, 교육 프로그램 운영 등을 추진하는 곳이다. 뿐만 아니라 1988년에 결성된 SECMOL(라다크학생교육문화운동)은 국제회의 개최를 통하여 전통사회의 기초를 이루던 농업 부문에서 현대화된 방법인 유기농법을 개발하여 전 세계에 알리는 한편 라다크 학생문화 교육운동도 함께 전개하였던 것이다.

이들 프로젝트와 기구의 설립을 통한 시도와 노력들은 서구식 개발이 가져오는 획일성의 엄청난 무게를 극복하고 생태적 중요성을 고려한 장기적 시각을 수립하여 '탈중심화'를 적극적으로 추진하려는 것이다. 이는 서구 지향적 경제개발의 무수하고 은밀한 함정들을 피할 수 있는 가능성으로서 '생태'나 '태양에너지' 등의 생태적인 중요성을 고려한 장기적이고 종합적인 시각을 제공해주는 매우 중요한 사례의 하나임에는 틀림이 없는 것 같다. 그러므로 이는 세계화라는 슬로건 아래 제3세계 도처에서 시행되고 있는 작금의 경제개발과 통합을 위한 자본주의적 개발로 인해 당연히 야기되는 양극화의 심화를 극복하려는 노력들과 운동들에 많은 시사를 주는 한편 이들이 지닌 이면의 함정들을 세계 도처에 널리 알리면서 다수의 세계인들이 철저히 감시해야 하는 이유를 제시하는 것이기도 하다.

결국, 이 책의 내용은 크게 3부분으로 나누어져 있고, 다시 3부분은 각각 몇 개의 세부목차로 나누어져 자세하게 내용을 설명하는 형식이다. 1부 「전통에 관하여」는 외부인의 접근이 용이하지 않은 지역인 라다크에서 이 지역의 구성원들이 삶을 위해 자연환경을 활용하면서 적응하는 방법을 상징적으로 설명해 주고 있다. 2부 「변화에 관하여」는 개발이라는 서구식 논리를 내세우고 중앙집중식으로 진행되는 '서구화' 내지 '현대화'가 표방하는 서구식 개발 논리의 함정과 이들 논리가 라다크의 전통적인 지역 공동체를 붕괴시키는 측면들을 극명하게 보여주고 있다. 3부 「미래를 향하여」는 서구식 개발이 가져온 병폐와 모순을 극복하려는 과정과 노력들을 제시하고 있다. 따라서 책 제목이 시사하듯이 이 책은 오래된 미래인 라다크를 배우는 것이 곧 인간의 삶과 행복을 위해 미래를 향하는 길이라는 사실을 강조하고 있는 셈이다.

이 때문에 이 책은 학교교육이라는 측면에서 보면 학습 자료로서 매우 중요한 가치를 지니고 있는 것으로 보인다. 우선 1부 「전통에 관하여」는 인간과 자연환경과의 상호작용을 잘 보여준다. 인간이 어떻게 자연환경에 적응하고 극복하면서 삶을 영위해 가는지를 잘 설명해 주는 훌륭한 사례임으로 제3세계 각 지역의 전통사회를 이해하는 데 직접적인 근거를 제공해 준다고 할 수 있다. 2부 「변화에 관하여」는 개발이라는 명분하에 자행되는 서구식 개발인 '현대화'나 '세계화'가 전통사회를 해체하면서 야기하는 폐해에 대한 이해에 중요한 시사점을 주는 결정적인 증거가 될 수 있다. 3부인 「미래를 향하여」는 현재 세계 도처에서 진행되고 있는 세계화가 야기하는 부작용을 극복하려는 시도와 노력을 위한 희망과 비전을 극명하게 보여준다고 할 수 있다. 그러므로 이 책은 세계시민교육은 물론이고 자연과 환경과의 관련성에 대한 지리영역과 전통사회의 구조와 변화에 대한 역사영역의 학습에 적극적인 실마리를 제공하는 원자료로서 더없이 좋은 기능과 역할을 할 수 있다. 따라서 이 책은 초등뿐만 아니라 중등교사가 될 예비교사들은 물론이고 현직교사들에게도 교수 · 학습과정에서 직접적으로 활용할 수 있는 자료를 제공해 주려는 노력들에 도움을 주는 바가 매우 클 것으로 생각된다. 한번 읽어보기를 강력히 추천하는 바이다.

— 더 읽기 자료

슈마허(Schumacher, E. F.)(이상호 역), 『작은 것이 아름답다』, 문예출판사, 2002.
오덤(Odum, E.)(이도원 외 역), 『생태학』, 사이언스북스, 2014.
콜리어(Collier, P.)(김홍식 역), 『자본주의의 미래』, 까치, 2020.
윤구병, 『잡초는 없다』, 보리, 2011.

(집필자: 주웅영 · 대구교육대학교 교수)

오리엔탈리즘(Orientalism)

사이드(Said, Edward Wadi)

오리엔탈리즘은 동양주의로 번역할 수 있고, 흔히 우리말에서 무슨 '주의'라고 하면 그 대상을 좋은 것으로 보고 그것을 '굳게 지키는 주장이나 방침' 으로 이해되므로, 동양주의란 동양을 좋은 것으로 보는 주장으로 생각할 수도 있다. 그래서 오리엔탈리즘을 서양에 대립한 동양의 우월성을 강조하는 주의, 서양이 아니라 동양을 최고라고 보는 주의 등으로 오해하는 사람들이 있다. 그러나 사이드는 그런 생각을 처음부터 거부한다. 그는 동양이니 서양이니 하는 구분부터 거부한다. 이는 사이드(Said, Edward Wadi: 1935~2003)가 『지식인의 표상』에서 『오리엔탈리즘(Orientalism)』(1978)과 『문화와 제국주의』(1993)를 비롯한 여러 책에서 시도한 것을 다음과 같이 요약한 점에서도 볼 수 있다.

> 내 책에서 내가 싸우고자 한 상대는 '동양'이니 '서양'이니 하는 허구의 구조물이고, 나아가 인종차별주의가 날조한 종속인종, '동양인', '아리아인', '흑인'과 같은 본질주의적인 분류법이었다.

동시에 다른 한편으로는 이런 신화화된 추상적 개념들이, 과거 식민지주의에 의한 약탈을 몇 번이나 경험한 나라들에서는 원초에 있었던 무구한 상태가 서양인에 의해 행해졌다고 하는 피해자의식이 강열하지만, 나는 이러한 생각을 조장하려는 것이 아니라, 도리어 다음과 같은 점을 반복하여 강조했다. 즉 '동양'이니 '서양'이니 하는 신화적인 추상개념은 한 마디로 말해서 허위이지만, 그와 같은 것은 과거의 식민지 나라들이 서양을 향한 비난의 수사 속에서 구사하는 무모한 대립적 도식에 대해서도 말할 수 있다는 것이다. 문화라는 것은 서로 섞이기 마련인 것이고, 그 내용이나 역사도 서로 의존하는 것이자 잡종적인 것이므로 외과수술을 하듯이 잘라내어 '동양'이니 '서양'이니 하는 거대하면서도 대부분 이데올로기적인 대립물로 조작할 수 없다.

오리엔탈리즘이란 말은 본래 서양에서 동양을 다루는 예술에 붙여진 이름이었다. 가령 서양인이 한국에 대해 묘사하거나 설명하듯이 동양에 대해 그렇게 하는 것을 뜻했다. 따라서 그런 경우 '동양론'이나 '동양 묘사'라고 할 수 있었다. 그것은 반드시 서양의 동양 지배와 연결되어 문제가 되지 않았으나, 1978년에 사이드가 『오리엔탈리즘』이라는 책을 쓴 뒤에는 오리엔탈리즘이 사실은 서양이 동양을 지배하기 위해 만든 것이라는 점이 부각되었다. 지금 우리가 오리엔탈리즘이라고 하는 말을 사용하는 경우에도 그런 정치적인 함의를 담는 의미로 사용된다. 그런 점에서 사이드의 『오리엔탈리즘』이라는 책은 대단히 중요한 책이다. 그리고 그 경우에는 단순히 '동양론'이나 '동양 묘사'라고 할 수 없어서 일반적으로 오리엔탈리즘이라는 말을 사용하고 있다. 즉 서양인이 동양을 지배하거나 폄하하기 위해 동양의 모습을 왜곡하고 조작하는 태도를 말한다.

사이드는 『오리엔탈리즘』을 4차 중동전쟁이 벌어진 1973년에 쓰기 시작해 1978년에 출판했다. 그 마지막 장을 쓸 때 사이드는 팔레스타인인들이 이스라엘을 이길 수 있다는 희망을 보았다. 사이드는 자신이 언제나 강력한 체계의 지배를 받는 사람들이 그것에 저항하는 것에 흥미를 갖는다고 했다.

사이드는 그 책의 서문에서 오리엔탈리즘을 "동양을 지배하고 재구축하고 그 위에 군림하기 위한 서구의 방식"이라고 규정한다. 그러나 그가 가장 관심을 기울인 점은 오리엔탈리즘의 현대판이 제국주의와의 결합이라는 점이다. 즉 "실제의 지리상 영토와 인민을 현실적으로 지배하고 관리하는 것과 결탁한, 또는 거기에서 생산된 지식의 형태"를 말한다.

사이드는 『오리엔탈리즘』에서 재현이라는 개념을 사용하여 지배의 도구가 된 지식을 비판하면서 서양 대학의 학술연구와 식민 프로젝트가 광범위하게 연관된다는 점을 상세하게 서술했다. 여기서 재현이라는 말은 'representation'을 번역한 말인데, 이는 묘사, 표상, 표명, 대변이라는 말로도 번역된다. 사이드는 "타자를 재현하는 것, 즉 환원한다는 것은 그 대상에 대한 폭력을 수반하고, 이와 달리 재현에 의해 생긴 대상의 이미지 그 자체는 별문제 없는 겉모습을 보인다."고 했다. 이를 사이드는 자신이 받은 교육을 예로 들어 다음과 같이 설명했다.

> 나는 식민지 학교를 다녔다. 강요받은 것이 아니고 부모님의 뜻에 따른 것이었다. 사춘기에 학교에서 영국 역사에 대해서는 많이 알게 된 반면 자신의 역사인 아랍의 역사에 대해서는 아무것도

> 몰랐다. 학교에서 내가 받은 교육에 의하면 재현에서 유일하게 중요한 것은 교육에 의해 내가 계승할 수 있는 영국의 역사와 문화의 재현뿐이라는 것이다. 나는 또 자신의 가치는 그 사회의 경제적 가치기준에 비추어 실질적인 지배자인 영국인의 가치보다도 훨씬 낮다고 인식하도록 교육을 받았다. 이런 점에서 나는 재현이란 정치적인 선택이나 정치적인 힘과 같은 형태의 권위를 수반한 담론의 시스템이라고 이해하지 않을 수 없다.

사이드는 이러한 재현이 모두 나쁜 것이 아니라 도리어 인간의 사회생활에 필요한 것이지만, 타자에 대해 원시적이라느니, 발달이 늦다느니, 후진적이라느니 하는 낙인을 찍거나, 그냥 '너는 우리와 다른 남이야'라고 부르는 억압적인 권위가 된 특별한 재현 시스템은 없애야 한다고 주장한다. 그리고 사이드는 이에 대한 대안으로 자신이 『오리엔탈리즘』에서 말하고 싶었던 것은 "참여적이고 협조적이며 비강제적인 재현 시스템," "강제적이지 않고 조작되지 않는 시각의 사회관"이라고 했다. 물론 그런 사회관을 만들어내기란 쉬운 일이 아니지만, 착취적인 면이 적은 다른 지식을 통한 대안의 모색이 전혀 불가능한 것은 아니라고 본다.

사이드가 말하는 오리엔탈리즘은 첫째 동양을 대상으로 하는 학문, 둘째 학문만이 아니라 동양을 언급하는 문학이나 예술, 저널리즘 등에서 동양과 서양이라고 하는 것 사이에 설정된 존재론적 · 인식론적 구별에 근거한 사고양식, 셋째 동양에 관하여 서술하고 그것에 권위를 부여하여 가르치거나 식민 · 통치하기 위한 지식의 상호연관적인 제도 내지 네트워크를 뜻한다.

그런데 이러한 오리엔탈리즘이 표상하는 동양과 실제의 동양은 반드시 일치하지 않는다. 곧 표상으로서의 동양은 오리엔탈리즘 담론의 동양을 표상하고, 그 표상은 서양적 시각 하의 주제-주체-종속으로 나타난다. 반면 서양에 대해 동양을 대립적으로 위치시키는 것도 서양식 오리엔탈리즘 담론이다. 곧 사이드는 서양인은 참된 동양을 알 수 없고 동양인만이 동양을 알 수 있다는 것이 아니라, 서양의 오리엔탈리즘이 정치 경제적 실천에 의해 지배와 억압이라고 하는 권력관계를 낳는다는 것을 문제로 삼는다.

제국주의도 식민주의도 단순한 경제적 축적과 착취에 그치는 것이 아니다. 그것은 어떤 지역과 사람들이 지배를 받아야만 한다는 생각을 포함하는 이념에 의해, 그리고 지배와 연관되는 지식에 의해 추진되었다. 이미 고전적인 제국주의도 '열등한', '종속인종', '복종하는 사람들', '의존', '확장' 그리고 '권위'와 같은 개념으로 가득 찼다. 곧 품위 있는 서양인이 동양인을 복종시켜야 한다는 생각, 서양인이 제국의 에너지를 충전하여 종속적이고 열등하며 후진적인 동양인을 지배하여야 한다는 생각이다. 나아가 그러한 동양과 서양의 목가적인 평화를 공산주의자들이나 말썽부리는 자들이 교란한다는 생각이다. 자주와 독립은 백인들만의 것이고, 과학, 학문, 역사도 모두 서양에서 만든 것이라고 한다.

이러한 생각에 대하여 서양의 푸리에나 마르크스까지 포함하여 그 어떤 지식인들도 이의를 제기하지 않았다. 사이드는 그 엄청난 인명록과 책 목록을 들고 낱낱이 해부하고 있으나 여기서 그것을 일일이 열거할 필요는 없을 것이다. 그러나 우리가 번역서로 흔히 접하는 수많은 소설가, 예컨대 디포(Defoe, Daniel), 오스틴(Austen, Jane), 새커리(Thackeray, William Makepeace), 디킨스(Dickens, Charles John Huffam), 브론테(Bronte, Charlotte), 디즈레일리(Disraeli, Benjamin), 제임스(James, Henry), 도일(Doyle,

Sir Arthur Conan), 스티븐슨(Stevenson, Robert Louis Balfour), 로런스(Lawrence, David Herbert), 멜빌(Melville, Herman), 콘래드(Conrad, Joseph), 키플링(Kipling, Joseph Rudyard), 플로베르(Flaubert, Gustave), 포스터(Forster, Edward Morgan), 카뮈(Camus, Albert), 지드(Gide, André Paul Guillaume), 말로(Malraux, André Georges), 네이폴(Naipaul, Vidiadhar Surajprasad) 등과 같은 소설가들, 칼라일(Carlyle, Thomas)과 러스킨(Ruskin, John)이나 아우어바흐(Auerbach, Erich)나 윌리엄스(Williams, Raymond), 트릴링(Trilling, Lionel)과 같은 평론가들로부터 『자유론』의 밀, 『제국주의론』의 홉슨(Hobson, John Atkinson), 『농민전쟁』의 울프(Wolf, Eric R.), 『고대법』의 메인(Maine, Henry Sumner), 프랑크푸르트학파(특히 하버마스(Habermas, Jürgen), <아이다>를 쓴 베르디(Verdi, Giuseppe Fortunino Francesco), 화가 들라크루아(Delacroix, Ferdinand Victor Eugène)나 마네(Manet, Édouard)나 제롬(Gérome, Jean Léon)에 이르기까지 그 범위와 규모는 대단했다. 포스터의 원작을 영화화한 데이비드 린(Lean, David)의 <인도로 가는 길(A Passage to India)>이 영국의 포클랜드 침략 시에 만들어진 것도 제국주의적 향수의 잔재다. 서구사에서는 노동계급운동이나 여권운동마저도 예외 없이 제국에 이익이 되는 쪽으로 작용했다. 미국식 대학의 교양교육으로 강화된 서양고전 읽기도 사실은 제국주의적인 잔재다.

사이드에 의하면 문화와 제국주의의 교차는 지극히 긴밀하고도 절실하다. 제국주의란 자신의 소유가 아닌, 다른 사람들이 소유하고 살고 있는 머나먼 땅을 조종하고 정착하고 생각하는 것을 뜻한다. 곧 군인들과 대포에 관한 것만이 아니라 관념과 형식, 이미지들과 상상에 대한 것이다. 1914년까지 전 지구의 85%를 차지했던, 정치적 침략을 중심으로 한 고전적 제국주의는 끝났다고 할 수 있을지 모르나, 오늘날에는 경제적·사회적, 특히 문화적으로 엄청난 영향력을 행사하고 있다.

두말할 필요도 없이 미국이 가장 대표적인 나라다. 미국은 처음부터 제국주의적 관념, 곧 인구와 영토를 확장하고 힘과 권력을 증대시키는 지배와 주권 위에 기초해 세워진 국가였다. 그런데 미국문화와 정치 및 역사와 관련하여 이데올로기로서의 제국주의는 거의 언급되지 않거나 최근에 와서야 겨우 조금 언급되고 있을 뿐이다. 왜냐하면 미국의 이익 추구는 자유를 위해 싸운다거나 선행을 하는 것으로 위장되어 미국의 제국주의적 속성이 모호하게 은폐되어 왔기 때문이다. 그러나 제국주의는 문화적인 측면에서, 정치적·이념적·경제적·사회적 실천에서 언제나 있던 바로 그 자리에 여전히 남아 있다.

이러한 오리엔탈리즘은 식민지 침략 전후는 물론이고, 식민주의 시대가 끝났다고 하는 오늘날에도 교활한 제국주의 사고로서 세계의 정치와 문화에 계속 영향을 끼치고 있다. 따라서 가령 폴 케네디(Kennedy, Paul Michael)의 강대국멸망론, 헌팅턴(Huntington, Samuel Phillips)의 문명충돌론이나 후쿠야마(Fukuyama, Francis)의 역사종언론 등도 서구우월론의 산물로 비판될 수밖에 없다.

제국주의는 아직 끝나지 않았다. 제국주의는 아직도 의문의 여지없이 경제, 정치, 군사관계에서 상당히 강력한 세력으로 남아 있으며, 경제적으로 저개발국가는 더 부강한 나라에 종속되어 있다. 오랫동안 미국은 다른 나라의 독재와 불의를 도왔다. 지식인의 비판의식은 편의주의에 빠져 방기되었다. 그 의무로 가치와 원리를 포괄적으로 다루어야 할 지식인들은 대학에 대한 재정적인 선심에 의해 비판을 포기하고 있다. 대신 포스트모더니즘 등의 유행들이 그들을 현실과 유리된 지역으로 몰아간다. 특히 문학연구는 구조주의 등과 연계된 형식주의에 빠져 있다. 사이드는 지식인들이 무엇보다도 제국주의의 정치학을 인식하여 대위법적으로 세계 문화를 읽어야 한다고 역설한다.

그러나 한편으로 사이드는 서구제국주의는 물론 그것에 무조건 대항하는 극단적 민족주의도 부정하고 동서 공동의 경험과 문화적 이해를 통한 공존을 주장한다. 제국주의에 저항하면서 정복자와 피정복자가 공존하고 투쟁하는 문화영역의 독립성을 인정한다.

사이드는 오리엔탈리즘을 위압적인 제국주의 세력으로부터 동양 문화를 보호하거나 동양 문화의 생존을 허용하려는 의도와는 다른 것, 즉 동양에 대한 서양의 지적·기술적 지배의 표현이자 정치적·군사적·경제적 우위를 확대하는 수단으로 파악했다. 즉 오리엔탈리즘은 하나의 실재가 아니라, 하나의 구조물, 지배의 상징, 권력의 수단을 표상하는 것으로 파악되었다. 이처럼 오리엔탈리즘은 다양하고 이국적인 문화에 대해 학문적인 존중에서 나온 산물이라고 하는, 종래의 공감대 개념으로서의 성격을 상실하고, 오히려 유럽의 동양 지배를 합법화하기 위해 획일적이며 신비한 동양이라는 것을 창출하는 문학적 수단으로 간주되었다. 1980년대와 1990년대에는 이렇게 부정적인 의미가 새롭게 부각되어 이처럼 급진적이며 본래의 뜻과는 다른 형태의 오리엔탈리즘은 놀랍도록 광범위한 논쟁을 불러 일으켰다. 주로 문학 비평가들 사이에 이루어진 논쟁의 결과, 포스트구조주의, 담론 이론, 포스트모더니즘과 같은 20세기 후반의 모든 중요한 지적 운동들이 탄생했다. 반면 다소 예외가 있기는 하지만, 경험주의에 입각한 분석을 더 선호하는 역사가들은 이러한 지극히 이론적인 논쟁을 기피하는 경향을 보였다.

『오리엔탈리즘』에서는 주로 서양인의 중동관을 다루었다. 따라서 그 책의 정확한 이름은 '미들-오리엔탈리즘'이라고 할 수 있다. 그 책에는 인도를 비롯한 서아시아나, 한국, 중국, 일본 등의 동아시아도 빠져 있어서 그런 지역까지 포괄하려고 한 책이 『문화와 제국주의』다. 또 한 『오리엔탈리즘』에서는 언급하지 않은 탈식민지화 문제, 즉 식민지에 대한 저항을 다룬 책이 『문화와 제국주의』이다. 따라서 그 책은 대상 지역적으로도 이론적인 점에서도 『오리엔탈리즘』의 후속편이라고 할 수 있다. 사이드는 이 책에서 민족주의에 대해 비판한다. 제국주의와 투쟁하기 위해 민족주의는 필요하지만, 자국의 본질과 정체성에 대해 물신숭배적인 경향을 보여주기도 한다고 비판하는 것이다.

— 더 읽기 자료

사이드(Said, Edward)(최유준 역), 『지식인의 표상: 지식인이란 누구인가』, 마티, 2012.
박홍규, 『에드워드 사이드』, 커뮤니케이션북스, 2018.
사이드(Said, Edward)(김성곤 역), 『문화와 제국주의』, 창, 2011.

(집필자: 박홍규·전 영남대학교 교수, 『오리엔탈리즘』 번역자)

자유론(On Liberty)

밀(Mill, John Stuart)

"자유"라고 하면 우리는 보통 아무런 강제 없이 자기가 하고 싶은 대로 하는 것을 떠올린다. 이러한 의미에서의 자유는 한편으로는 인간 개개인은 그 자체로 자유로운가 하는 인간 본성과 관련된 자유, 즉 철학이나 신학에서 "의지의 자유" 또는 "자유의지"라는 문제로 다루어지는 자유가 있고, 다른 한편으로는 두 사람 이상이 모인 사회에서 한 사람이 아무런 강제 없이 자기가 하고 싶은 대로 할 수 있는 자유인 시민적이고 사회적이며 정치적인 자유가 있다.

존 스튜어트 밀(Mill, John Stuart: 1806~1873)이 1859년에 쓴 이 책에서는 후자를 다룬다. 그리고 그는 후자의 자유는 한 사회나 국가에서 소수가 아닌 다수 대중의 자유를 논하는 것이라는 점에서 저자는 근대 시민사회가 시작된 자기 시대에 와서야 비로소 인류 역사상 처음으로 그런 자유를 논할 때가 도래했다고 말한다. 이것은 시대적으로 저자가 자유에 대해 긍정적이고 적극적인 관점을 지니고 있었음을 시사해 준다.

이것을 몇 가지로 세분해 좀 더 구체적으로 말하자면, 저자는 먼저 자유를 누릴 수 있는 조건으로서의 "지적 역량"에 대해 말한다. 미성년자가 자유를 제대로 누릴 수 없는 것과 마찬가지로, 미성년 상태의 미숙한 사회와 대중은 시민적 자유를 제대로 누리는 것이 불가능하다는 것이다. 여기에서 자유와 민주의 관계에 관한 문제가 생겨난다. 왜냐하면 미숙한 대중이 자유를 향유하는 것이 어렵다는 것은 민주주의 체제를 향유하는 것도 어렵다는 말이 되기 때문이다. 하지만 이러한 논리는 독재와 독단을 합리화하는 근거가 될 수 없고, 도리어 "자치"와 사회적 차원의 "소양 교육"을 통해 미숙한 사회와 대중이 성년 상태로 성장하고 발전할 수 있게 하는 것이 정부와 통치자의 소임이라는 것을 일깨워주는 것일 뿐이다. 저자는 기본적으로 인류 사회가 자유를 누릴 수 있는 조건인 "지적 역량"이 역사 속에서 계속해서 발전해 왔다고 보고, 근대 사회에 이르러 인류가 성년기로 접어들었다고 본다.

첫째, 공리주의자였던 저자는 시민적 자유가 주어져야 할 근거를 "효용"에서 찾았다. 인간은 자유가 주어졌을 때에 각자에게 천부적으로 주어진 모든 재능을 완전히 꽃피워서 인간으로서의 성장과 발전을 최대한으로 이루어낼 수 있고, 이렇게 개개인이 최대한의 성장을 이루어낼 수 있는 환경이 조성될 때만 인류도 발전할 수 있다는 것이다.

둘째, 저자는 개개인에게 자유가 주어져야 하는 이유를 인간의 불완전성에서 찾는다. 한 개인의 의견과 행동이 아무리 옳다고 할지라도, 거기에 진리의 모든 것이 다 담겨있을 수는 없다. 아무리 옳은 것이라고 할지라도, 거기에는 틀린 것이 있고, 아무리 틀린 것이라고 할지라도, 거기에는 옳은 것이 있다. 그렇기 때문에, 모든 개개인에게 의견을 표현할 수 있는 "사상의 자유"와 자신의 의견을 거리낌 없이 표현하고 토론할 수 있는 “표현의 자유”가 반드시 필요하다. 이런 자유들을 허용하지 않는 것은 어떤 개인이나 집단이 “절대로 틀릴 수 없다.”(infallibility)는 것을 전제하는 것이고, 그것은 독단이자 독선이며 독재다. 따라서 어떤 의견이 아무리 틀리고 사회의 상식에 어긋나는 것이라고 할지라도, 그 의견을 표현하고 토론하는 자유를 막는 것보다도 허용하는 것이 사회에 더 큰 이득이 된다.

셋째, 저자는 모든 개인에게 자유가 허용될 때에만 개개인이 고유하게 지니고 있는 “개성”이 온전히 발현되고, 이 무수한 개성들이 의견의 표현과 토론을 통해 함께 어우러질 때만이 개개인과 인류 사회는 발전하게 된다고 말한다. 사회나 국가는 일반적으로 옳다고 여기는 것들을 목표로 설정해서, 시민들과 국민이 일치단결해서 그 목표를 향해 힘차게 나아가는 것을 선호하는 경향이 있다. 하지만 그렇게 했을 때에는 그 목표가 아무리 좋고 참된 것이라고 할지라도, 그 속에는 여전히 독선의 요소가 자리 잡고 있기 때문에, 그 부작용과 역작용으로 인해 결국에는 그런 개인과 사회와 나라의 발전은 가로막히게 되고 만다. “개성”은 겉보기에는 사람들을 분열시키는 것처럼 보이지만, 사실은 자유로운 토론 속에서 개성이 극대화될 때에만 개인과 사회는 그런 부작용을 제거하고 역동적으로 발전해나갈 수 있다는 것이다.

넷째, 저자는 자유를 허용해야 하는 원리가 “효용”이라면, 개인의 행동이 사회에 영향을 미칠 때에 그 행동을 제한하는 원리는 “해악”이라고 말한다. 다른 사람들에게 피해를 주는 것은 사회적 해악이 되는데, 이러한 해악을 방치하게 되면, 사회 전체의 효용이 훼손되고 발전은 저해되기 때문에, 그러한 관점에서 자유를 극대화하려는 목적으로만 “해악”의 원리에 의거해 자유를 제한해야 한다는 것이다.

요약하자면, 저자는 최대의 효용을 추구하는 공리주의적 관점에 서서, 인류의 지적 역량이 성년기로 접어든 근대 사회에 이르러서는 시민적이고 정치사회적인 자유가 최대한으로 허용되어야 한다고 주장한 것이다. 그리고 그의 이러한 주장은 그가 태어나서 자란 1800년대의 영국과 유럽의 지성인들 사이에서 지배적이었던 진취적이고 진보주의적인 관점과 일치한다. 저자의 아버지인 스코틀랜드 출신의 철학자이자 역사학자이며 경제학자였던 제임스 밀(Mill, James)은 아주 어릴 때부터 저자가 자기 또래의 아이들과 어울리는 것을 철저하게 차단하고서, 공리주의자 제러미 벤담(Bentham, Jeremy)과 프랜시스 플레이스(Place, Francis)의 조언과 도움을 받아 밀에게 극도로 엄격한 조기 영재교육을 시켰다. 또한 저자가 24살에 만나 20여 년간을 교제하다가 결혼한 해리엇 테일러(Taylor, Harriot Mill)는 자유주의적인 유니테리언주의(Unitarianism) 활동을 하면서, 급진적인 정치사상을 토대로 여성의 참정권 운동을 벌인 여성이었다.

『자유론』이 출간된 때로부터 160년이 흘렀다. 오늘날 한국 사회에서 존 스튜어트 밀이 다룬 시민적이고 사회정치적인 자유와 관련해 우리가 고민하고 있고 고민해야 하는 것은 무엇인가?

먼저 『자유론』은 인류 사회가 지속적으로 지향해 나가야 하는 목표를 정확하게 설정하고 있는 것인가? 한편으로는 토머스 모어(More, Thomas)는 1516년에 쓴 『유토피아』에서 당시 영국에서 벌어지고 있던 모든 끔찍한 사회악의 근본적인 원인을 사유재산제도라고 보고, 사유재산제도가 없는 전체주의적인 사회를 꿈꾸었고, 그때부터 350년이 지난 1867년에는 마르크스(Marx, Karl Heinrich)가 『자본론』을 써서 그 이상을 정치경제학적 이론으로 완성했다. 그리고 다른 한편으로는 인류 역사가 기독교 이데올로기가 지배했던 중세 시대를 지나 르네상스(14-16세기), 계몽주의(17-18세기), 산업혁명(18세기 말부터 19세기 중반)을 거치면서 정신적 부와 물질적 부의 축적으로 근대사회와 근대주의(modernism)가 확립되었고, 정확히 그 기반 위에서 1859년에 존 스튜어트 밀의 『자유론』이 탄생했다.

이렇게 『자본론』과 『자유론』은 인류의 정신적 부와 물질적 부가 동시에 어느 정도 충족된 근대사회에서 유물론적 변증법 철학과 관념론적 변증법 철학을 사회정치적으로 구현한 대표적인 저작이었다고 할 수 있다. 다만 『자유론』이 "테제"라면, 『자본론』은 "안티테제"라는 점이 다를 뿐이다. 인류 사회는 몇 십 년 전까지만 해도 이 각각의 저작을 신봉하는 두 개의 세계로 갈라져 있었고, 지금은 『자유론』 진영의 모순이 점점 커지면서 『자본론』 진영이 점점 더 힘을 얻고 있는 추세라고 해야 할 것이다. 하지만 인류가 공리주의적 관점에서 시민적 "자유"를 추구한다는 것은 지금까지의 인류사가 증명한 것으로 보인다. 사실 『자본론』도 시민적 자유를 부정하고 폐기하기 위한 것이 아니라, 산업혁명 속에서 노예로 전락한 인민에게 시민적 자유를 주기 위한 조건이 어디 있는지를 연구해보니, 사유재산제도가 경제적 착취와 정치적 압제의 근원이라는 것을 논증한 것이었기 때문이다. 따라서 개개인의 시민적 자유를 점점 더 극대화하기 위한 방법이라는 점에서는 공통적이다. 하지만 『자본론』이 정치경제학적으로 옳은 것이라고 해도, 존 스튜어트 밀이 말한 것처럼 오류가 전혀 없이 절대적으로 옳은 것은 아닐 것인데다가, 인류의 개개인이 자기가 원하는 것을 하고 원하는 것을 가질 수 있을 정도의 고도의 생산력을 전제로 하고, 자본가 근성을 없애기 위한 독재를 허용하는 등, 그 이상을 이루기 위한 수단이 『자유론』

보다 더 극단적이라는 점에서, 『자유론』을 “테제”로 하고, 『자본론』을 “안티테제”로 한 종합을 추구하는 방향이 인류가 가게 될 길이고 가야 할 길로 여겨진다.

다음으로, 『자유론』의 저자는 대중의 “지적 역량”이 시민적 자유의 조건이라고 했고, 이 전제 조건이 근대 사회에 이르러 기본적으로 충족되었기 때문에, 대중에게 미숙한 부분이 있다고 해도, 그것은 독재와 독단을 합리화하는 근거가 될 수 없고, 도리어 “자치”와 “소양 교육”을 통해 발전할 수 있게 하는 것이 정부와 통치자의 소임이라고 말한다. 한편 플라톤은 『국가』(원제는 『정치체제론』)에서 온갖 정치체제의 실험장이었던 고대 그리스 도시국가들에서 민주주의는 개개인의 자유가 확대되는 방향으로 나아가게 되어 있고, 자유가 과잉이 되면 결국 자유로 인한 폐해가 극대화되어, 대중은 독재를 원하게 된다고 말한다. 그래서 그는 민주주의를 이상적인 정치체제로 보지 않았고, 올바른 것과 정의를 추구하는 인물이 왕이 되어 다스리는 철인국가를 이상국가로 제시했지만, 현실적으로 가능성은 거의 전무한 것으로 보았다. 또한 동시대의 그리스인 크세노폰(Xenophōn)은 성경에도 고레스로 언급되는 페르시아 제국의 창건자를 다룬 『키루스의 교육』에서 그리스의 시민 대중 교육은 “문법학교”라 불리는 곳에서 이루어지는 반면에, 페르시아에서는 “정의학교”라 불리는 곳에서 이루어진다고 말한다. 그런 이유로 그리스에서는 서사시와 희곡, 수사학, 변증술 등 언어를 중심으로 한 문화가 꽃피운 반면에, 페르시아에서는 어려서부터 정의가 무엇인지를 구체적으로 교육을 받아 그 가치관으로 살아갔다면서, 현실적인 이상국가는 그런 국가라고 주장한다. 이렇게 플라톤이나 크세노폰 같은 이들은 자기가 옳다고 여기는 이데올로기를 관철시키는 사회나 국가를 꿈꾸었기 때문에, 어떤 의미에서든 전체주의 사회를 이상화할 수밖에 없었다. 하지만 존 스튜어트 밀은 불완전한 각 개인이 시민적 자유가 최대한으로 보장되고 훈련을 위해 "자치"와 "소양 교육"이 제공되는 사회에서 서로 어우러져 개인의 개성 발현이 극대화되고 한 사회의 역동성이 극대화되는 플랫폼 사회를 제안한다. 이 사회에서는 그러한 플랫폼을 위협하여 효용을 훼손해서 개인과 사회의 효용을 극대화하는 것을 방해하는 행위만을 최소한으로 제한한다.

끝으로, 존 스튜어트 밀이 시민적 자유의 전제라고 말한 "지적 역량"과 관련해서 중요한 것은 이성적 사고 능력이다. 사실 근대사회를 탄생시킨 정신적이고 지적인 부의 근원은 바로 이 이성적 사고 능력이었다. 중세 사회를 지배한 기독교의 폐해 중 하나는 원래는 건강하게 발전시켰어야 할 이성적 사고 능력을 억압하는 작용을 했다는 것이다. 그렇게 된 것은 기독교가 이데올로기로 변질되었기 때문이었다. 그러다가 중세 말기에 고대 그리스와 로마로 돌아가자는 르네상스 운동(14~16세기)과 그 후의 계몽주의 운동(17~18세기)은 이성적 사고 능력의 부활과 본격적인 발전의 기폭제가 되어, 그 연장선상에서 종교개혁이 일어나 프로테스탄트(개신교)라는 이성적인 기독교가 출현하고, 기독교다운 기독교 신학의 꽃을 피운다. 독일의 사회과학자인 막스 베버(Weber, Max: 1864~1920)는 『프로테스탄티즘과 자본주의 정신』이라는 논문에서 가톨릭이 아닌 개신교가 우세한 지역에서 자본주의가 발전한 것을 입증한다. 그 이유는 로마 가톨릭은 중세적인 사고 방식을 그대로 유지한 반면에, 개신교는 1500년대에 이성을 기반으로 한 기독교를 제시한 후에 300여년에 걸쳐 이성을 기반으로 한 기독교 신학을 발전시켰고, 이성적 사고 방식은 개신교와 근대사회의 근간인 자본주의의 공통점이었기 때문이었다. 고대 사회에서 이성적 사고 능력은 소수의 전유물이었고, 그 중에서 가장 탁월한 인물은 소크라테스(Socrates)와 플라톤(Platon)과 아리스토텔레스(Aristoteles)로 이어지는 3대 철학자였다. 그들의 무기는 오로지 이성적 사고 능력이어서, 소크라테스와의 대화 형식을 빌려 쓴 플라톤의 여러 대화편에서 소크라테스는 자기가 왜 현상의 관찰이 아닌 이성적 사고를 진리를 발견하는 도구로 삼았는지를 설명하고, 대화법을 통해 그 구체적인 모범을 직접 보여준다. 이성적 사고 능력에서 중요한 것은 지적 통찰과 추론능력인데, 아리스토텔레스는 논리학과 관련된 아주 중요한 저작들로 인류 역사에 큰 기여를 했다. 근대 시민사회는 이 3대 철학자가 제시한 이성적 사고 능력을 발전시켜 지성과 지식이라는 정신적 부를 축적한 것이 한 축을 이루고 있다.

『자유론』을 소개하고 있는 이 필자는 학생들에게 필수적으로 교육해야 할 것 중 하나가 어느 하나의 이데올로기에 얽매이지 않는 자유로운 이성적 추론 능력이라고 믿는다. 그러려면 편견과 욕망을 제거하고 정직하게 사고하는 것을 기본으로 갖추고, 논리학 공부를 통해 추론 능력을 갖추며, 토론이라는 실전으로 이 능력을 몸에 배게 해야 한다. 왜? 각자의 개성을 극대화하여 최고의 행복을 추구하는 가운데 역동적이고 자유로운 함께 사는 사회를 위해. 이 시민적 자유를 위협하는 것은 많고 강력하지만, 우리 인류가 그 길로 한 걸음이라도 더 전진해 가야 한다는 것은 틀림없는 사실인 것 같다.

— 더 읽기 자료

밀(이종인 역), 『공리주의』, 현대지성, 2020.
밀(서병훈 역), 『대의정부론』, 아카넷, 2012.
밀(박동천 역), 『정치경제학 원리 1, 2, 3』, 나남, 2010.
밀(서병훈 역), 『여성의 종속』, 책세상, 2018.

(집필자: 박문재 · 번역가, 『자유론』 번역자)

중국의 붉은 별(Red Star over China)

스노(Snow, Edgar)

1. 저자 소개

『중국의 붉은 별』 저자인 에드거 스노(Snow, Edgar: 1905~1972)는 주로 중국 공산주의와 중국 공산혁명에 대한 기사와 책을 쓴 미국의 저널리스트이자 작가이다. 특히 그는 중국 공산주의 운동이 1930년대에 이르기까지 거쳐 온 과정을 저술한 책인 『중국의 붉은 별』로 잘 알려져 있다. 스노는 "대장정" 이후 펼쳐진 중국 공산당의 역정을 서술하고, 마오쩌둥(毛澤東)을 비롯한 많은 중국 공산당 지도자들을 직접 인터뷰한 최초의 서양 저널리스트이기도 하다.

에드거 스노는 1905년 미국 미주리주 캔자스시티에서 출생했으며, 1928년 23세의 나이에 중국 상하이로 건너가 『차이나 위클리 리뷰』의 기자가 되었다. 이후 13년간 중국에 거주하면서 쑨원(孫文)의 부인인 쑹칭링(宋慶齡) 등과 같은 많은 저명한 중국 작가 및 지식인과 교류를 하였고, 『아리랑(Song of Ariran)』의 작가로 유명한 헬렌 포스터 스노(Snow,

Helen Foster; 필명 Nym Wales)와 만나 결혼을 하였다. 또한 베이징의 옌징 대학에서 강의를 하며 훗날 중국의 지도자가 된 학생들과 친분을 쌓기도 했다. 그는 특파원으로서 중국과 미얀마, 인도, 인도차이나를 취재하면서 『시카고 트리뷴(Chicago Tribune)』, 『뉴욕 선(The New York Sun)』, 『뉴욕 헤럴드 트리뷴(New York Herald-Tribune)』, 런던 『데일리 헤럴드(Daily Herald)』 등에 기고했으며, 『새터데이 이브닝 포스트(Saturday Evening Post)』의 부편집장으로서 아시아와 유럽의 전시 및 전후 사건들을 보도하였다.

1936년 6월 에드거 스노는 쑹칭링의 소개장을 들고 장쉐량(張學良)의 군대가 있는 산시성(陝西省) 시안(西安)에 도착했고, 항일전쟁 수행을 위해 공산당과의 합작을 원하던 장쉐량에 의해 당시 홍군의 점령지인 홍구(紅區)로의 진입이 허가되었다. 스노는 대장정을 마친 중국공산당의 본부라고 할 수 있는 '중화인민소비에트공화국' 정부가 위치한 바오안(保安)으로 안내되었다. 그는 그곳에서 4개월간 머무르면서 마오쩌둥과 저우언라이(周恩來), 주더(朱德), 펑더화이(彭德懷) 등 공산당 지도자들과 인터뷰를 진행하였다. 그 해 가을에 베이징으로 돌아온 후 스노는 인터뷰 원고를 바탕으로 책을 집필하였다. 처음에 그는 『차이나 위클리 리뷰』에 이에 관한 간단한 기사를 실었고, 이후 1937년 런던에서 『중국의 붉은 별』 초판을 발행하였다.

제2차 세계대전 중에는 종군 기자로 중국, 아프리카, 인도, 소련 등을 방문하여 취재하였고, 문화대혁명 기간에도 중국을 방문하여 마오쩌둥과 저우언라이 등과의 우정을 확인하였다. 스노는 만년에 암으로 투병하다 1972년 67세의 나이에 스위스 제네바에서 사망하였다.

그는 『Far Eastern Front』, 『Living China: Modern Chinese Short

Stories』, 『Red Star Over China』, 『People On Our Side』, 『Red China Today: The Other Side of the River』, 『The Long Revolution』, 『The Random Notes on Red China 1936~1945』 등 11권의 저서를 집필하여 발간하였다.

2. 언론 보도 및 평가

『중국의 붉은 별(Red Star over China)』은 1937년 10월 영국 런던의 빅터 골런츠(Victor Gollancz) 출판사에서 처음 출판되었고, 이어 1938년 1월에는 미국 뉴욕의 랜덤 하우스(Random House) 출판사를 통해 출판되었다. 이 책은 영국의 빅터 골런츠판이 출간 1개월 만에 약 10만 부가 팔렸고, 미국의 랜덤 하우스판이 출간 1개월 만에 약 12만 부가 팔렸으며, 6개 국어로 번역될 정도로 큰 성공을 거두었다.

『뉴욕타임스』는 기사에서, "『중국의 붉은 별』은 존 리드의 『세계를 뒤흔든 열흘(Ten days that shook the world)』, 조지 오웰의 『카탈로니아 찬가(Homage to Catalonia)』와 더불어 세계 3대 르포 문학의 하나로 손꼽히는데, 그중에서도 대표작이라 할 수 있다. 그리고 이제 이 책은 중국 혁명에 대한 아주 잘 알려진 '역사적' 고전일 뿐만 아니라 저널리즘의 한계를 뛰어넘어 빛나는 역사적 작품이 되었다."고 평하였다. 또한 『뉴욕타임스』에서는 저자에 대해 "서방 세계의 기자로서 아마도 에드거 스노보다 중국과 마오쩌둥을 더 잘 이해하고 있는 사람은 없을 것이다."며 극찬하였다.

『중국의 붉은 별』에 대한 평가를 살펴보면 다음과 같다.

"내 전기는 이 책으로 대신한다." - 마오쩌둥(毛澤東)

"에드거 스노를 읽거나 연구하지 않고는 누구도 오늘의 중국을 이해할 수 없다." - 해리슨 솔즈베리(Salisbury, Harrison Evans)

"중국에 관한 서방 세계의 지식의 역사에서 볼 때 유럽과 미국 사람들의 생각을 바꾸어 놓았다고 말할 수 있는 책은 6권을 넘지 못할 것이다. 그 중의 하나가 에드거 스노의 『중국의 붉은 별』이다." - 오언 레티모어(Lattimore, Owen)

또한 미국의 중국학 연구를 이끈 하버드대학의 저명 역사학자 존 킹 페어뱅크(Fairbank, John King)는 이 책의 머리말에서 다음과 같이 말하였다.

"1936년, 중국공산당은 중국 동남부에서 서북 지역으로 탈출하는 데 막 성공하고 그들의 통일전선전술을 전개하고 있었다. 이들은 외부 세계에 그들의 이야기를 밝힐 준비가 되어 있었다. 그리고 스노는 그 이야기를 전할 능력이 있었다. 오늘날 이 책을 읽는 독자들은 이러한 요인들이 서로 맞아떨어졌다는 점을 알아야만 할 것이다. … 『중국의 붉은 별』에서 놀라운 것은 이 책이 마오쩌둥과 그의 동지들에 관해, 또 이들의 내력에 대해 최초로 일관된 역사를 보여 주었을 뿐만 아니라, 거의 알려지지 않은 이 운동의 장래에 대한 전망을 제시했다는 점이다. 그리고 미래에 대한 그 전망은 나중에 끔찍하리만치 예언적이었다는 것이 증명되었다. 이 책의 두 가지 측면, 즉 역사적 기록이라는 측면과 하나의 대세를 암시한 내용이라는 측면에서 다 같이 오랜 시간의 시련을 흔들림 없이 견뎌 왔다는 것은 에드거 스노에게 큰 영예가 아닐 수 없다."

3. 판본 이력

『중국의 붉은 별』은 1937년 11월 런던의 빅터 골런츠 출판사와 1938년 1월 뉴욕의 랜덤 하우스 출판사에서 간행된 이후 판을 거듭하다가 1939년에는 11부(部)를 추가한 1차 개정판이 나오고, 1944년에는 11부를 삭제하고 그 대신 '에필로그 1944'를 넣은 2차 개정판이 나왔다. 1968년에는 1944년판을 보완한 개정증보판이 출간되었는데, 1968년 개정증보판에는 '1968년판 주(註)'와 중국 혁명 연표, 98명에 이르는 인물들에 대한 약전(略傳), 문화대혁명으로 인한 중국공산당 지도자들의 이동 상황, 참고문헌 목록 등이 추가되었다. 그리고 1972년판은 1968년의 개정증보판에 스노가 1970년 8월부터 1971년 2월까지 중국을 방문해 얻을 수 있었던 자료를 주(註)와 부록에 추가한 것이다. 우리말 번역본은 1972년판을 완역한 것이다.

『중국의 붉은 별』이 우리말로 처음 옮겨져 제1판이 출간된 것은 1985년 3월이었다. 이후 1985년판을 새로 편집하고 수정하여 1995년판이 간행되었다. 현재 해제를 하는 이 판본은 1995년판을 수정한 2013년판의 8쇄 간행본이다.

4. 도서 내용 소개

『중국의 붉은 별』은 1936년 에드거 스노가 중국공산당의 본거지인 산시성 바오안에 들어가 중국공산당의 실체를 직접 목도하고, 중국공산당 지도부와의 인터뷰를 통하여 중국 공산혁명의 이념과 과정, 대장정의 경험, 각 공산주의자들의 개인 역사를 생생하게 전달함으로써 당시 베일에 싸여 있던 중국공산당과 중국 공산주의 운동의 구체적 모습을 최초로 세계에 알린 책이라 할 수 있다.

중국공산당은 1924년 결성된 제1차 국공합작이 1927년 중국국민당의 상하이 4·12쿠데타로 인해 결렬되자 1927년 8월과 9월에 난창 봉기와 추수 봉기를 일으켰으나 모두 실패하고 말았다. 이에 1927년 10월 마오쩌둥과 주더는 장시성(江西省) 징강산(井岡山)에 근거지를 건설하고 추수봉기 잔존부대를 개편하여 노농혁명군을 조직하였다. 이후 1931년 장시성 루이진(瑞金)에 중화소비에트공화국 임시중앙정부가 수립되었고 마오쩌둥이 정부 주석으로 취임하였다. 한편 중국국민당의 장제스(蔣介石)는 일본의 화북침략이 가속화되는 상황 속에서도 '선안내후양외(先安內後攘外)' 정책을 관철하며 수십만의 병력을 동원하여 중국공산당 본거지인 장시소비에트구에 대해 5차에 걸친 포위 토벌 작전을 진행하였다. 이에 홍군의 거점이 차례로 격파되자 중국공산당 중앙은 장시소비에트구 포기 결정을 내렸고, 홍군 주력군인 제1방면군이 1934년 10월 루이진을 탈출하였다. 이후 제1방면군은 12개의 성(省)을 통과하고 대설산(大雪山) 등 18개 산맥과 다두하(大渡河) 등 17개의 큰 강을 건너 12,000km의 대장정을 감행하였고, 1935년 10월 산시성(陝西省) 오기진(吳起鎭)에 도착하였다. 홍군의 다른 부대가 모두 합류하게 되는 것은 1936년 10월이 되어서였다.

에드거 스노가 바오안에 있는 중국공산당 본부에 방문했을 때는 이처럼 홍군 주력군이 대장정을 마친 지 얼마 지나지 않았을 때였다. 비록 대장정에서 살아남은 홍군이 대장정 시작 전에 비해 10분의 1에 지나지 않는 3만 명이 전부일 정도로 희생이 컸지만 홍군 근거지인 바오안에서 새로운 소비에트 정부를 구성한 중국공산당원들은 그 어느 때보다도 중국 혁명의 신념으로 단단히 결집되어 있었다. 마오쩌둥은 대장정에 성공한 후 대장정을 "진실한 선언서이며 선전대이고 파종기였다."고 평가할 정도였다.

에드거 스노는『중국의 붉은 별』을 통해 중국이 광범위한 개혁을 요구하고 있으며, 중국공산당은 바로 '농촌 개혁가들'의 집단이자 '평등주의적 농민 운동가들'의 집단임을 알리고자 하였다. 그는 이와 동시에 중국공산당이 마르크스 레닌주의의 계급투쟁 이론과 프롤레타리아 혁명 이론을 견지할 것이라는 견해를 밝히기도 하였다. 체계적이며 체제적인 개혁이 전국적으로 추진되지 않는다면 부패와 무능의 늪에 빠진 국민당 정부는 결코 일어날 수 없으며, 국민당 정부가 국공합작을 다시 진행하지 않는다면 국민의 지지를 완전히 잃어 결국 중국공산당에 패배하고 말 것이라는 스노의 예언은 페어뱅크의 말처럼 섬뜩하리만치 당시의 정세를 정확히 읽어낸 부분이라고 할 수 있다.

이 책은 총 12부로 구성되어 있는데 그 내용을 간단히 살펴보면 다음과 같다.

1, 2부는 베일에 가려져 있는 중국공산당의 실체에 대한 의문과 이를 해결하기 위해 홍구로 들어가는 과정을 담고 있고, 3, 4부는 마오쩌둥과의 인터뷰를 통해 공산당의 정책과 일치항일 문제, 마오쩌둥 개인의 생애와 공산주의 운동 역정을 서술하고 있다. 5, 6부는 중국공산당의 조직과 투쟁, 대장정의 과정을 보여 주고 있고, 7부에서 10부까지는 홍군의 지휘관에서 말단 병사에 이르기까지 대화를 나누고 그들의 말을 통해 홍군의 조직과 일상, 홍군 지휘관의 면모에 대해 자세히 그리고 있다. 11부는 바오안의 생활과 중국공산당을 둘러싼 국제정치를, 12부는 중국공산당에 대립하는 정치 실체로서의 중국국민당의 허상을 정확히 묘사하고 있다.

『중국의 붉은 별』이 출판된 후 서양의 많은 지식인들이 스노의 영향을 받아 중국에 관심을 갖게 되었다. 엄청난 희생을 겪으면서도 개혁과 투쟁을 포기하지 않고 중국 정치의 새로운 대안으로 떠오르고 있던 중국공산당과 마오쩌둥에 대한 궁금증을 풀어주는 데 공헌했던 이 책은 지금까지도 중국에 관심 있는 이들이 반드시 읽어야 할 필수 입문서라고 할 수 있다.

5. 관련 도서

1920년대 이래 중국 정치의 양대 산맥이라고 할 수 있는 중국국민당과 중국공산당의 이념과 정치적 역정, 그리고 그들 사이의 내전 과정은 중국현대사를 관통하는 핵심 내용임과 동시에 오늘날의 중국을 정확히 파악하는 데 큰 도움을 줄 수 있는 소재라고 보인다. 그런 면에서 근대 이래 중국의 정치 과정과 중국공산당의 조직 및 대장정, 마오쩌둥 및 덩샤오핑(鄧小平)의 정치 활동은 『중국의 붉은 별』과 연관 지어 살펴볼 수 있는 좋은 주제라고 할 수 있다.

이와 관련하여 소개할 만한 책은 스펜스의 『현대중국을 찾아서』, 솔즈베리의 『대장정-작은 거인 등소평』, 모리스 마이스너의 『마오의 중국과 그 이후』이다.

『현대중국을 찾아서』는 청대부터 현대에 이르기까지 현대 중국이 어떠한 정치적 과정을 거치며 발전해 왔는지 그 역사적 근원을 찾는 것을 주요 내용으로 삼고 있다. 그리고 『대장정-작은 거인 등소평』은 대장정의 원인과 과정, 결과에 초점을 맞추고 있으면서도 이를 통해 마오쩌둥과 덩샤오핑의 존재를 부각시키고 자연스럽게 이들의 정치적 연결을 르포 형식으로 보여주고 있다. 마지막으로 『마오의 중국과 그 이후』는 1920년대 중국공산당의 창당에서 문화대혁명에 이르기까지 마오쩌둥의 혁명 이념과 이상주의가 어떻게 정책적으로 구체화되었는지를 서술해 주고 있다.

— 더 읽기 자료

스펜스(Spence, Jonathan D.)(김희교 역), 『현대 중국을 찾아서』, 이산, 1998.
솔즈베리(Salisbury, Harrison Evans)(정성호 역), 『대장정-작은 거인 등소평』, 범우사, 1985.
마이스너(Meisner, Maurice)(김수영 역), 『마오의 중국과 그 이후』, 이산, 2004.

(집필자: 김형렬 · 동의대학교 교수)

과학혁명의 구조
(The Structure of Scientific Revolutions)[29]

쿤(Kuhn, Thomas Samuel)

자연과학 분야뿐만 아니라 인문사회 분야를 포함한 수많은 분야에서 패러다임이라는 용어가 자주 언급되고 있지만 그 의미가 정확하게

29 다음과 같은 참고문헌의 도움을 받았다.
권성기, 「과학의 본성 지도를 위한 과학의 미학적 측면에 대한 2차원 모델 제안」, 『과학수학교육연구』, 2018.
쿤(김명자 역), 『과학혁명의 구조』, 두산동아, 1997.
쿤(김명자 역), 『(개정증보판)과학혁명의 구조』, 정음사, 1986.
권성기, 「과학의 본성 지도를 위한 과학의 미학적 측면에 대한 2차원 모델 제안」, 『과학수학교육연구』, 2018.
쿤(김명자 역), 『과학혁명의 구조』, 두산동아, 1997.
쿤(김명자 역), 『(개정증보판)과학혁명의 구조』, 정음사, 1986.
송진웅 외, 「현대 과학철학에 나타난 과학교육의 이미지」, 한국교원대학교 부설 교과교육공동연구소: 연구보고 RR95-VI-9, 1997.
차머스(Chalmers, A.)(신일철, 신중섭 역), 『현대의 과학철학』, 서광사, 1984.

이해되고 있는 것 같지 않다. 좀 더 분명한 의미를 이해하고 사용할 필요가 있다.

고전 읽기

과학철학 및 과학사의 고전이라는 평가 때문에 『과학혁명의 구조』를 의무적으로 읽어야 한다는 압박을 받는 사람도 있고, 유행처럼 쓰이는 '패러다임'이란 용어의 개념을 제대로 알기 위해 이 책을 찾는 경우도 있다. 『과학혁명의 구조』와 '패러다임'은 언제나 결합되어 있고, 과학사나 과학철학 분야의 고전으로 누구나 이 책을 거론하고 있다.

그러나 이 책은 읽기에 그리 만만한 책이 아니다. 과학에 대한 상당한 수준의 배경지식을 요구하기 때문이다. 이 책이 갖는 권위나 가치를 생각할 때 미래의 초등교사가 꼭 읽어보기를 권하는 마음이다. 『과학혁명의 구조』에 대한 해제를 통해 좀 더 쉽게 이 책에 접근할 수 있도록 하고자 한다.

하퍼 리(Lee, Harper)의 『앵무새 죽이기』는 전 세계에서 오랫동안 널리 읽힌 책이다. 이 책은 영화로 만들어져 많은 사람들이 감동을 받았다고 한다. 영화가 『앵무새 죽이기』를 읽도록 하는 데 하나의 유인책이 되기도 하였다. 『과학혁명의 구조』도 영화로 만들어졌으면 좋겠다는 생각이 들었다. 유명한 작품을 영화로 만드는 일은 자주 있는 일이다. 『과학혁명의 구조』도 널리 알려진 책이므로 영화로 만들어 볼 수는 없을까? 왜 만들지 않을까? 이와 같은 질문을 던지면서 동시에 영화화가 실현될 수 있기를 기대해 본다.

패러다임이라는 키워드는 자연과학 분야에서 시작된 용어다. 이것이 오늘날 인문사회 분야 등 수많은 분야에까지 널리 확장되어 쓰이고 있다. 나아가 혁신이나 변화를 말할 때마다 화두를 던지듯이 이 용어를 앞세우고 있다. '패러다임'이란 말을 창안한 쿤(Kuhn, Thomas)이 과학자이자 과학철학자라 해서 이 용어가 자연과학에만 국한하여 사용될 이유는 없다. 그렇지만 '패러다임'이란 용어를 제대로 이해하고 사용하기 위해서는 이 용어의 출처인 『과학혁명의 구조(The Structure of Scientific Revolutions)』를 읽어야 할 것이다. 그러나 생각만큼 『과학혁명의 구조』를 꼼꼼하게 읽어 보는 일이 그리 쉬운 것은 아니다. 흔히 취미가 고전음악 감상이라고 하더라도 정통 클래식 음악 전체를 차분하게 감상하지 못하기 십상이다.

과학 혁명과 정상 과학에 대한 논의

'패러다임'이란 말은 『과학혁명의 구조』라는 책에서 나왔다. 그런데 『과학혁명의 구조』 보다 '패러다임'이라는 말이 더 유명하고 널리 퍼졌다. 그러나 이 책은 과학의 변화 양상을 과학철학의 이론으로 설명하려는 과정에서 패러다임이 혁명적으로 변화한다는 것을 포착하여 과학혁명이라는 제목을 붙였다. 그 안에서 과학적 혁명이 패러다임의 전환이라는 의미를 담고 있다.

이 책의 서론 부분에는 과학혁명에 대한 간략한 의미를 다음과 같이 설명하고 있다.

> 전문 분야의 공약의 변동이 일어나는 비상한(extraordinary) 에피소드들이 과학혁명이라고 부른다. 과학혁명은 정상 과학에서의

> 전통에 얽매인 활동에다가 관습을 깨뜨리는 보완이 덧붙는 것이다.(25쪽)

여기서 비상(非常)한 에피소드를 처음 번역판에서는 이변적인 에피소드라고 번역을 했었다. 현재의 이론을 배경으로 예측한 것들이 들어맞지 않는 이상한 사례(anomaly)가 발견되고 되풀이될 때라는 의미와 연결된다. 여기서 '비정상적'이라는 말은 당연히 정상 상태가 깨어진 것을 의미하기 때문에 쿤의 정상 과학에 대한 개념적인 의미는 '과거의 하나 이상의 과학적 성취에 확실히 기반을 둔 연구 활동을 뜻한다.'(31쪽). 정상 과학에 대한 더욱 자세한 설명은 『과학 혁명의 구조』의 3절, 4절, 5절에서 다루고 있다.

쿤의 『과학혁명의 구조』에는 패러다임 말고도 정상 과학, 비정상 현상, 위기, 과학 혁명, 공약 불가능성, 수수께끼 풀이, 문제 풀이와 같은 중요한 핵심 개념들이 담겨 있다. 그 중에서 패러다임이라는 개념을 설명하기 위해서 먼저 정상과학을 다음과 같이 설명했다.

> '정상 과학(normal science)'은 과거의 하나 이상의 과학적 성취에 확고히 기반을 둔 연구 활동을 뜻하는데, 그 성취를 몇몇 특정 과학자 사회가 일정 기간 동안 과학의 한 걸음 나아간 활동을 위한 기초를 제공하는 것으로 인정하는 것을 가리킨다.(31쪽)

그중에서 정상 과학의 개념을 파악하는 데 도움이 되는 부분을 인용하였다.

> 하나 또는 그 이상 과거의 과학적 업적에 확고한 기반을 둔 연

구를 의미한다. 여기서 업적이란 연구를 진척하는 데 기초를 제공하는 것이며 어떤 특정한 과학자 집단이 일정한 기간 동안 인정하는 것들이다.(31쪽)

자연을 전문 교육에 의해서 제공된 개념의 상자들 속으로 밀어 넣으려는 격렬하고도 헌신적인 시도라고 묘사하고 싶다.(24쪽)

정상 과학은 대부분의 과학자들이 자신의 시간을 거의 모두 바치는 활동을 의미하며 과학자 사회가 알고 있는 가정에 입각한 것이다.(중략) 정상 과학은 근본적인 새로움을 흔히 억제하게 되는데, 그 까닭은 그러한 새로움이 정상 과학의 기본 공약들을 전복시키기 때문이다. 그럼에도 불구하고 그들 공약들이 임의성의 요소를 지탱하는 한, 정상 과학의 바로 그 성격은 새로운 것이 아주 오랫동안 억제되지 않을 것임을 보장한다. 때로는 정상적 문제, 즉 기존의 규칙과 과정에 의해 풀려야 하는 문제가 그것을 거뜬히 풀 수 있는 가장 유능한 학자들의 되풀이 되는 공격에도 풀리지 않는다.(25쪽)

이렇게 대부분의 과학자들은 정상 과학이라는 활동을 한참 동안 지속하고 있다. 하지만 이상한 사례들이 축적되고 정상 과학의 문제 풀이 방식이 성공하지 못하는 일들이 충분히 일어나게 되면 결국 과학혁명으로 이어지게 된다. 과학사의 사례들로는 지동설의 코페르니쿠스, 만유인력 법칙의 뉴턴, 산소 발견의 라부아지에, 상대성이론의 아인슈타인 등과 같은 과학 발전 주요 전환점들을 과학혁명으로 설명하였다(『과학혁명의 구조』의 9절과 10절).

이런 '전환점'이라는 용어도 과학사의 변화를 적절하게 설명할 순 있지만 쿤은 '과학혁명'이라고 부른다. 과학사의 변화가 급격한 혁명이 일어난 사건으로 재구성하면서 과학혁명으로 파악한 것이다. 축적에 의한 발전이라는 개념으로는 어렵다고 보고 과학혁명이라는 설명 방식을 택한 것이다.

> 적어도 물리과학의 역사에서는 다른 어느 분야의 에피소드보다 더 명료하게 이들 사례를 과학혁명이 대체 무엇인가를 드러낸다. 이것들은 각기 그 과학자 사회로 하여금 그것과는 양립되지 않는 다른 이론을 택하여 높이 기리던 하나의 과학 이론을 거부하도록 만들었다. 각 혁명은 과학의 탐구 대상이 되는 문제들에 있어서 그에 따르는 변화를 일으켰고,(중략) 과학 연구가 이루어진 그 세계의 변환이라고 궁극적으로 묘사되어야 할 방식으로 과학의 상상력을 변형시켰다. 이러한 변화들은 거의 빠짐없이 그것에 수반되는 논쟁과 더불어 과학혁명을 정의하는 특성이 된다.(25~26쪽)

『과학혁명의 구조』의 2절은 정상 과학에 이르는 길이라는 제목처럼 정상 과학에 대한 개념이 패러다임의 의미를 알고자 하는 독자들에게는 처음부터 패러다임이라는 키워드를 알기 전에 정상 과학의 개념을 필수적으로 알아야 한다고 한 것이다.

정상 과학에 대한 설명에 이어서 쿤은 과학 분야의 유명한 고전들을 열거하면서 패러다임이라는 말을 처음 제시하고 있다.

> (전략) 이런 책들은 일정 시간 동안에 연구 분야에서의 합당한 문제들과 방법들을 연구자의 다음 세대에게 묵시적으로 정의해주는 역할을 한다. 이런 저술들은 두 가지 본질적인 특성을 공유하기

때문에 그럴 수 있었다. 그것들의 성취는 과학 활동의 경쟁 방식으로부터 끈질긴 옹호자들의 무리를 떼어낼 만큼 소위 전대미문의 것이었다. 동시에 모든 유형의 문제들을 연구자들의 재개편된 그룹이 해결하도록 남겨 놓을 만큼 상당히 융통성이 있었다. 이런 두 가지 특성을 띠는 성취를 '패러다임(paradigm)' 이라고 부르기로 하는데 이 용어는 '정상 과학' 에 밀접하게 연관된다.(31~32쪽)

쉽게 말한다면, 패러다임을 과학자 사회가 공유하고 있는 전통이라는 의미로 사용하고 있다. 패러다임은 표준 예시라고 한다.

과학의 역사적 발전을 설명하는 작업으로 쿤은 과학적 발전에는 정상 과학과 혁명적 과학이 있다고 구분하였다. 혁명적 과학을 쿤이 비통상적인 과학이라고 불렀다. 정상 과학과 비통상적인 과학이라는 두 가지를 패러다임이라는 개념으로 연결지었다. 전(前) 과학의 단계에 머물러 있다가 정상 과학의 단계에 진입한 후에 위기가 발생하면서 과학 혁명이 일어나게 된다. 새로운 정상 과학의 단계에 머물다가 다시 위기가 발생하고 또 다른 정상과학으로 해결하는 과정이 반복된다.

그러나 이런 간단한 한 개의 문장으로 패러다임의 의미를 파악하는 것은 매우 위험할 수 있다. 그래서 패러다임이라는 키워드를 둘러싼 논쟁이 격렬하게 벌어졌던 과정을 소개한다.

『과학학명의 구조』라는 책의 초판에서 언급한 패러다임은 대단히 포괄적으로 사용되었다. 과학에 대한 새로운 이미지로서 자주 사용되는 패러다임의 의미는 혼란스럽기도 하여 많은 사람들 간에 오해와 비난을 불러일으키기도 하였다. 패러다임이라는 용어는 인문사회 분야에서는 생소한 개념은 아니었지만 패러다임이 무엇인가라는 개념적 문제는 과학철학 분야를 공부하는 학자들뿐만 아니라 철학자, 경제학자, 역사학자, 사회학자들에게 관심을 끌게 되면서 동시에 격렬한 논쟁을 불러일으켰다.

패러다임이라는 키워드가 격찬이 되면서도 동시에 뜨거운 논쟁의 대상이 된 핵심적인 이유는 패러다임이라는 용어가 등장할 때부터 그 개념이 불분명했기 때문이다. 영어를 한글로 번역한 김명자 교수의 해설에 따르면 패러다임은 '표준적인 사례 혹은 예시, 예증'을 의미한다.

> 패러다임은 언어학습에서 사용되는 표준 예시(examplar)란 뜻이라고 한다.(296쪽)

패러다임의 개념이 불명확하다는 것을 처음 지적한 사람은 매스터만(Masterman, Margaret: 1976)이었다. 그녀에 따르면 과학자들에게는 패러다임이라는 용어가 아주 명쾌하게 이해되고 있지만 철학자들에게는 애매하게 이해되고 있다고 했다.

매스터만은 "(과학혁명의 구조는) 과학에서 실제로 연구에 종사하는 사람들에 의하여 널리 읽혀지고 있는 중이며 더욱 진가를 인정받는" 중이라고 하였다. 과학자들이(반증주의를 주장한) 포퍼의 글 대신 쿤의 책을 읽게 되었으며 실제 과학이 실제 관습에 따른 수수께끼 풀이 활동이며 과학은 근본적으로 뒤엎거나 반증하는 활동이 아니라는 사실을 간파했기 때문이라고 하였다. 이런 과학자와 철학자들 간의 간격 혹은 견해의 차이는 패러다임이라는 개념이 과학 이론들에 대한 분석이나 논리적인 절차를 거쳐 구성된 것이 아니라 과학 활동의 여러 분야, 즉 형이상학적, 사회학적, 규범적 측면을 종합한 것이기 때문이다.

패러다임이라는 용어는 21가지 의미로 사용되었다고 한다. 매터스

만이 찾은 패러다임의 의미가 나타나 있는 장절(章節)은 아래와 같다.

1. 일반적으로 인정된 과학적 업적,
2. 신화,
3. 철학이나 일련의 질문,
4. 교과서나 고전적 작품,
5. 전통이나 모형,
6. 과학적 업적,
7. 개념적 유추,
8. 형이상학적 사유,
8. 불문율로 받아들여진 장치,
9. 도구들의 근원,
10. 표준적 예시,
11. 장치나 기구의 유형,
12.(브루너의 심리학 실험에서 사용되는) 변칙적인 카드 세트,
13. 공작 기계를 제작하는 공장,
14. 두 가지 방식으로 보이는 게쉬탈트(gestalt) 그림,
15. 일련의 정치적 제도,
16. 유사 형이상학에 적용된 표준,
18. 지각을 지배하는 조직화의 원리,
19. 일반적인 인식론적 관점,
20. 새롭게 보는 방식,
21. 실재(reality).(송진웅 외 2인, 1997, 836쪽)

이런 다양한 패러다임에 대한 용례를 매스터만은 메타 패러다임, 사회학적 패러다임, 구성물 패러다임이라고 분류하기도 했다. 21가지를

3가지 범주의 패러다임을 설명했지만 그 의미는 여전히 명확하지 않다. 패러다임이라는 키워드가 매우 복잡하고 다양한 의미로 사용된 탓에 발생된 문제이므로 쉽게 해결할 수 없는 것임이 분명하다. 독자들이 『과학혁명의 구조』를 읽을 때 패러다임의 의미가 몇 가지로 정의되고 있는지를 찾아보는 것도 매우 의미 있을 것이다.

한편 이와 같이 패러다임의 의미를 둘러싼 논쟁이 일어나는 것은 그 개념이 매우 매력적이라는 것을 알게 해 주는 역할도 하였다. 그래서 패러다임은 자연과학, 사회과학, 인문과학 그리고 다양한 분야에서 나름의 개념으로 사용하는 단어가 되어버렸는지도 모른다.

패러다임의 개념을 분명하게 하려는 시도는 쿤의 과학관에 관한 논쟁을 비롯하여 여러 논란이 벌어졌다. 이런 논쟁은 과학철학 세미나에서도 등장한다.

> 과학철학의 입장 변화 중에서 20세기 초까지 귀납의 문제를 해결하기 위해 반증주의를 주장한 포퍼와 쿤의 논쟁은 1965년 런던의 베드포드대학교에서 당대의 과학철학자들이 모두 참여한 과학철학 세미나에서 이루어졌다. 많은 과학철학자 중에서 쿤은 이런 토론과 논쟁에 참여한 계기를 통하여 『과학혁명의 구조』(2판)을 출판하면서 지적 진보와 이에 관한 조건이라는 부제를 덧붙였다.(송진웅 외 2인, 833쪽)

『과학혁명의 구조』는 쿤의 과학관에 대한 논쟁 과정 중에 다른 과학철학자들의 질문이나 비판에 대해서 쿤이 스스로 답을 하는 형식으로 쓴 것이기도 하다. 과학이란 무엇인가라는 과학의 정의에 대한 논의 및 과학의 발전에 대한 질문 등에도 답을 하고 있다.

세계관의 변화로서 혁명

『과학혁명의 구조』에는 진자(pendulum)가 흔들리는 현상을 관찰한 갈릴레오의 발견을 다음과 같이 말하고 있다.

> 아득한 옛날부터 대부분 사람들은 줄이나 사슬에 매달린 무거운 물체가 완전히 멈출 때까지 앞뒤로 흔들리는 것을 보아 왔다. 아리스토텔레스주의자들은 무거운 물체는 그 자체의 본성에 의해 높은 곳에서 낮은 곳으로 낙하하여 정지하는 자연스런 운동하는 것이라고 믿었던 터였으므로, 흔들리는 물체란 그들에게는 단지 어려움을 겪으며 떨어지는 것일 따름이었다. 그 반면에 갈릴레오는 흔들리는 물체를 바라보면서 진자를 생각했는데, 앞뒤로 흔들리는 움직임을 무한히 되풀이하는 물체였다. 이런 진자의 움직임을 보면서 갈릴레오는 진자의 다른 성질들도 관측하고 그의 새로운 역학의 가장 의미깊고 독창적인 부분들을 다수 구축해 냈다. 이들 모든 자연의 현상을 그는 이전에 그것들이 보여져 왔던 방식과는 상이하게 보았던 것이다. 왜 그런 시각의 변환이 일어났을까?(173~174쪽)

같은 종류의 사건이나 물체를 바라보면서 서로 다른 것을 보았을까라는 질문을 하면서 동일한 관찰도 해석이 달라졌다는 생각을 하기 쉬운데 쿤은 그보다는 패러다임이 달라져서 세계관이 변화한 것이라고 진술하고 있다.

> 그러나 과학적 관찰의 경우에서는 상황이 완전히 역전된다. 과학자는 자신의 눈과 기기를 통해서 본 것 이외에는 의존할 수가 없다. 만일 그의 시각이 바뀌었음을 보여 줄 수 있는 보다 높은 권

위의 근거가 존재한다면, 곧 그 권위는 그 자체가 과학자에게는 데이터의 원천이 될 것이고 과학자의 시각 작용은 문제들의 원천이 될 것이다. 과학자가 게슈탈트 실험의 피실험자처럼 자신의 지각을 되풀이하여 바꾸어 볼 수 있다면, 똑같은 유형의 문제들이 발생할 것이다. 빛이 '때로는 파동이고 때로는 입자'였던 시대는 위기의 시대이었고, 그 위기는 파동 역학이 개발되고 빛은 파동과 입자와는 다른 그 자체로서의 실체라는 사실이 알려지면서 비로소 종지부를 찍었다. 그러므로 과학에 있어서 지각 작용의 전환이 패러다임 변화를 수반한다면, 우리는 과학자들이 직접 이러한 변화들을 입증하는 것을 기대하지 않아도 된다.(169쪽)

이런 진술에 이어서 '새로운 패러다임을 가진 과학자는 종래에 보았던 것과는 다른 방식으로 보고 있다.'(170쪽)는 문장으로 혁명과 패러다임의 의미를 설명하는 것은 중요하며 패러다임의 역할은 관찰과 연결하여 쉽게 이해할 수 있다.

이례적인 현상이 자꾸 드러나서 위기의 시대가 오고 혁명이 자동으로 완성되는 것은 아니다. 바로 새로운 이론들이 창안되어야 한다.

원칙적으로 새로운 이론이 전개되는 데 있어서는 오로지 세 가지 종류의 현상만이 있을 뿐이다. 첫 번째 것은 기존 패러다임에 의해서 이미 잘 설명된 현상들로 이루어지며, 이것들이 이론 구축에 대한 동기라든가 새로운 출발의 시점을 제공하는 일은 거의 없다. 두 번째 부류의 현상은 기존 패러다임에 의해 그 본질은 지시되지만 상세한 내용은 이론의 보다 진전된 명료화를 통해서만 이

> 해될 수 있는 것들로 구성된다. 기존 패러다임의 명료화를 목표로 하는 시도가 실패하는 경우에 한해서 과학자들은 세 번째 형태의 현상을 마주치게 되는데, 이것들은 인식된 이상(異常) 현상들은 기존 패러다임에 동화되기를 강경히 거부한다는 점이다. 이 세 번째 형태의 현상만이 새로운 이론들의 작동 원인이 된다. 패러다임은 이상 현상을 제외한 모든 현상에 대해 과학자의 시각에서의 이론 결정적인 위치를 부여한다.(147~148쪽)

결론적으로 쿤은 과학사를 직선적으로 보는 관점을 버리고 급격한 변화, 즉 혁명적이라는 관점을 갖고 있는 과학철학자이다. 자신이 고안한 용어는 아니지만 패러다임이라는 키워드로 자신의 과학철학사 이론을 설정된 것이다.

에필로그

마지막으로 쿤의 생애와 활동을 간략하게 소개하겠다.

토마스 쿤은 미국 신시내티에서 1922년 7월 18일에 기술자의 아들로 태어나서 1996년 6월 19일에 메사추세츠(Massachusetts)주 캠브리지에 있는 자택에서 73세까지 살았고 암 투병 끝에 사망한 금세기 최대의 과학사 학자이자 과학철학자였다.

쿤은 1943년 하버드대학교 물리학과를 최고 성적으로 졸업하였고, 1946년과 1949년에 물리학 석박사 학위를 받았다. 1956년까지 하버드대학교에 재직하였다. 물리학 박사 학위를 받았고 과학사에 대한 연구로 방향을 바꾸고 과학 변화의 구조를 연구하였다. 연구 방향을 바꾼 계기는 1948년부터 3년간 하버드대학교 연구원으로 있던 시기에서 찾을 수 있다. 이 시기에 과학사 이외에도 인지 심리학, 형태 심리학, 언어학과 논리학 등 다양한 영역의 학문을 섭렵하였다. 1961년부터 버클리대학교 과학사 교수로 재직하였고, 1964년에서 1979년까지 프린스턴대학교에, 이후 1991년까지 MIT에 재직하였다. 『과학혁명의 구조』는 하버드대학교 대학원 시절부터 책의 골간이 형성되었다.

1962년 『과학혁명의 구조』 초판본이 처음 출판되었다. 우리나라에서 김명자 교수가 처음 번역한 『과학혁명의 구조』는 정음사에서 1981년에 출판되었다. 이후 정음사 개정증보판(1986), 동아출판사(1992), 까치글방(2003)에서 번역하여 출판하였다. 까치글방(제4판)은 서울대학교 홍성욱 교수가 공역자로 참여하였다. 초판 번역 이후 11년이 지나 발간된 동아출판사판은 제목뿐만 아니라 문장이 많이 다듬어지고 핵심 개념에 대한 용어들이 더욱 간명하게 정리된 느낌이다. 번역자 김명자 교수는 헌정 최장수 여성 장관으로 환경부 장관을 역임하고 2018년부터 <한국과학기술인총연합회> 회장을 맡아 한국 과학 발전과 과학자 및 기술자의 권익 옹호를 위해 노력하고 있다. 번역이라는 작업은 일종의 창작 활동이다. 개인의 변화와 사회의 복잡한 변화 양상이 번역에도 일정한 영향을 주고받기 때문에 더 새로운 번역도 기대할 수 있다.

— 더 읽기 자료

챠머스(Chalmers, A.)(신일철, 신중섭 공역), 『현대의 과학철학』, 서광사, 2001.
쿤(정동욱 역), 『코페르니쿠스 혁명』, 지식을만드는지식, 2016.

(집필자: 권성기 · 대구교육대학교 교수)

사피엔스(Sapiens)

하라리(Harari, Yuval Noah)

『사피엔스』는 이스라엘의 역사학자 유발 노아 하라리(Harari, Yuval Noah)가 예루살렘의 히브리 대학(Hebrew University of Jerusalem)에서 진행한 일련의 강의를 토대로 2011년 펴낸 책이다. 이스라엘에서 히브리어로, 2014년 영어로 출간된 이래 60개 이상의 언어로 번역된 국제 베스트셀러다. 한국어판은 2015년 김영사에서 출간돼 2021년까지 70만 권이 넘게 판매됐다.

책은 석기 시대에서 21세기에 이르는 인류의 역사 전체를 자연과학과 인문학이 교차하는 학제적 틀을 통해 서술했다. 마치 지구를 관찰하기 위해 외계에서 방문한 우주생물학자와 같은 깊고 넓은 시각이 특징이다. 이를 통해 호모 사피엔스라는 생물학적 종의 탄생과 진화, 발전 과정과 지향점을 탐구했다.

하라리는 영국 옥스퍼드대학(University of Oxford)에서 중세 전쟁사 연구로 박사 학위를 받고 히브리 대학에서 세계사를 가르치는 중이다. 이 책을 펴낼 당시 35세에 불과했지만 생물학, 경제학, 역사학, 심리학, 인류학 등 학문의 경계를 넘나드는 방대한 스토리를 엮어냈다. 스스로 재러드 다이아몬드(Diamond, Jared)의 『총, 균, 쇠(Guns, germs, and steel: the fates of human societies)』에서 가장 큰 영감을 받았다고 밝힌 그는 '빅 히스토리'를 서술한다. "매우 큰 질문들을 제기하고 여기에 과학적으로 답변하는 것이 가능하다는 사실을 『총, 균, 쇠』는 보여 주었다."

저자는 생물학과 역사학을 결합한 큰 시각으로 우리 종, 즉 호모 사피엔스의 행태를 개관한다. 약 3만 년 전까지만 해도 지구상에는 최소한 6종의 호모(사람) 종이 있었다. 예컨대 동부 아프리카에는 우리의 조상인 호모 사피엔스가, 유럽에는 네안데르탈인이, 아시아 일부에는 직립원인이 거주했다. 모두가 호모, 즉 사람 속(屬)의 구성원이다. 하지만 오늘날에는 우리 종밖에 남지 않았다.

저자는 이에 덧붙여 선사시대 사피엔스가 이르는 곳마다 대형 동물들이 멸종했음을 지적하며 다음과 같이 말한다. "우리는 생물학 역사상 가장 치명적인 종이다. 우리가 이미 멸망시킨 종이 얼마나 많은지 안다면 아직 살아있는 종을 보호할 동기를 충분히 느낄 수 있을 것이다."

호모 사피엔스가 세상을 지배하게 된 것은 다수가 유연하게 협동할 수 있는 유일한 동물이기 때문이다. 이것이 이 책의 주된 주장이다. 더 나아가 이 같은 협동이 가능한 것은 오로지 상상 속에만 존재하는 것들을 믿을 수 있는 독특한 능력 덕분이라고 한다. 신, 국가, 돈, 인권 등이 그런 예다. 이렇게 상상의 산물을 믿는 결과 인종적, 성적, 정치적 차별이 탄생했으며 완전히 공평한 사회를 건설하는 것은 거의 불가능할 것으로 그는 본다.

인간의 대규모 협동 시스템—종교, 정치 체제, 교역망, 법적 제도—

은 모두가 궁극적으로는 허구, 즉 지어낸 이야기를 기반으로 하고 있다는 것이다. 이것은 "우리 종의 가장 독특한 특징일 것"이라고 저자는 말한다.

그에 따르면 우리 종의 역사는 3가지 혁명을 중심으로 파악할 수 있다. 인지혁명(우리가 똑똑해진 시기), 농업혁명(자연을 길들여 우리가 원하는 일을 하게 만든 시기), 과학혁명(우리가 위험할 정도의 힘을 갖게 된 시기)이다.

호모 사피엔스는 불과 20여만 년 전에 등장했다. 그 이후 대부분의 시간 동안 인류는 동아프리카를 떠돌며 수렵채집을 하는 중요치 않은 유인원 집단에 불과했다. 그리고 약 7만 년 전부터 이들은 매우 특별한 행동을 하기 시작했다. 아프리카를 벗어나 세계 곳곳으로 퍼져나간 것이다. 재러드 다이어몬드는 이를 대약진(Great Leap Forward)이라고 표현했다. 그동안 선박, 전투용 도끼, 아름다운 예술을 발명했다. 이것이 바로 인류를 변화시킨 첫 혁명인 인지 혁명이다.

무슨 일이 일어났을까? 저자는 아직 발견되지 않은 '선악과 나무 돌연변이'를 근거로 제시한다. 이 덕분에 뇌의 배선이 바뀌어서 완전히 새로운 유형의 언어를 이용해 의사소통을 할 수 있게 됐다는 것이다. 그래서 인간이 집단과 집단 간의 협력이 가능해졌다고 한다.

그다음 약 1만 1,000년 전 우리는 농업혁명에 돌입했다. 수렵 채집에서 농업으로 전환하기 시작한 것이다. 오늘날 우리가 먹는 식량의 90%는 BC 9,500~3,500년에 우리가 길들인 가축과 농작물에 기원을 두고 있다. 우리의 부엌은 고대 농부의 것과 크게 다르지 않다는 말이다.

농업 덕분에 가용 식량은 늘어났지만 이 같은 번영의 결과는 행복이 아니라 인구 폭발과 만족한 엘리트였다. 농부는 수렵 채집인들보다 더욱 열심히 일했지만 그 식단은 빈약했고 건강도 더 나빴다. 잉여 농산물은 특권을 가진 소수의 손으로 넘어갔고 이것은 압제에 사용됐다. 농업혁명은 역사상 가장 큰 사기였다. 인류가 밀을 길들인(작물화한) 것이 아니라 밀이 우리를 길들였다는 것이 저자의 시각이다. 농업혁명은 제국을 출현시키고 교역망을 확대했으며 돈이나 종교 같은 '상상의 질서'를 낳았다.

과학혁명은 약 500년 전 일어났다. 그 기반은 유럽인들의 사상에 혁신이 일어난 데 있다. 엘리트들이 스스로의 무지를 인정하고 이를 고치려고 시도하는 데 따른 결과라고 한다. 그는 이를 근대 유럽 제국주의를 초기에 추동한 힘의 하나라고 보고 있다. 오늘날 인류의 문화가 서로 수렴하는 경향 역시 같은 배경을 가진다고 한다. 이것은 자본주의와 제국주의의 성장, 글로벌화, 에너지 생산과 소비의 확대, 환경파괴를 불렀다. 이것은 차례로 250년 전의 산업혁명, 약 50년 전의 정보 혁명을 유발했다. 후자가 일으킨 생명공학 혁명은 아직도 진행 중이다.

문제는 우리의 감정과 욕구가 이중 어느 혁명에 의해서도 달라지지 않았다는 점이다. 우리의 식습관, 우리의 문쟁, 성적 특질은 수렵 채집 시대에 맞춰진 우리의 마음이 후기 산업사회의 환경과 상호작용한 결과다. 거대 도시, 항공기, 전화, 컴퓨터… "오늘날 우리는 먹을 것이 가득 찬 냉장고가 딸린 고층 아파트에 살지만 우리의 DNA는 우리가 여전히 사바나에 있다고 생각한다." 설탕과 지방에 대한 우리의 강력한 욕구는 건강에 해로운 식품이 범람하게 만들었다.

하라리는 과학혁명의 후속편인 생명공학 혁명이 결국 다다르는 곳은 '길가메시' 프로젝트라고 주장한다.[길가메시(Gilgamesh)는 죽음을 없애버리려 나섰던 고대 메소포타미아의 영웅이다.] 인간에게 영원한 생명을 주는 것을 목표로 하는 이 프로젝트가 결국 성공하리란 것을 저자는 의심하지 않는다. 인류는 앞으로 몇 세기 지나지 않아 사라질 것이다. 생명공학적 신인류, 영원히 살 수 있는 사이보그로 대체될 것이다. 환경파괴로 인해 스스로 멸망의 길을 걷지 않는다면 말이다.

하지만 영생은 더 큰 행복을 가져다주지는 않는다. 인간의 일상적 행복은 물질적 환경과는 거의 상관이 없다는 유명한 연구결과를 저자는 제시한다. 돈은 차이를 가져오지만 그것은 가난을 벗어나게 해주었을 때뿐이다. 그 단계를 넘어서면 돈이 더 많아져도 행복 수준은 거의 혹은 전혀 달라지지 않는다. 복권이 당첨되면 잠시 행복해질 수는 있지만 대략 1년 6개월이 지나면 그녀의 일상적 행복은 예전 수준으로 되돌아온다.

사피엔스가 놀라울 만큼 잘한 영역이 있는가 하면, 같은 정도로 잘 못한 영역도 있다고 저자는 한 인터뷰에서 말한 바 있다. "인간은 새로운 힘을 얻는 데는 극단적으로 유능하지만 이 같은 힘을 더 큰 행복으로 전환하는 데는 매우 미숙하다. 우리가 전보다 훨씬 더 큰 힘을 지녔는 데도 더 행복해지지 않은 이유가 여기에 있다."

저자는 "앞으로 몇 십 년 지나지 않아, 유전공학과 생명공학 기술 덕분에 인간의 생리기능, 면역계, 수명뿐 아니라 지적, 정서적 능력까지 크게 변화시킬 수 있게 될 것"이라고 예측한다. 하지만 이런 기술 발달은 모두에게 공평한 것은 아니다. 부자들은 영원히 살고, 가난한 사람들은 죽어야 하는 세상이 곧 도래할 것이라는 말이다. 이제 그들은 신의 영역까지 넘보고 있다. 『사피엔스』는 이처럼 중요한 순간을 살고 있는 우리에게 다가올 미래에 대해 어떤 전망이 있는지, 지금이 전망을 가져야 할 때라고 말한다.

하라리는 2009년과 2012년 이스라엘에서 '인문학 분야 창의성과 독창성에 대한 폴론스키상'을 수상했고, 2018년과 2020년 스위스 다보스에서 열린 세계경제포럼에서는 인류의 미래에 관해 기조연설을 했다. 2019년 엔터테인먼트와 교육 부문의 사회적 기업인 '사피엔스십(Sapienship)'을 세워 현재 세계가 직면한 가장 중요한 문제들에 대한 공론장을 활성화시키는 데 기여할 방법을 모색하고 있다. 『더 타임스』, 『파이낸셜타임스』, 『가디언』 등 세계 유수의 언론에 정기적으로 기고하고 있으며, 코로나19 사태를 다룬 CNN과 BBC의 인터뷰 등을 통해 전 세계적인 연대의 필요성을 역설하고 있다.

그의 주장은 독특하고도 흥미진진하다. "우리는 언어능력 덕분에 공통의 신화 혹은 허구를 발명할 수 있었다. 그중 가장 중요한 세 가지는 화폐, 종교, 제국이었다. 이것이 대륙을 가로지며 사람들을 결속했다." "화폐는 상호 신뢰 시스템의 일종이다, 자본주의는 경제 이론이라기보다 종교의 일종이다, 제국은 지난 2000년을 통틀어 가장 성공적인 정치 체제였다, 오늘날 가축의 취급 방식은 역사상 가장 큰 범죄다, 현대인은 옛 시대의 사람들에 비해 그다지 행복하지 않다, 인간은 현재 스스로를 신으로 업그레이드하는 과정에 있다."

이 책은 대중에게 커다란 반향을 이끌어냈지만 세부 관련 분야의 학자들에게서는 신랄한 비판을 받는다. 인지혁명이 7만 년 전에 실제로 일어났는가가 그런 예다. 그보다 수만 년 내지는 수십만 년 전부터 인류의 지능이 높아졌다는 증거들이 있지만 그동안 부당하게 무시돼 왔다는 주장이 만만치 않다. 과학혁명에 대해서도 "그런 이름의 급격한 혁명 같은 것은 없다"는 이론이 오히려 힘을 얻고 있다고 한다.

우선 대중의 반향을 보자. 영미권 서평사이트 굿리즈(www.goodreads.com)에는 60만 건 이상의 서평이 올라왔으며 5점 만점에 4.4점을 받았다. 『뉴욕타임스』 베스트셀러였으며 2014년 중국국립도서관에서 그해 출간된 최고의 책으로 <웬진도서상>을 받았다. 2018년 영국의 가디언지는 지난 10년 내 가장 지적으로 뛰어난 10권의 하나로 꼽았다. 영국왕립생물학자협회는 이 책을 2015년 올해의 책 후보로 선정했다. 2016년 빌 게이츠(Gates, Bill) 는 자신이 가장 좋아하는 10권의 책 중 하나로 꼽았으며 2019년 마크 저커버그(Zuckerberg, Mark)도 이 책을 추천했다. 2014년 9월 영국의 『더 타임스(The Times)』는 이 책을 머리에서 거미줄을 걷어내 주는 책이며 정신에 스릴을 느끼게 한다."고 평했다.

영국의 언론인이자 저술가 알렉스 프레스턴(Preston, Alex)은 영어판이 나온 지 4년 뒤인 2018년 7월 『가디언』에서 이렇게 평했다. "사피엔스는 엄청나게 성공해서 하나의 출판 흐름이 됐다. 지적이고 도전적인 논픽션을 향하는 더욱 커다란 추세의 전조로 꼽힌다. 여러 해 전에 출판될 책들도 여기에 포함된다."

하지만 학계의 각 분야 전문가들은 이 책에서 제시하는 해당 분야의 과학적 주장을 매우 비판적으로, 부정적으로 평가하고 있다. 2017년 12월 캐나다 맥마스터대학(McMaster University)의 인류학자 크리스토퍼 로버트 홀파이크(Hall Pike, Christopher Robert)는 『뉴잉글리시리뷰(NewEnglish Review)』에서 이 책이 "지식에 제대로 기여한 바를 전혀 찾지 못했다."고 평가했다. "책에 나오는 사실 중 전반적으로 맞는 내용은 새롭지 못하며, 독자적인 주장을 펼치려고 할 때는 언제나 오류가 있으며 가끔은 그 정도가 심각하다."

과학저널리스트 찰스 만(Mann, Charles)은 2015년 2월 『월스트리트저널』에서 저자의 자극적이지만 근거 없는 단언에서는(대학원) 기숙사 방에서 벌이는 자유 토론의 냄새가 난다고 평했다.

진화인류학자 에이비 터쉬만은 2016년 6월 『워싱턴포스트』의 서평에서 지적한다. 저자의 자유로운 과학적 사고방식과 정치적 올바름을 추구하려는 혼란스러운 세계관 사이의 모순에서 생겨나는 문제들이 그 대상이다. 그럼에도 불구하고 하라리의 책은 진지한 생각을 가지고 스스로의 내면을 돌아보는 사피엔스가 읽어야 할 중요한 저작이라고 말한다.

철학자 갈렌 스토슨은 2016년 6월 『가디언』에 기고한 서평에서 다음과 같이 평가했다. "이 책의 내용 대부분은 매우 흥미로우며 표현력도 뛰어나다. 하지만 매력적인 부분보다는 부주의하고 과장되고 선정적인 부분이 압도적으로 크다." 스토슨은 저자가 행복에 대한 기존의 연구들을 무시하고 있는 데 대해, 그리고 아담 스미스를 탐욕의 사도로 바꿔놓은 데 대해 개탄하고 있다.

미국 시카고대학 박사과정 학생이던 존 세스턴은 2015년 『뉴아틀랜티스(The New Atlantis)』 가을호에 기고한 글에서 "이 책은 근본적으로 진지하지 못하며 지금처럼 널리 찬사와 관심을 받을 자격이 없다."고 썼다.

필자가 이 책의 주장을 두 문장으로 요약하자면 이렇다. 1) 인류는 대규모로, 유연하게 협동하는 독보적인 능력을 통해 현재와 같은 성공을 누릴 수 있었다. 2) 이 같은 협동이 가능했던 것은 인류에게 물리적으로 존재하지 않는 어떤 것, 예컨대 신, 제국, 화폐, 법인, 민주주의 같은 것을 믿는 능력이 있었던 덕분이다. 저자의 독창성은 오직 2)의 문장에 있다. 이 책은 학술 논문으로는 실격이다. 디테일이 부정확하거나 주장이 비약하는 대목이 많기 때문이다. 하지만 인류의 역사를 관통하는 이야기, 소위 말하는 스토리텔링으로서는 시사점과 가치가 크다.

옮긴이로서 필자의 의견은 이렇다. “빅 히스토리가 새로운 것은 질문이 새롭기 때문이다. 증거가 충분할 리 만무하다. 거대한 질문을 제기하고 그에 대한 과학적인 답을 찾으려 노력하는 과정 자체가 빅 히스토리의 핵심이다.”

— 더 읽기 자료

하라리(조현욱 번역), 『사피엔스』, 김영사, 2015.
하라리(김명주 번역), 『호모 데우스』, 김영사, 2017.
하라리(전병근 번역), 『21세기를 위한 21가지 제언』, 김영사, 2015.

(집필자: 조현욱 · 과학 칼럼니스트, 『사피엔스』 번역자)

상대성 이론

— 특수 상대성 이론과 일반 상대성 이론

(Relativity: The Special and General Theory)

아인슈타인(Einstein, Albert)

1900년대 초 발표된 상대성 이론은 1600년대 이후 세상을 지배하던 뉴턴(Newton, Isaac)의 결정론적 역학의 독점적 지위를 단번에 빼앗았다. 오염되지 않은 감각으로 인지되는 것들만 자연과학으로 인정하던 아리스토텔레스학파에게 갈릴레오(Galileo Galilei)가 실험과 수학을 이용한 자연과학을 할 수 있다는 새로운 철학을 증명한 이후 300여 년 만에 아인슈타인(Einstein, Albert)의 상대성 이론은 인식에 대한 대변혁을 또 한 번 일으킨 것이다. 상대성 이론은 시간과 공간을 측정하고 연구하기 위한 사고의 틀이라고 할 수 있다. 상대성 이론은 단순히 자연을 설명하는 법칙이 아니고 사고 체계이기 때문이다. 이 이론은 측정의 대상이 되는 물체와 측정의 기준이 되는 기준체 사이의 관계를 규정짓는 것에서 시작되었다. 추상적 수학 개념과 세밀한 관측이 자연을 이해하는 열쇠가 된다고 알려준 갈릴레오와 뉴턴이 해결하지 못했던 측정의 대상이 되는 물체와 측정의 기준이 되는 기준 좌표계의 관계를 이해하기 위한 고민에서 상대성 이론이 출발했다고 할 수 있다. 저명한 철학자들과 물리학자들이 해결하지 못한 질문에 대한 대답을 얻기 위한 노력의 결과이다.

이 고민의 철학적 근거와 사고가 진행되어 온 논리 전개를 아인슈타인 자신이 직접 설명해 준 이 책이야말로 코페르니쿠스(Copernicus, Nicolaus)의 『천구의 회전에 관하여』, 케플러(Kepler, Johannes)의 『신천문학』과 『우주의 조화』, 갈릴레오의 『시데레우스 눈치우스』, 『2개의 주된 우주체계에 관한 대화』, 『새로운 두 과학에 관한 논의와 수학적 논증』, 뉴턴의 『프린시피아』와 같은 자연과학의 고전 중의 고전이라고 할 수 있다.

쓰여진 지 100년이 지나 다소 오래된 이 책은 여전히 가장 대중적이고 유용한 설명서이다. 상대성 이론에 대한 책과 그 해설서가 많이 있지만, 상대성 이론을 확립한 사람만큼 상대성 이론을 깊이 이해하는 사람은 없다. 상대성 이론을 아인슈타인이 직접 설명하는 것보다 더 잘 설명하는 길은 없을 것이다. 아인슈타인은 특수 상대성 이론과 일반 상대성 이론, 그리고 공간에 관한 자신의 관점을 이 책에서 차분하게 소개한다. 상대성 이론이 어떤 것인지 관심은 있지만, 숫자와는 별로 친하지 않는 독자들에게 상대성 이론에 대한 과학적인 부분을 개괄적으로 설명하는 것은 물론이고, 철학적인 면까지 고찰할 수 있도록 정확하게 설명하기 위해 아인슈타인이 노력했다. 이 이론이 심오하기 때문이고 또 이 이론 바닥에 깔려있는 철학적 사상에 대한 깊은 이해가 필요하기 때문이다. 이 책은 상대성 이론 자체에 대한 설명이나 수학적 복잡함을 설명하는 대신 상대성 이론이 나올 수밖에 없었던 논리적 사고의 흐름을 자연스럽게 소개하고 있다.

이 책에서 아인슈타인은 수학 공식을 최소한으로 이용해서 우리가 살고 있는 세계를 이해할 수 있도록 도와주는 이론의 기본 개념과 원리를 설명하고 있다. 한 페이지씩 넘기기 전에 깊게 생각하게 만든다. 이 책은 복잡하고 어려운 수학으로 기술된 상대성 이론 교과서를 공부하기 전에 반드시 읽어야 하는 책이다. 이 책은 상대성 이론을 간단하면서도 알기 쉬운 방식으로 설명했다. 부록은 중요성에서 본문에 크게 뒤떨어지지 않는다. 특히, 비교적 심오한 내용이기 때문에 본문에서 설명하지 못한 내용을 부록 3, 4, 5에 따로 설명하고 있다. 부록 5는 특별히 공간의 개념을 설명하고 있다. 어느 철학자도 해결하지 못했던 공간에 대한 정의를 해결한 아인슈타인은 자연스럽게 일반 상대성 이론에 도달하게 되는 것이다. 아인슈타인은 이론이 필요해서 상대성 이론을 만든 것이 아니라, 시간과 공간에 대한 깊은 사색과 논리적 유추에 의해 결론적으로 이 이론을 만들게 되었기 때문이다.

이 책의 강점은 간결하다는 것이다. 이 책에는 수식이 거의 나오지 않는다. 그래서 오히려 생소하게 느껴질 수 있을 것이다. 하지만, 본문을 천천히 생각하며 읽으면 상대성 이론을 주창한 저자가 논리적으로 어떻게 이 이론에 도달하게 되었는지 알게 될 것이고 상대성 이론의 핵심적인 개념과 의의를 이해하게 되는 희열을 맛보게 될 것이다. 이 책을 읽을 때마다 명쾌한 설명에 감동을 받는다. 이 책은 상대성 이론의 개념을 설명한다. 복잡한 계산과 공식을 배제하고 저자는 기본 개념을 소개한다. 물리책에는 복잡한 수식이 있고, 그 수식을 완전히 이해해야 내용을 소화했다고 생각하는 경향이 있다. 하지만, 수식 자체보다는 수식이 의미하는 바를 읽어낼 줄 알아야 개념을 이해한 것이다.

1916년 아인슈타인이 독일어로 발표한 것을 1920년에 영국 쉐필드대학교의 로슨(Lawson, Robert) 교수가 영어로 번역하였고, 이를 여러 출판사에서 출판하고 있다. 지식을만드는지식이 펴낸 번역본인 『상대성 이론: 특수 상대성 이론과 일반 상대성 이론』(장헌영 역)은 영국에 있는 출판사(Methuen & Co. Ltd.)가 1960년에 영어로 출판한 15판책을 번역한 것이다.

이 책을 따라가 보면 상대성 이론이 가장 보편적인 자연법칙이라는 것에 동의할 수밖에 없다. 물리학자가 아니더라도 시간과 공간에 대해 깊이 생각하는 지성인이라면 꼭 갖고 있어야 하는 책이다. 아인슈타인이 천재 과학자의 표상인 만큼 초등학교 학생들에게도 상대성 이론은 익숙하다. 상대성 이론이 사용하는 수학이 일상생활에서 널리 사용되지 않는 비 평면 기하학이다 보니 수학적인 내용을 설명하려는 시도는 언제나 실패하고 만다. 자연과학이 어려운 공식들 때문에 이해되지 않았던 경험을 갖게 되면 세상을 보는 눈인 자연과학에 대한 불편한 편견이 쌓일 것이다. 그렇지 않고 천재 과학자가 만든 어려운 과학임에도 공식 없이 이해할 수 있고, 배경에 깔린 생각을 읽을 수 있는 경험을 하게 된다면 더 많은 과학자가 나올 수 있을 것이란 것은 쉽게 생각할 수 있다. 이 책을 읽고 얻은 상대성 이론의 배경과 중요성을 초등학교 교사가 학생들에게 전해 준다면 우리나라에서도 세계 과학계에 기여하는 훌륭한 과학자가 얼마든지 나올 수 있을 것이라 상상하게 된다.

앞서 언급했던 갈릴레오의 『시데레우스 눈치우스』(승산출판사, 장헌영 역) 역시 어린 학생들을 가르치는 초등학교 교사들이 읽어야 하는 중요한 책이다. 지동설을 받아들일 수밖에 없게 만든 관측 사실들이 어떻게 발표되었는지, 그 사실을 인류 최초로 망원경을 통해 본 갈릴레오가 어떤 생각을 하고 어떤 느낌을 가졌는지 알아보는 것도 미래 과학자들을 만들 수 있는 중요한 위치에 있는 초등학교 교사들이 해야 하는 일이라고 생각한다. 과학을 잘하기 위해 필요한 것이 무엇인지 질문 받고는 하는데, 똑똑한 머리보다 더 중요한 것은 관찰력이라고 대답한다. 비상한 지능도 중요하지만 관찰력과 사고력이 왜 중요한지 아인슈타인의 상대성 이론과 『시데레우스 눈치우스』를 읽으면 깊게 깨닫게 된다.

천재의 대명사로 불리는 알버트 아인슈타인은 독일에서 태어나고 스위스와 미국에서 활동한 이론물리학자이다. 1921년 광전효과에 관한 기여로 노벨 물리학상을 수상하였지만, 상대성 이론으로 현대 물리학과 현대 우주론 분야에 큰 영향을 주었다.

1879년 3월 14일 독일 울름에서 전기 회사를 운영하던 유대인 아버지와 독일인 어머니 사이에서 태어났다. 그가 다니던 초등학교는 로마 가톨릭 학교였는데 '유대인은 예수를 죽인 민족'이라며 괴롭힘을 당했다고 한다. 숙부의 영향으로 아인슈타인은 수학과 과학에 대해 관심을 갖게 되었고 실제로 좋은 성적을 받았으나, 학교에서는 전반적으로 적응하지 못하는 학생이었다. 독학으로 취리히의 연방공과대학에 응시했으나 낙방하였다. 그의 수학 재능을 알아본 학장은 아라우 고등학교에서 공부하고 오면 입학을 허락하겠다고 기회를 주었고, 그는 결국 연방공과대학에서 4년간 물리학과 수학을 배우게 된다. 하지만, 여기에서도 수학과 교수인 저명한 헤르만 민코프스키(Minkowski, Hermann)와의 마찰 때문에 수학보다는 물리학에 몰두하게 되었다. 1900년 전체 6명 중 4등으로 졸업한 그는 친구의 아버지 도움으로 베른에 있는 스위스 특허 사무소에서 심사관으로 일을 시작했다. 1905년 아인슈타인은 독일의 유명한 월간 학술지 『물리학 연보』에 고체를 이루는 분자의 운동과 에너지에 관련한 「분자 차원의 새로운 결정」이라는 논문을 발표했는데, 나중에 취리히 대학교에서 이 논문으로 박사학위를 받았다.

1905년은 물리학 분야에서 기적의 해라고 불려진다. 특허 심사관으로 근무하면서 그 해에 아인슈타인은 물리학 연보에 중요한 논문 4개를 더 발표했다. 브라운 운동 이론에 관한 「정지 액체 속에 떠 있는 작은 입자들의 운동에 대하여」, 빛을 파동으로서 뿐 아니라 입자 성질을 갖는 광자로 가정해 광전효과를 설명한 「빛의 발생과 변화에 관련된 발견에 도움이 되는 견해에 대하여」, 특수 상대성 이론을 소개한 「운동하는 물체의 전기역학에 대하여」, 질량과 에너지가 같다는 사실을 확립한 「물체의 관성은 에너지 함량에 의존하는가」가 그것인데, 당시 최고 수준의 물리학자들이 평생 동안 한 편 낼 수 있을지 모를 그런 논문들이었다. 현대 물리학의 두 갈래인 양자역학과 상대성 이론을 명확하게 정립하는 논문들이었다.

특허 사무소를 떠나 1912년 겨울 모교로 돌아온 그는 학계에서 이름을 널리 알리게 된 연구를 이어 갔다. 관성계에 민코프스키 공간이라는 개념을 도입하여 특수 상대성 이론을 기하학적으로 다루는 방법을 제안한 그는 중력을 포함한 이론으로 그 아이디어를 확장하려고 노력했다. 비 평면 기하학인 리만 기하학을 이용해 일반 상대성 이론을 본격적으로 만들기 시작한 그는 1914년 일반 상대성 이론의 측지선 공식에 대한 최초의 형식화인 「일반 상대성 이론의 형식적 기초」를 발표했다. 1915년에 발표한 4편의 논문 중 마지막인 「중력의 장방정식」에서 일반 상대성 이론의 장방정식을 최초로 구현해 내었고 1916년 물리학 연보에 「일반 상대성 이론의 기초」를 발표했다.

1919년 영국 왕립 학회는 에딩턴(Eddington, Arthur Stanley)이 이끄는 관측대를 기니 만에 있는 프린시페 섬으로 보내 5월 29일 개기일식을 관측하게 하였고 그 결과 일반 상대성 이론의 예측이 확인되었다고 발표했다. 이로 인해 아인슈타인은 뉴턴의 고전역학을 마감하고 현대 물리학을 열었다는 국제적인 명성을 얻게 된다. 1921년 상하이에서 아인슈타인은 "당신의 광전법칙과 이론물리학 분야에서의 업적으로 노벨 물리학상을 받게 되었다"는 국제전보를 받았다.

양자역학의 기반을 닦은 그였지만 우주의 우연성을 믿지 않던 아인슈타인은 양자역학을 이론으로 인정하지 않았다. 말년에는 양자역학을 멀리하고 혼자서 전자로부터 행성까지의 우주 안에 있는 모든 것의 작용을 지배하는 일반 법칙을 발견하려고 고전분투 했다. 그는 단일한 방정식이나 공식으로 물질과 에너지의 보편적 속성들을 연관시키려고 했는데 이는 나중에 통일장이론으로 불리게 되었다.

1933년 히틀러가 독일을 집권하자 독일 시민권을 포기하고 미국으로 망명한 그는 프린스턴 고등 연구소에서 교수로 지냈다. 나치 독일에서 핵무기 개발하는 것을 막아야 한다고 여러 사람을 설득하던 그는 루스벨트(Roosevelt, Franklin Delano) 대통령에게 원자 폭탄 제조의 필요성을 역설하는 편지를 보내기도 하였다. 1955년 4월 18일 아인슈타인은 프린스턴 병원에서 복부 대동맥류로 인한 출혈로 76세의 나이에 숨을 거두었다.

— 더 읽기 자료

1. 갈릴레이, 헬덴(장헌영 역), 『갈릴레오가 들려주는 별 이야기』, 승산, 2009.
2. 정재승 기획, 김제완 외, 『상대성이론 그 후 100년』, 궁리, 2005.
3. 미치오 가쿠(고중숙 역), 『아인슈타인의 우주』, 승산, 2007.

(집필자: 장헌영 · 경북대학교 교수, 『상대성이론』 번역자)

수학 전쟁(Math Wars)

래터렐(Latterell, Carmen M.)

1. 들어가면서

책 제목이 『수학전쟁』이다. 전쟁을 하는 두 주체는 누구일까? 저자는 모든 수학교육학자와 모든 수학자가 동일한 목소리를 내는 것은 아니지만, 대체로 수학교육학자가 한 집단을 이루어 주장하는 수학 및 수학교육에 대한 관점들과 수학자가 한 집단을 이루어 주장하는 수학 및 수학교육에 대한 관점들이 첨예하게 대립하고 있는 현상을 가리켜서 "수학전쟁"이라고 표현하고 있다. 즉, 수학자가 보는 수학 및 수학교육과 수학교육학자가 보는 수학 및 수학교육이 확연하게 대립되고 있다. 우리나라 수학교육에서 통용되는 용어로 쓰면, 수학자들은 주로 교사중심 수업을 주장하고 있고, 수학교육학자들은 학습자 중심 수업을 주장하고 있다. 이 둘은 융합할 수 없다. 토마스 쿤(Kuhn, Thomas: 1922~1996)이 서로 다른 패러다임에서 사용하는 용어들은 서로 다른 의미를 가지고 있기 때문에 서로 다른 패러다임에 있는 연구자들이 하는 말을 서로 이해할 수 없다고 하였듯이, 이 두 진영의 연구자들은 서로 이해 불가한 주장들을 하고 있다. 각 진영이 주장하는 바를 저자의 관점을 따라가 보도록 하자.

2. 구성주의를 바탕으로 한 수학 교육

수학전쟁을 촉발시킨 핵심에는 구성주의라는 인식론이 있다. 저자는 구성주의에 대해서 다음과 같이 진술하고 있다.(77~78쪽)

> "구성주의는 학생들이 자기 자신의 지식을 구성한다는 관점이다. 즉, 지식은 누구로부터 학생들에게 전수되는 것이 아니라고 생각한다. 구성주의에서 교사는 지식을 전수하는 박식한 사람이 아니라, 학생들을 안내하고 도와주는 역할을 한다. 구성주의 이론에 따르면, 언어적 전달을 통하여 가르치는 것은 효과적이지 못한 반면에, 발견 학습을 유발하는 교수법은 효과적이다. 구성주의에서는 학생들은 활동을 해야 하고 자신의 활동을 반성해야 한다. 이러한 활동과 반성의 과정을 통해서 학생들은 자신의 수학을 구성하게 된다.
>
> (중략).
>
> 급진적 구성주의에 따르면, 학생들이 무엇을 구성했는지는 중요하지 않고 다만, 중요한 것은 학생들이 구성한다는 그 자체이다."

위의 진술을 조금 부연 설명을 하면서 우리에게 익숙한 교사 중심 수업의 어떤 측면들을 포기해야 하는지 살펴보자. 위와 같은 구성주의 인식론을 학교 교육과정에 적용한다는 것은 교사 중심 수업을 포기하자는 것, 교육 분야에서의 패러다임적 전환을 이루자는 것이다. 학생들이 스스로 지식을 구성할 수 있는 능력이 있으므로, 교사는 학생들에게 지식을 전수해 주기 위해서 설명을 하는 것(교사 중심 수업의 기본적인 수업 형식)이 아니라 학생들이 스스로 지식을 구성할 수 있도록 도움을 주고, 스스로 구성하도록 촉진하고, 각 학생이 구성한 아이디어들을 각 학생이 반성할 수 있도록 중재해야 한다. 즉 교사의 역할이 전적으로 전환되어야 한다. 교사 중심 수업에서 학생들은 활동하고 교사가 학습정리라는 미명하에 수업 마무리를 하는데, 위의 진술에 따르면, 활동과 반성의 주체가 모두 학생이 되어야 한다는 것이다.

저자가 위에서 설명한 급진적 구성주의를 반영한 수업을 한다면, 학생들 각자가 구성한 지식이 중요한 것이지, 그 지식의 정오는 중요하지 않다는 것이다. 이 진술을 조금 더 깊게 해석하면, 학생들은 기저 지식이 다르고 따라서 같은 학습 경험을 하더라도 그들이 구성한 지식은 서로 다를 수 있다는 것이다. 이 진술로부터 내릴 수 있는 결론은 다음과 같다. 교사 중심 수업을 할 때는 한 학급에 있는 모든 학생이 동일한 내용(학습목표)을 이해할 것을 목적으로 수업을 하지만, 구성주의(특히, 급진적 구성주의)를 기반으로 한 수업에서는 서로 다른 지적 능력을 갖춘 학생들이 서로 다른 이해를 할 것을 목적으로 수업을 해야 한다는 것이다. 학습목표가 서로 다른 수업을 한다는 것을 교사 중심 수업에 익숙한 교사들은 수용하지 못하고 있다. 이 부분이 "수학전쟁"을 벌어지는 한 요인이기도 하다.

3. 수학자의 수학과 수학교육학자의 수학

"수학이 무엇인지 단 한 줄로 정의하기는 어렵다. 수학자들은 수학을 … 학생들의 추상적 능력과 사고력을 기를 수 있는 중요한 교과라고 생각한다."(83쪽) "수학자들이 생각하고 있는 수학은 플라토니즘에 입각한 대상으로 절대적 진리 즉 옳고 그름이 존재하고, 세상에는 보편적 진리인 수학이 유일하게 존재한다고 믿는다."(84쪽) 따라서 수학자들은 수학은 학생들에게 전수되어야 한다고 생각한다. 반면에, "구성주의자들은 참인 수학이 존재하지 않는다고 주장하지는 않지만, 참인 수학이 어떤 것인지 알 수 없다고 주장한다."(84쪽) 구성주의는 학생들이 구성한 그 지식이 중요한 것이지 그 지식이 옳고 그름은 중요한 것이 아닌 것이다. 따라서 이 두 진영이 수학을 보는 관점이 첨예하게 대립하고 있음을 알 수 있다. 이 첨예한 대립이 "수학전쟁"을 불러일으키는 주요한 요인이다.

4. 왜 구성주의를 토대로 한 교육을 해야 하는가?

구성주의를 신봉하는 수학교육학자들이 모여서 1989년에 『Curriculum and Evaluation Standards for School Mathematics』(NCTM, 1989)라는 책을 발간한다. 이 책은 21세기에 자신들의 삶을 살아갈 학생들을 교육할 때 전통적인 수학이 아닌 새로운 수학을 학습할 필요가 있고, 그리고 추가적으로 수학을 학습할 때 추론 능력, 문제해결 능력, 의사소통 능력, 연결 능력도 함께 함양해야 한다는 것이다. 21세기에 삶을 영위하기 위해서 왜 이런 내용을 학습해야 하는가? 그것은 바로 정보와 지식이 가치 창출의 원천이 되는 사회를 의미하는데, 이 사회에서는 많은 지식을 소유하고 있는 것보다는 지식을 스스로 창의적으로 구성해 낼 수 있는 지적 능력을 갖춘 사람을 필요로 하기 때문이다. 학생들이 학교 수학교육을 통해서 추론 능력, 문제해결 능력, 의사소통 능력, 연결 능력의 함양을 하고, 이를 통해서 창의성을 갖춘 인재를 교육해 낼 수 있을 것이라고 보았기 때문이다.

이 중 연결 역량에 대해서만 간략하게 설명을 하면, 학생들이 수학적 아이디어 간의 연결[30]을 해낼 수 있는 능력을 수학을 학습하는 도중에 함양해야 한다는 것이다. 이것이 중요한 것은 앞서 말한 바처럼, 창의성 및 융합 능력은 바로 이 서로 다른 두 아이디어 간의 연결을 통해서 새로운 아이디어를 구성해 내는 것이기 때문이다. 그런데, 2015 개정 교육과정에 따른 초등학교 1-2학기 및 2-2학기 수학교과서 그리고 익힘책을 분석한 결과에 따르면, 이들 수학교과서와 익힘책은 수학 내적 연결을 시도해 볼 수 있는 학습 기회를 전혀 제공해 주지 않는다고 한다(김수철, 2019). 즉, 우리 사회는 급격하게 변해서 지식기반사회에서 지식융합사회로, 그리고 현재는 4차 산업혁명 시대로 접어들고 있다. 이 시점에서 여전히 수학자의 관점을 반영한 수학교과서로 학습하고 있는 학생들이 4차 산업혁명 시대를 어떻게 살아갈 수 있을지 우려가 된다.

---

30 이런 연결과 K-12학년 수학 교육과정 전체에서의 연결을 할 수 있는 학습자의 능력을 수학 내적 연결 역량이라 하고, 수학이 아닌 다른 과목들과의 연결을 할 수 있는 학습자의 능력을 수학 외적 연결 역량이라 한다.

5. 구성주의를 반영한 수학교과서의 개발은 가능한가?

앞서 언급한 여러 가지 요인들로 인해서 수학전쟁이 벌어졌고, 지금도 "전쟁" 중이지만, 양 진영으로부터 문제 제기된 것이 바로 이 질문 "구성주의를 반영한 수학 교과서의 개발은 가능한가?" 이다. <NCTM>(1989)이 『Curriculum and Evaluation Standards for School Mathematics』를 발간하기 이전까지는 당연히 수학교과는 교사가 학생들에게 전수해 줄 대상이었는데, 이제는 학생들이 스스로 수학을 학습하고 교사는 그 학습을 돕는 조력자, 촉진하는 안내자, 그들이 구성한 지식을 서로 이해할 수 있는 학습 상황을 창출하기 위해서 중재자의 역할을 해야 한다고 한다. 그럼, 이런 수업에 적합한 수학교과서는 당연히 전통적인 수학교과서는 아니고, 다른 어떤 형태를 띠어야 할 것이다. <미국과학재단(National Science Foundation)>은 구성주의를 반영한 수학교과서의 개발을 위해서 수학교육학자들에게 연구비를 지원하기로 하였고, 그 결과로 개발된 초등학교 수학교과서가 4종, 중학교 수학교과서가 5종, 고등학교 수학교과서가 6종이다.(165쪽) 저자는 이 중 초등학교 수학교과서 중 한 사례로 "마시멜로와 그릇" 이란 수업을 소개한다. 이 제목만 가지고는 학생들이 무엇을 배울 수 있는지 알 수 없다. 대체로 이 개발된 수학교과서들은 여러 지식들을 통합적으로 배울 수 있는 과제들을 제시한다. 반면에, 전통적인 교사 중심 수업을 위한 수학교과서는 단일한 지식을 학습할 수 있도록 수업 자료를 제공하고 있다. 전통적 교육과정에서 수학의 다양한 주제들은 분리된 과목으로 가르쳐진 반면에, 구성주의를 반영한 교육과정에서 학생들은 수학의 다양한 주제들은 통합적으로 학습한다.(178쪽)

분절된 교육과정과 통합적 교육과정의 논쟁의 핵심에는 학생들의 지적 능력에 대한 인식 차이가 있는 것이다. 분절된 교육과정은 학생들이 스스로 수학을 학습하기 어려움으로 인해서 학생들에게 수학을 교사가 지도해 주어야 한다는 관점이고, 통합적 교육과정은 학생들이 스스로 수학을 학습할 수 있는데, 학생들이 스스로 학습하기 위해서는, 즉, 학생들이 스스로 지식을 구성하기 위해서는 수업 중에 다루는 지식이 단 하나이면 이 단 하나의 지식을 추상화내기는 어렵다는 것이다. 그래서 학생들이 수행하고 있는 활동 속에 다양한 지식들이 잠재해 있어야 하고, 이 지식들을 학생들의 서로 다른 지적 능력을 통해서 구성해 내고 이들 지식들을 서로 메타인지를 통해서 학습하게 되면, 결과적으로 학생들은 서로 다른 지식을 구성하게 된다는 것이다.

6. 수준별 수업을 해야 하는가?

저자는 "구성주의를 반영한 교육과정은 수준별 과정이 없다."(181쪽)고 진술하고 있다. 그런데 우리나라에서 구성주의를 교육과정의 철학으로 처음 채택한 제7차 교육과정의 특징을 기술하는 용어가 수준별·단계형 교육과정이었다. 앞서도 진술한 바와 같이 구성주의는 우리 인간은 지식을 구성할 수 있는 지적 능력이 있고, 그 능력은 개인마다 다르다는 점이다. 이 점을 교육에 반영하는 것이 저자는 수준별 과정이 없다는 것이고 우리나라 교육학자들은 최초로 수준별 교육과정을 도입하였다. 같은 구성주의를 교육에 반영하면서 이처럼 극명하게 다른 해석을 할 수 있는 것인지 의문스럽다. 저자는 전통적 교육과정에서는 학생별로 수준별 과정이 있다고 말하고 있다. 즉, 저자의 입장에서 보면, 우리나라 교육과정은 구성주의를 선언적으로 교육철학으로 채택하였을 뿐 실제적으로는 채택한 것이 아닌 것이다.

7. 구성주의를 기반으로 한 수업을 위한 과제: 개방형 과제

전통적인 수학 수업에서는 폐쇄형 과제(인위적인 자료, 정형적이며, 절차적인 과제)를 사용하는 반면에, 구성주의를 반영한 수업에서는 개방형 과제를 사용할 것을 권하고 있다.(186쪽) 물론, 저자도 언급하고 있듯이, 모든 수학 문제는 개방형 과제이다. 즉, 모든 수학 문제는 한 가지 방법으로만 해결될 수 있는 것은 아니다. 예를 들어, 24+37도 다양한 방식으로 해결될 수 있다. 하지만, 전통적인 교사 중심 수업에서 볼 때, 수학교과서에 선택되어 제시되어 있는 문제들은 특정한 해결 과정을 가르치려고 의도된 것이다. 따라서 그 의도된 한 가지 방법만, 우리가 흔히 알고리듬이라고 부르는 방법만이 다루어진다. 전통적인 교사 중심 수업은 의도된 보편적 지식, 절대불변의 지식을 가르치려는 데 목적이 있음을 수학 문제에서도 확인할 수 있다. 반면에, 구성주의자들은 학생들은 지식을 구성할 수 있는 지적 능력이 있고, 이들의 지적 능력은 다르므로, 이들에게 개방형 과제를 제공해 주고, 이 개방형 과제로부터 각자가 구성할 수 있는 지식을 구성하고, 그리고 그 구성한 지식들을 서로 메타인지 과정을 통해서 공유하는 것이 학습이라고 본다. 따라서 학생들에게 개방형 과제를 제공해 주어야 한다고 한다. 최근에는 이런 목적을 달성하기 위한 개방형 과제의 속성을 좀 더 명확하게 설명하기 위해서, 진입점과 출구점이 다양한 개방형 과제를 사용할 것을 권고하고 있다.

진입점과 출구점이 다양한 개방형 과제의 예는 "오늘의 수"란 과제가 있다. 이 과제는 3학년 1학기 첫 수업에서 사용한 예를 들면 다음과 같다(김진호, 2020). “ = 100이 되는 다양한 식을 만드시오.” 3학년 1학기 첫 수학 수업이라고 하더라도, 학생들의 지적 능력은 서로 다르다. 따라서 일부 학생들은 간단한 두 수의 덧셈을 이용하거나, 일부 학생들은 101-1=100, 102-2=100처럼 세 자릿수 빼기 한 자릿수를 사용할 수도 있다. 일부 학생들은 2학년 때 배운 곱셈 개념을 이용해서 느리지만, 10×10을 구성해 낼 수도 있다. 일부 학생은 선행 학습한 나눗셈을 이용할 수 있다. 일부 학생은 소수를 이용한 식을 만들어 낼 수도 있다. 이 과제는 분명히, 진입점이 다양하다. 결과적으로, 이 과제는 어떤 특정한 지식을 학습하는 데 목적이 있는 것이 아니라, 각 학생이 구성한 아이디어들을 공유하는 과정에서 각 학생이 자신들이 이해할 수 있는 동료 학습자들이 구성한 아이디어들을 이해하는 것이 수업의 목적이므로 출구점 또한 다양하다 하지 않을 수 없다.

8. 일본의 수학 수업과 중국의 수학 수업

2000년 TIMSS 연구 결과(미국보다 우수한 성적을 낸 국가는 20개국이고, 미국과 동등한 성적을 낸 국가는 13개국이고, 미국보다 낮은 성적을 낸 국가는 7개국에 불과하다.)를 토대로 미국 수학 수업에서 하지 않는 무엇을 다른 나라 수업에서는 하고 있는지에 미국연구자들은 관심을 갖게 된다. 그중 저자는 일본과 중국의 수업을 통해 그 차이를 말한다.

저자는 수업 외적인 특징으로, 일본은 240일 수업을 하고(미국은 175일), 일일 수업 시간도 길고, 학생들이 교실을 이동하지 않는다는 점을 들고 있다. 또한, 인터폰이나 다른 전달 등에 의하여 결코 수업이 중단되지 않는다는 점을 들고 있다. 사실, 이 부분은 우리나라 교실의 풍경과도 사뭇 대조되는 풍경이기도 한다. 저자는 수업 내적인 특징으로 일본의 교육과정은 복잡하고 어렵고, 교사가 해결 방법이 여러 가지인 문제를 제시하고, 학생들은 소집단 활동을 하고, 전체 학급 회의를 하고, 수업의 마무리 부분에 연습 문제를 제공한다. 일본 교사들은 수학교과서에 있는 것을 그대로 가르치지 않고, 학생들의 사고에 초점을 둔 수업을 하고, 학생들이 사고를 개발할 수 있는 수업을 설계하고, 결과적으로 학생들의 수학적 사고를 촉진하는 수업을 한다. 따라서 일본 교사들은 수업 중에 학생들에게 사고할 시간을 많이 준다. 일본 수업의 특징에서 나타나는 것과 대조적인 수업 특징을 우리나라 교사들의 수업에서 확인할 수 있다. 초등학교 교사들은 수학교과서에 의존하는 경향이 매우 심해서, 박교식(1996)은 이런 현상을 수학교과서의 성서화 현상이라고 하였다. 우리나라 교육부는 학생들이 수학을 어려워한다고 하면서 줄곧 쉬운 수학을 강조하고 있다. 또한 교사 중심 수업을 하다 보니 학생들에게 생각할 시간을 제공하지 않는다.

리핑 마(Ma, Liping)는 중국과 미국의 초등 교사의 수학적 지식을 비교하였다. 이 연구의 핵심적인 결과는 중국 교사들이 미국 교사들보다 더 많이 알고 있다는 점이다. 이 차이를 이해하기 어려웠던 것은 미국의 경우 초등 교사가 되기 위해서 일반적으로 4년제 대학을 졸업해야 하는 반면에, 중국의 초등 교사들의 경우, 적어도 리핑 마의 연구에 참여한 교사들의 경우는 사범학교(교사가 되기 위한 고등학교)를 졸업하였다는 사실이다. 리핑 마의 연구 결과에 따르면, 미국 초등 교사들은 계산은 할 수 있으나, "기초 수학에 대한 깊은 이해"는 하지 못한 반면, 중국 초등 교사들은 계산도 잘할 뿐만 아니라 "기초 수학에 대한 깊은 이해"도 하고 있었다. 이 결과를 바탕으로 리핑 마는 미국 수학교육을 개선시키려면 교사의 수학적 지식을 개선시켜야 한다고 주장하였다. 우리나라 초등 교사들은 대체로 우수한 고등학생들이었기 때문에, 우리나라 현직교사들의 "기초 수학에 대한 깊은 이해"는 어떠한가가 관심사가 된 시기가 있었다. 유감스럽게도, 초등 교사들의 수학적 지식에 대한 여러 연구 결과들은 이해 부족을 보이고 있다.

9. 나오며

『수학전쟁』이란 책 제목이 암시하듯이, 수학교육학자들과 수학자들 간에 수학교육이란 학문에 대해서 서로 첨예한 대립각을 세우는 관점들을 주장하고 있다. 수학교육학이란 학문이 신생학문이다 보니, 수학교육이란 학문이 수학교육학자들 중심으로 활발한 활동을 한 시기는 비교적 최근의 일이다. 즉, 수학교육학자들이 일군의 집단을 이루어 그들의 목소리를 내기 전에는 수학자들이 수학교육을 지배하였었다. 이 두 진영 간의 패러다임 다툼이 진행되고 있고, 이 다툼을 저자는 『수학전쟁』이라 표현하였다.

이 두 진영이 『수학전쟁』을 벌이는 것은 미국의 미래 세대들이 그 미래에 삶을 영위할 현재의 학생들을 잘 준비하기 위한 노력의 일환이다. 이 두 진영은 끊임없이, 학생들이 학습할 수학, 교수법, 교사의 질 등을 고민한다. 미국 수학교육의 미래는 이런 논쟁이 있어 밝다 하지 않을 수 없다. 반면에, 우리나라의 수학교육학자들과 수학자들 또한 우리나라의 미래 인재들을 위한 노력을 경주하고 있다. 그럼에도 불구하고, 학습부진아는 늘어가고 있고, 더 나아가 수학 학습을 포기하는 학생들이 폭주하고 있다. 정답이 없는 논쟁을 하고 있는 것이겠지만, 우리 미래의 학생들을 위한 『한국판 수학전쟁』이 불붙기를 기대해 본다.

── 더 읽기 자료

김수철, 「수학 교과역량의 초등학교 교과서 적용 실태 분석: 2015 개정 교육과정을 중심으로」, 『예술인문사회융합멀티미디어논문지』, 9(4), 2019.
김진호, 『학생들이 즐거운 수학교실: 3학년 1학기 덧셈·뺄셈』, 교육과학사, 2020.
박교식, 「우리나라 초등학교의 수학 교수·학습에서 볼 수 있는 몇 가지 특징」, 『수학교육학연구』, 6(2), 1996.

(집필자: 김진호 · 대구교육대학교 교수)

짧고 쉽게 쓴 시간의 역사
(A Briefer History of Time)

호킹(Hawking, Stephen William)

저자 스티븐 호킹(Hawking, Stephen William: 1942~2018)은 열대질병을 연구하는 연구원인 아버지와 함께 책을 읽고 토론하는 것을 좋아하였으며, 과학자의 꿈을 가지고 있었으나 전반적인 학교 성적은 좋지 못했다. 그러나 전화교환기의 부속을 뜯어내어 덧셈을 자동으로 하는 계산기를 만드는 등 과학 분야에서는 두각을 나타내어 옥스퍼드대학에 진학하였고 조정 선수로 활동하는 등 건강하였으나, 케임브리지 대학원에 입학한 21세 때에 근위축성 측색경화증(루게릭병)이 발병하여 1~2년밖에 살지 못한다는 시한부 선고를 받았다. 그럼에도 암산으로 수식을 푸는 등 혼신의 노력으로 물리학 박사를 받았으며, 35세에 케임브리지 대학 교수로 임명되어 우주론과 양자 중력 분야의 연구를 계속하였다. 나중에는 TV 출연이나 여러 대중 과학서적을 출판하여 더욱 유명해졌다.

병으로 인해 차츰 손과 발을 쓸 수 없게 되었고, 1985년 폐렴에 걸린 다음에는 기관지 절개수술을 받아 목소리를 낼 수가 없어서 휠체어에 부착된 음성 합성기를 통해 의사소통을 했다. 그럼에도 신체 중에서 유일하게 움직이는 두 개의 손가락으로 컴퓨터 자판을 눌러 강의도 하고 저술도 했으며, 말년에는 눈동자의 움직임을 감지하는 컴퓨터를 이용하여 의사를 전달하였다. 대학시절 장애가 있기 전에 만난 첫 부인 제인과의 사이에 세 자녀를 두었으나 1990년에 이혼하고 자신을 돌보던 간호사 일레인(Elaine, Mason)과 결혼하였다. 둘째 부인이 호킹을 폭행한다는 얘기가 나왔지만 호킹은 인정하지 않았는데 나중에 확실한 증거가 나오면서 결국 2006년에 이혼하였고 그 이후 자녀의 돌봄을 받으며 살았다. 그에 관한 영화로는 2014년 제작한 <사랑에 대한 모든 것(The Theory of Everything)>이 있다.

스티븐 호킹

1988년 출판한 『시간의 역사』는 30개 이상의 언어로 번역되었고 1천만 부 이상이 판매되었다. 20년이 지나 그 책을 보완하고 좀 더 쉽게 출판한 책이 『짧고 쉽게 쓴 시간의 역사』이다. 이 책의 공저자 레오나르드 믈로디노프(Mlodinow, Leonard)는 버클리(University of California, Berkeley)에서 물리학 박사를 받고 칼텍(California Institute of Technology) 교수로 있다가 TV쇼의 작가로 활약하면서 과학기술의 대중화에 기여하였다. 몇 권의 저서를 호킹과 공동집필하고 TV 대본작업도 같이 하였다.

호킹의 저서는 그 외에도 『호두껍질 속의 우주』(2001), 『위대한 설계』(2010) 등이 있는데 이 책들도 우주론과 관련하여 읽어볼 만한 가치가 있다. 호킹은 TV 시리즈 '빅뱅이론(Big Bang Theory)' 이나 '스타트랙(Star Trek: The Next Generation)' 등에도 출연하였다.

이 책은 '우주는 어디에서 와서 어디로 가는가?' 라는 기본적인 질문에 대한 답을 물리학자의 관점에서 시도해 보는 책으로 이론물리학의 전문적 지식들이 포함되어 있어서 보통 사람들이 책 내용을 이해하기는 어렵다. 흔히들 '책을 산 사람은 많지만 다 읽은 사람은 적다.' 는 말이 나올 정도로 난이도가 높은 편이다. 그러나 이론물리학이 위의 질문에 대해 어떤 시도를 하고 있는지, 그리고 현재까지 얻어 낸 설명들을 알아보는 것은 우주의 기원과 미래에 대한 안목을 넓힌다는 의미에서 도움이 될 것이다. 더구나 초등학교 학생들 중에는 방송이나 만화 등을 통해서 타임머신, 시간여행, 빅뱅, 블랙홀, 웜홀 등에 대해 들은 바가 있을 것이므로 그에 대해 대화를 하거나 교사에게 질문을 하는 경우가 있을 것인데, 이런 경우에 어느 정도 과학적 답변을 해 주는 것은 과학교육의 측면에서 매우 중요하다고 본다.

이 책의 차례는 1. 우주에 대한 생각, 2. 우주상의 진화, 3. 과학이론의 본질, 4. 뉴턴의 우주, 5. 상대성 이론, 6. 휘어진 공간, 7. 팽창하는 우주, 8. 빅뱅, 블랙홀, 우주의 진화, 9. 양자 중력이론, 10. 웜홀과 시간여행, 11. 자연계의 힘들과 물리학의 통일이론, 12. 결론으로 되어 있다.

이 책의 줄거리를 더 쉽게 요약해 보면, 근대 과학 이후로 망원경을 통한 관찰과 실험을 통해 세상에 대해서 더 잘 알게 되었고 그 결과로 세상을 보는 관점에 변화가 있었다.(1, 2, 4장) 그러나 현대로 오면서 직접 관찰이 안 되거나 할 수 없는 영역에 대한 이론은 당장 증명이 되지 않는 가설 영역으로 받아들여야 한다.(3장) 20세기 이후 현대 물리학에서는 한 단계 더 발전을 하였는데, 아인슈타인의 상대성이론은 이론이 나온 지 4년 뒤에 빛이 휘는 현상을 관찰함으로 많은 지지를 받았고, 그 이후에 무거운 물체 근처에서는 시간이 늦게 간다는 현상도 관찰하였으며, 현대에 와서는 GPS에서 실제로 활용하고 있는 등, 시간과 공간이 고정되어 있는 것이 아니고 변한다는 것을 알게 하였다.(5, 6장)

한편 천문학에서는 1920년대에 별에서 나오는 빛스펙트럼이 빨간색 쪽으로 이동됨을 관찰하였는데(적색편이, red shift), 이를 도플러 효과[31]로 해석하면 별이 우리에게서 멀어지고 있는 것으로 볼 수 있다. 우리에게서 멀리 떨어져 있는 은하가 더 빨리 멀어짐을 관찰(1929년)하면서, 시간을 거꾸로 돌리면 과거에는 한 점에서 시작했다고 유추할 수 있으므로, 우주 폭발설(Big Bang Theory)이 나오게 되었다. 우주의 초기에 흰색이던 우주의 빛이 이제 우리에게 도달하는데 적색편이에 의해 마이크로파로 관찰된다는 가모프(Gamow, George)의 예측(1948년)이 1965년 우주 배경복사로 확인되면서 빅뱅이론은 더 큰 지지를 받게 되었다. 그러나 우주가 가속팽창되기 위해서는 외부에 엄청나게 큰 에너지가 있어야

31 도플러 효과(Doppler effect)는 상대 속도를 가진 관측자에게 파동의 진동수와 파원(波源)에서 나온 수치가 다르게 관측되는 현상을 말한다. 파동을 일으키는 물체와 관측자가 가까워질수록 커지고, 멀어질수록 작아진다. 1842년에 오스트리아의 물리학자 도플러(Doppler, Christian Johann)가 처음으로 발견하였다.

하고(암흑 에너지, dark energy), 그럼에도 불구하고 은하계를 구성하기 위해서는 별도로 엄청나게 큰 질량이 필요하다(암흑 물질, dark matter). 계산에 의하면, 우리가 알고 있는 별들의 총질량의 약 5배가 암흑 물질이고, 약 14배가 암흑 에너지라고 하는데(옆 우주의 구성 성분에 관한 그림 참조), 아직 이들 암흑 에너지나 암흑 물질은 전혀 관측되지 못하고 있다.(7장)

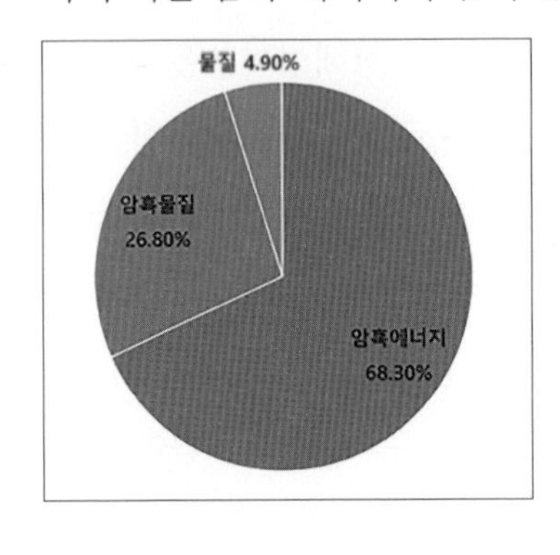

빅뱅 이전의 사건들은 현재의 과학적 지식으로는 설명할 수가 없다. '누가 빅뱅을 위한 조건들을 갖추어 놓았을까'라는 질문은 과학이 다룰 질문이 아니다. 다만, 과학에서는 빅뱅으로부터 기본입자가 만들어지고, 온도가 내려가면서 더 무거운 원소들이 만들어지고, 중력으로 그것들이 뭉치게 되어 별과 은하가 생기게 되었다고 추론한다. 이 과정에서 매우 정확한 값을 가져야 지금의 우주가 만들어지게 되는데, 이는 신의 행위가 아니면 설명하기 어려울 정도이다. 한편, 빛(광자, photon)도 질량이 있으니 매우 무거운 별에서는 빛이 빠져나올 수 없는데, 이를 블랙홀(black hole)이라 한다. 빛이 나오지 않으니 광학 망원경으로는 아무것도 보이지 않는 자리에 X선이나 감마선 망원경으로 보면 매우 활발한 활동을 하고 있는 블랙홀 후보들을 여러 곳 관찰하게 되었다.(8장)

여기까지는 관찰의 지지를 받고 있는 부분이고, 이다음부터는 그의 이론적 주장이다. 이 분야에 있어서 경쟁하고 있는 이론은 여러 개인데 아직 어느 것도 실험적 지지를 얻지 못하고 있어서 그냥 여러 이론 중의 하나라고 보면 된다.

절대적 시간 개념이 개인적 개념으로 되면서, 과거나 미래로 여행이 가능할 것이냐에 대한 이론들이 나오기 시작했는데, 그 중에서 시공간을 구부려 지름길(wormhole, 웜홀)을 통과하면 미래로 갈 수가 있다는 주장이다. 그러나 과거로 가서 역사를 바꿀 수 있는가에 대한 문제에 대해서는 여러 가지 주장이 있어서 의견의 일치를 보지 못하고 있다.(10장)

결국 현재의 모든 현상을 설명하기 위해서는 현존하는 네 개의 힘인 중력, 전자기력, 강한 핵력, 약한 핵력을 모두 하나의 식으로 표현할 수 있어야 하는데(이를 통일장 이론이라고 한다), 다른 세 개는 어느 정도 설명이 되었으나 중력을 포함하는 데 어려움이 있어 아직 성공하지 못하고 있다. 장차 상대성 이론에 양자역학의 불확정성 원리[32]를 합한 양자중력이론이 나와야 하고, 10-33cm 정도로 매우 작은 크기에서 일어나는 물리현상이므로 이 정도의 현상을 볼 수 있는 매우 큰 입자가속기를 제작할 수 있겠는지에 대한 회의도 있다. 11차원을 전제한 끈 이론(string theory)[33]도 그러한 시도 중의 하나이나 아직 수학적 이론 수준에 머물고 있다.(9, 11장)

결론으로 저자들은 중력이 인력으로 작용한다면 우주는 팽창하거나 수축하게 될 수밖에 없으므로, 우주의 최초에 빅뱅이 있었다면 나중

---

32 불확정성 원리(uncertainty principle)란 하이젠베르그(Heisenberg, Werner Karl)가 제안한 것으로, 물체의 위치와 그 물체의 운동량, 또는 어떤 시간에서의 에너지 크기를 둘 다 동시에 정확하게 측정하지는 못한다는 것이다. 전자와 같은 미시세계에서는 위치를 측정하기 위해서 빛을 쏘면 그 빛에 의해서 위치가 달라져서 정확한 측정이 불가능한 것이다.

33 끈 이론(string therory)은 기본입자를 알갱이 대신에 길이가 있는 끈으로 보고 설명하려는 이론이다. 끈을 멀리서 보면 점처럼 보이니 고전적 방법과 일치하나, 끈이 어떻게 진동하느냐에 따라 질량, 전하 등의 특성이 달라지고, 끈의 진동 패턴에 따라 힘의 종류가 정해진다고 보는데, 하나의 끈으로 여러 입자를 만들 수도 있고, 실험으로 정해주어야 할 상수가 적다는 장점도 있다.

에는 블랙홀로 빨려 들어가거나 결국 빅 크런치(Big Crunch, 대폭발의 반대로 대수축)로 멸망하게 될 것이라고 한다. 근대 이전에는 자연의 움직임을 신의 작용으로 보았는데, 자연의 규칙성을 발견하면서 그러한 신은 불필요해졌으나, 아직도 최초의 창조, 즉 빅뱅 이전의 상태나 빅뱅이 일어나게 된 조건 등에 대해서는 모르는 상태이다. 우리가 알아낸 방정식에 생기를 불어넣어 우주를 만든 것은 누구인지? 우주는 왜 존재하는지? 등에 대한 대답은 과학의 영역 밖의 것이다.(12장)

이 책에서 다루려고 했던 질문에 대해서는 과학적 방법을 사용하여 우주의 현상을 설명하려는 물리학에서는 빅뱅에서부터 시간이 시작되었고, 최후에는 빅 크런치로 시간이 종료될 것이라 답하고 있다. 그러나 빅뱅 이전의 상태는 어떠한지, 빅 크런치가 반드시 올 것인지, 그 이후의 우주는 어떤지, 우주는 왜 존재하는지 등에 대한 대답은 과학 영역 밖의 것으로 과학이 답할 수는 없다고 끝맺고 있다.

호킹이 한 다음의 말은 우주를 설명하려고 하는 과학자의 어려움을 표현한 유명한 발언으로 남아 있다. '신은 주사위를 던지지 않는다'라고 한 아인슈타인(Einstein, Albert)의 말은 틀렸다. 블랙홀을 생각해 보면 신은 주사위를 던질 뿐만 아니라 가끔 주사위를 안 보이는 곳으로 던져서 우리를 혼란스럽게 만든다.

더 읽기 자료

호킹(김동광 역), 『호두껍질 속의 우주』, 까치글방, 2001.

아인슈타인(장헌영 역), 『상대성이론: 특수 상대성 이론과 일반 상대성 이론』, 지식을만드는지식, 2012.

세이건(홍승수 역), 『코스모스(COSMOS)』, 사이언스북스, 2006.

(집필자: 박윤배 · 전 경북대학교 교수)

청소년을 위한 융복합 특강

최재천, 한기호, 박민관, 최훈, 지혜인

최근 현대사회는 4차 산업혁명 시대로 급격하게 변화하고 있다. 이에 따라 2015 개정 교육과정에서는 '미래사회가 요구하는 창의 융합형 인재 양성'을 비전의 하나로 제시하고 있다. 여기서 이야기하는 '창의 융합형 인재'는 어떠한 인재상을 이야기하는 것일까? 본 도서에서는 핵심 키워드인 '융복합'을 주제로 다양한 강연자들의 이야기들을 옴니버스식으로 풀어내고 있다.

『청소년을 위한 융복합 특강』에서 다루고 있는 강연은 2015년 6월에서 2016년 3월까지 총 49회에 걸쳐 이루어졌다. 수도권 청소년 1,189명을 대상으로 진행된 강의들을 엮어 풀어낸 도서이며, 2018년에 출간되었다. 창의 융합형 인재의 바탕이 되는 '융복합적 사고'에 대해 면밀하게 살펴볼 수 있다.

1장에서 이야기하는 최재천의 '통합, 융합 그리고 통섭'은 저자의 2016년 1월 8일 성균관대학교에서 있었던 '제1회 청소년을 위한 융복합의 날' 행사 기조 강연의 원고를 토대로 실은 이야기로 주로 저자의 융복합적 사고와 관련된 업적이 나열되고 있다. 세계적으로 유명한 학자인 제인 구달(Goodall, Jane)과 재단 설립을 함께 한 일화부터 '제돌이'를 방류한 일화, 국립생태원 원장으로서의 여러 일화 등도 소개되어 있다.

> 영어에 마스터키라는 말이 있죠. 그림7 속의 두 열쇠 중에서 마스터키는 어느 것일까요? 뜻밖에도 오른쪽에 있는 게 마스터키입니다. 열쇠에는 돌기들이 있죠. 그것들이 여러 문을 열라고 있는 것이 아니라 거기에 걸려서 다른 문을 열지 못하게 만든 것입니다. 그래서 마스터키를 영어로 가끔 'skeleton key'라고 부르기도 하는데, 그냥 뼈대만 하나 있어서 거의 모든 방을 열 수 있게 되는 것입니다. 여러분들이 살아가게 될 미래도 같은 것 같습니다. 첫 직장을 얻기 위해서 이것저것 스펙 쌓고 뭐 하고 해서 이런저런 돌기를 만드는 데 엄청난 시간과 노력을 투자하면 첫 직장은 잘 얻을 수 있을지도 모릅니다. 그런데 다른 일에 눈길 한 번 주지 않고 그거 준비하고 나면 40대 초반에 다음 직장을 얻어야 할 때 막막해지겠죠.
>
> 여러분에게는 모든 문을 열 수 있는 만능키가 필요한 것입니다. 그게 바로 기초학문입니다. 인문학과 자연과학의 기초를 제대로 닦아 놓으면 그것이 만능키가 되어 어느 문이든 열 수 있는 가능성이 높아지는 것입니다.(46쪽)

특히 인문학과 자연과학에 대해 기초 교양을 강조하는데 이는 긴 인생 동안 하나의 전공을 가지고 평생을 살아가기에는 부족하기 때문이다. 이를 위해 취미를 위한 독서보다는 기획을 통한 독서를 권장하고 있다.

2장에서는 한기호의 '융복합, 통섭과 융합의 기묘한 동거'을 다루고 있다. 융합과 통섭이 주된 논의이며 이의 정의와 환원주의 논쟁을 다룬다. 여기서 말하는 '융합'은 다양한 학문들의 협력적 연구를 말하는데 이는 특정 분야의 문제를 해결하기 위함이다. '통섭'은 각 분과 학문들 간 경쟁적인 연구 전략을 말한다. 이를 정리하면 통섭은 각기 모인 이론과 요소들이 새롭게 거듭나는 것을 말한다. 이러한 통섭은 학자들에 따라 부정적으로 살펴보기도 한다. 후에 다루는 동일 저자의 '아름다움을 보는 새로운 눈, 진화'에서는 진화론을 다룬다. 특히 진화론에서의 '자연선택'과 '성 선택'을 살펴보는데 여기에서의 아름다움 및 생식력 사이의 연관성을 살펴보고 있다. 진화론에서의 핸디캡 가설, 대칭 가설 및 평균 가설과 같은 다양한 가설에 대해 살펴볼 수 있다.

> 이처럼 그 출처나 의미가 상대적으로 좀 더 분명해 보이는 '융합'이나 '통섭'을 두고 '융복합'이라는 개념을 사용하는 데에는 '융합'과 '통섭'이 가지고 있는 의미상의 이질성에 그 이유가 있습니다. 겉으로는 잘 드러나지 않지만 그 두 개념은 아주 큰 의미에 차이를 가지고 있습니다. 하지만 그 차이는 하나로 묶을 수 없을 만큼 큰 것은 아닐 것입니다. '융복합'은 바로 그러한 가능성을 승인하는 개념으로 보아야 할 것입니다.(77~78쪽)

3장의 '과학과 인문학, 만남과 이별'과 6장의 '인문학이 바뀌면 과학도 바뀐다.'는 박민관의 강연을 다루고 있다. 인문학과 자연과학의 유래 및 근원과 역사적으로 발전되어 온 과정을 살펴본다. 예로부터 동양은 농경을 중시해왔기에 '변화'에 초점을 맞추어 왔고, 서양에서는 상업을 중시해왔기에 '본질'에 초점을 맞추어 왔다. 이를 통해 인문학 및 자연과학을 함께 포괄하는 과학이 '과학혁명'을 거치며 '과학'으로 독립되었다고 말하고 있다. 코페르니쿠스가 1543년 발표한 '천구의 회전에 관하여'로 인해 과학혁명이 태동하였고, 다윈이 진화론을 발표한 후 이는 사회진화론과 사회생물학으로 범위를 넓히게 된다. 현대사회의 인공지능의 역할이 확대되는 현실에서 이는 시사하는 바가 크다.

> 오늘날 인문학과 자연과학의 근본적인 위기에 대한 해결책으로 많이 말해지는 것이 바로 '융합'입니다. 융합에 대한 열망은 20세기 세계 전반에서 벌어진 과학과 인문학의 이별을 초래한 전문화와 세분화에 대한 시대적 반성에서 비롯되었다고 할 수 있습니다. 지나치게 급진적으로 서구사회를 추종한 우리나라는 성장과 발전을 압축적으로 했듯이, 세분화와 전문화가 초래한 부작용과 문제점도 압축적으로 더 크고 더 심각하게 나타나고 있습니다. 이런 점에서 다른 나라와 달리 우리는 급하게 치료해야 할 심각한 문제입니다. 그러나 융합이 무엇인지, 어떻게 해야 하는지에 대해서는 상당히 많은 생각과 주장들이 어지럽게 펼쳐지고 있는 중입니다. 하지만 무엇보다 중요한 것은 단지 탁상공론에 머물러서는 안 된다는 것입니다. 우선 실천을 해야 하는데, 실천의 첫걸음은 '같은 자리에서 머리를 맞대는 것'이어야 할 것입니다.(113쪽)

4장에서 최훈은 21세기에 들어선 현대에도 비과학적으로 생각하는 사람들을 특징에 따라 살펴보고 있다. 이를 통해 과학적 사고와 사이비과학을 면밀히 살펴본다. 초등학교 국어 교과서에 실린 '말의 힘'(2009년 MBC 한글날 특집 다큐멘터리 중) 다큐멘터리에서의 '밥 실험'을 예로 들고 있다. 이 실험에서는 지어진 밥에다 대고 좋은 말을 하면 멀쩡한데 대조군으로 나쁜 말을 대고 하면 곰팡이가 생긴다는 결과를 보인다. 저자는 이 실험을 비과학적인 실험의 대표적인 예로 실험에 대한 근거가 없는데도 교과서에 사례를 들고 있다고 비판한다. 운세, 궁합 및 혈액형 성격설 등과 같이 사회에 만연한 비과학적 논리에 대해 비판 및 비난하고 있다. 마치 사실인 것처럼 퍼져있는 비과학적 사실들은 관찰, 가설 설정, 검증 / 반증, 법칙 확립, 설명 / 예측의 과정을 거치지 않은 것들이다. 이러한 비과학적 사고를 학교에서부터 버젓이 접해온다는 사실을 꼬집는 저자는 비과학적 사고를 5가지 특징으로 설명한다. 첫 번째 특징은 주관적 경험을 토대로 이상한 것을 믿는다는 것이다. 두 번째는 인과관계가 없는데도 불구하고 있다고 생각하는 것이다. 세 번째 특징은 우연의 일치에 불과한 것에 신비함으로 인한 것이라 믿는 것이다. 네 번째 특징은 애매모호한 말을 그대로 믿는 것이다. 다섯 번째 특징은 보고 싶고 듣고 싶은 것만 보고 듣는다는 것이다. 저자는 비판만 하기보다 대안을 제시한다. 바로 반복적인 관찰이나 실험, 다른 사람의 동의, 확률의 확인, 시비를 확인하며 불리한 증거까지 함께 확인해야 한다는 점이다.

21세기에 걸맞은 사람이 되자

① 내 경험이 다른 사람들도 동의하고 받아들일 수 있는 것인지 확인한다.
② 관찰과 실험을 반복해 인과관계가 정말로 성립하는지 조사한다.
③ 우연의 일치를 특별하게 생각하지 말고 확률과 같은 합리적인 이론으로 설명할 수 있는지 살펴본다.
④ 애매모호하게 표현하지 말고 맞는 말인지 틀린 말인지 알

수 있도록 분명하게 표현한다.

⑤ 자신에게 유리한 증거만 받아들이지 말고 불리한 증거도 있는지 찾아본다.(153쪽)

5장에서 다루는 '세계를 규정하고자 하는 힘과 확장하고자 하는 힘'은 지혜인의 강연내용이다. '피타고라스의 정리', 플라톤의 '이데아론', 하이젠베르크의 '불확정성의 원리'를 소개하고 있다. 여기서 세계 규정은 세계 확장적인 사고를, 세계 확장은 세계 규정적인 사고를 야기한다고 이야기한다.

> 어떤 사람이 이 세상을 좀 더 명확하게 설명하고자 노력하는 동안, 또 어떤 사람은 설명해내지 못하는 영역들이 여전히 남아 있다는 것을 깨닫고 생각과 연구를 거듭합니다. 한 번 이 과정 자체를 바라봅시다. 어때요? 아름답지 않나요? 답이 나오지 않을지라도, 생각지 못했던 결론이 나올지라도 인간은 고민을 거듭하고 연구를 계속합니다. 이러한 방식으로 인류는 발전을 거듭해왔습니다. 인간 안에는 이미 세계를 규정하고 또 확장하고자 하는 융복합적 사고가 본능적으로 자리 잡고 있는 것일지도 모르겠습니다.(179쪽)

7장에서 이지언은 사이보그와 포스트휴먼 시대에 대해 논하고 있다. 호모 사피엔스가 트랜스휴먼을 거치고 포스트휴먼으로 변화하게 됨을 이야기하는데 결국 더 이상 노화를 겪지 않고 몸과 마음을 원하는 대로 가지는 단계까지 이를 것임을 이야기한다. 사이보그는 유기체와 결합한 존재로서 그 범위는 유전자 조작을 통하였거나 기술적 조작을 통한 변종된 인간까지 포함하는 개념이다. 19세기 초 문학에서 등장한 사이보그는 영국의 하비슨(Harbission, Neil)이라는 사이보그 예술가의 이야기에서 등장한다. 하비슨은 '전색맹'으로 태어났으나 이후 2003년 '전자 눈'을 두뇌에 이식하게 되며 소리를 통해 색을 인식하는 장면이 등장한다.

> 21세기는 포스트휴먼 시대로 인간이라는 종의 변화까지 예측해야 하는 세기가 될 것입니다. 제4차 산업혁명으로 최근 언급되는 현재는 빠른 기술혁명의 도래로 인간과 기계가 공존해야 하는 시기를 맞이하고 있습니다. 인공지능과 사이보그화로 인해 야기된 인간의 존엄성에 대한 철학적 질문이 더욱 중요해지고 있습니다. 이 중에서 예술은 인간의 창의성과 상상력을 발현하는 행위로서 더욱 중요하게 될 것입니다. 이러한 상황에서 가까운 미래의 예술교육에 현재 급속하게 발전하고 있는 기술을 접목하고 활용해야 하는 것은 선택이 아니라 필수가 될 것입니다.(245쪽)

8장에서는 임병갑이 자의식이 있는 자율판단 로봇 탄생을 논하고 있다. 로봇에게 도덕 개념을 심을 수 있을까에 대한 논의부터 과연 언제 로봇에게 도덕 개념을 심을 수 있을까에 대한 논의까지 다루고 있다. 로봇에 도덕 개념이 없으면 매우 위험한데 인공지능 기술이 발전하게 되면 이러한 개념 이식이 가능해질 수 있을까에 대한 논의이다. 아이작 아시모프(Asimov, Isaac: 1920~1992)라는 SF 소설가를 예로 들고 있는데 그가 이야기한 로봇 공학 3원칙에서는 로봇의 제작 및 행동에 관한 규칙을 이야기하지만 도덕성에 대해서는 아직 시간이 더 많이 필요할 것이라 살펴보고 있다. 이후 많은 연구와 자료로서 도덕적 문제 해결에 해답을 '머신 러닝'과 '존경받는 로봇'으로 살펴보기도 하지만 저자는 인간의 도덕적인 성숙이 더 필요하다고 강조한다.

우리 인간과 조화를 이루며 살아가는 인공지능 로봇을 만들기 위해서는 다양한 학문 분과들이 협력해야 합니다. 그러한 협력 과정에 철학을 비롯한 인문학의 역할은 그동안 크게 부각되지 않았습니다. 그러나 지금까지의 논의가 적절한 것이라면, 그 다양한 학문 분과들 안에 윤리학이나 철학도 반드시 포함되어야 합니다. 기본적으로 인공지능 로봇을 도덕적으로 설계하는 문제를 해결하기 위해서는 진지한 윤리학적 논의가 필요합니다. 그것은 로봇 3원칙 정도의 단순한 생각을 가지고 접근할 수 없는 문제이기 때문입니다. 게다가 인공지능 로봇을 도덕적으로 설계한다고 해도 여전히 중요한 문제가 남게 됩니다. 즉, 인공지능 로봇의 도덕적 지위에 대해 진지하게 따져보아야 한다는 것입니다. 인공지능 로봇은 단순한 도구가 아니라 행위자로 간주될 수 있기 때문입니다. 물론 인공지능 로봇이 도덕적으로 설계된 행위자라고 해서 곧바로 그것에게 도덕적 권리나 책임을 귀속시킬 수는 없습니다. 그러한 권리나 책임을 가지는 존재이기 위해서는 스스로의 판단에 의해 행위할 수 있는 자율적인 존재여야 하기 때문입니다. 또한 그 자율성이 진정한 의미의 자율성이기 위해서는 자의식 능력을 가져야 합니다. 우리는 인공지능 로봇이 그러한 능력들을 가질 수 있을지 대략적으로 따져보면서 긍정적인 결론으로 나아갔습니다. 물론 인공지능 로봇이 진정한 의미의 자율성이나 자의식을 가질 수 있다는 생각에 여전히 반대하는 사람도 많을 것입니다. 그러나 지금까지의 논의는 인공지능 로봇과 관련된 융복합의 또 다른 측면을 드러낸 셈입니다. 인공지능 로봇의 자유의지나 자율성, 그리고 자의식과 같은 문제는 로봇 공학자들만의 힘으로는 해결될 수 없는 것이기 때문입니다. 그러한 형이상학적 문제들을 철저하게 따져 묻는 작업은 철학자의 도움 없이는 불가능할 것입니다. 결국, 우리의 삶과 조화를 이루는 인공지능 로봇을 만드는 문제를 해결하기 위한 융복합의 작업 속에서 윤리학이나 철학의 역할은 반드시 필요하다고 결론지을 수 있습니다.(300~301쪽)

9장에서 홍지호는 로봇 공학만이 아닌 윤리학과의 결합을 이야기한다. 로봇 중에서도 자의식을 가진 로봇을 만들기 위해 융복합적인 사고에 대한 필요성을 강조한다. 또한 10장에서 김효은은 신경윤리 문제를 제기한다. 바로 인간의 판단이 과연 내 탓인지 또는 뇌 탓인지 논증의 시간을 가진다. 이에 따라 거짓말 탐지기에서 오류는 당연히 생기며 신경윤리는 복잡한 단계를 가진 두뇌 그물망을 면밀하게 고려해야 한다고 강조한다.

여기 소개한 이론들보다 훨씬 많은 이론과 설명들이 진화의 관점에서 아름다움에 대한 해명을 제공해주고 있으며, 그 여정은 아직까지 이어지고 있습니다 그러나 분명한 건 이러한 연구들이 경험적 연구라는 점에서 지금까지의 인문학적 연구와 구분된 길을 간다는 사실입니다. 사변에만 의지하고 머무는 것이 아니라 논리적이고 사변적인 고찰을 통해 나온 귀결을 면밀한 경험적 탐구를 통해 증명하려는 시도는 이전의 아름다움과 예술에 대한 논의에서 볼 수 없었던 방식일 것입니다. 그렇다고 그러한 과정 속에서 인문학이 하는 역할이 없는 것은 아닙니다. 그 탐구의 여정에서 지도를 그려주고 안내해주는 것이 바로 인문학적 성찰일 것입니다.(302쪽)

마지막 장은 김종규가 신화 및 온라인 게임과의 만남을 이야기한다. 신화와 이성의 공간(logos)을 이야기하고 이성-신화와 지성-직관이 역동적으로 교차하며 온라인 게임이 탄생하게 되었다고 말한다. 이는 신화와 게임의 융합이 문화로서 성장해야 한다는 결론에 이른다.

> 놀이 문화가 성장하려면, 놀이는 즐기는 사람의 몫이 되게끔 해주어야 합니다. 그러니 놀이를 제공하는 것이 아니라 터(platform)를 제공해야 하고, 그 터에서 다양한 놀이를 만들고 즐길 수 있어야 할 것입니다. 그 속에서 게임의 융합은 다양하고 다층적인 차원에서 이루어질 수 있을 것입니다. 더욱이 그 다양하고 다층적인 융합 속에서 공동체의 싹도 함께 틀 수 있을 것입니다.(399~400쪽)

— 더 읽기 자료

최훈, 『나는 합리적인 사람』, 우리학교, 2011.
김범준, 『세상물정의 물리학』, 동아시아, 2015.
이정모, 『인지과학』, 성균관대학교출판부, 2009.
윌슨(Wilson, Edward)(최재천 외 역), 『지식의 대통합; 통섭』, 사이언스북스, 2005.
장하석, 『장하석의 과학, 철학을 만나다』, 지식플러스, 2015.

(집필자: 김우열 · 대구교육대학교 교수)

코스모스(COSMOS)

세이건(Sagan, Karl)

칼 세이건(Sagan, Carl Edward: 1934~1996)의 『코스모스』는 인류가 발견한 과학지식과 지적탐구의 역사를 저자의 해박한 지식과 논리로 해설한 책이다. 최고의 교양 과학도서로서 베스트셀러 자리를 지켜 온 『코스모스』는 1980년 출판되었다. 그 후 40년이 흐른 지금도 이 책의 가치는 그 명성대로 조금도 줄어들지 않았다. 당시 최고의 천문학자이자 행성 전문가였던 칼 세이건은, NASA의 자문위원으로 보이저, 바이킹 등의 우주탐사 계획에 참여했고 하버드대를 비롯한 많은 대학에서 천문학을 강의했다. 그는 행성 탐사와 핵전쟁의 영향에 대한 연구 등으로 NASA훈장, NASA 아폴로 공로상, 소련의 우주항공연맹의 콘스탄틴 치올콥스키(Tsiolkovsky, Konstantin Eduardovich) 훈장, 미국 국립과학원의 최고상인 공공복지 훈장 등을 수상 한 바 있다. 그 외, 20여권의 책을 저술하여 세계적 지성으로 명성을 떨쳤다. 그는 대중들에게 과학지식을 보급하는 데 많은 관심을 기울여 『코스모스』라는 TV 다큐멘터리를 제작하였다. 칼 세이건의 주도로 1980년 미국에서 제작된 TV 다큐멘터리 시리즈 <코스모스>는 세계 60개국에서 5억 명 이상이 시청하였고 책으로도 출판되었다. 그 책이 『코스모스』인데, TV판 코스모스를 기본으로 하여 더욱 정교하고 구체적으로 저술되었다. 『코스모스』는 과학뿐만 아니라 인문, 사회, 역사, 철학, 생물학 등 모든 학문에 능통했던 저자의 해박한 지식과 글쓰기를 통해 '우주적 관점에서 본 인간의 본질'을 사색해 볼 기회를 주는 책이다.

이 책의 핵심적 내용은 '우주와 생명의 진화'를 규명하려는 것이다. 구체적으로는, 우주의 대폭발, 은하와 별의 탄생, 핵융합, 초신성 폭발, 중력수축, 중력불안정, 행성의 형성, 지구 생명의 탄생, 과학기술 문명의 진화 등에 관련된 것들이다. 이러한 문제들을 다루면서 저자는, 천문학의 연구 대상으로서의 우주에서, 서양철학과 동양사상, 정치, 종교, 경제, 군사 등의 문제에 이르기까지 자신의 해박한 지식과 통찰력을 발휘하여 그 범위를 확장하였다.

코스모스(cosmos)란 혼돈(chaos)과 대응되는 말로, '질서 있는 체제로서의 우주'를 뜻한다. 우주란, '모든 천체들의 집합'으로 행성, 항성, 은하계 그리고 모든 형태의 물질과 에너지를 포함하는 시공간과 그 내용물 모두를 통틀어 이른다. 『코스모스』는 우주 내의 만물이 서로 깊이 연관되어 있음을 내포하며 우주가 복잡하고 미묘하게 만들어졌고 이들은 계속적으로 움직이고 있음을 나타낸다.

인간이 만물의 영장, 지구를 지배하는 지적 생물, 종교적 입장에서는 선택받은 존재로 표현되곤 하지만 역사적으로 인류가 지구를 지배하기 시작한 것은 겨우 1만 년에 지나지 않는다. 지구의 나이라고 알려진 45억 년에 비하면 너무나 짧은 시간이다. 그런데도 인류 문명은 온 우주의 진리를 독점하고 세상의 이치에 통달한 것처럼 큰소리를 치곤 한다. 특히 종교 영역에서 중세 1천 년은 인류의 지적 지평이 얼마나 허술하고 협소한지를 보여주고 있다. 중세는 AD 392년 로마의 테오도시우스(Theodosius, Flavius) 황제가 기독교를 국교로 정한 이후로부터 시작되었다. 그 후 1천 년간 중세 기독교는 종교적 교리의 실현을 위해 철학과 과학 등 모든 학문을 탄압했고, 그리스 초기 놀라운 발전을 이룩하고 있던 과학과 자유로운 철학 세계의 사유를 억압했다. 세상은 성서적 기준에 따라 해석되어야 했기 때문에, 우주의 중심은 지구여야 했고 그래서 태양을 비롯한 별들은 지구를 중심으로 돈다는 천동설은 신앙이 되었다. 천동설은 지구를 우주의 중심으로 생각했으나, 이미 기원전 280년에 아리스타르코스(Aristarchus)는 지구가 태양을 중심으로 공전과 자전을 한다고 주장한 바 있다. 그 후 1800년이 지나서 코페르니쿠스(Copernicus, Nicolaus)가 지동설을 주장하며 이를 입증했다. 이러한 배경에 따라 갈릴레이(Galilei, Galileo)는 코페르니쿠스를 태양 중심 우주관의 창시자가 아니라 '복귀시킨 사람이며 입증한 사람'이라고 설명하고 있다.

교회에서는, 세상의 삶은 천상으로 가는 길목에서 구원받아야 할 여정이었고, 과학자들의 연구에서 성서의 창조 드라마에 의문을 제기하면 심판을 받아야 했다. 지난 1천 년은 우주의 역사에서 보면 극히 짧은 시간이지만 그러한 시행착오가 진리에 대한 인류의 각성을 가져오는 데는 도움을 주었다. 지구라는 아름다운 인류의 터전은 종교적인 영역에서 바라는 것처럼 우주의 중심도, 유일한 행성도, 선택받은 대지도 아니었다. 지구는 우주의 천억 개 이상의 은하 가운데 하나인 은하수 은하(우리 은하)의 나선 팔 한구석에 위치해 있는, 존재조차 미미한 태양계에 위치하고 있다. 하늘에서 가장 밝은 별이 태양이라고 하지만 은하수 은하에만 태양(스스로 빛을 내는 별, 즉 항성)이나 그 보다 큰 별들이 수천 억 개가 있는 것으로 추정되며 지구처럼 그 태양 주위를 도는 행성들은 수백 억 개가 있다. 이러한 태양계 내의 지구라는 작은 행성에 발딛고 살아가는 인류는 대체 누구이며, 이 우주의 정체와 진실은 무엇일까 ? 이러한 의문을 해결하기 위한 실마리를 제공하려는 책이 『코스모스』이다.

"우리가 지구 생명의 본질을 알려고 노력하고 외계 생물의 존재를 확인하려고 애쓰는 것은 실은 하나의 질문을 해결하기 위한 두 개의 방편이다. 그 질문은 바로 '우리는 누구란 말인가?' 이다."

생명의 기원과 진화는 별의 기원과 진화와 그 뿌리에서부터 서로 깊은 연관을 맺고 있다. 그 이유로 첫째, 우리를 구성하는 물질이 원자적 수준에서 볼 때 아주 오래전에 은하 어딘가에 있던 적색거성들에서 만들어진 것이기 때문이고, 둘째, 지구에서 발견되는 무거운 원소들 중 동위원소는 태양이 태어나기 직전 근처의 초신성 폭발을 강력하게 시사하고 있기 때문이며, 셋째, 생명의 탄생은 새로 생긴 태양에서 방출된 자외선 복사가 지구 대기층으로 들어와 대기 중에서 천둥과 번개를 발생시켜 복잡한 유기화합물의 화학반응 에너지가 되어 생명의 합성이 일어나도록 했기 때문이고. 넷째, 지구상에서 벌어지는 모든 생명 활동이 태양에너지에 의존하고 있다는 사실과, 다섯째, 유전의 관점에서 보면 돌연변이라고 하는 유전형질의 변화가 진화를 추동한다는 사실 등이다.(459쪽)

흔히 종교적 인간은 자신이 알 수 없는 것들을 '신'의 영역에 남겨둔다. 무지가 신앙이란 고귀한 이름을 달고 경건의 옷을 입는 것이다.

대부분 신앙은 기복신앙의 성질을 띠기 때문에 이것이 삶에 보탬이 되기도 한다. 하지만 중세 1천 년의 역사가 말해 주듯이 미신의 해악은 순수한 과학발전을 가로막았고 경건한 중세는 호기심이 많은 인류가 탐구욕을 갖는 것조차 죄악시했다. 그래서 교회는 지동설을 주장하는 갈릴레이를 마녀 심판하듯 탄압했다. 저자는, 이 책에서 갈릴레이보다 한발 더 나아간 질문을 한다. 우주는 진정 창조되었는가?

원인이 없으면 결과도 없다는 인과율을 생각해 볼 때 창조는 필연이기도 하다. 하지만 세이건은 직접적으로 이렇게 묻는다. '신이 세계를 창조했다면 그 창조주는 어디에서 왔는가?' 흔히 종교적 입장에서 세계는, 인과율의 적용을 받기 때문에 원인의 끝에서 신을 상정할 수밖에 없다고 하고, 신의 존재 문제에서는 인과율의 예외를 두곤 한다. 창조주는 인과율의 적용을 받지 않고 본래 존재했다고 말이다. 세상의 모든 일이 인과율 아래서 일어나는 것은 사실이다. 결국엔 인과율을 생각할 때 '신은 대체 누가 창조했는가?'라는 이 질문에 도달할 수밖에 없다. 누가 이 문제에 확실하게 답할 수 있을까? 세이건은 차라리 생각을 바꿔 우주의 기원에 답이 없고 신은 항시 존재했다는 답변은, 우주가 항시 존재했다는 답변으로 대체가 가능하다고 주장한다. 이러한 주장은 종교적 관점에선 몹시 불경스럽지만 상당히 일리 있는 주장이다. 이런 예민한 질문을 하는 세이건은 용기 있는 과학자라고 할 수 있다. 질문하지 않는 종교인은 맹목으로 빠지기 쉽다. 창조주는 대체 누가 창조했는가? 하는 질문을 스스로 할 줄 아는 종교인이 되어야 하지 않을까? 이런 예민한 질문을 회피하는 것이 신앙에 충실한 인간이 되는 것은 아니다. 지금까지 인류의 진보는 과학적 질문과 그 질문에 답을 얻기 위한 탐구를 통해 이어져 온 것이다. 교황청이 20세기 들어서야 갈릴레이의 지동설을 탄압한 것에 반성문을 썼듯이 종교는 과학이 발견하는 진실들에 빚지고 살 수밖에 없는 것이다.

사람들은 보통 특이점에서 발생한 상황에 대한 설명을 신의 몫으로 떠넘긴다. 이것은 여러 문화권의 공통된 현상이다. 하지만 신이 무(無)에서 우주를 창조했다는 답은 임시변통에 지나지 않는다. 우리의 근원을 묻는 이 질문에 정면으로 대결하려면 당연히 '그렇다면 창조주는 어디에서 왔는가?' 라는 질문을 해결해야 한다.(513쪽) 그렇지만 저자는 과학 만능주의자가 아니다. 그는 과학이 성공할 수 있는 것은 오직 그들의 자정 능력에 달려 있다고 역설한다. 인류 문명의 역사 1만년 가운데 인류가 코스모스의 일원임을 깨닫기 시작한 것은 최근 100년 안의 일이다. 그리고 인류는 핵무기를 갖게 됨으로써 세계를 수천 번 파괴하고도 남을 힘을 갖게 되었다. 우주 탐사선을 지구 밖으로 내보내는 모든 기술은 핵무기를 실어 나르는 기술에서 가져온 것이다. 과학의 양면성은 지구의 파괴와 우주탐색이라는 부정과 긍정의 성질을 동시에 안고 있는 것이다.

종교에서 종말론을 얘기하지만 지구의 종말은 필연이다. 태양의 헬륨과 수소가 핵융합을 일으키며 에너지를 발산하고 있지만, 계속된 연소(핵융합)로 언젠가 태양은 에너지를 소실하고 빛을 잃을 것이며, 태양계의 행성들도 태양과 함께 운명을 같이할 것이다. 이 비극적 사건은 지구의 나이만큼이나 먼 훗날의 일이다. 하지만 저자는 이러한 별의 탄생과 죽음이 코스모스에서는 다반사의 일이며 지금도 우주의 어느 곳에서 벌어지고 있는 장엄한 서사시라고 단언한다. 별이 인간의 운명처럼 생과 사를 넘나들고 저 조용한 밤하늘의 별들 사이에서 수많은 일들이 지금도 일어나고 있다는 것은 놀랍고 경이롭다. 또한 지구와 같은 무수히 많은 행성들이 저 먼 은하들에 반드시 있을 것이고 지구처럼 생명체가 존재하는 행성들도 존재할 것이라고 저자는 확신하고 있다.

결국 우리 인간은 지구라는 특정 지역에서 일어난 물질 진화의 산물이다. 150억 년의 긴 세월을 거쳐 결국, 물질은 의식을 갖추게 되었다. 그러나 의식의 산물인 지능은 인간에게 무서운 능력을 부여했다. 인간이 자기 파멸의 위험에서 벗어날 수 있는 지혜를 갖춘 현명한 존재라고 아직은 확신할 수는 없지만 파국을 피하려고 열심히 노력하는 중이다. 현대에 들어와서 인류의 활동이 지구에 아주 새롭고 결정적인 영향을 미치는 요인으로 작용하기 시작했다. 우리의 지능과 기술이 기후와 같은 자연현상에 영향을 미칠 수 있는 힘을 부여한 것이다. 이 힘을 어떻게 사용할 것인가? 지구의 전체적인 이익 보다 단기적이고 국지적 이득을 더 중요시 할 것인가? 아니면 우리의 후손을 위한 일에 사용할 것인가를 심각하게 고려해야 할 것이다. 사실 지구는 작고 참으로 연약한 존재여서 좀 더 소중하게 다루어져야 하는 존재인 것이다. 우주적 시간 척도에서 보면 지극히 짧은 시간이겠지만 우리는 하루 빨리 우리의 지구를 모든 생명을 존중할 줄 아는 하나의 공동체로 바꾸어야 한다. 그리하여 지구상에서 평화를 유지하는 한편 외계문명과의 교신을 이룩함으로써 지구문명도 은하문명권의 어엿한 구성원이 되어야 할 것이다.

인간은 지구 이외의 다른 곳에는 존재하지 않는다. 인간은 지구라고 불리는 이 자그마한 행성에서만 사는 존재이다. 우리는 희귀종인 동시에 멸종위기 종이다. 우주적 시각에서 볼 때 우리 하나하나는 모두 귀중하다. 그러므로 누군가가 나와 다른 생각을 주장한다고 해서 배척하거나 미워해서는 안 되는 것이다. 우리는 종으로서의 인류를 사랑해야 하며 지구에게 충성해야 한다. 아니면 그 누가 우리의 지구를 대변해 줄 수 있겠는가? 우리의 생존은 우리 자신만이 이룩한 업적이 아니다. 그러므로 오늘을 사는 우리는 인류를 여기에 있게 한 코스모스에게 감사해야 한다.(682쪽)

알고자 하는 욕망은 인간의 본능이다. 중세가 갈릴레이와 같은 천문학자나 데카르트(Descartes, René)와 같은 합리적 철학자의 노력과 주장이 없었다면 지금도 교회는 그 막강한 힘으로 불경한 것들을 마녀 심판하고 무고한 학자들을 불태워 죽이고 있을 것이다. 또한 여전히 태양이 지구를 돌고 있다고 착각하며 살아갈 것이다. 그러나 그것은 교회가 숭배하는 진리가 아닌 것이다.

진리는 탐구에서 나오며 지식에서 나온다. 종교적 신념에 어긋난다고 해서 세상을 비합리적인 믿음에 묶어 둘 수는 없다. 비록 그것이 종교적 신념을 벗어나는 개념이라고 하더라도 우주를 있는 그대로 인식하려는 노력이 필요하다. 지구에서 성립하는 물리법칙은 우주 어느 곳에서도 동일하게 성립한다. 이것은 지구에서 나타나는 현상이 다른 천체에서도 나타남을 의미하며 이를 통하여 다른 천체에서 나타날 현상을 예측할 수 있는 것이다. 결국 과학은 세상을 있는 그대로 보여주고 그 원리를 파악하려 한다. 이것은 넓게 보면 종교적 일이기도 하다.

신이 우주를 창조했다면 모든 법칙까지 창조했을 것이다. 이 법칙을 연구하고 감추어진 진실을 찾는 작업, 우주에서 인간의 위치를 객관적으로 파악하려는 노력은 절대로 반종교적인 행위가 아니다. 이것은 신의 섭리에 가닿는 일이기도 하다. 더불어 우주에 대한 우리의 탐구는 우리가 살아가는 세상의 편협한 욕망을 되돌아보게 하는 힘이 있다. 지구라는 작은 행성에 살고 있는 인간은 미미하고 대수롭지 않은 존재이지만 그 존재가 대우주를 인식하고 탐구를 해 온 것은 놀라운 일이다. 이 책에서 저자는 과학자로서 해박한 지식을 유감없이 드러내어 천문학자지만 인류역사와 철학에도 정통하다는 것을 증명하고 있다.

이 책은 교양과학 도서로서의 가치뿐만 아니라 과학의 전 분야를 포괄하는 내용으로 구성되어 초 중 고등학교의 과학교육에 중요한 교육 자료로 활용될 수 있다. 특히 우주를 중심으로 한 천문학 관련 내용들은 중등학교 및 대학 지구과학 교육의 귀중한 자료로서의 가치가 매우 크다고 본다.

칼 세이건의 『코스모스』가 시공을 넘어 대중 과학서로 세계적 명성을 지금도 유지하는 것은 '우주 대폭발의 순간에서 인류의 진화'에 이르기까지 시간과 공간을 가로지르는 해박한 지식과 통찰력 그리고 우주적 상상력이 지금도 살아 있기 때문일 것이다.

이 책은 저자의 언어와 지식, 전개하는 논리가 객관적이고 합리적이어서, 인간의 본질과 과학의 본성을 이해하는 데 큰 도움이 될 것으로 생각한다.

— 더 읽기 자료

이광석, 『천문학콘스트』, 더숲, 2011.
조앤베이커, 『시크릿 유니버스』, 을유문화사, 2012.
박석재, 『하늘을 잊은 하늘의 자손』, 동아사이언스, 2008.
맥스테르마크, 『유니버스』, 동아시아, 2017.

(집필자: 김상달 · 전 부산대학교 교수)

클라우스 슈밥의 제4차 산업혁명
(The Fourth Industrial Revolution)

슈밥(Schwab, Klaus)

저자인 클라우스 슈밥(Schwab, Klaus) 교수는 2016년 이전에는 일부 전문가들 사이에서 통용되던 '제4차 산업혁명'(The Fourth Industrial Revolution)이라는 용어를 전 세계 대중에게 화두로 제시해 유행시킨 인물이다. 세계경제포럼(World Economic Forum)을 1971년 창설, 운영해온 설립자이자 회장이다. '회장'이라는 직함보다는 '교수'로 불리는 것을 선호한다고 알려져 있다.

경제학박사이자 공학박사인 클라우스 슈밥 교수는 1971년 출간한 『Modern Enterprise Management in Mechanical Engineering』이란 저서에서 기업이 장기간 성장과 번영을 달성하려면 주주(shareholders)만이 아니라 모든 '이해관계자'(stakeholders)의 이익을 대변해야 한다고 주장했다. 21세기에 모든 기업의 핵심 컨셉이 된 '다중이해관계자'(multistakeholder) 개념을 널리 유행시킨 장본인이다.

자신의 다중이해관계자 이론(multistakeholder theory)에 기반해 전 세계 정계, 재계, 학계, 시민사회 등 다양한 분야의 리더들이 함께 모여 세계 경제 문제를 논의할 수 있도록 1972년 스위스 다보스에 다보스포럼(Davos Forum)을 설립했다. 세계경제포럼과 다보스포럼은 지난 50년 동안 세계의 경제 문제를 비롯해 정치, 외교 안보, 과학기술, 여성 문제, 문화 등 다양한 이슈를 논의하는 장으로 발전해 왔다. 다보스포럼에서 전 세계 현안과 향후 이슈 논의에 참여하는 글로벌 리더를 '다보스맨'(Davos Man)이라 부르는 신조어가 생길 정도로 다보스포럼의 영향력은 막강하다. 세계경제포럼은 2016년 민간 국제기구로 승격되었다.

차세대 리더 육성에도 관심이 많은 슈밥 교수는 세계경제포럼 안에 2004년 전세계 40세 미만 차세대 리더의 모임(Forum of Young Global Leaders)과 2011년 20~30세 전세계 차세대 리더의 모임(Global Shapers Community)을 설립하고 이들을 다양한 글로벌 이슈 논의에 참여시켜 차세대 리더로 성장할 수 있도록 돕고 있다.

클라우스 슈밥 교수가 책머리에 밝혔듯이 이 책은 제4차 산업혁명에 대한 입문서다. 다른 책들과의 최대 차별성은 이 책이 전 세계 정·재계 및 시민사회 리더뿐 아니라 과학기술 분야의 최고 전문가 등이 수차례 토론과 논의를 통해 도출한 결과물이라는 점이다. 다시 말해, 집단지성의 산물이다. 그 결과물을 클라우스 슈밥 회장이 일반 대중의 눈높이에 맞게 쉽게 잘 정리했다는 것이 또 하나의 특징이다.

현재 진행되고 있는 변화를 제4차 산업혁명으로 명명한 이유는 엄청난 속도로 인간 삶의 전반에 걸쳐 변화를 일으키고 있기 때문이다. 이를 클라우스 슈밥 회장은 '시스템 충격'이라고 표현하고 있다.

이 책은 크게 두 부분으로 나뉜다. 첫째 부분은 제4차 산업혁명에 대한 개괄적인 내용, 즉 그 의미가 무엇인지, 제4차 산업혁명을 이끄는 기술, 그리고 제4차 산업혁명이 우리 경제, 기업, 국가, 사회, 개인에 미칠 영향에 대해 기술하고 있다. 두 번째 부분은 실제 적용되고 있는 혹은 적용될 기술들에 대해 구체적인 예시(데이터, 3D 프린팅, 첨단로봇, 드론, 웨어러블, 사물인터넷, 자율주행차 등)를 나열하고 있다.

이 책은 제1차 산업혁명부터 제4차 산업혁명에 이르기까지 산업혁명 발전사와 인류사에 미친 영향도 기술하고 있다. 제1~4차 산업혁명은 기술의 발전으로 생긴 자동화와 연결성이 핵심 키워드다. 그 결과 인간과 인간, 커뮤니티와 커뮤니티, 도시와 도시, 국가와 국가 간의 거리가 좁혀졌다.

각 산업혁명의 근간을 이뤘던 것은 혁신의 폭발적 증가였다. 예를 들면, 제2차 산업혁명부터 미국이 주도해오고 있는데, 1869~1900년 약 30년 동안 미국에서는 640,000개, 즉 매년 약 2만 개의 특허가 쏟아져 나왔다. 1960년대에 시작된 3차 산업혁명은 반도체와 메인프레임 컴퓨팅, PC, 인터넷의 발달이 주도한 '컴퓨터 혁명' 또는 '디지털 혁명'이다. 제3차 산업혁명의 기반 위에 빅 데이터와 인공지능이 주도하는 21세기 제4차 산업혁명의 시대가 시작되었다.

제4차 산업혁명의 총아인 인공지능이나 자율주행이 완전히 새로운 개념은 아니다. 인공지능의 역사는 약 60년 정도 된 것으로 본다. 발전한 인공지능 기술이 이제는 인간의 삶에 의미 있는 영향을 미치기 시작했고 시스템 충격으로 다가와 인간의 삶의 패러다임 변화를 일으킬 정도이기 때문에 주요 관심사로 부상했다.

우리가 관심을 가져야 할 점은 기술 자체보다도 놀랍게 빠른 속도로 발전하는 기술을 인간 생활에 접목해 유용하게 활용하고 생산성을 높이며 시장의 혁신생태계에 안착하는 방법을 찾는 일이다. 대통령 이하 정부의 정책 입안자들, 법을 만드는 국회, 관련 분야 전문가, 기업, 언론 그리고 국민들이 공론화된 정책토론을 통해 의견을 수렴하고 그것에 기초해 필요한 법과 규제의 틀 및 정책 방향을 정하는 일이 아주 중요하고 시급하다. 혁신을 장려하고 실패를 용인하며 인재를 키우고 기업가 정신을 북돋울 수 있는 최소 필수 법과 규제의 틀을 설립하는 것이 매우 중요하다. 『클라우스 슈밥의 제4차 산업혁명』은 기술의 발전과 사회변화를 주도하는 핵심을 혁신으로 본다. 그리고 혁신의 근간은 바로 '교육'에 있음을 강조하고 있다. 그 과정에서 교육대학의 역할이 지대하는 것은 자명한 일이다.

클라우스 슈밥 교수는 앞으로는 국가나, 기업이나 개인이나 모두가 '혁신할 수 있는가'가 경쟁력을 갖출 수 있는 중요한 변수가 될 것이라고 주장한다. 혁신할 수 있는가, 창의력을 발휘할 수 있는가, 전문 능력을 갖출 수 있는가, 빠르게 변하는 기술과 환경에 얼마나 유연하게 적응할 수 있는가 여부가 중요한 시대에 가장 중요한 것이 교육이다. 유연하고 뛰어난 적응력을 갖추고 문제해결 능력을 갖춘 인재로 성장하는 데 도움이 될 교육이 필요하다.

매우 진부한 것처럼 들리는 교육의 중요성을 재차 강조하는 이유는 생각처럼 혹은 말처럼 실행되지 않고 있기 때문이다. 4차 산업혁명을 주도하는 실리콘 밸리의 거대 기술기업들의 CEO들도 동일한 얘기를 한다. 모두가 교육, 재교육, 훈련, 재훈련, 평생교육의 중요성을 거듭 강조하고 있다.

단순 암기에 의존하는 20세기 교육과는 달리 21세기 교육은 경험적 지식, 즉 암묵지식을 통해 창의력을 키우고 디자인 사고를 할 수 있는 문제해결 능력을 갖추게 도와주는 교육이 요구된다. 영국의 저명 고등교육 철학자인 로날드 바네트(Barnett, Ronald) 교수는 우리가 대학의 개념을 지나치게 작은 범위에 국한하기 때문에 공교육기관인 대학의 질적 저하가 절망적인 수준이라고 개탄한다. 융복합이 특징인 제4차 산업혁명 시대의 교육은 개인적으로는 자신의 능력을 키우고 내실을 다지면서 남들과는 협력할 줄 아는 인재를 키워내는 데 초점을 맞춰야 한다.

요즘은 풍부한 데이터와 데이터 분석기술 덕분에 직업군별 고용전망이 수월해졌다. 내과의사, 심리학자, 사회복지사, 전문경영인, HR 매니저, 컴퓨터 시스템 분석가, 고고학자 등 복잡한 문제해결 능력, 사회적 기술과 시스템 기술이 필요한 고소득 전문직과 창의성을 필요로 하는 직군은 살아남을 확률이 큰 것으로 예측된다.

그러나 여전히 필요한 인력수급 조절 준비가 미흡하다. 교육, 훈련, 재교육, 재훈련이 더욱 중요하다. 또한 교육의 양성평등에도 관심을 기울여야 한다. 일자리가 많이 생기는 STEM(science, technology, engineering, mathematics) 분야에 여성 학생의 비율이 현저히 떨어진다. 교육 커리큘럼도 이에 맞게 변해야 한다. 변화가 너무 빠르게 진행되고 있으므로 대학들도 빠르게 적응해야 한다. 이러한 노력은 정부, 재계, 학계, 시민사회, 민간, 개인 등 우리 사회 모두가 협력해서 변화시키고 달성해야 하는 과제이다.

클라우스 슈밥 교수의 소개처럼 이 책은 제4차 산업혁명에 대한 입문서이므로 인류 산업혁명 역사와 인류에 미친 영향 그리고 제4차 산업혁명의 방향과 인류에게 미칠 것으로 예상되는 영향에 대해 쉽게 정리해 놓았다. 초등학생들에게도 흥미로운 내용이다.

기술에 대한 막연한 두려움을 없애고 기술은 인간이 인간의 삶을 풍요롭게 하기 위해 활용할 도구, 즉 미래의 기술과 인간의 삶은 인간의 손에 달려 있음을 강조해야 한다. 초등학생들이 인간의 삶과 기술을 대하는 건전하고 탄탄한 사유와 철학을 형성하도록 유도해주는 것이 초등교육의 가장 큰 역할과 기여가 될 것이다. 인문학적 사유와 철학에 기반하지 않은 교육과 혁신은 사상누각과 같아 목적과 지향하는 바를 망각하기 쉽고 부정적인 측면이 더욱 부각될 위험성도 높기 때문이다. 초등교사들은 인류의 공동 성장과 번영이 혁신과 기술개발의 궁극적 목표임을 초등학생들에게 끊임없이 강조해줘야 한다.

2016년 1월 다보스포럼에서 전 세계적 화제와 함께 공개된 클라우스 슈밥 교수의 『The Fourth Industrial Revolution』 저서는 출간과 동시에 글로벌 베스트셀러에 등재되었다. 사안의 시의성을 감안해 신속하게 번역된 한국어 번역서 『클라우스 슈밥의 제4차 산업혁명』은 출간과 함께 베스트셀러가 되었으며 이후 상당 기간 베스트셀러, 스테디셀러의 지위를 누렸다. 『The Fourth Industrial Revolution』는 여러 언어로 번역되었고 30만 부가 팔린 것으로 집계된 한국어 번역서가 전 세계 최다 판매 부수를 기록한 것으로 알려져 있다.

현재 동 역서는 단행본으로도 여전히 독자들과 만나고 있을 뿐 아니라 국내에서 『클라우스 슈밥의 제4차 산업혁명 THE NEXT』로 번역된 클라우스 슈밥 교수의 2018년 저서 『Shaping the Fourth Industrial Revolution』과 함께 세트로도 판매되고 있다.

클라우스 슈밥 교수의 『제4차 산업혁명』은 제4차 산업혁명을 대중에게 설명한 거의 최초의 저서이기 때문에 발표와 동시에 전 세계적으로 엄청난 화제성을 불러일으켰다. 동 저서와 내용은 전 세계 방송, 신문, 기관지, 사보, 각종 포털, 뉴미디어 등 거의 모든 가능한 매체에서 기사, 칼럼, 논설 등 다양한 형태로 다뤄져 왔다. 다루지 않은 언론을 찾기도 어려울 것이다. 따라서 언론보도 매체와 수를 일일이 수집, 통계화하는 것 자체가 무의미하다. 전 세계적으로 언론보도의 양과 빈도는 최근 그 어떤 출간물보다 높았던 것으로 추정된다.

클라우스 슈밥 교수의 『제4차 산업혁명』 저서(역서) 자체가 영화나 공연으로 시도된 적은 없는 것으로 파악된다. 하지만 현재까지도 넘쳐나는 제4차 산업혁명의 미래를 그린 영화나 공연의 기본 컨셉 형성에 지대한 영향을 끼친 것으로 평가된다. 발표와 동시에 전 세계에 최대 화제작으로 꼽힌 동 출간물은 빠르게 변화하는 시대상을 잘 반영하고 있으며 정치, 경제, 기술, 사회, 외교, 교육, 문화 등 전반에 걸쳐 다가올 변화에 적절히 대응할 수 있도록 국가, 정부, 기업, 시민 등 다양한 관계자에게 조언하고 있다.

제4차 산업혁명에 대해 읽기 쉽고 이해하기 쉽게 정리한 입문서이기 때문에 본격적인 제4차 산업혁명 시대를 맞아 대통령을 위시해 정책결정자, 국회의원, 기업인, 연구자, 언론인, 시민사회, 직장인, 학생, 가정주부에 이르기까지 모두가 일독하시기를 바란다.

— 더 읽기 자료

정재승, 『열두 발자국』, 어크로스, 2018.

홈즈 외(Holmes, Wayne; Bialik, Maya; Fadel, Charles)(정제영, 이선복 역), 『인공지능 시대의 미래교육-가르침과 배움의 합의』, 박영스토리, 2020.

프레이(Frey, Carl Benedikt)(조미현 역), 『테크놀로지의 덫-자동화 시대의 자본, 노동, 권력』, 에코리브르, 2019.

(집필자: 송경진 · 혁신경제 사무총장, 『제4차 산업혁명』 번역자)

예술

창의적인 아이로 키우는 발도르프 음악교육

— 유년기에 필요한 균형과 조화

김현경

이 책은 발도르프의 교육철학과 우리나라 교육현장에서 적용할 수 있는 발도르프 음악교육 방법과 사례를 제공하고, 다음 세대를 위해 함께 고민하고 해결해야 할 교육 과제와 건강한 교육관을 제시함으로써 이 시대를 살아가는 교사와 부모 모두에게 도움을 주고 있다.

1장 발도르프 교육을 받아들이는 자세

저자는 이 책이 '교육방법론'으로 읽히는 것을 경계한다. 그래서 총 5장으로 이루어진 이 책의 첫 장의 제목은 '발도르프 교육'이 아니라 '발도르프 교육을 받아들이는 자세'인 것이다. 매체와 도구의 발달로 새로운 교육이론과 방법이 범람하는 시대에 멀미를 느낀 사람이라면 오히려 이러한 접근이 반가울 것이다. 발도르프 교육의 본질은 자연스러운, 창조적인 교육으로 소개된다. 창조력이란 남의 좋은 외형을 흉내만 내려 해서는 발현될 수 없으며 오히려 이미 가지고 있는 것을 활용할 줄 아는 데서 자연스럽게 발현된다. 음악의 힘과 본질을 숙고하며 이를 우리의 실정과 상황에 맞게 활용하며 재창조하는 것이 창조적 교육이라는 것이다. 따라서 교육현장에서 다양한 교육방법을 실천하고 있는 교사라면 이 책에서 소개하는 음악교육 방법을 적용하는 것도 좋지만, 발도르프 교육철학의 관점에 따라 자신의 교육방법을 돌아볼 수 있는 계기로 삼아도 좋겠다. 우리가 예술작품을 통해 감동을 받는 이유가 단지 그것 자체로 새롭기 때문이 아니라 우리에게 익숙했던 것을 새롭게 해석해내는 절묘함에 있다고 한다면, 발도르프 교육이 추구하는 '교육예술'은 발도르프 교육이 추구하는 철학에 대한 고민 없이 방법만을 흉내 내는 것보다, 교육현장에서 다양한 모습으로 실천하고 있는 교육방법을 발도르프 교육철학의 관점으로 반성하고 재창조하는 것에 더 가까울 것이다.

인공지능과 로봇 기술의 도약과 함께 4차 산업혁명을 준비하는 지금 발도르프 교육을 주목해야 하는 이유는 교육이 담당해야 할 역할이 더 이상 효율성 추구나 속도가 아닌 사람다움의 가치를 성찰하는 것이며, 진정으로 느끼고 행동하는 인간을 길러내는 것이기 때문이다. 발도르프 교육은 자연에 빗대어 교육을 표현한다. 씨앗에서 새싹이 돋아나고 꽃이 피어나기까지 해와 비와 적당한 바람처럼 동반자 역할을 하는 것이 자연스러운 교육이다. 음악교육의 출발 역시 모든 감각을 동원하여 듣고, 느끼고, 본능에 따라 움직이도록 권한다. 또한 음악을 교육하는 사람은 음악에 대한 이해력뿐 아니라 인간에 대한 이해가 필요하다고 말한다. 발도르프 교육은 자연스러움과 인간다움을 권장할 뿐 아니라, 반드시 아이의 자연스러움을 지켜야 하고 교육자는 인간에 대한 이해가 선행되어야 한다고 강조하고 있는 것이다.

2장 음악교육, 왜 필요한가?

음악교육의 필요성에 대해서 저자는 '움직임'을 주제로 이야기한다. 씨앗에서 꽃이 피어나는 것과 같은 자연스러운 교육을 추구하는 발도르프 교육은 교육 방법에 있어 인간의 발달단계를 존중하는 관점을 제시한다. 아기가 팔다리를 이용해서 걷기 시작한 이후 말하기와 사고하기가 발달하기 때문에 유아기에 놀이와 동작을 통한 음악교육이 먼저 이루어져야 한다. 이후 소개되는 음악교육 방법이나 리코더 수업 역시 같은 맥락으로 놀이와 움직임이 먼저 등장한다. 그러나 발달단계는 순차적으로 발달하는 것일 뿐 차원의 이동을 뜻하는 것은 아니다. 능숙하게 말하기와 사고하기가 가능한 시기에도 여전히 움직임은 교육적으로 중요한 의미를 지닌다.

발도르프 교육 이외에도 많은 학자들과 연구 결과들이 움직임의 교육적 의미와 중요성을 강조해 왔다. 로버트 루트번스타인(Root-Bernstein, Robert S.)과 미셸 루트번스타인(Root-Bernstein, Michèle M.)은 저서 『생각의 탄생』에서 몸의 움직임이 생각이 된다고 주장하며 근육의 움직임에 대한 감각, 몸의 느낌, 촉감 등은 상상력 넘치는 사고의 강력한 도구로서 운동감각적 사고(kinesthetic thinking)를 활용한 다양한 예술가들의 사례를 소개하였다. 하워드 가드너(Gardner, Howard) 또한 "몸은 자신의 지성을 품고 있다"라고 주장하며 운동감각적 사고의 개념에 대해 이야기하였다. 움직임을 통해 개념을 더 잘 이해하고 상상력을 확장시킬 수 있을 뿐 아니라, 몸으로 사고할 수 있게 된다는 것이다. 이 책에서 '활동'이 인간의 유연하고 창조적인 사고를 돕는다는 내용과 일맥상통한다.

3장 아이들의 발달단계에 적합한 음악교육

이 장의 하위 제목만 보았을 때는 일반적인 음악교육 방법을 예상하였으나 내용을 다 살펴본 뒤에는 왜 3장이 '아이들의 발달단계에 적합한 음악교육'인지 알 수 있다. '음악교육 방법'이 결코 '아이들의 발달 단계'에 앞서지 않는다. 책을 읽다 보면 흥미로운 교육 방법에 미혹되었다가도 저자는 계속해서 아이들의 성장과 자연스러운 발달과정을 강조하며 교육하는 이의 욕심이 지나치지 않도록 고삐를 단단히 움켜쥐고 있다는 느낌이 든다.

음악교육 방법을 소개하기에 앞서 교육하는 이는 아이들에게 '개념'이 아닌 '경험'을 제공해야 한다고 주장한다. 즉 앞으로 소개되는 음악교육 방법이 아이들에게 개념을 주입하기 위한 것이 아니라 적절한 경험을 제공하기 위함이며 이는 아이의 현재를 위한 교육일 뿐 아니라 미래(직업인으로서의 미래가 아닌 올바른 인격체로 성장하는 것을 의미함)를 위한 교육이라는 것이다. 최근 차세대 학습 문화로서 증강현실 콘텐츠를 도입한 디지털 교과서가 주목받고 있으나 이 책에서 주장하는 다양하고 섬세한 감각을 통해 세상을 배워가는 관점에서 본다면, 스마트 교육 기기는 시청각에 의존한 외부자극일 뿐 아이가 '경험'하고 '느끼는' 세상과는 거리가 멀다. 더욱이 인간의 감정을 표현하고 느끼는 음악에 대한 경험이라면 스마트폰 어플리케이션을 통한 경험은 편리하고 흥미롭기는 하겠지만 실제 악기의 현을 튕겼을 때 들리는 소리의 높낮이뿐 아니라 현에 남아 있는 떨림과 울림통이 주는 깊은 여운까지는 전달할 수 없을 것이다. 관악기가 전해주는 것이 소리뿐 아니라 연주자의 호흡이라는 것까지는 느낄 수 없을 것이다. 그렇다고 해서 디지털 매체를 외면하자는 것은 아니다. 교육에는 왕도가 없다는 말이 있다. 홍수처럼 밀려오는 디지털 매체를 통한 교육 방법에 매몰되지 않기 위해서는 어떤 것에 더 가치를 두고 선택할 것인지에 대한 교육자의 안목과 역량이 더욱 필요한 시점이다. 발도르프 교육이 바라보는 교육의 의미와 관점은 지금 당장 결과를 안겨주는 디지털 매체가 익숙한 우리에게 새로운 시사점을 제공하고 있다.

'교육'이라는 행위는 우리가 생각하는 가치 있는 것을 아이에게 주입하는 것을 떠올리기 쉽다. 그러나 이 책에서는 끊임없이 '교육'이 아이가 이미 가지고 있는 그것을 발견하고 지켜줘야 한다고 이야기한다. 그러므로 어떤 자극을 더 제공하여 아이의 호기심을 채울 것인가를 고민할 것이 아니라 지나친 자극을 절제하고 아이 스스로 내면의 힘을 발휘하여 관심과 호기심을 발휘할 수 있도록 여유를 가질 것을 제안한다.

음악 전문가를 위한 교육이 아닌 음악을 향유하는 문화인을 기르기 위한 교육으로써 소리가 주는 느낌을 충분히 경험하게 하는 출발점은 매우 중요하다. 아름다운 소리에 대한 경험이 음악을 생활화하게 하고 소비하게 하는 원동력이 되기 때문이다. 음악 전문가를 위한 교육도 마찬가지이다. 주어진 악보를 정확한 운지로 표현하는 음악 기능인을 넘어 음악이 표현하고자 하는 정신세계를 표현하는 예술가로 성장하기 위해서는 음악, 그 소리의 본질을 추구하고 탐색하는 성찰과 고민의 시간이 필요하다. 이런 식의 교육이 이루어지기 위해서는 가르치는 교사가 음악에 대한 이해 뿐 아니라 인간에 대한 이해를 갖추고 있어야 한다. 음악 교육을 계획함에 있어서 '무엇을 가르칠 것인가'에 대하여 '무엇을'이 '기능'인지 '소리에 대한 아름다움'인지 되돌아봐야 한다. '어떻게 가르칠 것인가'에서 '어떻게'가 '교사가 일방적으로 제시하는 효율적인 방식'인지 '아이가 원래 가지고 있는 호기심과 창의성을 발견하는 방식'인지 되돌아봐야 한다.

언어교육과 예술교육에 있어서 항상 많은 논란이 되는 것이 바로 조기교육이다. 이 책에서는 조기교육에 대해서 특별한 입장을 제시하기보다는 아이들이 처음 접하는 예술교육의 형태가 어떠해야 하는지 소개하고(감각적으로 경험하게 하는 것의 중요성을 강조하였다), 아이들 각자가 지닌 속도에 따라 교육하는 것에 대해 이야기하고 있다. 아이를 개별적 인격체로 존중함으로써 이러한 교육이 가능해진다. 추후 '악기 교육'에 대해 이야기하면서 아이의 취향을 무시한 채(인격을 존중하지 않은 채) 어떤 교육이론이나 안내에 따라 악기를 고집한다면, 비록 그것이 슈타이너(Steiner, Rudolf)가 소개한 아이의 성향에 따른 악기라 하더라도, 그것은 마치 '요리 레시피'나 '처방전'과 같은 교육이라고 일갈하였다. 이 책에서 말하는 개별성에 대한 인정과 존중의 안전속도는 다른 교육뿐 아니라 발도르프 교육 스스로에게도 적용되는 것이라는 점에서 매우 인상적이다.

4장 아이에게 맞는 악기의 선택

발도르프 교육은 아이들이 가능한 한 일찍 악기를 접해야 한다고 주장한다. '나'라는 주관적 대상이 객관적 대상(악기)을 통해 외부로 나가는 경험을 하는 것이 굉장히 중요하며, 그것은 다른 사물을 통해 나 또는 나의 내면을 간접적으로 표현하는 경험이라고 본다.

이 장에서 인상적인 점은 악기가 인간의 정신세계를 표현하는 것으로 인간의 모습(머리-가슴-팔다리)을 한 오케스트라 악기를 통해 정신이 드러난다는 것이다. 그것은 바로 인간을 이루는 세 구성체인 머리(입), 가슴, 팔다리로 연주할 수 있는 관악기, 현악기, 타악기로 아이의 기질에 따라 어울리는 악기가 있다는 주장이다. 인간의 사고에 해당하는 음악적 요소는 멜로디이며, 이에 상응하는 악기는 관악기이다. 상상력이 풍부하고 사고가 유연한 아이라면 가벼운 고음이 나오는 관악기를 선택하는 것이 좋다. 인간의 의지에 해당하는 음악적 요소는 리듬이며, 이에 상응하는 악기는 타악기이다. 생각하거나 숙고하기보다 신체적인 활동을 좀 더 좋아하는 아이라면 타악기를 추천하는 것이 아이의 성장에 도움이 될 수 있다. 인간의 감정에 해당하는 음악적 요소는 화음이며, 이에 상응하는 악기는 현악기이다. 자기 세계에 갇혀 타인을 잘 받아들이지 못하거나, 몸을 사용하는 활동만 원하는 경우에는 감정과 관련된 현악기를 추천한다. 악기의 선택에 있어서 출발점은 아이의 기질에 대한 이해가 우선이며, 이는 악기를 잘 다루게 되는 것이 목적이라기보다는 아이의 사고, 감정, 의지가 조화롭게 균형을 이루어 성장하기 위함이다.

일반적으로 악기 교육을 시작할 때 피아노로 시작하는 경우가 많은데, 발도르프 교육에서는 피아노가 관악기, 타악기, 현악기에 비해 다루기 매우 어려운 악기이므로 악기의 기초로 접하기에는 무리가 있다고 본다. 실제로 한국의 아이들이 많이 접하는 악기는 바로 리코더이다. 어린이 라이어(kinder lyre, 하프의 일종)는 5음 음계로 이루어진 울림이 여린 악기로, 발도르프 교육에서 추구하는 음악교육에 적합하여 일반적으로 많이 사용되고 있으나, 저자는 한국 교육 현실에 적합한 리코더를 통한 악기 교육을 소개하고 있다.

앞서 발도르프 교육철학에 대한 이해 없이 방법만 흉내 내는 것에 대해 경계하는 글이 이 책의 시작이었는데, 저자는 고맙게도 한국 음악 교육의 현실을 반영한 구체적인 악기 교육사례를 제시해주었다. 덕분에 책을 읽어가다 보면 '가능하겠어?' 하던 마음이 '한 번 해볼까?' 하는 마음으로 변하게 된다. 그 어떤 교육이론과 정책, 방법도 현장에 적용되지 못하면 공중누각에 불과하다. 교육의 최전선은 단연코 아이들과 직접 만나는 교육현장이다. 그런 의미에서 저자가 발도르프 음악교육의 사례로 '어린이 라이어'가 아닌 '리코더'를 제시한 것은 발도르프 교육철학에 대한 확신과 자신감을 표현한 탁월한 선택이다.

5장 리코더를 재미있게 가르치는 방법

리코더가 익숙하다고 해서 만만하게 볼 5장이 아니다. 이제까지 접했던 리코더 교육 방법 중 가장 참신한 접근방법이 소개되어 있다. 교사가 먼저 예술적 태도로 접근하지 않으면 시도하기 어려운 방법이기도 하다. 리코더가 관악기라는 정보를 전달하는 교사와 리코더가 호흡을 통해 생명을 얻는다고 표현하는 교사. 사실 전자와 후자 모두 동일한 것을 말하고 있지만 전자와 후자를 통해 아이들이 느끼고 표현하게 되는 것은 결이 다르고 온도가 다를 것이다.

이 장에 소개된 방법 사례를 보자. '미'와 '시' 두 개의 음만 가지고 할 수 있는 '작은 생쥐' 사례는 간단하지만 아이들에게 단순히 리코더 기능을 익히는 활동이 아닌, 리코더에 대한 흥미와 함께 음의 높낮이에 대한 감각까지 익힐 수 있는 활동이다. 저자의 예시를 보면서 예술교과를 지도하는 교사는 창의적인 예술가가 되어야 한다는 생각을 다시금 하게 된다. 활동은 간단하지만 그 의미마저 간단하지는 않기 때문이다. '미'와 '시' 두 개의 음을 익히고자 했다면 금세 마무리했을 내용이지만, 교사의 상상력과 예술성으로 만든 '작은 생쥐'를 함께 연주한 아이들에게는 '미'와 '시' 두 개의 음이 연결되는 다양한 선율이 각각 어떤 의미를 주는지 깊이 있게 경험하고, 단선율이 주는 아름다움을 깨달을 수 있을 것이다.

발도르프 음악교육은 교과 교육으로서 음악이라기보다 모든 교육의 근본이 되며, 아이의 자아를 올바르게 성장시키는 수단이다. 현재 조기 교육이라는 미명하에 유년기에 문자나 숫자 공부를 하고 정서 교육이라는 허울 아래 음악 학원에서 기술을 연마하는 데 시간을 소비하며, 오히려 청소년기에는 대학 입시에 막혀 음악이 도외시된다. 이는 인간성을 허물어뜨리는 행위이다. 따라서 인간의 성장과정을 정확하게 파악하고 이에 맞춰 인간을 자유롭게 하는 발도르프 교육은 미래를 준비하는 예비교사에게 시사하는 바가 크다고 하겠다.

— 더 읽기 자료

고야스 미치코(子安美知子)(임영희 역), 『자유발도르프 학교의 감성교육』, 밝은누리, 2003.

고야스 미치코(子安美知子), 아게마쓰 유지(上松佑二)(김수정 역), 『슈타이너학교의 예술로서의 교육』, 밝은누리, 2003.

슈타이너(Steiner, R.)(김성숙 역), 『오이리트미 예술』, 물병자리, 2003.

(집필자: 최미영 · 대구교육대학교 교수)

클릭! 서양미술사

— 동굴벽화에서 개념미술까지(The Annotated Mona Lisa)

스트릭랜드(Strickland, Carol)

캐롤 스트릭랜드(Strickland, Carol)의 『클릭! 서양미술사-동굴벽화에서 개념미술까지(The Annotated Mona Lisa: A crash course in art history from prehistoric to post-modern)』는 선사시대 미술부터 최신 사조까지, 명쾌한 해설을 통해 독자들이 접근하기 쉬운 수준으로 집필된 책이지만 결코 학문적인 무게를 잃지 않고 있다. 미술사를 처음 대하는 학생들을 위해 이 책은 수많은 미술 용어 해설, 미술 사조별로 특징을 알기 쉽게 요약한 대조표와 별도로 편집한 개요란이 있다.

독자들이 다소 어려워 지루할 때쯤이면 등장하는 에피소드를 통해 미술에 친근감을 느끼도록 배려하고 있다. 또한 이 책은 매 단락, 최신 연구 결과가 반영되어 있고 미술 재료의 발달이나 사회 · 경제적 관점에서 미술품 거래와 미술행정 연구, 사회 속에서 미술가의 위치와 대중과의 관계 등 기존의 미술사학계에서 소홀히 하기 쉬운 부분을 놓치지 않고 소개하고 있다. 미국 미술사, 사진사, 여성 미술가 소개란은 차별화되어 있다.

음악과 마찬가지로 미술도 세계 공통 용어이다. 대부분의 미술작품들이 그저 바라보는 것만으로도 충분한 즐거움을 준다고 하지만 그 안에 무엇이 표현되어 있는지 제대로 감상하기 위해서는 상당한 지식과 기술을 필요로 한다.

이 책은 전문적인 용어를 배제하고 꼭 알아야 할 사항들을 이해하기 쉽게 제시했으며 일화와 전기적 사실들을 따로 첨가함으로써 독자들이 미술의 세계에 친근감을 느끼도록 배려하였다. 또한 미술의 역사를 이해하기 쉽게 미술사 연대표와 개요, 비교표, 감상 공간을 제시함으로써 독자들이 중요한 사항을 기억하기 쉽도록 구성하였다.

미술 작품의 미적 판단을 좌우하는 많은 비판적 방법들이 제시되어 있지만 궁극적으로 어떤 미술이 감동을 주고 어떤 것들은 그렇지 못한지 결론 내리는 것은 독자들의 판단으로 제시하였다. 이 책을 통해 미술관과 화랑에서 보내는 시간이 많아질수록 미술품에 대한 심미안도 더욱 깊어질 것이다. 미술품을 보는 것과 감상하는 것 사이에는 큰 차이가 있다. 그것은 단순히 보는 것과 이해하는 것만큼의 차이이다.

"미술은 사회적 생산물이다."라는 볼프의 말은 분명 미술이 한 시대를 이해하는 창문의 역할을 한다는 것을 의미한다. 미술은 우리에게 시간과 공간을 초월하는 감동을 주고, 우리는 미술에서 우리의 모습을 찾을 수 있다. 더욱이 TV나 영화 등의 시각 매체가 날로 확산되고 디자인 문화가 우리를 지배하는 이미지 시대를 살아가면서 '미술'에 대해 많은 것을 알고 싶은 자연스런 욕구가 생기지만 '미술관'은 멀기만 하고, 미술책은 어려운 것이 현실이다.

서양미술사를 소개하는 수많은 서적이 번역되어 있긴 하지만 대부분이 이해하기 어려운 전문 용어로 되어 있어 문외한의 입장에서 선뜻 손이 갈 수 있는 책을 찾기는 쉽지 않다. 마음먹고 책을 잡은 사람이라도 딱딱한 이론과 전문적인 정보 사이에서 헤매다 보면 어느새 책을 놓게 된다.

본문에서는 독자들이 서양미술사를 이해하기 쉽게 도상학적인 측면에서 천재 예술가들의 생애와 관련된 내용과 연계하여 작품을 해석하기도 한다.

예를 들어 레오나르도 다빈치(da Vinci, Leonardo: 1452~1519)는 대부분 화가로 기억하고 있지만, 그는 과학자 · 음악가 · 공학자 · 건축가 · 인체해부학자 · 천문학자이자 유명한 화가이며 조각가였다. 그는 바위와 식물 · 비행 · 흐르는 물 · 인체 해부 같은 과학적 연구내용을 드로잉으로 그리지 않고, 아름답고 분명한 미술 작품으로 표현했다. 동시에 그림과 조각 작품의 계획도는 세부가 정확하고, 대단히 분석적이고 수학적으로 정밀했다. 다빈치에게 미술과 과학은 분리될 수 없는 것이었다. 미리부터 과학을 열심히 공부하지 않은 채 그림만 그릴 줄 아는 사람은, 키나 나침반을 갖추지 않고 항해에 나선 선원에 비유될 수 있을 것이다. 준비 없이 바다로 나간 선원은 예정된 항구에 도착한다는 확신을 할 수가 없다. 다빈치는 인간 형상의 아름다움을 표현하는 미술가의 능력은 해부학을 얼마나 심오하게 공부했느냐를 보면 짐작된다고 강조했다. 골격 구조와 근육의 관계를 세부 사항까지 분석하는 능력이 떨어지는 미술가 지망생이 그린 그림이란 마치 인간 형상이 아닌 호두 부대를 근육이 아닌 무 꾸러미를 보고 있는 것처럼 뻣뻣하고 유연하지 못한 누드밖에 안 된다고 했다. 그는 "당신이 묘사하고자 하는 대상의 구조를 분명히 알아야 한다."고 말했다.

미켈란젤로(Michelangelo, Buonarroti: 1475~1564)는 누구보다도 예술가의 위상을 높인 인물로 알려져 있다. 창조의 재능은 신으로부터 부여받은 것이라는 믿음으로 미켈란젤로는 모든 관습을 깨뜨렸다. 또한, 조각가이자 화가 · 건축가 · 공학자로 활약할 정도로 매우 광범위한 지식을 가지고 있었다. 미켈란젤로는 산토스피리토 교회 부속 수도원을 방문해서 니콜로 원장으로부터 해부에 대한 암시적인 허락을 어렵게 받았다. 그는 매일 밤 산토스피리토 교회 납골당에 들어가 그동안 아름다움의 궁극을 훔쳐보고 싶은 마음에 궁금했던 인체를 어린 아기에서 노인에 이르기까지 피부와 내장, 사지의 움직임과 오장육부의 자리와 생김새를 모두 자세히 관찰하며 익히게 되었다. 죽은 사람의 뼈와 내장을 더듬으면서 대리석의 환생을 상상했으며, 죽음 한복판에서 예술의 눈부신 부활을 꿈꾸었다. 이를 통해 더욱 예술성 있는 훌륭한 작품을 제작할 수 있었다. 미켈란젤로는 인체에 대한 호기심을 인체 해부를 통해 충족했으며, 작품에서 찾아볼 수 있는 형태의 완벽한 구조, 비례와 입체감, 색조의 섬세한 변화, 고명도 부분의 정확한 표현, 명암법과 해부학적인 정확성 등을 이루어 낸 것은 우리가 본받아야 할 점이다. 더구나 5백여 점에 달하는 소묘작품은 오늘날까지 잘 보존되어 좋은 참고자료가 되고 있다. 이 같은 노력을 통해 미켈란젤로는 당대 최고의 예술가로써 '피에타', '최후의 심판', '다윗' 등 수 많은 대작을 남기게 되었다.

라파엘로(Raffaello Sanzio: 1483~1520)는 르네상스를 빛냈던 3명의 천재(레오나르도 다빈치, 미켈란젤로, 라파엘로) 중에서 대중에게 가장 인기 있었던 인물이었다. 다빈치와 미켈란젤로는 널리 존경을 받았을 뿐만 아니라 작품은 찬탄의 대상이었던 반면, 라파엘로는 모든 이들에게 사랑을 받았다. 동시대인이며 최초로 미술사를 기술했던 바사리(Vasari, Giorgio: 1511~1574)는 '라파엘로의 성품은 너무나 부드럽고 사랑스러워 짐승들까지도 그를 사랑했다.'라고 쓰고 있다. 라파엘로는 독창성보다는 재주가 많은 화가였으며, 처음으로 회화의 기초를 가르친 그의 아버지는 궁정화가였다. 라파엘로는 17살에 독립적인 화가로 인정을 받게 되었으며, 26살에는 교황의 부름을 받아 바티칸을 장식하는 임무를 맡게 되었다. 라파엘로의 예술은 전성기 르네상스의 특징을 모두 집약해 놓은 것이다. 다빈치에게 피라미드 구도와 빛과 그림자를 이용하여 인물의 조형성을 강조하는 기법(키아로스쿠로: chiaroscuro)을 배웠고, 미켈란젤로에게는 우람하고 역동적인 인물형과 균형(콘트라포스토: contrapposto)의 동작을 배워 자신의 그림 속에 응용하고 있다. 그러나 다른 스타일을 완전히 소화해서 보다 나은 그림을 완성하는 뛰어난 재능 때문에 스승은 물론 당대 최고 예술가인 다빈치와 미켈란젤로의 라이벌이 될 만큼 인기가 높았다.

독자들이 미술사를 이해하기 위해서는 역사적인 사실에 근거한 내용을 토대로 천재예술가의 생애와 관련하여 작품을 해석하고 분석한 책은 찾아보기 어렵다.

『클릭! 서양미술사』의 특징은 독자들이 미술사를 통해 천재들의 작품뿐만 아니라 그 시대의 의상이나 생활상을 간접 경험할 수 있다. 또한 시대별로 구분된 작품 감상과 해설을 통해 작품에 대한 심층적인 의미와 가치를 경험하게 된다. 『클릭! 서양미술사』는 독자들이 서양미술사를 쉽게 이해하도록 도판과 해설을 분류하였으며, 도상학적인 측면에서 독자들이 즐겁게 내용을 이해하도록 구성되어 있다.

이 책은 예비교사와 초등교사에게 첫째, 서양미술사에 대한 새로운 시각을 보여 줄 것이다. 둘째, 미술 작품을 이해할 수 있도록 도상학을 잘 설명하고 있다. 셋째, 학생들에게 서양미술사를 쉽게 이해하도록 할 수 있다. 넷째, 서양미술사는 어렵다는 편견에서 벗어날 수 있도록 한다. 다섯째, 예술작품을 통해 심미안이 길러질 수 있도록 한다.

━ 더 읽기 자료

스트로스베르(Strosberg, E.)(김승윤 역), 『예술과 과학』, 을유문화사, 2002.
루트번스타인 & 미셸 루트번스타인(박종성 역), 『생각의 탄생』, 에코의서재, 2007.
겔브(공경희 역), 『레오나르도 다빈치처럼 생각하기』, 대산출판사, 2005.

(집필자: 백중열 · 대구교육대학교 교수)

엮은이 소 개

류덕제

대구교육대학교 국어교육과 교수

『한국아동문학비평사 자료집(전8권)』, 『한국현대아동문학비평론 연구』

조영남

대구교육대학교 교육학과 교수

『생각은 크게, 시작은 작게』(역서), 『창의적 체험활동의 탐구』(공저)

주웅영

대구교육대학교 사회교육과 교수

『초등 사회과교육론』(공역), 『세계의 학교교육: 교실수업의 적용과 실천을 중심으로』(공저)

대구교육대학교 권장도서 해제집

초판1쇄 인쇄 2022년 8월 10일
초판1쇄 발행 2022년 8월 22일

엮은이 류덕제 조영남 주웅영
펴낸이 이대현
편집 이태곤 권분옥 임애정 강윤경
디자인 안혜진 최선주 이경진
마케팅 박태훈 안현진

펴낸곳 도서출판 역락
출판등록 1999년 4월 19일 제303-2002-000014호
주소 서울시 서초구 동광로 46길 6-6 문창빌딩 2층 (우06589)
전화 02-3409-2060
팩스 02-3409-2059
홈페이지 www.youkrackbooks.com
이메일 youkrack@hanmail.net

ISBN 979-11-6742-371-9 03010

정가는 뒤표지에 있습니다.
잘못된 책은 바꿔드립니다.